本书编委会

主　编　侯东阳

编　委　李　洁　高　丽　姚锦云

新时代高等院校新闻传播学系列教材

传播理论教程

Communication Theories

侯东阳　主编

暨南大学出版社
JINAN UNIVERSITY PRESS
中国·广州

图书在版编目（CIP）数据

传播理论教程/侯东阳主编．—广州：暨南大学出版社，2022.5（2025.8 重印）
（新时代高等院校新闻传播学系列教材）
ISBN 978－7－5668－3330－3

Ⅰ.①传…　Ⅱ.①侯…　Ⅲ.①传播学—高等学校—教材　Ⅳ.①G206

中国版本图书馆 CIP 数据核字（2021）第 275526 号

传播理论教程
CHUANBO LILUN JIAOCHENG
主　编：侯东阳

出 版 人：阳　翼
责任编辑：刘　蓓
责任校对：苏　洁　林玉翠　刘小雯
责任印制：周一丹　郑玉婷

出版发行：暨南大学出版社（511434）
电　　话：总编室（8620）31105261
　　　　　营销部（8620）37331682　37331689
传　　真：（8620）31105289（办公室）　37331684（营销部）
网　　址：http：//www. jnupress. com
排　　版：广州市新晨文化发展有限公司
印　　刷：广州小明数码印刷有限公司
开　　本：787mm × 1092mm　1/16
印　　张：23.75
字　　数：580 千
版　　次：2022 年 5 月第 1 版
印　　次：2025 年 8 月第 2 次
定　　价：68.00 元

前　言

传播理论一直是新闻传播专业的必修课程，暨南大学是中国最早开设传播学教学的高校之一，但是几十年来却没有一本自己编写的教材，这不能不说是一种遗憾！近年来，随着学生数量的增加，这门课程经常由多个老师分别教学，对教材更是面临选择困难。在年轻老师的鼓励和支持下，本人鼓足勇气牵头撰写这本教材，也得到了李洁、高丽和姚锦云老师的积极参与，在此非常感谢各位老师的帮助！

本书糅合了以往各家教材的内容，但是也有较大的改变，其创新之处在于：第一，尽量寻找原始资料，对以往教材的一些错误之处进行了校正。例如，以往的教材在介绍巴斯的双重把关模式时，认为巴斯的观点是：在新闻采集和新闻加工阶段中起决定作用的是新闻加工阶段，但是巴斯的原文中观点刚好相反，认为新闻采集阶段起决定作用，因此本书进行了更正。另外，1964 年雷蒙德·A. 鲍尔在期刊上发表的《顽固的受众》一文中，并没有说到传播研究从“讯息如何作用受众”(What can the message do to the audience) 转向“受众如何处理讯息”(What can the audience do with the message)，而是谈到早期的单向传播强调“传播者对受众做什么”(the communicator does something to the audience)，后来的双向传播研究强调“受众对传播者的影响”(influence of the audience on the communicator)。第二，将西方传播理论与中国传播特色结合。本书专门用一章介绍中国传统传播思想的研究状况，融合中国传统文化的传播现象和基本观念，加强学生对传统文化的印象，了解中国本土传播思想史的特色。第三，强调了传播领域的新发展。新媒体的发展带来一系列的变化，使得传播各领域的环境也发生改变，因此本书强调了新媒体环境的变化，如网络媒介的特点、信息传播的特点、新媒介对传统传播理论的冲击等。第四，介绍了一些传播学研究的新理论。由于网络传播中大众传播与人际传播的交互现象，人际传播、群体传播再度成为研究重点，并发展出一些新理论，因此本书增加了网络中人际传播、群体传播等方面的新理论；在大众传播的五个研究领域以及传播模式中都增加了新媒体环境下出现的新理论和新模式。第五，增加了一些传播学分支的主要理论和模式。在第十三章“传播理论发展前沿”中，介绍了一些国际传播的新状况以及应用传播学分支，如健康传播、媒介素养、风险沟通与危机传播、发展传播学等。

本教材的编写参与人员主要是我的同事李洁副教授、高丽副教授、姚锦云副教授。写作分工情况如下：

侯东阳：第三章（传播过程和模式）、第四章（人际传播）、第五章（群体传播和组织传播）、第七章（传播控制研究）、第八章（媒介研究，第三节）、第九章（传播内容研究）、第十一章［传播效果研究（上）］、第十二章［传播效果研究（下）］、第十三章（传播理论发展前沿）。

李洁：第一章（传播、传播历史和传播学）、第八章（媒介研究，第一、二节）、第十章（受众研究）。

高丽：第二章（传播学研究历史与主要学派）、第六章（大众传播）。

姚锦云：第十四章（中国传统文化的传播研究）。

另外，本人所带的研究生参与了第十三章的部分写作或资料收集，分别是魏鸿昌（发展传播学）、刘禹帆（健康传播）、曾曦（媒介素养）。

本人对以上所有其他作者编写的内容进行了调整和补充，第一章增加了传播学的体系架构，第二章补充了施拉姆等学者的资料，第十章中增加了受众的选择过程。第十三章除了发展传播学外，基本上由本人重新写作，个别参考研究生收集的资料。

侯东阳

2022 年 1 月

目 录

CONTENTS

第一章

传播、传播历史和传播学

传播是人类生活的基本现象，也是社会得以形成的根本方式，从刀耕火种到网络冲浪，传播随着人类文明的演进不断更新和发展。当我们沉浸于数字世界之际，有必要回溯和反思传播的发展历史与理论变迁，正如埃弗雷特·罗杰斯所言："任何涉入一条新的河流的人都想知道这里的水来自何方，它为什么这样流淌。"①

第一节　传播与信息

一、传播的含义

1. 传播的词源演变

西方学者对于"传播"(communication) 的词源有多种考据。在希腊语中，communication 源于两个词根——cum 和 munus，前者指与别人建立一种关系，后者指产品、作品、功能、服务、利益等。古罗马时期，西塞罗把 communication 定义为"把握一件事情或者与别人建立一种关系"②。

拉丁文中 communication 的词源是 communicare，意思是告知、分享、使之共同。其主要词根为 mun，和英语单词"丰厚的"(munificent)、"社区"(community)、"意义"(meaning) 以及德语单词"共同体"(gemeinschaft) 等均有联系。另一个拉丁词 communicatio 也与"交流"有关，该词指的是一种修辞手法，即演说家在演讲中假装以对手或听众的口气说话，是"编造"的对话，并不是真正意义上的双方互动。③ 也有学者指出 communication 的词源是拉丁文 communis，意思是"普遍的"，因此 communicate 是指"普及于大众""传授"的动作。④

总体而言，在英语中，communication 一词共有四种主要意思：

第一，类似于拉丁语中的意思，与"传授"相关。

第二，指物质性的迁移、传输或发射，比如热、光等的迁移；后来，约翰·洛克 (John Locke) 在此意义的基础上提出"思想的交流"(communication of thoughts)，该词从物质领域进入社会性用途。但上述二者都不具备双向交流的含义。

第三，指"交换"，即一个涉及两次迁移的过程。比如两个不同终端之间的成功连接 (如电报)，或者同事、朋友之间的开放及坦诚的谈话，甚至个体间内在性的接触 (contact

---

① [美] E. M. 罗杰斯著，殷晓蓉译：《传播学史：一种传记式的方法》，上海：上海译文出版社，2012 年，第 15 页。

② 陈卫星：《传播的观念》，北京：人民出版社，2004 年，第 1 页。

③ [美] 约翰·杜翰姆·彼得斯著，邓建国译：《对空言说：传播的观念史》，上海：上海译文出版社，2017 年，第 10 页。

④ [英] 雷蒙·威廉斯著，刘建基译：《关键词：文化与社会的词汇》，北京：生活·读书·新知三联书店，2005 年，第 73 页。

between interiorities），它假定两个个体之间可以“实现精神语义上的共享”①。

第四，指各种各样的符号互动；如查尔斯·霍顿·库利（Charles Horton Cooley）在1909年所说：“这里我所指的communication，是人为了发展彼此间的关系而依靠的一种机制——包括心灵中的一切符号，加上在空间里传达这些符号的手段，以及在时间里保存这些符号的手段。”②

在汉语中，“传播”一词只在古籍中偶尔出现，并不是一个常用词，如《北史·突厥传》有“传播中外，咸使知闻”，《宋史·贺铸传》有“所谓词章，往往传播在人口”。20世纪初，communication被译作“交通”，并非单纯词，而是一个由“交”与“通”构成的合成词，具有交流沟通的意思，突出了双向性。此翻译属古词新用，比如，陶渊明在《桃花源记》中便有“阡陌交通，鸡犬相闻”的用法。③

“传播”与communication对应的历史并不长，很晚才成为现代汉语常用语汇，20世纪80年代修订完成的大型辞书《辞海》甚至未收录该词。“文化大革命”结束之后，中国学术界恢复了与国际学术界的交流，西方传播学研究的成果再次进入中国大陆，“传播”“媒体”“受众”“信息”等新概念陆续进入，而当时的学术界还未形成统一的翻译，早期的传播学概念的中文名称基本来自港台地区。例如，传播学创始人施拉姆的学生、香港中文大学教授、华人地区传播学的引进者之一余也鲁将communication译为“传”或“传通”。

1978年后，复旦大学的郑北渭、陈韵昭与中国人民大学的张隆栋三位学者在介绍西方传播研究时，开始改变过去的译法，将communication译为“传播”。1982年11月，在中国社会科学院新闻研究所召开了第一次西方传播学研究座谈会，会上提出，要将“系统了解”西方传播学作为中国传播学发展的一项任务。在此次会上还总结了一份油印的传播学中英文概念对照表，初步统一了传播学关键概念的中文译名，communication正式被译为“传播”。其后新华社李启等人翻译了施拉姆和波特所著的《传播学概论》，在此书正文之前附《传播学名词介绍》，将communication正式译为“传播”和“传播学”。④

关于将communication译为“传播”是否恰当这一问题，大陆学术界一直存在争议。因为从字义上来看，“传”与“播”皆含有单向的意义。例如，《说文解字》将“传”与“遽”互训，二者均指“驿车”；《说文解字》中，“播”的本义为“种”（播种），引申为“布”（传布）或《广韵》所说的“扬”（分散）。因此，“传”与“播”二者连用并不能准确地传达该词在英语中“双向互动”的意思。

很多研究者认为，“交流”“沟通”“交际”能够更贴切地表达出“双向互动”的意思，尤其是在人际传播、跨文化传播等强调传受方双向互动的领域，不少研究者放弃了“传播”一词。在传播学科以外，如哲学领域，communication一词经常被译为“交往”而

---

① ［美］约翰·杜翰姆·彼得斯著，邓建国译：《对空言说：传播的观念史》，上海：上海译文出版社，2017年，第11－12页。

② ［美］约翰·杜翰姆·彼得斯著，邓建国译：《对空言说：传播的观念史》，上海：上海译文出版社，2017年，第12－13页。

③ 刘海龙：《中国传播研究的史前史》，《新闻与传播研究》2014年第1期。

④ 刘海龙：《中国语境下“传播”概念的演变及意义》，《新闻与传播研究》2014年第8期。

不是“传播”，比如德语的 kommunikation 在哲学领域内便被约定俗成地译作“交往”，哈贝马斯提出的“交往行为理论”也使用了该词，马克思更是在一般意义上使用该词，认为它既包括物质方面的流动，也包括精神方面的流动，因此陈力丹便将其中与现代意义上的传播相关的部分称为“精神交往”。

2. 传播概念的研究视野

由于传播在社会中的作用越来越突出，不同领域的学者都开始关注这个概念，因而分别从不同研究视野对“传播”进行定义，到 20 世纪 20 年代，已形成 5 种主要的传播视野。

第一种视野认为，传播的意思是散布（disperse）各种劝说符号，借以管理大众舆论。该视野的代表学者有李普曼、伯奈斯和拉斯韦尔等，他们就现代社会中“传播”和“宣传”的重要性提供了一种历史叙述。传播就是一种将分散的人捆绑在一起，并使之为高尚或邪恶事业去奋斗的力量，它具有造就或摧毁政治秩序的力量。① 工业化、都市化、社会理性化、心理研究和新奇的传播工具等，都为在分散的广大人群中“制造共识”提供了前所未有的条件。

第二种视野把“传播”作为澄清“语义不和谐”的手段。人类交流中的许多问题源于对语言的象征功能和情感功能的混淆，“传播即不同个体对意义的准确共享”，传播能开拓出通向更加理性的社会关系的道路。剑桥大学批评家奥格登和里查兹是该视野的代表学者，他们呼吁通过教育来提高传播的水平。②

第三种视野认为，交流是无法逾越的障碍。这种视野正是现代主义文学和美学思潮的核心，前者担心单向传播（one way communication），后者忧虑无法交流（no way communication），如艾略特体现人际交流荒凉性的诗作《荒原》与卡夫卡的小说《城堡》。③

第四种视野更倾向于将交流传播视为一种关系的建构。该视野的代表学者海德格尔认为，“交流/共享（mitteilung）绝对不可能是经验（比如观点和愿望）从一个主体的内心到另一个主体的内心的传递”，而是指一种开放而愿意聆听他人身上的“他者特性”的姿态。④

第五种视野视“交流”为“参与”。该视野的代表学者杜威指出，技术和工业的发展征服和跨越了时空限制，面对面的交流社区会随之消亡；而重振交流的活力，则可以矫正“直接的共同体经验”的消亡。⑤

简单来说，20 世纪 20 年代的五种传播视野可以总结为：交流是对公共舆论的管理；

---

① ［美］约翰·杜翰姆·彼得斯著，邓建国译：《对空言说：传播的观念史》，上海：上海译文出版社，2017 年，第 17－18 页。

② ［美］约翰·杜翰姆·彼得斯著，邓建国译：《对空言说：传播的观念史》，上海：上海译文出版社，2017 年，第 20－21 页。

③ ［美］约翰·杜翰姆·彼得斯著，邓建国译：《对空言说：传播的观念史》，上海：上海译文出版社，2017 年，第 23 页。

④ ［美］约翰·杜翰姆·彼得斯著，邓建国译：《对空言说：传播的观念史》，上海：上海译文出版社，2017 年，第 20－21 页。

⑤ ［美］约翰·杜翰姆·彼得斯著，邓建国译：《对空言说：传播的观念史》，上海：上海译文出版社，2017 年，第 25－30 页。

交流是对语义之雾的消除；交流是从自我城堡中进行的徒劳的突围；交流是对他者特性的揭示；交流是对行动的协调。每一种视野都抓住了一种具体的实践。①

3. **传播的定义**

1909 年，美国社会学家库利在《社会组织》一书中专设“传播”一章，并为“传播”下了一个广为人知的定义：“传播指的是人与人的关系赖以成立和发展的机制——包括一切精神象征及其在空间中得到传递，在时间上得到保存的手段。它包括表情、态度和动作、声调、语言、文章、印刷品、铁路、电报、电话以及人类征服空间和时间的其他任何最新成果。”② 这个定义突出强调了传播的社会关系性和符号互动关系。1911 年，符号学的创始人查尔斯·皮尔斯（Charles S. Peirce）也在《思想的法则》一书中提出，传播即观念或意义（精神内容）的传递过程，强调符号作为精神内容的载体在传播中所起的特殊作用。

库利和皮尔斯对传播的描述开创了界定传播概念的两个传统，一个是社会学的传统，另一个是符号学或语义学的传统。这两个传统逐渐融合，例如，有的学者将传播定义为“通过符号或象征手段而进行的社会互动”，有的学者则认为传播即“通过社会互动而共享意义”。

詹姆斯·凯瑞（James W. Carey）在《作为文化的传播》一书中，则将“传播”分为两类：一类是传统传播学研究中占主导地位的“传播的传递观”（a transmission view of communication），另一类是逐渐发展起来的“传播的仪式观”（a ritual view of communication）。

（1）传播的传递观。

传播的传递观指讯息（message）在空间维度的传递、发送和传输过程，其主要特征是远距传送符号以便实现控制，强调对空间和人的影响、控制，把信息的流动看作与货物和人的位移相同的过程，把传播理解为工具性的存在。

这一概念源自人类最古老的梦想：增进信息在空间传递的速度与效率。纵观历史，上至第一王朝统治下的埃及，下至电报的发明，运输和传播都不可分割地联系在一起。凯瑞认为，传播的传递观源自宗教：在美洲拓荒的空间迁移时期，欧洲文明的“运输”（transportation），使欧洲的基督教徒与美洲的原住民产生交往，这种文明的传播形式带有深刻的宗教意味。概言之，传播被看作一种过程和一种技术，它为了达到控制空间和人的目的（有时候也出于宗教的目的），更远、更快地扩散（spread）、传送（transmit）、散播（disseminate）知识、思想和信息。③

作为传播研究的主流，传播的传递观主要体现在经验学派的研究中，特别体现在 20 世纪 30—40 年代四大传播学奠基人的传播研究、线性传播模式和效果研究中，较少注意传播的文化影响。

---

① ［美］约翰·杜翰姆·彼得斯著，邓建国译：《对空言说：传播的观念史》，上海：上海译文出版社，2017 年，第 30 页。

② Charles Horton Cooley, *Social Organization*: *A Study of the Larger Mind*, New York: Charles Scribner's Sons, 1924, p. 61.

③ ［美］詹姆斯·W. 凯瑞著，丁未译：《作为文化的传播：“媒介与社会”论文集》，北京：华夏出版社，2005 年，第 5－6 页。

（2）传播的仪式观。

传播的仪式观包含分享、参与、共同信念等含义，并非只指信息在空间的扩散，而是指在时间上对社会的维系，是共享信仰的表征。它隐喻以团体或共同的身份把人们吸引到一起的典礼，并提出传播的起源和最高境界并不是智力信息的传递，而是建构并维系一个有秩序、有意义、能够用来支配和容纳人类行为的文化世界。

传播的仪式观具有明确的宗教起源。涂尔干认为，“这种共同理想的投影及其物质形式体现——舞蹈、戏剧、建筑、新闻事件和一系列言说——产生了一种人工的然而却是真正的符号体系，其作用不是提供信息，而是一种确认；不是为了改变态度或思想，而是为了代表事物的基本秩序；不是为了履行功能，而是为了表明一个正在进行的、易逝的社会过程”①。

传播的仪式观长时间被主流的传递观所遮蔽，但它的提出可谓美国传播学研究方向的里程碑，为逐渐发展的经验传播研究开辟了新思路。

基于上述两种观念，凯瑞为传播下了一个简洁明了的定义：“传播是一种现实得以生产、维系、修正和转变的符号过程。”②

法国学者雷吉斯·德布雷（Régis Debray）将传播与传承进行了一番类似的对比（见表1－1）。③

表1－1　德布雷关于传播和传承的比较

	传播	传承
时间尺度	短时间、同时性、当前、快速	长时间、历时性、标记、永恒
重力中心	信息、“使用性”	价值与知识、“记忆性”
传播矢量	技术设备 MO（组织材料）	设备＋机构 MO＋OM（物质化的组织）
时间特性	现时接收器（共存或远程出现） 同时在线	后时接收设备（同属于一个系统） 连续在线
社会亲和力	企业与权力（市场逻辑）	机构与官方权力机关（非营利性）
相近学科	社会学与社会心理学	历史与人类学
象征维度	无必要（个体之前的实际联系） 彼此之间的“需求”	必须的（代与代之间的传承联系） 彼此之间的“必要性”
发生地点	电视、报纸、广播、因特网、自制媒体等（网络系统）	博物馆、图书馆、学校、教会、学院等（地标系统）

① ［美］詹姆斯·W. 凯瑞著，丁未译：《作为文化的传播：“媒介与社会”论文集》，北京：华夏出版社，2005年，第7页。

② ［美］詹姆斯·W. 凯瑞著，丁未译：《作为文化的传播：“媒介与社会”论文集》，北京：华夏出版社，2005年，第12页。

③ ［法］雷吉斯·德布雷著，刘文玲译：《媒介学引论》，北京：中国传媒大学出版社，2013年，第15页。

（续上表）

	传播	传承
相关词语	舆论、一致同意、听众、说服、冲击、广告、新闻报道、互动等	历史建筑、继承、档案、宗教、意识形态、教育、遗产、参加等
适应时期	当代（工业变量）	所有年代（累计不变量）
描述	“这是考古学的东西，我们已经知道了。”	“这是新兴的东西，一会儿就过时了。”
典型颂辞	“公众特别感兴趣的话题!”	“经久不衰!”

美国学者斯蒂芬·李特约翰（Stephen W. LittleJohn）认为要给传播下一个准确的定义是困难的，他用一张表概括了属于传播范畴的9种行为（见表1－2），这9种行为实际上取决于对以下两个问题的回答：传播必须具备意图性吗？传播一定要被接收吗？表1－2中列出了有意图的和无意图的行为，还有信源行为是否被接收等情况。①

表1－2　李特约翰的传播行为表

接收者行为	信源行为		
	无意图行为（症候类）	有意图行为	
		非言语的	言语的
未接收	1A 未被察觉到的症候型行为	2A 未被察觉到的非言语信息	3A 未被察觉到的言语信息
偶然性接收	1B 被偶然察觉的症候	2B 偶然性的非言语信息	3B 偶然性的言语信息
加以注意	1C 被注意到的症候	2C 被注意到的非言语信息	3C 被注意到的言语信息

综上所述，传播的主要定义有如下5种：

（1）共享说，强调传者和受者对信息的分享。即传播是彼此平等的交流和对话，传受双方在其中获得相互理解和共识。② “我们在传播的时候，是努力想同谁确立‘共同’的东西，即我们努力想‘共享’的信息、思想或态度。”③ 传播是一个将单个人或少数人所独有的信息化为两个人或更多人所共有的过程。④ 前文所提及的传播的仪式观也体现了这一定义，即一定群体的人们通过传播，共享民族、阶级、性别、身份、信仰等相同的文化，将“我们”与“他们”区别开。“我们”在这样的一种信息共享中与其他同属于一个群体的人获得内在联系，获得了对现实共同的理解。⑤

① ［美］斯蒂芬·李特约翰著，史安斌译：《人类传播理论》（第7版），北京：清华大学出版社，2004年，第8页。

② 刘海龙：《大众传播理论：范式与流派》，北京：中国人民大学出版社，2008年，第30页。

③ 胡正荣、段鹏、张磊：《传播学总论》，北京：清华大学出版社，2008年，第51页。

④ 郭庆光：《传播学教程》（第2版），北京：中国人民大学出版社，2011年，第4页。

⑤ 刘海龙：《大众传播理论：范式与流派》，北京：中国人民大学出版社，2008年，第27－28页。

（2）交流说，强调传播是有来有往的、双向的互动活动。即信息的传递总是在传播者和传播对象之间进行，传播行为的发起人——传播者通常处于主动地位，将信息传递给传播对象，传播对象再将信息反馈给传播者。① 例如格伯纳主张“传播可以定义为通过讯息进行的社会的相互作用”。②

（3）影响（说服）说，强调传播是传者对受者施加影响、达到说服的行为。即传播以实现传播者有意图的控制为目标，传播就是“某个人（传播者）传递刺激（通常是语言的）以影响另一些人（接受者）行为的过程”③。如拉斯韦尔提出的5W模式、霍夫兰等人的“说服”理论。

（4）符号（信息）说，强调传播是符号（或信息）的流动。不同于植物和动物发信号的行为，人类的传播必须通过使用相互能理解的一些符号来进行，这些符号是完全随意的，需要传播行为双方的事先协议；而且人类能够改变符号的形式和意义，能随身携带符号且不受制于物体或者它们所代表的概念。这种通过协议改变符号意义的能力是人类一切知识的基础，也是人类传播的基础。传播过程的符号化意味着传受双方需要拥有共通的意义空间，对所传递的符号意义有着共通的理解，否则就会导致传而不通或导致误解。④

（5）游戏说，强调“传播”是主观的游戏（subjective play），人们在传播行为中能够获得内在的快乐。英国学者威廉·史蒂芬森（William Stephenson）把游戏与传播明确地联系在一起，他认为虽然大多数传播活动的主要功能是传递信息，但是有一部分传播本身没有信息传播的特征。比如当我们与朋友谈话、欣赏影视节目、玩网络游戏时，并非为了获取信息，但它们却能够带给我们快乐。这一定义提醒我们，传播不仅是外在的、工具性的，不能仅从信息的、实用的、效果的角度来思考传播，还要关注个人在传播过程中的主观感受、自我的存在与发展。⑤

二、信息与信息社会

许多传播学家在界定传播概念之际都突出强调传播的信息属性。例如，施拉姆认为，“当我们传播时，我们试图与某人建立‘共同点’。也就是说，我们试图分享信息、想法或态度。传播至少需要三个要素：信源、讯息和信宿”⑥。阿尔弗雷德·阿耶尔（Alfred J. Ayer）则更明确地指出，“传播在广义上指的是信息的传递，它不仅包括事实意义上的新闻，而且包括感情、愿望、命令、期待或其他任何形式的表达”⑦。

信息理论起源于物理学、工程学和数学，该理论提出的重要概念有编码系统（code

---

① 郭庆光：《传播学教程》（第2版），北京：中国人民大学出版社，2011年，第5页。

② 胡正荣、段鹏、张磊：《传播学总论》，北京：清华大学出版社，2008年，第52页。

③ 胡正荣、段鹏、张磊：《传播学总论》，北京：清华大学出版社，2008年，第52页。

④ 胡正荣、段鹏、张磊：《传播学总论》，北京：清华大学出版社，2008年，第52页。

⑤ 刘海龙：《大众传播理论：范式与流派》，北京：中国人民大学出版社，2008年，第18页。

⑥ Wilbur Schramm, How Communication Works, in *Marketing: Critical Perspectives on Business and Management* (Vol. Ⅱ), edited by Michael John Baker, London: Routledge, 2001, p. 357.

⑦ Alfred J. Ayer, What is Communication, in *Studies in Communication*, London: Martin Secker and Warburg Ltd., 1955, p. 13.

systems)、不确定性（uncertainty)、讯息冗余（message redundancy)、噪音（noise)、信道容量（channel capacity）和反馈（feedback）等，主要用于信息技术和通信工程等领域。总体来看，信息科学对传播学的巨大贡献体现在以下两方面：一是把信息概念引进了传播学领域，提高了传播学理论表述的科学性和严谨性；二是拓宽了传播学的视野，使它能够把人类社会的传播活动放在更大的系统和环境中加以考察，这有助于探索人类社会传播的一般规律和特殊规律。然而，尽管信息理论有其历史意义和重要性，但当今的传播研究已经很少直接采用这一理论了。

1. 信息的定义

从词源上看，《牛津英语词典》指出，“信息”(information）一词是通过拉丁文转借而来的，由“inform”(赋形）加词尾“action”构成。这个最早的定义指向心智的训练或形塑，即信息不是事物，而是过程；借此过程，心灵得以形成，被赋予形式。因此，信息与意义密切相关。①

香农（C. E. Shannon）1948 年发表的《信息论》提出，信息是信号系统中对不确定性的度量。信息影响不确定性，信息是不确定性的减少。② 人们只有在两种情况下有通信的需要：其一，自己有某种形式的消息要告知对方，而估计对方不知道这个消息；其二，自己有某种疑问要询问对方，而估计对方能做出一定的解答。这里的“不知道”和“疑问”即“不确定性”，第一种情况是希望消除对方的不确定性，第二种情况则是请求对方消除自己的不确定性。换言之，通信就是使接收者从收到的消息中获取某种东西，用以消除通信前存在的“不确定性”。另一个有助于理解信息的概念是冗余度，它是一种定量的单位，是与信息相反的概念，指系统的可预测性。

由此可以给信息下一个明确的定义：“信息就是用来消除不确定的东西。”通信后接收者获取的信息在数量上等于通信前后“不确定性”之差；或者说，信息是能够减少或消除不确定性的东西。人们借助信息认识客观世界。③

信息科学认为，信息是物质的普遍属性，是一种客观存在的物质运动形式，是事物运动、变化、联系、差异的表现。信息和物质、能量一起，成为这个客观世界的基本构成要素。诺伯特·维纳（Nobert Wiener）指出：“信息就是信息，不是物质，也不是能量。”④

然而，信息具有相对性。信息不是光速那样的不变量，信息有赖于它被使用的参考框架或语境。信息乃“造成差异的差异”，换言之，造成差异的是信息的意义。⑤ 一旦语境

---

① ［加］罗伯特·K. 洛根著，何道宽译：《什么是信息：生物域、符号域、技术域和经济域里的组织繁衍》，北京：中国大百科全书出版社，2019 年，第 15 页。

② ［美］E. M. 罗杰斯著，殷晓蓉译：《传播学史：一种传记式的方法》，上海：上海译文出版社，2002 年，第 437 页。

③ 王勇、黄雄华、蔡国永编著：《信息论与编码》，北京：清华大学出版社，2013 年，第 29 页。

④ Norbert Wiener, *Cybernetics, or Control and Communication in the Animal and the Machine*, Cambridge, MA: The MIT Press, 2019, p182.

⑤ ［加］罗伯特·K. 洛根著，何道宽译：《什么是信息：生物域、符号域、技术域和经济域里的组织繁衍》，北京：中国大百科全书出版社，2019 年，第 28 页。

化、具有意义时，信息就可能造成差异；[①] 一旦一个全新的语境被唤起，先前部分交谈的关联性可能会彻底地发生改变。[②]

根据信息系统和作用机制的不同，信息可以分成三类：物理信息、生物信息和社会信息。社会信息指的是除人的生物和生理信息以外的、与人类的社会活动有关的一切信息，也是传播学研究的对象。

社会信息是人类社会在生产和交往活动中所交流或交换的信息，也就是说，精神内容的载体，无论是语言、文字、图片、影像，还是声调、表情、动作（广义上的符号）等，都表现为一定的物质讯号，这些讯号以可视、可听、可感的形式作用于人的感觉系统，经神经系统传递到大脑得到处理并引起反馈。因此我们说，社会信息（至少就精神内容与载体的不可分离性而言）也具有物质属性，这是社会信息与其他信息的共同点。

然而，社会信息及其传播又有其他信息所不具备的特殊性质——它伴随着人的精神活动。首先，它并不单纯地表现为人的生理层次上的作用和反作用，还伴随着人复杂的精神和心理活动，如人的态度、感情、价值和意识形态；其次，即便是作为社会信息的物质载体——符号系统本身，也是与物质劳动密切相关的精神劳动的创造物，人对符号意义的赋予和解读与人的社会属性是分不开的。在这个意义上，社会信息应该被视为物质载体和精神内容的统一、主体和客体的统一、符号和意义的统一。

德国哲学家克劳斯指出："纯粹从物理学角度而言，信息就是按一定方式排列的信号序列，但仅此一点尚不足以构成一个定义。毋宁说，信息必须有一定的意义……由此可见，信息是由物理载体和意义构成的统一整体。"[③] 这段话概括了社会信息的本质。

2. 信息的特点

（1）普遍性和客观性。在自然界和人类社会中，事物都是在不断发展和变化的，事物所表达出来的信息是无时无刻、无处不在的。因此，信息是普遍存在的。由于事物的发展和变化不以人的主观意识为转移，所以信息也是客观的。信息是宇宙间的普遍现象，是一种不以人的意志为转移的客观存在。[④]

（2）依附性。一方面，所有的信息都必须依附于某种载体，但是，载体本身并不是信息。另一方面，相同的信息也可以依附于不同的载体，但其内容并不因传播手段或物质载体的改变而发生变化。信息作为事物运动状态的情况，要通过一定的物质载体进行传递、交流才能转化为知识，才能为人们所感知和接受，并发挥作用。[⑤]

（3）共享性。共享性是指同一信息同时或异时、同地或异地地被多人共享。在共享的过程中，信息本身不会有损失，这与物质和能源有着本质的不同，物质和能源在被人使用的过程中会有损耗，甚至一旦被占有，其他人就得不到了。信息的共享性有两层意思：一是信息交换的双方，即传播者和接收者都可以有被交换的同一信息；二是信息在交换或交

① ［加］罗伯特·K. 洛根著，何道宽译：《什么是信息：生物域、符号域、技术域和经济域里的组织繁衍》，北京：中国大百科全书出版社，2019 年，第 41 页。

② ［美］里奇著，伍静译：《传播信息 · Information》，上海：复旦大学出版社，2009 年，第 23 页。

③ 郭庆光：《传播学教程》（第 2 版），北京：中国人民大学出版社，2011 年，第 4 页。

④ 段鹏：《传播学基础：历史、框架与外延》，北京：中国传媒大学出版社，2013 年，第 154 页。

⑤ 段鹏：《传播学基础：历史、框架与外延》，北京：中国传媒大学出版社，2013 年，第 154 页。

流的过程中，可以同时为众多的接收者所接收和利用，信息本身的“质量”和效用不受影响。①

（4）价值性。信息的价值不同于物质和能量，它不能直接满足人们的物质需求，只能满足人们的精神需求或者促进物质和能量的生产或应用。信息的价值是对信息的获得者而言的，因此，信息的价值大小因人而异。信息的价值取决于信息接收者的信息需求以及其对信息的理解、认识和应用能力。大众媒介中的信息都应该是有意义、有价值的，否则，它就没有加工、传播、存储、再创的必要。信息的价值取决于受众，取决于信息对受众的有用程度以及受众接受目的投合的程度。②

（5）时效性。由于客观事物总是在不断运动变化，因此，反映事物存在方式和运动状态的信息也应随之变化。在现代社会中，信息的使用周期越来越短，信息的价值实现取决于对其及时的把握和应用。如果不能及时地利用最新信息，信息就会贬值甚至变得毫无价值。

（6）传递性。以信息论的观点来看，传播的根本问题就是，在一个特定的时间和空间上复现另一个时间和空间上所挑选的信息。③ 信息通过传输媒体的传播，可以实现在空间上的传递；通过存储媒体的保存，可以实现在时间上的传递。

3. 信息化与信息社会

信息化（informatization）有三种含义：①利用信息技术来促进社会经济发展的政策或策略；②在最广泛的意义上，现代信息和通信技术渗透到政府、产业乃至家庭的程度；③通信技术的发展、信息流的增加，以及大众媒介与教育在一般公众当中的扩散程度。

为什么现代社会需要“信息化”？根据亚伯拉罕·马斯洛（Abraham Maslow）的“人类需要层次”（hierarchy of human needs）理论以及罗纳德·英格尔哈特（Ronald Inglehart）的“后工业价值”（post-industrial values）理论，人类的兴趣和关注点最初是在食物、安全等“基本需要”上，当这些基本需要被满足后，人们就会追求更高层次的需要，例如娱乐、新闻、信息以及知识等。詹姆斯·贝尼格（James Beniger）则从另一个角度提出，人类的科技大致可以分为两类：①提高速度和效率的技术；②控制机器的技术。计算机和信息技术属于第二类。因为第一类技术（工业革命带来的生产和流通效率大幅增加）已经高度发展，甚至到了危险的地步，因此我们需要第二类技术来加以控制、平衡。

弗兰克·韦伯斯特（Frank Webster）将信息社会区分为以下五种类型的定义面向：科技的面向（technological）、经济的面向（economic）、职业的面向（occupational）、空间的面向（spatial）和文化的面向（cultural）。这五个定义面向之间并不相互排斥，其共通点是绝对信服信息变革在量上的积累，最终形成质变，从而组成一个新的社会类型——信息社会。④

信息社会有三个主要特点：①知识分子在社会中的重要性提高；②以知识和信息传播为基础，生产效率和经济大幅提高；③专业人才以运用专业知识在某种程度上取代政治冲

① 段鹏：《传播学基础：历史、框架与外延》，北京：中国传媒大学出版社，2013 年，第 153 页。
② 段鹏：《传播学基础：历史、框架与外延》，北京：中国传媒大学出版社，2013 年，第 154 页。
③ ［美］里奇著，伍静译：《传播概念·Information》，上海：复旦大学出版社，2009 年，第 16 页。
④ ［美］弗兰克·韦伯斯特著，曹晋等译：《社会信息理论》，北京：北京大学出版社，2011 年，第 11 页。

突的形式来做出政府的政策抉择。在以上三点中，知识是以信息传播和信息发展为轴心得以发展和传播并得到实践运用的。

在韦伯斯特看来，现有的理论家们对信息社会的认识分为两派：一派是信息社会理论家，如丹尼尔·贝尔等，他们支持信息社会是一个新型的社会；另一派是信息化思想家，他们认为信息社会从属于原来的社会，是既有社会关系的信息化，信息的形式和作用从属于社会长期存在的规则和实践。①

三、传播的特点

世界是由物质、能量、信息三大要素组成的，信息是传播的材料，即传播的内容，这是传播与物质流动的不同之处。物质流动是交通或物流，信息流动是传播、交流。传播是人类社会信息的传递和流动过程，它具有以下特点②：

（1）传播是一种信息共享活动，是一个从单个人或少数人所独有的信息化为两个人或更多人所共有的过程。这意味着社会信息的传播具有交流、交换和扩散的性质，信息可以同时为众多使用者所共享，信息的交流不但不会使传播者失去原有的信息，而且还可以通过交流从接收者那里获得新的信息。合理地使用信息资源，就能使同一信息为更多的使用者服务。

（2）传播是在一定社会关系中进行的，又是一定社会关系的体现。施拉姆认为："传播（communication）和社区（community）的词根相同并非偶然现象。没有传播，就不会有社区；没有社区，也不会有传播。"③ 通过传播，人们保持、改变既有的社会关系并建立新的社会关系。

（3）传播是一种双向的社会互动行为。信息的传递总是在传播者和接收者之间进行的，所有信息交流都不是传播者向接收者发送信息的单向过程，而是传播者与接收者之间相互作用的过程，这种相互作用是通过信息的反馈实现的。即使是单向性较强的大众传播，也必须时刻关注受众的反馈信息，才能改进传播内容，提高传播效果。这个特点给我们的启示是：①在传播过程中，传播者与接收者的角色是不时交替出现的，他们都可以是传播主体，要重视对接收者的效果研究。②在信息交流中，必须高度重视信息反馈，以便及时调整和控制自己的传播行为，使信息交流顺利进行下去。

（4）传播成立的重要前提之一，是传受双方必须要有共通的意义空间。信息的传播要经过符号的中介，这意味着传播也是一个符号化和符号解读的过程。符号化指的是人们在进行传播时将自己要表达的意思（意义）转换成语言、文字、图像或其他符号形式的过程。符号的解读是接收者将符号的意义进行解码，有时接收者还会通过再次符号化将其反馈给传播者。在这个过程中，传播者和接收者要分享某种信息，由于传受双方受教育水平不同，生活境遇、经验不同，他们对信息的符号化和解读也不相同，可能出现传而不通的

---

① ［美］弗兰克·韦伯斯特著，曹晋等译：《社会信息理论》，北京：北京大学出版社，2011 年，第 9 页。

② 郭庆光：《传播学教程》（第 2 版），北京：中国人民大学出版社，2011 年，第 4－5 页。

③ ［美］威尔伯·施拉姆、威廉·波特著，何道宽译：《传播学概论》（第 2 版），北京：中国人民大学出版社，2010 年，第 2－3 页。

现象。若要传受双方对符号意义拥有共通的理解，最重要的是传“通”。一般来说，拥有大体一致或接近的生活经验和文化背景的人容易实现传播关系的协调一致，使传播能够顺利进行下去。

（5）传播是一个动态的、系统性的过程。交流就是在传播者与接收者之间的移动和变化，并且双方总是不断地受到来自他人的信息影响。所以要将传播视为一个动态的、行为的过程，从整体研究传播各要素之间的关系、各个环节的变化带来的影响等，并将其放到整个社会环境中去考察，才能深刻了解传播的本质。

第二节　人类传播的发展历史

如果人类的历史共有100万年，假设它等于1天，即1天等于100万年，1小时等于41 666.67年，1秒等于11.57年，那么在这一天中人类文明的进展如下：晚上9点33分，出现了原始语言（10万年前）；晚上11点，出现了正式语言（4万年前）；晚上11点53分，出现了文字（3 500年前）；午夜前46秒，古登堡发明了近代印刷术（1450年）；午夜前5秒，电视首次公开展出（1926年）；午夜前3秒，电子计算机、晶体管、人造卫星问世（分别为1946年、1947年、1957年）。施拉姆说：“这一天的前23个小时，在人类传播史上几乎全部是空白，一切重大的发展都集中在这一天的最后7分钟。”①

每一次传播技术的变革都会推动人类文明不断向更高的层次迈进，将人类带入崭新的时代。根据人类传播媒介技术的整体演变情况，人类的传播活动可以分为五个发展阶段，分别是：口语传播时代、文字传播时代、印刷传播时代、电子传播时代、网络传播时代。

一、口语传播时代

口语传播时代是人类传播活动的第一个重要的发展阶段，语言的诞生和使用在人类的进化与发展史上具有划时代的意义，它使人类与动物有了本质的区别，是人类独一无二的标志之一。

1. 口语传播的基本发展历程

大约在10万年前，我们的祖先用手势交流，然后又通过进化习得语言能力，掌握口语交流的模式。

（1）非语言传播。

“最原始的语言系统是以触觉、视觉或有时以嗅觉来传达意义，绝少使用发声机制（vocal mechanism）。”② 这说明，早在语言正式诞生之前，人类就已经开始互相交流了，只

---

① 余也鲁：《门内门外：与现代青年谈现代传播》，香港：海天书楼，1980年，第9页。

② ［美］伟伯·施兰姆著，游梓翔、吴韵仪译：《人类传播史》，台北：远流出版事业股份有限公司，2001年，第55页。

不过彼时的人类主要依靠身姿、手势和面部表情等来进行沟通，另外还包括某些讯号（如烽烟）和标识（如箭头），也就是所谓的“非语言传播”。虽然在话语出现之前这种传播方式存在了很长一段时间，但它在传播复杂及抽象内容时使用起来并不便利。

（2）语言传播。

关于语言的起源，学界对此众说纷纭，有的认为语言是人类天生的一种本能，它是人类进化的结果①；也有“汪汪理论”(Bow-wow Theory，或译“摹声说”）认为人类模仿动物世界的声音并以其作为语言的要素；还有“呸呸理论”(Pooh-pooh Theory，或译“情感抒发说”）认为语言的诞生与人类的情绪有密切关联。②语言的诞生本身经历了一个长期发展的过程，人类的大脑在某种合适的学习语境中经历生理与社会演化，逐步发展出专门处理语言的神经区域，并具备了完整的语言器官。大约在第四冰河时期，即约公元前 7 万年—1 万年间，人类拥有了语言能力，跨入新的社会发展阶段。③

2. 口语传播的特征

作为人类传播活动中最常见的方式，口语传播有如下特征：

（1）口语作为音声符号，主要依靠人体的发声器官来传递信息。但由于人体发声器官的天然限制，信息的传播范围有限，人们无法远距离地进行口语传播，只能近距离、小规模地传递信息。

（2）由于口语传播的介质是空气，因而它具备转瞬即逝的特质。一方面，通过口语进行传播的人们直接面对面交流，这样的交流可以直接感知声音、语调、口气的变化。但另一方面，口语传播只能依赖于人脑的记忆力，无法长期记录与保存信息，再加上语音在生理和地域等方面存在差异，所以在传播过程中很容易造成信息失真和误传。

（3）口语传播的互动性较强。在口语传播的过程中，交流双方你一言我一语，遇到理解不通的地方可以直接通过提问等方式再进行沟通，思想在交流中不断交换与互动并萌发出新的观点，不易出现交流隔阂或障碍。

（4）口语传播更具现场感，易受到传播者所处情境的影响。在口语传播中，交流者所说的就是所思考的，它要体现的内容都在具体的情境中，人的思想是依据自身经验的，是与环境相勾连的。

3. 口语传播的历史意义

语言是人类独特的能力，口语是一切语言交流的基础。有了语言，人类可以把他们在进化过程中积累的知识代代相传，人类的思维能力被大幅提升。在达尔文看来，口语传播的优势在于：它通过取代手势语，使人类的双手得以解放；而双手的解放又给人类通过劳动去创造工具提供了物质条件。因此口语可以看作一种技术，“凭借这一技术（口语），

---

① ［美］史迪芬·平克著，洪兰译：《语言本能：探索人类语言进化的奥秘》，汕头：汕头大学出版社，2004 年，第 26 页。

② ［美］伟伯·施兰姆著，游梓翔、吴韵仪译：《人类传播史》，台北：远流出版事业股份有限公司，2001 年，第 63 页。

③ ［美］伟伯·施兰姆著，游梓翔、吴韵仪译：《人类传播史》，台北：远流出版事业股份有限公司，2001 年，第 65 页。

人类用一种新的方法去摆脱环境以便于掌握环境”①。

但不可忽视的是，口语传播有一个致命的缺陷。它要求传授双方都具备高超的记忆力，这给传播造成极大的障碍。历史上，重要的口语文化由记忆力超群的人保存，这给口语传播的信息留存套上了沉重的“枷锁”。②

二、文字传播时代

口语的局限性显而易见：它直接依靠人体发声功能，在空间距离上受限；随说随逝，依赖于记忆，在时间的保存上受限。当人类社会日渐复杂，群体共享的记忆就难以帮助回忆大量重要的事情，人们开始需要所谓的超身体记忆（extrasomatic memory），即存在体外的记忆，传播体量的增加催生了传播新介质的出现。换言之，为储存和提取日益增加的信息的媒介——文字就发展起来了。③

“完全意义上的文字就是经过编码的可见的符号。”④ 文字充分调动了语词的特性，语音的所指可以用符号精巧地表现出来，而且其复杂的特性也能被表现得精准到位。文字也是可以被看见的符号，所以可以产生更精妙的所指和结构，大大超过了口语的潜力。

1. 文字传播的基本发展历程

文字是人类最伟大的发明之一，世界文字的发展历史可以分为三个时期：⑤

（1）原始文字时期（公元前8000年—公元前3500年）：文字的诞生离不开图画。由于受史前具象艺术的影响，早期的象形文字大都由简单的图画组成。洞穴画家的具象画作为文字的发展开启了一条大道，帮助文字系统朝象征符号发展。⑥因此，从公元前8000年前出现刻符和岩画，到公元前3500年前两河流域的楔形文字成熟，这4 500年时间是人类的“原始文字”时期。⑦

（2）古典文字时期（公元前3500年—公元前1100年）：古典文字都有基本符号（“文”）和由基本符号组合的复合符号（“字”），用较少的基本符号可以组成大量的复合符号。例如，公元前3500年，两河流域的苏美尔社会，其行政和经济的复杂程度已经发展到无法只靠口头语言记录的阶段，所以为了满足经济和政治扩张的紧迫需要，楔形文字应运而生。直到公元前11世纪地中海东岸出现“音节/辅音字母”，人类的“古典文字”时期才告一段落。

---

① ［加］埃里克·麦克卢汉、弗兰克·秦格龙编，何道宽译：《麦克卢汉精粹》，南京：南京大学出版社，2000年，第311页。

② ［英］保尔·汤普森著，覃方明等译：《过去的声音》，沈阳：辽宁教育出版社，2000年，第27页。

③ ［加］戴维·克劳利、保罗·海尔编，董璐等译：《传播的历史：技术、文化和社会》（第5版），北京：北京大学出版社，2011年，第2页。

④ ［美］沃尔特·翁著，何道宽译：《口语文化与书面文化：语词的技术化》，北京：北京大学出版社，2008年，第64页。

⑤ 周有光：《世界文字发展史》，上海：上海教育出版社，2003年，第1－4页。

⑥ ［美］伟伯·施兰姆著，游梓翔、吴韵仪译：《人类传播史》，台北：远流出版事业股份有限公司，2001年，第81页。

⑦ 周有光：《世界文字发展史》，上海：上海教育出版社，2003年，第5页。

公元前1300年，中国黄河流域的殷商帝国创造了甲骨文，这是汉字的祖先。[①] 它是一种刻在兽骨与龟甲上的古代汉字，具有明显的象形性。甲骨文的出现在汉字发展史上有着里程碑式的意义，从甲骨文算起，汉字已经经历了3 300多年，在缓慢的变化中相对保持着稳定。外形上，汉字的主要变化是“笔画化”；结构上，汉字的主要变化是“意音化”（形声化），基本体制古今一贯。[②]

（3）字母文字时期（公元前11世纪至今）：字母文字的历史发展可以分为四个时期：一是公元前11世纪开始的“音节文字”（即表达词的语言部分的字[③]）时期，二是公元前9世纪开始的“音素文字”时期，三是公元前7世纪开始的“拉丁字母”（即表达言语最小语言要素的字[④]）时期，四是公元15世纪开始的拉丁字母国际流通时期。

2. 文字传播的特征

文字作为人类掌握的第一套体外化符号系统，具有以下特征：

（1）文字传播具备长期储存信息的特质。多项证据显示，文字是古代人类用来弥补自身记忆力不足的一种方式，记录才是它被人所需的原因，它并非一开始就以传递资讯为目的。文字作为可见的符号，克服了音声符号的转瞬即逝性。思想不再存储于人脑，而是以文字的形式固定下来，它使人脑摆脱了记忆负担，但同时也逐渐弱化了人脑的记忆能力。

（2）文字传播具有间接性。文字对于思想的转化是不同于语言的另外一种形式，其转化过程是“思想—语言—文字”，它带来一种天然的距离，使文字能表达思想但又不同于思想。文字确立了所谓“脱离语境的”（content-free）语言，或所谓“独立的”（autonomous）话语。[⑤] 此时的文字已经脱离了原来的作者和上下文，不能像口语那样直接接受人们的辩驳和诘问。

（3）文字传播可以打破传播的时空限制。得益于书写的物质载体，文字成为一种远比人类的记忆和口语更稳定的传播手段，它可以穿越时间，保留历史。借由石头、羊皮纸、竹简等多种载体，文字传播可以把信息传递到远方，极大地扩展了人类交流和社会活动的时空。不仅如此，书面文献也使观点思想可以在他们的原创者死去之后仍留存下来，使后代可以继承前辈的经验，而人类也正是在历代知识不断丰富和积累的过程中，才能逐渐创造出灿烂的文明。“书写是有关远方的重大象征，所谓远方不仅指扩张距离，而首先是指持续、未来和追求永恒的意志。说话和听话发生在近处和现在，但通过文字个人则可以向他从来没有见过的人、甚至还没有生出来的人说话；一个人的声音在他死后数世纪还可以被人听到。”[⑥]

（4）文字传播在一定程度上减少了信息内容的失真。相较于口语传播，文字的出现使人类文化和知识被准确记录和保存在各种物质载体上，因此在传播的过程中不会失真，可

---

① 周有光：《世界文字发展史》，上海：上海教育出版社，2003年，第5－6页。

② 周有光：《世界文字发展史》，上海：上海教育出版社，2003年，第102页。

③ ［苏］B. A. 伊斯特林著，左少兴译：《文字的产生与发展》，北京：北京大学出版社，2002年，第28页。

④ ［苏］B. A. 伊斯特林著，左少兴译：《文字的产生与发展》，北京：北京大学出版社，2002年，第28页。

⑤ ［美］沃尔特·翁著，何道宽译：《口语文化与书面文化：语词的技术化》，北京：北京大学出版社，2008年，第59页。

⑥ ［德］奥斯瓦尔德·斯宾格勒著，齐世荣等译：《西方的没落》，北京：商务印书馆，1963年，第280页。

以有效减少被接收者误解的概率。

3. **文字传播的历史意义**

总体来说，文字在人类传播的发展中起了重要的促进作用。它使人类拥有了长期记忆的能力，能保存知识与智慧，不必事事依靠大脑的有限记忆，人们可以将更多的精力用于探索新知。文字传播帮助人类实现共享知识的梦想，汇集全体智慧，使后人能够踩着前人的肩膀继续向上攀升。因此，文字一直是人类最重要的技术发明，如汉字是中国古代一切诗歌、词曲、散文、对联、相声以及书法艺术的形式产生的土壤。在迈克尔·克朗奇（Micheal T. Clanchy）看来，文字是一种书写技术，以后的印刷术和电脑无非继承了这种技术而已。①

需要指出的是，文字并非自然形成的，而是人为创造的，特定的阶级对文字的控制和垄断在空间控制和时间延续上都有了突破，他们掌握着社会的权力和文化，形成统治阶层。早期文字传播主要依靠少数受过教育的书吏耗费大量时日进行人工手抄，传播的成本很高，规模也有限，再加上教育普及程度低，接收者所能接触到的信息数量和内容也对应于其在社会结构中的地位，因此，文字传播在本质上仍然是属于少数统治阶级的文化特权。文字出现后，人类社会阶层逐渐分化。

三、印刷传播时代

文字传播时代同时也是昂贵的手抄本时代，在中国古代，手抄同样在传播历史上扮演了重要角色，尤其在唐五代以前属于主流的传播方式。② 在西方，“由于羊皮纸造价高，加之手抄本抄写复杂，耗时很多，所以中世纪的书十分昂贵。昂贵的书价使得许多图书馆用锁把书锁在书架上；书的主人往往在遗嘱中除了房屋、土地或者手工艺品之外还要指定唯一的一本书的继承人”③。因此仅靠手抄的方式显然也不能适应社会的发展，文字与信息的批量生产和大量复制的需求日益迫切，人们希望有一种更先进的复制方法来代替手抄。

1. **印刷传播的基本发展历程**

印刷传播的发展与造纸术、印刷术直接相关，正是这两种技术手段在历史的适当时候相遇，才催生了印刷媒介，使人类传播活动进入了印刷传播时代。

（1）造纸术。

文字不同于口语，它主要利用视觉来传递信息，因此必须使用有形的物质作为载体。纵观文字发展的历史，青铜、陶器、龟甲、竹简、丝绸、石碑等都充当过文字符号的载体，然而这些载体不是笨重就是昂贵，对信息的传播造成了巨大的困难，因此对方便可得又廉价优质的新型载体的需求就显得尤为紧迫。

根据考古发现，早在西汉时期中国人就发明了不同的造纸术，东汉时期，蔡伦又对造纸技术做了改进。改进后的造纸术制成的纸张具有四大特性：材料成本较低；材料的物理

---

① Michael T. Clanchy, *From Memory to Written Record: England 1066—1307*, Cambridge: Harvard University Press, 1979, pp. 88 - 115.

② 王兆鹏：《中国古代文学传播研究的六个层面》，《江汉论坛》2006 年第 5 期。

③ ［苏］B. A. 伊斯特林著，左少兴译：《文字的历史》，北京：中国国际广播出版社，2018 年，第 347 页。

性相对稳定；材料便于运输、存贮；材料可以批量生产，维持相对类似的品质。造纸术发明不久，纸开始由中国传向世界各地，并对世界文化的发展产生重大而深远的影响。公元1109年，纸通过埃及传入西西里岛。14世纪末，意大利、法国、西班牙和德国都能大量生产纸张，纸已经代替羊皮成为欧洲的主要书写材料。由于纸比羊皮价格低廉，所以帮助文化打破少数群体的垄断来到民间，使广大平民也有了接触书籍的机会，从而在一定程度上为文艺复兴运动的兴起开辟了道路。

（2）雕版印刷术。

中国古代印刷术分为雕版印刷术和活字印刷术，唐朝初年（627—649）中国人发明了雕版印刷术；北宋庆历年间，毕昇发明了活字印刷术。[①]唐初至清末约1 300年间，中国一直以雕版印刷为主。虽然印刷术最先在亚洲出现，但并未对亚洲的人类传播活动造成根本性变革。有学者认为，这是因为“皇廷将印刷视为他们的独占技术和他们的权力的象征”，即“压制基本潜能的法则”。[②]

（3）古登堡的机械印刷。

15世纪，德国工匠古登堡对印刷术做出了四大重要革新，使得大批量机械印刷高质量文字变得经济可行：一是铸字装置，它可以很快地生产出许多金属的、耐用且完全相同的复本；二是使用铅、锡和锑的合金，这种混合物铸字可防止氧化，并增加了对印刷机所施压力的承受力；三是机械印刷机本身；四是革新一种印刷用油基墨水，可以用多种方式上彩。[③] 古登堡的革新在真正意义上使机械印刷在西方变成现实。

（4）工业印刷。

17世纪起，报纸相继在整个欧洲大陆发行。1833年，1份在纽约街头只卖1便士的《太阳报》在2年后成为美国最大的报纸，而它的兴盛与其创办人采用蒸汽驱动印刷术来削减成本有着密切的关系。随后，铸造排字机的发明和使用引发了排版革命，印刷媒介走进了黄金时代。

（5）数字印刷。

20世纪80年代以后，电子信息技术开始推动一场新的印刷传播变革。数字排版、网络传输和电脑编辑等新的出版技术不断被应用于印刷业中，使人类告别了传统的工业印刷阶段，迎来了全新的数字印刷传播阶段。在21世纪的今天，数字印刷技术已经全面取代了传统印刷，大幅提升了书刊、报纸、杂志等印刷媒介的出版效率，使出版传播在现代社会政治、经济、文化和生活的各个领域发挥着更为活跃、更加广泛和日益重要的作用。[④]

2. 印刷传播的特征

（1）印刷传播的出现，扩大了传播参与者的数量。

（2）印刷传播在传播过程中通常是间接的单向传播。例如，便士报作为印刷媒介处于职业传播者和匿名的大众之间，且两者的身份并不互相转换，通常是传播者单方面向数量

---

① 邵培仁：《论人类传播史上的五次革命》，《中国广播电视学刊》1996年第7期。

② ［美］罗杰·菲德勒著，明安香译：《媒介形态变化：认识新媒介》，北京：华夏出版社，2000年，第53页。

③ Charles Van Doren, *A History of Knowledge: the Pivotal Events, People, and Achievements of World History*, New York: Ballantine, 1992, p. 152.

④ 郭庆光：《传播学教程》（第2版），北京：中国人民大学出版社，2011年，第26页。

庞大的读者传播特定信息。由于便士报的出现，“大众”的概念第一次被引入传播。

3. **印刷传播的历史意义**

第一，印刷术使信息的机械化生产和文字的批量复制成为可能。它推动书籍的廉价化，为近代报刊的诞生奠定了基础。“正是印刷术的发明使历史从中世纪发展到近代；这期间，能够阅读的大众日益增多促进了思想的广泛传播，思想的广泛传播又推动了哲学与科技的变革。这些变革最终推翻了教士和贵族的统治，从而产生了崭新的政治、经济、社会、文化和宗教制度。”①

第二，印刷传播所带来的重大的结果之一是它对西方新教改革的影响。印刷术使信息的传播速度和传播规模前所未有地加快和扩大，打破了中古社会中少数人对知识的垄断和传播上的特权，如印刷术使得马丁·路德的思想得以广泛传播，进而引发宗教改革。

第三，印刷传播使新闻的广泛扩散成为可能。一方面，印刷改变了早期现代欧洲社会的传播模式，催生了各种定期出版刊物，用以报道有关政治或商业大事件，并提供这些方面的信息；另一方面，通过将印刷技术运用到生产和分发新闻上，对早期现代欧洲传播网络的建立产生了深远的影响。②

第四，印刷术掀起了大众传播时代的序幕，加速了欧洲封建制度的瓦解。印刷传播使得文化、政治和其他权力向资产阶级转移，催化资本主义作为一种新型的生产制度诞生。印刷的发展对经济的发展同样起到了巨大的推动作用，它本身也日益成为一种规模宏大的产业，成为现代信息经济和文化产业的重要组成部分。

四、电子传播时代

电子传播包括一切用电磁波或电子技术来进行传播的方式，分为有线和无线两种系统。前者以 19 世纪有线电报和电话系统为起点，后来发展到有线广播、有线电视和今天的计算机通信和有线互联网；无线电子的出现以无线电通信实验获得成功为标志，其后发展为无线电报、无线广播、无线电视以及今天的移动电话和无线互联网络。③

1. **电子传播的基本发展历程**

总体来看，电子传播时代经历了四次关键性的飞跃：电报、广播、电话和电视。这四次飞跃全面加速了社会信息系统的运行效率。

（1）电报。

资本主义商品经济的发展和对外贸易的扩大，迫切需要先进的通信手段以加强世界范围内的信息交流，客观上需要远距离的信息传播。在这种需求下，美国人塞缪尔·莫尔斯（Samuel F. B. Morse）于 1844 年 5 月 24 日成功完成了利用莫尔斯电码从华盛顿向巴尔的摩传递信息的实验，电报正式诞生，长距离的通信网和横跨大西洋的电缆很快建立，随后无线电报于 1895 年应运而生。无论是有线还是无线，电报最简单和最重要的一点在于，它

① ［美］J. 赫伯特·阿特休尔著，黄煜等译：《权力的媒介》，北京：华夏出版社，1989 年，第 4 页。

② ［加］戴维·克劳利、保罗·海尔编，何道宽等译：《传播的历史：技术、文化和社会》，北京：北京大学出版社，2011 年，第 102 – 147 页。

③ 郭庆光：《传播学教程》（第 2 版），北京：中国人民大学出版社，2011 年，第 27 页。

表明了“运输”(transportation)与“通信”(communication)中间的明确的界限。在电报发明之前，这些词意思相近，电报结束了这种同一性，并且使得符号能够独立于地理空间之外移动，而且远快于运输的速度。①

（2）广播。

广播是指通过无线电波或导线传送声音的信息传播工具，分为有线及无线两种类型。通过无线广播，电子媒介的魅力充分得到展现，由于时效性高，广播获得了在新闻信息方面的主动权，它作为一个新型的强势新闻媒介曾威胁到了报纸的发展。如今，网络广播又应运而生。网络广播也称为“流媒体”(streaming media)，主要指在互联网中使用流式传输技术的连续时间媒体。它在播放前不用下载整个文件，只是将开始部分内容存入内存，其他数据流随时传送、随时播放。网络广播可以随时重播需要的音乐、图像、文字的任何片段，弥补了传统广播转瞬即逝、可听不可视的缺点。②

（3）电话。

1876 年，亚历山大·贝尔（Alexander G. Bell）成功地通过电流向远方的人说出了“华生先生，来这里，我想见你”③，而这句话也成了世界电信史上的里程碑。电话的工作原理是将人声转化为模拟声信号，迅速地传到世界任意角落，传受双方可以跨越空间与时间的巨大障碍进行一对一的交流。从某种程度上来说，电话可以被视为具备人际传播属性的电子媒介，尤其是电话网的铺设为真正意义上的“地球村”的建构奠定了基础。军事方面的需求促使美国贝尔实验室在 1940 年制造出了战地移动电话机，它使得固定电话成功发展为手机，也就是“移动电话”(mobile phone）和“蜂窝式便携无线电话”(cell-phone)。④电话的便携移动化极大地满足了人类交流和移动的需要，一方面，它可以帮助人们随时跨越地理的阻隔来交换信息，但另一方面，随时接打电话也造成了对人们私人生活的入侵。而当电话迈入互联网社会后，其不仅充当着便携的传声筒角色，还具备照相机、摄影机、游戏机和电子邮箱等多种功能。不过，虽然互联网赋予了电话多种辅助功能，使其越来越智能化，但其最核心的本质仍然是点对点的通话方式。

（4）电视。

电视指利用电子技术以及设备传送活动的图像画面和音频信号，即电视接收机，也是重要的广播和视频通信工具。1925 年，苏格兰人约翰·罗杰·贝尔德（John Logie Baird）根据尼普科夫原理制造出机械电视机；1936 年，全球第一家电视台英国广播公司（BBC）播放了一档文艺节目，从此揭开了电视的序幕。⑤“二战”结束后，各国电视台才重新恢复正常播放，并快速发展。1954 年，美国正式开设彩色电视节目，成为世界上第一个播出彩色电视节目的国家。而 1964 年，同步通信卫星的成功发送，催生了卫星电视广播的出

---

① ［加］戴维·克劳利、保罗·海尔编，何道宽等译：《传播的历史：技术、文化和社会》，北京：北京大学出版社，2011 年，第 190 页。

② 蒋晓丽主编：《传媒文化与媒介研究 》（上册），成都：四川大学出版社，2007 年，第 166 页。

③ ［美］伊锡尔·德·索拉·普尔编，邓天颖译：《电话的社会影响》，北京：中国人民大学出版社，2008 年，第 3 页。

④ ［美］保罗·莱文森著，何道宽译：《手机：挡不住的呼唤》，北京：中国人民大学出版社，2004 年，第 4 页。

⑤ 张雅欣、付晓光编著：《电视概论》，北京：中国传媒大学出版社，2015 年，第 1 页。

现。今天，数字电视逐渐走入千家万户，它兼有几种媒体的优势，成功地实现了人类听觉与视觉的同时延伸。不仅如此，电视大大降低了人们理解抽象信息的难度，创造了全新的传播语言。

2. 电子传播的特征

电子传播包含多种传播媒介，其传播特征可以分别从时间、空间、数量和形态四个角度来具体分析。

（1）从时间上看，电子传播具有极强的时效性。从电报到网络的演变，电子传播的信息传递经历了从及时到即时的变化，时效性愈来愈强。电子传播的信息更新和传播速度越来越快，传输信息的时间几乎可以忽略不计。

（2）从空间上看，电子传播具有全球化、跨空间的特质。它完全打破了物理意义上的空间概念，推动世界变成“地球村”，传受双方不再囿于国界、地域等阻碍。

（3）从数量上看，电子传播可以传递海量信息，打破以往传递内容的数量限制。它可以传递的信息量越来越庞大，媒介的容量限制越来越小。

（4）从形态来看，电子传播具备多媒体属性，其包含的媒体属性越来越丰富。从电报时代的文字讯息、广播时代的声音符号，再到电视时代和网络时代的文字、声音、图表、动态影像等传播形态综合在同一个传播媒介中构成多媒体信息，电子传播的信息形态越来越丰富，且它们之间的界限越来越模糊，使得传播的综合效果不但丰富，而且高效。

3. 电子传播的历史意义

电子传播是在继承各种传播形态的优势基础上进一步发展的，是人类传播方式的集大成者。电子传播媒介还形成了人类体外化的声音和影像信息系统，使人类知识经验的积累和文化传承的效率和质量有了新的飞跃。与此同时，电子传播导致时空被前所未有地压缩，空间阻隔被层层打破，这种时空关系的压缩影响着人类政治、经济、文化和日常生活的全面变革。现代社会在其影响下愈加复杂多变，空间问题被日益放大。

五、网络传播时代

互联网是指通过 TCP/IP 协议簇相互连接在一起的计算机网络。它是现代科技推动人类传播跃升到新的发展高度的成果，作为“第四媒体”跨越媒介间的界限，集报刊、广播、电视等媒介的优势于一身，使几乎所有的传统媒介都受到不同程度的挑战，其影响力将在未来超过任何传统媒介。

1. 网络传播的基本发展历程

“网络的发展主要起源于美国国防部的一项创举性服务，即 1969 年的 ARPA（高级研究计划局）希望设立一个‘阿帕网’用来讨论工作中的进展，交换信息，做保存工作及有利于革新的意见交流。”① 世界上第一台计算机于 1946 年在美国宾夕法尼亚大学诞生，这台计算机由美国军方定制且主要用于弹道计算。之后，阿帕网将位于美国加利福尼亚大学洛杉矶分校、斯坦福大学研究学院、加利福尼亚大学和犹他州大学的四台主要的计算机

① ［法］让·诺埃尔·让纳内著，段慧敏译：《西方媒介史》，桂林：广西师范大学出版社，2005 年，第 319 页。

连接起来，此时互联网的应用从军事领域扩展到科研领域。20 世纪 70 年代 TCP/IP（传输控制协议/网间协议）出现，它使计算机之间可以相互交流，并可以引导远程计算机。直至 1983 年，阿帕网（ARPAnet）的全部计算机完成了向 TCP/IP 的转换。从 1988 年起，因特网（Internet）开始对外开放。1991 年 6 月，在连通互联网的计算机中，商业用户首次超过了学术界用户，这是互联网发展史上的一个里程碑，从此网络的发展速度一发不可收拾。尤其是个人电脑的出现，为互联网的普遍接受奠定了基础。直至今天，网络已经通过各式电脑、智能手机、智能手表等多种载体潜入千家万户，成为人们生活中不可或缺的电子媒介。

2. 网络传播的特征

网络集多重传播媒介属性于一身，具有以下特征：

（1）复合性。网络的传播渠道和形态多样化，这些形态相互渗透与交织，既可以实现个人与群体之间的交流互动与关系发展，也可以实现组织内外的沟通并监测与反映社会环境；网络兼具“公共话语空间”与“私人话语空间”的性质。①

（2）连通性。互联网是一个分布式的网络结构，任意两个节点之间可以自由流通；超链接的信息联通方式，使得传播的信息广度和深度都远超于之前的传播方式；传播者和接收者之间可以直接连通，平等互动，而接收者之间也可以相互影响，形成集聚效应。

（3）开放性。网络传播门槛较低，人人都可以借助网络交换和生产信息，打破了传统媒体机构在公共领域的信息垄断。同样，由于网络传播中各环节都处于开放状态，信息在多级传播的过程中往往会失真和变形，这在很大程度上对信息的准确性和真实性提出了挑战。

（4）多级性。总体来看，网络传播主要是人际传播、群体传播和大众传播三者的集合，其间存在着可以无限增加的传播层级。但并不是所有信息都会以多级方式流动，这取决于信息内容与受众的匹配度和信息发布方式等因素。

3. 网络传播的历史意义

总体来看，由于网络本身的多重属性和相互交织的多种传播形态，网络传播无疑是目前最复杂的传播方式，也正因如此，网络传播催生了复杂的社会和文化现象。作为一种全新的媒介形式，网络传播变革了整个社会形态，加速了虚拟与真实之间的融合，网络社会已经逐渐成为与现实社会同等重要的一种新的社会形态，“网络社会与现实社会在不断地进行深层互动，未来的社会将是融合两者的全新社会”②。

纵观人类传播的发展历史，可以发现，从口语传播、文字传播，再到印刷传播、电子传播和网络传播，传播一直沿着一个由集中向分散发展的基本趋势，呈加速度状态发展。人类传播的发展始终呈叠加性状态发展，而不是孤立与断裂。每一次传播变革的爆发都为人类的生存与发展带来新的机遇，开拓了新的空间。总体上，人类的传播活动不断克服物质技术手段给传播活动在时间和空间上带来的种种局限，使人能随时随地、不受限制地接受信息传播，从而实现人在传播活动中的最大自由。

---

① 彭兰：《网络传播概论》（第 4 版），北京：中国人民大学出版社，2017 年，第 44 页。

② 彭兰：《网络传播概论》（第 4 版），北京：中国人民大学出版社，2017 年，第 56 页。

第三节　传播学与传播理论

一、传播学的研究范畴

在人类知识史中，尽管修辞学、符号学等传播相关理论的历史悠久，但直到20世纪初，进步主义和实用主义激发了人们通过广泛的变革来推动社会进步的欲望，传播才开始引起更为广泛的关注。最早关于传播的术语和理论出现在电子工程中，如香农和韦弗的“信息论”和维纳的“控制论”；社会科学中关于传播的研究在20世纪40年代迅速增长，除了工程理论，还有哲学中的语言和意义、心理学中的说服力和言语行为、社会学中的组织与传播、修辞学中的公共话语和言语交际，等等。学者们开始从众多的学科中提取概念集合来形成传播理论，并致力于将传播学发展为一门新的、综合领域的学科。

对于如何定义传播学，如何界定传播研究的对象和范围，学术界存有多种观点：有的学者认为传播学是研究人类信息传播活动的学科，① 传播学的研究对象应该是“传播过程”；② 有的学者认为传播学的研究对象是社会信息系统本身，传播学是研究社会信息系统及其运行规律的科学。③

查尔斯·伯格（Charles Berger）和史蒂文·查非（Steven Chaffee）把传播学领域定义为一门科学，这门科学“力图通过发展含有合理归纳的理论，来理解符号和信号系统，并解释那些与制作、加工和效果有关的现象”④。这一定义被作为大多数传播研究的主流定义，但丹尼斯·麦奎尔（Denis McQuail）认为该定义非常偏向于一种研究模式——对传播行为及其原因的定量研究，它在研究“符号系统”和意义的性质上的作用非常有限，因为符号的意义视社会和文化情境而不同。⑤

考虑到传播研究来源于众多学科以及传播问题广泛的特征，麦奎尔强调传播学研究必须是跨学科的，而且必须采用不同的方法和路径。⑥他将不同的传播行为放置于一个金字塔内（见图1-1），在金字塔从上至下的每一层次中，都有它自己的一套有待研究和建立的

---

① 张隆栋主编：《大众传播学总论》，北京：中国人民大学出版社，1993年，第1页。

② 林之达：《传播学基础理论研究》，成都：西南交通大学出版社，1994年，第182页。

③ 郭庆光：《传播学教程》（第2版），北京：中国人民大学出版社，2011年，第6页。

④ ［英］丹尼斯·麦奎尔著，崔保国、李琨译：《麦奎尔大众传播理论》（第5版），北京：清华大学出版社，2010年，第13页。

⑤ ［英］丹尼斯·麦奎尔著，崔保国、李琨译：《麦奎尔大众传播理论》（第5版），北京：清华大学出版社，2010年，第13页。

⑥ ［英］丹尼斯·麦奎尔著，崔保国、李琨译：《麦奎尔大众传播理论》（第5版），北京：清华大学出版社，2010年，第13页。

理论，它们能够不同程度地影响与涵盖所有不同层次的公民，大众传播置于金字塔的最顶端。①

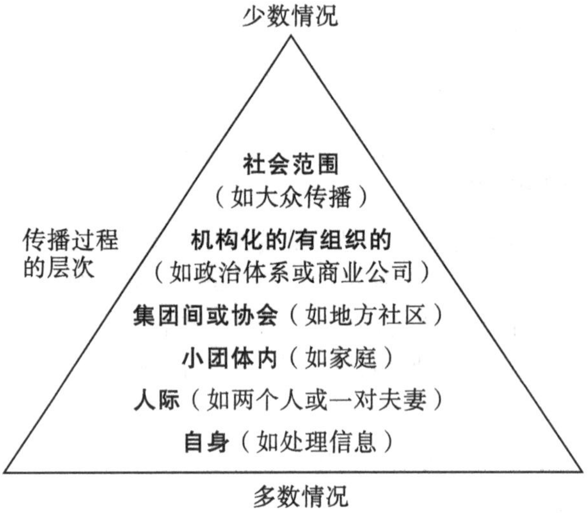

图 1－1　麦奎尔传播过程的层次

图 1－1 的每个层次都反映出一系列相似问题，有待研究并形成相应的理论。② 这些问题可以归纳如下：

（1）谁传播给谁？（来源和接收者）

（2）为什么传播？（作用和目的）

（3）传播如何发生？（渠道、语言和符码）

（4）传播什么？（内容、参阅物和信息类型）

（5）传播的结果是有意识的还是无意识的？（想法、理解或行动）③

除此之外，针对如何理解传播学及其研究范畴，施拉姆提出："我们研究传播时，我们也研究人——研究人与人的关系以及与他们所属的集团、组织和社会的关系；研究他们怎样相互影响；受影响；告知他人和被他人告知；教别人和受别人教；娱乐别人和受到娱乐。要了解人类传播，我们必须了解人是怎样相互建立起联系的。"④李特约翰则将传播学定义为"旨在理解人类如何创制、交换和解读信息"的一门社会科学，⑤它以传播作为主

---

① ［英］丹尼斯·麦奎尔著，崔保国、李琨译：《麦奎尔大众传播理论》（第 5 版），北京：清华大学出版社，2010 年，第 14 页。

② ［英］丹尼斯·麦奎尔著，崔保国、李琨译：《麦奎尔大众传播理论》（第 5 版），北京：清华大学出版社，2010 年，第 15 页。

③ ［英］丹尼斯·麦奎尔著，崔保国、李琨译：《麦奎尔大众传播理论》（第 5 版），北京：清华大学出版社，2010 年，第 16 页。

④ ［美］威尔伯·施拉姆、威廉·波特著，陈亮等译：《传播学概论》，北京：新华出版社，1984 年，第 4 页。

⑤ ［美］斯蒂芬·李特约翰著，史安斌译：《人类传播理论》（第 7 版），北京：清华大学出版社，2004 年，第 13 页。

要研究对象，范围覆盖与人类传播有关的所有课题。①

二、传播学的体系架构

19 世纪末以来，传播学逐步成为一门独立的学科，在 20 世纪 40 年代走向正规化和规模化。它是一门新兴的多科性边缘学科，虽然一般将其认定为社会科学，但它也吸收了许多自然科学、人文科学的理论。传播学的研究对象包括人类社会所有的传播现象和传播活动，研究范围十分广泛，我国学者将其具体分为几个层次：②

（1）按信息传受范围的大小，传播学可分为五个研究层次：自我传播、人际传播、群体传播、组织传播和大众传播。

自我传播又称内向传播、人内传播，是人接受外部信息并在人体内进行信息处理的活动，即在一个人内部（与自己）的传播。它实际上是个人的心理活动过程，但自我传播的正常进行是其他传播活动得以进行的前提。广义的人际传播包括群体传播和组织传播，因此一般人们将传播分为人际传播和大众传播两大类，也有将组织传播单独列出的，认为传播学主要有三大分支：人际传播学、组织传播学和大众传播学。

（2）按学科自身的结构，传播学又可分为三个研究层次：理论、模式和研究方法。

①传播理论。传播理论包括传播学整体理论和其下属五个分支理论：传播控制研究、传播内容研究、传播媒介研究、受众研究和传播效果研究。

②传播模式。传播学是社会科学中模式最多的一门学科，其大部分理论都有一个模式，所以对模式的研究也是传播学非常重要的组成部分。

③传播学研究方法。传播学研究方法主要分为定量研究方法和定性研究方法。定性研究就是建立一套概念体系，借助理论范式进行逻辑推演，据此解释或解构假设的命题，最后得出理论性的结论，如参与观察法、民族志法、案例研究法、话语分析等。定量研究也称实证主义研究，是一种主要运用量化的数据来表现观察结果的方法，它又有调查和实验两个分支。在世界传播学研究中，定量研究成为主流，就连内容分析这一传统的定性分析也开始以定量研究为手段。两种研究方法都有各自科学的研究程序，即使是定性研究方法也有相应的规范性。两种研究方法各有优劣，二者并不是截然对立的，也不可能截然分开。

（3）按不同领域可以将传播学划分为纵向、横向的研究层次。

纵向的研究是对传播历史、传播思想史、传播学术史等进行历史的研究，如古代传播思想的整理与分析、近现代传播事业的演变，以及某种或某个媒介的历史研究等。横向的研究主要是研究不同社会领域内的传播现象，如跨文化传播、政治传播、教育传播、健康传播、危机传播等。

（4）传播学研究还可分为宏观研究和微观研究两个层次。

宏观研究是从宏观的视角研究传播与社会、政治、经济、文化的关系，如传播与大众文化、传播与现代化、传播与国家发展、大众传播与社会等一些重大命题。微观研究相当

---

① ［美］斯蒂芬·李特约翰著，史安斌译：《人类传播理论》（第 7 版），北京：清华大学出版社，2004 年，第 7 页。

② 吴文虎主编：《传播学概论》，武汉：武汉大学出版社，2000 年，第 8 页。

广泛，多数是专题调查或经验性报告，研究某个具体的传播现象或案例。

由于传播学的研究方法有专门的课程，因此本教材主要介绍传播理论、模式、部分纵向和横向的研究领域。

三、传播学理论传统

关于传播并没有一个普适的综合理论，据有关统计，学界存在数百个不同的传播理论，这些理论丰富且多样化，但其观点缺乏连贯性。这些理论不仅着眼于传播形态的不同方面（如口头传播、媒体传播或跨文化传播），而且它们往往基于不兼容的元理论——有关传播的假设甚至是理论核心相互冲突。时至今天，传播理论的各个传统依然在持续发展，它们并非彼此排斥，而是互相影响、分裂、合并或以新的方式整合，一些新的或之前未被认可的传统理论也许正在崛起。

有七个主要的传统理论对当下的传播理论领域做出了贡献，分别为修辞学、符号学、现象学、控制论、社会心理学、社会文化理论、批判理论。

1. 修辞学

修辞学这一最古老的传统是由古希腊民主城邦（城市国家）的演讲和辩论演变而来的，柏拉图和亚里士多德的著作首先对它进行了明确的定义；罗马古典修辞学者尤其是西塞罗在论述中进一步阐释了修辞的艺术，对修辞学教育几百年来的发展产生了深远影响。修辞学对传播理论的最显著贡献是：作为一种话语实用艺术的修辞（或者说交流）。在这种传统中，交流是一种需要技巧和良好判断力的实践，交流的艺术可以在系统原则的基础上通过实践和批评培养。

2. 符号学

符号学将传播概念化为一个通过符号系统（包括各种语言和非语言的代码）、跨越各种差异化观点来分享意义的过程。与修辞学相比，符号学理论更注意问题而不是具体内容。17 世纪，英国哲学家洛克创造了现代符号学理论，他的主要观点是交流需要将清晰的思路附着于言语。19 世纪后期，美国实用主义哲学家皮尔斯分析了符号的认知功能并区分了不同的符号类型（图标、索引和象征）。20 世纪初，瑞士语言学家索绪尔（Ferdinand de Saussure）分析了语言和作为社会现象的其他符号系统的系统结构，随后发展的后结构主义符号学理论认为符号具有不稳定和可争论的意义。

3. 现象学

现象学对传播的概念化来源于自我与他人的对话经验，相比修辞学注重交流策略、符号学注重符号和意义，现象学理论强调人们转向彼此之间的必要性，并考察人们体验自我和他人的方式的可靠性。交流的障碍可能起因于不了解自我、不接受差异或不对他人开放的战略议程。德国哲学家胡塞尔和海德格尔是现象学的关键人物，马丁·布伯、伽达默尔、列维-斯特劳斯、卡尔·罗杰斯等人致力于研究不同的对话理论及其差异性，其研究重点都放在真实的自我表达和对差异的开放上。

4. 控制论

控制论从 20 世纪中期的电子工程理论发展而来，它将传播定义为信息处理，所有复杂的系统都在处理信息，并在此基础上进行交流。控制论弱化了人类交流和其他各种信息处理系统之间的差异。20 世纪 50—60 年代，帕洛阿尔托学派（又称“交往传播学派”）创造了一个关于人际关系和家庭系统的控制理论，分析了关系的互动和反馈模式。

5. 社会心理学

社会心理学将传播定义为社会交往和影响。传播总是会涉及个人及其人格特质、态度、情绪、认知过程，这些心理因素影响着传播的过程，而影响又在个体层面产生并通过大众媒介扩散。从社会心理学的角度来看，传播的实际问题是如何通过科学研究使传播变得更为有效，从而达到预期效果。社会科学的传播研究一直与社会心理学联系在一起，因此传播理论迅速吸收了团体动力学（卢因）、说服理论（霍夫兰）、认知失调（费斯廷格）等一系列经典理论，后来还引入或借鉴了大量心理学理论知识。与修辞传统类似，社会心理理论关注的是有效的交流，但修辞学是一种人文传统，而社会心理学是一种科学传统，后者强调统计分析上的变量如何影响交流结果。

6. 社会文化理论

社会文化理论起源于社会学和人类学领域，20 世纪初美国社会学家库利和米德为这一传统做出了重要贡献。社会文化理论将传播看作一个互动的过程，其分享意义，通过仪式对社会结构进行生产和再生产。在宏观层面上，社会文化理论将社会视为一个整体，探讨社会如何通过传播而发展；在微观层面上，社会文化理论则着眼于日常的社会互动，展示意义和社会关系如何在局部的、此时的传播中创建、维持和变化。

7. 批判理论

批判理论认为社会权力结构通过系统地排除弱势团体或其他阻挠话语的方式来阻碍真正公开、平等、自由的传播的实现。其传统可以追溯到马克思，他认为资本主义主流意识形态反映了统治阶级的利益，巩固现有社会结构。受其影响，20 世纪 30 年代，法兰克福学派批判资本主义意识形态对文化和传播的影响。批判理论还包括一些新的学派思想，诸如文化研究、女性主义、后殖民理论，它们试图通过清除那些延续社会压迫的意识形态，以实现促进思想解放和启蒙的目标。

思考题

1. 名词解释：传播；传递观；仪式观；信息；社会信息；信息化；人内传播；电子传播。
2. 英文 communication 的含义主要有哪些？
3. 传播研究视野主要有哪些？
4. 詹姆斯·凯瑞将传播分为哪几类？分别说明其包含的意义。
5. 传播的主要定义有哪些类型？
6. 信息的特点有哪些？信息社会的特点是什么？
7. 人类传播历史分为几个阶段？口语传播有什么特征？
8. 文字传播的特征是什么？印刷传播的意义是什么？
9. 电子传播的特征有哪些？网络传播的特征有哪些？
10. 麦奎尔认为传播学的研究包括哪些问题？

第二章

传播学研究历史与主要学派

历史的视角有助于我们理解传播学这门学科的发展轨迹与思想脉络，从而形成传播学的基本概念与理论框架，本章简要叙述传播学作为一门学科的生成过程以及对该领域做出显著贡献的学者和具有代表性的学派。

第一节　传播学的起源与发展

传播学的起源与发展大致分为四个阶段：第一阶段是古希腊的修辞学研究，以亚里士多德的《修辞学》为代表，形成了传播学的古代传统；第二阶段是传播学的欧洲起源，19世纪欧洲社会学家对传播的思考对传播学的形成产生了重大影响；第三阶段是20世纪初美国的传播思想，以芝加哥学派为代表，其广阔的研究视角和浓厚的人文性与思辨性极大地丰富了传播学的内涵；第四阶段是20世纪40年代以来大众传播研究领域的形成，这与大众媒介技术的发展密切相关，也标志着传播思想的重大转变。

一、传播学的古代传统：古希腊的修辞学

传播学是研究人类社会信息传播活动的科学，是近现代跨学科研究的产物，不过人类传播现象自人类出现之日起就一直存在。人类与其他动物群体的根本区别之一是人类具有创造和使用多种符号及传播媒介进行交流的能力。对人类传播现象的关注，最早见于以亚里士多德为代表的古希腊哲学家们的著作。亚里士多德撰写了《修辞学》一书，全书以修辞的应用为线索，提出成功的演讲取决于三个要素：演讲者品格、演讲内容的逻辑以及受众的情感诉求。亚里士多德关于说服性技巧的朴素而原始的观点隐含着传播过程的三个要素：传播者（演讲者）、传播内容（演讲内容）和传播对象（演讲的听众）。从当今传播学理论体系的角度看，亚里士多德的修辞研究是传播学中不容忽视的内容。

无论是修辞还是传播，本质上都是人类运用符号进行信息交流的行为和过程。他们的基本组成部分大致相同，只是具体名称不同。这二者之间也存在传承关系。亚里士多德《修辞学》的研究对象是最基本的人类传播活动，即面对面的传播。他提出的演讲成功三要素指向传播过程模式的三个重要变量，即传播者的特质、传播受众的心理和道德价值取向，以及传播内容本身的说服力。因此，传播和修辞是相通的。不同的是，修辞强调的是交流（符号运用）在行为上的积极主动性和在目标上的理想性，而传播泛指一切人类符号的交际行为。相较于修辞，传播在内涵上更丰富、外延上更广泛、学科属性上更明确。这种差异从另一个角度表明，随着社会的发展变化，人类传播现象也相应地多样化和复杂化，这驱使不同领域的学者从不同的角度对人类的传播活动予以概括和解释。

二、欧洲的传播思想渊源

许正林认为，“‘传播学’作为一个学科诞生于美国，但传播作为一种观念却源于欧

洲”“欧洲是人类对传播研究的发祥地”。[①] 在中世纪的欧洲，宗教文化盛行，15 世纪欧洲印刷术的出现使得宗教文化的传播得以借助于多种媒介，古登堡的印刷术让《圣经》和其他宗教类读物的大批量复制成为可能。印刷术在欧洲的广为流传对西方文艺复兴时期以来的宗教改革、文化传播、科技进步等方面均起到巨大的推动作用。印刷媒介自那时起在社会生活中扮演日益重要的角色，进而使人们的思想和社会结构发生了根本的变革，对传播的思考也随着人类社会和传播媒介的发展变化而呈现出新的特点。

1. 马克思

卡尔·马克思（Karl Heinrich Marx）的交往理论是 19 世纪欧洲早期传播思想的代表。“交往”是马克思思想的核心点之一，是他考察早期资本主义社会的基本出发点。它包括物质交往和精神交往。前者以“物”为媒介，后者以“语言”为媒介。交往思想是关于人的社会活动的思想，是人类社会发展中一条最基本的规律，它不仅促使后来的学者开始关注与人类传播有关的社会关系与社会情境问题，还提示人们注意传播中的不平等、受压迫的部分，认为只有平等的精神交往才能取得有效的成果。[②] 马克思主义思想是西方批判学派的起点，其中的异化、阶级、意识形态等理论成为后来媒介文化和媒介批评研究中的重要概念。马克思的精神交往理论不仅使传播学具有更为广阔的研究视角，还使得传播思想本身变得日益成熟化、丰富化。它也为传播研究新范式提供了理论来源与思想依据。总之，马克思主义传播观是“在一个更为宏观的角度上，用历史唯物主义的新世界观，研究了人类的物质交往和精神交往的各种现象，特别是涉及精神交往的论述，对用马克思主义指导现代传播学的研究，有重大的指导意义”[③]。

2. 达尔文

19 世纪欧洲的传播思想还受到查尔斯·罗伯特·达尔文（Charles Robert Darwin）的影响。虽然学界对他的生物进化论存在极大争议，但关于他对传播学的启蒙性作用基本上形成了共识。达尔文的著作《人类和动物的表情》创建了非语言传播的领域，他认为如果不理解动物的情感表达，就无法理解人类的情感表达。他通过描绘婴儿和儿童、精神病患者，以及诸如猿和狗这类动物的情感表达，来支持他的非语言传播的起源理论。美国著名人类学家爱德华·霍尔继承达尔文的思想并正式提出非语言传播理论，在霍尔看来，声调、手势、表情、时间与空间等皆作为文化隐藏之物的无声的语言。达尔文的进化论也为 20 世纪出现的媒介环境学提供了思想启蒙，媒介环境学将媒介作为环境进行研究，旨在考察文化、技术与人类传播之间的互动共生关系。[④]

3. 弗洛伊德

除了马克思和达尔文，近乎同时期的奥地利精神病医师、心理学家、精神分析学派创始人西格蒙德·弗洛伊德（Sigmund Freud）对 19 世纪欧洲传播思想的贡献也不容忽视。

---

① 许正林：《欧洲传播思想史》，上海：上海三联书店，2005 年，第 9 页。

② 中共中央马克思恩格斯列宁斯大林著作编译局编译：《马克思恩格斯选集》（第 1 卷），北京：人民出版社，2012 年，第 141－215 页。

③ 陈力丹：《精神交往论——马克思恩格斯的传播观》，北京：开明出版社，1993 年，第 4 页。

④ ［美］林文刚编，何道宽译：《媒介环境学——思想沿革与多维视野》，北京：北京大学出版社，2007 年，第 41 页。

埃弗雷特·罗杰斯在其《传播学史》一书中提到，马克思主义、进化论和精神分析理论，对美国社会科学的起源产生了重要影响，也间接影响了20世纪传播学在美国的崛起。[①] 马克思的历史唯物论和达尔文的进化论关注的是社会的宏观层面，而弗洛伊德的思想关注的是社会的微观层面，即个体的意识，潜意识与无意识，以及个体的本我、自我与超我的人格构成等。这些理论都直接或间接地影响着后来的传播学理论在个体层面寻求影响传播行为与效果的力量。

4. **塔尔德**

19世纪欧洲两位杰出的社会学家加布里埃尔·塔尔德（Jean Gabriel Tarde）和格奥尔格·齐美尔对当时欧洲的传播思想产生了更为直接的影响。塔尔德是法国社会学奠基人之一，在社会学、心理学、统计学、犯罪学等方面都有杰出的成就。塔尔德对罗伯特·帕克和芝加哥学派乃至后来很多学者都产生了深刻影响，他提出的很多观点是传播学领域长期关注的焦点，因此追溯其对传播学的贡献是十分必要的。

塔尔德在1890年出版了《模仿律》，他认为模仿是基本的社会现象，是社会进步的根源，“因为一切发明和发现的构造成分都是以前的模仿”[②]。传播学领域的社会学习论、创新扩散论和意见领袖等重要理论都能够在塔尔德的“模仿理论”中找到思想根源。塔尔德在另一本著作《舆论与群集》中更为直接地提到了公众、群体、舆论和媒介的关系。在该书中，他对舆论的结构及其形成、运动过程做了详尽分析，并且将公众和群体区分开来，以此对作为舆论主体的“公众”的概念做了严格界定。塔尔德还强调作为公众“精神纽带”的报纸在“理性的舆论”形成过程中发挥着重要的作用。他也较早地注意到社会精英在人际传播网络中的中介作用。

“在没有广播电视甚至是在电影和照相都在蹒跚起步的时候，塔尔德近乎形成了一整套传播学的思想。”[③] 关于塔尔德对传播思想的贡献，用胡翼青的话来总结：“首先，他看到了媒介技术主义对社会的推进作用，并敏锐地意识到媒介技术革命深刻地改变着社会形态。其次，他讨论了社会机制的构成，提出了模仿说。最后，关于传媒、舆论与社会民主的观点也对芝加哥学派产生了巨大影响。”[④]

5. **齐美尔**

德国社会学家、哲学家格奥尔格·齐美尔（Georg Simmel）是形式社会学的创始人，也是19世纪末至20世纪初反实证主义社会学思潮的主要代表之一。他是最早研究群体对个人行为影响的学者，并最早提出传播网络理论，认为要解释人的行为，最根本的是要确定个人在传播链中的位置，他把传播网络称为“舆论的厨房”。齐美尔对人与人的交往和互动形式的研究，可以说是“把社会学思想的焦点从社会哲学转移到了交际的科学（传播

---

① ［美］E. M. 罗杰斯著，殷晓蓉译：《传播学史：一种传记式的方法》，上海：上海译文出版社，2005年，第30页。

② ［法］加布里埃尔·塔尔德、［美］埃尔希·克鲁斯·帕森斯著，何道宽译：《模仿律》，北京：中国人民大学出版社，2008年，第34页。

③ 胡翼青：《再度发言——论社会学芝加哥学派传播思想》，北京：中国大百科全书出版社，2007年，第79页。

④ 胡翼青：《再度发言——论社会学芝加哥学派传播思想》，北京：中国大百科全书出版社，2007年，第82-87页。

学）上来”①。

作为齐美尔的学生，芝加哥学派代表人物罗伯特·帕克总结出齐美尔思想中的5个“传播”因素：①社会作为社会学的核心概念，是由个体之间的传播所构成的；②所有的人类传播代表着某种交流，这种交流对于所涉及的个体来说具有交互的效果；③传播在彼此之间的社会距离不断改变的个体之间发生；④人类传播满足某些基本需要，诸如友情或侵略，或追求收入、教育或其他渴望达到的目标；⑤某些种类的传播随着时间的推移而成为稳定的或固定的，因此代表着文化和社会结构。② 齐美尔主要关注的是社会微观层面的人际互动。他对于宏观社会中微观个体的关注开启了“微观社会学”的先河并在现代传播学研究中得以延续。

从马克思、达尔文到弗洛伊德、塔尔德和齐美尔，这些早期学者对传播的思考或隐晦或明显地体现于他们的论述当中。他们对现代传播学的贡献在于对整体框架和研究范式的理解与启发。这些早期讨论构成了现代传播学的研究基础，使得传播学在正式成为一门学科之前就已经具备了多元化的理论、视角与方法。

三、美国早期芝加哥学派的传播思想

20世纪初，第一次世界大战的硝烟弥漫于欧洲大陆。社会的动荡和经济的衰落让很多欧洲人流离失所，同时期的美国却处于国力迅速上升的时期，经济上的发展、技术上的革新和大都市的兴起让美国呈现出一片欣欣向荣的景象。极速发展的工业需要大量的劳动力，大批欧洲移民涌入美国。随着许多欧洲知识分子向美国迁徙，传播理论也随之而来；与此同时，移民数量的激增也给美国社会带来诸如城市犯罪和移民融入等社会问题。

同时期的美国还掀起了一场高等教育革命，新建了多所大学，由洛克菲勒投资的芝加哥大学是其中最引人瞩目的一所。美国的第一个社会学系就开设于芝加哥大学，它成立于1892年，并在很短的时间内迅速成为美国社会学研究的中心。当时的芝加哥是美国第二大城市，也是移民最多的城市之一。该社会学系（后来被称为芝加哥学派）以芝加哥为中心，把移民融入作为主要研究问题。芝加哥学派的代表学者罗伯特·帕克、约翰·杜威和查尔斯·库利都乐观地指出，美国“大众社会”的情况不像一些人认为的那么暗淡凄凉，20世纪初美国社会广泛普及的报纸和杂志使得一种新型共同体（community）的出现成为可能，大众媒体（包括那些使用移民语言的媒体）通过传播关于社会的相同见解从而将分散的个人团结在一起。关于移民和媒体的研究拉开了美国传播研究的序幕，自那时起，世界范围内传播学思想的中心从欧洲转移到了美国。下面简要介绍1910—1930期间在该领域做出杰出贡献的四位芝加哥学派代表人物。

1. **约翰·杜威**

约翰·杜威（John Dewey）是20世纪以来美国实用主义哲学的代表学者，他与米德、

① 芮必峰、陈燕：《你我交往使社会成为可能——齐美尔人际传播思想札记》，《西南民族大学学报》（人文社科版）2006年第11期。

② ［美］E. M. 罗杰斯著，殷晓蓉译：《传播学史：一种传记的方式》，上海：上海译文出版社，2005年，第129－130页。

库利等人开创了芝加哥学派。杜威涉猎领域众多，在探讨教育、艺术、民主和公众等议题时均提到传播问题，这为传播学的发展奠定了扎实的基础。杜威的实用主义强调对现实世界的关注，提倡科学的方法论，推崇理性与科学；他还强调人类经验的重要性，认为人的任何观念都与经验相关。经验是互动的产物，与传播紧密相连，借助于象征性互动，从而形成一个有机的整体。除了这种微观视角以外，杜威还将传播置于整个人类社会历史的语境当中进行考察，认为传播研究应该强调的是媒介技术对全人类的意义与价值。杜威注重传播的功效，他指出，传播不仅是信息从一个人传递到另一个人的过程，其本身也是一套社会建构的符号系统，是分享社会意义的系统，传播的成果是社会参与和意义共享。传播是建立合作与秩序的手段，在交流（传播）过程中实现对意义和经验的共享，从而帮助维系了一个“共同体”。

杜威的经验自然主义受到达尔文进化论的影响，继而又启发了帕克和库利把社会作为有机体的思考，而杜威的“经验即互动”的观点，对米德创立符号互动论也提供了某种启示。他为美国传播学的建立提供了理论性、工具性的基础。他对传播的多维思考打通了诸多学术领域的藩篱，进而赋予传播学在学科建设伊始的合法性。

2. 罗伯特·帕克

罗伯特·帕克（Robert Ezra Park）创办了芝加哥大学社会学系，是芝加哥学派的主要代表人物。帕克被认为是大众传播的第一个大学研究者，① 他的学术思想深受齐美尔影响，阐述了边缘人和社会距离的概念。他的著作《移民报刊及其控制》是最早针对少数族裔和大众媒体之间关系的系统研究，它集中体现了帕克的传播思想，涉及媒体和公众舆论如何相互影响，以及人际网络与大众媒体之间的关系等仍是现在热议的传播学议题，他也最先对报纸内容、读者与所有权结构进行了较有成效的实证分析，因此帕克被称为“大众传播的第一个理论家”②。

帕克的传播学思想体现在如下三个方面：第一，传播是一个社会心理过程，是人类关系的本质，传播的存在使处于精神离散状态（不一定要在地理位置上接近）的人结成群体、社区，创造并维系着习俗、传统、语言、公共舆论以及整个文化；第二，移民报刊在移民美国化的过程中起到缓冲和准备的作用，也就是说这些移民报刊通过信息传递的方式帮助移民了解周围环境，整合与维系移民关系，帮助他们融入美国社会；第三，新闻在舆论形成过程中扮演着引发关注、提供讨论材料的角色。

作为社会学家，帕克对传播的研究并没有局限于传播本身，而是将传播置于微观层面上的人际网络和宏观层面上的社会结构中去理解，并且采用社会学的经验研究方法对媒介进行细致考察。他的对传播媒介的一系列研究，不但使大众传播作为一个正式的研究议题被提出，丰富了传播学的研究视野，而且还推动了当时还未出现的媒介效果与媒介功能研究的发展。在方法论上，帕克的经验主义倾向开启了传播研究的实证传统。

---

① ［美］E. M. 罗杰斯著，殷晓蓉译：《传播学史：一种传记的方式》，上海：上海译文出版社，2005 年，第 135 页。

② ［美］E. M. 罗杰斯著，殷晓蓉译：《传播学史：一种传记的方式》，上海：上海译文出版社，2005 年，第 164 页。

3. **米德**

乔治·赫伯特·米德（George Herbert Mead）是美国社会学家、社会心理学家，符号互动理论的奠基人，芝加哥学派的另一位开创者。米德生前从未出版过著作，他去世后，其学生把他的讲稿和文稿整理成四卷文集：《当代哲学》（1932 年）、《心灵、自我与社会》（1934 年）、《19 世纪的思想运动》（1936 年）和《艺术哲学》（1938 年）。《心灵、自我与社会》强调经验对个体的重要性，但也反对极端的个人主义和经验主义，因为自我在本质上是一种社会结构并产生于社会经验。该文集也详述了米德的符号互动理论，其中提到社会互动的符号基础以及“有意义的他者”等观点。

与杜威和帕克一脉相承，米德也是芝加哥学派中的改良派，他对大众媒介在社会中的角色持有积极肯定的态度。他也频繁提到共同体，并认为传播媒介在帮助人们相互交流、促进社会共同体形成方面具有重要作用。米德还把这一观点引申至全球化和跨文化传播的语境当中，深信人类能够最终实现理想的交流，借助于充分的符号互动，人们将在很多问题上达成共识。

总的来说，米德的学术思想为美国传播学的孕育和发展做出了突出贡献。第一，虽然米德的符号互动理论主要限于人际互动层面，但他对人际互动的创造性阐释与引申，开启了传播学的基础研究领域——传播符号研究；第二，米德对“自我”概念的剖析对人内传播的研究也有很大的借鉴意义；第三，米德还强调人类传播中对语言符号之外的其他诸如面部表情、身体姿态等非语言符号的使用，这深化和拓展了传播学领域中非语言传播的研究层面；第四，米德的思想在一定程度上驳斥了传播绝对效果论，他提出的“选择性注意”和“选择性理解”等问题，指明了受传者在接受刺激时的能动反应。

4. **库利**

查尔斯·霍顿·库利（Charles Horton Cooley）是美国著名的社会学家和社会心理学家，是美国现代社会学的奠基人。库利一生都在密歇根大学学习并且从事社会学和社会心理学教学与研究，他的主要著作包括《人性与社会秩序》（1902 年）、《社会组织》（1909 年）和《社会过程》（1918 年）。库利与杜威、米德有着类似的观点，他们都把传播看作社会形成的基础，认为社会的本质在于交流和互动，传播与交流建构了社会。不过与杜威不同的是，库利并非通过对传播的讨论来回应社会学学科的问题，而是将传播作为其学术思想的核心。他被认为是 19 世纪 90 年代到 20 世纪初美国传播学研究的先驱人物，是英语世界中第一个从现代大学专业学者的角度明确提出传播概念的人。①

库利对传播学研究的贡献最早见于他的博士论文《交通运输理论》，他试图从社会有机体概念出发来全面解释铁路的功能，同时也考虑了隐含的精神机制方面的内容，把所有的语言、发射和记录的手段都考虑进去。在《人性与社会秩序》一书中，库利提出了著名的“镜中我”理论，该理论阐述了“自我”与他人、“自我”与社会的关系。在《社会组织》一书中，库利提出他思想中另一个重要概念：首属群体。以家庭成员、儿童玩伴、邻里街坊之间的互动与交流为基础的沟通交往是社会的发源地，是人们形成社会特征与个人理想的基础。在《社会过程》一书中，库利把个人的互动过程融入社会“有机体”当中

① Peter Simonson, *Refiguring Mass Communication: A History*, Chicago: University of Illinois Press, 2010, p. 92.

去理解。通过这一延伸，库利突出了传播的重要性：传播是人类关系赖以存在与发展的结构。①

总之，库利对传播学研究的主要贡献在于：第一，他把传播现象置于整个社会发展和人类发展的历史长河中研究，这拓展了传播学的研究视角；第二，他的内向传播和人际传播思想引发并且推动了芝加哥学派符号互动论的研究。与杜威一样，库利对技术和共同体之间的关系、共同体与传播之间的关系持有积极乐观的态度，他认为传播技术具有建立基于身份认同和价值共享的共同体的潜能。从这一点来看，杜威和库利等人先于英尼斯和麦克卢汉开启了传播技术主义的思想源头。② 不过，库利思想中的理想主义与乐观主义，以及对人文思辨方法的过分强调和对定量统计方法的完全抵制，存在一定的局限性。

5. 小结：芝加哥学派的主要传播思想

芝加哥学派是1910—1930年间美国社会学的主要学派，该学派云集了一大批著名的社会学家，除了上文提到的杜威、帕克、米德和库利以外，还有欧内斯特·伯吉斯（Ernest W. Burgess）、罗德里克·麦肯齐（Rodericke D. McKenzie）等人。当时正值美国移民潮、城市蓬勃发展和新社会问题凸显之际，芝加哥学派将目光投注在与之相关的诸多议题上并展开深入研究，在这个过程中产生了现代传播学研究的思想根源。

概言之，芝加哥学派的主要传播思想包括：①社会即传播，传播是人类存在的基础，社会存在于传播、交流之中；②自我即传播，传播是形成“自我”的基础，产生自我的过程是在一定的社会情境之中，通过与他人和社会的交流来完成的；③传播创造“共同体”，例如移民报刊不仅能传递信息，还能让移民对美国价值观产生认同，进而融入“更大的美国共同体”中；④人本主义的研究取向，即关注人的自由意志和自我需要，以理解人和以人的活动为基础的社会关系为目标，这种研究取向与之后在美国兴起的以社会控制为目的、以实证主义为基本模式的传播学研究有着明显的区别。源于该学派的社会学传统，使早期的传播研究具有一种浓厚的人本主义色彩。将传播学的源头回溯到芝加哥学派，不仅具有传播学术史或传播思想史的意义，还具有重新理解人类传播的现实理论意义。③

20世纪30年代，芝加哥学派的内外部发生了诸多变化。从外部来看，当时的美国在经历了一番社会动荡之后，城市生活变得井然有序，城市问题似乎变得不再那么尖锐和突出。同时，美国的社会学领域结束了“一家独大”的局面，哈佛大学、哥伦比亚大学相继成立了自己的社会学研究中心。从内部来看，芝加哥学派内部出现了分歧，主要体现为两代学者在维系定性方法传统和追随定量方法潮流之间的对立。芝加哥学派第一代学者本身在学术思想上也存在一定的局限性，比如对传播技术的态度过于理想化，没有真正解决传播技术的潜能与现实的社会结构之间的矛盾问题。20世纪40年代，以塔尔科特·帕森斯（Talcott Parsons）为代表的结构功能主义成为整个社会学界的主流，与此同时，定量研究方法也被普遍接受。在以宏观社会学和定量研究方法为主导的新研究范式面前，芝加哥学派日渐式微。

---

① ［美］丹尼尔·杰·切特罗姆著，曹静生、黄艾禾译：《传播媒介与美国人的思想》，北京：中国广播电视出版社，1991年，第106页。

② 柯泽：《库利的传播学研究及其思想价值》，《新闻爱好者》2014年第5期。

③ 胡翼青：《再度发言——论社会学芝加哥学派传播思想》，北京：中国大百科全书出版社，2007年，第10页。

四、大众传播研究领域的形成

1. 时代背景

20世纪40年代，芝加哥学派衰落的同时，大众传播研究作为一门学科开始在美国崭露头角，这标志着传播研究领域的正式形成。导致这一发展变化的时代背景是复杂的。20世纪20—40年代期间发生了一系列重大事件，包括世界范围内的资本主义大萧条、德国纳粹的上台以及第二次世界大战的爆发。外部是世界局势的风云变幻，内部是全国性的经济危机，这导致当时美国社会的核心问题从城市和谐变为挽救国家。与此同时，媒介技术的发展也引发美国社会的一系列变化。20世纪初出现的广播引起了美国政界和商界的极大兴趣，相较于报纸等传统印刷媒介，广播具有时效性高、受众范围广、传播距离远等特点，所以政治宣传、商业营销开始极大地依赖于大众传播媒介尤其是广播。这导致出现了一种普遍需求，即如何有效提升传播效果以实现政治目的或商业目的。

2. 思想转变

从学术界内部来看，芝加哥学派的衰落和新的理论资源的出现，也促使大众传播研究领域的形成。沃尔特·李普曼（Walter Lippmann）作为传播学者的出现，标志着20世纪上半叶美国主流传播思想脉络的一次根本转变。李普曼是美国新闻记者、政治专栏作家，他在1922年出版的《公众舆论》一书被认为是传播学领域的奠基之作。在对传播的认识上，芝加哥学派强调关系、交流、互动；而李普曼则强调认知与信息供给。在对媒介的认识上，芝加哥学派理想化地认为，媒介具有构建共同体的潜能；而李普曼则强调现实中媒介的操控性与虚假性。此外，芝加哥学派强调公众参与民主，而李普曼则提倡专家精英式的民主。

同时昭示着美国传播思想转变的还有信息论和控制论的出现。“信息论”的创始人香农与“控制论”的创始人维纳，从数学、通信的角度考察传播，把人类传播模拟为一个脱离于社会环境的通信过程，把信息定义为“不确定性的消除”，将传播视为一种系统，其中包含着信息的传递、反馈和控制，以实现最终的“系统平衡”。至此，结构功能主义已经成为美国传播学研究的主流范式，该范式主要关注传播过程与传播效果。被施拉姆誉为大众传播学四大奠基人的拉斯韦尔、拉扎斯菲尔德、霍夫兰和卢因，均在这一范式基础上发展出著名的传播学理论。他们无一例外都受到结构功能主义的影响，聚焦传播效果并以实证研究（实验、调查和内容分析）为主要手段。

3. 传播研究领域的形成

威尔伯·施拉姆（Wilbur Schramm），中文名宣伟伯，是传播学科的集大成者和创始人。他于1943年在爱荷华大学新闻学院开设了世界上第一个大众传播博士课程；于1947年在伊利诺伊大学创办了第一个传播学研究所；1949年，由施拉姆主编的首批传播学教材正式出版。施拉姆所做的这一系列开创性、整合性的努力，标志着传播研究作为一个专业学术领域的逐渐形成。

第二节　传播学的创立者与四大先驱

威尔伯·施拉姆，因其为传播学体系的建立所做的种种努力，被公认为“传播学之父”“传播学鼻祖”。他通过把有关的传播研究成果加以综合整理，使之系统化，为传播学勾勒出一个完整的学科框架。

一、传播学的创立者：施拉姆

在爱荷华大学读博期间，施拉姆就深受卢因的社会心理学和群体传播研究的熏陶，卢因不仅激发了施拉姆对传播的兴趣，还启发他的传播研究向社会科学和跨学科路径靠拢。随着第二次世界大战的爆发，美国政府开始意识到大众媒介作为宣传手段的重要性，从而开始网罗各界学者进行传播研究。此时，施拉姆服务于美国统计局和战时新闻局并参与了相关研究，他不但学习到大量与传播有关的内容、研究方法和技巧，而且还通过政府组建的美国社会科学家的社交网络，了解了当时任职于耶鲁大学的霍夫兰的军队士气研究，以及时任战时新闻局顾问的拉斯韦尔、拉扎斯菲尔德的战时研究成果。战争形势的需要和美国政府的政策引导，直接促使当时的美国传播研究聚焦于大众传播效果并催生出大量实用的研究结论。“大众传播”取代李普曼提出的“宣传分析”，成为20世纪40—60年代期间美国传播研究的核心。

这一段经历让施拉姆的传播观点初见雏形，也为他之后对传播学的学科建制与赋名传播学“四大奠基人”铺垫了基础。施拉姆离开华盛顿之后先返回爱荷华大学，1943年，36岁的施拉姆出任爱荷华大学新闻学院院长。1944年，他在新闻学院首次启动大众传播学博士生项目。1947年，他就任伊利诺伊大学校长助理兼出版社社长，在此期间他做了三件对传播学发展影响深远的事：第一，出版信息论的奠基之作——香农的《通信的数学理论》。施拉姆也从中得到很大的启发，他的传播模式就是参考香农的信息传播模式构建的。第二，创办伊利诺伊大学传播学研究所，该研究所第一次为传播学研究提供了一个稳固的阵地。第三，于1948年正式招收全美第一批传播学博士，这被传播史学家公认为美国传播学建制化的开端。1949年，他编纂的《大众传播》一书，被视为传播学的第一部权威性教科书。1955年，施拉姆受聘为斯坦福大学传播学教授，又创办了他的第二个传播研究所——斯坦福大学传播研究所。1956年，施拉姆参与撰写的《报刊的四种理论》一书出版问世，当时就被奉为新闻与传播研究方面的经典之作。1973年，施拉姆出任夏威夷东西方中心传播研究所所长，在夏威夷，他出版了代表作《男人、女人、信息、媒介：人类传播概览》（中译本名为《传播学概论》），至今仍是传播学的必读书。

施拉姆在1959年发表于《舆论季刊》上的一篇题为《传播研究现状述评》的文章中，首次赋予了拉斯韦尔、拉扎斯菲尔德、卢因和霍夫兰以美国传播学“奠基人”“先驱者”的地位。1980年，施拉姆在国际传播学会上发表的以“美国传播研究的开端”为题的讲话被收录于美国《传播年鉴4》，该讲话再次将上述四人视为美国传播研究的创立人。[①] 1982年5月，施拉姆到中国访问，在中国人民大学新闻系做了一场学术报告。随后，该报告文字内容以《美国“大众传播学”的四个奠基人》为题刊发在《国际新闻界》上，[②] 传播学的四大奠基人或先驱之名在国内外传播学界得到认可。

被誉为“传播学之父”的施拉姆在美国传播学研究领域的地位举足轻重，他的贡献主要在于：

（1）创立了传播学科，对传播学教育做出了重要贡献。施拉姆是传播学课程开发的先驱者，他最早在大学中创立传播学的博士学位，培养了大量传播学后起之秀。他的一些著作成为传播学的标准教材文本。到20世纪60—70年代，形成了施拉姆学派，这个学派以对传播现象进行总体而系统的考察著称于世。

（2）提出了传播学中许多有创见的观点和领域。施拉姆一生写有30多部传播学论著，一类是理论型的，一类是应用型的。在理论方面，他比较善于综合各家之说，因此又被称为传播学的集大成者。他提出的传播学模式、将早期传播效果概括为“子弹论”、对新闻寻求行为的解释、对自助餐厅的受众研究等都对传播学的发展有较大的影响，在媒介控制、传播体制、国际传播方面也颇有建树。在应用方面，他关注如何利用传播加快发展中国家的现代化进程。他在学科建制方面的努力不仅引领着美国传播学的发展方向，也影响着世界各国的传播学研究。美国学者小詹姆斯·坦卡德（James W. Tankard Jr.）认为：“可以毫不夸张地说，施拉姆几十年来创造了传播学研究中的主导范式。”[③]

（3）为传播学的研究开辟了阵地。他亲自筹建了两个传播学研究所，并协助他人建立了著名的夏威夷东西方中心传播研究所，“这些研究机构为传播学博士生提供学员式的培训，并使得其他社会科学的学科更加容易地进入传播研究”[④]。这一举措使传播学研究有了稳固的阵地和专门从事研究的人员，从而推动了传播学阵营的壮大和发展。

二、传播学的四大先驱

施拉姆对拉斯韦尔、拉扎斯菲尔德、卢因和霍夫兰四位学者的学术地位的肯定，在很大程度上鉴于他们在传播学研究领域所做出的杰出贡献，以及他们与施拉姆在学术研究上有着相似的兴趣和追求。

1. 拉斯韦尔

哈罗德·拉斯韦尔（Harold Lasswell）是美国著名的政治学家、行为主义政治学的创始人之一。拉斯韦尔本科就读于芝加哥大学哲学系，先后受到当时芝加哥学派代表学者杜威、米德、帕克等的影响，之后他继续在芝加哥大学政治学系攻读博士学位并留校任教。

---

① Wilbur Schramm, The Beginnings of Communication Study in the United States, in *Communication Yearbook 4*, edited by Dan Nimmo, ICA: Transaction Books, 1980, pp. 73 – 82.

② ［美］威尔伯·施拉姆著，王泰玄记录：《美国“大众传播学”的四个奠基人》，《国际新闻界》1982年第2期。

③ James W. Tankard Jr., Wilbur Schramm: Definer of a Field, *Journalism Educator*, 1988, Vol. 43, pp. 11 – 16.

④ ［美］E. M. 罗杰斯著，殷晓蓉译：《传播学史：一种传记式的方法》，上海：上海译文出版社，2018年，第24页。

在芝加哥大学求学和工作的这段经历，让青年拉斯韦尔的传播思想多少烙上了芝加哥学派的印记。胡翼青认为，拉斯韦尔的带有控制色彩的传播观，就其问世时而言，是对芝加哥学派思想的延续：比如在《世界大战中的宣传技巧》一书中，拉斯韦尔就借用了米德对“符号”“互动”“象征”的概念界定；他还沿用了帕克在《移民报刊及其控制》一书中提出关于传播的社会控制功能的观点。[①] 结合米德和帕克的观点，拉斯韦尔把宣传看作一种用象征性符号来控制公众舆论与态度的手段。

拉斯韦尔离开芝加哥大学之后参与了美国政府组织的“战时传播项目”，这意味着拉斯韦尔对芝加哥学派传统的背离，他采用定量和统计学方法来研究宣传，在研究视角上也完全向行为主义和结构主义靠拢。拉斯韦尔对传播学的贡献集中在宣传分析和传播过程研究等方面，1927 年出版的《世界大战中的宣传技巧》是拉斯韦尔在宣传分析方面的代表作。1948 年，拉斯韦尔在论文《社会传播的结构与功能》中提出了著名的传播学“5W 模式”，从结构与功能的角度重新审视传播问题并最终奠定了传播学的理论框架基础。在研究方法上，拉斯韦尔开创性地使用内容分析法，这促使定量分析成为传播学方法论必不可少的组成部分。

2. 拉扎斯菲尔德

保罗·F. 拉扎斯菲尔德（Paul F. Lazarsfeld），美国著名社会学家、实验心理学家。他出生于奥地利，1924 年在维也纳大学获得应用数学博士学位。20 世纪初，欧洲反犹情绪高涨，作为一名犹太学者，拉扎斯菲尔德于 1935 年离开奥地利前往美国。彼时，移民学者要在美国立足，主要的途径就是参与各种机构的研究项目。1937 年，拉扎斯菲尔德在普林斯顿大学担任洛克菲勒基金会赞助的广播研究室主任，1940 年，该研究室迁到哥伦比亚大学，同时更名为应用社会学研究局。在之后的 20 年里拉扎斯菲尔德成果丰硕，其中最有影响的是他与哥伦比亚大学同事一起发表的题为《人民的选择》和《选举》的两篇研究报告，这两项报告基于拉扎斯菲尔德等人开展的被称为“社会科学史上最复杂的调查研究之一”的“伊里调查”。著名的“两级传播”“意见领袖”以及“政治既有倾向”等理论假说均出自该研究，其诸多发现揭示出传播效果的有限性和非直接性，结束了传播研究“魔弹论”的时代，进入“有限效果论”时代。

除了理论上的贡献，拉扎斯菲尔德还创造了以大学为基础的研究机构的原型，哥伦比亚大学的应用社会学研究局就是一个例子。该研究局沿袭了拉扎斯菲尔德的经验主义研究传统，就其主导的定量研究方法而言，它是当时最有影响力的研究机构。该研究局关于传播方面的研究及理论形成了哥伦比亚学派。值得一提的是，虽然哥伦比亚学派常常与经验研究或实证研究画等号，但作为该学派最重要的代表人物，拉扎斯菲尔德的研究风格和学术取向并不局限于这方面。他的许多著述体现了其批判思想，例如在《大众传播、流行趣味和社会行为整合》一文中，他和同事罗伯特·默顿（Robert K. Merton）首次提出大众传播具有“麻醉作用”这一负面功能。这一批判性观点极大地拓展了大众传播的研究视野。拉扎斯菲尔德将经验主义与批判主义在研究方法上进行协作，这种新的尝试和突破在传播

---

① 胡翼青：《从芝加哥学派到结构功能主义：论拉斯韦尔的思想转型 —— 兼论美国早期传播思想发展的历史动因》，《中国传媒报告》2007 年第 3 期。

学研究史上影响深远。

3. **卢因**

库尔特·卢因（Kurt Lewin），又译库尔特·勒温，德裔美国心理学家，实验社会心理学的先驱。他出生于德国的一个犹太人家庭，1916 年在柏林大学获得哲学博士学位。因逃避纳粹对犹太人的迫害，卢因于 1933 年离开德国前往美国定居，先后在斯坦福大学、康奈尔大学、爱荷华大学担任社会心理学教授。正是在爱荷华大学任教期间，卢因与施拉姆结识，并启蒙了后者对传播研究的兴趣。1944 年他受聘到麻省理工学院任教，并担任由他创办的群体动力学研究中心主任。作为社会心理学家，卢因的“场论”“群体动力学”等理论的影响力尤为显著。20 世纪 40 年代，美国的社会心理学研究因为卢因的活跃而将重心转向群体的影响与态度研究，这种倾向一直延续到以霍夫兰为代表的耶鲁学派开展的关于群体说服的研究。卢因立足于社会心理学，拓展了传播学可以涉及的研究领域，尤其是从个人和群体的层面提示传播现象的系统性与复杂性。

“二战”期间，在爱荷华大学任教的卢因与当时美国大批社会科学学者一样，积极投身于美国的战时国家服务中。有了前期理论的铺垫和实验性研究的经验积累，卢因和他的博士生进行了一系列关于食品营养的实验，旨在希望通过改变美国家庭餐桌的饮食结构，来满足前线士兵的食品供给需要。卢因于 1947 年在《人类关系》学刊上发表的文章《群体生活的渠道》，总结了他们在这一系列实验中的发现，也正是在这篇文章中，“把关”和“传播”作为一对学术概念首次共同出现。这是一个被公认的标志，即卢因自此将“把关”这一概念正式引入传播学研究领域，它不仅适用于家庭食物的选择，也适用于新闻生产过程，对于货物运输和组织机构中人员的社会流动也同样适用。①

4. **霍夫兰**

卡尔·霍夫兰（Carl Hovland），美国著名实验心理学家，出生于美国芝加哥，1936 年在耶鲁大学获得博士学位后留校任教，之后升任耶鲁大学心理学系主任。他一生都致力于关于态度的形成与改变的研究，被认为是通过实验法测量态度改变的程度并以此验证传播效果的先驱者。“二战”期间，霍夫兰受聘于美国陆军新闻与教育署，担任心理研究室主任并负责战争宣传与士兵士气的研究。他主持了一系列以鼓舞士兵士气为宗旨的有关宣传效果的心理实验。当时，美军已经空前广泛地利用电影、广播以及其他大众媒介来训练士兵和鼓舞士气。霍夫兰和其同事顺应这一潮流，将大众媒介纳入其研究中。

“二战”后，霍夫兰回到耶鲁大学，担任心理学系主任。在洛克菲勒基金的支持下，他和同事设立了耶鲁传播研究项目，开始更为系统地研究劝服性传播效果。1953 年，由霍夫兰主持撰写的“耶鲁大学关于态度和传播研究丛书”正式出版，该丛书充分介绍了以霍夫兰为代表、以实验心理学为主要方法进行说服性传播效果研究的耶鲁学派的研究项目及成果。该丛书还集中介绍了霍夫兰对传播学的突出贡献：引入心理实验方法；揭示了传播效果形成的条件性和复杂性；霍夫兰研究中提出的一些概念，如可信度、对宣传的免疫力、恐惧诉求、睡眠者效应等，都是引导后来相关研究的起点。霍夫兰等人的传播效果研

① ［美］休梅克著，张咏华注释：《大众传媒把关》（中文注释版），上海：上海交通大学出版社，2007 年，第 14 页。

究，不仅是现代态度改变研究的开端，还是大众传播理论若干重大贡献的渊源。

三、传播学的当代发展

从大的背景来看，两次世界大战中的传播活动与实践直接推动了传播学的形成。美国国内大众传播技术的发展，人们关注的社会核心问题的变化，以及学术界新的理论资源的出现，也是促使传播学在美国形成的重要因素。“二战”结束后，除了施拉姆还继续留在传播学领域，传播学“四大先驱”均先后离开该领域：1947 年卢因去世，拉斯韦尔回归政治学，拉扎斯菲尔德领导的应用社会学研究所不再开展传播研究，霍夫兰则开始关注认识与机器仿真等议题并在 1961 年去世。有学者认为，这意味着出于服务战争的目的而发展起来的四条主要研究路径在战后日渐式微；而施拉姆则坚持，美国传播研究在战后仍然呈现出欣欣向荣的景象，因为继承“四大先驱”研究路径的大有人在。①

施拉姆和传播学“四大先驱”都不约而同地聚焦于意愿与个体认知，这推动大众传播研究从“魔弹论”时代步入“有限效果论”时代。作为当时还是新兴事物的大众媒介，人们对它的态度从最开始的近乎狂热和追捧，到逐渐地趋于冷静和理性。20 世纪 60 年代，批判思潮兴盛于欧洲和美国的传播学领域，进而形成该领域的一个显著研究传统。该传统主要分为传播政治经济学和文化研究两种路径，进而发展为传播学两大学派：政治经济学学派和文化研究学派。同时期，加拿大多伦多大学的几位学者因聚焦媒介技术本身以及与人类社会和人类文明之间的关系，从而形成传播学领域的多伦多学派。我们将在下一节中集中介绍当今传播学领域的主要学派，以及这些学派之间的比较与争论。

第三节　传播学的主要学派

传播学的理论渊源和它在美国的形成及后来在欧美等地的发展壮大，均凸显出该学科的交叉性特征、广泛深远的影响以及强大的生命力。就传播学的当代发展来看，主要存在以下三大学派：经验学派、批判学派和媒介环境学派。

一、经验学派

经验学派又称经验—功能学派，是西方传播学的主流学派，尤其是以美国学者为代表的主流传播学派。该学派主张从经验事实出发，运用经验性的方法来研究传播现象和确定传播的社会功能。所谓经验性方法，是一种运用可观察、可测定、可量化的经验材料来对社会现象或社会行为进行实证考察的方法。经验学派坚持经验性的实证立场，聚焦传播的结构与功能，致力于研究如何提升传播效果，从而让大众媒介更好地服务于政治、经济、

① 吴畅畅：《施拉姆的学术遗产与美国传播学四大奠基人的神话》，《国际新闻界》2019 年第 8 期。

军事、社会等。和批判学派不同的是，经验学派主张的是对现有秩序和制度的维护与改进，很多经验—功能主义的传播研究都带有行政和商业色彩。

1. 产生背景

传播学经验学派的出现与当时社会流行的哲学思潮紧密相连，它的产生背景可以追溯至19世纪30—40年代的实证哲学，其创始人是法国哲学家、社会学之父奥古斯特·孔德（Auguste Comte）。孔德生长于一个宣扬理性主义及科学思想发端的时代，在“科学万能”思潮的影响下，他认为一切科学知识的来源和基础产生于观察和实验的经验事实。孔德的实证主义社会学主张，人类社会与自然科学发现大自然的规律一样，同样也有规律可循，社会学的宗旨就是要寻找社会发展变化背后的规律。

出生于19世纪30年代末的美国哲学家皮尔斯，受到欧洲实证主义的启发，发展出他的实用主义哲学思想。作为美国土生土长的哲学流派，实用主义强调“生活”“行动”和“效果”，采取行动是主要手段，获得实际效果是最高目的。实证主义和实用主义都摒弃传统形而上学，都坚持知识需要客观检验；不同之处在于，前者强调认识的任务是发现、观察和描述客观世界的规律，后者强调认识的任务是发现、观察和描述行动的效果，从而为行动提供信念。到19世纪末20世纪初，通过威廉·詹姆士（William James）以及美国实用主义另一个有影响力的代表人物杜威等人的活动，实用主义发展成为美国影响最大的哲学流派。20世纪初至30年代，芝加哥学派受到当时占统治地位的实用主义哲学思潮的影响，用经验研究的方法解决实际社会问题。杜威和以他为代表的芝加哥学派，成为以经验功能主义为主导的美国传播学研究的重要理论来源。

2. 研究重点的变化

施拉姆和传播学“四大先驱”都是传播学经验功能主义研究的代表人物。他们的观点和研究已经在本章第二节做了介绍。这几位学者代表了经验功能主义传播研究的传统时代，其特点是：从可观察、可量化的经验材料入手，聚焦传播效果问题，以实验和调查等实证方法来研究传播及其过程与效果之间的因果关系。这类研究立足于现实生活，以解决实际问题为目的，因此具有明显的实用主义倾向。该学派还被称为“行政学派”，因其研究不是为了变革现有制度，而是维护现有制度，通过改进传播机制，从而实现更好的社会管理。这体现了一种多元主义的社会观：他们认为，西方社会不是由阶级支配，而是由多元利益相互竞争、相互制衡，所以现有社会制度无须变革，而是要找到方法予以改进。

“二战”结束后，美国出现了一系列变化。首先，战后人们的关注焦点从军事领域转移到非军事领域，传播学者们开始关注普通人在日常生活中的媒介使用，传播研究试图摆脱实验室情境，从而进入更广泛、更自然的社会情境当中。其次，始于传播学“四大先驱”的反对强效果论的观念在战后越来越明确，研究者们开始对传播效果的有限性和复杂性进行更为具体和深入的考察，而量化和统计的方法却无法捕捉研究对象的微妙特征。最后，大众媒介图景发生了深刻变化。20世纪30年代末，美国有近两千家日报，几十家发行量惊人的全国性杂志，几千个定期出版物，一个非常庞大的大众电影行业，以及由全国几百家广播电台联网形成的非常成功的广播系统。① 如此大规模且成功的大众传媒产业，吸引了数量庞大的受众，但当时对受众的研究却相当薄弱。

这些变化促使传播学研究的着力点从传播者的意图是否能够实现转移到受众身上，即人们从传播行为中获得了什么。这一变化发生在20世纪50年代末，标志着媒介效果研究新阶段的出现，也就是美国第二代经验功能主义研究的开始。这一时期产生的代表性理论是“使用与满足”理论和“议程设置”理论。美国社会学家卡茨在1974年发表的论文《个人对大众传播的使用》中首次正式提出“使用与满足”理论，说明研究者越来越意识到人们对媒介的积极的、有目的性的使用可能是产生媒介效果的一项重要中介因素。1972年，麦库姆斯和唐纳德·肖正式提出大众媒介的“议程设置”功能，与战时的宣传研究不同，议程设置理论关注的是长期的、间接的、累积的、整体的效果。

经验功能主义传播研究的着力点在20世纪中期发生了变化，这与社会环境的变迁、媒介技术的发展以及传播学本身不断被补充和修正不无关系。然而不变的是，传播功效依然是经验功能主义学派的关注焦点，服务于现有制度和解决实际问题依然是该学派的价值取向，实证主义依然是该学派的方法论基础。

3. 对经验学派的评价

经验功能主义范式能够成为美国传播学研究的主流，与该范式本身的特点以及它和社会发展需要之间的高度契合是密切相关的。它的实用主义价值取向使得研究者们积极回应战时宣传和动员效果的问题，以及战后受众数量激增所带来的对受众进行更深入、细致考察的社会需求，它对传播功效的聚焦催生出众多至今仍在政界、商界等领域被广泛使用的传播策略。20世纪下半叶，大众媒介逐渐普及的同时也带来一系列消极影响，比如电视暴力对儿童和青少年的影响，这些也被纳入经验功能主义研究的视野当中。可以说，着眼于现实问题并积极寻找切实可行的解决方案，是该学派能够在传播学领域长期居于主导地位的重要原因。

当然，经验功能主义自身也存在着显而易见的局限。首先，社会现象和人的行为是极其复杂的，可观察、可量化的经验材料有限，很难充分说明人的精神活动；其次，实验或社会调查等实证方法在涉及价值和意义的问题时，时常显得无能为力；再次，根据有限的数据和资料，很难从整体上做出综合判断，也很难测量并估计不明显的和长期的效果；最后，经验主义者将自己置于现行体制之中，总体上接受它的价值和目标，对现有的权力结构与社会矛盾缺乏批评和反思精神。

二、批判学派

以欧洲为中心的批判学派和以美国为中心的经验学派是传播学领域中对垒的两大学术阵营。前者的构成较为复杂，按照切入视角的不同又划分为不同的流派。传播批判学派主要分为法兰克福学派、伯明翰学派和政治经济学派，法兰克福学派以社会批判理论著称，

---

① ［美］希伦·A. 洛厄里、梅尔文·L. 德弗勒著，刘海龙译：《大众传播效果研究的里程碑》，北京：中国人民大学出版社，2004年，第86页。

伯明翰学派以文化研究为主要视角，政治经济学派以阶级结构和意识形态批判为主要起点。

1. 法兰克福学派

法兰克福学派创建于1923年，是由德国法兰克福大学社会研究中心的一群社会学家、哲学家和文化批评家所组成的学术团体，以批判性社会理论著称。其代表学者有霍克海默、阿多诺、马尔库塞、哈贝马斯等。马克思关于资本主义批判的理论是法兰克福学派的重要理论来源，确定了该学派的批评目标和旨趣。该学派还继承了黑格尔关于真理的学说和辩证法理论，汲取了黑格尔的理性原则，把理性当作哲学思维的基本范畴。此外，法兰克福学派结合弗洛伊德的精神分析学说，深入探讨了潜意识在人的行为和社会文明中的功能，从而让该学派从宏观的意识形态角度和微观的、个体的“精神”角度做出批判。批判学派的兴起不仅根植于欧洲传统哲学的核心，也源于对时代重大问题的敏感，尤其是德国纳粹的兴起和西方大众文化社会的形成。

20世纪30年代，为躲避纳粹迫害，法兰克福学派的成员陆续流亡美国。起初，犹太人问题、纳粹政权的权威主义仍然是他们的关注重点。从20世纪40—50年代开始，该学派的研究主题转移到美国大众文化以及大众传播领域。与此同时，法兰克福学派的成员们对当时在美国占据主流的经验主义传播学研究持反对态度，其反思和批判为批判学派在美国的发展提供了理论上的基础。与德国相比，当时的美国有着更为宽松和自由的文化氛围，这为人文主义色彩浓厚的法兰克福学派批判研究提供了温床。[①] 其代表人物主要有：

（1）霍克海默。

马克斯·霍克海默（M. Max Horkheimer）是法兰克福学派的创始人，他确立了该学派以马克思政治经济学批判为基础、以辩证法为核心的批判性研究纲领。霍克海默的批判理论，以及他与该学派另一位重要成员阿多诺共同提出的“启蒙辩证法”，都继承和发扬了马克思主义的批判精神。在普遍存在人类“异化”和“物化”生存困境的20世纪，他们将批判的矛头指向一切束缚人、压抑人的自由以及贬损人的价值和生存意义的现象。在对批判理论体系的建构上，霍克海默的贡献是巨大的。他首次对批判理论在概念范畴、价值内涵、研究立场等方面做了全面、系统的界定；他还着重强调批判理论具有较强的反思性。作为法兰克福学派的“精神领袖”，霍克海默对大众文化的批判，对工具理性的批判，以及对整个人类文明史的批判性审视，在该学派中发挥着核心作用。在他的带领下，法兰克福学派延续了马克思主义批判传统，不仅对资本主义进行了全方位的批判，而且还深化和发展了整个西方文化的自我批判传统，其丰硕的理论成果对于现代社会具有极其深远的启示意义。

（2）阿多诺。

西奥多·阿多诺（Theodor W. Adorno），德国哲学家、社会学家、音乐理论家，法兰克福学派主要代表学者，社会批判理论的奠基人之一。1938年，阿多诺为了躲避纳粹迫害而流亡至美国纽约，参与拉扎斯菲尔德主持的“广播研究项目”，负责其中涉及广播音乐的研究工作。然而此次合作并不顺利，阿多诺难以用实证的方法研究广播，他的批判性观

① 殷晓蓉：《法兰克福学派与美国传播学》，《学术月刊》1999年第2期。

点在美国几乎没有影响力，而且还受到赞助研究项目的基金会的强烈反对。1941 年，阿多诺迁至洛杉矶，他和拉扎斯菲尔德之间的短暂合作也就此终止。

在洛杉矶期间，阿多诺与霍克海默密切合作，撰写了《启蒙辩证法——哲学断片》。该书对资本主义社会中的理性化特征、文化工业体制及其造成的人性的无差别、审美趣味的标准化进行了严厉批判。1949 年，阿多诺返回法兰克福，担任法兰克福大学哲学系教授，同年出版《新音乐哲学》。他从哲学的角度审视音乐，把音乐看作与社会发生复杂关系的“媒介”，而且他还强调现代音乐的“否定性”，即音乐作品应该成为社会中不合理现象的批判者。阿多诺对音乐和艺术的思考一直贯穿于他的整个学术生涯，是其批判理论的重要组成部分。他将音乐与资本主义的关系问题拓展到大众文化层面，引领着法兰克福学派的“文化工业”批判研究。

(3) 哈贝马斯。

尤尔根·哈贝马斯（Jürgen Habermas），德国哲学家、社会学家，法兰克福学派第二代的中坚人物，当代最重要的思想家之一。1955 年，哈贝马斯进入霍克海默和阿多诺领导的法兰克福社会研究所，成为阿多诺的第一位研究助理。之后他担任海德堡大学哲学教授职位，其间发表其首部重要著作《公共领域的结构转型——论资产阶级社会的类型》。1981 年，哈贝马斯出版了其另一部经典著作《交往行为理论》，该书综合德国理性主义哲学、米德的符号互动理论、当代语言哲学、批判理论和社会学传统，集中展示了哈贝马斯的核心学术思想，即以“主体间性”为中心的“交往合理化”理论。

与法兰克福学派第一代旗手霍克海默和阿多诺不同的是，哈贝马斯更加乐观地认为资本主义的普遍危机能够被克服，解决途径是规范和重构资本主义公共领域的结构，重新回到能够开展理性沟通、追求话语共识的生活世界，才能实现资本主义社会继续向前发展。哈贝马斯的理论中蕴含着丰富的传播学思想，在考察公共领域的公共性原则时，他将 17、18 世纪的报刊称为“公共领域的最典型机制”。在这样一个公共领域中，“公众以阅读为中介，以交谈为核心，凭借沙龙、俱乐部、咖啡馆、杂志和报纸等种种机制进行公共交往，发起对公共权力的公开批判，由此产生的公共舆论成为调节国家和社会需求的媒介”①。在讨论公共领域的结构转型中，哈贝马斯用大量篇幅分析了近现代大众传媒功能的退化：19 世纪中后期的大众报刊逐渐丧失批判功能，转而迎合公众的消费和休闲需要；到 20 世纪，电影、广播和电视的发展呈现出明显的商业化趋势。这意味着公众失去了公开批判的媒介，公共领域由公众掌控媒介来影响政治，转变为媒介被政治利用来控制公众。

哈贝马斯的思想庞博而深刻，知识体系连续且系统，他被认为是当代最有影响力的思想家。他的思想给传播学带来了巨大的影响，罗杰斯在他的《传播学史：一种传记式的方法》一书中将哈贝马斯视为传播学领域“批判学派的领袖”②。哈贝马斯的“交往行为”理论涉及重要的传播学议题，“主体间性”这一重要概念重新阐释了传者与受者的关系，

---

① 连水兴、梅琼林：《媒介批判的转向：从“工具理性”到“交往理性”——论哈贝马斯的媒介批判理论》，《社会科学研究》2010 年第 5 期。

② ［美］E. M. 罗杰斯著，殷晓蓉译：《传播学史：一种传记式的方法》，上海：上海译文出版社，2018 年，第 116 页。

强调传播过程中多极主体的存在，这是拉扎斯菲尔德的“5W 模式”、施拉姆的“循环传播模式”等早期传播模式所无法解释的。他的“公共领域”理论则为我们理解大众传媒在当今社会中的作用提供了重要的视角和方法。

法兰克福学派的社会批判理论对于现代政治体制、意识形态、科学技术、大众文化、性格结构、心理机制等方面的分析批判都是从马克思的“异化”理论出发，在主题上直接涉及人的存在和人的本质的深层问题，分析的深度和批判的彻底性显而易见。他们关注发达工业社会中存在的一系列社会矛盾，把这些矛盾归结为文化问题和道德问题，并认为解决这些矛盾的途径也只能是主观的、文化的、意识的、心理上的革命。法兰克福学派批判理论的影响广泛而深远，其中蕴涵着丰富且深刻的传播思想，为传播学领域带来一种不同于经验学派的理论范式与研究方法。

然而，该学派的批判理论也存在明显的局限性。首先，法兰克福学派以精英主义的视角将科技与艺术、文化与商品完全对立，认为现代社会的发展加剧了人的异化，忽视了科技文明和工业文明对人类和人类社会带来的积极进步的影响。其次，在对大众文化的批判中，法兰克福学派忽视了大众的审美差异和积极创造性，也夸大了大众的易被操控性。最后，法兰克福学派的第一代学者们围绕着工具理性和技术理性进行批判，他们认为现代社会是黑暗的，但是又没有提出建设性、改良性的意见。作为法兰克福学派第二代旗手的哈贝马斯通过对交往理性的主张和强调，来重建现代社会的民主、平等与自由，但他忽略了可能存在交往无法实现相互理解的情况，“理想言说情境”也只是一种乌托邦式的设想。

2. 伯明翰学派

英国批判学派以文化研究著称，其中英国伯明翰大学的当代文化研究中心是英国文化研究的核心。该中心成立于 1964 年，由理查德·霍加特创立，后来在斯图亚特·霍尔、理查德·约翰逊等人的带领下，逐渐发展成为在世界学术范围内产生广泛影响的学术流派，被称为伯明翰学派，该学派以研究通俗文化和媒体而著称。与法兰克福学派成员大多出身于社会上层家庭所不同，伯明翰学派的成员大多出身于中下层或工人家庭，他们采取了一种不同于精英主义的视角去审视大众文化，由此产生了不同于法兰克福学派的媒介与文化批判范式。

“二战”后的英国，以工人阶级为代表的平民阶层迅速壮大，伯明翰学派的学者们大多来自平民阶层家庭，这一背景决定了伯明翰学派的一个重要研究取向，即主张在经济基础、物质生产、社会生活的联系中探讨文化问题，同时特别强调文化在平民阶层直面统治阶层并与其进行对抗时所具有的解放功能。工业化带来的社会危机和文化危机促使伯明翰学派的学者们寻找解决危机的办法，但与马克思主义认为的阶级斗争是阶级社会发展的直接动力所不同的是，伯明翰学派的学者们认为，要通过建立新文化这种非暴力的方式来对抗、消解社会的现代性危机。

在理论语境方面，伯明翰学派的媒介文化理论继承了法兰克福学派的批判传统，具有明显的马克思主义倾向。除此之外，秉承了结构主义方法论的伯明翰学派，注重对媒介文本深层结构进行细致入微的分析，从而揭示意义的生成机制及背后的意识形态逻辑。伯明翰学派的代表性学者主要有：

（1）雷蒙·威廉斯。

雷蒙·威廉斯（Raymond Henry Williams），当代著名文学批评家、文化理论家，英国文化研究的开创者和奠基人。威廉斯在坚持马克思历史唯物主义的前提下强调大众文化的能动性、主体性、实践性与解放性，他也受到利维斯主义的影响，极力主张要发挥文化批评的价值，但同时反对利维斯提倡的褒扬精英文化、鄙夷大众文化的批评框架。在对马克思主义和利维斯主义辩证地扬弃的基础之上，威廉斯超越了法兰克福学派的大众文化批判理论，立足于工人阶级和普罗大众，否认精英文化与大众文化的二元对立，重塑了文化和大众文化的概念。他主张通过构建一种由全体社会成员所共享的，以“平等”和“多样性”为特征的共同文化，来应对传播中的不平等问题。“威廉斯对于传播与共同体之关联的发现，对于善用传播手段建设共同文化的倡导，在共同体不断分解重组、文化消费日益兴盛、传媒迅速发展的今天，具有很强的现实意义和参考价值。”①

（2）理查德·霍加特。

理查德·霍加特（Richard Hoggart），英国著名文化批评理论家，文化研究的奠基人与先驱者。在其最负盛名的《识字的用途》一书中，霍加特表达了对英国大众文化“美国化”的忧虑，进而探究英国社会应该如何应对大众文化兴起所带来的挑战。

1964 年，霍加特在伯明翰大学建立当代文化研究中心。在之后的 20 年里，“阶级”与“文化”的关系以及“工人阶级文化”一直是伯明翰学派的研究核心。霍加特率先采用民族志方法对工人阶级青年亚文化的服装和音乐风格予以细致描述，因而开创了用民族志进行文化研究的先河；他对工人阶级青年亚文化的“深描”，对伯明翰学派的亚文化理论和媒介研究具有重要的建设性意义。不过他对媒介文化进行的“二元对立”的良莠划分，即美国文化与英国本土文化的二元对立，以及新旧文化之间的二元对立，阻碍了他看到文化的更多层面，使他对流行文化的批判过于极端和悲观。而且随着社会环境的变迁和社会结构的变化，其强调“阶级”的文化研究视角的适用性也引发了越来越多的争论。霍加特的接班人斯图亚特·霍尔和其他后来的文化研究学者例如安吉拉·麦克罗比，将伯明翰学派的文化研究扩展到种族、性别等文化斗争领域。在霍尔的引领下，伯明翰学派由早期的“文化主义”范式转向更多元的研究视角。

（3）斯图亚特·霍尔。

斯图亚特·霍尔（Stuart Hall），英国社会学教授，文化研究领域最重要的奠基人之一，被誉为“当代文化研究之父”。1964 年，理查德·霍加特邀请霍尔加盟当代文化研究中心。1968 年，霍尔接替霍加特，成为该中心的第二任主任。霍尔的研究领域十分宽广，不仅涉及文化研究理论，还涉及社会学、传播学、人类学、意识形态、种族与殖民等诸多问题。他的研究经常从边缘群体、种族和阶级的角度切入，这和其黑人身份密不可分。他主张对媒介文化进行细致的解读、分类，提出亚文化不是被动接受大众文化的产物，而是由青年主动建立认同所形成的。霍尔还提出了其最具原创性的“编码/解码”理论，这一理论被称为“霍尔模式”。该模式与美国的经验—功能主义模式具有根本的不同，因为它把电视观众看作大众文化的积极、主动的消费者。“编码/解码”理论的提出，意味着一种

① 付怡、张帅：《共同体与传播批判——雷蒙·威廉斯的传播思想》，《东南传播》2018 年第 12 期。

全新的文化生产和文化接受理论的诞生。

霍尔深受经典马克思主义的影响，这决定了他的文化研究具有突出的历史唯物主义立场，以及明确的实践和批判的指向。他还结合葛兰西的“霸权”理论和阿尔都塞的“意识形态”理论，从而开创了“英国文化研究”的独特路径——以关注阶级、性别、种族等因素为特征，通过意识形态、语言学和符号学、流行文化、媒介表征的分析，深入剖析资本主义社会中的各种结构性条件限制，以及探索行动、变革的可能性。他的媒介批判理论挑战了以美国实证传播研究为代表的“直接效果论”和“被动受众观”，重构了大众媒介与意识形态之间的复杂关系，并且对20世纪50年代以来的种种社会危机做出了积极回应，因而具有重要的理论和实践价值。

在西方马克思主义文化研究的众多流派中，伯明翰学派的研究路径给后人带来了极为深刻的启迪。伯明翰当代文化研究中心的文化研究在初期受到威廉斯等人的文化主义观念的影响，着力于研究文化是什么以及文化具有什么功能。随着阿尔都塞结构主义和葛兰西理论的引入，伯明翰学派开始着重分析文化内部意识形态的运作方式。到了后期，在后现代主义思潮的影响下，尤其是伯明翰当代文化研究中心内部的女性和黑人成员推进了对自己所属群体的研究，“边缘人群”和多元文化成为关注的焦点。伯明翰学派的研究领域随着社会发展变化不断产生新的切入点，挖掘新的研究问题，极大地推动了不同时期人们对大众文化的深入理解。

然而，反观该学派的学术思想，不难发现其存在一些局限性。首先，伯明翰学派的文化研究强调普通民众的文化先锋意义，同时力图摒弃精英文化的教化与影响，这导致其对现实生活中文化多元性与复杂性的认识不足。其次，伯明翰学派在后期片面强调文化消费，夸大消费和日常生活的自由度，忽视文化现象中隐含的政治、经济权力的支配作用。最后，虽然伯明翰学派开创性地将民族志方法运用在媒介文化研究中，但民族志研究由于过多人为因素的介入而使研究结果的客观性大打折扣，而且访谈对象的数量有限也影响了结论的代表性与普遍性。2002年，伯明翰当代文化研究中心被伯明翰大学校方关闭，这与伯明翰学派自身学术路径上的局限性不无关系。不过机构的消失并不能抹杀伯明翰学派给当代文化研究带来的影响，其开拓的学术传统对于我们理解当今时代人们的生存问题具有重要意义。文化研究在伯明翰学派的带动下，借助于20世纪末的国际化趋势，已经扩散至全球，发端于英国的文化研究如今已成为国际性的文化研究。

3. **政治经济学派**

传播政治经济学派是西方传播学研究的主要流派之一，其关注的焦点是社会权力关系与传播生产、流通、消费的相互构建。该学派主要受到马克思主义和法兰克福学派的影响，最早于20世纪40年代在美国出现。20世纪60—80年代，随着大学教育体系的扩展，再加上大众传媒的商业化、集团化、跨国化趋势日益明显，传播政治经济学受到越来越多的关注，继而迅速发展成为一门热门学科，并盛行于北美和欧洲。这一时期的传播政治经济学关注的主要课题是信息及文化产品的不均衡流动现象，以及跨国媒介对民族国家、民族文化的影响。

20世纪90年代后，美国和欧洲大众传媒领域的私有化、商业化浪潮出现全球化趋势，跨国媒介集团迅速发展，网络和卫星技术的广泛应用为媒介全球化提供技术支持的同时，也加剧了电子媒介领域的竞争。传播政治经济学者们开始重新思考国际信息流动的问题，对“文化帝国主义”做出新的阐释，并进一步揭示政治经济权力体系与媒介的关系。另外，消费社会的出现让大众传播中的商品消费现象成为传播政治经济学的又一关注焦点。此时的传播政治经济学明显分为两个阵营，以赫伯特·席勒、诺姆·乔姆斯基等为代表的北美阵营和以格雷厄姆·默多克、彼得·戈尔丁等为代表的欧洲阵营。前者普遍关注的是传播技术的社会意义，以及与传播技术有关的权力与利益关系；后者较多地关注文化工业、媒介所有权的集中与垄断，以及传播活动中的阶级问题。传播政治经济学的代表性学者主要有：

（1）达拉斯·斯麦兹。

达拉斯·斯麦兹（Dallas Walker Smythe）是西方传播政治经济学的奠基人，他开辟了传播政治经济学的研究领域，建立了以传播政治经济学为基础的批判学派。1949年，斯麦兹应施拉姆的邀请到其创办的伊利诺伊大学传播研究所任教，并开设了第一门传播政治经济学课程。博士期间攻读经济学的学习经历，毕业后与报纸、邮电等通信行业工会打交道以及后来在美国联邦通信委员会任首席经济学家的工作经历，让斯麦兹对传播领域的利益与控制问题一直保持密切关注，着力于批判资本主义传播政策与结构中的种种不合理和弊端。进入大学任教之后，斯麦兹的研究焦点转向大众传播尤其是电子传播是如何与资本主义制度合作生产出服从资本主义制度安排的“共识”。1963年，斯麦兹回到加拿大继续在大学任教，并先后提出了著名的“受众商品论”和“媒介依附理论”。

斯麦兹对传播政治经济学的理论和实践发展都有突出的贡献，他认为资本主义制度下被大量生产的传播商品是大众媒介，受众在享用大众媒介提供的“免费午餐”的同时为媒介无偿创造价值。他还指出资本家正是通过利用传播业创造共识的方式让加拿大传播业和文化工业对美国的依附合理化。秉持着这样一种观点，斯麦兹致力于为加拿大传播政策的制定和传播产业结构的改革献言献策，并积极呼吁建立世界信息传播新秩序。不过斯麦兹的思想也存在一些局限性，比如他主要从宏观和中观的角度对资本主义传播制度、传播政策和传播技术进行分析和批判，却缺乏从微观视角对媒介日常运作过程以及具体文化和个案的研究，他揭露了资本主义社会中政治、经济力量对大众传播的影响和对受众的操控，但是这种观点过分强调媒体和受众的被动性，从而忽视了这二者之间复杂的互动机制。

（2）赫伯特·席勒。

斯麦兹离开伊利诺伊大学之后，接替他教席的是赫伯特·席勒（Herbert Schiller）。席勒是美国著名传播学者，北美传播政治经济学的另一位奠基人。1943—1945年期间席勒在北非服兵役，1948年在美国布鲁克林的普拉特学院教授经济学课程，同时攻读纽约大学的经济学博士学位。在20世纪50—60年代反新殖民主义运动的社会背景下，席勒受到斯麦兹的影响从而转向传播学，开始关注传播结构与传播资源分配等问题，率先提出“文化帝国主义”的概念，借此描述美国的媒介产品对其他资本主义国家和发展中国家的“入侵”。席勒的批评视角代表着与当时在美国占主流的传播学经验学派的决裂，也意味着传播研究视角与路径的转变。20世纪80—90年代，席勒又将批判的矛头指向“信息社会”的兴起与“全球化”。席勒继承了法兰克福学派的批判方法，主要从媒介传播的角度，通过解构国际传播领域的权力关系来批判文化帝国主义。对现状的激烈批判让他成为国际范围内广受尊敬的作家和学者。席勒的巨大影响力促使传播政治经济学成为国际传播学界的热点。不过席勒的观点也因为过于强调信息与传播媒介的消极层面以及忽视了它们在社会发展中的积极功能而受到质疑和批评。

（3）格雷厄姆·默多克。

默多克（Graham Murdock）是英国传播政治经济学的代表人物。他在英国莱斯特大学担任教授时，与英国另一位传播政治经济学代表学者彼得·戈尔丁（Peter Golding）共同发表了大量关于传播政治经济学的经典著述，在国际传播学领域产生巨大反响。之后他转任英国拉夫堡大学社会科学系教授，并致力于媒介与文化分析的跨学科研究。默多克的研究志趣广泛，涉及大众传播、风险社会、数字技术、电子消费、恐怖主义、人工智能等领域。对马克思主义基本原理和马克思主义政治经济学分析框架的坚持，是默多克学术思想最为显著的特色。

默多克主要从经济结构和所有制关系的角度来剖析大众传媒的内在矛盾。他对当下资本主义社会，特别是技术理性对资本主义社会的异化作用展开了深刻的批判。在其传播政治经济学视角下，大众传媒是社会权力体制的重要组成部分，大众传媒的私有化和对大众传媒的控制权的集中化导致的后果是，大众传媒和大众文化成为利益集团的意识形态传播工具，确保统治阶级支配地位的合法性，进而维持了社会中不平等的权力系统。默多克提倡国家应该给予有效的市场干预，从而保证人们有权使用能够促进参与和社会包容的物质资源与符号资源。不过他把论述的重点放在资本主义制度下的媒介商业运作，没有考虑到世界的多元性，同时也缺乏对媒介公共属性的深入分析，这些让默多克的观点遭到了批评。

出现于20世纪中期的传播政治经济学，从马克思主义基本立场出发，着眼于宏观层面的传播与社会之间的关系，以一种历史的、制度的方式来理解传播活动，特别关注大众传播领域中政治、经济结构与权力的问题，在此基础上对与大众传播活动有关的不平等现象予以揭示和批判。与伯明翰学派文化研究不同的是，传播政治经济学主要研究大众传播商品的生产、流通和消费在整个社会中的影响，以及社会的政治、经济等因素又是如何影响大众传播业的。马克思对现实所持有的怀疑和批判的态度是传播政治经济学者们基本的理论取向，对公平的追求让该学派与效率取向的美国主流经验学派有着本质的区别。

传播政治经济学的出现丰富了传播研究的路径和视野，其自身随着时代的发展变化也在不断调整和拓展研究内容。和其他学派一样，传播政治经济学也因为一些固有的局限性而遭到质疑。它注重对大众传媒与政府之间关系、媒介商业运作等政治、经济因素的分析，忽视对媒介内容和文本的解读；又因为强调对经济基础的分析，被批评为“经济决定论”；在方法论上注重质化和思辨分析，而忽略量化统计分析，被质疑为方法单一。不过我们也看到，传播政治经济学的研究议题有着不可替代的理论价值与实践意义。20世纪末，传播政治经济学的学者们开始思考如何与文化研究之间建立桥梁，文化与经济的相互构成关系被广泛确认，传播政治经济学开始兼容文化研究的视角和方法，其兼容并蓄的跨学科取向越来越明显。

三、媒介环境学派

媒介环境学萌芽于20世纪30年代的北美，在70—80年代发展成为传播学领域的一个主要学术分支。加拿大的多伦多大学和美国的纽约大学是当时媒介环境学研究的两大重镇，前者的代表学者是英尼斯、麦克卢汉等，后者的代表学者是波兹曼、梅罗维茨、莱文森等。1998年8月，媒介环境学会（Media Ecology Association）在纽约宣告成立，这标志着媒介环境学派的正式成立，该学会成为沟通和整合纽约学派与多伦多学派的桥梁。此时，传播学领域形成了传统经验学派、传统批判学派和新兴媒介环境学派三足鼎立的局面。媒介环境学主张一切技术都是媒介、环境和文化，该学派的关注点“涵盖整个人类文化的健康与平衡，既有微观的媒介研究，也有宏观的文明演进研究，它关心媒介史和传播思想史，注重广义的技术—环境—媒介—文化的发生和发展，具有强烈的人文关怀和道德关怀”①。

媒介环境学的理论渊源可以追溯到社会学芝加哥学派主帅之一的罗伯特·帕克和城市生态学创始人刘易斯·芒福德（Lewis Mumford）。前者是媒介环境学派第一代领军人物英尼斯的老师，帕克宏观的媒介化研究理念促使英尼斯开始关注媒介技术与社会、文化之间的复杂关系。芒福德的媒介思想诠释了技术、城市文明与生态伦理的共生关系，这为媒介环境学后继者研究技术与文化的共生关系奠定了思想基础。媒介环境学派的代表性学者主要有：

1. 英尼斯

哈罗德·英尼斯（Harold Innis）是加拿大著名的经济史学家、经济理论家、传播学家，多伦多学派的奠基人，媒介环境学的开创者。自美国芝加哥大学博士毕业后，英尼斯回到加拿大，在多伦多大学任教期间先后从事经济学理论和传播学的研究，其论文《报刊在经济发展中的作用》标志着英尼斯把研究的重心转向传播研究。20世纪50年代，英尼斯接连出版《帝国与传播》《传播的偏向》《变化中的时间观念》三本著作，皆成为后世传播学的经典。

英尼斯采用历史的、宏观的、整体的研究方法，将媒介与人类文明史联系在一起，通过对媒介的特征、分类、性质以及与权力结构的关系的探讨，揭示出媒介在文明发展中的作用，并且对媒介技术导致的知识垄断和对文化的冲击予以批判。英尼斯的传播思想为传播研究提供了全新的理论视角和研究方法，其对媒介技术的批判和对现实的人文关怀奠定了媒介环境学派的根本基调，并且影响了麦克卢汉、波兹曼等一批学者。不过英尼斯的传播思想也存在局限性，如英尼斯强调媒介技术对社会的影响，但对这二者之间的互动却没有给予同样的重视，而且由于自身经历与客观因素的影响，英尼斯难以跳出其加拿大“民族主义视角”，从而被质疑没能从更客观的角度去考察传播技术对整个世界文明产生的影响。

---

① 何道宽：《媒介环境学：从边缘到庙堂》，《新闻与传播研究》2015年第3期。

2. **麦克卢汉**

马歇尔·麦克卢汉（Marshall McLuhan），加拿大哲学家、文学评论家、媒介理论家，英尼斯的学生和同事，媒介环境学派的杰出代表，与英尼斯同为多伦多学派的奠基人。“媒介是人的延伸”“媒介即讯息”“地球村”等新奇观点和理论的提出，让麦克卢汉名声大噪，成为举世闻名的传播学大师。在学术源流上，麦克卢汉深受英尼斯的影响，其“媒介具有感官偏向”的观点就是对英尼斯“传播偏向论”的继承和发展。而“地球村”这一概念的提出则是麦克卢汉对英尼斯“传播偏向论”的超越，他认为电子媒介的出现让时空之间的协调不再重要，人人都与他人相连，进而形成一种共同的、同步的文化，整个世界变成一个“地球村”。

麦克卢汉是媒介技术哲学的引领者，他开拓了从媒介技术出发来观察人类社会发展的视角，强调媒介技术对人类历史、社会、文化的影响。他对媒介技术的深刻洞见在今天看来仍然富有启发意义。麦克卢汉思想的价值还在于，他的研究成果为全人类建立起一个媒介“预警系统”，使人类能够时刻警惕并防范这些强大的电子媒介对人类心理和社会造成的负面冲击，让人们能够提前做好思想准备去应对媒介技术带来的负面影响。① 不过他的思想也存在一些片面性，比如其理论依据主要建立在媒介技术对人的感觉系统的影响之上，由此推导出的人类行为被认为是片面的；“媒介即讯息”这一观点只注意到媒介的形式，却将媒介承载的内容排除在外。

3. **波兹曼**

尼尔·波兹曼（Neil Postman）是著名的媒介文化研究学者和批评家，媒介环境学派第二代学者中的佼佼者，纽约学派的奠基人。他生前一直在纽约大学执教，其间创办了美国第一个媒介环境学博士点，这标志着该学派开始迈向制度化的发展。波兹曼被认为是提出“媒介环境学”这一术语的第一人，他在 1970 年首次就这门学科的定义和范式公开做出如下表述：“媒介环境学把媒介当作环境来研究……。这些概念显示，媒介环境学强调人在媒介研究中的重要角色，其重点关怀是如何研究人与传播媒介的关系。”② 波兹曼深受媒介环境学派前辈英尼斯和麦克卢汉的影响，在英尼斯“传播偏向论”的基础上提出“媒介技术内在的意识形态偏向”，这个概念考察了媒介技术的固有形式偏向及其对社会、文化的影响。波兹曼的“媒介即隐喻”是对麦克卢汉“媒介即讯息”观点的继承和发展。波兹曼认为媒介“更像是一种隐喻，用一种隐蔽但有力的暗示来定义现实世界”③。

波兹曼的媒介技术批判理论集中体现在他的三部代表性著作当中，即《童年的消逝》《娱乐至死》和《技术垄断》。其媒介理论具有强烈的批判性，同时也充满着浓厚的人文关怀。作为聚焦媒介技术的敏锐观察者，他提醒世人警惕媒介技术的负面偏向并呼吁树立危机意识。在媒介环境学的学科建设上，波兹曼功不可没，他界定了该学科基本的研究对象与研究问题。不过，波兹曼的媒介技术批判理论也因为一些局限性而受到质疑，例如过度解读电视的娱乐性倾向，忽视了电视媒介的严肃性诉求；过度强调媒介技术的消极方

---

① ［美］林文刚编，何道宽译：《媒介环境学：思想沿革与多维视野》，北京：北京大学出版社，2007 年，第 129 页。

② ［美］林文刚编，何道宽译：《媒介环境学：思想沿革与多维视野》，北京：北京大学出版社，2007 年，第 4 页。

③ ［美］尼尔·波兹曼著，章艳译：《娱乐至死》，桂林：广西师范大学出版社，2004 年，第 12 页。

面，忽视其积极进步的方面。

媒介环境学派既不同于经验学派对传播效果的直接观察，也不像批判理论范式强调对传播系统的解构，而是聚焦媒介形式对人类历史和文化的动态影响，体现出一种人文色彩浓厚的、有历史纵深感的诠释风格。媒介环境学派也关注传播效果，但它更关心作为环境的媒介是如何对人和社会产生影响的，并且基于一种更具主观色彩的观察。在批判性的强弱上，媒介环境学派不及批判学派，因为它在批判媒介“阴暗面”的同时又没有完全忽视人的主观能动性。可以说，媒介环境学派在一定程度上更新了媒介批评范式。

国内著名传播学者何道宽认为：“真正摆脱服务现存体制、解放传播学的是以麦克卢汉为代表的北美传播学的第三学派——媒介环境学派。该学派具有强烈的人文关怀、道德关怀、社会关怀，具有明显的批判倾向……。这个学派的崛起有力地矫正了经验学派独霸、批判学派式微的局面，为传播学研究开辟了一方新的天地。”① 媒介环境学极大地丰富了传播学的研究对象、研究问题与研究方法，其“泛媒介观”“媒介偏向观”和媒介史研究对于我们理解媒介具有重要的启发意义和参考价值。经过三代学人的薪火传承与不懈努力，媒介环境学派不仅走向传播学主流，而且在世界范围内产生了深远影响。然而，只注重媒介的长期影响，侧重于宏观分析，缺少微观层面上的考察与个案研究，这也是该学派的固有局限。

四、学派的比较与争论

1. 学派的比较

传播学的历史以经验学派、批判学派和媒介环境学派这三大学派的出现、兴起和发展为标志，形成学派分野的主要原因是研究对象、研究问题和研究方法上的差异。

在研究对象上，经验学派聚焦传播效果、传播的社会功能以及影响传播效果的各种因素；批判学派关注传播制度、传播符号背后的意识形态以及大众传媒对人的异化和控制；媒介环境学派关注媒介技术对人类历史和社会的影响。

在研究问题上，经验学派试图回答如何发挥大众传媒的实用价值、如何最大限度地达到预期的传播效果；批判学派试图回答资本主义制度下的大众传媒与政治权力、经济权力和意识形态之间存在什么样的关系，由此引发了什么样的消极影响；环境学派则试图回答媒介形态的发展变化如何影响到人和社会，以及新媒介产生了什么样的社会影响。

在研究方法上，这三个学派同样差异明显。经验学派主要采用实验、问卷、采访、实地观察、内容分析、抽样调查等实证研究方法，来探究传播过程中的原理和规律；批判学派主要采用哲学思辨的方法，强调定性分析和价值判断，具有浓厚的人文主义色彩，即关注人的行为特征、人的精神世界等；媒介环境学派则结合历史文献研究与理论思辨的方法对媒介技术进行研究。在研究方法上最具特色的媒介环境学者当属麦克卢汉，他将诗性隐喻和艺术直觉作为研究和探索的工具，这种创造性的、非线性的研究方法摆脱了逻辑实证主义传统的限制，被认为是将文学方法运用到新的研究主题上的用以保存人文主义价值的

---

① 何道宽：《媒介环境学：从边缘到庙堂》，《新闻与传播研究》2015 年第 3 期。

一种尝试。①

2. 学派的争议

学派之间的争议也主要围绕着上述差异而展开。一直以来，关于媒介效果的研究在传播学领域中处于主导性和支配性地位。在经验学派看来，大众媒介是重要的政治力量和经济力量，在维护现有社会秩序方面有着不可替代的作用，因而对媒介效果的探索有重要的实践指导意义。然而随着传播学研究的逐步成熟与多元化，以及媒介技术与社会环境的发展变化，媒介效果研究的支配性地位备受争议。在学派之间关于“传播学研究什么”的交锋与探讨中，传播学的研究范式不断更迭，学者们在这个过程中对传播现象的探索不断深化和完善。

关于“如何进行传播学研究”也一直存在争议。经验学派主要采用量化的研究方法，但批判学派的学者们认为量化和统计的方法很难捕捉到受众的微妙特征，尤其是人的精神活动，在涉及价值和意义的问题时，量化方法就显得无能为力。相较于量化分析，质化研究被认为更有利于从整体上、宏观上做出综合的、长期的判断。批判学派和媒介环境学派主要采用质化研究方法，例如访谈、民族志、历史文献分析等，其核心在于“解释”而非“证明”。质化研究强调现实的社会建构性，主张对研究对象进行解释性的理解。不过质化研究也常常因为缺少严密的科学论证，且在研究过程中涉及太多研究者自身因素而被质疑其结论的可靠性。

3. 对话与整合

从对传播学发展历史的梳理可以看出，这门学科具有多理论来源和跨学科发展的特征。基于不同的研究范式与价值取向而形成的学派分野以及由此引发的争论一直伴随着传播学的发展，但经过多年深入而广泛的交锋与探讨，学派之间从最初的相互挑剔、相互拷问，走向了更为深刻的反思、对话与整合。② 20 世纪 30 年代，拉扎斯菲尔德与阿多诺在“广播研究项目”中的合作，代表着经验学派和批判学派在方法论上的第一次合作。事实上，作为经验学派代表人物、传播学“四大先驱”之一的拉扎斯菲尔德并不完全排斥质化研究，而批判学派的学者也不总是反对经验调查与量化研究，例如文化研究学者戴维·莫利（David Morley）进行的关于电视的研究就采用了实证调查方法。

现如今，传播学三大学派之间的交融更为深入，出现了后实证主义、解构主义、新传播效果理论等融合了不同研究方法的学说；对媒介与社会之间关系的理解，也在英尼斯与麦克卢汉观点的基础之上更进一步，出现了“软媒介决定论”。我们用陈力丹教授的话作为本章的结尾：

> 传播学主要研究的就是实在的世界和传媒的世界之间的关系、技术中介在其中扮演的角色。传播不是单纯的技术过程，其中有可能存在传播的中介被利用来操纵自我意识和社会意识。所有现存的社会结构，都会致力于维护社会行动者的

---

① ［美］丹尼尔·杰·切特罗姆著，曹静生、黄艾禾译：《传播媒介与美国人的思想——从莫尔斯到麦克卢汉》，北京：中国广播电视出版社，1991 年，第 177 – 197 页。

② 张卓：《从“效果”到“影响”——西方媒介效果研究的历史考察与反思》，《新闻与传播评论》2008 年第 1 期。

信息贫乏和无知，或通过媒介的异化来维护社会稳定。对此，我们应有所警觉。面对这种情形，三个方法论学派的任何一个，都难以充分阐释如此丰富和复杂的传播现象，需要在方法论上相互补充，因为组合的整体力量大于分散力量之和。①

思考题

1. 名词解释：芝加哥学派；经验学派；批判学派；法兰克福学派；伯明翰学派；媒介环境学派。
2. 传播学研究分为哪几个阶段？
3. 帕克的传播思想是什么？
4. 米德和库利对传播学的贡献分别是什么？
5. 芝加哥学派的传播思想主要有哪些？
6. 传播学的“四大先驱”对传播学的贡献分别是什么？
7. 施拉姆对传播学的贡献有哪些？
8. 如何评价经验学派？
9. 法兰克福学派的代表人物主要有哪些？
10. 伯明翰学派的研究存在哪些局限？
11. 经验学派、批判学派和媒介环境学派的区别是什么？

① 陈力丹：《试论传播学方法论的三个学派》，《新闻与传播研究》2019 年第 2 期。

第三章

传播过程和模式

第一节 传播过程和模式

传播学是社会科学中模式最多的学科，几乎每个理论都有其模式，这使得它的研究更加规范、科学。传播是信息流动的过程，人类传播的本质就体现在传播过程中。用过程观来审视传播活动，是将传播视为动态的、开放的、整体的一个过程，它与传播效果密切相关，因此历来受到学者们的重视。

一、传播过程及其要素

美国传播学者戴维·伯洛（David K. Berlo）是最早将传播作为过程来研究的学者，他认为传播是一个过程，是动态的，没有起点，没有终点，没有界限。他将这个过程看作一个具有复杂关系的组织、行为过程，其效果随着时间变化而变化。其中对信息的处理行为是一个组织过程，具有层次性（结构）和流动性，它具有一些基本的规则，如编码规则和比较规则等。作为行为的信息处理过程强调了层次结构中心的重要性，所以他“把传播看作一个虚构的、无方向的、非因果的互动过程”①，受众充当着积极的角色，他们从符号经验中获得的信息取决于对该信息的规划和期望，通过这些期望和信念，他们想象构建了正在或可能正在经历的现实。

信息的交流实际上是信息从参与交流的一方流向另一方的过程，在这个过程中，有一些因素是必不可少的。伯洛认为它主要由6个因素构成：传播的来源（有能力参与传播的人）、编码、信息（符号系统）、渠道（媒介）、译码、传播接收者。②

丹尼斯·麦奎尔和斯文·温德尔（Sven Windahl）认为最普遍意义上的传播是由以下几个因素构成的：发送者、渠道、讯息、接收者、发送者与接收者之间的关系、效果、传播发生的语境以及“讯息”所指的一系列事件。③

在传播过程中，传播者、接收者和信息是最基本的要素。在人际传播和新媒体传播中，每个人既是传播者又是接收者。只有在传统的大众传播和专业传播过程如教育传播中，传播者与接收者才会有显著的区分。大众传播的传播者始终是有组织的团体，而接收者可能是个人，也可能是群体。渠道在人际传播中是指社会关系网络，而在大众传播中主要是指技术性的大众传播媒介。信息（information）是传播的内容，经过人类加工（编码）的信息即“讯息”（message）。

整个信息的传递过程包括信息传达、信息接受和信息反馈三个阶段。

---

① D. K. Berlo, Communication as Process: Review and Commentary, *Annals of the International Communication Association*, 1977, Vol. 1, pp. 11–27.

② D. K. Berlo, *The Process of Communication*, New York: Holt, Rinehart, and Winston, Inc., 1960, pp. 30–32.

③ D. McQuail & S. Windahl, *Communication Models* (2nd ed.), London: Routledge, 2013, p. 5.

1. **信息的传达阶段**

所有类型的传播者都必然要对信息进行编码，将信息内容转化为符号序列的形式，使之成为可传达的讯息。编码是指将信息转化为一种适宜于传输方式和预期接收者的语言或代码。在人际传播中，编码主要通过语言和非语言符号进行；在大众传播中，编码通过语言、文字、图像、画面、色彩等符号进行。

2. **信息的接收阶段**

这个过程中接收者要对接收到的信息进行解码或译码，以理解信息所传递的意义。所以，译码是指为了提取意义而对信息进行解读的过程，它主要是接收者凭借视觉或听觉或两者同时去感知、理解传播者发送的讯息。接收者并不是讯息的被动接收者，而是讯息的主动接收者，他们会按照自己的方式将传播者发送的讯息进行阐释，由于接收者观念、生活经验和阅历不同，其对讯息的解读会出现偏差，所解读出来的意义未必是传播者的原意，这也正是传播最困难的地方。

3. **信息反馈阶段**

反馈的概念是控制论的创始人维纳最先提出的，它是指接收者收到讯息后，通过符码将自己的感受、评价等向传播者所做出的反应，它也是传播者获知其预期的接收者是否接受了讯息和如何接受讯息的过程。在面对面的人际传播中，反馈可以通过提问、姿势、表情等形式获知。在大众传播中，由于受众的主动性反馈是少量的，要想了解更多接收者的意见，就要通过受众调查、发行量、收视收听率、受众来信和来电等方式的调查分析来获得。通过对受众反馈信息的了解，可以帮助传播者修改正在进行或将来的传播行为。

信息的传达与接收构成了信息传递过程，信息的传递与反馈构成了信息交流过程，从而完成了一个传播过程。虽然有时反馈阶段未必会出现，但一个完整的传播过程必然包括以上三个阶段。

二、模式和功能

传播过程是一个多要素互动的动态过程，因此，对其进行认识与研究就存在相当的难度。为了更加整体地展现传播的结构和运动过程，学者们一般用可见的模式来进行描述。

1. **模式的定义**

模式是对传播现象直观而简洁的描述，以揭示传播过程的内部结构要素、要素之间的关系以及外部影响机制。模式是理论的简化形式，可以向人们提供传播过程的整体信息。沃纳·赛弗林（Werner J. Severin）等认为模式是“真实世界的一种理论化和简约化的表达”[①]。

麦奎尔和温德尔认为模式是对现实有意识的图表形式的简化描述，它试图显示任何结构或过程的主要元素以及这些元素之间的关系。[②]

卡尔·多伊奇（Karl W. Deutsch ）认为模式是指“符号和操作规则的一种结构，它应

① ［美］Werner J. Severin，James W. Tankard，Jr. 著，郭镇之、徐培喜等译：《传播理论：起源、方法与应用》（第5版），北京：中国传媒大学出版社，2006年，第40页。

② D. McQuail & S. Windahl，*Communication Models*（2nd ed.），London：Routledge，2013，p. 2.

该与现有结构或过程中的一组相关要点相匹配”[①]。每个模式都代表了一种理论，该理论断言模式与应该建模的事物在某些方面之间存在结构对应关系。

模式可以有多种形式，按所使用符号可分为三类：文字模式、图表模式、数学模式。一般来说，图表模式和文字语言模式会结合使用。

2. 模式的功能

多伊奇认为模式具有四种功能：组织、启发、预测和测量。[②] 组织是指模式对不连贯的资料进行排序和关联的能力，并能展示它们之间以前未被察觉的相似性或联系。解释是指新模式根据从熟悉的事件中借用的图像来组织不熟悉的过程的信息，它有助于我们将一些熟悉的行为模式转移到新的问题上，同时这种解释也暗示着一种预测，即为估算各种不同结局可能发生的概率提供基本依据。如果模式具有可操作性，它暗含的预测可以通过实际检测进行证实；如果预测无法通过目前的技术进行验证，它仍可作为启发式手段，启发人们发现新的未知的事实和方法。如果能够对何时或多少进行完全定量的预测，它可以为我们提供详细的时间序列，可以回答时间和数量的问题，我们可以利用它产生的数据作为指标进行度量，即测量。

模式对于了解复杂的过程是不可缺少的，它以易于理解和图形化的方式构建事件和研究领域，并讨论关系、过程及其影响。它能为我们提供考虑问题的框架，指出我们知识中那些隐蔽的漏洞，指出未来要解决或研究的领域。模式的特点在于能够体现出各种关系，因此在表述理论方面具有十分重要的、直接的辅助作用。但是使用模式也存在一定的风险，麦奎尔等人认为它们不可避免地是不完整的、过于简单化的，并且涉及一些隐藏的假设，所以肯定没有适合所有目的和所有分析级别的模式，重要的是要根据一个人的目的选择正确的模式。[③] 而且随着客观现实的变化，旧模式很快就会被抛弃或修改。

三、传播模式

传播模式是对人类的传播行为或过程的直观而概括性的描述。为了体现传播过程的结构和要素，大部分传播理论都用模式进行直观的再现。模式按作用分为两种类型——结构性模式和功能性模式：传播的结构性模式是对传播过程的构成要素及其关系的描述；功能性模式是对传播的各种影响和作用方面的描述，体现的是传播要素之间的关系。在传播学中功能性的模式较多，特别是传播功能和传播效果、媒介文化等方面的模式，大部分属于功能性模式。麦奎尔和温德尔将这些模式进行汇集然后撰写成书，并不断地更新。但他们基本的框架是将模式分为 5 种类型：

（1）基本模式：包括拉斯韦尔模式、香农—韦弗模式、奥斯古德—施拉姆模式与丹斯模式、格伯纳的传播总模式、赖利夫妇模式、马莱茨克大众传播过程模式等。

（2）个人影响、扩散和大众传播对个体的短期影响：包括刺激—反应模式及其修正、

---

① K. W. Deutsch, On Communication Models in the Social Sciences, *Public Opinion Quarterly*, 1952, Vol. 16, pp. 356–380.

② K. W. Deutsch, On Communication Models in the Social Sciences, *Public Opinion Quarterly*, 1952, Vol. 16, pp. 356–380.

③ D. McQuail & S. Windahl, *Communication Models* (2nd ed.), London: Routledge, 2013, p. 3.

两级传播模式、创新扩散模式、新闻扩散模式等。

（3）大众传播对文化和社会的影响：包括文化指标与涵化过程模式、议程设置模式、大众传播效果依赖模式、沉默的螺旋模式、知识沟或信息沟等。

（4）受众中心模式：包括使用与满足模式、使用与效果模式、信息寻求模式等。

（5）媒介组织、选择与制作：包括比较媒介体系模式、媒介组织模式、记者关系模式、守门人模式、内部新闻流动的双重行动模式等。

以上 5 种类型的划分有些以结构为主，但是作者强调这些传播模式都是功能性模式。因为所有的传播在某种程度上都是动态的，并且涉及过程或变化的一些元素，都是相互有关系的。虽然有些模式已经过时，但这些模式为以后的研究和工作奠定了基础。

第二节　基本传播模式

由于传播的五大研究领域都有不同的传播模式，这里只介绍一些基本的传播模式。基本的传播模式经历了一个逐渐修正的过程，每一种新的模式都是对旧模式的补充和完善。

一、单向直线型传播模式

早期的传播模式受到信息论的影响比较大，因此也被称为信息论传播模式。这些模式存在着两个普遍的缺陷：单向直线性和孤立性。

1. 拉斯韦尔的传播模式

1948 年传播学的创始人之一拉斯韦尔将传播过程分解为传播者、接收者、信息、媒介四大要素，再加上效果环节。“效果”是无形的，有时有效果，有时没有效果，所以它不是实体的要素，只能算一个环节。由于每个要素或环节都有一个 W，该模式被称为 5W 模式（见图 3－1）。

谁（Who）
说了什么（Says What）
通过什么渠道（In Which Channel）
对谁说（To Whom）
取得什么效果（With What Effect）

图 3－1　拉斯韦尔的 5W 模式

“谁”是传播者，它控制着信息的传送过程；“说了什么”指的是传播的内容；“通过什么渠道”是指媒介；“对谁说”指的是接收者即受众；“取得什么效果”即传播效果。“5W”由此可以被概括为一个基本的传播过程模式（见图 3－2）：

图 3-2　基于拉斯韦尔 5W 的传播过程模式

拉斯韦尔的传播模式是第一个传播过程的模式，也是传播学最常用的模式。它确立了传播过程的基本要素和环节，其中对每个要素或环节的研究都可以成为一个独立的研究领域，由此构建了传播学的五大研究领域：控制研究、内容研究、媒介研究、受众研究和效果研究，这五大研究领域建立了传播学的基本框架。

但是拉斯韦尔的模式也受到批评，麦奎尔等认为拉斯韦尔模式显示了早期传播模式的一个典型特征：它或多或少地认为传播者有影响接收者的意图，因此，传播应主要被视为一个说服过程；它还假定消息总是有效果的，这样的模式无疑助长了夸大大众传播效果的趋势。此外，拉斯韦尔当时的兴趣是政治传播和宣传，因此这个模式对于分析政治宣传非常适合，而更重要的是拉斯韦尔因为忽略了反馈的因素而受到进一步的批评。①

除了缺乏受众反馈外，拉斯韦尔的模式还缺乏对周围环境影响的描述，使得整个传播过程好像是在真空中进行的，这显然不符合实际状况。1958 年理查德 · 布雷德克（Richard Braddock）在拉斯韦尔模式的基础上又增加了两个因素：什么背景和什么目的，由此形成 7W 模式（见图 3-3）：②

1. 谁（Who）
2. 什么（What）
3. 对谁说（To Whom）
4. 什么背景（What Circumstances）
5. 什么媒介（What Medium）
6. 什么目的（What Purpose）
7. 什么效果（What Effect）

图 3-3　布雷德克的 7W 模式

其中，背景包括时间和传播环境，目的包括传播者的动机是有意的还是无意的，是暴露的、隐藏的还是后来被揭露的，以及想要干什么等。

不过这种补充仍然没有改变拉斯韦尔模式的两个基本缺陷：单向直线性和孤立性。单向直线性指的是传播被表述为一种直线的、单向的过程，既看不到受众的反馈，也看不到各要素之间的相互作用；孤立性指它没有涉及传播过程与社会过程的联系。但不管怎样，拉斯韦尔模式仍然是向人们介绍传播过程的一种方便和全面的模式。

2. 香农—韦弗的信息论模式

1948 年信息论的创始人香农发表长篇文章《传播的数学理论》（早期翻译成《通信的数学理论》），建立了一个传播系统的模式（见图 3-4）。

---

① D. McQuail & S. Windahl, *Communication Models* (2nd ed.), London: Routledge, 2013, pp. 14-15.

② R. Braddock, An Extension of the "Lasswell Formula", *Journal of Communication*, 1958, Vol. 8, pp. 88-93.

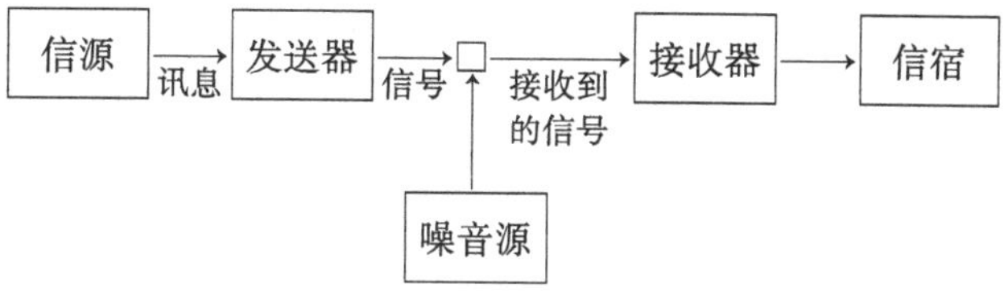

图 3-4　香农的传播系统模式①

信源生成要传送到接收终端的信息或信息序列；发送器以某种方式对信息进行处理，生成一个适于在信道中传送的信号；最中间的信道就是由发送器向接收器传送信号的媒介；接收器通常执行与发送器相反的操作，它从信号中重建信息，也就是解读所接收到的信号，得出信息的内容；信宿是意欲向其传送信息的人（或物）。这一模式描述的通信系统主要是电传打字机和电报通信，涉及信号的转换现象。发送器和接收器被称为转换器，它们在发送和接收信号时要进行编码、解码处理，由于信号在传输过程中或者在某终端处可能会受到噪声的干扰，接收到的信号不一定与发送器发出的信号意思相同，因此发出的信息总是不确定的。

香农的模式涉及大量数学函数的运算，因此该模式属于数学模式，其涉及的问题包括：哪种传播渠道可以带来最大数量的信号？在从发送器传输到接收器的过程中，有多少传输信号会被噪声破坏？他认为传播的信息工程和语义无关，甚至说对于信息论而言，可以不去考虑"意义"的问题。这样只将信息集中在物理的层面，比较适合于特定领域的信息传播，如通信、计算机领域。

1949 年沃伦·韦弗（Warren Weaver）在《科学美国人》杂志发表了一篇文章，深入浅出地介绍了香农工作的重要性，韦弗和香农的论文合在一起以"传播的数学理论"之名出版。韦弗竭力对香农的说法进行各种辩护，他首先对传播的概念进行了扩展，认为传播包括一个思想可能影响另一个思想的所有过程。它不仅涉及书面和口头演讲，也涉及音乐、绘画艺术、戏剧、芭蕾舞，事实上，它涉及所有人类行为。在某些连接中，可能需要使用更广泛的传播定义，即包括一个机制（例如跟踪飞机并计算其未来可能位置的自动设备）影响另一个机制（例如跟踪飞机的导弹）的程序。他认为传播问题涉及三个层次：技术问题、语义问题、有效性问题。技术问题涉及通信传输的准确性；语义问题涉及与发送者的预期含义相比，接收者对意义解释的同一性或令人满意的接近性；有效性问题关系到传达给接收者的意义能否成功地引发传播者所期望的行为。人们似乎认为技术问题是个相对肤浅的层次，但韦弗认为香农的信息论具有深刻的意义，因为技术问题会影响语义和有效性问题。②

韦弗对噪音有详细的解释：他认为在传输过程中，某些东西会被添加到信号中，但这些东西不是信息源想要的，它们可能是声音或静态的失真、图片的形状或阴影失真、传输

---

① C. Shannon, The Mathematical Theory of Communication, *The Bell System Technical Journal*, 1948, Vol. 27, pp. 379-423.

② W. Weaver, Recent Contributions to the Mathematical Theory of Communication, *ETC: A Review of General Semantics*, 1949, Vol. 10, pp. 261-281.

错误等，所有这些变化在传输的信号中被称为噪音。

香农—韦弗模式给传播学者带来很多启发，它可以掌握传播的核心问题，即不论传播采用哪种形式都会存在的关系。然而，该模式虽然提出了噪音表示外部环境的干扰对传播的影响，却并没有解决其单向直线性的根本缺陷。

二、双向循环模式

1948 年维纳出版了《控制论》，强调了传播学的统计基础和反馈，“反馈”这个概念后来成为传播学常用的概念之一。从 20 世纪 50 年代起许多传播模式都引入反馈的概念，将传播模式由单向直线型变为双向循环型。由于反馈在这种模式中占有重要位置，且又是控制论的重要概念，所以双向循环模式又常常被称为控制论模式。

1. 奥斯古德—施拉姆模式

1954 年奥斯古德（C. E. Osgood）提出的模式中个体同时具有发送和接收功能，在口语社会中每一个人都被视为一个完整的传播系统，这种既能发送消息又能接收消息的人或群体称为“传播单位”，“任何适当的模式至少应包括两个传播单位、一个信源单位（说话者）和一个信宿单位（听话者）。在任何两个这样的单位之间，将两者连接起来成为一个系统的，就是我们所说的消息”①。奥斯古德也考虑到了符号的“意义”，这些都是香农—韦弗模式所缺乏的。

施拉姆在奥斯古德观点的基础上，提出了一个循环模式（见图 3－5）。与香农和奥斯古德不同的是，他没有将技术与非技术的传播截然分开，而是描述了一个所有传播类型都适用的简单模式，但其许多观点都来源于奥斯古德。

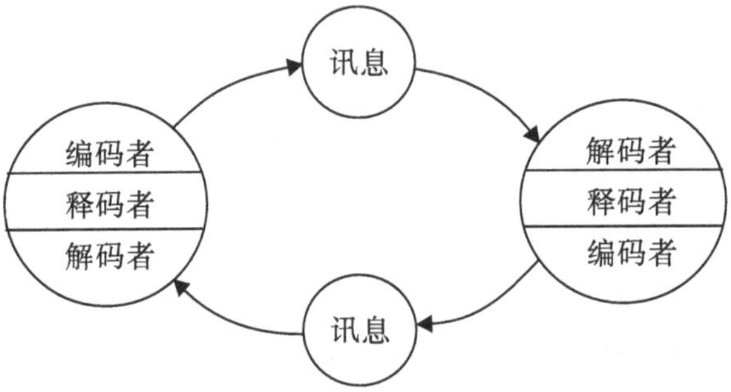

图 3－5　奥斯古德—施拉姆模式

在该模式中，每个人既是传播者（编码者）又是接收者（解码者），可以统称释码者；经过编码的信息就是讯息。这是一个具有反馈和信息互动的循环模式，但是它也有缺陷：首先，该模式在描述人际交流方面特别有用，但不太适合没有或几乎没有反馈的情况，如大众传播；其次，该模式在传播中传达了传播者和接收者地位平等的感觉，而实际

① ［美］沃纳·赛弗林、小詹姆斯·坦卡德著，郭镇之等译：《传播理论：起源、方法与应用》（第 4 版），北京：华夏出版社，2000 年，第 55 页。

上，就传播资源、权力和时间而言，传播往往是相当不平衡的。

施拉姆也意识到了这一点，因此他又提出了一个大众传播的模式（见图 3－6），该模式的中心是媒介组织，它的功能即编码、释码和解码，是信息传播的把关人。广大受众是由个体组成的，绝大部分个体分属于各个初级群体和次级群体，媒介的讯息可能通过个体接收者而传播到周围群体的成员。

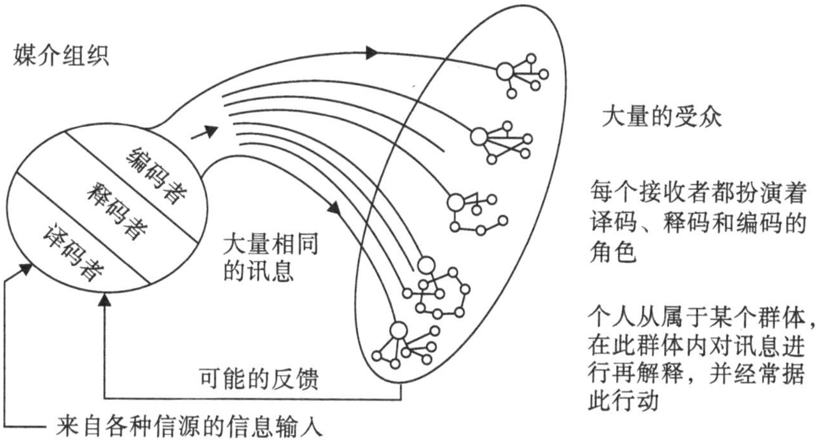

图 3－6　施拉姆的大众传播过程模式

施拉姆的模式描述了大众媒介的受众个体与其他个体和群体相互影响，对大众媒介的讯息进行讨论并做出反应，这是一个比较理想的模式，而在现实中大众传播的受众个体是松散的，群体的影响是潜在的、无形的，并不是每条讯息都要经过群体的过滤才到达受众。但是施拉姆的模式反映了从一般的传播模式走向大众传播模式的趋势。

2. **德弗勒模式**

20 世纪 60—70 年代，梅尔·德弗勒（Melvern L. Defleur）对香农—韦弗模式进行了补充、完善，增加了反馈环节，从而使其成为一个循环的传播过程（见图 3－7），并且噪音的影响不但针对渠道，而且会影响到传播的各个要素。

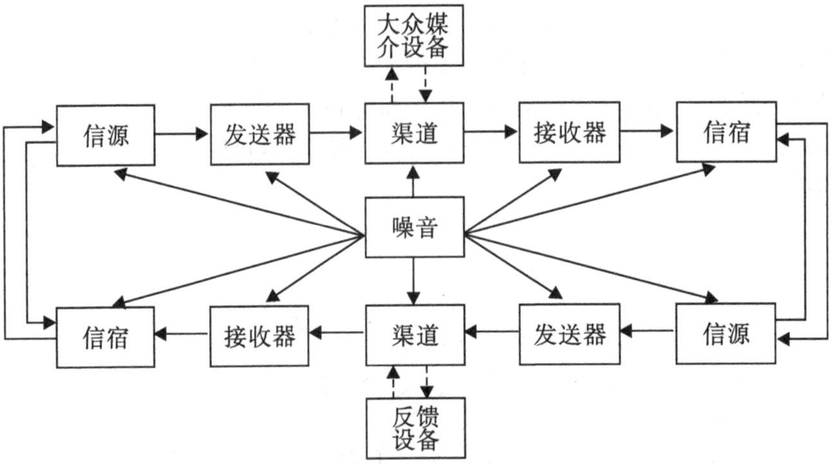

图 3－7　德弗勒的传播模式①

在传播过程中，“意义”被转化为“讯息”，传送者将“讯息”转化为“信息”，然后通过渠道（例如大众媒体）发送。接收者将“信息”再解码为“讯息”，然后在信宿将其转化为“意义”。如果这两种“意义”之间存在对应关系，即经过编码—解码前后的意义是一致的，就达到了传播的目的。但是正如德弗勒所说，这种对应关系很少是完美的。从信宿到信源有许多反馈形式，可以帮助传播者对后续的传播进行修正，增加在意义之间实现对应（同构）的可能性。不过在现实中，特别是在大众传播中，从受众那里获得的反馈是有限的、间接的。

3. **丹斯的螺旋模式**

在直线型和循环型模式中，1967 年弗兰克·丹斯（Frank E. X. Dance）指出大多数人会认为圆形的循环模式最适合描述传播过程，但是它的基本缺点是表明传播又回到了最初的起点，这显然是错误的，所以他提出了一个螺旋模式（见图 3－8），该模式是对奥斯古德—施拉姆模式的发展。

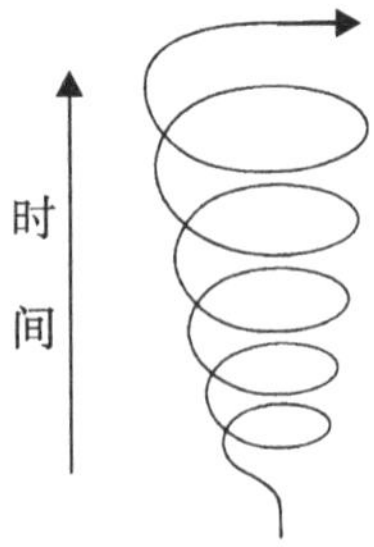

图 3－8　丹斯的螺旋模式②

① D. McQuail & S. Windahl, *Communication Models* (2nd ed.), London: Routledge, 2013, p. 18.

② D. McQuail & S. Windahl, *Communication Models* (2nd ed.), London: Routledge, 2013, p. 21.

该模式将人们的注意力引向一个事实，即传播是向前发展的，现在传播的内容将影响以后传播的结构和内容。丹斯的模式强调了传播的动态性本质，传播过程包含不断变化的元素、关系和环境。箭头表示时间的推移，螺旋线描述了过程的不同方面如何随时间变化，如随着传播的时间增多，参与双方的知识不断增加、获得的话题信息越来越多等。螺旋线在不同的情况下、于不同的人身上呈现出不同的形状，对于掌握该主题先验知识较多的人来说，螺旋线往往会扩大很多；而对于其他基本知识很少的人来说，螺旋线只会适度扩大。

丹斯的模式可用于说明信息鸿沟、知识往往会创造更多知识的命题，还可以用来预测将来传播的发展情况，而且该模式强调了人的主动性：人在传播时是主动的、有创造力的并且能够存储信息。① 不过这个模式过于简单，从中看不到传播的各个要素。“沉默的螺旋”模式与此有点相似，但是发展的方向不一样。该模式是从下向上随着传播的时间增多，人们的知识就越来越多。而“沉默的螺旋”模式是从中间分别向上、下发展，随着大众传播支持某种意见，使得缺乏支持的意见越来越沉默，而获得支持的优势意见越来越大声。

三、社会系统传播模式

单向直线型的传播模式变成双向循环型的模式，仅仅解决了早期模式中存在的一个问题，另一个孤立性的问题并没有得到解决。于是一些学者开始用系统论的观点来看待传播过程与社会的关系，因此出现了社会系统的传播模式。

1. 赖利夫妇的传播系统模式

随着研究的深入，人们逐渐发现人类传播是不同类型的社会结构中的一部分。约翰·赖利与玛蒂尔达·赖利夫妇于1959年发表的《大众传播与社会系统》一文，提出了一个他们称之为工作模式的模式（见图3－9），主要是用社会学的视角，把大众传播看作社会系统中的一个子系统。

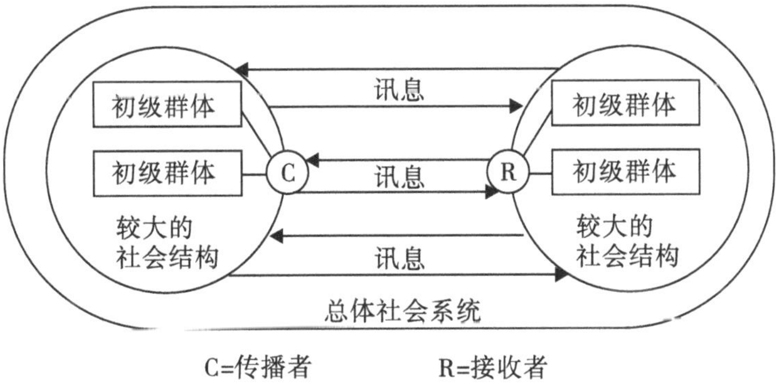

图3－9　赖利夫妇的传播模式②

---

① D. McQuail & S. Windahl, *Communication Models* (2nd ed.), London: Routledge, 2013, p. 22.

② ［英］丹尼斯·麦奎尔、［瑞典］斯文·温德尔著，祝建华、武伟译：《大众传播模式论》，上海：上海译文出版社，1997年，第49页。

这个模式揭示了初级群体与参照群体在传播过程中扮演的角色。初级群体即基本群体，是个体成员之间关系比较亲密的小群体，如家庭、邻里、亲密伙伴等。参照群体是个人在其帮助下可以确定自己态度、价值观和行为的群体。那些与个人接近的初级群体常常成为其参照群体，个人自己不是参照群体的成员，但该群体的规范对其具有指导意义。较大的社会结构是指一些关系比较松散的次属群体，甚至包括国家、民族、世界等。初级群体是更大的社会结构的组成部分，如学校里每一个学生都属于某个班级（初级群体），其他的班级就是其参照群体，这些班级又属于较大的社会结构——学校，学校又属于更大的组织——教育部或其他机构。传播者和接收者是两个互相联系的更大结构的组成要素，传播是在整个社会系统中进行的。大众传播过程既影响整个社会系统，同时又受到它的影响。

赖利夫妇的模式帮助人们把大众传播的概念与现有的社会学理论结合起来，并且使得以前有缺陷的传播模式进一步完善。他们提出大众传播应被看作各种社会过程中的一个过程，大众传播可以影响周围的社会，同时也受到周围社会的影响，这一看法具有重要意义。由于初级群体、参照群体以及较大的次属群体对个体的影响都是心理的过程，这种心理过程不直接发生在传播过程中，但仍然会影响传播的过程，所以这个模式实际上也强调了心理过程在大众传播中的重要性。该模式解决了传播模式的孤立性问题，但它也属于一般的传播模式，比较简单。

2. 马莱茨克模式

以往的传播模式都相对简单，对于传播的具体过程和影响因素缺乏描述，1963 年德国学者马莱茨克（G. Maletzke）提出的大众传播模式对多种因素和心理作用的影响进行了详细的描述，是比较完整的大众传播模式（见图 3－10）。

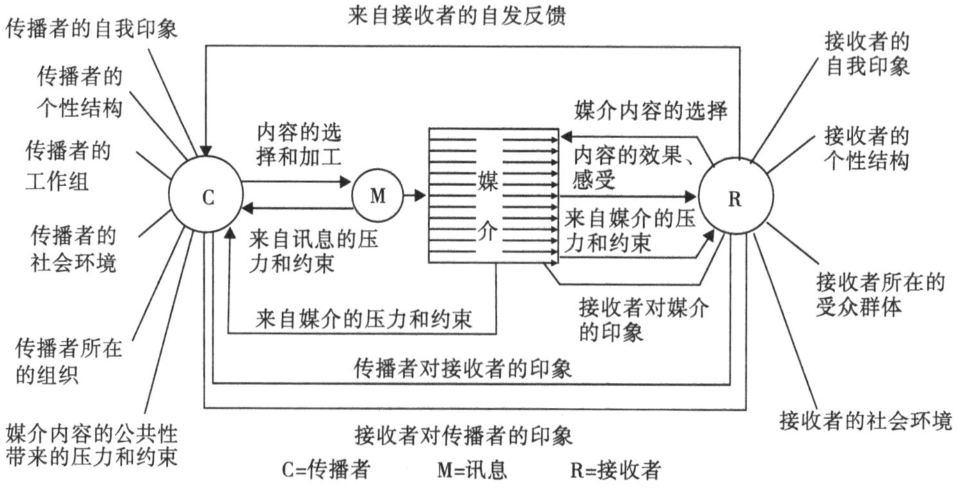

图 3－10　马莱茨克大众传播模式①

① D. McQuail & S. Windahl, *Communication Models* (2nd ed.), London: Routledge, 2013, p. 52.

首先，马莱茨克在传统的基本要素的基础上建立其模式：传播者、讯息、媒介和接收者。在传送讯息的过程中，传播者的行为包括传播内容和讯息制作方式两个变量，如何进行选择和制作受到以下因素的影响：

（1）来自讯息的压力和约束：面对众多的信息资料，传播者必须根据内容的类型来调整讯息的形式。单个讯息也可以被视为整体的一个元素，为了适应整个新闻报道或节目，可能对某条新闻运用特殊的表现方式。

（2）来自媒介的压力和约束：每一种媒介对传播者的要求不一样，约束与可能性的组合也都不一样，报刊记者与电视记者在报道同一事件时有不同的观察条件。

（3）传播者的自我印象：这个因素不仅包括传播者如何看待自己作为个人的角色，还包括如何看待其作为传播者的角色，传播者是否将自己视为事件的解释者、特殊想法的斗士或只是作为事件的镜子，他是否认为这个职业角色允许其提出个人价值观。

（4）传播者的个性结构：马莱茨克假定个性会影响传播者的行为，同时他指出其他因变量可能会降低其重要性。

（5）传播者的工作组：大众传播者很少单独工作，而是依赖于周围的同事和专家。因为在团队中工作，大众传播者的自由会在一定程度上受到工作组中的规范和价值观的限制。

（6）传播者的社会环境：传播者把关和塑造内容的方式不仅取决于工作团队和组织的其他成员，还取决于他们所在的社会环境。

（7）传播者所在的组织：大众媒体组织在规模、目标、所有权和政策类型方面各不相同，这些都是传播者个人的重要背景因素。

（8）媒介内容的公共性带来的压力和约束：大众媒体传播者的作品受公众检查这一事实给传播者的工作带来了心理和法律上的一些限制，通常一定程度的控制是由专业协会行使的，例如新闻工作者协会。

其次，在讯息接收的过程中，有两个主要变量影响接收者对媒介内容的选择和感受，即来自媒介的压力和约束以及接收者对媒介的印象。媒介的压力和约束是指不同的媒介要求接收者进行不同类型的适应。每种媒介都有其可能性和局限性，必须考虑媒介的特性会影响接收者的体验并受媒介内容的影响，如在广播中体验到的戏剧与在电视上播放时的体验并不完全相同。接收者持有的媒介印象会导致对媒体内容的期望，因此它也会影响接收者对内容的选择以及体验和响应内容的方式，而媒体的声望和可信度则是影响媒体印象的重要元素。此外，接收者还会受到其他因素的影响：

（1）接收者的自我印象：个人对他们自身以及他们的角色、态度和价值观的看法创造了一种接收传播的倾向。例如，社会心理学研究表明，人们倾向于拒绝与自己价值观不一致的信息。

（2）接收者的个性结构：社会心理学家经常假设某些类别的人比其他人更容易受到影响。例如霍夫兰等人的结论称自尊心低的人比其他人更容易被说服，这也应该适用于大众传播过程。

（3）作为大众成员的接收者：大众传播与面对面传播的接收情况不同，作为无组织的大众中的一员，个体接收者不需要像面对面情况下那样面临做出反应或采取行动的强烈要求，因此接收的情况可能会影响体验。

(4) 接收者的社会环境：这个因素是指接收者周围的社会、居住的社区、所属的群体以及与其互动的个人。个人越承认自己是某个群体中的一员，用与群体价值观相反的信息影响其态度的可能性就越小。

最后，在完整的模式中，马莱茨克又增加了进一步的相关因素：

(1) 传播者对接收者的印象：传播研究中经常强调，在创建信息时，传播者心中存在一个想象的接收者印象。然而对于大众传播者来说，会出现一定的问题，因为受众往往是异质的和匿名的，并且因为实际存在的反馈非常少，不能了解到真实的受众情况，从而大大降低了传播的有效性。

(2) 接收者对传播者的印象：接收者的媒介印象对于选择和体验很重要。接收者通常很难形成传播者的印象，但是，正如与媒体的关系一样，接收者被假定受到诸如可信度等因素的影响，接收者是否认同传播者以及传播者的价值观也很重要。

(3) 接收者的自发反馈：大众传播过程主要被视为一种单向过程，因为它大多缺乏面对面交流中的自发反馈，这种缺乏通常是造成传播者对受众印象不充分的原因之一。

马莱茨克的大众传播模式中传播者和接收者的行为是大量因素的函数，包含许多重要的因素和关系，是一个相当复杂的传播过程模式。其中特别重要的是，它提醒传播者需要对目标受众有清晰的认识和定义。该模式结合了社会心理学在大众传播研究中的一些成果，构建了大众传播过程相关因素的基本清单。对于传统媒介来说，该模式现在仍然有用。

第三节　新媒体传播模式

大众传播时代的传播范式假定传播是单向流动、发送和接收内容统一、影响同时、对发送和接收内容中心控制、以中心—外围流向作为主导模型、对系统传递公共信息的能力有严格的限制，以及向公众和所有人开放。而新媒体时代，传播者和接收者的角色可以互换，公共领域和私人领域的界限变得模糊，人类信息生产的能力远远超过了接收和处理信息的能力。新媒体环境下的公共传播主要有以下的特征：信息、意义和角色的交互和交换；开放且随时可访问发送和接收频道；多媒体性；缺乏对供应和选择的中心控制和监管；无限容量；传输成本低或可以忽略不计；出发点不再是固定的平台；控制、内容和用途的多样性和流动性；方向、意义和可能后果的相对“不确定性”。基于此，传播的理论范式和模式也在发生变化，最初的一对多、中心—外围、同步传输的模式与“咨询”(许多人在自己方便的情况下咨询“中心”) 和“对话”模式相结合，而在这里，“中心”被绕过，参与者通过自己决定的内容相互交换和互动。①

① D. McQuail, Reflections on Paradigm Change in Communication Theory and Research, *International Journal of Communication*, 2013, Vol. 7, pp. 216－229.

一、信息传播新模式

20世纪80年代中期，两位荷兰学者博德维克（J. L. Bordewijk）和范·卡姆（B. Van Kaam）提出了信息传播新模式，该模式经麦奎尔与温德尔、詹森（J. F. Jensen）以及麦克米兰（S. J. McMillan）等人的大力推介和改进，被学界所熟知。

新媒介的重要变化是促进了从大众媒体到小规模媒体、控制从发送者到接收者的转变，两位荷兰学者就是从信息控制的角度出发，以信息发布和发布的程序（对时间和主题的选择）是中心控制还是用户个人控制为区分，提出了四种理想的新媒体信息（有时又称为远程信息）传播模型。①

1. 训示模型

训示模型中，信息是从一个中心同时分发给许多外围接收者（见图3－11），如将现场的讲座、教堂服务或音乐会进行直播或转播的情况。它的一个特点是一对多的单向交流，个人“反馈”机会相对较少（尤其是在大众传播中），另一个特点是传播的时间和地点由发送者或“中心”决定。这是传统的大众传播模型。

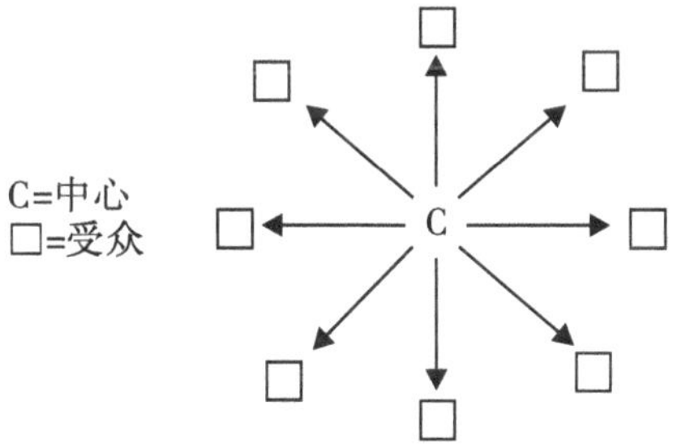

图3－11　博德维克和范·卡姆训示模型

2. 对话模型

对话模型中，个人在一个潜在的传播网络中彼此直接互动，绕过中心或中介，选择自己的合作伙伴以及传播的时间、地点和话题（见图3－12）。这种模型适用范围比较广泛，从交换个人信件到使用电子邮件。然而，以电子为媒介的对话虽然有一个中心或中介（例如电话交换机），但该中心或中介在传播事件中没有起到作用。对话模型的特点是双方在传播中是平等的，原则上可以由两个人以上（例如小型会议或电话会议）参加，但是人数过多会导致与训示情境的合并，又变成一对多的情况。

① D. McQuail & S. Windahl, *Communication Models* (2nd ed.), London: Routledge, 2013, pp. 205－209.

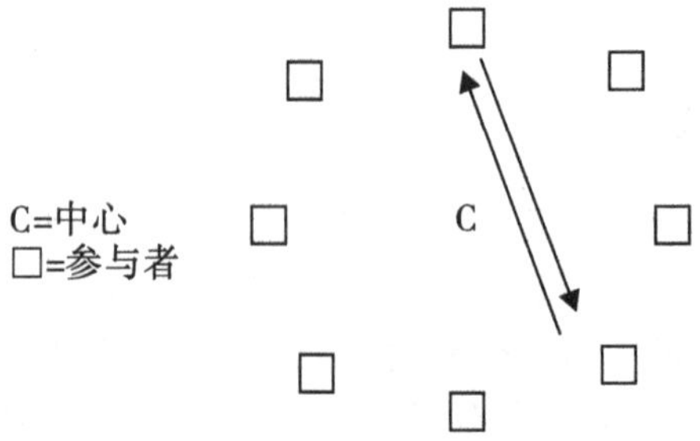

图 3 – 12　博德维克和范·卡姆对话模型

3. **咨询模型**

咨询模型涉及一系列不同的传播情况，包括个人（外围）在信息库、图书馆、计算机光盘等中心存储资料中寻找信息。该模型也适用于报纸的使用，因为读报的时间和地点以及主题是由外围的接收者决定的，而不是由中心决定的。在图 3 – 13 中，虚线表示对信息的“请求”，实线表示信息流。

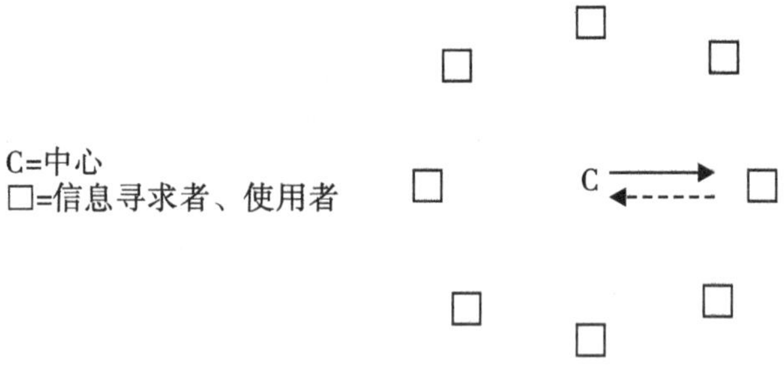

图 3 – 13　博德维克和范·卡姆咨询模型

4. **注册模型**

注册模型实际上是反向的咨询模型，中心“请求”并接收来自外围参与者的信息（见图 3 – 14）。该模型适用于在系统中保存个人记录的任何地方以及所有监视系统，例如，电话呼叫中心交换机的自动录音、电子警报系统、“人员仪表”的受众调查中电视机使用情况的自动登记，或用于向消费者收费的目的。这种模式虽然历史上也有，但由于计算机化和电信连接的扩展，注册的可能性大大增加。信息在中心的积累通常是在不参考或不了解个人的情况下进行的，中心比外围的个人拥有更多的控制权来确定传播流量的内容和产生。

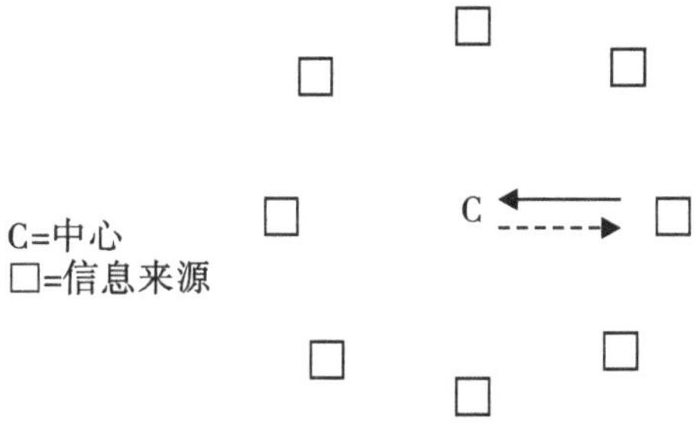

图 3 – 14　博德维克和范·卡姆注册模型

这四种模型相互补充和交叉（或重叠），一般来说训示代表了传统的传播模式，注册代表了新媒介的传播模式，咨询和对话介乎两者之间并随着新媒体的发展逐渐增多。博德维克和范·卡姆将其分为多元模式服务和多元模式网络两种融合模式。“多元模式服务”是从单一媒介出发，强调的是一种媒介同时具备这四种模型中的两种及两种以上模型，例如电话便融合了对话、咨询和注册模型；而“多元模式网络”是从媒介融合的角度出发，强调的是不同信息服务网络聚合到一起，如三网融合强调的是将电信网、广播电视网、互联网进行融合。①

图 3 – 15 的箭头反映了信息流动从训示模型到对话模型和咨询模型的重新分配。总体来说，这意味着传播力量的平衡从发送者到接收者的转变，虽然注册模型的增长可能会减弱这种转变。训示模型的数量不一定减少，但他们采取了新的形式，根据兴趣或信息需求（窄播）为细分受众提供更多小规模的服务。由于技术和社会原因，信息流动的模式并没有看起来那么明显，而是会发生重叠和融合。

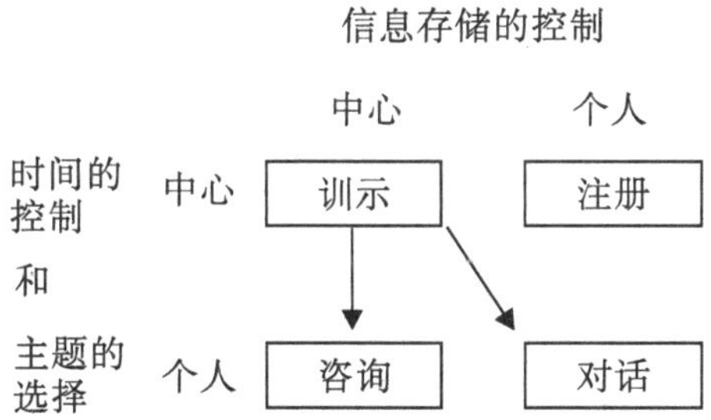

图 3 – 15　博德维克和范·卡姆信息流动的模式

博德维克和范·卡姆对信息传播模式的创新提醒我们：一个基础系统的中心能够跟踪一个非常大的网络中任何类型的所有流动的可能性，这意味着比训示模型更强大的监控能力。这些模式也描述了受众的变化，他们不再是本地的、在地图上具有固定位置的受众，而是非本地化、移动的受众，由此也带来一些潜在的社会后果，所以人们惊呼“受众已死”。社交媒体的新形式或新现象催生了新的“相互传播者”（intercommunicators）群体，他们彼此远程连接，能直接联系到无数更小的发送者和接收者圈子，但是通过网络中心仍

① 韦路、方振武：《“控制辩证模式”：信息传播新模式的发展与转向》，《国际新闻界》2017 年第 8 期。

能够追踪到个人层面，并建立详细的网络使用行为和用户特征档案。①

二、网络信息传播融合模式

博德维克和范·卡姆的信息传播新模式被许多学者借鉴，用以描述新媒体时代的信息流向。詹森和简·梵·迪克（Jan Van Dijk）认为随着新媒体的普及与应用，训示模型应是同时朝咨询、注册和对话三种模型转换的，而向咨询模型的转换是最主要的。②简·梵·迪克认为博德维克和范·卡姆的“多元模式服务”日渐成为现实，即综合网络的诞生意味着单一的媒介同时聚合训示、咨询、注册以及对话四种模型于一身。他对信息传播新模式的四种理想类型进行了综合，构建了一个融合性的传播模式（见图3－16）。

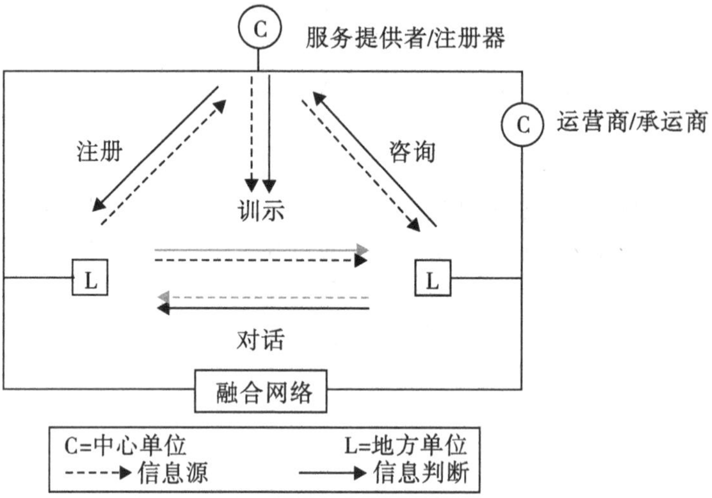

图3－16　简·梵·迪克的网络信息传播融合模式③

在新媒体环境下，训示模型也有了变化，中心单位主要提供信息来源，但是地方单位（受众）也有一定的自由和反馈，如受众通过按次付费和视频点播的方式，可在自由选择的时间接收信息，而跟帖、弹幕等互动形式使得受众对大众传播内容的反馈成为可能。在有限的范围内，受众能够共同决定要接收的信息：主题、信息耗费的时间以及未来广播的议程。这些创新更多地破坏了传统的训示模型，因此，在新媒体环境下，其他三种模型更流行。简·梵·迪克模式的核心思想是：

（1）新媒体的出现促进了咨询模型的发展。咨询主要由地方单位选择信息，决定咨询主题、时间和速度，中心仍然是其来源。新的媒体咨询对象可以是CD或DVD，其信息来

---

① D. McQuail, Reflections on Paradigm Change in Communication Theory and Research, *International Journal of Communication*, 2013, Vol. 7, pp. 216－229.

② 韦路、方振武：《“控制辩证模式”：信息传播新模式的发展与转向》，《国际新闻界》2017年第8期。

③ J. Van Dijk, *The Network Society* (3rd ed.), London: SAGE Publications Ltd., 2012, p. 13.

源包括百科全书、数字和交互式电视中的电子节目指南，当然还有许多在线信息网站。由于它们增加了新的途径和似乎无穷无尽的来源，这些媒体被视为咨询模型的一个基本改进，它们通常是在线连接，使中心的咨询比旧媒体更多。例如，维基百科提供了比经典百科全书更多的搜索词和页面。

（2）新媒体时代注册模型的机会也在增加。注册模型为中心收集信息，确定一些地方单位发送信息的主题、时间和速度。这些地方单位是信息的来源，有时中心自己也主动收集信息。在旧的媒体和数据收集工具中，中心往往不但做出决定，而且主动要求传递信息。然而，新媒体时代，注册必须经过地方单位的同意，如果中心在未经当地单位同意的情况下采取注册倡议，则会出现更严重的问题，例如，在电子预订、网上购物和网上银行中，出现侵犯隐私、个人数据泄露等情况，而相关个人却不知道或不想知道。

（3）新媒体时代最根本的变化发生在对话模型上。对话是两个或两个以上地方单位之间的信息交流，以一个共享的媒介代替中心，并自行确定信息和交流的主题、时间和速度。在新媒介中，现有的对话渠道不仅扩大了，还包含了更多种类的数据，计算机网络和电话线上的数据通信导致了数据和文本传输能力的爆炸性增长。新媒体实现了媒介的融合：将语音、数据和文本结合在一条信息中，并可以添加图片甚至是动态图像，宽带设施可以从质的角度扩大对话的选择范围。

融合网络的诞生意味着在单一媒介中进行训示、咨询、注册和对话的结合。这四种信息流向模式的演变涉及模式向地方单位的明显转变。新媒体的出现，使受众的主动性、选择性，以及受众与中心、受众与受众之间的互动性增加。[①]

三、传播过程的特点

随着社会和新媒体技术的发展，传播模式在不断地发展变化，一些新的因素被考虑在内，原有模式的缺陷也逐渐被完善。麦奎尔认为新的传播范式强调的是传播者和接收者角色的等效性和互换性以及许多不同的过程；参与者接受多种交流方式；意义是关键特征，无论是有意的还是无意的、能感知与否。[②]

1. 强调意义理解过程的传播模式

大部分的传播模式都是从信息过程的结构方面进行描述，很少强调传播内容即意义的理解过程，1956 年乔治·格伯纳（George Gerbner）提出传播的一般模式（见图 3－17）主要是从意义的理解过程进行建构的，该模式为以后传播模式的发展提供了参考。

---

① J. Van Dijk，*The Network Society*（3rd ed.），London：SAGE Publications Ltd.，2012，pp. 11－14.

② D. McQuail，Reflections on Paradigm Change in Communication Theory and Research，*International Journal of Communication*，2013，Vol. 7，pp. 216－229.

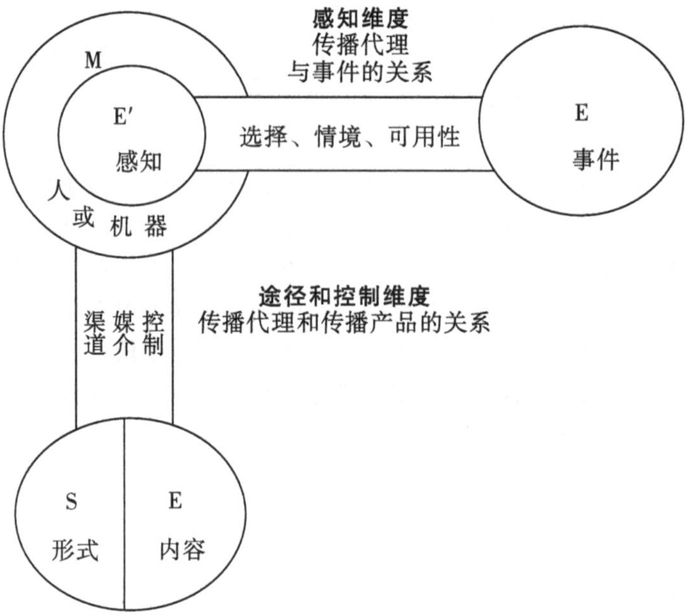

图 3－17　格伯纳的一般传播模式①

图 3－17 中，M 指人或机器，它是可能是信宿，也可能是信源，或者两者兼而有之。E 指事件，它可以是非中介的、自然的事件，也可以是媒介事件、传播产品。横向将 M 与 E 联系起来，代表感知过程，每一种感知和反应都发生在包括生理、身体和社会层面的情境中，并且可能被这种情境所改变。选择、情境和可用性，是感知维度的函数，也就是说 M 的感知受到这些因素的影响。M 所能感知到的东西，取决于它的选择、发现正被谈论的 E 的情境，以及这个 E 的可用性程度。可用性指的是如果某物可以被感知，则它是可用的。

自然或非媒介事件 E 被一般接收者 M 感知为 E′，而传播者（信源）M 感知到事件 E 并做出关于它的陈述 SE，SE 被接收者（信宿）M 感知为 SE′。S 即信号、符号，是人们对事件进行陈述所用的形式。任何符号固有的、不可分割的部分都是一些内容；当它们被感知和识别时，我们称之为意义。因此，S 作为符号或陈述永远不会独立存在，除非它是噪音，S 总是与 E 相关联。

该模式的纵向表示传播的生产和控制方面的某些特征，所有的传播反应都受到某种手段的控制，促进了传播产品的生产和流通。手段和控制显示为一条垂直线，将传播代理 M 与传播产品 SE 联系起来。手段代表渠道、媒介、物理工程，以及分发和控制的管理和机构性设施。

横向代表传播自由，人们可以根据可用性进行选择；纵向代表控制，两者是相互关联的。自由是控制的结果，除非对媒介进行控制以确保公平分配和可用性，否则就没有选择

---

① G. Gerbner, Toward a General Model of Communication, *Audio Visual Communication Review*, 1956, Vol. 4, pp. 171－199.

自由；同时它也是手段和控制持续改进的先决条件。

格伯纳的模式用语言来描述就是：有人通过某种方式感知事件并在某种情况下做出反应，以某种形式和背景提供材料、传达内容并产生一些后果。例如，大气中水汽的凝聚 E 被 M 感知为 E′——“雨”，这导致 M 对事件的叙述 SE 为“下雨了”，这一叙述又转而被另一人感知或理解为 SE′——“下雨了”。每个感知到的陈述都有一些“效果”，效果分为两种类型：一种是有效性，即传播意图实现的程度；另一种是后果，即传播实际上所产生的后果，不管这一后果是有意的还是无意的、可取的还是不可取的，可能还包括失去兴趣、敌意和其他不良态度。

这一模式说明人类传播过程可以被看作主观的、有选择性的、多变的和不可预测的，人类传播系统是开放的系统。它涉及对传播者和受众的研究、传播的感知、传播反应的有效性、情境呈现、传播渠道与控制、可用性研究、符号形式、语境、传播内容、后果和价值取向等传播领域。格伯纳的模式在他和同事所进行的电视文化研究中得到了运用，他们强调了信息内容与个人认知方面的关系，认为电视是社会控制的一种手段。其后的媒介文化研究强调在文化意义上分析受众主观上对环境的解释，提出了文化研究模式，如凯瑞设计了一个更合适的传播“仪式模式”，这个模式描述一种共享的文化被创造、修正、传播的过程。罗伯特·怀特（Robert A. White）认为文化研究模式代表着传播模式向新模式的过渡，这个新模式“抛弃了信源——接收者模式，以及它所包含的当权者的偏见，把传播过程的起始点置于受众自由而又有责任地寻求信息上，这会使受众得到对现实更合适的解释”①。文化研究模式属于对话模式，其变量是正确的信息标准，并把社会各个角落的信息赋予一定价值。格伯纳的模式不但影响了文化研究模式，而且对网络传播中受众对信息的寻求和意义理解也有借鉴作用。但是迄今为止，关于意义理解过程的图表模式还是比较少。

2. 传播过程的特征

传播是由多种要素及其相互关系组成的动态的有结构的信息流动过程。所有的模式都要建立在把握传播过程的本质基础上，因此了解传播过程的基本特征就非常有必要。总体来说，传播过程的特点主要如下：

（1）传播是动态性的过程。传播是一种动态的过程，无始无终，没有界限。传播就是信息在传播者和接收者之间流动的过程，传播的各要素之间相互影响和变化，处于不断运动的状态。

（2）传播是系统的结构性过程。在这个系统中各要素是一个有机的整体，任何一个要素的改变，都将对整个传播过程产生影响。传播模式研究的基本单元就是结构的各要素及其相互之间的关系，因此只有对传播过程的各要素及其关系进行全面的考察，才能把握传播的整体模式。

（3）传播是双向性的过程。所有的信息交流都是传播者与接收者之间相互作用的过程，是双向的而不是单向的，这种双向性通过信息的反馈实现。传播者和接收者的角色都

① ［美］罗伯特·A. 怀特著，钟梦白译：《大众传播与文化：向一个新模式过渡》（下），《国际新闻界》1989年第3期。

是双重的、可以互换的，只有在特定的传播如大众传播中，这种角色才是固定的。但是大众传播也需要收到受众的反馈，才能了解受众的需求，及时调整传播内容，使得传播顺利进行下去。而人际传播和新的公共传播都是双向循环的过程，每个人既是信息的传播者也是信息的接收者。

（4）传播是序列性的过程。任何一次传播都有起始地和目的地，传播的各要素之间的排列是有顺序的，按照现实的传播步骤进行，不能颠倒。而且在传播的符号形式中也特别强调序列性，如格伯纳模式中所说的语言序列、传播的序列等，说明符号的序列是人们解读出内容含义的关键所在。

（5）传播是社会性的过程。任何传播过程都是在社会环境中进行的，必然会受到其他社会活动的制约，同时传播又对其他社会活动产生影响。

3. 新的传播过程的特点

传播过程的特点决定了模式的结构和变化本质。麦奎尔等认为没有哪个模式是全能的，即使它能够做到，它也将因此改变模式的目的本身：简约地表达真实世界。因此，我们选择那些最适合解决我们眼前问题的模式。如果没有任何一个模式能符合这种要求，那么研究者很可能被迫去修正现有的模式，甚至发明一种新模式。①

因此，即使是出于启发式目的，使用模式也存在一些风险。它们不可避免地是不完整的、过于简单化的，并且涉及一些隐藏的假设。我们将模式作为传播研究的思维辅助工具，根据研究的目的选择正确的模式，或者根据实际情况对已有的传播模式进行修改和调整。

麦奎尔认为新的传播过程具有以下的特性：①对所有人开放；②有机性、自我生成性和自我引导性；③循环性和反身性；④缺乏精确的目标或操纵意图；⑤参与性；⑥参与者之间纵向和横向流动的等效性和共存性。②

传播效果的概念在很大程度上变得多余或边缘化，但是传统的效果概念不会被轻易抛弃。传播过程越来越多地涉及心理状态和关系的真正变化，因而更接近现实。未来新的研究范式能够同时处理更复杂和混合的传播结构和模式，但是它不会修复或取代旧的主导范式，而是作为替代方案出现。

思考题

1. 名词解释：编码；译码；反馈；模式；传播模式。
2. 伯洛对传播过程的主要观点是什么？
3. 模式的功能有哪些？
4. 拉斯韦尔传播模式是什么？它的贡献和缺陷分别有哪些？

---

① ［美］Werner J. Severin，James W. Tankard Jr. 著，郭镇之、徐培喜等译：《传播理论：起源、方法与应用》（第5版），北京：中国传媒大学出版社，2006年，第59页。

② D. McQuail，Reflections on Paradigm Change in Communication Theory and Research，*International Journal of Communication*，2013，Vol. 7，pp. 216－229.

5. 香农—韦弗模式是什么？奥斯古德—施拉姆模式的缺陷有哪些？
6. 赖利夫妇的模式有什么贡献？
7. 马莱茨克的大众传播模式认为影响传播者、接收者的因素分别是什么？
8. 博德维克和范·卡姆信息传播新模式包括哪几种模型？对我们有什么启示？
9. 简·梵·迪克网络信息传播融合模式的核心思想是什么？
10. 格伯纳模式的独特之处是什么？
11. 传播过程的特点是什么？

第四章

人际传播

传播的类型按照传播范围和传播形式的不同，基本上可以分为五大类，即自我传播、人际传播、群体传播、组织传播和大众传播。自我传播属于心理学的研究范畴，本书主要介绍其他四种传播类型。

第一节　人际传播的特点和功能

人类社会的生存离不开人与人之间的信息传播，人际传播是人们普遍的生活方式，是人类社会最基本的传播形态，也是其他传播的基础。

一、人际传播的定义

“人际传播”（interpersonal communication）是外来名词，主要有四种汉语翻译：人际交流、人际交往、人际沟通和人际传播。不同的学科侧重点不同，因而有不同的译名，在传播学中则将其翻译为人际传播。

关于人际传播的定义有很多，部分学者从传播范围对人际传播进行定义，将人际传播分为广义和狭义两种：广义的人际传播泛指人与人之间的信息传播，包括群体传播和组织传播；狭义的人际传播就是指两个人一对一的信息传播。部分学者从面对面与非面对面、语言和非语言等角度对人际传播进行定义，从形式上来说，人际传播包括面对面的直接沟通，也包括使用一些个人媒介进行的非面对面沟通；从使用的符号来说，人际传播可以使用口语、书面语的语言符号，也可以使用如动作表情、时空距离、图画、音乐等非语言符号。随着媒介技术的发展，人际传播能够使用的符号越来越多。

有一种定义强调人际传播是一个过程。它涉及两个或数量不多的人，涉及创造意义；而且，它是通过言语或非言语信息行为得以实现的。如美国学者莱斯莉·巴克斯特（Leslie A. Baxter）和唐·布雷思韦特（Dawn O. Braithwaite）等人对人际传播的定义是“两人或多人之间言语和非言语信息的产生和加工过程”①。王怡红对人际传播的定义是：人际传播是发生在个体之间的，使用言语和非言语讯息进行意义的交流和理解，经过谈话与倾听的行动、互动、互融或共融的协商过程，所建构出来的反映不同文化价值观的，带有交往、沟通、对话行为特征的合作关系。②

另一种定义强调人际传播是人与人之间的互动行为。如美国学者约瑟夫·德维托（Joseph A. DeVito）的定义：“人际传播是两人或者多人之间的语言和非语言互动。”③ 薛可等人认为：“人际传播从广义来讲，是个体与个体、个体与群体、群体与群体之间通过

---

① ［美］莱斯莉·A. 巴克斯特、唐·O. 布雷思韦特著，殷晓蓉等译：《人际传播：多元视角之下》，上海：上海译文出版社，2010 年，第 6 页。

② 王怡红：《论“人际传播”的定名与定义问题》，《新闻与传播研究》2015 年第 7 期。

③ ［美］约瑟夫·A. 德维托著，余祥瑞、汪潇等译：《人际传播教程》（第 12 版），北京：中国人民大学出版社，2010 年，第 7 页。

个人性媒介（面对面传播时所使用的自身感知器官与非面对面时使用的个人性通信媒介）进行的信息交流，以实现良好的信息传播和彼此相互理解或共鸣的目的。”①

也有的学者强调人际传播是一种信息传播系统，如中国学者郭庆光的定义：“人际传播是个人与个人之间的信息传播活动，也是由两个个体系统相互连接组成的新的信息传播系统。”②

本书将人际传播界定为：人与人之间面对面或借助个人媒介进行的语言和非语言互动的行为。个人媒介是相对于大众媒介来说的，它用于进行私人信息的交流，具有隐私性，其信息非经本人允许不能向社会公布，如传统的个人书信来往、电话、电报，新媒体时代的电子邮件、一对一的个人微信等。

二、人际传播的特点

与大众传播相比，人际传播包括人与人之间的所有信息交流和情感交流，从日常人际关系的建立、维护到群体互动、跨文化交流，内容丰富，形式多样，具有其独特的优点。

1. 人际传播传递信息的渠道丰富多样

人际传播既可以面对面交流，也可以非面对面交流；既可以用语言符号系统为交流手段，也可以用非语言符号系统为交流手段。语言是人类最主要的表达方式，包括书面语和口语；非语言符号系统包括各种肢体语言、面部表情、声音语调、衣着打扮、物体等多种符号，如眉目传情、情人或亲友的花语礼物、特殊人群的手语等。还可以借用个人媒介使我们的信息超越时空传递，如飞鸽传书、电话传音、视频通话等。

2. 人际传播双向互动性强

人际传播是人与人之间的信息交流，是参与双方相互间的传播行为。因为人际传播是一个循环的模式，参与双方既是传播者又是接收者，使得信息交流不断地传播和反馈。如果仅仅是单向传播，另一方缺乏互动，传播就不能长久维持。而且人际传播的反馈迅速，每一方都可以随时根据对方的反应调整自己的传播策略，或者修改、补充传播内容，或者改变传播方式、调整传播时间，从而保证了传播的效果。因此，人际传播是一种高质量的传播活动，对象明确，具有针对性，尤其是在劝服和沟通感情方面，其效果要好于其他形式的传播。

3. 人际传播具有较强的情境性

人际传播总是发生在一定的语境中，包括时间、地点、背景、参与者和话题等。美国学者德维托将语境分为物理语境、时间语境、社会心理语境和文化语境：物理语境指进行沟通活动的有形的与实际的环境，如空间、人数等；时间语境包括某个时间和特定信息在整个传播活动中的顺序；社会心理语境包括参与者的地位关系、扮演的角色、团体和组织的名称、友情、仪式或场合的庄重程度等；文化语境包括人们的文化信仰和风俗。“在你的交流生活中，每一次人际传播活动都面临着情境选择：选择和谁沟通，选择说什么、不

① 薛可、余明阳主编：《人际传播学》，上海：同济大学出版社，2007 年，第 15 页。
② 郭庆光：《传播学教程》（第 2 版），北京：中国人民大学出版社，2011 年，第 71 页。

说什么，选择怎样去表达意思等。”① 人们根据情境的不同选择不同的话题，即我们经常说的“到什么山上唱什么歌”，人、场景和氛围等形成特殊的传播情境，这种情境会产生特定的意义，所以同样一句话放在不同的场景下意义就不一样，必须结合语境才能深切体会。

4. 人际传播内容的含义比较复杂

人际传播的顺利进行有赖于双方真正实现相同意义的沟通，但是人际传播的信息意义丰富而微妙，因人们各自的性格、环境、经历和教养不同，而形成人们对现实和人生的独特感受和累积经验，有时很难互相理解。施拉姆认为：“所有参与者都带了一个装得满满的生活空间——固定的和储存起来的经验——进入了这种传播关系，他们根据这些经验来解释他们得到的信号和决定怎样来回答这些信号。”② 人类的经验千差万别，但总有许多方面是相同或相似的，否则人类社会不可能存在。对于人际传播的双方来说，除了必须具备编码和译码的能力外，还需要拥有相同或相似的经验范围。在人际传播中，各方的经验范围彼此重叠得越多越好，重叠得多表明共同话语多，信息流通中的阻碍少。事实上，人际传播过程中的许多问题都仅仅是因为经验范围不相重叠造成的，如陌生人之间因为互不熟悉而缺乏话题、跨文化传播中的各种误解和误读现象等。

5. 人际传播和人际关系密不可分

人际传播离不开人际关系，每个人只有与他人建立了联系才有可能与其进行沟通。人处在无处不在的关系网络中，如家庭关系、亲戚关系、朋友关系、同事关系、同乡关系、上下级关系等，而关系是通过人际传播来形成和维持的。人际关系的好坏影响人际传播的难易程度，平日关系好的人沟通就比较容易、顺利，关系本来不好的人相互沟通就比较困难。但也可以通过人际传播改变人际关系，关系不好的人可以通过沟通化干戈为玉帛，而好的人际关系如果长期不维系也会淡漠。人际沟通越多，越可能建立起良性关系，反之亦然。一种关系越稳固、越良好，维持这种关系的沟通就越可能向良性发展。承认关系在人际传播中的重要性，至少可以追溯到20世纪60年代，其中最突出的就是“关系传播”理论，该理论认为关系是一个动态的过程，它是通过交流和互动建立起来的，关系决定信息传播的内容和形式。

6. 人际传播属于一种非制度化的传播

“这里所说的非制度化，主要指传播关系的成立上具有自发性、自主性和非强制性，人际传播主要是建立在自愿和合意的基础上的活动。”③ 在日常的人际关系中，双方的交流肯定是有需求和自愿的，任何一方都没有强迫对方的权利。如果缺乏合意，交流就不能持续下去，即我们常说的“话不投机半句多”。而且人际传播不像大众传播那样必须在规定的时间、按照一定的程序去进行，人与人之间的信息传播可随时随地发生，传播内容也可以随时进行调整，因而人际传播相对比较自由灵活。

---

① ［美］约瑟夫·A. 德维托著，余祥瑞、汪潇等译：《人际传播教程》（第12版），北京：中国人民大学出版社，2010年，第12页。

② ［美］威尔伯·施拉姆、威廉·波特著，何道宽译：《传播学概论》（第2版），北京：中国人民大学出版社，2010年，第45页。

③ 郭庆光：《传播学教程》（第2版），北京：中国人民大学出版社，2011年，第73页。

三、人际传播的功能

人际传播无论对个人或社会都具有重要的意义。对个人来说，人是社会中的人，必然离不开与社会其他人的交往，不可能不进行人际传播。人的社会生命起源于与他人的交流，可以说，人际关系、工作关系和职业生涯的成功相当程度上取决于人际传播的知识和技能。对社会来说，人际传播使社会能够进行分工合作，培养良好的社会风气，从而使整个社会达到和谐。

1. 人际传播对个人的作用

（1）获得周围环境的信息。

人为了生存，要了解周围的环境，进而确保自己能够控制周围环境，而要了解这些情况，除了自身的观察外，大部分需要通过与别人交流获得信息，所以人际传播自从人类社会存在就产生了。即使是在大众传播时代，人际传播仍然是获取自身周围信息的重要途径。美国心理学家威廉·舒茨（William Schutz）的人际需求理论认为，人与人建立交往关系是为满足人类的三种基本需求，即情感需求、归属需求和控制需求，其中控制需求就是想要通过交往控制别人、控制事态发展。查尔斯·伯格及其同事提出的不确定性减少理论将不确定性作为人际传播的原动力，当人们缺少关于自身和他人的信息时，不确定就产生了，非常迫切希望通过传播减少不确定性。另外，人们还为了满足自己的好奇心，对周围发生的事情产生兴趣。施拉姆认为人类传播关系的产生是“两个人（或两个以上的人）由于一些他们共同感兴趣的信息符号聚集在一起”①。人们关注自己周围的一些事情，这些事情对个人关系非常重要，但大众传播却未必报道，因此成为人际传播的重要内容。

（2）实现自我认知。

自我认知指的是主观的我对客观的我进行评价和认知，包括对自己生理状况、心理特征、能力和人际关系等方面的认识。人对自我的认知除了生理感知（如对自己身体健康状况的感觉）外，主要从别人对其评价中获得。美国社会学家库利的“镜中我”理论认为，人的行为主要取决于对自我的认识，而这种认识主要是通过与他人的社会互动形成的。社会自我只不过是意识对自身产生于交流生活的某种思想或者思想体系的认识和感觉。因此，认识自我是在与他人的联系中形成的，在许多情况下，与他人的联系依赖较为确定的想象形式，以及想象中他认为我是什么样的人，这种自我被称作“反射自我”或“镜中自我”。这种自我认识有三个主要成分：对别人眼里我们的形象的想象；对他人对这一形象的判断的想象；某种自我感觉，如骄傲或耻辱等。② 传播特别是初级群体的人际传播，是形成“镜中我”的主要机制。

对个人来说，人际传播也是发展和完善自我的重要途径。通过了解别人对自己的评价，可以对自我有一个客观的认识，从而改善自我的不足，“周处除三害”的典故中，周处就是从别人那里了解到自己成为当地的“三害”之一，所以痛下决心改正，刻苦学习，

---

① ［美］威尔伯·施拉姆、威廉·波特著，陈亮等译：《传播学概论》，北京：新华出版社，1984年，第45页。
② ［美］查尔斯·霍顿·库利著，包凡一等译：《人类本性和社会秩序》，北京：华夏出版社，1989年，第118页。

提高自己的品德修养，最后成为西晋名臣。唐代皇帝李世民曾说过：“夫以铜为镜，可以正衣冠；以古为镜，可以知兴替；以人为镜，可以明得失。”① 也就是说，我们可以从别人的经验中汲取教训，作为自己的借鉴。美国社会心理学家利昂·费斯汀格（Leon Festinger）的社会比较理论认为，每个个体只有通过与他人的比较，才能认识到自己在社会中的地位和价值。社会比较能够使人清楚地了解自己和他人，找出自己和别人之间存在的差距，发现自己的长处，找出自己的不足。而要进行社会比较，就要依赖人际传播来获得周围人对自己的评价。

（3）实现个人的社会化。

人际传播在个人社会化过程中起着重要作用，社会化指的是一个人出生后由自然人成为社会人的过程，是不断学习社会中生存技能的过程。美国学者齐格勒（E. Ziegler）等人认为：“社会化指的是一个过程，通过这一过程人们成为他们所生活的那个社会的一个有特色的和积极主动的社会成员。”② 人刚出生就是一张白纸，通过学习和模仿周围人的言行举止，学习社会规则和技能，逐渐融入社会，成为社会中的人，学校的系统学习也是人际传播的一部分。人际沟通是人们了解社会的一种主要方式，父母、学校和同伴是影响儿童社会化的重要因素。即使成人以后，人们仍然需要通过人际传播不断地认识社会，建立各种人际关系，实现互相认知，不断向他人学习。人际传播相当多的信息是人生经验的分享，人们总是通过人际传播从他人那里学习生活、为人处世、工作等各种人生的知识、经验，“与君一席话，胜读十年书”，借鉴别人的长处，丰富自己的人生经验，可以少走弯路；同时，人也有“好为人师”的一面，乐于把自己的发现、成果分享给他人，并在分享中补充完善自己的社会经验。

（4）满足情感需求。

人是群体性动物，互相之间的交流是人本能的冲动。库利认为交流的需要是原始的和基本的人性特点，“一个人要成为一个人，必须要经过某种表达；若脱离表达，就不可能有更高的存在；表达不论以实际的或是想象的形式，在一切时候都存在”③。人都有向别人倾诉的精神和心理需求，渴望亲情、友情，寂寞、苦闷时希望找人倾诉、排解，喜悦和快乐希望与人分享，事业的成功想要获得他人的认可。人际需求理论认为人际沟通其中一个目的就是满足情感需求。通过交流分享，人们获得了情感上的满足，用更健康的精神状态生活和工作，使自己的人生更加幸福。

2. 人际传播的社会功能

人际传播对社会的作用也是非常重要的，它是社会成员交流信息的重要渠道，是实现社会协作的重要纽带，也是传承社会文化遗产的重要工具。人际传播的状态如何，直接关系到社会关系的和谐与否，关系到社会风俗的好坏，是社会物质文明和精神文明的重要体现。

---

① （唐）吴兢：《贞观政要》，上海：上海古籍出版社，1984年，第33页。

② ［美］E. 齐格勒、I. 基尔德、M. 拉姆著，李凌等译：《社会化与个性发展》，北京：北京航空航天大学出版社，1988年，第12页。

③ ［美］查尔斯·霍顿·库利著，包凡一等译：《人类本性和社会秩序》，北京：华夏出版社，1989年，第60页。

（1）建立社会协作关系。

社会要生存发展，单靠个人的力量是不行的，如果说社会是一部巨型机器，那每个人都是社会机器中的一个零件，需要建立一定的联系来维持社会机器的运转，而建立这种社会联系，就是人际传播的过程。通过相互的沟通，人们才能互相理解、达成共识，进行分工合作。美国学者唐·库什曼（Don Cushman）和杜·卡恩（Du Khan）认为，当代沟通的问题，实质上是如何保证怀有分歧观点、但又需要相互依赖的人们在解决共同问题时达成合作。人类解决共同问题离不开合作行动，而沟通能促进合作行动，沟通需要传播规则基础上的共识，即对传播规则的意见趋向一致。他们据此得出结论：处于一种系统中的沟通的基本功能是调节同感，即调整和修正对合作的意向，使互有分歧的各种意见达成一致。① 人际传播将人与人相互联结在一起，人们在交流中互相协商，通过对话来解决冲突，建立起合作关系。

（2）形成与维持和谐的社会关系。

人与人相依而存，通过人际沟通，培养理性、宽容、健康的人际沟通规则，建立起和睦的家庭关系、邻里关系、社区关系，进而形成尊老爱幼、谦虚礼让、见义勇为、助人为乐等社会风气。但人与人相处不可避免地会出现冲突，人是多种多样的，必然每个人都有自己的个性，意见的多样性也必然存在。在传播研究中，人际冲突经常被理解为“互动”，它未必是坏事，不冲突意味着不传播、不交流，解决矛盾和冲突也是人际沟通常见的形态。以积极的态度看待冲突关系，通过建设性的沟通与对话相互理解，最终达到和谐的社会关系，是人际传播所追求的目标。

（3）传承社会文化遗产。

文化是世代相传习得的，而不是先天遗传的。人类社会最早的传播形式就是人际传播，通过口耳相传使得社会文化传统一代代传递下来，即便现在，人们仍然习惯于通过人际传播感知和接受特定社会文化的熏陶，如通过家庭人际沟通传承家族精神；通过社会人际沟通融入民族、家国的物质文化和精神文化，学习和继承前人的思想文化；通过文化传承获得文化认同感；通过跨国人际交流、沟通，不同文化族群的人相互学习、融合，最终达到文化间的沟通和理解，创造新的文化形式，这是文化同化的过程。每个传播者进入传播关系中都带有自身的文化特性，如种族、民族、性别、阶层、语言等，价值观、文化信仰属同一文化圈的人一般具有共同的语言，比较容易交流。

（4）进行社会管理。

人际传播是社会各种关系得以形成和运行的纽带，通过不同群体、团体的信息沟通和交往，有助于形成社会规范和维持社会秩序，消除群体、组织之间的裂痕，增强社会的安定团结，建立和谐、有序、健康的社会关系，使社会达到善治。人际传播也能发挥舆论监督的作用，对一些违法、违规的行为和人员进行批评，消除社会不良风气。人际传播还有利于化解社会纠纷，发挥安全阀的作用。总之，社会的治理离不开人际传播，人际传播是社会正常运行的主要形式。

---

① ［美］唐·库什曼、杜·卡恩著，宋晓亮译：《人际沟通论》，上海：知识出版社，1989年，第10页。

第二节　人际传播的理论

对人际传播中各种问题的探讨最早可追溯到古希腊、古罗马时期的修辞学。亚里士多德的《修辞学》对“对话”这种最基本的人际传播形式进行了分析。20 世纪以前，修辞学一直是传播研究的核心内容，也是传播学研究兴起的基础。20 世纪 60—70 年代，在西方一些大学中相继开设人际传播课程，并出版一批传播学教科书。70 年代末，随着传播学的引进，人际传播也作为传播学的一个重要分支进入中国，但是发展比较缓慢。由于人际传播涵盖范围较广，许多理论都可运用到人际传播中，学者们将人际传播理论分为不同的类型。当然不同学者对人际传播类型的划分也不同，美国学者巴克斯特和布雷思韦特研究了 1990—2005 年间主要杂志上专门的人际传播研究论文，试图发现人际传播的基础性元理论。统计发现，引用最多的前十个理论按照频率递减的顺序依次是：礼貌理论、社会交换理论、不确定性减少理论、剧场符号互动论、关系辩证法理论、期望破坏理论、社会渗透理论、传播顺应理论、建构主义理论、归因理论。①他们将这些理论整合为以个人为中心、以话语和互动为中心、以关系为中心的三种人际传播理论类型。本书在此基础上进行补充和调整，主要介绍以下三个方面的理论。

一、以个人为中心的人际传播理论

以个人为中心的人际传播理论主要包括传播能力理论、行为组合理论、归因理论、建构主义理论、不确定性减少理论等，主要涉及个体如何生产和加工人际传播信息，以及以个体为中心的认知行为的传播，侧重于心理和个体。

1. 传播能力理论

传播能力是人际传播的中心和重要部分，个人的人际传播能力决定了传播的顺畅程度和效果。传播能力包括知识和技能。传播能力理论（Communication Competence Theory）的代表是斯皮伯格（B. H. Spitzberg）和库帕克（W. R. Cupach），他们在 1989 年出版的《人际传播能力》一书中对能力的定义是“能力通常是指身体素质或表现能力”。而人际能力指的是“人们有效地应付彼此的过程”②，它主要表现在有效和适当的行为中。

萨拉·特伦霍尔姆（Sarsh Trenholm）和阿瑟·詹森（Arthur Jensen）在《人际传播》一书中对传播能力的定义是：“传播能力是指 ，一个人以有效而得体相宜的方式进行传播的能力。”③ 他们将传播过程中的能力分为五种：讯息的能力、解释的能力、角色的能力、

① ［美］莱斯莉·A. 巴克斯特、唐·O. 布雷思韦特著，殷晓蓉等译：《人际传播：多元视角之下》，上海：上海译文出版社，2010 年，第 17 页。

② B. H. Spitzberg & W. R. Cupach, *Handbook of Interpersonal Competence Research*, Berlin: Springer-Verlag, 1989, p. 6.

③ Sarsh Trenholm & Arthur Jensen, *Interpersonal Communication*, Belmont, CA: Wadsworth Publishing Company, 1996, p. 11.

自我的能力和目标的能力。讯息的能力是指发送和接收讯息的能力，“人能够选择使用让他人明白，让他人了解和领悟的词语或非词语讯息，同时，也能对他人所选择的讯息给予回应，进行意义交流的能力”①。这是最基本也是最重要的能力。解释的能力就是对意义的理解能力，也包括对信息的界定和组织能力。角色的能力是指知道自己如何以合适的行为在传播中去扮演其社会角色。自我的能力是指选择和表现一个有个性的自我形象，在传播中具有个人独特的风格。目标的能力是指对于传播要有预定的目标，能使传播行为有方向指引。

当然不同的文化对传播能力有不同的规定和认识，而且传播能力也与社会情境有关，要把传播能力放到具体的情境中去研究。

2. 建构主义理论

建构主义（Constructivism）是比较早的、发展比较成熟的人际传播理论之一，由杰西·迪莉娅（Jesse Delia）及其伊利诺伊大学的同事在 1977 年提出，该理论最初的研究重点是解释人际沟通能力的发展，后来被运用到不同语境下各种问题的研究中。建构主义的目的是分析功能性传播能力的本质，所谓“功能性的传播能力指的是生成和处理信息的能力”②。建构主义试图解释功能性传播技巧中的个体差异，所以提出了一些涉及各种传播技巧的模型。

建构主义理论涉及一个认知过程，它把人看作解释经验并根据这些解释采取行动的主体，人通过各种各样的解释体系来建构世界，这种解释事件的主要认知框架被命名为“个体建构”。每个人都会根据具体的情境搭建许多不同的个体建构体系，这种人际建构体系包括对他人面貌的概括、行为的概括、角色的概括、态度的概括、特点或个性的概括等。拥有健全人际建构体系的人被认为是具有高层次“人际认知复杂性”的人，这些人能够非常娴熟地理解他人、理解各种关系和行为，在人际传播上会更加成功，并对社会做出更正确的判断，进而采取合理的决策。

传播通过四个相关的过程展开：信息生产、信息处理（或信息接受）、互动协调和社会感知。人们的传播行为在每个过程中都不同，且追求目标不同，技巧也各不相同。建构主义在传播技巧方面的模型比较成熟的是社会感知和信息生产的技巧模型。社会感知技巧模型建立在对人际认知复杂性的分析基础上，人们通过人际建构感知社会事务，建构的复杂性因人而异。一个人的人际建构越复杂，在这些过程中就越有技巧。而“认知复杂性评估”可以提供关于社会感知技巧的整体指标，这种评估是通过 B. R. 伯莱森（B. R. Burleson）和 M. S. 沃特曼（M. S. Waterman）的“角色分类调查表”进行测量的。信息生产技巧模型关注的是以人为中心的传播，其信息集中于解释并适应传播语境主观的、情感的和关系的方面，更针对和适合受众，关注潜在的目标。但是高度以人为中心的信息未必支持日常的传播任务，而比较适合于处理更为复杂的情形，如安慰别人、进行思想工作、协调不同的观点等。

---

① 王怡红：《西方“传播能力”研究初探》，《新闻与传播研究》2000 年第 1 期。

② ［美］莱斯莉·A. 巴克斯特、唐·O. 布雷思韦特著，殷晓蓉等译：《人际传播：多元视角之下》，上海：上海译文出版社，2010 年，第 66 页。

建构主义理论在提高传播技巧方面具有巨大的潜能，而且它能够通过一定的方法得到验证，因而相对科学。但有学者批评建构主义将研究集中在某些结构（即人际建构）对以人为中心的信息应用上，很少关注信息的生产过程以及人际结构在这些过程中所承担的角色；也有学者批评它的一些核心概念不明确。

3. 不确定性减少理论

不确定性减少理论（Uncertainty Reduction Theory）由查尔斯·伯格和瑞查德·卡拉布雷思（Richard J. Calabrese）在1975年首次提出，主要用来解释当对周围环境不确定时如何进行传播，由此激发了对于不确定性传播的系列研究，如不确定性管理理论等。各种人际交流中都存在不确定性，该理论把不确定性明确为形成传播行为的原动力，并且对人们处于不确定性状态时的行为方式提出了量化预测。

不确定性来源于信息论中维纳对于信息的定义，伯格等人把它定义为可能出现的各种选择的数量和可能性的函数。如果几种结果发生的概率是相同的，不确定性就高；而只有一种结果可能出现时，不确定性就低。不确定性减少理论认为在两两交往中会产生两种类型的不确定性：认知不确定性和行为不确定性，即人们对自身信念、行为和他人信念、行为的不确定。当人们对自身和他人相关的信息缺少时就产生不确定性，对交往没有把握。不确定性也就是信息的模糊，由于社会中总是存在着某种程度的模糊性，所以处在不确定状态下的个体必须寻找各种对策解决问题，进行有效的沟通。伯格及其同事在1989年发现人们会使用三种策略去对付不确定性——寻求信息、制订计划、拐弯抹角。①

（1）寻求信息。不确定性减少理论将寻求信息的行为策略分为被动策略、主动策略、互动策略。被动策略指的是通过观察获取他人和自身的相关信息。主动策略指的是“信息寻求者主动改变物理或社会环境，然后观察目标个体对这些变化的反应”②。互动策略指的是观察者和目标之间的直接交互，也就是说，信息寻求者变成了参与式观察者。互动策略又包括提问、披露和使目标放松。

（2）制订计划。要实现上述策略，必须要有目标和计划。个体会通过制订计划来应对不确定性。计划有两个功能：第一，想要理解他人行为，就必须建立在对他人所追求的目标和计划的推断上。第二，计划对社会行动的产生至关重要。有效的计划必须保持最佳的状态，太简单会缺乏深度和广度，太复杂会缺乏灵活性，而且在制订时要考虑到他人的目标和计划，所以计划的复杂性和计划的获取都与计划是否能够顺利执行有关。

（3）拐弯抹角。拐弯抹角（hedging）即避免正面回答问题。在不确定状态下，为了避免直接面对负面的结果，人们会以对面子威胁最小的方法设计信息，这也是将可能出现的传播风险最小化的方法。这套方法包括：设定框架（framing）、模棱两可（ambiguity）、免责声明（disclaiming）、退步打折（retroactive discounting）等。设定框架是为了避免丢面子或面临更严重的危险，人们会对信息进行重新定义，如“你误解了，我说的不是那个意思，而是……”；模棱两可就是传递的信息含糊不清，不明确表态；如果在沟通前能够预

---

① ［美］莱斯莉·A. 巴克斯特、唐·O. 布雷思韦特著，殷晓蓉等译：《人际传播：多元视角之下》，上海：上海译文出版社，2010年，第171页。

② C. R. Berger & K. A. Kellermann, Acquiring Social Information, in *Strategic Interpersonal Communication*, edited by J. A. Daly & J. M. Wiemann, London: Routledge, 2013, p. 7.

测对方可能强烈不同意你的观点，或者你说的话可能会冒犯对方，就事先用免责声明的方法说得委婉一些，如“你可能不同意我的看法，但是……”；退步打折指的是对自己说的话退一步，让别人来说，如“我想……，但是，你怎么看?”前两个是间接的拐弯抹角，后两个是直接的拐弯抹角，间接的比直接的花费时间更多，而直接的更公式化，在互动过程中更容易。

不确定性减少理论多运用于初次交流、跨文化交流、恋爱关系等的不确定性研究，它被认为是第一个从传播学角度提出的理论，有一套公理和定理来对其进行科学的验证。它假设不确定性促进了人们的传播行为，但是有学者对这个假设进行了批评，提出对回报的渴望是传播的驱动力，而且有时候人们宁愿保持这种不确定性，如有人怀疑自己得了重病，但是又害怕得到确定性的信息。

二、以话语和互动为中心的人际传播理论

传播顺应理论、礼貌理论、期望破坏理论、面子理论等都可归于此类理论，它们超出了个体范围，探讨作为说话者之间信息活动的人际传播，侧重于信息的内容、形式和功能，以及沟通双方之间的互动行为，研究的焦点是身份（包括面子）问题。

1. 传播顺应理论

传播顺应理论（Communication Accommodation Theory）是美国学者霍华德·吉利斯（Howard Giles）等人提出来的，它最初是社会心理学中的理论，用来解释语调和词汇如何根据说话对象的不同而发生变化，现在已经成为社会语言学范围内的一种解释性资源，被认为是传播行为理论中最有影响力的理论之一。

顺应指的是通过提高人与人之间的相似性来减少或增加人与人的差异的过程。首先，在特定的情境下或不同的关系中，我们必须调整自己的语言来达成某种相似或一致性。趋于一致分为向上或向下的顺应，“向上趋于一致”指的是说话者采用比对方更有声望的口音；而“向下趋于一致”指调整自己去顺应对方的地方性、口语化的口音。其次，人们会在主观上顺应他人的交流内容，这种顺应能力也被称为解释能力，而这种解释是主观的，与别人真正的意义未必一致，因此存在沟通失败的可能性，就会出现不顺应的现象。不顺应行为会以不同的形式出现，包括：①话语维持，即与所有人说话都保持同一交流姿态，没有太大的改变；②低顺应，即以自我为中心，对他人不关注、不注意倾听；③偏离甚至彻底改变，偏离分为部分偏离和完全偏离，不同种族、文化的成员在追求一种肯定性的社会认同时，往往通过彼此偏离来强调他们的身份——这种偏离不仅表现在发音或语言上，也表现在他们不同的非语言方式和服饰特点上，保持自己独有的风格。

虽然“顺应”常常会被对方积极地接受，但有时也未必，一些比较排外的种族、团体成员可能对外来人使用不友好的语言。而偏离也并不总意味着消极地接受，它有时对交流也具有积极意义，如用自己独有的语言或语调来解读某个正常的话语形式常会给人带来惊喜。重要的是，顺应和不顺应可能是相互的、互惠的、均衡的或不均衡的。如果它们是均衡且顺应的，人际关系就能得到加强；如果不顺应，人际关系就可能成为敌对的、冲突的。

对于传播顺应理论，有学者提出了一些检测的原则，也有学者提出了顺应过程的模型。该理论被应用于群际交流、陌生人的初期交流、关系的发展和消解等方面，涉及的领域包括司法、医疗、健康和犯罪情境等，但也有其自身的局限。

2. 礼貌理论

礼貌理论（Politeness Theory）是佩内洛普·布朗（Penelope Brown）和斯蒂芬·莱文森（Stephen C. Levinson）于1987年提出的，它的核心概念是面子威胁行为，借鉴了欧文·戈夫曼（Erving Goffman）的“面子”概念，因而也被称为第二代面子理论。戈夫曼的面子概念来源于早期对中国人“面子”观念的研究，他认为“面子”可以定义为“一个人通过别人认为他在特定接触中所采取的方式有效地为自己主张的积极社会价值。面子是一种根据认可的社会属性描绘的自我形象，尽管这是一种其他人可能会分享的形象”①。当个体感觉到自己很有面子时就很有自信，当觉得自己没有面子或不体面时，可能会感到羞愧或自卑。为了维持面子和有效消除威胁面子的事件，需要进行面子工作（face-work），即一个人为了使他所做的一切符合面子而采取的行动。② 一个人的面子是神圣的，维护它所需的表达秩序是一种仪式。③

布朗和莱文森把“面子”界定为“每个成员都想要为他（或她）自己确立的公共自我形象”④。所有的交往都潜在地威胁到我们自己或他人的面子，如拒绝别人或受到别人的拒绝。面子又分为积极的面子要求和消极的面子要求，积极的面子要求主要是使我们的社会形象得到交往中他人的接受和赞同；消极的面子要求则涉及我们形象的权利和尊敬。不同意、质疑或打断别人，不尊重别人的自主选择权，都会威胁到他人想要得到认可的积极面子要求。要求某人做某事或提醒某人某种义务，会威胁到他人渴望尊严和自由的、消极的面子要求。

保全自己或他人面子的策略是什么？这取决于社会情境中的三个特点：能力、距离和级别。能力指的是一个人比别人的强势；距离包括亲密度和社会相似性，陌生人之间、朋友之间、知己之间的礼貌程度是不一样的；级别指的是从不同文化程度来理解面子威胁成分，不同文化对礼貌的理解不同，礼貌的重要性也不同。这三者的结合决定了某种情境中面子威胁程度的大小，进而决定采取何种礼貌语言策略。

礼貌语言策略包括直接性策略、积极性面子补偿、消极性面子补偿、非正式策略等。直接性策略就是直截了当提出建议；积极性面子补偿是先找出共同点，然后提出建议，其中亲密度和相似性为找出共同点提供了方便；消极性面子补偿以道歉等方法表示尊敬，减弱强迫的意味；非正式策略通过拐弯抹角、间接的方式保全面子，但未必能够达成自己想要的结果，当然如果认为面子威胁太大的话就直接取消交流。以上策略可以根据情境混合使用。

---

① Erving Goffman, *Interaction Ritual*, New York: Pantheon Books, 1982, p. 5.

② Erving Goffman, *Interaction Ritual*, New York: Pantheon Books, 1982, p. 12.

③ Erving Goffman, *Interaction Ritual*, New York: Pantheon Books, 1982, p. 19.

④ ［美］莱斯莉·A. 巴克斯特、唐·O. 布雷思韦特著，殷晓蓉等译：《人际传播：多元视角之下》，上海：上海译文出版社，2010年，第337页。

沃尔夫森[①]（N. Wolfson）的礼貌模型反映了礼貌程度与亲密程度之间的关系（见图4－1），该模型认为，朋友之间的礼貌程度最高，陌生人之间和亲密者之间的礼貌程度比较低。

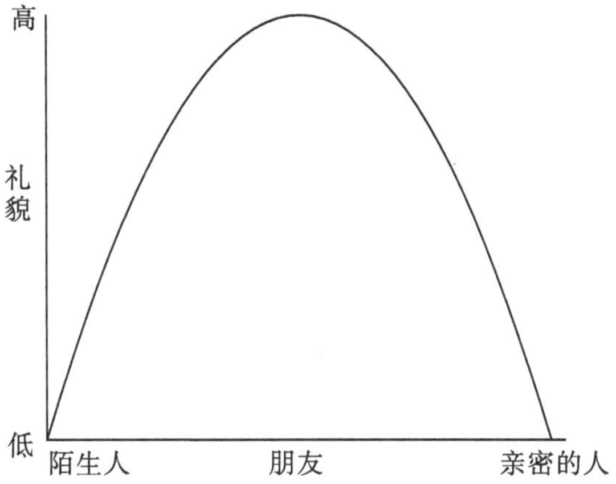

图4－1　沃尔夫森的礼貌模型

礼貌理论的主要贡献是，它注重谈话的细节特征，有助于我们注意到语言的细微差别能够形成不同的印象。即使在没有面子威胁的时候，这些语言特征也能够用于说明关系和身份。

3. 期望破坏理论

遵守规范、与期望保持一致似乎是使社会互动顺利进行的最好途径，但是，在某些情境中，破坏规范也是有利的。朱迪伊·伯贡（Judee Burgoon）提出的期望破坏理论（Expectancy Violations Theory）认为我们对他人的行为都有一定的期望，这一期望取决于三个因素：传播者的特征、与他人的关系特征以及互动的具体情境。

伯贡认为期望可以用来表示我们预测的事情将会发生（预测性期望），也可以用来表示渴望之事或喜好之事（习俗性期望），在许多情形下，这两种期望是一致的，但并非总是一致。[②] 期望可以通过言语行为和非言语行为表现出来，不过期望破坏理论主要关注的是互动的非语言方面，该理论也被用来分析各种传播行为和传播语境。

期望破坏理论的基本假设是：如果期望得以满足，那么他人的行为就可以得到正面的评价；反之，如果期望被破坏，那么其行为就会被判为负面的。但是伯贡的研究发现，这一假设并不完全成立，期望破坏通常得到的是正面评价。一般来说，我们与他人交往时期望得到了满足就不会注意他人的行为，但是期望遭到破坏，就会注意这些行为，导致对他人行为的评估，破坏评估指的是我们赋予这种破坏的意义。在评估过程中，“回报价值”

① ［美］约瑟夫·A. 德维托著，余祥瑞、汪潇等译：《人际传播教程》（第12版），北京：中国人民大学出版社，2010年，第125页。

② ［美］莱斯莉·A. 巴克斯特、唐·O. 布雷思韦特著，殷晓蓉等译：《人际传播：多元视角之下》，上海：上海译文出版社，2010年，第247页。

是一个重要的变量，它指的是交流的回报程度到底有多大。这种价值判断会影响我们对期望破坏的评估，如我们一般对一个有着迷人外表或者才华横溢的人会有较高的价值判断，在互动中，即使他不能满足我们的期望，但是很多人会选择原谅他，即正面地评价其破坏行为。面试中经常会遇到类似的情况。

当有人破坏了我们的期望时，我们怎样回应他们？弗洛伊德和 G. 沃劳达吉斯经过实验发现，减少往来、降低愉悦感是一种否定的期望破坏，因为人们期望朋友之间至少应该有适度的来往让彼此感到愉悦，如果一方降低了亲近度、减少了来往，另一方也会相应降低。

期望破坏理论拓宽了我们对于期望带给互动影响感知的理解，但是在预测互动中双方如何进行行为调适方面，它的能力有限，所以伯贡等人在此理论基础上又提出了互动调适理论（Interaction Adaptation Theory），更加注重互动中的行为回应。

三、以关系为中心的人际传播理论

以关系为中心的人际传播理论包括感情交换理论、传播隐私管理理论、关系辩证法理论、关系传播理论、社会交换理论、语用理论、人际欺骗理论等，注重解读传播在发展、维持和终结社会与个人关系中的作用。这里主要介绍其中的几种理论。

1. 社会交换理论

约翰·蒂博特（John W. Thibaut）和哈罗德·凯利（Harold H. Keley）的社会交换理论（Social Exchange Theory）从经济效益方面说明人们进行人际交往是为了获得一定的利益，每个人都想从别人那里获得自己想要的信息，并从这种传播关系中获利。所以这一理论的核心是人际交往受到成本和回报计算结果的引导，我们在人际交往中的所作所为是希望有回报。当个体从他人那里得到回报，就会有一种感恩的心情。

社会交换和经济交换不同，它依靠信任和信誉，是自愿的。在期望回报的计算中，有两个基本的概念：自身利益和相互依赖。自身利益是人际交往的驱动力，相互依赖指的是一个人的所得依赖于另一个人的所得。一般来说，我们会尽可能使自身利益最大化，但现实未必如此，所以通过合作达到双方利益最大化也是我们自己利益实现的最佳选择。

社会交换理论之下又有一些理论，如资源理论、相互依赖理论和平等理论等。

资源理论认为社会交换建立在给予资源和获取资源的基础上，资源包括金钱、商品、地位、爱、服务和信息等，当这些资源提供快乐的时候，它们就构成回报；当这些资源引起痛苦、焦虑等不好的影响时，它们就构成成本。当相似的资源互相交换时，我们会获得更大的满足；商品类的资源比爱与金钱的相似性更大，所以，钱钱交换或钱物交换比钱与爱的交换更令人满足。传播是交换的过程和手段，但有时，传播本身就是用来交换的资源，即回报或成本。一个人可能让出一种资源来回报另一种资源，但仍然持有那种资源，如一个人给予别人爱但又不失去爱。

相互依赖理论的核心是资源控制问题，个体通过“比较水准”和“替代性选择”来判断他们关系的回报。“比较水准”是个体用于判断一个具体关系是否吸引人或是否令人满意的标准。经过利益与价值的衡量对比，如果水准高出了自己的预期，交往活动对人就具有吸引力。替代性选择的比较水准是指人们在考虑可能的替代关系时，认为能够接受的最低的回报水准。当原有的关系不能令人满意时，人们就会寻找替代性的关系。

社会交换理论似乎是将人与人的关系物质化，功利性比较强，但是它并不认为人类为了追求利益而不顾他人的代价。其中的平等理论认为，在人际交往中，除了考虑自身利益，也要考虑互利和公平，这样才能使关系持续下去。

2. 关系传播理论

关系传播理论（Relational Communication Theory）认为，人们通过传播行为而彼此关联，传播是一个建构过程，关系系统是通过关系成员间的传播过程而产生和确立的，同时产生出来的关系又对正在进行的传播行为施加影响。因此研究传播过程以及传播模式成为该理论的核心焦点。关系传播理论来源于格雷戈里·贝特森（Gregory Bateson）的传播过程、模式和超传播等主张，其观点在1967年保罗·瓦茨拉维克（Paul Watzlawick）和珍妮特·比文（Janet Beavin）等人的著作《人际传播语用学》中得以阐述，这一理论也受到了系统论和控制论的影响。

关系是通过交流和互动建立起来的，任何一种正在发展中的关系都具有无数隐含的潜规则。瓦茨拉维克等在《人际传播语用学》中提出了关系传播的五条基本原理①：

（1）一个人没法不传播。这并不是说每个行为都在传播，而是说不管我们是否愿意，我们总是在影响着别人的感知。如在飞机上不想与别人谈话就打开一本书来读，这就向身边的人传播了一种信息："我现在不愿说话。"

（2）任何一次谈话都包含了两个信息：内容信息和关系信息。在与别人进行内容传播时，同时也传播着很多可能出现的关系信息，这种关系传播通常是非言语的，被称为"超传播"。如教授宣布即将进行一次考试，这是内容信息；同时他的话可能暗示着：我是这场考试的主宰。

（3）交流者总是能够把互动行为组织成为有意义的模式，这一原理被称为"句读法"。互动行为的系列就如同句子一样，不能分割开一个个理解，必须要对其进行排序，就好像给句子加上标点符号一样。

（4）人们同时使用数字式符码和类比式符码。数字式符码的符号与指涉物之间没有内在的关联，两者间的关系是人为指定的，所以带有随意性。类比式符码要求与现实中的事物十分相像，它具有一定的持续性和强度。大多数非言语符码都是类比式的，如面部表情、声音的变化都是一个连续性的过程。在实际传播过程中数字式符码和类比式符码经常被共同使用。

（5）人际传播中信息的组织和匹配决定了主体间形成对称或互补的关系。当处于特定关系中的交流双方实施相似的行为，尽量减小彼此的差异时，这种关系就称得上是对称的；而当两者的差异被放大时，这种关系是互补的。如夫妻双方都争强好胜，抢夺婚姻关系的主导权，这种关系就是对称的。而如果一方对另一方言听计从，这种婚姻关系就是互补的。

---

① ［美］斯蒂芬·李特约翰著，史安斌译：《人类传播理论》（第7版），北京：清华大学出版社，2004年，第276－279页。

关系传播理论的主要特征是围绕描述关系的互动传播模式，关注系统成员的相互依赖、沟通的循环影响过程、交换信息关系层次的意义。灵活的系统会呈现出流动的、自我修正的传播过程，以解决具有潜在问题的关系问题；刻板结构的系统容易陷入不断重复的怪圈，影响到成员维持关系的能力。近年来对关系控制的研究不断增多，当交流中的一方提出一个主张时，另一方可以用三种形式进行回应：接受——低人一头的“下策”；反驳或者拒绝——胜人一筹的“上策”；既不接受也不拒绝、试图掌握同级信息控制权——与对方讲和的“中策”。三者的不同组合形成不同的关系传播模式，上下策的组合传播是补充模式，双方之间是互补的关系；双方都用同样类型的对策，则被称为对称模式；而中策与上策或下策的组合被称为过渡模式。胜人一筹的上策说明某人占有主导地位，但是只有在对方接受的情况下，他才能称得上是“宰制”。关系传播理论也越来越多地使用心理学和社会学视角进行研究，丰富了我们对人际传播的认识。

3. **关系辩证法理论**

关系辩证法理论（Relational Dialectics Theory）是某种关系双方之间的意义生成理论，它关注于对抗性话语的斗争，即话语张力。但是它并不认为对抗性的话语是否定性的，相反，对抗性话语是意义生成活动的中心。也就是说，话语张力是人际传播中不可避免的，同时也是不可缺少的。

关系辩证法理论的基础是俄国哲学家米哈伊尔·巴赫金（Michael Bakhtin）的对话理论，它使用解释学范式，用定性的方法将意义作为核心的分析单位，去理解特殊的和特定情境中的意义传播。它包括三个核心的命题：

（1）意义来源于不同的、常常是对立的话语的斗争。

所有的意义生成都可以被理解为对话，巴赫金把语言使用描述成一个“词语意识形态倾向”的充满矛盾和张力的统一体，而“词语意识形态倾向”就是话语。关系辩证法理论的核心命题是：所有的传播都普遍存在着布满张力的对抗性话语斗争，即社会性的话语对抗。该理论认为意义生成是不同的，并且通常是对立的话语之间辩证变化的一个过程，即不同意义和话语系统发生的融合和差异。

（2）话语的相互渗透既是共时的，也是历时的。

意义在互动时刻（共时）是稳定的、不变的，但是从时间的长河来说，它又是流动的，无法最终确定的，是下一个互动时刻的竞争者的目标。在下一个互动中，双方可以共同建构意义，可能会再生产出原来的意义，也可能会共同生产一个新的意义。

在构建意义的过程中，人们回避话语斗争使用的策略主要有四种：①在一些互动情境中集中使用一种话语共同建构意义，使其占有优势而使其他对抗性话语失声。如交流的双方都互相认可对方有权保守自己的秘密，那么这种隐私话语就成为权威话语，被双方所接受。但是，保持权威话语需要付出超常的努力，否则传播有可能断裂，其理所应当的意义有可能受到质疑。而其他非权威的话语（边缘性话语）即使从中心移出，却并未完全根除。②随着时间的推移，权威话语和边缘性话语的位置会发生变化，即历时性的升降，但是这种升降转换也会回避话语斗争。③关系双方建构含糊不清或模棱两可的意义规避话语斗争。特别是在进行双边谈判的时候，含糊性可以发挥话语润滑剂的作用，使得意义灵活地行走在各种话语之间，达成双方的一致。④将各种对抗性话语进行混合，或者产生新的意义即“杂交物”，或者通过化合反应改变思路成为一个新的整体。

（3）对抗性话语的相互渗透构成了社会现实。

关系辩证法理论与建构观结合，将传播定位为建构要素，建构发生的机制是差异之间的张力。意识和身份是通过与“他者”的传播而形成的，而他者在活动过程中一个重要特征是流动性，处在不断变化中，因此意识和身份是不同观点之间的流动和动态的关系，而且是由差异构建的，是话语张力的结果。关系也如意识和身份一样，通过话语张力的相互渗透来建构，通过双方及其社会网络之间的日常交往中不断进行的话语竞争而产生。

目前关系辩证法理论的研究还主要集中于第一个命题，对其他命题缺乏深入研究。也有学者批评它未能对关系中的传播做出任何预测，也缺乏新的内容。但该理论的优点是让我们集中关注话语和关系双方共同的传播活动，为我们提供了一个直接以传播、过程为中心的理论。

第三节　新媒体环境下的人际传播

随着新媒体的广泛运用及其技术的不断更新，新媒体日益成为人们日常生活中重要的人际交往工具，使用网络和移动通信的人越来越多，从最初的电子公告板（BBS）聊天到手机短信、腾讯 QQ、网络社区、微博、微信等，通信、电报等传统人际互动的渠道逐渐式微，社交媒体逐渐成为主要的传播途径。在新媒体环境下人际传播的界限和范围不断延伸，带来了人际交往模式的深刻变化。

一、新媒体环境下人际传播的特点

新媒体的使用使得人际传播各个方面出现了很大的变化，呈现出不同于传统的新特点。

1. 人际传播速度更快、更加便捷

传统的远距离人际传播媒介中，传播速度最快的是电话，但是跨越大洋的国际电话和国内异地电话费用相对较高；而且由于电信网络的不兼容，国际电话不能通用，导致拨打国际电话并不方便。人们为了节省费用，通话的时间会有限制。但是通过新媒体网络和即时通信，人们可以随时随地进行通话、视频，可以进行长时间交流，并且费用相对低廉，实现了信息双方的异地同步交流，联系更加方便快捷。

2. 人际传播的形式更加多元化

新的传播技术使得人际交往的形式增多，人们可以使用不同的社交媒体平台，利用文字、图片、视频等传播形式进行多样化的信息传递。为了更加方便、形象地表达自己的意图和感情，人们在网络上发明了一套独特的网络语言体系，各种网络符号的创新层出不穷，表情包、网络用语等形象而生动；短视频、GIF 动图等直观有趣，丰富了人际传播的内容，迎合了人们生活节奏的变化，增加了趣味性。

3. **人际关系更加紧密和广泛**

在传统社会，人与人之间的联系是比较松散的，联系方式比较单一，已有的社会关系由于时间和空间的变迁可能渐渐疏远，如家庭住址、电话号码发生变动，可能导致人与人之间失去联系。但新媒体时代，人们在虚拟的网络平台上聚集，即使时间和空间发生改变也不会失去联系。而且传统社会一个人扩展自己的交际范围是非常缓慢而有限的，但在新媒体环境中，人们通过社交媒体上名目繁多的群、圈、社区，可以很快认识许多陌生人，如通过微信“附近的人”“摇一摇”等功能可以与不认识的人成为朋友。新媒体使我们的个人感觉器官无限延伸，真正达到“鸡犬之声相闻”。

4. **新媒体为人际传播提供了一个相对自由平等的交流空间**

在部分社交媒体上，人们可以匿名交往，不必受到现实生活中的身份地位、性别、年龄、经济状况等因素的制约，人际关系相对平等，人们更容易获得自我价值实现的满足感。即使是认识的人，在虚拟空间中也容易忽略现实的身份地位差异，相对轻松地进行人际沟通。

二、新媒体环境下人际传播存在的问题

传统的电话和信件、电报等个人性媒介隐私保护性比较强，但新媒体中个人性媒介和大众媒介混为一谈，人际传播与大众传播的界限模糊，私人领域与公共领域混合，带来了一系列的社会问题。

1. **人际交往行为的前台化趋势**

戈夫曼把人的行为分成前台行为和后台行为。前台行为是我们展示给公众看的，是表演式的；后台行为属于个人的私生活，只有少数与我们最亲近的人才能看到。但是新媒体的出现打破了前台与后台的界限，创造了混合的社会情境。有人为了出名，过分将自己的私生活公开化，甚至将生活戏剧化、表演化，失去了真实的本性。有的人会把自己所见的人、所做的事展示给大家看，有的是炫耀，有的是发泄，有的仅仅是仪式性的展现，私下的言行可能变成公共事件，失去了隐私性。而且新媒体的记录性和黑客的存在，使得这些信息有可能被他人获得，传播话语溢出私人领域，个人的隐私信息随时可能被公开。

2. **新媒体传播的虚拟性、匿名性带来更多的人际信任危机**

社交媒体上部分账号是匿名注册的，很难了解陌生人的真实身份，一些不法分子趁机诈骗，出现了一些诈婚、诈骗钱财的案例，造成人们对网络征婚、交友的不信任，进而影响到现实中人与人之间的信任，人际欺骗理论就是在这种背景下产生的。即使是密切的关系，由于新媒体对人际传播过程的记录性，如果朋友、恋人关系交恶，一方的隐私言论被另一方擅自公开，或者互相抹黑对方，造成网民的围观，则加深了双方的不信任感。

3. **媒介依赖带来的人际交往障碍**

新媒体的普遍应用使越来越多的人沉迷其中，无论大街小巷、公交车、地铁，随处可见看手机的“低头族”，他们对周围的环境和人漠视不见，有时即使朋友、亲人见面也是各看各的手机，正如网络上流行的一句话：“世界上最遥远的距离就是，我们坐在一起，你却在玩手机。”传统的探亲访友和社交活动被微信、手机短信等形式所代替，这种程式

化的人际交往，带来人们情感的冷淡和人际关系的疏离。有的人终日沉溺于网络虚拟环境中，用于现实人际交往的时间越来越少；有的人甚至出现“网络成瘾症”，沉浸于虚拟的世界，对现实中的人际交往产生抵触或者出现社交障碍。

三、人际传播理论的新发展

人际传播理论经过几十年的发展不断地丰富，在不同时代的发展侧重点也不一样。进入21世纪后，在新的媒体环境下，新的理论也不断出现，如社交信息处理理论、人际欺骗理论、传播隐私管理理论等。

1. 社交信息处理理论

社交信息处理理论（Social Information Processing Theory）是研究在线人际信息传播的一种理论，主要研究在没有非语言表达的情况下，人们如何在线认识彼此，并且如何在新媒体环境中发展关系、管理关系。在面对面的传播中，我们至少能从表面上识别对方的基本特征，但是在网络传播中，我们对于陌生人无法判断其真实性，就会感到无所适从。该理论认为，在缺乏非语言表达资源的环境下，我们也能随着时间的推移在网络上彼此建立印象并发展社交关系。①

社交信息处理理论有两个中心论点：第一，线下关于印象、情感和关系的社交信息如面部表情如何转换为线上的语言和传播符号？该理论认为当在非视频性的网络聊天时，用语言和文本符号也能表达非语言形式传播的内容，人们在不能面对面的时候，更多地会将喜欢等态度用语言表达出来，如现在网络上的各种感叹词，还有一些表达情感的符号等。第二，与面对面的交流相比，网络社交信息交换和增长的速度相对较慢，要花费更长的时间推进印象的形成和随后的关系发展、管理。要加快速度就需要更多的信息交换，随着大量时间的消逝，充分的信息交换得以形成，个人的、关系的信息逐渐增长，所以，以计算机为中介的传播在建立印象和管理人际关系方面的效率并不亚于面对面的交往。

社交信息处理理论首次提出是在20世纪90年代初，当时以电子邮件和电子公告板为主要的网络交往形式。如今随着技术的发展，视频、语音的运用弥补了看不到对方非语言符号的不足，但是语言和书写仍然是网络人际传播主要的方式，该理论的存在有助于区分不同类型传播符号带来的人际影响，因此可以运用到广泛的领域中，如在线交友、网恋等。一些学者的研究表明，在线能够维持某种关系的一个主要因素是一个用户在网上的时间量。一项针对仅有在线恋爱关系的个体调查发现，关系持续的时间长度和与同伴交流所花费的时间，都与感知到的态度相似度、忠诚度、亲密度和信任度有很强的关联。②

2. 人际欺骗理论

人际欺骗自古就有，但在网络时代尤其多。人际欺骗理论（Interpersonal Deception Theory）是在20世纪90年代末提出的，它可以泛指线上线下所有的人际欺骗。人际欺骗

---

① ［美］莱斯莉·A. 巴克斯特、唐·O. 布雷思韦特著，殷晓蓉等译：《人际传播：多元视角之下》，上海：上海译文出版社，2010年，第512页。

② ［美］莱斯莉·A. 巴克斯特、唐·O. 布雷思韦特著，殷晓蓉等译：《人际传播：多元视角之下》，上海：上海译文出版社，2010年，第520页。

理论建立在关于人际欺骗的策略性、互动性和发展特征的假设基础上，有三个核心假设（命题）：第一，人是有目的的生物，不管真实的传播还是欺骗性的传播都是为了满足一定的目的。有的是让别人易于接受，有的是为了维持和谐的关系，如夫妻、亲友间的欺骗，因此传播的本质是个体间相互适应、相互让步的过程。欺骗是欺骗实施者一种有意识的行为，通过寻求各种策略来达到传播目的，使其信息具有蒙蔽性，避免被察觉出来。第二，信息处理是传播的基础性部分。人们可以通过操纵信息的真实性、完整性、直接性、相关性和个性化等，来选择隐瞒、歪曲、呈现错误、混淆视听或者回避一些不利信息等。欺骗的表现除了有意识的言行，也可能包含无意识的行为，通常是以非语言的形式呈现，它们不经意间泄露欺骗实施者的意图。第三，接收者是欺骗事件的积极参与者，他们影响了欺骗的时间进程和最终结果。他们的怀疑为欺骗实施者提供了反馈信息，使其根据接收者的反应进行策略的调整。没有接收者的积极互动，欺骗也就无法进行。所以人际欺骗理论也就是欺骗实施者进行欺骗和接收者察觉欺骗的过程，一方竭力使自己的信息看起来可信，另一方在不断地怀疑，这种怀疑促使欺骗实施者不断调整新的欺骗策略。

人际欺骗理论检验了许多不同的命题，该理论认为不管是进行欺骗还是说真话，人们都试图管理他们的信息内容、非语言行为以及整体风格，以便达到获得信任的目的。所以人际欺骗和其他的人际传播一样，都具有调适、互惠和重视互动性的特点。

3. **传播隐私管理理论**

随着社交媒体的广泛运用，个人信息共享现象使得隐私性问题成为人际传播中的主要问题，在这种情况下，桑德拉·彼得罗尼奥（Sandra Petronio）于2002年提出传播隐私管理理论（Communication Privacy Management），它也被称为传播边界（boundary）管理理论，主要是对人们披露行为和隐瞒行为的管理方式进行研究。该理论认为披露和隐瞒处于一种辩证的张力中，而披露的核心是隐私信息，隐私的披露带有一定目的，受规则驱动并由那些参与披露事件的人所解读。该理论还依据对于各类边界的认识，为我们提供了一种解释人们如何管理隐私信息的方式。

传播隐私管理理论由6个主要原则构成，前3个原则是用来管理私人披露的“假设准则”，这是该理论的基础；后3个原则是“互动准则”，反映了在披露和隐瞒隐私信息时与他人的传播互动、被管理的方式。① 其中，构成“假设准则”的3个原则是：

（1）公开—隐私的辩证张力。该原则认为披露过程是内在辩证的，即人们在披露的过程中是矛盾的，由于社交、从众以及其他实际需要，个体既想披露自己的私人信息又想保护隐私信息。在披露私人信息时，个体会开放隐私的界限，使得个体隐私信息的边界向集体隐私边界扩展，形成“共同所有制”，即边界的延伸。

（2）隐私信息的概念化，即隐私的所有权。隐私信息是某种完全属于个人的信息，个人有权利控制它。其所有权就用边界进行隐喻，边界标志着所有权的界限。

（3）隐私规则。个人为了控制信息的流动，会依据一些重要的标准来制定隐私规则。这些标准包括文化、性别、语境和风险—收益比例标准，人们用隐私规则来管理其边界。

---

① ［美］莱斯莉·A. 巴克斯特、唐·O. 布雷思韦特著，殷晓蓉等译：《人际传播：多元视角之下》，上海：上海译文出版社，2010年，第405页。

“互动准则”包括以下原则：

（1）共享边界。当你告诉别人隐私信息时，那个人就变成了该信息的共同拥有者，你们围绕该信息就拥有一个共同的边界，即“共享边界”。它表明个人对私人信息的边界进行开放，使边界得以延伸。一个人可以有许多层次的隐私边界，如二人隐私边界、家庭隐私边界、群体隐私边界、组织隐私边界甚至是社会隐私边界等。

（2）边界协调。彼得罗尼奥用“厚”与“薄”的边界隐喻来形容个体隐私的开放程度，“共享边界”意味着双方都有责任管理信息，要遵守一定的边界协商规则，这种规则主要包括：第一，边界渗透度（permeability），指的是在隐私边界内，接近或公开隐私的程度。越是接近隐私信息，渗透度就越高；反之，阻碍越少，越容易接近隐私信息，这说明隐私信息边界不是那么严格。第二，边界所有权，即隐私信息的共同拥有者的控制权。第三，边界关联（linkages），即与披露信息相关联的人。

当边界被按照上面规则加以协调时，又有三种管理边界的模式：第一种，不均衡。即某个处于边界中的人知道的隐私信息比外边的人多，他披露的隐私就比其他人多，从而出现不均衡。第二种，相交。即每个成员公平地共享和共有信息。第三种，联合。即每个人都有责任对共有信息负责。

（3）边界混乱。边界协调侧重于探讨人们怎样管理与他人共有的信息，但是由于人们对隐私信息和规则的误解和误判，若协调不顺畅，很容易导致边界动荡和混乱，如出现隐私被侵犯、所有权被剥夺等情况。

传播隐私管理理论兼具基础研究和应用研究，现已被广泛应用于研究家庭关系的隐私侵犯、社交媒体中的隐私管理，以及健康、心理、关系、法律等方面，是一个比较灵活的理论。

思考题

1. 名词解释：人际传播；自我认知；社会化；传播能力；礼貌理论；人际欺骗理论；边界渗透度。
2. 人际传播有哪些特点？
3. 人际传播对个人和社会的作用分别是什么？
4. 应对不确定性的策略有哪些？
5. 礼貌语言策略有哪些？
6. 关系传播的原理是什么？
7. 人们回避话语斗争的策略有哪些？
8. 新媒体环境下人际传播的特点是什么？存在哪些问题？
9. 传播隐私管理理论的原则是什么？

第五章

群体传播和组织传播

第一节　群体传播

一、群体的概念及其类型

人是群居的动物，每个个体自出生就生活在群体中，如果与他人完全断绝关系，个体无法在社会中生存。群体生活是人类社会的一个基本特征，社会就是由一个个群体组成的。社会群体既是人们社会化的主要场所，也是社会赖以整合为一体的基本单位。人总是生活在一定的群体中，如家庭群、兴趣群、社区群、朋友群等。

1. 群体的概念

关于群体的概念，有广义和狭义之分。狭义的群体指面对面直接接触的小群体，广义的群体还包括社会学和心理学意义上的集合体。法国心理学家古斯塔夫·勒庞（Gustave Le Bon，也译为勒朋）和塔尔德认为在群体中个人的个性消失，体现出群体的某些心理支配下的共同特征。美国社会学家帕克和伯吉斯在《社会学导论》一书中提出，“群体”（group）指“任何数量的人群，无论多少，他们之间的关系必须被一起考虑”①。他们认为现实中的人总是生活、活动和存在于一定的群体中，同一个人很可能是许多群体的成员。群体虽然体现的是人们之间的关系，但也是独立的。美国社会学家赫伯特·布鲁默（Herbert Blumer）认为：“人类群体是一个文化和社会地位的组织，参与者的行为是一种角色扮演。”②

日本社会学家岩原勉认为群体是具有特定共同目标和共同归属感、存在着互动关系的复数个人的集合体。他认为群体的本质特征是：目标取向具有共同性，具有以“我们”意识为代表的主体共同性。③ 也就是说，群体有共同的目标和主体的归属感。

中国学者李宁认为，从心理学的角度看，群体应该是在意识和行动上相互发生联系或影响，为着共同的目标而协同活动的一群人。④风笑天对社会群体（social group）的定义是“人们按照一定的社会关系所结成的有共同生活活动的稳定集体”⑤。社会群体具有不同于一般人群的特征：持续的互动、稳定的结构、明确的认同。

因此，总体来说，广义的群体是指在精神上发生了联系、在行动上相互协作、有着共同目标的社会集合体。它是人们生活的基本单位，又是社会重要的组成部分，也是社会学和社会心理学研究的重要对象。

---

① R. E. Park & E. W. Burgess, *Introduction to the Science of Sociology*, Chicago: The University of Chicago Press, 1921, p. 196.

② H. Blumer, *Symbolic Interactionism: Perspective and Method*, Oakland: University of California Press, 1969, p. 114.

③ 郭庆光：《传播学教程》（第2版），北京：中国人民大学出版社，2011年，第78－79页。

④ 李宁：《群体心理学》，广州：暨南大学出版社，2000年，第2页。

⑤ 风笑天主编：《社会学导论》，武汉：华中科技大学出版社，1997年，第92页。

2. **群体的分类**

“社会群体”是对社会进行分类时使用的概念，对社会群体进行分类是常见的现象。关于群体的分类，根据不同的视角有不同的类型，可以从六个方面进行划分。

（1）根据群体范围的大小和互动性程度可以分为初级群体、次级群体、更大的群体。

美国社会学家库利在《社会组织》中将群体分为初级群体（primary group）、次级群体（secondary group）。初级群体又称首属群体、基本群体，主要指家庭、邻里、儿童游戏伙伴等群体，其特征是亲密的、面对面的交往与合作，是在个人性格形成、初步社会化过程中起到重要影响的基本群体。在初级群体中，既有和谐，也有竞争、倾轧和仇视。次级群体又称次属群体，是人们为了达到一定的社会目的而建立起来的、个人步入社会所必须加入的群体，包括班级、科室、兴趣群、朋友群、老乡群等。它的规模比初级群体要大，成员较多，充满多层次的沟通交流。更大的群体是指比次级群体范围更大的群体，包括民族、国家、社会等，相当于美国社会学家赖利夫妇在传播系统模式中所称的较大的社会结构。

（2）根据群体是否正规或是否存在管理主体，将群体分为一般群体和组织（或团体）。

德国社会学家威瑟（L. Weiser）根据组织性强弱将群体分为组织群体、非组织群体；韦伯将群体分为团体（拥有管理组织系统的群体）、一般群体。组织是经过注册的、有成文的组织规范制约的、成员之间有固定的角色分工的机构，如学校、工厂、机关等。我们一般所说的群体没有正规的机构，群体活动带有较大的随意性，群体关系不是靠组织规范强制制约，而是靠共同的兴趣、感情等来维持。

（3）根据地域性将群体划分为地域性群体和非地域性群体。

帕克和伯吉斯在列举资料时将社会群体分为地域性群体和非地域性群体。地域性群体就是因地理位置相近而形成的群体，如社区、邻里等；非地域性群体是因精神交往而形成的群体，如通过写信而形成的笔友群，通过网络而形成的不同网络群，因共同接受大众传播而形成的受众群等。

（4）根据群体本身的特质将群体划分为异质人群和同质人群。

勒庞将社会群体划分为异质人群和同质人群。异质人群中每一位成员都可能有着不同的性质，它包括匿名的人群和非匿名的人群。匿名的人群有街头人群、剧院的观众、社会集会等；非匿名的人群有议会、法庭陪审团等。同质人群是具有某种共同特质的群体，主要按照三种标准来区分：教派（政治、宗教等）、身份（军人、酋长、劳工等职业）和阶级。同一阶级、身份和教派的人显然属同一个群体，有共同的信仰和理想，由阶级组成的社会形成了不同的国家。帕克和伯吉斯认为这种分类虽然很有启发性，但是不够准确，我们熟悉的许多群体，如家庭、剧组、社区、公众，在勒庞的系统中没有对应的位置。

（5）根据群体的集合形式将群体分为偶合人群、常规人群、行动人群和表意人群。

布鲁默在《集合行为》中将群众分为四种类型①：①偶合人群（casual crowd），又称临时人群，是结构最松散的群众形式，成员之间联系微弱，没有共同的目标，个人很少受

① H. Blumer, Collective Behavior, in *New Outline of the Principles of Sociology*, edited by Alfred McClung Lee, New York: Barnes & Noble, Inc., 1946, p. 178.

群体感情的制约，如街头观看表演的人群。②常规人群（conventionalized crowd），其行为类似于偶合人群，不过以既定的、规范的方式表达出来，活动具有规律性，如剧院和比赛场上的观众。③行动人群（acting /aggressive crowd），又称表演人群，是一种自发的心理群体，当一个群体的成员有一个共同的冲动，指向一个固定的形象，并支持一个强烈的集体感觉，准备采取积极的方式时，就是典型的表演群体，如革命的人群或暴徒。其显著特征是注意力指向某个共同的目标或目的，人群的行为是为了达到这个目标而实施的行为。但是行动人群根据集体兴奋引发的冲动行事，其表现为变化无常的、易受暗示的、不负责任的，这种人群也是所有研究群体的学者所关注的对象之一。④表意人群（expressive or a dancing crowd），通常是为了满足成员的个人情感需要而组织起来，其目的就是通过手舞足蹈等身体活动表达兴奋感。这种人群也易受冲动和感情激发，容易失去自我意识，但这种冲动和感情只体现在表达性的动作上，在表现动作中释放其张力，通过重复性的节奏达到统一，当兴奋达到集体的狂喜时就成为一种神圣的精神，如宗教场合的人群。

（6）根据群体成员的关系将群体分为基本群体、参照群体、偶然群体。

基本群体是指成员之间有长期的、亲密的、面对面的联系，如家庭、工作群体、老乡会等。参照群体（reference group）或称参考群体，是指能够提供参照标准的群体，其能够影响个人的态度、评价和行为，但并不是一个固定的群体。人们在塑造自己行为、形成各种态度时，其取向往往不是自己所属的群体，而是别的群体，即参照群体。罗伯特·默顿认为作为参考的群体可以分为三类：第一类是“那些与自己有实际交往、具有稳定的社会联系的人”，第二类是“那些大致处在相同地位或同一社会范畴的人”，第三类是“那些处在不同地位或不同社会范畴之中的人”。[①] 偶然群体是人们临时组成的、之前互不相识的群体，如剧院的观众、街头聚集的人群等。

二、群体传播及其主体

本章所说的群体是指组织以外的一般群体，我们所说的群体传播也是指组织以外的一般群体的传播活动。岩原勉认为，“群体传播就是将共同目标和协作意愿加以连接和实现的过程”[②]。群体传播是群体内部成员之间、群体与群体之间发生的信息交流活动。

对于群体传播的主体，许多学者有不同的分类，但基本上都将其分为集群（group）、人群（crowd）、大众（mass）、公众（public）。这种从群体主体特质方面出发的分类，反映了他们在群体传播中不同的特性。

集群是由于身体直接接触而形成的集合体，是最古老的社会群体，如家庭、邻里等。由于身体相邻的人数受到限制，一个集群的最大规模有一定的边界限制。

人群本质上是保持身体直接接触的集群，但它是“基本上靠实在的接触而产生的多种心理联系的集合”[③]。这种群体通常聚集于同一物理空间中，容易受到模仿、暗示和感染

---

① ［美］罗伯特·K. 默顿著，唐少杰等译：《社会理论与社会结构》，南京：译林出版社，2015 年，第392－393页。

② 转引自郭庆光：《传播学教程》（第 2 版），北京：中国人民大学出版社，2011 年，第 80 页。

③ ［法］塔尔德著，［美］克拉克编，何道宽译：《传播与社会影响》，北京：中国人民大学出版社，2005 年，第 37 页。

机制的制约，具有情绪性和激动性，往往形成非理智的群体行为。人群是仅次于家庭的最古老的社会群体，其范围和人数有限，但比集群规模大，如斗兽场的观众、街头聚集的人群等。它具有强烈的异质性，往往充满了因为暂时受到感染而参与活动的旁观者，但缺乏黏合力和共同的方向。一旦其领袖对其进行控制，或是其成员听不见彼此的声音，该群体就可能崩溃瓦解，勒庞的《乌合之众》描述的就是这部分群体的心理特征。

大众是与人群相似的另一个基本的、自发的群体，但它与人群有根本的不同，它是更大规模的、身体分离的群体。布鲁默总结了大众的四个特征：①大众的成员来自各行各业、各个阶层。②大众是一个匿名的群体，成员之间是互相匿名的。③大众之间几乎没有互动或经验交流。他们通常在身体上彼此分离，由于互不相识，没有机会像人群中的人那样磨合。④大众的组织很松散，不能像人群那样集中和团结。[①] 大众没有既定的规则或仪式，也没有既定的领导，但大众行为具有同质性，如他们都是对新闻报道中的谋杀案感兴趣的人，他们都是一些涉及国家事件的参与者、广告的接收者。大众中的个体具有强烈的自我意识，他只回应他关注的事情及引起的冲动，可能不回应与他关系密切的人的建议和兴奋的刺激，他参与大众行为是为了满足自我需要。大众行为虽然由一系列个体行为组成，但是当这些行为组成一项运动时，便具有社会性。在现代城市和工业生活条件下，大众的作用越来越重要。

公众一般指社会上围绕共同关心的公共事务或问题，通过公开、合理的讨论而形成的能动的社会群体。布鲁默认为"公众"一词是指：面临问题的一群人；在如何解决问题上意见分歧的一群人；就这个问题进行讨论的一群人。[②] 塔尔德认为公众与作为物理人群的"集群"不同，他们是"纯粹的精神上的集合体"，由身体分离且分散的个体组成，其结合完全是精神的组结，他们之间的纽带在于同步的信念或热情，在于和许多人共享同样的思想或意愿。公众是18—19世纪伴随着大众媒介而出现的一个新的社会群体。报纸的出现促成了公众的诞生，将分散的公众连成一个有机整体。公众由有私产、有知识、有教养、有理性的个人组成，他们各自坐在家中，阅读同一份报纸，关注着同一个公共事件，并能够相对公正、冷静地进行思考。布鲁默认为公众的存在是以问题的存在为中心的，问题、讨论和集体意见的出现是公众的标志。公众的特点是：①公众是一种无定形的群体，其规模和成员资格因问题而异；②公众没有规则来规定自己的活动；③意见不一致，容易出现冲突。[③] 但是布鲁默和哈贝马斯一样认为公众具有自我意识和批判精神，面对批评，公众用事实进行论证，开展理性的讨论。

综上可知，集群是物理空间身体接触的群体；人群除了身体接触以外，主要是形成了某种群体意识并支配着它，这一群体有抱团心理，群体成员缺乏自我意识，具有异质性；大众是没有直接身体接触的匿名的群体，成员具有自我意识，但在兴趣和需要等方面具有

---

① H. Blumer, Collective Behavior, in *New Outline of the Principles of Sociology*, edited by Alfred McClung Lee, New York: Barnes & Noble, Inc., 1946, pp. 185 – 186.

② H. Blumer, Collective Behavior, in *New Outline of the Principles of Sociology*, edited by Alfred McClung Lee, New York: Barnes & Noble, Inc., 1946, p. 189.

③ H. Blumer, Collective Behavior, in *New Outline of the Principles of Sociology*, edited by Alfred McClung Lee, New York: Barnes & Noble, Inc., 1946, pp. 190 – 191.

同质性。

公众可能是有身体接触的集群，一个人可以同时属于多个公众群体，但他只能属于一个人群和集群；集群和人群是有边界限制的，而公众可以无限延伸；人群是无理性的乌合之众，谣言和精彩的建议占主导地位；公众是人群的对立面，其讨论具有理性，具有宽容精神。当面临分歧时，人群通过磨合发展融洽关系来行动；大众通过个体选择的融合来行动；公众通过达成集体决定或形成集体意见来采取行动。公众会向人群或大众转化，当公众被他们共同的情感所吸引时，他们就开始磨合和发展融洽的关系，此时他们的表达方式是公众情绪而不是公众舆论。公众变成人群，这是大多数宣传竭力要达成的目标。塔尔德认为公众向人群退化是极度危险的，所幸这种退化比较罕见。但是在现代生活中，公众更有可能变成大众。随着大众传播媒介的普及，公共问题越来越多，加上其他因素，导致人们越来越多地通过个人选择而不是参与公众讨论来行动，公众常常与大众交织在一起。

三、群体传播的心理机制

早期社会心理学家对符号互动、社会互动的分析为研究群体传播的内在机制提供了基础。布鲁默认为互动构成了群体生活，群体生活必然以群体成员之间的相互作用为前提，这种互动包括对行为做出直接反应的非象征性互动和对行为做出解释的象征性互动，并根据解释所产生的意义采取行动。而人类社会的互动主要是利用符号进行的象征性互动，没有群体内部、群体之间的符号互动，就没有人类社会。群体互动受到文化规范、社会地位和角色关系的影响，是一个持续的过程。

对群体内部传播机制进行科学研究始于20世纪30年代左右，在20世纪中期达到研究的高峰，主要代表人物是社会心理学家穆扎弗·谢里夫（Muzafer Sherif）、所罗门·阿什（Solomon E. Asch）和库尔特·卢因。谢里夫的群体规范研究、阿什的群体压力研究和卢因的团体动力学研究实际上都属于群体动力学的范畴。群体动力学（group dynamics）认为在个人和群体的关系中，起决定作用的是群体。群体是一个“动力整体”，是一个系统，各个部分相互影响、相互依赖。在他们的研究中，都提及群体互动中一些共同的心理机制。卢因从社会管理的角度研究群体动力，认为“如果不考虑群体目标、群体标准、群体价值观以及一个群体‘看待’自己和其他群体情况的方式，就不可能预测群体行为”①。他把群体视为一个社会场，中间充满了各种力量的运动，力量场的变化促使或者阻碍社会变革，这就是群体动力。帕克和伯吉斯也认为群体成员共识中有三个要素：群体精神（group spirit）、集体意志（collective will）、集体表征（collective representations）。② 群体精神是群体情感的特征状态；集体意志即士气，代表群体行为倾向；集体表征体现群体的活动目标。这说明在群体传播中存在着超越个人存在的精神集合体，它们是群体传播中不可缺少的影响机制。

---

① K. Lewin, Frontiers in Group Dynamics: Concept, Method and Reality in Social Science, Social Equilibria and Social Change, *Human Relations*, 1947, Vol. 1, pp. 5-40.

② R. E. Park & E. W. Burgess, *Introduction to the Science of Sociology*, Chicago: The University of Chicago Press, 1921, p. 164.

1. **群体规范**

群体规范就是群体共同遵守的某种原则或标准。谢里夫将社会规范定义为“习俗、传统、标准、规则、价值观、时尚和所有其他因个人接触而标准化的行为准则”[①]。群体通常拥有某些规范或标准，这些规范或标准几乎在群体日常行为的每一处都起作用，也是成员个人在群体活动中必须遵守的规则。谢里夫对自动移动光效果的实验表明，在高度不确定的环境中，人们在群体中判断事物的标准会越来越靠近，最终形成群体的标准；而该标准一旦形成，即使个人在单独的环境中也会遵守群体中参与形成的规范。这说明群体对人们的态度具有极大的影响力，显示了建立社会规范所涉及的基本心理过程——经验是围绕着集体产生的参照系进行组织或修改的。群体规范可分为正式的和非正式的两种。正式的群体规范是明文规定的，如各种条例；非正式的群体规范是约定俗成的、不成文的规范，如公约、伦理道德规范等。

谢里夫的研究显示群体规范或标准具有极大的力量，但没有详细说明这些规范的形成过程。其后，布鲁斯·塔克曼（Bruce Tuckman）提出了群体发展的四个典型阶段——形成、冲击、规范和执行，得到其他学者的认可。20 世纪 80 年代丹尼尔·费尔德曼（Daniel L. Feldman）确定了规范的四个目的（生存、效率、易互动性和群体表达）以及规范形成的几种方式（通过命令、重大事件、重要性或由于群体成员类似的过去经验）。肯尼斯·本特霍森（Kenneth Bettenhausen）和 J. 基恩·莫奈安（J. Keith Murnighan）将规范视为在特定群体中相对稳定的规则行为模式，通过实验研究了竞争性决策制订中群体成员互动的过程。[②] 在成员互动时，他们要么无保留地同意群体采取的方向，默契地修改他们对适当行动的信念；要么公开尝试通过挑战隐含规范来使该小组朝自己的解释发展，试图说服群体接受他们的解释。规范是渐进的和进化的，会随着时间的推移而改变。但是，一旦规范形成，任何进一步试图改变其控制的行为都将受到制裁。

在群体传播中，群体规范的作用主要有三：第一，规范群体成员的行为，形成群体合力。第二，实现组织的社会化，即新来者接受既定的群体规范，迅速融入群体和组织中。第三，排除偏离性的意见，对未能遵守群体规范的成员采取制裁措施，将群体内的意见分歧和争论限制在一定范围之内，以保证群体决策和群体活动的效率。卢因认为不同的文化在不同程度上允许个人与群体标准之间的差异，但是如果个人试图偏离“太多”的群体标准，他在群体中的交流会越来越困难，他将受到嘲笑、严厉对待，最后被逐出这个群体。因此，大多数人都非常接近他们所属或希望归属的群体的标准。[③]

2. **群体压力**

群体压力即群体中的多数意见对成员中的个人意见或少数意见所产生的压力，也被称为从众。在群体中个人的态度和行为会受到群体一致性的压力，个人和少数意见一般会服

---

① Kenneth Bettenhausen & J. Keith Murnighan, The Emergence of Norms in Competitive Decision-Making Groups, *Administrative Science Quarterly*, 1985, Vol. 30, pp. 350 – 372.

② Kenneth Bettenhausen & J. Keith Murnighan, The Emergence of Norms in Competitive Decision-Making Groups, *Administrative Science Quarterly*, 1985, Vol. 30, pp. 350 – 372.

③ K. Lewin, Frontiers in Group Dynamics: Concept, Method and Reality in Social Science, Social Equilibria and Social Change, *Human Relations*, 1947, Vol. 1, pp. 5 – 40.

从于多数意见。

社会心理学中有关从众的实验有很多，以阿什的线段实验最为经典。该实验表明，在情境明确的情况下，75%的被试者至少有一次从众行为；所有被试的平均从众行为占34%；约有1/4~1/3的被试者保持了自己独立的判断，被试者普遍反映在实验中感受到严重的心理压力和内心冲突。但是针对不同问题群体压力的大小不同，苏联心理学家彼得罗夫斯基针对道德问题进行了一项实验，第一次由被试者自主回答问题；在被试者第二次回答问题前，先暗示被试者多数人都赞成错误的意见，结果显示有极少数人接受暗示、屈从压力而改变其原来的主意，而绝大多数人并没有改变原来的主意。这两个实验说明，在非原则性问题上，群体压力对人的行为影响较大；而涉及原则性问题，如道德，群体压力则影响较小。

莫顿·多伊奇（Morton Deutsch）和哈罗德·杰拉德（Harold B. Gerard）认为群体压力来源主要有两种：规范性社会影响和信息性社会影响。规范性社会影响指一种与他人的积极期望相一致的影响，信息性社会影响指接受他人提供的信息作为现实证据的影响。① 他们通过面对面、匿名和群体不同的情境对阿什的实验情境进行修正，发现人们在情况不明时更容易从众；信息性社会影响比规范性社会影响表现得更明显，因为其他人或多或少被认为是客观现实的可靠信息来源。阿什也认为那些缺乏自信、迷失方向的人会屈服于群体压力。② 一般人通常会认为多数人提供的信息正确性概率要大于少数人提供的，因此个人对多数意见会持较信任的态度。

从众是个体适应新群体的方式之一，它可以帮助个体较快地适应陌生的环境，迅速融入群体。当个体保持与群体多数意见一致时，会产生安全感、归属感，与群体和谐相处并获得群体支持。当然，从众也会产生消极的影响，造成人云亦云，缺乏独立判断，进而使个性消失。

3. 集体表征

集体表征是一个社会赖以集体存在的语言和其他象征符号，是群体成员沟通和互动的重要手段。最早提出集体表征概念的是法国社会心理学家涂尔干，他认为集体表征是集体精神的表达，是符号系统，它包括宗教、法律、道德、习俗、政治制度等，而且集体表征优先于个人表征。帕克认为集体表征是语言及其所承载的概念、观念体系，是社会本质的外在表现，人们通过它进行交流和互动，它是社会表达经验事实的方式，也是集体精心制作的产物。集体表征体现的是集体意识，是意义的集合体，比个体表征更稳定。在群体中，集体表征并不是个人表征的平均值，它所包含的内容远远超过了一般个体的知识，但是整体水平却比个体智力差。它对应于群体这个特殊的存在，用集体意识的经验进行思考，并将其具体化为可交流的思想。集体表征包含所有已知的现实，为群体思考提供了事物整体的模型；它也包含主观因素，这些因素产生了一种新的思维方式，使群体的思维更加稳定、有组织。但是这些学者只提出了集体表征的概念和现象，并没有具体说明集体表

---

① M. Deutsch & H. B. Gerard, A Study of Normative and Informational Social Influences Upon Individual Judgment, *The Journal of Abnormal and Social Psychology*, 1955, Vol. 51, pp. 629 - 636.

② S. E. Asch, Effects of Group Pressure upon the Modification and Distortion of Judgments, in *Groups, Leadership and Men*, edited by H. Guetzkow, Pittsburgh: Carnegie Press, 1951, pp. 177 - 190.

征的具体内涵。

20世纪60年代，法国社会心理学家塞奇·莫斯科维奇（Serge Moscovici）将集体表征发展为社会表征理论（Social Representations Theory），并得到其他学者的发展完善，成为与社会认同、话语分析理论并列的欧洲社会心理学三大理论之一。莫斯科维奇认为集体表征是通过个人和群体之间的社会互动和交流产生的，被集体所共享，因而具有社会性。社会表征是一个价值观、观念和实践的系统，是一种共同的表达方式，是社会成员之间进行交流的代码。它"涉及日常思维的内容和思想的存量，使我们的宗教信仰、政治思想和我们如呼吸一样不可或缺的联系保持一致"①；它也是一种社会共享的思想、隐喻和图像的"网络"。比吉塔·霍伊杰（Birgitta Höijer）认为社会表征是关于集体意义形成的过程，导致共同认知，从而产生社会纽带，将社会、组织和群体结合起来。作为一种传播理论，它将社会与个人、媒体与公众联系起来。② 社会表征理论的主要目的是通过关注日常的交流和思考，确定人类心理和现代社会文化趋势之间的联系。

产生社会表征的两种基本社会认知传播机制是锚定（anchoring）与客观化（objectifying）。锚定是将新的未知的知识和现象借助于已有的熟悉的概念和图像进行解释，转化为熟悉的符号，从而使陌生的观念成为众所周知的观念，成为一个社会集体参照系的一部分。这是文化同化的过程，用已有的文化解释对新的思想或现象进行锚定。通过这种锚定机制，新的思想或现象附着在一些已知的事物上，很容易被公众所认知。客观化就是通过将未知转化为我们可以感知和体验的具体事物，使未知成为已知。它是将一些抽象的观念转化为物质世界中具体的现象，例如，气候变化是一种抽象的、长期的统计特征现象，当媒体将特定的风暴、热浪或洪水与气候变化联系起来时，抽象的气候变化就被客观化了。通过客观化，一种新的复杂而抽象的现象就变成了熟悉的参照系，并转化为日常的常识。客观化是一个比锚定更为活跃的过程，它既是一种方法、一种观察社会现象的方式，也是一种描述和解释社会现象的系统。

第二节　集体行为的传播机制

集体行为（collective behavior）又可以翻译为集合行为、集群行为等，指的是在某种刺激条件下发生的群体聚集行为，是一种非常态的社会集合现象，表现为群体性事件或群众运动，如集会、游行、骚乱、种族冲突等。它多以群集、恐慌、流言、骚动、暴乱的形态出现，往往会对正常的社会秩序造成干扰和破坏。帕克认为集体行为就是个体在一种共

---

① S. Moscovici, Notes toward a Description of Social Representations, *European Journal of Social Psychology*, 1988, Vol. 18, pp. 211 – 250.

② Birgitta Höijer, Social Representations Theory: A New Theory for Media Research, *Nordicom Review*, 2011, Vol. 32, pp. 3 – 16.

同的、集体的冲动的影响下的行为；换言之，集体行为就是一种冲动，是社会互动的结果。①

塔尔德、勒庞、布鲁默等社会心理学家都对集体行为进行过研究，此后随着社会集体行为的增多，越来越多的学者开始进行专门的研究。早期学者大部分将集体行为视为非理性的群集活动，20 世纪 70—80 年代的研究使人们对集体行为的看法发生了改变。研究者认为集体行为不再是非理性的、无规范的、极端的行为，而是遵循不同的规则，有的仅仅是纯粹的聚会，有的包括流行时尚、公众舆论和社会运动等，社会学家甚至认为它可能有助于必要的社会变革。

与集体行为相关的理论主要有两类：一类认为集体行为是非理性的，主要有模仿理论、感染理论、匿名理论、循环反应理论、挫折—侵犯理论、相对剥夺理论、去个体化理论、社会冲突理论、价值累加理论、紧急规范理论等；另一类认为集体行为是理性的，主要有博弈理论、理性选择论、压迫性反应理论、控制转让理论等。

一、集体行为产生的条件

布鲁默将高度兴奋的暴民、商业恐慌、战争状态的歇斯底里、社会动荡等自发的群体活动划归行动人群，他认为集体行为产生的条件是：①集体行为通常在生活方式或日常生活不稳定或混乱的情况下发生。人们的愿望、需要是通过他们群体的日常文化活动来满足的，然而，如果这些既定的行为方式受到某种干扰，或者出现了现有文化无法满足的倾向，就可能出现基本的集体行为。②出现不安的因素。当人们的冲动、欲望或性情不能被现有的生活方式所满足时，他们就处于不稳定的状态。这种内在的紧张，在缺乏适当释放渠道的情况下，通常会通过随机和不协调的活动来表达自己。③出现循环反应。一些恐惧或恐慌、兴奋等情绪会在人群中互相刺激，这一循环反应会使得这种情绪得到不断增强，从而在人群中扩散，产生社会动荡。社会存在不安因素不一定意味着社会动荡的存在，只有当躁动与循环反应有关，或变得具有传染性时，社会动荡才存在，所以社会动荡是不安的社会化。②

尼尔·斯梅尔塞（Neil. J. Smelser）对集体行为有 3 个层次的定义，认为集体行为与其他行为不同的是有各种信念指导。他将集体行为分为 5 种类型：①恐慌反应；②狂热反应，包括时尚周期、金融繁荣、潮流和宗教复兴；③敌意爆发；④规范导向运动，包括社会改革运动；⑤价值导向运动，包括政治和宗教革命、宗派的形成、民族主义运动等。③他提出不能单纯地从心理的角度来解释集体行为，而应该将集体行为的形成与社会结构联系起来。因此，有 6 个因素成为集体行为发生的决定因素：

（1）结构性诱因。即社会形势和经济结构等环境、背景是否有利于集体行为的发生。

---

① R. E. Park & E. W. Burgess, *Introduction to the Science of Sociology*, Chicago: The University of Chicago Press, 1921, p. 865.

② H. Blumer, Collective Behavior, in *New Outline of the Principles of Sociology*, edited by Alfred McClung Lee, New York: Barnes & Noble, Inc., 1946, pp. 171 - 172.

③ N. J. Smelser, *Theory of Collective Behavior* (Third Printing), New York: The Free Press, 1965, p. 2.

（2）结构性的压力或紧张。如（经济）剥削、冲突、社会差异等社会中存在的缺陷和矛盾，这些因素会引起人们的怨恨和不满，产生愤怒和不安等各种情绪，这是集体行为发生的驱动力。在政治动荡、物价不稳等危机状况下，社会上普遍存在着不安心理和紧张情绪。

（3）一般化信念的增长和蔓延。人们对结构性紧张引发的怨恨情绪转化为一种共同的信念，这种信念被人们广泛传播。当普遍的信念与恐慌的其他必要条件相结合时，就会出现这种情况。在群体力量的作用下，人们很容易冲动地接受一般化信念。

（4）诱发因素。某种具体的触发性事件、突发事件导致了人们受到情绪上的强烈刺激，从而成为导火索，引导集体行为的发生。例如，足球场上裁判的一次误判，常常会直接导致对立球迷们闹事。

（5）参与者的行动动员。当人们开始付诸集体行为时，通常会产生行动中的领袖，并在某种程度上促成一定的共同行为规范来引导集体行为。若此种动员是有效的，那么集体行为就得以持续下去，所以领导者的行为非常重要。

（6）社会控制的运作。集体行为一旦形成并趋向严重，国家的控制力量就会介入，以控制集体行为的进一步扩散。社会控制分为两大类：一类是那些将诱发性和压力最小化的社会控制；另一类是那些只有在集体事件出现后才调动起来的社会控制。若控制得当，集体行为可能停止；若控制不当，集体行为反而可能激化和扩大。

斯梅尔塞将这些因素称为“价值累加模式”，只有在这6个因素的不断累加影响下，才会导致集体行为的发生。6个因素分别在集体行动的不同阶段发挥着各自的功能，每个因素都是不可缺少的，但它们不一定要按时间顺序发展。而且，某些单一的经验事件或情况可能同时包含几种因素，例如，一场严重的金融危机可能造成广泛的经济匮乏（结构性压力），同时可能引发一次或多次集体行为的爆发（诱因）。长期存在的宗教分歧如新教徒和天主教徒之间的分歧，可能会使一个群体感到沮丧（结构性的紧张），这种分歧可能使一个群体内部对另一个群体怀有敌意（普遍的信念）。在适当的条件下，这些潜在的决定因素可能被激活，导致集体行为爆发。

二、集体行为的传播机制

勒庞认为群体普遍的特征是个性被削弱，无意识的品质决定群体的智慧比较低下，群体的叠加只是无意识的叠加，即使是优秀的专家，当其作为群体的成员时，也受困于群体意识，拉低了智力水平。多数社会心理学家认为群体之所以具有这些特征，是因为群体中存在一些特殊的传播机制，在集体行为中表现比较突出的机制主要有以下三种。

1. 群体暗示与群体感染

暗示指的是通过间接的示意使人接受某种观点或从事某种行为。集体行为的参与者通常处于亢奋、激动的精神状态，这种状态使其对周围的信息失去理智的分析判断能力，极易受人暗示，总是处于一种期待注意的状态中。周围人的话语、表情、动作乃至现场的氛围，对其都形成有力的暗示刺激，使其信念、思维和行为方式迅速与现场的人群融为一体。

群体感染指的是某种观念、情绪或行为在暗示机制的作用下以异常的速度在人群中蔓延开来的过程。群体中情绪的相互传染对群体特点起着决定性作用，各种观念、感情、情绪和信念，对于群体来说都具有病毒一样强大的传染力，感性的、本能的情绪特别容易在群体中传染，而理智的、冷静的情绪很难起作用。群体情绪就像是一种群体性催眠，决定着群体行为选择的倾向。被群体情绪传染的人的行为完全听凭这种非理性的力量主宰，会表现得完全像另外一个人。并不是每一个人都必然被群体情绪所传染，但未被群体情绪传染的人就会成为群体感情的敌对方。被传染的群体被这种非理性的力量控制，直到这种群体不断分化并消散，这种极端群体情绪才消失。

暗示实际上是相互感染的结果，暗示的作用随着群体的情绪链条传递会越来越强大。长时间融入群体行动的个人，会在群体催眠的影响下，进入一种极度兴奋的无意识状态，其大脑的知性活动被压抑、正常的思维活动被麻痹，完全听命于接收到的外部信号。暗示的观念具有即刻转化为行动的冲动，从一个最初的提示开始，再通过群体相互传染的过程，暗示性的讯息很快就进入了群体人群的头脑中，他们就如同接到了一道期待已久的命令，群体感情的一致性倾向就会成为事实。于是他们会立即行动，去做他们自己完全未曾料到的任何极端事情。

2. 群体模仿与匿名性

模仿分为有意识的模仿和无意识的模仿，但是集体行为中的模仿更多地表现为无意识的、条件反射性的模仿。心理学认为，这种模仿与人的安全（防卫）本能有着密切关系，在具有高度不确定性的突发事件中，每个人都希望与在场的多数人保持一致，把这种一致作为最有效的安全选择。但是，这种失去理性的相互模仿所带来的结果有可能是最不安全的。另外，这种非理性模仿的发生也基于其他一些原理，其中之一是“匿名性”原理。集体行为使个人淹没在人群中，这种状态使个人失去社会责任感和自我控制能力，在一种“法不责众”的心理下，个人可能做出种种宣泄的本能冲动的行为。

3. 循环反应

布鲁默认为集体行为的基本机制是循环反应，它是指一种相互刺激，“其中一个个体的反应再现了来自另一个个体的刺激，并在反射回这个个体时加强了刺激”①。也就是一方的刺激成为另一方的反应，而另一方的反应反过来又成为这一方的刺激的循环往复过程。循环反应是磨合（milling）、集体兴奋和社会传染三个阶段不断循环的结果。

磨合的主要效果是使个体对彼此更加敏感和做出响应，使他们变得越来越专注于彼此，迅速、直接和无意识地相互回应。集体兴奋传播一种共同的情绪、感觉或情绪冲动，并增加其强度。它能够控制集体的注意力，并且使人们更容易情绪化，变得更加不稳定和不负责任。社会传染是指一种情绪、冲动或行为方式相对迅速、莫名和非理性的传播，疯狂、狂热和时尚的传播就是很好的例证，其更极端的形式具有社会流行病的特征。在这种狂热中，人们丧失了一些自我意识，因而也相应地丧失了解释他人活动的能力，从而降低了社会抵抗力。在所有自发的群体行为中，都不同程度地存在着磨合、集体兴奋和社会传染。

---

① H. Blumer, Collective Behavior, in *New Outline of the Principles of Sociology*, edited by Alfred McClung Lee, New York: Barnes & Noble, Inc., 1946, p. 174.

斯梅尔塞认为在集体行为中没有特定类型的交流或互动，人们可以通过手势或姿势、面对面的谣言、大众媒体或意识形态的建立来传达信息。交流的形式可以是对话、不受控制的循环反应或单向交流。

三、集体行为中的公众舆论

每一次集体行为都不可避免地伴随着公众舆论，有的舆论本身就是集体行为，所以许多学者在研究集体行为时都会对舆论进行相应的研究。在集体行为中的舆论呈现出不同的特征和传播机制。

1. 舆论与集体行为

舆论是公众对新近大家普遍关心或感兴趣的事件和问题公开发表的意见。舆论总是与集体行为相联系，布鲁默认为舆论应该被看作一种集体产品。因此，舆论不是每个公众都同意的一致意见，也不一定是多数人的意见。作为一种集体意见，它可能（而且通常）不同于公众中任何群体的意见。舆论可以被认为是由公众持有的几种意见形成的一种综合意见；也可以是这些不同意见之间的斗争所形成的一种中心趋势。① 因此，舆论是不同群体中的意见经过辩论所形成的，它从来都不是一致的，有时也很难达成共识，但经过协调和动员总是代表整个公众群体朝着一个方向前进。在这个过程中，一些少数群体的意见可能比多数群体的意见对集体意见的形成产生更大的影响。舆论的形成在很大程度是通过群体的相互作用而发生的，通过群体的观点和立场的冲突形成互动。

塔尔德对舆论的定义是："舆论是一种评论，是短暂的、或多或少合乎逻辑的成串判断。换句话说，对当前的问题作出回应，在同一时期里被同一个国家、同一个社会里的人多次重复的判断，就叫舆论。"②

雅普·梵·吉内肯（Jaap Van Ginneken）认为："舆论不是个人意见的静态总和，而是一个动态的过程，它不断演化出新的、变化的模式。"③ 舆论是群体形成、改革（和解散）的关键过程，是一个不断变化的动态结构。

拉尔夫·特纳（Ralph H. Turner）和刘易斯·吉利安（Lewis M. Killian）认为作为舆论主体的公众"是对某一问题感兴趣并有分歧的分散的群体，他们参与对该问题的讨论，同时发表集体意见，以期它能影响某一群体或个人的行动"④。集体行为包括人群、群众行为、公众行为和社会运动，公众的舆论活动也是集体行为的一部分。

2. 人际传播渠道中的信息变异

从个人的观点转化为群体的观点，然后又转化为舆论，这个转化过程的动因，在古典

---

① H. Blumer, Collective Behavior, in *New Outline of the Principles of Sociology*, edited by Alfred McClung Lee, New York: Barnes & Noble, Inc., 1946, p. 191.

② ［法］塔尔德著，［美］克拉克编，何道宽译：《传播与社会影响》，北京：中国人民大学出版社，2005 年，第 301 页。

③ Jaap Van Ginneken, *Collective Behavior and Public Opinion: Rapid Shifts in Opinion and Communication*, New York: Lawrence Erlbaum Associates, 2003, p. 8.

④ R. H. Turner & L. M. Killian, *Collective behavior* (2nd ed.), Englewood Cliffs, Upper Saddle River, NJ: Prentice Hall, 1972, p. 179.

时代和中世纪是公共话语，在当代是报纸等大众媒介。公共话语和大众媒介的信息变异是集体行为产生的重要原因。

塔尔德认为，在任何时代，推动这个转化过程的动因是私下的谈话。交谈是一个经久不衰、无所不在的媒介，是形成舆论的一种媒介。吉内肯主要从促成集体行为的角度研究舆论，认为非正式信息的不断变异主要是通过日常生活的交谈实现的。集体行为中的非正式信息传播的主要形式有：

（1）传闻现象。我们生活在听和说的传闻世界，对世界的许多看法都是基于这种不确定的信息。

（2）流言和谣言。流言蜚语和谣言从古至今都是人们道听途说的主要形式，其传播是人们的一种集体言说。以往谣言主要关注的是3C：冲突（conflict）、危机（crisis）、灾难（calamity），而新的谣言主要关注2C：商业（commerce）或名人（celebrity）。也就是说，旧的谣言研究往往与基本的政治和社会主题有关，新的谣言研究往往与看似微不足道的经济问题有关。

（3）民间传说。以往的民间传说研究对象主要是农村和边远省份，现代研究较多的是城市传说。城市民俗和城市传说是公众为了表达自己隐藏的恐惧和禁忌愿望，向他人屈服，并加以思考和改造而形成的一种形式。所以，它是某种隐性的“集体商议”过程的结果。[①] 它往往讲述的是附近发生的故事，其主角可能是你我一样的人；有清晰的故事情节，基本可信，未被证实但似乎是可以被证实的；故事通过非正式渠道（对话）进行传递，但有时也会通过大众媒体传递；故事往往隐含着道德信息，提醒人们注意现代生活中的无形风险。

这种信息的变异是通过不断循环反应进行的，畸形信息传播具有以下特征：

首先，意见流的传播过程分为发送、扩散、感染和突变。[②] 发送是单纯的信息传递的技术过程。扩散着眼于新思想和新实践如何在社会表面蔓延，罗杰斯在创新的扩散研究中将其视为一个社会系统的成员之间通过某种渠道随着时间的推移而交流创新的过程。感染是许多社会心理学家谈到的群体传播机制，特别是试图解释强烈的情绪如何在人与人之间迅速传播，并导致他们出现异常和打破规范的行为。突变是指舆论转换、嬗变或逐步变化的模式。舆论在传播的过程中经过这四个过程的连续变异，出现一些非理性的集体行为。

其次，畸形信息的快速增殖。在集合状态下，这种信息的传播大多以集会、演讲的形式进行，所以使得畸形信息连同它们携带的情绪以异常的速度感染到其他人群，导致畸形信息的快速增殖。

最后，循环反应使得信息呈现一种奇特的回流现象。每个人都可以根据自己的意愿对流言内容进行改造和变形，同时，由于从众的心理，人们对信息的来源很少确认或没办法确认，导致了一种奇特的回流现象：同一个流言在经过若干人的传递之后，又重新传回到其发布者那里。而由于每个人都“添油加醋”，流言已经增添了许多新的内容，即使是最

---

① Jaap Van Ginneken, *Collective Behavior and Public Opinion*: *Rapid Shifts in Opinion and Communication*, New York: Lawrence Erlbaum Associates, 2003, p. 33.

② Jaap Van Ginneken, *Collective Behavior and Public Opinion*: *Rapid Shifts in Opinion and Communication*, New York: Lawrence Erlbaum Associates, 2003, p. 39.

初的发布人也很难辨认它的原貌，往往会把它作为新的信息加以接受，并再次传播下去，于是出现了一种恶性循环机制。

3. **媒体炒作的循环反应**

除了通过对话进行的非正式交流之外，通过媒体进行的正式交流在传达思想、情感和行为方面也发挥着作用。大部分人认为媒体不过是真实世界的“窗口”或“镜子”，其主要的职能是反映客观事实。但新闻是一件社会产品，是一个复杂的社会过程的结果，哪些事实该报道、哪些不该报道、报道的规模如何等，都有特定的主观判断在里面，其引发的舆论反应也是不同的。媒体为了引起舆论的注意，对观点有选择地进行表达，并通过炒作达到引导舆论的目的。媒体炒作可能与一些主题有关，包括时尚与流行、风险与恐慌、愤怒与抗议、疯狂与崩溃，以及一系列其他主题。新闻采集和新闻发布过程通常包含许多过滤器和助推器。在媒体炒作中，批判性评价的过滤器变得不那么有效，例如，关于目击者、发言人、其他媒体报道等；而戏剧放大的助推器变得更加有效，媒体炒作的特点就是严重歪曲。

彼得·维斯特曼（Peter Vasterman）一直在研究媒体炒作，他提出了媒体炒作的阶段划分①：

第一阶段是报道一个“什么门”事件（如水门事件），一个被解释为信号的事件。最开始是在报纸的第2、3版，可能是犯罪、事故或疏忽造成的死亡、受伤、虐待等事件，但这些报道有一些值得注意的东西，会跳到头版。

第二阶段是报道事件暂时与一个更广泛的问题或议题联系起来。人们将报道事件与其他事情或问题联系起来进行深挖，有一个深化、强化和情绪化的过程。这一系列事件具有强烈的戏剧性，使得有关意见领袖和政策制定者不得不关注。

第三阶段是媒体的炒作高潮，即“广泛的社会辩论”阶段。有关部门、政党等都纷纷对此做出反应，各种团体、群众组织都大声疾呼，最后一般会成立调查委员会对此进行调查，而要经过很长时间调查报告才出炉，这时公众已经对该事件淡忘了。

第四阶段是揭穿真相或消亡的终极阶段。人们开始意识到媒体的关注点和公众的兴奋点有点片面、偏颇，对媒体的炒作产生怀疑甚至批评，对该问题的兴趣逐渐消退。

媒体炒作吸引了更多新闻工作者和公众的注意力，而真正需要关注的社会问题或弱势群体却很少报道，背离了真正重要和根本的内容，使得舆论的关注点也出现偏颇，如人们最初对数百万非洲贫民的困境很少感兴趣，但是对几十位欧美流行歌星对非洲贫民的援助非常感兴趣。

通过对话进行的非正式交流和通过媒体进行的正式交流是不断交替的，并且紧密地交织在一起。流言蜚语、城市传说和城市民俗无论是真是假，会定期在媒体上出现；反之，媒体报道也可能成为日常对话的话题。由于在现代社会中，人们失去了传统的联系纽带，成为具有更高流动性的孤立个体、群体，所以更多地依赖大众媒介。布鲁默认为公众舆论的质量在很大程度上取决于公众讨论的有效性，而这种有效性取决于大众媒介、公共传播

---

① 转引自 Jaap Van Ginneken，*Collective Behavior and Public Opinion*：*Rapid Shifts in Opinion and Communication*，New York：Lawrence Erlbaum Associates，2003，pp. 59 -60.

机构的可用性和灵活性，人们能够有效使用媒介进行自由讨论。[①] 塔尔德也认为各个时代的交谈和用作主要谈资的报纸构成了舆论的主要因素，传统、理性和舆论这三股力量既争斗又结盟。不幸的是，当代的舆论几乎是无所不能、无坚不摧的，它不仅能够对抗传统，而且能够对抗理性，包括司法理性、科学理性、立法理性或政治理性。[②]

第三节 组织传播

组织是一种特殊的群体，它比一般群体更具严格和严密的结构和体系。组织传播是社会传播中最主要的形式之一，是社会机器运转的主要驱动力。

一、组织与组织传播

1. 组织与组织传播的定义

组织有正式组织和非正式组织两种，我们所说的组织通常指的是正式组织，群体是非正式组织。社会学家库利认为组织是一个由相互协调的活动构成的、与环境相适应的系统。[③] 韦伯把组织定义为"一个特定类型的持续有目的的活动系统"[④]。他将是否符合连续性作为区分群体与组织的标准，也就是说组织是有特定的目标、产生协调行为并持续性存在的一个系统。组织同时也是一个开放的系统，它与社会中的其他个人、群体保持密切的互动关系。虽然关于组织的定义很多，但大多数学者认为，组织是通过协调活动来达到个人和集体目标的社会集合体。[⑤]

组织是工业社会以来最常见的群体，我们每个人都属于某个或多个组织，一生大部分时间都是在组织中学习、工作和生活。组织围绕着我们并改变我们，在我们的个人生活和社会生活中起着重要的作用。组织内部需要成员之间分工合作、互相配合才能完成特定的工作，这种交流互动即组织传播。组织传播对于组织和社会的运行不可或缺，组织运行的过程就是互动沟通的过程，"指导一个团队实现一系列共同目标所需的互动被称为组织传播"[⑥]。埃里克·艾森伯格（Eric M. Eisenberg）和小 H. L. 古多尔（H. L. Goodall. Jr.）从5个角度对组织传播进行定义：传播作为信息传递、相互影响过程、战略控制、创造性和约束的平衡、对话。他们认为前4个角度的定义都有一定的局限性，因此从对话的角度提出

---

① H. Blumer, Collective Behavior, in *New Outline of the Principles of Sociology*, edited by Alfred McClung Lee, New York: Barnes & Noble, Inc., 1946, pp. 192 - 193.

② ［法］塔尔德著、［美］克拉克编著，何道宽译：《传播与社会影响》，北京：中国人民大学出版社，2005 年，第 231 - 232 页。

③ ［美］库利著，洪小良等译：《社会过程》，北京：华夏出版社，2000 年，第 15 页。

④ Max Weber, *The Theory of Tocial and Economic Organization*, Oxford: Oxford University Press, 1947, p. 151.

⑤ ［美］凯瑟琳·米勒著，袁军等译：《组织传播》（第 2 版），北京：华夏出版社，1999 年，第 1 页。

⑥ ［美］埃里克·M. 艾森伯格、小 H. L. 古多尔著，白春生等译：《组织传播——平衡创造性和约束》（第 3 版），北京：北京广播学院出版社，2003 年，第 4 页。

对组织传播的定义，其主要聚焦于个人和他人在多重的、变化的语境和情境中的相互作用；但也借鉴了其他观点中最优的概念，特别是创造性和约束的平衡观点，认为组织传播是一个不断调节个人创意与体制约束之间矛盾的过程。① 实际上，组织传播迄今未有统一的定义，人们在研究中从不同的侧重点出发对其进行界定。

2. 组织传播的功能

组织传播对组织的管理和运行具有重要的作用，其主要功能如下②：

（1）内部协调。组织中的各部门、各岗位都由一定的信息渠道相连接，每个部门和岗位同时也都执行着一定的信息处理职能，它们都是组织传播的一个环节。这些环节通过信息的传达和反馈相互衔接，使各部门和岗位成为既各司其职，又在统一目标下协同作业的整体。

（2）指挥管理。组织目标和组织任务的实施需要进行指挥管理。在一个组织中，从具体任务指令的下达、实施、监督、检查、总结，到组织活动规章制度的贯彻和日常管理，都体现为一定的信息互动，是在一定的信息互动机制下进行的。

（3）决策应变。组织是一个永远处于运动和变化之中的有机体，它不断面临组织内部和外部出现的新情况和新问题。适应新情况、解决新问题的过程就是决策应变的过程，这个过程本身就是建立在信息的收集、整理、分析、判断的基础之上的。

（4）达成共识。一个组织要保持高度的凝聚力和战斗力，必须围绕一系列重要问题，如组织目标和宗旨、组织规则、组织方针和政策等，在组织成员中达成普遍的共识。共识的形成本身就是一个组织内的传播互动过程，必然伴随着围绕特定问题的信息传达、说明、解释、讨论等各种形式的传播活动。

3. 组织传播的研究发展

有关组织传播的研究开始于20世纪30—40年代，“组织传播”这个概念出现于20世纪50年代。国际传播学会（ICA）在1968年下设组织传播小组，其目的是“分析组织结构、消息形式与流程、渠道效应和人的行为之间的相互作用”。组织传播理论是在20世纪80年代传入中国的，1992年“组织传播”被正式写入国家学科目录。

早期的组织传播研究比较注重组织内的沟通渠道和层次，主要是从管理的角度进行研究，20世纪70年代扩展到组织环境与有效传播等领域。杰布林（F. M. Jablin）对20世纪70年代及之前的文献统计表明，组织传播共同的研究主题和问题主要有：上下级传播的特点、应急通信网络和渠道、传播环境的组成要素及相互关系，其中很多在之后仍然是组织传播研究的主要焦点。韦特－格雷（S. Wert-Gray）等人对20世纪80年代的文献统计发现，组织传播主要的研究主题是：气候和文化；上下级沟通；权力、冲突和政治；信息流；公共组织传播。20世纪90年代汤普金斯（Philip K. Tompkins）和万卡－蒂博（Mary-anne Wanca-Thibault）认为，未来组织传播的研究中，传统的重点研究领域仍将持续研究并扩展，但基于“声音”“话语”和“表演”的隐喻研究的出现是该领域成熟的表现，另

---

① ［美］埃里克·M. 艾森伯格、小H. L. 古多尔著，白春生等译：《组织传播——平衡创造性和约束》（第3版），北京：北京广播学院出版社，2003年，第24页。

② 郭庆光：《传播学教程》（第2版），北京：中国人民大学出版社，2011年，第90页。

外该领域现在更注重组织传播的理论化。① 随着社会的发展和技术的进步，组织传播的形式和内容在不断创新，特别是在网络化社会，新的环境要求在组织内部和外部之间进行更多的交流沟通，对组织传播的研究领域也在不断扩展。

在研究方法上，瑞丁（W. C. Redding）和汤普金斯认为20世纪70年代以前的研究方法主要是积累性方法（基于传统修辞理论）、经验性方法和应用性科学方法（与经验性量化研究结合）。20世纪70年代以后的研究方法论主要是现代主义、自然主义和批判性。现代主义方法论假定组织是自然的、客观的形式，有特定的规律，因此是可以预测和控制的。自然主义方法论试图通过一个民族志的视角、一个“格斯塔式的整体知识”的描述来理解和预测传播互动，或者是以部分和整体互相解读的解释学来进行理解，这种方法的核心是假设组织是由其成员社会建构的主观形式。批判性方法论是对组织及其实践的批判和揭露，对于组织成员特别是对级别较低的成员来说是一种意识的提升，其目的是将压迫性组织转变为员工授权性的组织。

二、正式的组织传播

组织传播不仅包括组织内的传播，而且包括组织与外界的各种传播，但组织传播本身的特点，主要还是体现在组织内的传播。组织内的传播又分为正式的和非正式的。正式的组织传播指的是通过组织正规交流渠道，严格按照等级、结构、职能、规则等进行的信息交流活动；非正式的组织传播指的是组织内通过各种关系进行的信息交流活动，它不是由组织指令规定的。法拉斯（R. V. Farace）等人将组织情境中出现的传播类型归为三种：与工作有关的传播、与创新有关的传播和与维持有关的传播。② 其中前两种属于正式的组织传播，而第三种属于非正式的组织传播。创新传播即新观念的推广、传播，维持传播即有关维持人际关系而展开的社交活动。丹尼尔·卡茨（Daniel Katz）和罗伯特·卡恩（Robert Kahn）认为组织内部的信息有三种基本的流向：上行传播、下行传播和平行传播。其中上行传播和下行传播属于纵向传播，平行传播属于横向传播。

1. 纵向传播

纵向传播指信息沿着组织上下级结构流动的传播形式，在组织中占据主导地位，也一直是学者们研究的核心内容。组织研究的早期古典学派如亨利·法约尔（Henri Fayol）、马克斯·韦伯、弗雷德里克·泰勒（Frederick W. Taylor）都主张组织应该像机器一样模式化，所以强调组织的纵向传播，传播的重心是与工作有关的问题，而与维持和创新有关的问题则受到压制。最重要的传播路线是信息沿着组织层级结构等级链垂直流动，而且大部分是自上而下以命令、规定和指示的方式流动，只有少数自下而上的反馈。古典理论偏重书面传播形式，强调以书面形式传达指令和规则的重要性，如员工手册、操作指南、各种文件等，在用词、语气方面也是比较严谨、刻板的官方话语。

---

① 参见 Philip K. Tompkins & Maryanne Wanca-Thibault, Organizational Communication: Prelude and Prospects, in *The New Handbook of Organizational Communication*, edited by Fredruc M. Jablin & Linda L. Putnam, London: Sage Publications, Inc., 2001, pp. xvii-xxxi.

② ［美］凯瑟琳·米勒著，袁军等译：《组织传播》（第2版），北京：华夏出版社，1999年，第14页。

20 世纪 60—70 年代兴起的系统学派也将纵向传播作为研究核心，将组织视为社会系统的一部分，认为组织是一个由系统成分构成的集合体。可以从三个概念中看出系统成分的特点：等级秩序、相互依存和可渗透性。等级秩序不同于古典学派的垂直分布，而是将其放到大大小小的系统中进行分析，它是由小的次级系统组成的，但也是更大的系统中的一部分；可渗透性指整体系统（开放性的）和系统里的组成成分。这些系统成分按照等级排列，相互依存，同时对彼此和环境都具有可渗透性。① 卡茨、卡恩、法拉斯和杰布林等都属于系统学派。

卡茨和卡恩认为下行传播指的是自上而下的信息流动，其内容包括五种基本类型：工作指导、工作原理、组织程序和实践、对下属绩效的反馈、目标的灌输。② 下行信息大部分以书面的形式发送，也可能会产生沟通的障碍，如发送的信息也许是不完整的，或者下级不愿意接收信息，最大的问题可能是接收者没有能力或拒绝吸收如瀑布般的下传信息。③ 组织解决这种问题的办法是，相比将通知发到每个成员手中来说，刊登在公告栏的通知可能会产生更大的影响；组织的出版物或内部媒介也是一种有用的传播机制，通过这些内部刊物可以解决组织内大量的个人诉求。

自下而上的信息流动称为上行传播。卡茨和卡恩认为上行传播包括四种类型的信息：关于下属本人的信息、关于同事及其问题的信息、关于组织实践和政策的信息、关于需要做什么以及如何做的信息。④ 上行沟通渠道是员工向上级传递信息的一个重要途径，但是由于下级不愿意传递那些可能会影响他们升迁的不利信息，由于私人原因抑制或操纵上行信息，导致上行传播困难重重。为了能够准确、真实地了解下行信息，组织可以设立一些倾听下级抱怨和倾诉的机构，如上诉委员会、员工之家等；也可以对组织成员进行越级会谈，举行民意调查等。

对于上行传播和下行传播的内容，可以用“指令下行，信息上行”来概括，这说明下行的一般是指令性内容，如政策、规定、指示等；而上行的是各种各样的信息。随着组织民主性、人性化的发展，对于纵向传播研究的视角在不断延伸，其中的主要焦点是如何进行更加有效的上下级沟通。当然上下级沟通受到系统性组织变量的影响，技术、控制结构、层次结构、环境等方面都会影响纵向沟通的质和量，这方面的研究正逐渐增多。

由于角色地位不平等，纵向传播往往具有不平等的性质。无论是上行传播还是下行传播都要严格遵守等级，一层一层地进行。为了组织的稳定，一般不鼓励越级传播。这两个渠道是否畅通，关系到组织的统一性和运作效率。因为它们都是逐级进行的，影响其传播效率的主要因素是组织的层次和环节，层次和环节过多会产生两个问题：一是信息传达速度慢，二是容易造成信息的变形和失真。因此，现代组织一般都把减少环节和层次作为疏通纵向传播的主要措施。

---

① ［美］凯瑟琳·米勒著，袁军等译：《组织传播》（第 2 版），北京：华夏出版社，1999 年，第 66 页。

② D. Katz & R. Kahn, *The Social Psychology of Organizations*, New York: Wiley, 1966, pp. 239 – 241.

③ ［美］乔治·伯克利、约翰·劳斯著，丁煌等译：《公共管理的技巧》，北京：中国人民大学出版社，2007 年，第 335 页。

④ D. Katz & R. Kahn, *The Social Psychology of Organizations*, New York: Wiley, 1966, p. 245.

2. **横向传播**

横向传播又称水平传播或平行传播，是发生在组织内部处于同一层次或等级成员之间的信息交流。魏永征认为："横向传播是指组织内部的个人与个人之间、部门与部门之间因组织需要按组织程序所进行的传播。"[①] 横向传播包括工作任务和同事之间的人际交流，本书将其限定为工作任务性质相同的同一科层部门或成员之间的信息交流，以便与下文非正式的组织传播相区别。

对于横向传播的界定，西方学者有所争议，维恩·培斯（R. Wayne Pace）、史蒂芬·罗宾斯（Stephen P. Robbins）和詹姆斯·吉布森（James L. Gibson）等人都认为横向传播的参加者是同等级别的组织成员。不过，培斯等人把这种传播限制在组织的同一部门之内，而罗宾斯和吉布森等认为这种传播既可以发生在同一部门之内，也可以发生在不同部门、同等级别的职员之间。顾孝华认为横向传播可以分为两种：一是水平传播，即发生在组织内部同一部门、同等职级人员之间的信息交流；二是跨越传播，即发生在组织内部不同部门人员之间的信息交流。是否跨部门是区别水平传播和跨越传播的关键所在。跨越传播又可以分为两种：一是发生在组织内部不同部门、同等职级人员之间的信息交流；二是发生在组织内部不同部门、不同职级人员之间的信息交流，即斜向传播。[②] "法约尔之桥"描述的就是这种斜向传播，法约尔提倡组织信息严格按照等级结构进行垂直流动，但是他也意识到横向传播对组织的促进作用，因此提出了结构性"跳板"（也称"法约尔之桥"）的概念来说明同一等级部门之间的横向联系。

横向传播强调各部门、组织成员之间的横向联系、互相协作，其传播内容涉及：①协调工作。即组织各部门之间只有通过分工与合作，才能保证组织顺利运行。②解决问题。面对不同的问题需要各部门互动沟通才能加以解决。③分享信息。分享信息不仅可以加强了解，而且能够提高效率，避免重复劳动。④化解矛盾。通过跨部门的同级沟通化解或避免矛盾冲突。[③] 由于传播参与者地位大致平等，在沟通过程中比较坦诚、开放，但遇到矛盾也容易造成互不服气，轻则会带来各部门、岗位之间的相互推诿、扯皮，严重影响组织的办事效率；重则会造成各部门、各成员之间各自为政，形成种种隔阂、矛盾、冲突，甚至形成独立王国，破坏组织的有机统一。因此，横向传播是否顺畅，对组织具有重要的意义，也必须从制度上进行制约。

1924—1933 年，在美国伊利诺伊州西方电子公司的霍桑工厂进行了一系列调查研究，这些研究被称为霍桑实验，主要由哈佛大学教授乔治·埃尔顿·梅奥（George Elton Mayo）领导的实验小组完成，他们的结论是生产效率的提高应该归因于社会因素、管理风格和霍桑效应。"霍桑效应"指的是对员工个人的关注会导致其行为的改变，员工之间的横向传播是提高生产效率的重要因素。20 世纪 70 年代的后续研究认为，传统解释如激励、来自管理者的压力和员工的挑选等，才是对霍桑实验研究的较好解答。[④] 学者们普遍认为，正是霍桑实验使得他们开始重视社会因素对组织运作产生的重要作用，揭示了工作环境中的

---

① 魏永征：《关于组织传播》，《新闻大学》1997 年第 3 期。

② 顾孝华编著：《组织传播论》，上海：上海交通大学出版社，2007 年，第 85 页。

③ 谢静：《组织传播学》，上海：复旦大学出版社，2014 年，第 43 页。

④ ［美］凯瑟琳·米勒著，袁军等译：《组织传播》（第 2 版），北京：华夏出版社，1999 年，第 25 页。

人际关系对个人的重要性，并在此基础上兴起了组织传播中的人际关系学派。人际关系学派强调组织中的横向传播，但是他们也不否定信息纵向传播的必要性，纵向传播会影响横向传播。

辛普森（R. L. Simpson）的研究认为调节组织中纵向和横向传播的关键变量是工作过程的机械化程度。机械化减少了对密切监督（纵向传播）的需求，因为机器代替了工头，为下属设定了工作节奏；但自动化（即极端机械化）要处理频繁而严重的机器故障，增加了纵向沟通的需求。因此得出以下结论：①机械化程度低，纵向传播率高；②机械化程度中等，纵向传播率低；③机械化程度高（即自动化），纵向传播率高。[①] 实际上，在达到组织目标的过程中，员工之间的互动和从上到下的传播同样重要。一般来说，横向传播双向性强，互动渠道较多；纵向传播则有单向流动的性质，是组织传播中主要、正式的形式。两者经常交叉进行，开展多层次、多角度的交流活动，才能使组织良好地运行。

三、非正式的组织传播

非正式的组织传播是指发生在组织内部的非结构性、非制度性的信息传播，也被称为组织中的个人传播。在组织内部存在着各种人际关系，包括亲属关系、邻里关系、同乡关系、同事关系、朋友关系等，组织成员会在工作之余进行各种非正式的人际互动沟通，并且将这种关系带到工作中去，无形中影响到正式传播的各个方面。

对非正式传播的描述最早源于霍桑实验的发现，即非正式同事关系决定了工人的生产力。管理学者发现在组织中存在着大量的非正式传播，罗杰斯甚至认为，“在大型的组织中，绝大多数的传播是非正式的”[②]。

人际关系学派强调了组织传播中的维持性传播，即工作场所人际关系等社会传播的重要性，在强调横向传播的同时更注重组织内人际渠道和非正式类型的传播。人力资源学派与人际关系学派有部分相同，二者都比较关注员工之间的交流，但人力资源学派更关注整个组织气候以及组织如何鼓励员工的参与和对话，其对纵向和横向传播都有所研究，但也是以研究非正式传播为主，认为员工通过非正式传播产生创新观念，更有利于组织任务的实现。罗伯特·布莱克（Robert Black）和简·穆顿（Jane S. Mouton）的领导方格理论（Management Grid Theory）认为，当领导同时表现出对人和生产的关心时，他们的管理效率最高。[③]

非正式传播是一种摆脱了组织的制度性结构压力的传播活动，从传播方式来看，非正式传播包括纵向传播和横向传播，上下级之间、同一级别的同事之间都会有私人性的交往；从传播内容来看，非正式传播不仅包括工作任务，而且包括工作以外的社会生活；从传播渠道来看，非正式传播虽然也通过书面形式，但大部分是面对面进行的。非正式传播的性质有任务指向性和情感性两种。任务指向性指的是同事之间、上下级之间私人性的交

---

① R. L. Simpson, Vertical and Horizontal Communication in Formal Organizations, *Administrative Science Quarterly*, 1959, Vol. 4, pp. 188 – 196.

② ［美］埃弗雷特·M. 罗杰斯著，陈昭郎译：《组织传播》，台北：台湾编译馆，1983 年，第 106 页。

③ ［美］凯瑟琳·米勒著，袁军等译：《组织传播》（第 2 版），北京：华夏出版社，1999 年，第 44 页。

往带有目的，如为了升迁而拉拢关系、走后门；但是大部分非正式传播是以联络感情的满足性交流为主要目的，由于志趣相投或者获得情感支持而相交成为好友。研究表明，员工通常把信任的同事视为发泄情绪和挫败感的安全场所，在上司不信任的情况下为彼此提供“发声”的机会，这可能有助于减轻因压抑情绪而产生的负面后果。[①] 因此，非正式传播可以说是“组织关系的黏合剂”“组织功能的润滑油”。

非正式传播的特点主要有：①交流的信息广泛。交流内容不仅涉及组织或工作任务本身，而且包括个人私事、兴趣、时事等广泛的自由话题。②交流的双向平等性。交流双方没有地位高低之别，大多以面对面方式进行，每个人都有机会阐述自己的观点。③本意交流和感情交流的成分多。人们更倾向于说真话，许多在正式渠道不便表明的观点和态度，都能够以某种方式表达出来；同时非正式传播渠道中有大量充满人情味的内容，是组织成员相互沟通感情的重要纽带。[②] ④传播速度快。非正式传播的速度往往超过正式传播，约翰·纽斯特罗姆（John. W. Newstrom）和基斯·戴维斯（Keith. Davis）描述道：“它以疾驶的火车的速度，溜出办公室的房门，掠过经理办公室，穿越各个房屋及走廊。它的速度之快，使管理者很难阻止不应有的谣言，或及时发布防止谣言形成的重要信息。”[③] ⑤以传递小道消息为主。非正式传播的一个主要功能是传送小道消息，美国传播学者用“葡萄藤”(grapevine）作为小道消息、谣言的代名词。他们发现“葡萄藤”传播具有速度快、精度高、信息量大、反馈广等特点。但也有学者认为不应该将其称为谣言，而应该称为流言，因为研究表明小道消息大部分是准确、可靠的。纽斯特罗姆和戴维斯认为：“如果我们计算小道消息所传播的信息并检查哪些是真、哪些是假，我们会发现，绝大部分都是真的。研究小道消息准确性的方法是信息核查，它表明在正常的工作环境中有3/4的小道消息是准确的。”[④] 一些学者认为减少组织内部谣言产生和扩散的重要方法之一，就是尽可能详细地向组织内部成员提供其最关心的问题的相关信息，防止歧义的产生。

正式传播体现了组织成员作为“组织人”的特点，而非正式传播体现了组织成员作为“社会人”的特点。非正式传播能弥补正式传播的缺陷和不足，增进成员的向心力和自觉性，发挥成员的创造力，对组织目标的实现产生巨大的推动作用。

四、组织传播网络

单纯的、清晰的传播路径已不能涵括当今组织的多种形态和新媒体技术影响下的组织传播，在组织的内部和外部传播过程中存在着多种复杂的网络，所以将组织传播视为一个网络的理念逐渐兴起，并形成组织传播网络理论。

---

① Patricia M. Sias & Fredric M. Jablin，Differential Superior-Subordinate Relations，Perceptions of Fairness，and Coworker Communication，*Human Communication Research*，1995，Vol. 22，pp. 5 – 38.

② 郭庆光：《传播学教程》（第2版），北京：中国人民大学出版社，2011年，第92页。

③ ［美］约翰·W. 纽斯特罗姆、基斯·戴维斯著，陈兴珠等译：《组织行为学》，北京：经济科学出版社，2000年，第72页。

④ ［美］约翰·W. 纽斯特罗姆、基斯·戴维斯著，陈兴珠等译：《组织行为学》，北京：经济科学出版社，2000年，第71页。

传播网络是传播同伴之间通过时间和空间传递和交换信息而建立的联系模式。这些网络在当代组织中有多种形式，包括个人联系网络、集团内部和集团之间的信息流、公司之间的战略联盟以及全球组织网络等。[①] 网络具有许多特征，其中最主要的是联系性和中心性。联系性是网络力量最基本的结构性概念，它具体指的是人际传播存在着相对恒定的路线。处于交流状态的个人联结在一起，就成为群体；而这些群体联结在一起，又成为一个总体性的网络。[②] 中心性指的是某个网络与其他网络的联系程度。[③] 在一个高度中心化的组织中，某几个群体或个人之间的联系程度较高，而其中大多数个人或群体的联系程度却没有那么高；在一个去中心化的系统中，每个成员有充分的自由与任何其他成员接触，他们之间在总体上具有更多的联系。

1. 网络组织的出现

雷蒙德·迈尔斯（Raymond. E. Miles）和查尔斯·斯诺（Charles C. Snow）将20世纪及以前的组织分为四种形式：传统的职能形式；20世纪40年代出现的多部门形式；60、70年代出现的矩阵形式；80、90年代出现的网络形式。[④] 每一种形式都包含其自身的操作逻辑或理论机制。传统的职能形式凭借“中心协调专业化”的逻辑使它能够有效地为一个稳定的、相对不变的市场生产有限的标准化商品或服务。多部门形式的运作逻辑是“绩效评估和资源分配中心控制的部门自治”，各部门生产不同的产品或专注于不同的市场，但通过其传播网络共同对中心总部负责，具有不断开发新部门的能力，能够在不断变化的市场中寻求新的机会。矩阵形式结合了职能和多部门形式的操作逻辑，使用功能形式生成标准化的商品和服务，通过多部门形式共享资源，通过项目组或团队探索新的机会。网络形式使用灵活的动态传播链接将多个组织连接到可以创建产品或服务的新实体中。在组织形式的转变过程中，核心的变化是横向传播形式的激增，这是由于新的信息技术促进了大量的点对点和广播式传播，而不考虑传统的等级制度。

普尔（M. S. Poole）认为，新的组织形式包括网络组织，是由六个基本特性构成的：①利用信息技术整合跨组织职能；②灵活、模块化的组织结构，当新的项目、需求或问题出现时，可以随时重新配置；③利用信息技术协调地理上分散的部门和成员；④以团队为基础工作的组织，强调自主和自我管理；⑤层级相对扁平，依靠部门和人员横向协调；⑥利用组织内和组织间市场调解业务，如项目人员的分配和雇用、组织间网络的形成。[⑤] 在当今世界，几乎所有的组织都在某种程度上嵌入了一个新兴的组织间传播网络中。

---

① Peter R. Monge & Inoshir S. Contractor, Emergence of Communication Networks, in *The New Handbook of Organizational Communication*, edited by Fredruc M. Jablin & Linda L. Putnam, London: Sage Publications, Inc., 2001, p. 440.

② ［美］斯蒂芬·李特约翰著，史安斌译：《人类传播理论》（第7版），北京：清华大学出版社，2004年，第329页。

③ ［美］斯蒂芬·李特约翰著，史安斌译：《人类传播理论》（第7版），北京：清华大学出版社，2004年，第330页。

④ 参见 Peter R. Monge & Inoshir S. Contractor, Emergence of Communication Networks, in *The New Handbook of Organizational Communication*, edited by Fredruc M. Jablin & Linda L. Putnam, London: Sage Publications, Inc., 2001, pp. 447 - 448.

⑤ Philip K. Tompkins & Maryanne Wanca-Thibault, Organizational Communication, in *The New Handbook of Organizational Communication*, edited by Fredruc M. Jablin & Linda L. Putnam, London: Sage Publications, Inc., 2001, p. 462.

2. **网络理论的元理论**

彼得·蒙格（Peter R. Monge）和艾森伯格认为网络理论把三种组织研究的传统聚合在一起，即位置、关系、文化。① 位置传统关注的是组织内的形式结构和角色，它把组织视为一系列位置，每个位置都有某种特定的功能或职能。职位和角色决定了谁与谁沟通，从而决定了组织的传播结构。但位置传统因其无法考虑个人在创造和塑造组织结构中所起的积极作用而受到批评。关系传统关注的是某个组织内成员之间是如何自然而然地发展关系，而在关系的发展过程当中又是如何形成网络的。关系传统中关系是网络分析的核心，非正式的传播结构将组织中的不同人员和群体联系起来，这种结构具有动态、不断变化的特性。罗杰斯等人认为它是组织传播的主导传统。文化传统研究的是符号、意义和对通过传播网络传递的信息的解释，关注通过交流的意义的持续生产和再生产，其中心是符码和意义，成员通过故事、仪式和任务工作创造出了一个组织的世界。所以，组织的真正结构是在成员每天的工作和生活中以非正式的方式形成的，语义网络的研究就是在此基础上产生的。

蒙格等人认为尽管这些网络传统有趣且有用，但他们将注意力集中在元理论层面，未能具体说明描述人员、群体和组织如何建立、维持和化解联系的理论机制，所以学者们一直呼吁对网络理论进行更深入的解释。

3. **网络链接**

当一个或多个传播关系应用于一组人员、群体或组织时，就会创建网络链接。关于组织间联系的研究始于 20 世纪 60 年代，最初聚焦于商品和物质交换方面；20 世纪 90 年代起，研究工作侧重于交流、信息和知识链接。

小约瑟夫·巴达拉克（Joseph L. Badaracco，Jr.）在其著作《知识链接：企业如何通过战略联盟竞争》中重点阐述了新兴知识驱动的关系如何将不同的企业联系在一起，知识重塑组织的界限，改变管理者的工作，并破坏许多熟悉的、根深蒂固的公司思维方式。他所说的“知识”比较广泛，包括技术、创新、科学、专门知识、创造力和信息。在越来越多的行业中，最具竞争力的公司通过开发、改进、保护和更新知识，然后借助一系列快速和持续改进的产品或服务将其推向市场，从而获得成功。他区分了两种类型的知识链接：迁移知识和嵌入知识，每种知识都与不同类型的链接相关。迁移知识是指容易从一个地点、个人、团体或公司转移到另一个地点、个人、群体或企业的信息。迁移知识往往存在于书籍、公式、机器、蓝图、计算机程序和个人头脑中，所有这些都封装了进入其创造过程的知识，可以清晰而完整地表达出来，其移动非常迅速和容易。被嵌入的知识比较难以传递，它存在于人际关系中，存在于特定的规范、态度、信息流和决策方式中，也就是融入企业文化中的知识，有时不能完全清晰地用符号表达出来。如手艺、独特的才能和技能、累积的专门知识、团队专长和协作都很难从一个地方转移到另一个地方，尤其难以跨越组织甚至部门界限转移。迁移知识和嵌入知识是理想的类型，它们呈现了两种根本不同的知识的基本特征，推动了企业之间的竞争。

---

① Peter R. Monge & Inoshir S. Contractor, Emergence of Communication Networks, in *The New Handbook of Organizational Communication*, edited by Fredruc M. Jablin & Linda L. Putnam, London: Sage Publications, Inc., 2001, pp. 447 – 448.

巴达拉克确定的两种网络链接是与迁移知识相关的产品链接和与嵌入知识相关的知识链接。产品链接是知识联盟的一种形式，企业“通常依靠外部盟友制造其产品线的一部分或制造公司以前为自己生产的复杂组件”①，通过产品链接，企业跟随、包围、甚至塑造知识在世界各地的迁移，寻求以较低的成本或较低的风险获得产品或组件。知识链接是企业通过联盟来学习或共同创造新的知识和能力。② 一个组织要获得嵌入另一个组织的日常工作中的知识，就必须与之形成复杂而密切的关系。通过向另一个组织学习，它就拥有了比迁移知识更安全的能力、技能、诀窍和知识，因为嵌入式知识不会轻易溜走。产品链接通常是将能够提供组件或产品的合作伙伴联合起来；而知识链接通常联合的是非合作伙伴。产品链接有助于提升企业的竞争能力，但是知识链接的基本目的是创造新的知识，可以帮助企业改善自身基本能力，具有更大的战略性。

对于网络传播渠道，在网络理论中人们将非正式传播称为紧急网络，与正式网络相对。紧急网络也被称为影子网络，指的是非正式的、自然发生的网络；正式网络指的是向下传送命令和向上传送信息的传播渠道，是组织正式的、强加的或“授权”的网络。现代组织越来越多地建立在紧急网络联系之上，这种联系是短暂的，因为它们的形成、维持、打破和改革都相当容易。学者们认为研究紧急网络比研究正式网络更重要，它能更好地帮助我们理解组织行为。但是近年来，组织中正式结构和非正式结构之间的区别已经大大缩小，在未来十年中可能变得越来越无关紧要，正式网络和紧急网络也越来越趋向融合。

在本书的第四章和第五章，我们大致介绍了人际传播、群体传播、组织传播及其重要的研究成果。李特约翰认为人际传播主要探讨人与人之间的交流，群体传播探讨的是小范围内人与人之间的互动，群体传播包括人际传播，人际传播中的大多数理论也同时适用于群体传播的层面。组织传播则出现在更多大规模的合作网络中，几乎涵盖了人际传播和群体传播的方方面面。它所探讨的课题包括组织的结构和概念、人际关系、交流、组织的过程和组织文化。大众传播探讨的是面向公众的传播，通常是通过媒介来进行的，大众传播也涵盖了人际、群体和组织传播中多方面的内容，③ 我们将在下一章开始进入大众传播的领域。

思考题

1. 名词解释：群体；初级群体；偶合人群；表演人群；参照群体；群体传播；公众群体压力；集体表征；集体行为；循环反应；横向传播；传播网络；迁移知识；知识链接。

2. 群体的类型怎么划分？比较集群、人群、大众、公众的异同。

---

① J. L. Badaracco, Jr., *The Knowledge Link: How Firms Compete Through Strategic Alliances*, Boston: Harvard Business School Press, 1991, p. 11.

② J. L. Badaracco, Jr., *The Knowledge Link: How Firms Compete Through Strategic Alliances*, Boston: Harvard Business School Press, 1991, p. 12.

③ ［美］斯蒂芬·李特约翰著，史安斌译：《人类传播理论》（第7版），北京：清华大学出版社，2004年，第17页。

3. 群体传播的心理机制有哪些？
4. 斯梅尔塞认为影响集体行为发生的因素是什么？集体行为的传播机制是什么？
5. 集体行为中的非正式信息传播形式有哪些？畸形信息的传播特点是什么？
6. 媒体炒作的阶段有哪些？
7. 组织传播的功能是什么？横向传播的内容有哪些？非正式传播的特点是什么？
8. 产品链接与知识链接对组织各有什么作用？

第六章

大众传播

在传播学研究领域中，大众传播占据了极其重要的位置。从传播学的学科发展历程来看，大多数研究均围绕着大众传播展开，诸多经典的传播学理论都是基于对大众传播媒介的研究。从施拉姆到传播学“四大先驱”，再到批判学派和媒介环境学派的代表人物，广播、报纸、电视、电影等大众媒介形式频繁地出现在他们的著述当中。可以说，是大众传播的兴起催生了现代传播学研究的出现。随着大众传播媒介的发展与社会的变迁，传播学研究范式也相应地发生转变，但自始至终都在为人们理解大众媒介提供有用的认知框架，以及用于思考和解决相关问题的有价值的参考建议。

自大众传播媒介出现伊始，人们的社会和生活环境越来越被媒介所渗透，它与政治、经济、文化之间的关系也日益紧密和复杂。由于大众传播的重要性和广泛性，很多学者都给予密切关注，由此形成的是一个研究活动踊跃、理论成果丰硕的领域。

第一节　大众传播概述

一、大众传播的定义

20 世纪 30 年代末，“传播学之父”施拉姆首次使用“大众传播”一词。施拉姆认为，大众传播诞生于 15 世纪 40—50 年代，其标志是德国工匠古登堡使用活字印刷技术，成功印刷出人类历史上第一批油印的《圣经》，施拉姆把这个日子称为“庆祝大众传播开始的日子”①。在施拉姆看来，古登堡所做的就是大众传播，即在传播过程中借助某种机器工具来复制大量的信息，让尽可能多的人们获取信息、分享信息。

美国传播学家莫里斯·杰诺维茨（Morris Janowitz）在 1968 年给出了大众传播的定义：由专业化的机构和技术组成，利用技术设备（平面媒体、广播、电影等）为大量的、异质的、广泛分散的受众来传播象征性内容的活动。② 郭庆光给大众传播下的定义是：所谓大众传播，就是专业化的媒介组织运用先进的传播技术和产业化手段，以社会上一般大众为对象而进行的大规模的信息生产和传播的活动。③

英国著名传播学者麦奎尔指出了大众传播的几个要点：首先，大众传播的符号化内容或信息是典型的标准化（大量制造的）“产品”，而且能够以同样的方式重复地使用；其次，使大众传播成为可能的最为显著的特征就是它是被设计出来向许多人传播的；再次，传者和受者之间的关系不仅是不对称的，通常也受到有意的操纵，这导致信息的流动往往

① ［美］施拉姆著，陈亮等译：《传播学概论》，北京：新华出版社，1984 年，第 15 页。

② ［英］丹尼斯·麦奎尔著，崔保国、李琨译：《麦奎尔大众传播理论》（第 5 版），北京：清华大学出版社，2010 年，第 45 页。

③ 郭庆光：《传播学教程》（第 2 版），北京：中国人民大学出版社，2011 年，第 99 页。

是单向的；最后，大众传播的潜在受众被视为那些或多或少的匿名消费者的集合体。①

我们从上述定义可以看出，大众传播的要素包括：传播技术、传播者、受众和传播内容。传播学“四大先驱”之一拉斯韦尔提出著名的5W模式，该模式视大众传播为一个过程，并把“传播效果”看作此过程的最后一个也是最重要的环节。在很长一段时间里，拉斯韦尔的5W模式限定了主流传播学研究的范围与问题。这“5W”衍生出传播学中的五个研究分支：控制研究、内容研究、媒介研究、受众研究和效果研究，并引导学者们更侧重于传播的效果研究。根据前人的相关论述，再结合我们对大众传播的认识，本书将“大众传播”定义为：专业社会组织利用专门的媒介技术手段向广泛的社会大众公开进行的大规模信息生产、加工和传递的社会实践活动。

二、大众传播的特点

我们分别按照上述的“5W”来介绍大众传播的基本特点：

1. 传播者的专业化与组织化

大众传播的传播者通常是专业化的媒介组织，在特定的组织目标和方针指导下进行信息的生产与传播活动。这种活动要求传播者具备专业知识和专门技能，传播者本身受到职业标准和职业规范的约束。

2. 传播内容的符号化与象征性

大众传播的信息需要借助符号来进行传递，符号是信息的外在形式或物质载体，其形态多种多样，如声音、动作、颜色、汉字、字母、数字等。象征性强调大众传播的参与者借助象征符来实现观念、思想等抽象事物的交流。这里的象征符是指人工创造的、具有特定意义的符号。

3. 传播技术的演化性与先进性

无论是古登堡的活字印刷术，还是广播、电视、电影等大众媒介所依托的电子技术，都使得信息的大批量生产和复制成为可能。这些信息能够触及尽可能多的人们，克服了时间和空间的局限。从印刷媒介到电子媒介再到网络媒介，传播技术的生产力越来越强大，并且呈现出明显的融合趋势，这导致“大众的和个人的传播界限越来越模糊”②。

4. 受众的广泛性与多样性

大众传播的受众，即大众媒介信息的接收者，例如，报纸的读者、电视的观众、广播的听众等是广泛存在的，具有规模大、数量多、构成复杂等特征。根据大众社会理论，大众传播的受众本质上是一种被动的存在，且缺乏组织或者自我行动的能力。“受众内部是异质的，由所有社会阶级与人口学意义上的群体组成数量巨大的集合，不过在那些欲操纵

① ［英］丹尼斯·麦奎尔著，崔保国、李琨译：《麦奎尔大众传播理论》（第5版），北京：清华大学出版社，2010年，第45页。

② ［英］丹尼斯·麦奎尔著，崔保国、李琨译：《麦奎尔大众传播理论》（第5版），北京：清华大学出版社，2010年，第46页。

受众的人看来，受众在某些特定喜好的选择上，又是同质的。”①

5. 传播效果的显著性与复杂性

“整个大众传播学建立在这样一个假设的基础上：媒介有很显著的效果。”② 大众传播的效果与传播者的行动有关，受众的多样性使得传播效果因人而异，而大多数的效果往往是传播者与接收者之间互动的结果。在这个过程中，其他相关条件也在发挥作用。

互联网的出现促使大众传播领域发生许多变化。由于网络的交互性和个性化等特征，传统意义上的“受众”不再是被动的存在，他们从过去的大众媒介信息的“推送”对象，转变为在网上“拉出”信息的主动消费者。当传播者与接收者之间的不对称关系被打破时，信息的流动就从“单向”转变为“双向”，而且网络传播的信息也变得极具个人化特征。与此同时，鉴于互联网强大的融合能力，越来越多的传统大众媒体将其生存空间从线下扩展到线上，大众传播事业的总体结构以及媒体组织的经营、管理方式与之前大不相同。

这些变化促使现如今的大众传播呈现出新的特点，例如，当信息变成“双向流动”之后，受众的反馈成为大众传播过程中必不可少甚至愈发重要的一个环节，传统意义上的受众成为信息的生产者和传播者。所以，在大众传播中，受众行为的重要作用变得更加清晰和突出。网络媒介与报纸、广播、电视等传统媒介有很大的差异，报纸的头版、头条以及广播电视节目的黄金时间等硬性形式的媒介议程设置不再适用于网络，这意味着线上的大众传播将取得和线下不一样的传播效果。但陈力丹指出，即使原有大众传播媒介纷纷上网，而政治、经济权力组织实际上也掌握着网上最大的信息源，传播的控制结构并没有发生根本变化；人们虽然拥有自由选择和表达的权利，但仍然处于所在地区社会控制的大“网”之中。③ 在这个意义上，对互联网时代大众传播的理解，应该在对传统大众传播的认知的基础上有所更新，而不能将这二者完全区分开。

三、大众传播的功能

对大众传播功能的讨论，源于20世纪初兴起的社会学结构功能主义流派。该流派的代表人物默顿认为，社会是由各个部分组成的一个结构系统，各部分之间根据某种相对稳定的形式结成一定的关系，这些关系表现为功能并对社会现象有决定性影响。默顿对功能的解释是：对于既定系统的适用或调整有利或不利的那些贡献或后果。④ 与以往的功能主义者的观点不同，默顿不仅考虑到发挥功能的事物本身，还考虑到发挥功能的对象，同一文化事项对不同的对象所发挥的功能不尽相同。在此基础上，默顿提出“功能失调”的概念并对正功能和负功能进行了区分。

---

① ［英］丹尼斯·麦奎尔著，崔保国、李琨译：《麦奎尔大众传播理论》（第5版），北京：清华大学出版社，2010年，第47页。

② ［英］丹尼斯·麦奎尔著，崔保国、李琨译：《麦奎尔大众传播理论》（第5版），北京：清华大学出版社，2010年，第373页。

③ 陈力丹：《大众传播理论如何面对网络传播》，《国际新闻界》1998年第5期。

④ 景熙编著：《欧美现代社会学说》，成都：四川大学出版社，1992年，第358页。

1. 默顿和拉扎斯菲尔德的大众传播功能观

默顿和拉扎斯菲尔德在1948年共同发表的《大众传播、通俗口味和有组织的社会行动》一文中特别强调大众传播的下述三种功能：

（1）社会地位赋予功能：任何一种问题、意见、商品、人物、组织或社会活动，只要得到大众传媒的广泛报道，就会成为社会瞩目的焦点，从而获得很高的知名度和社会地位。

（2）社会规范强制功能：大众传媒通过将偏离社会规范和公共道德的行为公之于世，能够唤起普遍的社会谴责，将违反者置于强大的社会压力之下，从而起到强制遵守社会规范的作用。

（3）作为负面功能的"麻醉作用"：人们如果过度沉溺于媒介提供的表层信息和通俗娱乐中，就会不知不觉地失去社会行动力，而满足于"被动的知识积累"。之后学者提出的"电视人""容器人""沙发土豆"等概念都是对这一负面功能的进一步总结。

默顿和拉扎斯菲尔德的"功能观"认为功能有正（积极功能）和反（功能失调）之分，这也体现在他们对大众传播功能的理解上。这两位也是最早关注大众传播娱乐功能的学者，且对该功能给予了负面的评价。在早期的大众传播功能说当中，这种思辨式的观点并不多见。

2. 拉斯韦尔的传播功能观

1948年，拉斯韦尔在其发表的《传播在社会中的结构与功能》一文中提出了传播的"三功能说"。

（1）环境监视功能。自然与社会环境是不断变化的，只有及时了解、把握并适应内外环境的变化，人类社会才能保证自己的生存和发展。在这个意义上，传播对社会起着一种"瞭望哨"的作用。

（2）社会协调功能。社会是建立在分工合作基础之上的有机体，只有实现了社会各组成部分之间的协调和统一，才能有效地适应环境的变化。传播正是执行联络、沟通和协调社会关系功能的重要社会制度。

（3）社会遗产传承功能。人类社会的发展建立在继承和创新的基础之上，只有将前人的经验、智慧、知识加以记录、积累、保存并传给后代，后人才能在前人的基础上做进一步的完善、发展和创造。传播是保证社会遗产代代相传的重要机制。

这三项功能是包括人际传播、群体传播、组织传播在内的一切社会传播活动的基本功能，大众传播不仅具备这些功能，而且起着尤其重要的作用。与默顿、拉扎斯菲尔德的社会学的、思辨的视角有所不同，拉斯韦尔主要从政治学的角度审视大众传播的功能，认为大众传播有利于维护现存制度，并将传播中隐藏的控制属性合理化。他的功能观体现出美国早期经验主义传播学研究对大众传播的"宣传特质"的密切关注。宣传工作的缺乏互动性，传者和受者之间关系的不对称性，正符合拉斯韦尔"精英控制论"的观点。这一点也体现在拉斯韦尔提出的5W单向线性传播模式当中。

3. 赖特的大众传播功能观

美国社会学家赖特（Charles R. Wright）是默顿和拉扎斯菲尔德共同的学生。在其1960年发表的《大众传播功能的探讨》一文中，赖特肯定了拉斯韦尔的"三功能说"，同时将“娱乐”补充为大众传播的第四项基本功能。总体来说，赖特认为大众传播具有如下四种功能：

（1）环境监视。环境监视指大众传播在特定社会的内部和外部收集、传达信息的活动。这里包括两个方面，一是警戒外来威胁，二是满足社会的常规性活动信息需要。

（2）解释与规定。大众传播并不是单纯的“告知”活动，它所传达的信息中通常伴随着对事件的解释，并提示人们应该采取什么样的行为反应。

（3）社会化功能。大众传播在传播知识、价值以及行为规范方面具有重要的作用。尽管家庭和学校是社会化的首要场所，但大众传播在人的社会化过程中也起着越来越突出的作用。

（4）提供娱乐。大众传播中的内容并不都是务实的，其中相当一部分是为满足人们的精神生活需要，电视媒体的娱乐性内容占其传播的信息总量的一半以上。

大众传媒新闻报道的一个重要功能就是“环境监视”，它为人们的政治、经济、生活等常规性活动提供必要的参考。大众传播的“解释与规定”功能则体现在引导和协调社会成员的行为往特定的方向发展，其含义与拉斯韦尔的“社会协调”相一致。人的社会化过程在家庭、学校等群体中进行，整个过程也越来越离不开大众传播环境。该功能与拉斯韦尔的“社会遗产传承”功能相对应，有一些学者称之为大众传播的教化功能。在赖特看来，娱乐功能是大众传播多种功能中最显而易见的一种，也是非常重要的一种，尤其体现在电视媒体中。不同的是，赖特对大众传播的娱乐功能持肯定的态度，因为大众传播在一定程度上满足了人们精神生活的需要。

4. 施拉姆的大众传播功能观

对大众传播功能的阐述是施拉姆传播思想的重要组成部分。在其1982年出版的《男人、女人、讯息和媒介：人类传播概览》（又译《传播学概论》）一书中，施拉姆把大众传播的社会功能总结为政治功能、经济功能和一般社会功能三个方面，具体见表6－1：

表6－1　施拉姆总结的大众传播的社会功能①

政治功能	经济功能	一般社会功能
监测（收集情报）	关于资源及买卖机会的资讯	关于社会规范、角色等的资讯；接受或拒绝这些规范、角色等的资讯
协调（解释情报；制定、宣传和执行政策）	解释以上资讯；经济政策的制定；市场的运作与控制	协调公众的理解和意愿；市场控制的运行
社会遗产、法律和习俗的传承	经济行为的洗礼	关于社会规范和角色规矩向新社会成员的传承
		娱乐功能（休闲活动；从工作与现实问题中得到解脱；无意为之的学习；社会化）

①［美］威尔伯·施拉姆、威廉·波特著，何道宽译：《传播学概论》（第2版），北京：中国人民大学出版社，2010年，第31页。

这一分类的重要贡献是明确提出了大众传播的经济功能，即大众传播通过经济信息的收集、提供和解释，能够开创经济行为。[①] 施拉姆指出，大众传播的经济功能并不仅限于为其他产业提供信息服务，它本身就是知识产业的重要组成部分，在整个社会经济中占有重要的地位。[②] 施拉姆还指出，大众传播的功能都有一个外向的方面和一个内向的方面，例如，有人寻求或提供信息，有人接收或处理信息。他进而提出每种传播功能都有内外向（见表6－2），它们也是传播应用于个人时的社会功能，如每个人既寻求或给予资讯，同时又接收或加工资讯。

表6－2　传播功能内外观[③]

功能	外观面	内观面
社会雷达	寻求或给予资讯	接收资讯
资讯操作，决策管理	劝说，命令	解释，决策
传授知识	寻求知识，传授知识	学习
娱乐	愉悦	享受

施拉姆补充，上述分类所形成的范畴往往是重叠的，比如介绍所得税的宣传册既是指导性的又是操纵性的，而且很多传播行为都掺杂着某种娱乐，例如，演讲者知道讲点笑话或者轶事能使听众感到轻松。这四项功能直接体现了施拉姆的传播思想，即媒介娱乐、媒介舆论、媒介教育、媒介效果等，这些思想贯穿于施拉姆的诸多著述。其中的娱乐功能更提醒人们，大众传播已进入娱乐化时代，作为大众传播核心功能的“娱乐”不应该被低估。

第二节　大众传播的发展历史

施拉姆认为大众传播诞生于15世纪40—50年代，但当时印刷品的传播范围还十分有限。根据上述大众传播的定义与特点，我们认为大众传播的诞生以19世纪30年代大众报刊的出现为标志。大众报刊体现出大众传播的基本特征，即以技术为依托、传播者的专业化和组织化、受众的广泛性、信息流动的单向性等。以大众报刊为起点，大众传播经历了报刊、电报、电影、广播、电视等几个发展阶段。

---

① 郭庆光：《传播学教程》（第2版），北京：中国人民大学出版社，2011年，第102页。

② ［美］威尔伯·施拉姆、威廉·波特著，何道宽译：《传播学概论》（第2版），北京：新华出版社，1984年，第33页。

③ ［美］威尔伯·施拉姆、威廉·波特著，何道宽译：《传播学概论》（第2版），北京：中国人民大学出版社，2010年，第32页。

一、大众报刊

报刊真正成为大众传播媒介是在19世纪30年代，其标志性事件是“廉价报纸”的出现。这种大众化报纸是工业革命后在西方国家出现的、面向社会上大多数普通民众的通俗小报，因售价低廉而得名，其售价仅为一便士，故又被称为“便士报”。美国的《纽约太阳报》率先掀起一场“便士报运动”，在该报的成功示范下，美国各地竞相开办和出售“便士报”，较具代表性的有《先驱报》和《论坛报》。此后，以普通民众为主要受众的大众报刊就如雨后春笋般在美国和其他西方国家普及开来。

大众报刊的出现有如下几个方面的背景：技术方面，19世纪上半叶，美国的工业革命飞速进行，蒸汽驱动印刷机的发明和应用，使得信息的机械化、大批量生产与复制成为可能，报纸由此变得印刷速度更快、销售成本更低并且信息更具时效性；经济方面，随着资本主义的发展，报社逐渐脱离党派资助而实行企业化经营和市场化运作，报纸开始成为“以报道新闻、传播知识、提供娱乐”为宗旨的信息产业，在这个过程中，报纸完成了由“观点纸”向“新闻纸”的转变；社会方面，大众对信息的需求增大，教育的普及大大提升了中下阶层民众的读写能力，大众报刊因而具有了广泛的销售市场。

19世纪80年代到20世纪20年代是印刷媒介的黄金时代，大众报刊成为当时西方社会民众获取信息、参与政治、娱乐消遣的主要渠道。约瑟夫·普利策（Joseph Pulitzer）是美国早期大众报刊业的代表人物，他在1878年创办了自己的第一份报纸《圣路易快邮报》，该报一方面抨击社会丑恶现象、倡导社会改革，另一方面依靠耸人听闻、刺激煽情的报道风格吸引读者。之后普利策又成功创办了《纽约世界报》。1883年，普利策在《纽约世界报》上发起“迎接自由女神像”筹款运动，为自由女神像的顺利竣工做出了巨大贡献，《纽约世界报》和普利策因此赢得了美国民众的尊敬和爱戴。普利策最广为人知的贡献是为美国报纸奠定了多版面、多专栏模式，并开启了以重大新闻为内容、煽情主义与呼吁社会改革并重的报道风格。普利策与另一报刊大亨威廉·赫斯特（William R. Hearst）的竞争催生出“黄色新闻”，该类新闻在内容上妙趣横生、庸俗煽情，并配以图片和副标题来吸引读者。随着自身弊端不断显露，“黄色新闻”开始逐渐衰落，风格庄重的严肃报纸如《纽约时报》迅速崛起，成为美国社会的主流报纸。

大众报刊在人类传播史上具有重要意义。第一，它的出现标志着大众传播时代的开始，媒介真正进入大众的生活从而成为大众化媒介，在此基础上形成的信息交流机制蕴含着构建“公共领域”的可能。第二，大众报刊的出现标志着西方新闻业进入商业化时代，新闻业不再是党派的工具，立场上标榜独立、内容上迎合大众、经营上企业化，成为该产业的主要特征。第三，源于西方社会的第一次报刊大众化浪潮，不仅改变了整个世界的报业格局，还推动了新闻伦理意识的出现和发展。大众传媒市场的激烈竞争促使大众报刊纷纷以娱乐化、低俗化、窥探名人隐私等手段来吸引大众眼球。以霍勒斯·格里利（Horace Greeley）为代表的美国早期大众报业先驱，率先主张报纸要追求高尚的理想、客观的态度和负责的精神，这意味着西方社会新闻伦理意识的萌芽出现。对早期大众报刊市场的反思还带来法律上的进步，“事实上，正是对报界的义愤，首先创造了法律上的隐私权”①。

二、早期电子媒介

19 世纪不仅见证了大众报刊的出现，也见证了大众化电子媒介的出现，而它们几乎是同时出现的。19 世纪 30 年代，美国的第一条铁路正式开通。不断发展的铁路系统需要发送和接收大量的信号以便控制其自身的运作，对电报的需求应运而生。同时，发明电报的基本技术条件（电池、铜线、电磁感应器等）也已具备。美国人莫尔斯发明的“莫尔斯电码”是世界电报史上里程碑性的事件，它使得信息的即时远距离传输成为可能。电报为大众媒介提供了快速有效的传播手段，电报的普及也为通讯社的迅速发展提供了技术条件。通讯社为报刊提供时效性强、费用低廉的新闻，从而又促进了大众报刊业的发展。

“与电报不同，电影一开始就是作为传播大众文化的媒介登上历史舞台的。”② 1895 年 12 月 28 日，法国摄影师卢米埃尔兄弟在一家咖啡馆的地下室正式向大众公映了他们自己摄制的几部纪实短片，这一天被认为是电影的诞生之日，卢米埃尔兄弟被称为“电影之父”。美国发明家爱迪生发明的摄影棚和摄影装置极大地促进了电影的发展。与爱迪生的室内摄影和单人观影不同，同时期的卢米埃尔兄弟采取了更为现实的态度，用摄影技术去表现和复制现实生活中实际存在的人和事，并且认为电影应该面向更多人，他们确立了电影“公开放映”这一持续至今的基本形态。

1905 年，世界上第一家电影院在美国宾夕法尼亚州的匹兹堡正式营业，因入场费只需五分钱，故又被称为“五分钱影院”。自此开始，电影放映活动有了专门的场所。低廉的票价和无声的影像，让“五分钱影院”受到来自社会贫困阶层且不熟悉英语的美国移民的欢迎，卓别林便是这一时期美国电影界的代表人物。卢米埃尔兄弟开启了无声电影时代，而爱迪生在有声电影技术的突破上功不可没，他积极思考能否将默片技术和已经发明出的留声机技术结合起来，从而实现声音和画面的同时记录。1927 年 10 月，第一部有声故事片《爵士歌王》发行，这也是电影史上的第一部歌舞电影，它标志着有声电影时代的来临，也是电影走向成熟期的标志。20 世纪 30 年代，电影不仅已经成为一种主要的大众娱乐形式，而且还迅速扩散成为一个全球现象。

观看电影需要观众移步电影院，但是收听广播则不需要，后者是“人类历史上第一次进入家庭的大众电子媒介”③。1895 年，意大利无线工程师马可尼发明了无线电波技术。之后，该技术被广泛运用于军事通讯，“广播”（broadcasting）一词也首先在“一战”中被使用。20 世纪初，美国各地出现了以娱乐内容为主的业余电台。1920 年 10 月，美国匹兹堡 KDKA 电台正式成立，首次播送的节目是当年的总统选举，这是世界上第一家具有合法经营权的电台，它的成立被视为广播事业的开端。1924 年，美国的商业电台已经发展至接近 600 家。到了 20 世纪 40 年代，美国的家庭收音机普及率已经超过 80%。广播作为一种

① ［美］爱伦·艾德曼、卡洛琳·肯尼迪著，吴懿婷译：《隐私的权利》，北京：当代世界出版社，2006 年，第 156 页。

② 郭庆光：《传播学教程》（第 2 版），北京：中国人民大学出版社，2011 年，第 105 页。

③ 郭庆光：《传播学教程》（第 2 版），北京：中国人民大学出版社，2011 年，第 105 页。

大众传播媒介，具有传播迅速、使用便携、价格低廉等特征，是现代社会中人们获取信息和娱乐的主要方式。

三、电视

20世纪电视的诞生被认为是人类最重要的发明之一，苏格兰发明家贝尔德被誉为“电视之父”。1928年，美国纽约多家广播电台进行了世界上第一次电视广播实验，这意味着电视广播作为社会公共事业的开始。电视业的发展因为第二次世界大战的爆发而一度停滞。“二战”结束后，电视业进入高速发展阶段，从黑白到彩色、从电子管到晶体管再到集成电路，并呈现出数字化、智能化的趋势，基于电视媒介的大众传播进入全球化传播的时代。

中国第一台黑白电视机诞生于1958年，同年10月，第一家电视台——北京电视台正式开播，这也是中央电视台的前身。1980年，第一条彩色电视机生产线在天津无线电厂建成，之后中国的电视机制造业进入快速发展时期。1985年，中国电视机年产量超过1 500万台，仅次于日本，成为世界排名第二的电视机生产大国。随着电视机生产技术不断走向成熟，再加上市场竞争日趋激烈，电视机价格一降再降，电视机普及率也相应地不断提升。2007年中国电视台总数稳居世界第一，为日本的22倍、美国的3倍以上，中国电视观众数量居世界第一。随着电视机走入千家万户，它影响着人们生活的方方面面，并且在现代社会中发挥着重要作用。

电视作为一种大众传播媒介，集影像、声音、画面等多种形式于一体进行信息传递。与报纸、广播不同的是，电视观看能给观众以强烈的现场感与真实感；与电影不同的是，观众足不出户便能获得多感官的体验与满足。电视的媒介特性让其成为人们获取信息和娱乐的主要手段，看电视成为人们业余生活的重要组成部分。然而，电视的发展和普及并非一幅单调的技术图景，我们不能忽视这其中历史与社会的动因。正如威廉斯所言，长期的资本积累和种种技术的改造革新，导致工业生产的决定性转变以及新社会形态的出现，新的需求由此产生，从而催生出新的发展可能。电视正是在这一切条件都具备之后才出现的结果，左右其发展的是一个包含了金融机构、文化期望和技术发展在内的复杂社会机制。①电视节目的娱乐化倾向也引起学者们的广泛关注，例如，波兹曼在其“媒介批评三部曲”之一《娱乐至死》一书中指出：“我们的问题不在于电视为我们展示具有娱乐性的内容，而在于所有的内容都以娱乐的方式表现出来。”②

四、互联网与数字化

计算机和互联网技术的迅速发展，推动了信息社会的形成，信息成为重要的生产力要素，并且影响着人们生活的方方面面。计算机与网络技术的基础是数字化，这是一种使用

---

① Raymond Williams, *Television: Technology and Cultural Form*, New York: Routledge, 2015, p. 25.

② ［美］尼尔·波兹曼著，章艳译：《娱乐至死》，桂林：广西师范大学出版社，2014年，第114页。

二进制编码来表达和传输一切信息的综合性技术。数字化意味着信息可以被无限制、无损耗地复原和复制，并且信息的传输实现了“瞬间”从地球的一端到达另一端。数字化不仅是计算机信息处理的一场革命，而且成为社会变革的重要推动力。美国麻省理工学院教授、《连线》杂志的专栏作家尼古拉斯·尼葛洛庞蒂（Nicholas Negroponte）在《数字化生存》一书中写道：“计算不再只和计算机有关，它决定着我们的生存。”① 随着计算机技术的不断普及，数字化信息就像空气和水一样稀松平常又不可或缺。

网络化与数字化是21世纪初科技创新发展的主流趋势。网络化为信息跨时空传输提供必要的物理载体，数字化则实现了对信息的高效收集、聚合、分析与应用。这二者引发大众传播领域的深刻变化。大众传播摆脱了单一、单向、线性传播模式的束缚，实现了速度更快、质量更高、容量更大和时效性更强的信息传播，传统意义上的受众反馈的积极性与能动性得到空前提升，反馈资源被充分开发。

媒体组织纷纷设立网站，把网络作为重要的传播手段，并使之成为更大的网络传播系统的组成部分。数字技术把大众媒介与各种移动便携设备连接起来，媒介融合成为当前传统媒体生存与发展的新趋势，这基于一个事实：非数字化信息无法在不同的信息传播媒介之间流动。

5G时代已经到来，其高下载速度、无限流量和低延时等特点，意味着互联网和与之相关的移动通信技术将给大众传播领域带来更为广泛而深刻的影响。它极大地提升了媒体的生产供给、传播和表现能力；依托于计算机技术和搭载5G网络的人工智能、虚拟现实等新兴科技被运用于大众传播，机器写作、自动翻译、自动校对、虚拟主持人、虚拟演播室等已经进入大众媒介生产、传播等各个环节；大众传播向全景化、参与式、多感官的“沉浸化”方向发展，由此带来的是具有高度“现场感”和“交互性”的大众媒介体验。如何与新兴技术手段深度融合，从而推动媒体融合向纵深发展，是当今传统大众传媒面临的重要课题。

第三节　大众传播的影响

自19世纪30年代美国出现第一份“便士报”以来，大众化媒介开始在全世界范围内普及。大众化媒介的诞生是人类传播历史上里程碑性的事件，预示着大众传播时代的开始，人类传播活动进入了一个全新的阶段。如今我们生活在一个被大众化媒介包围的时代，无论是以报纸、电视、广播为代表的传统媒体，还是以无线通信技术和网络技术为支撑的新媒体，都与我们生活的方方面面密切交织在一起。作为一种重要的社会制度，大众传播不仅直接或间接地影响着每一位社会成员，而且与其他社会制度相互作用，结果是媒介影响力对社会的全方位渗透。从更宏观的角度来看，整个世界范围内发生的种种变化都与媒介的参与息息相关，媒介化社会的时代已经到来。

---

① ［美］尼古拉斯·尼葛洛庞蒂著，胡泳、范海燕译：《数字化生存》，北京：电子工业出版社，2017年，第61页。

一、大众传播对个人的影响

传播学研究中相当一部分是关于大众传播对个人影响的探讨，它鉴于这样一个事实：个人对信息和娱乐的获取依赖于大众媒介，书籍、报纸、电影、音乐、广告等已经成为人们日常交流与行动决策的主要参照。大众媒介给人们带来的绝不仅仅是掌握的信息量的增加，更为重要的是，它还影响着人们的态度与行为。早期的传播研究尤其关注媒介内容所产生的短期的、个体的、态度与行为上的效果。“刺激—反应”模式就认为，大众媒介对受众个体能带来直接的、强大的影响，这种影响往往是可测量的、可预见的，比较有代表性的是20世纪20年代末美国佩恩基金会对电影和未成年人的研究。

同时期的社会学家布鲁默采用定性方法来研究大众传播的中长期影响。他不仅发现电影对儿童的学习成绩、不正当行为的尝试、犯罪倾向与行为等产生影响，还发现儿童会对媒介内容进行模仿（尤其是模仿打扮、举止、姿势、谈恋爱），媒介建构了他们心目中的“社会现实”，提供生活与行为的准则与概念，提供解释框架，以及激发了情绪波动（包括恐惧、悲伤和同情）、幻想与白日梦等。[①] 美国传播学者德弗勒通过强调“受众个体差异”纠正了布鲁默和其他早期传播研究学者遵循的“刺激—反应”线性过程的局限性，他认为大众传播对个人的影响并非整齐划一而是因人而异的，这是因为人的心理构成千差万别，人的先天条件和后天知识形成了个人兴趣、爱好等的差异。

社会学家安东尼·吉登斯（Anthony Giddens）在论述电视等大众媒介时认为，在电子时代，比起身边所发生的事情，我们或许更熟悉发生在远方的事情，并将它融入个人经验的框架中，成为人们日常生活中重要的“背景幕”。[②] 作为一种主要的电子媒介，电视一直是学者们关注的焦点。对电视影响的研究不仅显示出传播发展过程中大众媒介演变在主要功能上的延续，而且还让大众媒介的负面影响愈加清晰地呈现出来。日本学者林雄二郎于1969年在《信息化社会：硬件社会向软件社会的转变》一文中提出“电视人”这一术语，借此强调电视的出现和普及对人的个性的影响。随着青少年观看电视节目的时间越来越长，责任感与集体意识被自闭、自我中心取代。另一个类似的术语“容器人”由日本学者中野牧提出，强调沉迷于大众媒介的人的内心世界就像是一个“罐装”容器，缺乏与他人的内心交流。

随着大众媒介的普及日益广泛，影响日益深刻，人们对大众媒介影响的认识也在不断变化。当大众媒介还是新生事物的时候，尤其看到广播、电影、报刊被用于战时宣传，人们惊叹于其巨大的威力；之后人们对大众媒介影响的认识逐渐趋于冷静，有相当多的研究指出大众媒介影响的有限性与负面性。如今，社会的发展变迁、传播技术的不断革新和人的需求的多样化，都让个人与大众媒介之间的关系更加复杂，对大众媒介影响的认识也相应地更加立体。无论大众媒介如何演变，我们总是从它那里获取新闻、知识和娱乐，它“服务”于我们的工作与生活；不仅如此，大众媒介还一直“作为一种改造的力量，对现

① 周葆华：《大众传播效果研究的历史考察》，复旦大学博士学位论文，2005年，第28页。

② ［英］安东尼·吉登斯著，赵旭东等译：《社会学》（第7版），北京：北京大学出版社，2015年，第731、741页。

代人的意识和行为产生着重要的影响”①。

二、大众传播对群体的影响

群体是构成社会的基本单元，是个人进行社会化的主要途径，也是社会正常运转的重要基础和社会发展的动力来源。社会学把人看作一切社会关系的总和，芝加哥学派的社会学家们在此基础上更进一步指出，传播是人类关系的本质，传播远远超出单纯的信息传递与交流功能，它还创造和维系着各种社会关系。芝加哥社会学派代表人物帕克通过研究发现，第一次世界大战期间美国的外文报刊促使移民群体同化于美国文化，从而加速了移民与美国社会的融合。政治学家本尼迪克特·安德森（Benedict Anderson）从大众媒介与群体认同之间关系的角度，讨论了小说和报纸为“重现民族这个想象的共同体提供了技术上的手段”②。在他看来，一个国家的民众借由读小说、看报纸等日常媒体消费，想象和构筑了民族国家意义上的“政治社群”。

传播学家詹姆斯·凯瑞持有类似的观点：“虽然报纸指向的是片段化的受众，但它们通过共享的新闻价值观激发起一种以国族为中心的‘我们意识’。”③ 与传统报刊相比，作为现代媒介的广播电视有着更强的空间延伸性与地理扩张性。过去的群体往往圈定于地理边界与生活处所，如今电子媒介的普及让群体成员可以进行跨时空的交流与共享，并在此基础上形成一种无形的“认同空间”，“正是因为有了共有的认同，一个群体才得以存续下去，虽然这种认同的力量时高时低，但也是群体存在所必须的”④。在政治领域，这种群体认同主要体现为社会成员对政党、民族和国家的共同归属感。

大众传播对群体的文化认同也有着显著的影响。文化认同指特定个体或群体认为某一文化系统内在于自身心理和人格结构中，并将之作为规范行为、评价事物的标准，这里的文化系统包括人们的价值观念、生活方式等。大众媒介的广泛影响力让人们倾向于认为其呈现的是社会主流的价值观念、生活方式，并以此作为自己的行为依据。因此，社会群体参照大众媒介传播的内容来确立群体规范，而个体遵从群体规范的行为会导致群体的认同。作为社会性动物，人类天生具有惧怕被孤立的心理，群体认同为其提供归属感、确定感和安全感。从这个意义上讲，大众传播有助于社会整合的实现，并且潜在地维护社会的稳定有序。

三、大众传播对社会的影响

在现代社会，大众传播已经成为一种重要的社会制度，并且和经济、政治、文化等其他社会制度相互影响、相互制约。大众传媒是社会的神经中枢，是社会雷达与社会守望

---

① 郭庆光：《传播学教程》（第2版），北京：中国人民大学出版社，2011年，第108页。

② ［美］本尼迪克特·安德森著，吴叡人译：《想象的共同体：民族主义之起源和传播的思考》，上海：上海人民出版社，2003年，第6页。

③ ［美］詹姆斯·凯瑞著，史安斌、董关鹏译：《媒体与权利》，北京：清华大学出版社，2006年，第33页。

④ 转引自孙英春：《大众文化：全球传播的范式》，北京：中国传媒大学出版社，2005年，第170页。

者，它通过报道、分析和解释社会来影响、建构和引导社会。

1. **经济方面**

大众传媒通过收集和发布经济信息，从而引导生产与消费。与此同时，大众传媒在报道中监督市场秩序、反映社会舆论、纠正经济生活的偏差，从而推进社会经济的健康有序发展。通过发布商业广告获取经济收益是大众传媒组织维持其正常运转的必要手段。商业广告对现代社会经济具有重要意义，它激发消费需求、指导消费活动、塑造产品与企业形象、培育新的生活方式与消费方式，有助于实现社会生产的良性循环。

大众媒介产品本身具有明显的商品属性。大众传媒除了为其他产业提供信息，其本身也是社会经济的重要组成部分。包括报纸、杂志、电视、广播、电影、图书、音像制品等在内的大众传媒产业是国民经济发展的强大引擎，清华大学新闻与传播学院发布的《中国传媒产业发展报告（2020）》显示，2019 年中国传媒产业总产值达到 22 625.4 亿元。① 随着产业机构不断调整和优化，中国传媒产业正在快速进入以互联网为核心、媒介融合发展的新时代。在全球化背景下，大众传媒产业的集团化、国际化趋势明显，以电影为例，全世界电影票房大多数由美国好莱坞几大电影巨头公司所创造，如米高梅、派拉蒙、华纳兄弟等。其中，华纳兄弟隶属于时代华纳媒体集团，其影视娱乐、有线电视、出版等主要业务遍布世界各地。

大众传媒对人们的经济生活有着积极的影响，但过分强调大众传媒的经济功能可能会带来消极后果。19 世纪末到 20 世纪初是美国新闻史上的“黄色新闻”时代，当时美国报业的两大巨头普利策和赫斯特为争夺读者眼球、提高报纸销量，竞相用夸张、煽情的手法报道耸人听闻的犯罪、色情、天灾和伪科学。这种一味追求利润的做法，不加辨别地取悦社会不良阅读情趣，降低媒体公信力的同时也弱化了大众传媒理应承担的社会责任，从长远来看不利于建构健康、和谐的舆论环境。对“黄色新闻”的反思促使人们开始思考如何提升大众传媒的积极社会导向作用。

2. **政治方面**

大众传媒的出现既是文化和技术水平发展的产物，也是政治发展到一定阶段的产物。实际上，早在 2 000 多年前，中国就出现过类似于现代报刊的文书。当时官府用以抄发皇帝谕旨和臣僚奏议等文件及有关政治情况的抄本，被称为“邸报”。17 世纪初西方定期报刊的出现是近代报业的开端，资产阶级报刊是近代报业的主体，主要为政党服务且有着鲜明的政治立场，因此被称为“观点纸”。中国维新变法时期和辛亥革命时期，资产阶级知识分子把报刊作为宣传变革的工具，新思想也随着政治性报刊数量的激增而成为 19 世纪末、20 世纪初社会变革的主要推动力。之后，报刊渐渐从服务于政党的“观点纸”变为服务于大众的“新闻纸”，这归咎于社会大众的教育水平的提升和对信息需求量的增加。虽然大众传播媒介的种类日益繁多、功能日益多样、内容日益丰富，但是政治力量、大众媒介和社会变革之间的生成关系却一直在延续。

大众传媒对选民的影响是早期传播学研究的关注焦点。传播学“四大先驱”之一拉扎斯菲尔德和其同事在《人民的选择：选民如何在总统选战中做决定》中阐述了大众传媒及

① 崔保国等编著：《中国传媒产业发展报告（2020）》，北京：社会科学文献出版社，2020 年，第 1 页。

人际关系对选民投票决定的影响，由此得出“两级传播”和“意见领袖”等重要理论。与拉扎斯菲尔德同时期的西方学者们主要聚焦大众传媒的政治宣传功能，并试图找到大众传媒能控制公众政治生活与政治行为的有效手段。这反映出早期传播学研究的行政色彩和以“控制”为出发点的研究视域。随着大众传媒的影响力越来越大，各国政府都愈发重视其在当代社会中的作用，大众传播与政治之间的关系越来越密切。大众传播既是政府对公众进行政治宣传与政治教化的有力工具，也是公众对政府进行舆论监督和意见反馈的重要渠道。

大众传播与政治之间的关系是相辅相成的。政治体制决定了大众传播体制，政治发展为大众传播提供了必要的条件与环境；政府通过对大众传媒的审查和引导从而让其有助于达成政治目标、发挥应有的社会功效；政府还是新闻的重要来源，时政新闻是公众公共生活的重要参照，并且对公众的政治参与行为有重要的形塑作用。与此同时，大众传媒的积极参与也是政治发展的必要条件，这主要体现在：大众传媒扮演着政治沟通渠道的重要角色，有效的政治沟通有助于加深民众对政府政策和行动的认知与认同、构建政府政策与行动的社会基础、缓和不同利益团体之间的矛盾和冲突等；随着传媒行业市场化程度的不断加深，自上而下的单一信息传递转变为上下结合的多向信息交流，以公众的特点和需求为导向的新闻生产与传播，进一步发挥了公众的作用，促进了政治民主化的建设。

3. **文化方面**

对文化的定义千差万别，广义的文化指人类实践的所有创造物，包括物质文化和精神文化；狭义的文化主要指人类的精神产品。有些学者认为文化是“一个民族经过长期积淀而形成的生活方式，是由作为社会成员的人所获得的，包括人的思维、行为、言语，以及知识、信念、艺术、道德法则、法律、风俗及其他能力和习惯的复杂整体”①。文化的习得与传承需要借助特定的媒介，具体来讲，如果把文化视为人类通过符号表达意义的行为，那么所有的文化都要借助于一定的传播手段才能产生社会影响力，如先进思想的扩散、科学知识的普及等。

文化是人类传播取之不尽的内容源泉，并且文化内容的特点以及文化结构中的社会价值观、社会习俗等对人类传播活动也有着显而易见的规制作用。与此同时，传播媒介在文化生成与扩散过程中也有重要作用。例如，加拿大学者英尼斯的传播偏向理论就说明，具有不同特性的媒介会催生出不同的文化形态，传播的偏向引导着文化的发展路向。以口语媒介为主的原始时期，文化建立在人们的口耳相传之上；文字的出现催生出书写文化，然而由于文字普及程度和人们识字能力有限的原因，文化还只是属于少数人的“高雅”活动；工业革命时期印刷术的升级迭代、各种新兴媒介的出现以及人们对信息和娱乐的需求量的急剧增加，促使文化生产成为一种有组织性的活动，文化消费变得大众化。“大众文化”是“伴随着城市化、工业化的出现而产生的城市工业文化，同时也带有以下含义：它是广受欢迎或者众人喜好的文化，是来自广场而非庙堂的具有非官方色彩的文化”②。以报纸、电视、广播、电影为代表的大众传播媒介，对大众文化的传播起到极大的推动作

① 庄晓冬主编：《传播与文化概论》，北京：人民出版社，2008 年，第 5 页。
② 庄晓冬主编：《传播与文化概论》，北京：人民出版社，2008 年，第 5 页。

用，大众传播技术和形态直接塑造着大众文化的生产方式。互联网出现之后，大众文化在网络上获得了更广阔的生存发展空间，并且与其他文化形态相互交织、碰撞，进而形成一种囊括了声音、文字、图片、视频等各种符号形式在内的整合型文化形态，即网络文化。网络文化是计算机技术与文化内容的融合体，比传统意义上的大众文化更具影响力和包容性。

文化与传播就像一对孪生兄弟，总是如影随形。现代社会中一个典型文化现象是“消费文化”的盛行，这与大众传播的强大影响力不无关系。消费文化的主要特点是对商品象征意义的消费，正是在大众传媒的精心组织和策划之下，商品的象征形象与大众的情感、经验被联系在一起，以此被“包装”后的商品呈现在电视、报纸、杂志等大众媒体上。大众媒介的普及使得这种联系被广泛根植于人们心中，消费的目的不是为了物品的实用价值，而是为了寻找某种“感觉”、体验某种“意境”、追求某种“意义”。[①] 大众传媒是消费文化的制造者和传播者。在让·鲍德里亚（Jean Baudrillard）看来，大众传播并不是传播真正的文化和知识，它是公众通过一种礼拜仪式、一套被精心抽空了的意义内容的符号形式编码进行的集体参与，它操纵符号所塑造的大众文化以日常性、商品化、同质化、中性化等特征构成了消费社会的主要现象。即使是信息也是一种经过包装的强制性消费，“信息消费之信息，即对世界进行剪辑、戏剧化和曲解的信息以及把消息当成商品一样进行赋值的信息、对作为符号的内容进行颂扬的信息”。[②] 当然，在铺天盖地的广告宣传面前，大众也会主动地将自己的态度、立场与价值观融入文化商品的接受过程中。大众传播对社会文化有着明显的形塑作用，我们也应该看到这其中的消极面；与此同时，作为文化参与者的社会大众也并非总是被动的，他们是能动的解码者，积极建构着符合自身生存现实与需要的生活方式。

四、大众传播在世界范围内的影响

随着数字技术、网络技术、通信卫星技术等为代表的传播技术的飞速发展和普及，人类面临的传播环境发生了翻天覆地的变化，人类传播活动越来越高效、方便和快捷，并且其国际化特征也越来越明显。早在互联网出现之前的20世纪60年代，当广播、电视等电子媒介刚开始崭露头角的时候，加拿大学者麦克卢汉在《理解媒介：论人的延伸》一书中就指出，电子媒介的传播速度和实时性将遥远的世界拉得很近，人与人的距离大大缩小，世界重新“部落化”，形成“地球村”。在全球化背景下，基于现代传播技术的大众媒介自然成为不同国家和地区之间的主要交流手段。国际化传播媒体是全球化进程的参与者和推动者，因为它实现了“远程操作”，这正是全球化的主要特征之一。“全球化是在网络内并通过网络构建而成的，它通过字符而非实物进行传播的特征，使非物质的媒体产品成

① 郭庆光：《传播学教程》（第2版），北京：中国人民大学出版社，2011年，第55页。

② ［法］让·鲍德里亚著，刘成富、全志钢译：《消费社会》（第4版），南京：南京大学出版社，2014年，第113页。

为全球化过程的标志。”①

媒体机构在全球范围内的运作，促使国家和地区之间在政治、经济、文化方面的交流互动日益频繁。国际传播对于国际关系的建构和发展至关重要。有学者总结了大众传媒在现代国际关系中的作用②：

（1）大众传媒引导国际关系的方向。例如，聚焦地球环境问题的新闻报道推动了环境保护政策与措施的国际交流，环境议题成为各国外交活动和整个国际关系领域中的显著内容。

（2）大众传媒提高了国际关系的透明度。这意味着大众传媒对国际事务起到监督的作用，进而为国际关系的民主化进程提供有力保障。

（3）大众传媒加快国际关系活动的节奏。24 小时实时滚动的国际新闻报道第一时间呈现世界范围内发生的热点事件，政府和国家据此作出快速反应，如外交部发言人在例行新闻发布会上向记者说明情况、回答相关问题等。

（4）大众传媒制约国际关系的重心，通过议程设置将国际关系聚焦在某个方面。

（5）大众传媒增加国际事务的参与者。大众媒介面向社会大众，公众通过收看国际新闻报道从而进入国际关系领域。在如今表达渠道如此丰富的情况下，他们不仅是国际事务的参与者，而且是对外政策决策者的一部分。

电影、电视剧和流行音乐作为典型的媒体产品，频繁地在世界范围内流动并成为国家和地区之间跨文化交流的强大引擎。来自西方国家的大型跨国传媒集团，如迪士尼、时代华纳、21 世纪福克斯、默多克新闻集团等，仍然引领着全球媒体市场的发展动向。随着信息和媒体产品在全球范围内的大规模聚集与流动，传媒产业的国际化趋势与多样性特征日益明显，文化产品成为许多国家的国际贸易中最大的输出品类别之一，不仅为输出国创造大量就业机会、带来丰厚利润，而且有助于增强国家的“软实力”和提升国际地位，与此同时也促进了全球信息与文化产业的发展。不过我们也应该注意到国际化大众传播的其他属性，如全球传播中存在的“不对称性”，突出体现为西方发达国家与发展中国家、不发达国家之间文化交流的不平衡、单向度以及由此引发的文化冲突。从这个意义上讲，麦克卢汉提出的“地球村”预言的实现面临着诸多现实挑战。20 世纪 60—70 年代出现的建立“世界信息与传播新秩序”运动是广大发展中国家、地区和民族联合应对国际传播中存在的困境与危害的首次尝试，并且“文化杂糅”“文化反弹”等现象的出现也说明，原来的国际传播“弱势”一方积极通过批判继承、整合创新等策略逐渐推进与西方国家的良性互动。

思考题

1. 名词解释：大众传播；文化认同；大众文化；全球化。

---

① ［英］科林·斯巴克斯著，刘舸、常怡如译：《全球化、社会发展与大众媒体》，北京：社会科学文献出版社，2009 年，第 144 页。

② 刘继南主编：《国际传播——现代传播文集》，北京：北京广播学院出版社，2000 年，第 14－19 页。

2. 大众传播的特点是什么?
3. 简述拉扎斯菲尔德和默顿的传播功能观。
4. 请比较赖特与拉斯韦尔的传播功能观。
5. 大众报刊产生的意义是什么?
6. 大众传播与政治的关系是什么?
7. 大众传媒在国际关系中的作用有哪些?

第七章

传播控制研究

由于传播主体扮演着对整个传播过程施加控制的角色，因此对传播者的研究被称为传播控制研究。实际上传播的控制研究包含两个方面：一方面是传媒主体对整个传播过程的控制，被称为施控；另一方面是社会政治、经济、文化等外部环境对传媒主体及其活动的控制和影响，被称为受控。传播控制首先表现为传播者个人对传播过程的控制，其次表现为媒介组织的控制，最后是社会政治、经济、文化等方面的控制。

第一节　大众传播的内部控制

在大众传播过程中，传播者决定可以传播什么以及怎样传播，控制着信息的整个发送过程，因此传播过程直接的控制者是大众传播者和媒介组织。

一、大众传播主体

大众传播的主体包括职业的大众传播者和媒介组织。大众传播者是指通过大众传播媒介进行信息生产和传播活动的职业传播者，如记者、编辑、播音员、节目主持人、导演等。他们是传播过程的具体操控者，也是组织化了的职业传播者，即大众传播者必然属于某个媒介组织。媒介组织是指专门从事大众传播活动以满足社会需求的社会单位或机构，如报社、电台、电视台、出版社、电影公司、新闻网站等。

1. **大众传播者的特点**

作为一个社会群体，大众传播者是一个相对独立的社会阶层，18—19 世纪英国把记者称为“第四阶级”，与西方社会中僧侣、贵族、资产者并列；在西方社会，人们常用“无冕之王”作为对记者的美誉。随着大众传播事业的蓬勃发展，大众传播者的队伍越来越壮大。作为从业者，大众传播者具有以下基本特征：

（1）集体性。大众传播是一个复杂的传播过程，需要由若干职业传播者组成的群体才能够有效地开展工作。从信息的采集到编辑、印刷、传递，要完成大规模的传播任务，需要集体的合作，因此大众传播者单靠个人力量无法完成传播任务。

（2）专业性。大众传播是一种专业化程度极高的职业活动，广播、电视、网络等专业化的操作都有很强的技术要求。写作和拍摄内容也都有其专业性要求，并需遵循一定的专业规范。

（3）机构性。对于新闻工作者来说，其必定是某个媒介机构中的一员，依托于媒介组织。离开了媒介组织，新闻工作者就不一定被社会承认。一般来说，记者采访和发表文章代表的就是某个媒介组织，媒介组织要对其采访活动和文章内容负责。

（4）自主性。在具体的传播过程中，从选题到采访、写作、编辑等，大众传播者对传播活动和传播内容有很高的自主选择权，因而大众传播的质量大部分依靠传播者的职业意识和自觉性。

2. **大众传媒的特点**

20世纪美国将新闻机构称为政府的“第四部门”，即“第四种权力”。作为媒介组织的大众传媒具有以下几个特点：

（1）大众传媒的本质属性之一是公共性。其公共性体现在所服务的对象是公众，服务的平台和提供的新闻信息必须公开，大众传媒的使用和运作必须公正，应当服务于公共利益而非个人利益。同时，媒体机构也是公众发表意见的公共平台，要为公众参与公共事务的管理和进行舆论监督提供条件。

（2）大众传媒是一种信息产业机构。大众传媒是大众传播生产资料的直接控制者和使用者，他们对信息的生产、制作和传递进行直接的控制，并具有特殊的权利，如采访权。他们占有一些稀有的公共传播资源，如纸张、电波频率、卫星轨道等，其收集、加工、生产和传播信息的能力比其他组织和个人更有优势。通过组织化的学习，传媒机构建立了专业的标准和规范。同时，大众传媒作为一种产业机构，不可避免地要追求商业利益，既要受到专业规范和标准的制约，又要受到市场的驱动，在社会效益和经济效益中寻求平衡，并以社会效益至上。

（3）大众传媒地位稳固。大众传媒在任何社会中都具有重要的地位，自诞生以来，便成为社会不可或缺的主要信息来源，也是社会系统不可缺少的组成部分。同时在传播关系中，大众传媒的地位也是稳固的，传播者和接收者的角色相对固定，其拥有的资源在传播关系中占有优势地位。即使在网络时代，组织化的大众传媒相比自媒体或个人，仍然是公众最信任、最权威的信息来源，其拥有的受众规模最大，对社会的影响日益增长。

3. **大众传播主体的权利**

由于大众传播的公共性和公益性，除了享有国家规定的普遍性权利外，政府和社会还赋予大众传媒组织和工作者从事大众传播活动的特殊性专业权利，这些权利主要包括：

（1）知情权。知情权指的是个人或组织依法所享有的获取信息的权利和自由。知情权的概念源于西方，在汉语中有多种译法，其他的翻译有知晓权、知察权、知闻权和获知权等。1945年美国记者肯特·库柏（Kent Cooper）最先提出知情权（the right to know），强调新闻自由包括“新闻自由流动”和“自由获取新闻”。[①] 20世纪50年代在美国兴起了争取知情权的运动，使得知情权成为世界普遍认同的一个概念。60—70年代以后随着信息社会的发展，知情权成为一般公民的基本权利，许多国家都制定了专门的法律、法规，以保护公民的知情权。

由于早期民众获得信息的渠道有限，主要是通过大众传媒来了解国内外大事，所以在20世纪50年代以前，知情权的概念主要是指新闻媒介的知情权。在民众知情权获得普遍认可的今天，民众对大部分信息的获知还是主要通过媒体实现，满足民众的知情权仍然是大众传媒的一项神圣职责，所以大众传媒的知情权比一般民众要高，而且获得的社会保障和制度保障较多。

（2）采访权。采访权指的是大众传播者自由地收集信息并加以报道的权利，它包括一般采访权和新闻采访权。一般采访权即广义上的采访权，泛指所有人的采访自由权，是基

① Kent Cooper, The Right to Know, *Free World*, 1945, Vol. 10, pp. 53 - 55.

于人人都有言论自由和知情权的宪法规定，但并没有专门的法律、法规保障。新闻采访权专指新闻记者享有的自由搜集、传播信息的权利。新闻媒体代表公众并满足公众的获知权，因而其新闻采访权可获得更多的权限，并且各国政府的法律、法规中对新闻采访权有专门的保护。西方并没有采访权的专门法，因为宪法和其他法律对公民个人的言论自由和出版自由等有充分的规定。记者的采访权“是中国有效法律文件中唯一明确肯定的权利，也是中国特有的记者权利”①。中国《新闻记者证管理办法》第五条明确规定：“新闻记者持新闻记者证依法从事新闻采访活动受法律保护。各级人民政府及其职能部门、工作人员应为合法的新闻采访活动提供必要的便利和保障。任何组织或者个人不得干扰、阻挠新闻机构及其新闻记者合法的采访活动。”只有经过政府认可的媒介组织中的新闻记者才具有新闻采访权，政府通过发放采访许可证来控制媒体采访活动。

新闻记者依法采访的内容凡涉及社会公众利益的事项或重大事件，任何组织或个人不得非法阻挠或干涉。但是任何采访都必须遵守国家的法律法规，在涉及国家安全、国家保密信息、国家利益等方面，采访权是有限的，被称为有限知察权；为了保证司法公正，国际公约和许多国家的法律对新闻采访也会有所限制；采访也不能妨害社会公共利益，不得妨害公序良俗。

采访权对采访对象并不具有强制性，对方有拒绝采访的权利。采访者和被采访者是平等的关系，被采访者有权保护个人隐私，有权拒绝采访或保持沉默。2019 年修订的《中国新闻工作者新闻道德准则》规定：“维护采访对象的合法权益，尊重采访报道对象的正当要求，不揭个人隐私，不诽谤他人。”

（3）编辑权。编辑权是一种大众传播者对信息制作的高度自主权，它有两层含义，其中一层含义是指独立编辑权，即编辑部和编辑独立于政府和老板，且具有高度的自治权。②编辑权实际上是“外部新闻自由”在媒介组织内部的延伸，是一种“内部新闻自由”。③为了实现外部新闻自由，媒介组织主要有三种编辑权形式：同仁式、任命式和半官方式。同仁式由志趣相近而又有传播专长的人自由组合为编辑群体，共同决定编辑事务，这种编辑权相对独立；任命式由政府机构委派、调配、罢免传播机构的高层管理人员，其编辑方针同政府政策大体一致，具体的业务可交由编辑处理；半官方式的编辑名义上是同仁式的，实际上受政治、经济势力的影响比较大。④ 为了实现内部新闻自由，抵消媒介经营者为了商业利益而损害公共利益，在媒介内部实行编辑权和经营权的分离。编辑权的另一层含义是指大众传播者对所刊发的稿件进行选择、加工的权利。从编辑工作的流程看来，编辑权主要包括：动议权、修改权与转型权。动议权即选题策划的权利；修改权即对文章的修改权利；转型权即根据编辑的专业将作者原作加工转换成出版刊物的权利。⑤

编辑权既是大众传播者对信息的控制权利，也是一种自控的权利。⑥ 编辑权并没有明

① 魏永征：《关于记者权利的独白》，《青年记者》2012 年第 9 期。

② 刘佳：《著作权语境下的编辑权》，《编辑之友》2018 年第 3 期。

③ 马峰、张晓：《一种动态的理想——编辑权的历史之光》，《新闻知识》2005 年第 12 期。

④ 董天策：《传播学导论》，成都：四川大学出版社，1998 年，第 270 页。

⑤ 刘佳：《著作权语境下的编辑权》，《编辑之友》2018 年第 3 期。

⑥ 董天策：《传播学导论》，成都：四川大学出版社，1998 年，第 269 页。

确的法律规定，但西方专业的传媒组织对编辑自由有明确的规定，如国际医学期刊编辑委员会认为，所有编辑和编辑组织都有义务支持编辑自由的概念，并提请国际医学界注意侵犯这种自由的主要行为；而且大多数受人尊敬的出版物都有促进编辑独立性的基础设施和内部安排。①

（4）著作权。著作权即版权，是指公民、法人依照法律规定对自己的科学、文学或艺术等作品所享有的专有权利，是知识产权的重要组成部分。② 世界各国都有版权法保护著作人的权利，中国已加入《世界版权公约》等著作权国际公约。《中华人民共和国著作权法》（2020 年修正）第二条规定："中国公民、法人或者非法人组织的作品，不论是否发表，依照本法享有著作权。"外国人和无国籍的人的作品根据情况也受到保护。属于大众传播的作品包括文字作品，口述作品，音乐、戏剧、曲艺、舞蹈、杂技艺术作品，美术、摄影作品，电影作品和以类似摄制电影的方法创作的作品等。属于单纯事实消息的时事新闻不属于著作权法的保护范围，但是新闻记者带有自己思考的分析、解释性新闻受著作权法保护。

著作权法包括著作人的人身权和财产权，人身权是指发表权、署名权、修改权和保护作品完整权；财产权有复制权、发行权、出租权、展览权、表演权、放映权、广播权、信息网络传播权、摄制权、改编权、翻译权、汇编权等。传播者制作出信息产品后，该信息产品的复制权、转播权等由传播者享有，未经同意，其他任何个人或机构都不得完整地、大量地复制，不得擅自用于商业性活动。但是为了知识、信息的扩散，公众或机构可以根据法律规定合理使用他人的作品，如为了学习、研究、教学、公益、媒体报道，可以适当、适量地使用他人作品。

（5）舆论监督的权利。舆论监督主要是指公众利用大众传播媒介对国家机关、国家机关工作人员和公众人物的与公共利益有关的事务进行揭露、批评和提出建议的行为。③ 它的主体包括公众和大众传媒。在现代社会，大众传媒是主要的舆论机关，代表公众具体行使舆论监督权，是公众的代言人。因此，舆论监督是大众传媒的一项权利和基本的社会功能，大众传媒通过行使舆论监督的权利成为一种监督公权、促进民主的社会力量。

舆论监督是中国特色的概念，在西方没有专门的词语，而是用媒介批评、揭露等具体的行为表达。舆论监督主要通过批评报道来实现。大众传媒通过对一些违反社会公共利益的行为进行揭露报道，形成强大的舆论压力，对公权力或社会机构进行舆论监督，促使问题的解决。但是，舆论监督并不仅仅是批评，也包括对一些社会美德、正义行为的表扬以及社会正气的弘扬，在社会中形成正面的舆论导向。

二、作为"把关人"的大众传播者

有学者认为最早研究大众传媒对传播过程控制的是 1950 年美国学者大卫·怀特（Da-

---

① Dana J. Lawrence & Robert D. Mootz, Editorial Autonomy Revisited, *Journal of Manipulative and Physiological Therapeutics*, 1999, Vol. 22, pp. 131 – 133.

② 魏永征：《新闻传播法教程》（第 3 版），北京：中国人民大学出版社，2010 年，第 248 页。

③ 周甲禄：《舆论监督权论》，济南：山东人民出版社，2006 年，第 25 页。

vid Manning White）发表的“把关人”个案调查，从此“把关人”理论成为第一个关于传播者的理论，但是也有学者将早期新闻学关于职业新闻工作者和新闻媒介组织的研究视为大众传播者研究的起始。不过新闻学的研究倾向于将媒介组织视为一个具有自主性的机构。随着新闻乱象所造成的社会负面影响加大和社会责任理论的提出，怀特的“把关人”成为大众传播者研究的一个转折点，“把关人”研究的模式也就逐渐向新闻传播研究中的“自由”“社会控制”等古老主题偏移甚至合一。[①]

1. **把关人概念的提出**

传播者被称为把关人或守门人。最早提出这一概念的是传播学“四大先驱”之一卢因，1943 年他在《心理生态学》一文中提出“把关人”(gatekeeper）这一概念。他根据对一个特定群体在特定时间饮食习惯的心理和非心理因素的研究，提出“渠道理论”。他认为食物是通过各种渠道到达餐桌的，能否进入渠道受到把关人的影响，而家庭主妇控制着所有的渠道，是主要的把关人。在这些渠道中有不同的门，大门部分由公正的规则或把关人管理，这些把关的个人或团体“有权”在“进”或“出”之间作出决定，把关人的决定部分取决于他们的意识形态即价值观和信仰体系。卢因最后说明这种情况不仅适用于食品渠道，而且也适用于新闻节目通过群体中某些传播渠道的传播、商品的流动以及许多组织中个人的社会移动。[②] 1947 年卢因在关于群体动力学的论文中有一篇谈到群体生活的渠道，再次复述了其对于把关人的观点。

卢因的把关人思想概括起来主要有：①其把关人概念是建立在“渠道理论”基础上的。由于渠道中存在着不同的关卡，因而也就存在把关人。②尽管“把关”的除了人之外还有“规则”，但规则最终还是由人掌握的，因此卢因的把关人主要针对人，尤其是个人。③研究把关人主要是研究影响把关人决定的因素，也就是探析影响食物、信息等“进”或“出”的各种因素。[③] ④卢因强调的是渠道和把关人理论有助于更准确地界定某些“客观”的社会学问题如何与“主观的”心理和文化问题相交，也就是研究把关人的心理因素和社会冲突。把关是各种力量的综合作用，社会变化是通过改变渠道中这些特定部分的力量组合而产生的。

卢因的把关人理论为以后的大众传播把关控制研究提供了一个基本框架。许多研究者受其启发，进一步开拓研究，使该理论成为大众传播领域的一个重要命题。把关被描述为对信息的筛选与过滤。信息的传播网络中布满了把关人，这些人负责把关、过滤信息的进出流通。

2. **怀特的把关研究及后续研究**

美国学者怀特对新闻的把关进行了个案调查研究，被奉为传播学领域的经典研究之一。1949 年，怀特根据卢因的观点寻找报刊新闻真正的把关人，他根据观察，看到报社里任何一个做出新闻选择的人都是“把关人”。稿件经历了从记者到改写人等，如同故事在

---

① 黄旦：《新闻专业主义的建构与消解——对西方大众传播者研究历史的解读》，《新闻与传播研究》2002 年第 2 期。

② K. Lewin, Psychological Ecology, in *The People, Place, and Space Reader*, edited by Jen Jack Gieseking & William Mangold, New York: Routledge, 2014, pp. 17–21.

③ 部分参考黄旦：《“把关人”研究及其演变》，《国际新闻界》1996 年第 4 期。

传播链中在一个接一个的“把关人”中传来。怀特对一个中小城市的小报电讯编辑的工作进行了为期一周的个案调查，主要是为找出他选择刊登的新闻和没有刊登的新闻，以及他拒绝刊登的原因。该编辑为男性，怀特用盖茨先生（Mr. Gates）来称呼他。在这段时间里，盖茨先生接收到来自3家通讯社的、长度为12 400英寸的电讯稿，但他只采用了其中的1 297英寸的电讯稿，大约10%。怀特认为，在具体的把关环节中，信息的选择可以用一个简单的公式表示：

输入信息－输出信息＝把关过滤信息

用这个公式进行计算，盖茨先生淘汰掉的电讯稿为11 103英寸，占90%。盖茨先生拒绝新闻故事的理由都属于高度主观的价值判断范畴。他在类别的选择中力求多样化，但是不会根据新闻的类别选择新闻；他偏向多数人感兴趣、包装精美、符合编辑部需求或政策的故事；他对主题和写作方式一般根据清晰、简洁和角度进行选择。所以，怀特认为通过这个个案研究，发现把关人是多么主观，他们主要是基于自己的一套经验、态度和期望来进行“新闻”的传播。①

作为最早的新闻把关研究，怀特的理论难免会有不足之处，其中最突出的一个缺陷就是过分强调把关人的个人权限，忽略了各种联系所形成的必然性与社会性。怀特虽然也认为在新闻生产过程中存在着多个把关人，但他认为小报的电讯编辑是新闻传播过程的最后一个守门人，盖茨先生编辑的新闻将会直接出现在报纸上。这使得把关看起来只有一个关口，不符合新闻生产的实际过程。盖茨先生似乎完全可以依照自己的主观喜好来随心所欲地处置新闻，把关好像纯属个人的行为。事实上，把关并不是天马行空、任意所为，它不仅受到媒介组织及其规范的制约，而且受到整个社会文化背景的影响。但怀特的贡献在于，他不仅首次对新闻传播中的“把关人”现象进行了考察，同时也在传播领域中确立了“把关人”这一理论，引发后续的一系列相关研究。

20世纪50—60年代，沃尔特·吉伯（Walter Gieber）在怀特的研究基础上，对把关进行了一系列的研究。他认为电讯编辑的把关并不是完全按照自己主观意志行事，而是会受到信源和新闻机构的压力，他们选择新闻的标准基本上是相同的。所以，独立的把关人是不存在的，这一观点完全否定了怀特的研究。

1966年，保罗·斯涅德（Paul B. Snider）重复了怀特的研究，结果表明把关人仍然按照自己的喜好挑选新闻，而且认为读者也喜欢。大部分的电讯稿被把关人筛选过滤掉了，说明这些把关人在相当程度上执掌着信息的传播大权。

1976年，马克斯韦尔·麦库姆斯（Maxwell McCombs）和唐纳德·肖（Donald L. Shaw）对怀特的数据重新进行了分析，发现盖茨先生接收到的通讯社各类新闻的比例和他最后采用的各类新闻比例之间存在较高的相关性，相关指数为0.64，说明无形的环境因素在影响着盖茨先生的选择。

① D. M. White, The Gate Keeper: A Case Study in the Selection of News, in *Social Meanings of News: A Text-Reader*, edited by Dan Berkowitz, London: Sage Publication, 1997, pp. 63－71.

1991 年格伦·布列斯克（Glen L. Bleske）又重复了怀特的研究，但他选取的研究对象是女性：盖茨女士（Ms. Gates）是一家中型日报的电讯编辑，她使用计算机进行稿件选择。虽然盖茨女士所在的报社比盖茨先生的规模大，对新闻内容的控制不如盖茨先生，但结果却惊人地相似：她和盖茨先生一样认为新闻类别不会影响对新闻报道的选择；承认自己有偏见和偏爱，但尽量保持中立；他们力求平衡，以吸引广大读者。由于她使用的是电子版本，所以对主题和写作方式的要求是最快达到的，最容易剪切最短、最好的故事。她和盖茨先生对新闻的定义不一样，盖茨女士认为新闻是一个对经济、政治或人类利益有重大影响的故事，新闻是任何能激起她的兴趣或她认为会激起别人兴趣的东西。而盖茨先生认为，新闻是一种每天都有各种各样的事件和人物的报道。① 另外，盖茨女士认为虽然有时会倾向报道女性，但性别并不影响她对新闻的判断。和盖茨先生一样，她也不承认通讯社各类新闻的分布会对她产生影响，但是她收到和使用的新闻类别之间的相关性高达 0.96。这也说明，虽然这些把关人是主观的，但选择基本是一致的，因为他们看到的新闻是通讯社把关后的，而且新闻的类别也对他们的选择产生一定的影响。

3. 巴斯的双重把关模式

相比怀特只有一个把关口的研究，后续研究者则对此进行了弥补。约翰·麦克内利（John T. McNelly）追踪了一条新闻从出席活动的记者通过各种通讯社编辑到地方报纸的电讯编辑再到读者的过程，说明了在新闻传播过程中存在一系列的把关人或中间人，他将受众也视为一个传播的关口，突出了受众在新闻传播过程中的重要性。伯科维茨（D. Berkowitz）和比斯尔（K. L. Bissell）也都证明了把关并不是只有一个关口，而是有一连串的关口。

1969 年，亚伯拉罕·巴斯（Abraham Z. Bass）发表论文认为怀特对电讯编辑的强调是错误的，因为电讯编辑不是关键的决策者，中央新闻部或通讯社的编辑决定了什么是新闻；而麦克内利的一系列关口没有区分不同新闻记者的不同职能角色，看不出哪个关口更重要。因此巴斯提出新闻传播的双重把关模式，认为新闻流程应按功能划分为新闻采集和新闻加工两个阶段（见图 7－1）。研究的注意力应该集中在新闻采集者身上，因为是他们做出了重大的决定。

图 7－1　巴斯新闻流程的双重把关模式②

第一阶段是新闻的采集阶段，指的是以编辑或分社社长为首的记者和作者按照公认的标准收集信息和准备新闻稿件的活动。原始新闻包括新闻事件、演讲和新闻发布会，新闻

① Glen L. Bleske, Ms. Gates Takes Over: An Updated Version of a 1949 Case Study, *Newspaper Research Journal*, 1991, Vol. 12, pp. 88－97.

② Abraham Z. Bass, Refining the "Gatekeeper" Concept: A UN Radio Case Study, *Journalism & Mass Communication Quarterly*, 1969, Vol. 46, pp. 69－72.

采集者主要有作者、官方主要记者、城市编辑，他们将原始新闻素材变成新闻稿件或者一条电视新闻。第二阶段是新闻的加工阶段，是对新闻文本的处理和改编，包括根据当地的实际情况需要进行编辑、翻译或修改，或根据政策的要求进行大量或轻微的修改。把关人是编辑、校稿者和翻译者，他们将新闻半成品处理成一份可以向公众发布的报纸或新闻广播。新闻采集者和新闻加工者可能属于同一个或不同的组织。第一阶段的把关比第二阶段更具有决定性，因为新闻采集者决定了什么是新闻。

4. **把关现象及其本质**

早期的把关研究主要从个人角度进行研究，认为有三个因素对把关的影响较大：第一，世界观和价值观决定把关人的基本思想倾向；第二，个性特征，包括性格、创造力、经验和能力等的影响；第三，个人的传播方式，如编码方式和水平、传播能力等直接影响新闻的生产。

大众传媒对新闻和信息的选择或把关活动是一个复杂的过程，关于把关人的研究经历了从个体到媒介组织再到制度和社会的过程。于是，把关人研究和传统的社会影响、社会控制研究开始合流。由此带来的进步是，“把关”再也不是孤立的个人行为，而是整个社会结构和体系中的一个社会问题，这当然更符合现实社会和信息传播的实际。①

施拉姆认为在信息网络中到处都设有把关人，包括记者、报社编辑、作家、出版社编辑、毛片剪辑人、图书馆采购人、老师、负责汇报的官员甚至餐桌上的丈夫，他们对哪些信息能够流动起到把关的作用。而其中大众媒介是信息在社会流通过程中的主要把关人，把关功能最主要的表现就是对新闻的选择。一方面，从发送者到最终的接收者之间，信息的损失量惊人。经过编辑、导播、技术人员、营销人员和受众层层过滤后，只有少量的新闻能够到达受众头脑中。另一方面，媒体的各个部门各司其职，都对产品产生影响。其中负责内容的员工如作家、编辑、演员、出品人的作用是最重要的。各部门之间可能会出现分歧甚至冲突，但是最终会得到整合，形成媒体的组织人格。②

所以我们在分析把关时不仅要考虑传播者个人，而且要把传媒组织的规则、传播制度以及政治、经济、社会和意识形态等因素考虑在内。基于此，把关的本质就是：①大众传媒具有一定的立场、方针和价值标准，在进行把关中不可能真正做到“客观中立性”；②新闻和信息的选择受到媒体的经营目标、受众需求以及社会文化等多种因素的制约，但是与媒介的方针和利益一致或相符的内容更容易优先入选；③传媒的把关是一个多环节、有组织的过程，个人的因素是有限的，在总体上是传媒组织的立场和方针的体现。③ 把关从本质上来说是一个社会控制的过程，因此对把关人（gatekeeper）的研究逐渐转向对新闻生产流程中一系列把关（gatekeeping）的研究。

---

① 黄旦：《“把关人”研究及其演变》，《国际新闻界》1996 年第 4 期。

② ［美］威尔伯·施拉姆、威廉·波特著，何道宽译：《传播学概论》（第 2 版），北京：中国人民大学出版社，2010 年，第 150 – 153 页。

③ 郭庆光：《传播学教程》（第 2 版），北京：中国人民大学出版社，2011 年，第 134 页。

三、媒体内部的把关控制

大众传播者作为媒介组织中的一员，他们在信息把关过程中会受到媒介组织目标、分工、权力结构、规则、惯例、无形政策等的影响，这些内部控制包括无形的环境压力和熏陶，也包括明确制定的规则。即使在号称“新闻自由”的西方，这种控制也是无处不在的。

1. 职业规范和新闻政策

沃伦·布雷德（Warren Breed）于1955年发表的论文《新闻编辑部的社会控制》论述了新闻从业者会受到职业规范和新闻政策的影响。职业规范有两种类型：技术规范和伦理规范。技术规范处理高效的新闻收集、写作和编辑操作；伦理规范即新闻记者的专业精神，对读者及其产品的义务，包括责任、公正、准确、公平和客观等专业标准。①

布雷德认为新闻政策是新闻编辑部规范的重要组成部分，它是指在社论或新闻中就选定的问题和事件所表现出的或多或少一致的方向“倾斜”。不管是否承认，每一家报纸都有一个政策，这种政策是媒介机构高管制定的，其员工要按政策执行，否则将会受到惩罚。当然，新闻政策的贯彻执行是隐蔽的，它也是刚进入新闻机构的员工通过耳濡目染逐渐社会化的过程，他们通过日常观察、老员工的示范、领导的训斥、小道消息、编辑会议、内部刊物等发现其规范并内化为自己的认知，指导新闻实践。

新闻工作人员遵守新闻政策的原因主要有：①机构权威和制裁。制裁体现在日常新闻工作中就是记者所写的新闻被大量压缩或完全删除；在行政上体现在上级主管部门和领导有权要求员工服从，对员工解雇或降职，阻止越轨行为。②对上级的责任感和尊重感。对上级或老员工的个人情感推动了从众行为。③流动的愿望。员工希望能够在升职、跳槽时得到好的评价，而违背政策是实现这一目标的一个严重障碍。④缺乏抵触的群体忠诚。遵守新闻政策等于忠诚于这个新闻职业群体。⑤工作的愉快性质。新闻工作需要大家互相合作获取新闻，体现出新闻编辑室里的集体性，高层管理人员也会和记者、编辑一起讨论，气氛比较友好、融洽。新闻工作者也很喜欢他们的工作，他们能够有丰富多彩的经历，目睹重大和有趣的事件，因而为自己的工作感到自豪。⑥新闻成为价值。新闻从业者把他们的工作定义为每24小时生产一定数量的“新闻”，即使没发生什么事，他们也必须制作出新闻产品。获取新闻成为其主要的任务，所以这种以新闻为核心价值观的结果就是在政策冲突的时候，他们对客观性的强烈兴趣被搁置一边。另外，员工和高管之间的冲突因为要及时报道新闻这个压力而消失，新闻编辑室的团结度因此得到加强。新闻从业者学习和遵循政策“具体化为社会控制的过程”②。

当然，在一定的条件下，政策合规的控制是可以绕过的，记者们会用各种方法避开与个人观点大相径庭的政策。一些记者会根据个人信仰、职业规范以及新闻的类型等在一些模糊地带做出违反政策的举动，特别是经验丰富的老记者有时会利用新闻政策的缺陷，按照行业规范进行操作，这是一个自我控制的过程。但不管怎样，他们都要按照一定的规则

---

① Warren Breed, Social Control in the Newsroom: A Functional Analysis, *Social Forces*, 1955, Vol. 33, pp. 326 – 335.

② Warren Breed, Social Control in the Newsroom: A Functional Analysis, *Social Forces*, 1955, Vol. 33, pp. 326 – 335.

进行新闻传播。西方媒体工作者的自我控制强调坚持新闻专业主义，而且认为其具有独立性或半独立性，而实际上很多理念只是一种理想，所谓的新闻专业主义不可避免地服从于传媒企业和国家利益。虽然中国有些业界人士比较推崇新闻专业主义，但是经过调查和研究发现，中国新闻工作者对西方新闻专业主义只是碎片化的选择性认同，而且“专业主义话语被局限在新闻业务领域，而不被允许作为整合专业社区的意识形态和确立独立专业人格的社会控制模式而发生作用”①。

2. 组织目标

媒介机构既然是一个组织，就有自己的组织目标。作为一个公共机构，它在政治上的目标就是促进社会的民主，维护公共利益，获得自身的合法性，并且通过经济运营获得利益以维持生存。为了实现这些目标，媒介组织要求其员工为了组织目标而报道新闻和策划活动。盖伊·塔奇曼（Gaye Tuchman）认为，新闻是由以组织方式而进行工作的专业人员来采制和传播的，所以，新闻必然是新闻工作者通过机构程序并遵循机构规范而生产的产品。新闻从根本上来说具有一种机构的属性，新闻工作者是以组织方式进行工作的专业人员。对于社会学家来说，一般认为专业人员的兴趣和组织的兴趣是相互对立的。但是塔奇曼认为新闻专业主义的形成与现代新闻组织密不可分，而专业规范服从的是组织的需要，两者之间尽管偶尔也有竞争，但最终统一于使现状合法化的目标，其结果是两者携手协作，共同维护现存的社会秩序。②

布雷德之后出现了一系列对新闻编辑室的调查，最初主要是从社会学的组织理论视角进行研究，认为组织规范的系统网络控制和命令有组织的群体活动参与者的行为，更强调组织对新闻选择施加的限制，表明记者并不像他们经常声称的那样只是举着一面镜子反映现实，而是通过文化和组织结构折射出事件和思想。新闻机构在生产一种标准化的产品，以满足组织的合理需求。一些研究发现新闻机构的主要产品不是它们制作的新闻，而是它们为广告商制作的“眼球”，以满足它们的利润需求。因此，新闻组织的运作不是为民主知识服务，而是为利益和效率服务。后来兴起的社会建构主义理论认为新闻是建构的事实，强调新闻从业者受到媒介组织的整体目标影响，如塔奇曼、马克·费什曼（Mark Fishman）和爱德华·爱泼斯坦（Edward J. Epstein）等。塔奇曼研究新闻是通过哪些环节实现社会建构的，她的分析单元不再是个体“把关人”，而是把新闻组织作为一个复杂的机构来进行考察。新闻只关注那些被认知的事件，因为“社会态度和职业规范对新闻工作者产生社会化的影响，所以新闻工作者必然会采访、选择并传播那些被认为是具有趣味性和重要性的事件”③。

3. 新闻选择的惯例化

在媒介机构内部和同行业者之间，存在着大量的实践操作惯例，这些惯例没有成文的规定，但是新闻工作者通过潜移默化的影响将其视为一种无形的规则来遵守。惯例帮助记者迅速地将未知事件归类，用统一的格式将其重构，完成流水线上的任务。媒体内部为了

---

① 芮必峰：《描述乎？规范乎？——新闻专业主义之于我国新闻传播实践》，《新闻与传播研究》2010 年第 1 期。
② ［美］盖伊·塔奇曼著，麻争旗等译：《做新闻》，北京：华夏出版社，2008 年，第 33 页。
③ ［美］盖伊·塔奇曼著，麻争旗等译：《做新闻》，北京：华夏出版社，2008 年，第 173 页。

提高效率，形成了许多惯例，如记者划分不同的线口，各自负责一定的领域；权威信息有固定的新闻来源，记者要定期与这些来源保持联系；不同体例的写作有不同的格式，形成新闻八股文等。

媒体中的惯例来自三个方面：受众、媒介组织和消息来源。工作中形成的新闻价值观，写作的故事化、形象化等惯例就是为了照顾受众的接受习惯而形成的惯例，当然，有的只是媒体工作者自己想象的受众需要。报道的时间和空间限制来源于媒介组织，新闻组织规定了具体的截稿时间并创造了工作节奏，使得记者、编辑为适应这种组织惯例有一套应对的措施。对消息来源的依赖也会形成惯例，因为突发事件并不总能填满版面和时间，所以记者需要用大量的常规报道来补充。这些常规报道消息来源主要包括通讯社发来的新闻和可预期新闻（新闻发布会、演讲、典礼等事先知道的活动），一般来自政府机构、公关公司、企业、专家学者。这些消息来源容易接近，可以长期提供信息，并且具有一定的权威性，久而久之就形成了一套固定的程序，限制了媒体的视野。如我们经常可以在媒体上看到一些熟悉的专家，媒体只要遇到他们所在领域的新闻，就会采访他们，他们就成为该领域的代言人。

新闻类型化就是一种常见的惯例，一般会将新闻分为五类——硬新闻、软新闻、突发性新闻、发展性新闻和连续性新闻，每种类型都有一套同行普遍认可的处理方式。类型化本身已成为惯例，而这可以从它们几乎定型化的言语和非言语表达方式上看得出来。

赫伯特·甘斯（Herbert J. Gans）认为新闻从业者在对新闻进行选择时会形成一套惯例，以便将其置于可操控的范围之内。很多理论为新闻故事选择的惯例化提供了解释。第一种理论以新闻从业者为中心，认为新闻是由新闻从业者的专业判断所形塑的。第二种理论认为惯例化的根基存在于新闻机构内部，新闻故事的选择受到组织需求的影响。第三种理论（如镜像理论）则以事件为中心，认为事件决定了新闻故事的选择，记者仅仅是将其用镜子反射给受众，但该理论于20世纪60年代走向衰微。第四种理论借助新闻机构之外的力量来解释新闻故事的选择，如技术决定论者认为讯息由媒介技术决定，经济决定论者认为国家经济形态形塑了新闻故事的选择，意识形态决定论者认为新闻总是与掌权者的政治意识形态站在同一立场上，文化理论学者认为新闻从业者倾向于选择那些与国家文化价值观一致的新闻故事，受众中心论者将重心放在受众身上，还有观点认为对新闻最重要的影响来自新闻记者所依赖的消息来源或者社会中有权势的团体等。这些理论在某些方面都有一定的道理，说明新闻从业者绝不是完全自由的行动者，他们工作于特定的新闻机构之内。在新闻故事选择方面，这些机构只能够赋予他们非常有限的自由空间，而这种自由空间又会因他们对于行业共享的价值观的忠诚而进一步减缩。

甘斯将新闻看作从消息来源传递到受众的信息。新闻故事的选择是一个持续进行的过程，这一过程就像流水线，但它是环形的、复杂的。在传递过程中，新闻从业者受到各种因素的影响，但受消息来源的影响最显著。新闻故事的选择由两个过程构成：一个决定新闻的可用性，并将新闻从业者与消息来源联系起来；另一个决定新闻的适用性，并建立起新闻从业者与受众之间的关联。可用性与适用性成为对消息来源考量的主要惯例，是新闻业不成文的规则。新闻机构的职员可以被非正式地划分开来，其中一边是从消息来源的视角判断一则新闻故事取舍的新闻工作者（主要是记者），另一边的高级制片人、编辑等则从受众的视角来审视之。信源利益与受众利益之间的拉锯战主要在新闻故事的选择过程中上演，“一则新闻故事最后的形貌通常都是妥协的产物，但它常常是更为靠近受众的兴趣，因为高级制片人和编辑拥有更多的权力。而受众取向的新闻工作者通常都处于新闻机构等级制度的顶端”①。

新闻选择与生产的过程可以被比作一个漏斗，因为最开始被置于流水线上的是大量的新闻故事，但最后只有一小部分得以保留下来。但这个漏斗又像是一个手风琴，因为直到最后一刻，都还有新的故事添加进来。②

四、从个人到社会的把关

20 世纪 90 年代，帕梅拉·休梅克（Pamela J. Shoemaker）和史蒂芬·里斯（Stephen D. Reese）在《中介信息》中提出了著名的“把关五层次”，即影响传媒内容的因素依次是新闻工作者个人素质、新闻工作惯例、媒介组织、媒介外部力量（媒介外的其他社会机构及因素）和意识形态五个层面（见图7－2）。在这个金字塔中，个人层面的重要性最低，而意识形态的重要性最高。

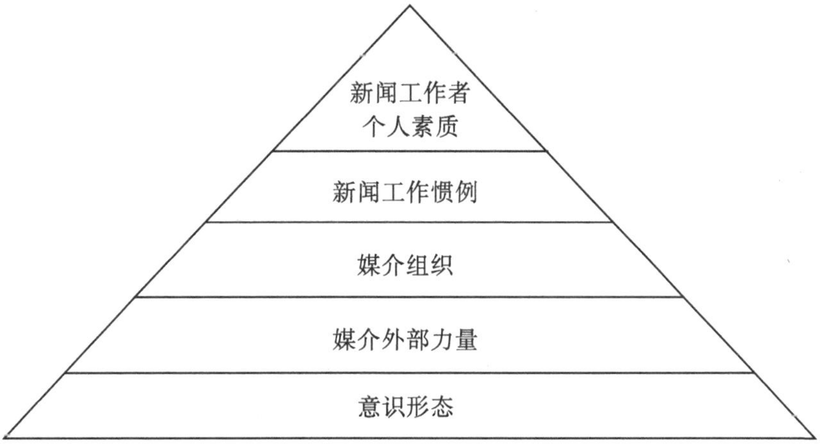

图 7－2　休梅克和里斯的把关控制层次③

传播者的个人素质中职业角色和职业道德比他们的个人态度、价值观和信仰对内容的影响更大。在大众传媒组织中，个人意志的发挥比大多数传播者所能行使的权力更大。尽管会受到各种限制，但即使是没有所有权或管理职位的传播者有时也会影响内容的方向。

新闻工作的惯例对符号内容的生产有着重要的影响，它们形成了单个媒体工作者开展工作的直接环境。受众的时间和注意力有限、媒体组织的资源有限、信息来源限制和对所

---

① ［美］赫伯特·甘斯著，石琳、李红涛译：《什么在决定新闻》，北京：北京大学出版社，2009 年，第 110 页。

② ［美］赫伯特·甘斯著，石琳、李红涛译：《什么在决定新闻》，北京：北京大学出版社，2009 年，第 136 页。

③ 根据 Pamela. J. Shoemaker & Stephen D. Reese, *Mediating the Message: Theories of Influences on Mass Media Content* (2nd ed.), New York: Longman Publishers USA, 1996, p. 64.

提供材料的框定等，这些惯例一方面使外部权力中心可以掌握影响内容的杠杆，另一方面使媒体工作者被这些惯例所束缚。

媒介组织所扮演的角色、结构方式、策略以及实施策略的方法等对媒体内容有着至关重要的影响。大多数媒介组织追求的首要目标是经济利益，经济压力在决定新闻决策方面发挥着更大的作用。

内容会受到媒介之外各种各样因素的影响，包括消息来源、利益集团、受众、广告商、政府、市场规模等，他们都会站在自己的立场上对媒介内容进行干预。

意识形态是相对正式和明确的意义、价值观和信仰体系。意识形态的基础是价值信仰，这些价值观通过媒体加以阐述和重申。意识形态与文化有着密切的关系，媒介对意识形态的传播是通过能使受众产生共鸣的熟悉的文化主题进行的，这些主题被有选择地安排和建构成一个连贯的结构。在资本主义社会，主导意识形态通过精英在媒体内建立起一套新闻范式。这种新闻范式必须符合霸权主义的要求，接受由精英资源建立和解释的游戏边界、价值观和意识形态规则。

2000 年休梅克到中国访问，在座谈中将这五个层面分为新闻工作者个人素质、新闻工作惯例、新闻机构、社会机构、社会制度，① 将图 7－2 中的意识形态修改为社会制度。因此，关于大众传播者特别是新闻工作者对信息传播的把关控制，经历了从 20 世纪 50 年代个体的“把关人”研究到 70 年代的新闻编辑室把关研究，再到 80—90 年代逐渐扩展到媒介组织之外的社会制度、文化和意识形态。

第二节　大众传播的社会控制

大众传播在具体的社会环境中发生，从传播主体来说，必然会受到所在国家政治、经济、受众、文化等各方面因素的影响，从而制约其传播活动。大众传播媒介又是社会的公共机构，对社会的影响巨大而深远，承担着一定的社会责任，因而不可避免地受到社会各方面的控制。

一、大众传播的政治控制

每个国家都或多或少会对大众传播进行控制，“每个国家都允诺本国人民享有表达思想的自由，然而各国都管控自己的媒体，只是程度不同而已，正如它管控一切社会机构一样”②。即使在号称“新闻自由”的美国，政府也以各种手段对大众传媒进行控制。美国一位曾长期驻白宫的记者海伦·托马斯在《民主的看门狗?》一书中认为，从合众国建立

① 陈力丹：《美国传播学者休梅克女士谈影响传播内容的诸因素》，《国际新闻界》2000 年第 5 期。

② ［美］威尔伯·施拉姆、威廉·波特著，何道宽译：《传播学概论》（第 2 版），北京：中国人民大学出版社，2010 年，第 166 页。

之初美国总统就开始进行新闻管制了，“每届政府都会就当时的环境、时间等因素设法以不同的、独特方式去管制新闻，现代的政府还利用了各种技术手段”①。到后来发展成为新闻操纵的一种艺术，导致所有信息的发布都要通过一个被掌控的环境。特别是“9·11”恐怖袭击事件以来，美国政府以国家安全为由对媒体施加了越来越多的压力乃至威胁，让媒体与政府保持一致口径。托马斯总结了美国总统控制新闻的五种手段：其一，也是最简单的方式，是阻止记者获得信息或者进入现场；其二，总统及其幕僚有可能不停地骚扰记者，迫使记者最终按照他们要求的方式、笔触进行事件报道，让见报的文字达到最高行政长官（即总统）能接受的标准；其三，总统的手下经常会跟媒体说一些圆场谎，以求达到控制新闻的目的，他们的惯用手法是只透露实情的一部分；其四，总统和他的班底会为白宫和他们制定的政策创造一些有利的宣传条件，以此来控制新闻；其五，白宫会选择时机和传播方式来进行新闻控制，包括用发布新闻稿、每日要闻以及总统的新闻发布会等手段。② 由于政府控制了重要的新闻源，又代表社会管理国家，所以其控制非常有效。一般来说政府都设有专门的大众传媒管理部门，如英国监管机构通信办公室（OFCOM）下设的部门内容委员会对传媒内容进行监管；美国政府委托联邦通信委员会（FCC）对传媒的所有权、内容等方面进行常规管理，美国白宫新闻局和总统新闻办公室负责管制意识形态和政府的新闻生产；中国大众传播管理机构主要是国家广播电视总局、国家新闻出版署(国家版权局)、国家电影局、国家互联网信息办公室，分别负责广播电视、新闻出版、电影和网络等大众传媒的管理。政府对大众传媒的控制主要包括：

1. 规定传媒组织的所有制形式

所有制是指人们对物质资料的占有形式，属于生产关系范畴，它决定了大众传媒的根本属性。媒介所有制的形式基本上分为公有制、私有制、公私合营三种，也有根据公、私所占的份额和形式进行更详细的区分。政府从制度上规定了大众传媒的所有制形式，不同国家所推行的传媒所有制形式不同。对于控制比较严格的广播电视等电波媒介来说，西方国家都有官方的媒体，如美国之音（VOA）、英国广播公司（BBC），欧洲大部分国家实行公私双规、公私合营等形式；社会主义国家新闻传媒实行公有制。

2. 对传播媒介的活动进行法律控制和行政管理

政府对大众传媒控制的主要手段是行政管埋和法律控制。行政管理手段主要是通过传媒政策对大众传媒的组织设立和管理、内容的质量、设施和资料等进行限定。传播政策包括媒体政策和电信政策。媒体政策“主要聚焦于报纸、广播、有线电视以及其他一些相类似的普遍性公众传输方式，所关注的主要是自由、多样性、内容质量以及公众的可问责性”；而电信政策“更关注基础设施和结构、市场条件以及垄断的管制等”。③ 政府通过行政措施对传播者施加直接与间接的压力，如对传媒的创办进行审批、登记、监督检查；对记者采访行为进行限定；分配稀有的传播资源；指派领导人员；对违规行为人和媒体进行处罚；确定新闻教育方向，等等。

---

① ［美］海伦·托马斯著，夏蓓、蒂娜·舒译：《民主的看门狗?》，广州：南方日报出版社，2009 年，第 51 页。

② ［美］海伦·托马斯著，夏蓓、蒂娜·舒译：《民主的看门狗?》，广州：南方日报出版社，2009 年，第51－52页。

③ ［荷］简·冯·库伦伯格、丹尼斯·麦奎尔著，沈荟译：《媒体政策范式的转型：论一个新的传播政策范式》，见金冠军、郑涵等主编：《国际传媒政策新视野》，上海：上海三联书店，2005 年，第 18 页。

通过立法进行传播控制是各国政府广泛采用的手段，它一方面可以使控制显得名正言顺，另一方面可使国家机器行之有效地监视、管理、约束传播。这些法律包括专门涉及传播的法律，如通信法、著作权法、广告法、新闻法、广播电视法等；其他法律中与传播有关的条文，如民法中涉及名誉权、隐私权的法律；对公民和组织言论、出版自由进行规定的宪法；对传媒经营活动进行规范的法律，如反垄断法、反不当竞争法、消费者保护法等。

3. 对传播内容进行限制或禁止

由于大众传播对社会政治、文化影响较大，不论任何制度的国家都对其内容进行严格的限制。美国是世界上对电视节目内容最早进行管制的国家，美国学者弗莱德瑞克（H. H. Frederick）曾经归纳了美国各种法律和政令中严格限制或禁止传播的7种内容：名誉诽谤、侵犯隐私、淫秽色情、国家和国防机密、虚假广告、世界共产主义宣传、外国人在美国的政治宣传。① 这说明美国的限制或禁止内容同样具有鲜明的意识形态性。2003年伊拉克战争中，美国国防部制定了“随军采访规则”，对记者规定了14项允许报道的内容和28项禁止报道的内容。②

一般来说，下列内容是各国政府都禁止传播的内容：与国家制度或意识形态相抵触，反政府反社会；涉及国家安全及国防机密；名誉侵权和隐私侵权；淫秽和非法出版物；宣传种族主义或暴乱；对公众利益和社会道德有害的其他内容。中国2016年第四次修订的《出版管理条例》第二十五条规定，任何出版物不得含有下列内容：

（1）反对宪法确定的基本原则的；
（2）危害国家统一、主权和领土完整的；
（3）泄露国家秘密、危害国家安全或者损害国家荣誉和利益的；
（4）煽动民族仇恨、民族歧视，破坏民族团结，或者侵害民族风俗、习惯的；
（5）宣扬邪教、迷信的；
（6）扰乱社会秩序，破坏社会稳定的；
（7）宣扬淫秽、赌博、暴力或者教唆犯罪的；
（8）侮辱或者诽谤他人，侵害他人合法权益的；
（9）危害社会公德或者民族优秀文化传统的；
（10）有法律、行政法规和国家规定禁止的其他内容的。

4. 对传播事业的发展制定总体规划或实行国家援助

由于大众传播承担着国家宣传的主要任务，各国政府都将其纳入国家发展规划之中，或者由政府从总体上制定有利于媒体发展的总体规划。美国政府从20世纪90年代开始执行的“信息高速公路计划”，将国家经济发展与信息网络的发展联系起来，推动了国家信息基础设施的完善、通信技术的快速发展和信息网络的形成，培育了一大批极具国际竞争

---

① H. H. Frederick, *Global Communication and International Relations*, Belmont, CA: Wadsworth Publishing Company, 1993, p. 17.

② 褚建勋：《中外传播政策》（第2版），北京：科学出版社，2009年，第22页。

力的世界级企业，如苹果、谷歌、微软、亚马逊等，这些企业主导着当今计算机、通信和网络领域的发展潮流。2000年，美国政府颁布了《信息系统保护国家计划》，对信息基础设施和内容安全进行系统保护提出了目标和主要办法。中国政府实行的“三通”“村村通”“农村信息直通车”等系统工程，实现了信息网络基础设施在全国的初步普及。中国新闻出版管理部门根据国家发展计划进行每阶段的新闻出版广播影视五年规划，制定发展目标、主要任务和保障措施，成为不同时期国家对大众传媒发展的指导性纲领。各国政府还制定一些优惠政策支持大众传媒的发展，如降低印刷品邮费、对某些媒介进行一定时期的免税，当媒介发展遇到困难时实行政府津贴等。

二、大众传播的经济控制

在市场经济条件下，大众传媒更多地受到经济因素的制约。为了牟利和生存，它们不得不屈从于利益团体和经济势力的压力。施拉姆认为：“对美国大众媒介而言，经济控制远比政府控制更为有力。”① 电视台经常取消收视率低的节目，但这是为了广告上的利益，而不是为了公众的利益。报纸展开发行战，通常把特写和娱乐性材料作为武器，而不是用严肃的新闻或分析做武器，这也是为了夺取市场，取得广告收入，而不是用有识之见为公众服务。随着西方垄断资本主义的发展，特别是在工业资本、金融资本和媒介资本密切融合的今天，传播媒介的所有权、控制权主要掌握在垄断资本手中，它们控制媒介的方式主要有：

（1）以强大的资本作后盾成立超大型媒介联合企业，对大众传播事业的主要部分实行垄断。美国学者本·巴格迪坎（Ben Bagdikian）的著作《传播媒介的垄断》描述了美国大众传播媒介控制权加速集中的过程。到20世纪80年代初，大多数美国的传播媒介，包括报纸、杂志、无线电广播、电视、图书和电影，都被50家公司所控制，这50家公司依次与其他大型的工业企业和一些跨国银行结成了连锁关系，这些媒介公司也参与其他行业的投资。越来越多的新闻业与其他产业同属一家母公司，这对于公众想要选择公正客观的信息需求来说，并不是好事。因为谁控制了传媒的所有权，谁就控制了传播的内容。一些公司的业主直接干涉以控制传播媒介公司的产品，有时这种干涉是蛮横的。“大多数业主并不直接插手，但是他们都对那些控制新闻和其他公众信息的人拥有雇佣和解雇的权力。”② 而编辑和节目制作者为了生存，无须等待上司的直接命令便可以做出正好符合业主意图的决策。

（2）通过他们控制的议会党团或院外活动对公营传播媒介的活动进行干预。院外活动是指在西方国会走廊和休息室进行的游说活动，通常是一些利益集团或国外势力运用各种手段游说议员，以左右国会立法，影响政府决策。

（3）通过提供广告或赞助来间接地控制和影响其他中小媒介的活动。③ 西方媒体由于

---

① ［美］威尔伯·施拉姆、威廉·波特著，何道宽译：《传播学概论》（第2版），北京：中国人民大学出版社，2010年，第174页。

② ［美］本·巴格迪坎著，林珊等译：《传播媒介的垄断》，北京：新华出版社，1986年，第6页。

③ 郭庆光：《传播学教程》（第2版），北京：中国人民大学出版社，2011年，第137页。

受控或受制于这些大的财团、广告主或赞助商，不得不与其保持基本立场的一致，对他们的腐败行为避而不谈。如美国媒体对2001年席卷全美的民众反对政治经济制度的“占领华尔街”运动要么视而不见，要么轻描淡写，深刻体现了其为资本服务的本质和功能。

三、受众的社会监督和控制

传播最终要面向受众，接受受众的检验。受众并不是消极被动的，而是通过各种方式对媒介活动进行监督。西方一些观点认为公众可以通过三种途径控制媒介，并得到他们想要的东西，这三种途径是：受众评级、发行数字以及由此而来的广告支持。[①] 一般来说，受众对传播内容的影响主要通过以下途径：

（1）直接的个人信息反馈。传统的方式是通过来信、来电、来访等直接表达自己的意见、建议和批评，网络时代可以直接在网络文字报道、视频后面跟帖发表自己对该新闻、节目等的看法，许多娱乐性视频节目还可以通过弹幕实时发表意见。

（2）通过影响媒介的销售市场来制约媒介活动。受众通过是否订阅某份报刊，是否收听、收看某个节目等手段，间接显示自己的态度和看法。受众市场的规模决定媒体的发行量、收视率和收听率，而这些发行量、收视率和收听率直接影响到媒体的经济收益，也影响到媒体的生存。

（3）向管理部门投诉。受众不满意大众传媒刊登、播放的内容，可以向有关管理部门进行投诉，如国家广电总局对受众投诉较多的电视节目要求整改，甚至停播。美国联邦通信委员会对公众投诉的低俗节目进行调查、处罚，单次最高罚款金额高达50万美元。[②]

（4）组成团体或举行集体活动对媒介施加影响。日本的受众不但组成“大众传播市民会议”，而且还有自己的月刊《传媒市民》，[③] 具有较大的影响。公众对一些媒介活动或内容不满，会聚集起来举行抗议活动，表达集体的诉求，并在社会产生较大的影响，使得媒介问题引起社会各界重视，从而使诉求得到解决。美国的全国家长教师协会具有悠久的历史，经常对电视中的色情、暴力内容向有关机构抗议，施加压力，迫使其减少此类内容。

（5）诉诸法律。受众可以依据法律对媒介违反受众权利的行为以及低俗、有违社会公德的内容提起诉讼。随着我国公民法律意识的增强，有的人对于一些侵犯自己的名誉权、人格权的新闻报道诉诸法律，如在20世纪80年代末兴起一股“告记者热”，使得新闻记者的报道和用词更加慎重。

四、社会文化环境的控制

传播者都生活在一定的社会文化环境中，不同的教育和生活环境塑造了不同的思维方

---

① ［美］威尔伯·施拉姆、威廉·波特著，何道宽译：《传播学概论》（第2版），北京：中国人民大学出版社，2010年，第174页。

② 王一：《对低俗节目，美国怎么管》，《解放日报》，2016年4月25日第10版。

③ 郭庆光：《传播学教程》（第2版），北京：中国人民大学出版社，2011年，第138页。

式，体现在新闻报道和选择中的标准也不一样。同时，不同国家和地区大众传播的内容要适应当地的风俗习惯和信仰，否则就会导致整个文化群体的反对，因此文化控制是一种总体上的环境控制。

在影响媒体把关的诸多因素中，哪个因素对新闻从业者的行为影响最大？德国学者苏珊娜·芬格勒等对欧洲和阿拉伯地区 14 个国家的新闻从业者进行线上调查，结论是因新闻文化的差异，媒体人对媒体责任和自律的态度明显不同。就媒体编辑方针的影响而言，在新闻专业主义传统相对较弱的新闻文化中，媒体公司准则对新闻从业者的影响力更大；媒体组织与权力精英联系紧密，他们会努力加强政权利益，从而影响问责措施。而在芬兰、英国和德国等具有悠久新闻专业主义历史的国家，新闻从业人员受公司编辑方针的影响很小。总体来说，不到 1/3 的新闻从业者认为报业和媒体委员会对新闻活动具有较高或很高的影响力。公司的编辑方针和专业伦理准则，以及新闻专业教育等，具有很高的接受度和支持率。至少 1/5 的调查对象认为新闻学术分析和媒体组织对新闻报道是有一定影响的，而受众协会、非政府组织，还有各种基金会几乎不会起什么作用。① 德弗勒等人认为：“那种认为媒介是独立的力量，能够随意影响和改造社会的老看法，过于简单并已过时。媒介是由社会事件的总体形成的，它们深受冲突的辩证过程影响，……换句话说，社会有多种渗透方式来对媒介造成深远影响。”②

第三节　西方经典的媒介规范理论

传播者对信息的流通实行控制，而他们又是社会大系统中的一个子系统，受到所在社会的基本制度对他们的控制，他们本身也是社会控制手段之一。施拉姆等人认为：“在一定程度上，一切体制都必然要对媒介进行调控和管制。”③ 但是除了基本的控制外，不同体制对待传播的方式各不相同。1956 年美国出版的《传媒的四种理论》大体确定了世界上四种主要的传媒类型，也是四种新闻观念及四种传播控制体制：威权主义理论、自由至上主义理论、社会责任理论、苏联的共产主义理论。

一、传媒的威权主义理论

从历史和地理上来说，威权主义最具有普遍性，因为在新闻事业最初的发展阶段，几乎世界上所有国家都经历过威权主义的体制控制时期。这一理论并不仅仅适用于报刊刚出

---

① ［德］苏姗娜·芬格勒等著，庞慧敏译：《新闻从业者、新闻伦理和媒体问责》，《山西大学学报》（哲学社会科学版）2014 年第 4 期。

② ［美］梅尔文·德弗勒、桑德拉·鲍尔－洛基奇著，杜力平译：《大众传播学诸论》，北京：新华出版社，1990 年，第137 页。

③ ［美］威尔伯·施拉姆、威廉·波特著，何道宽译：《传播学概论》（第 2 版），北京：中国人民大学出版社，2010 年，第 170 页。

现的16、17世纪封建社会时期，许多现代国家如“二战”时的法西斯国家也采用它作为报刊控制制度的理论基础。

威权主义理论源于从柏拉图到马基雅维利的君主专制主义政治思想，其基本假设是团体比个人重要，而集体组织的最高形式是国家，国家是人类充分发展的基本要素。威权主义理论要求智力活动即精神上的统一，因为只有通过这种统一，国家才能顺利地为公众的利益服务。在威权主义国家，首要的问题就是规定传播工具的所有权。不同时代的威权主义政府执行的制度是不一样的，威权主义国家的媒体既有官方的也有私营的，最主要的问题是如何有效地限制和控制私营媒体。威权主义国家控制私营媒体的方法主要有：

（1）授予经过筛选的个人以经营特许权或专利权。对于那些拥护政府政策的私营业主授以印刷出版各种书籍的特许权，或者授予个别人以专利权，“他们出于对新闻报道垄断权的报答，完全同意只刊登那些有利于国家政策的消息”①。

（2）实行新闻审查制度，所有即将付印和广泛发行的材料必须首先取得官方许可或批准。这种新闻审查制度也称出版许可，是管制方法中最流行的一种。

（3）法院对于违反公认或现行法律的行为提起诉讼。这种方法出现得比较晚，它表现了一种进步，允许被控诉的人利用法律保护自己。对于散布不利于政府的消息或意见的人，主要适用的法律是叛乱罪和煽动罪。由于特定的统治者或君主代表着国家，威胁、批评君主或执政者就是威胁国家，会被判处叛乱罪。而煽动罪包括各种方式的公开批评和指责，凡是当局不喜欢的事情，都可以当作煽动罪起诉。

（4）收购私营报刊或给予它们官方资助（津贴）进行间接的控制。现代的独裁者也一直在使用这些办法，因为它们可以减少公众的批评，同时又能有效地维持政权。

（5）制定一种特别税收制度来限制印刷品的发行和利润。这是在18、19世纪盛行的间接控制报刊的方法，如征收广告税、发行税、知识税等。

在内容方面，威权主义至高的原则是不能怀疑国家即君主的权威性，不能容许有企图推翻政权的内容，但是它并不要求有一整套的遵循原则，也允许一定程度上对国家机器的批评。威权主义对待公众的态度是愚民，认为一般民众不懂政治问题，因此禁止报刊发动民众讨论政治或公开政治内幕。对威权主义者而言，讨论仅仅局限于精英阶层，因为他们本来就是统治阶层的一部分。

现代威权主义往往加上自由主义作点缀，又常常把新兴的媒介特别是广播、电视国有化或社会化。电影和书籍、杂志、报纸一样，不应当妨害国家目的的实现。

二、传媒的自由至上主义理论

自由至上主义是18、19世纪以来大部分西方资本主义国家遵循的原则。由于国家的不同，各国社会实践有显著的不同，但是它们的共同之处是具有相同的理论假设，即人是有理性的动物，个人的幸福与快乐才是社会的目标，个人、社会和国家的最终目标就是个

---

① ［美］弗雷德里克·S. 西伯特等著，戴鑫译：《传媒的四种理论》，北京：中国人民大学出版社，2008年，第12页。

人的自我实现，国家的存在是为了提供给个人一个能够发挥自身潜能的环境。在认识论方面，人能够通过自己的努力认识周围的世界，“虽然通往真理的道路上会存在争论和分歧，但是对于有理性的人们来说，道路尽头的真理却是可以确定、可以证实并且可以接受的”①。

在言论、出版自由方面，对自由至上主义做出杰出贡献的是17世纪英国的约翰·弥尔顿（John Milton）、18世纪英国的约翰·厄斯金（John Erskine）和美国的托马斯·杰弗逊（Thomas Jefferson）、19世纪英国的约翰·斯图亚特·米尔（John Stuart Mill）。弥尔顿相信真理是可以证实的，只要让它参加自由而公开的斗争，就会显示出战胜其他意见的独特力量。从这种思想出发形成了现代的“观点的公开市场”以及“自我修正过程”的概念：让一切有话要说的人都能自由表达他们的意见，真实的和正确的会存留下来，虚假的和错误的会被抑制。尽管虚假的思想可能会取得暂时的胜利，但是真理会吸引更多的支持力量，通过自我修正过程达到最终的胜利。② 厄斯金提出了言论自由和出版自由的自由至上主义原则，即一个人只要出发点是出于自己的理性和良心，即使发表的内容是错误的，也应该让他公布出来。杰弗逊既是哲学家又是政治家，他力求把自己的理想付诸实践，他主张新闻出版自由，认为传媒的功能就是参与教育公众，同时监督政府。米尔认为压制某种意见就等于压制真理，因为错误的意见可能包含我们要达到全部真理所必需的那一小点真理，而且意见如果不经过争执就会失去活力。通过与错误意见的斗争，真理会被理解得更透彻，令人印象更深刻。

自由至上主义反对政府在所有制方面对传播媒介的垄断，认为传媒领域应该对所有人开放，包括本国公民或外国人。自由至上主义鼓励传媒通过市场竞争生存，而不应受政府控制或操纵。私人可以拥有传播媒介，并且在公开市场上进行竞争。私营媒介的成功或失败，要看它是否具有获取利润的能力，也即它是否有能力满足消费者的需求。他们反对政府对媒介的经济支持，认为会形成对媒体的操纵。传媒最主要的目的是通过提供各种证据和意见来协助发现真理、解决政治和社会问题，政府要接受传媒的监督，不应该对媒介内容进行事先检查。无论媒介报道的内容是真是假，政府都无权限制，而是让公众去选择并抛弃那些不符合公众利益的东西，这就是观点的自由市场和自我修正的过程。

但是自由主义制度下政府仍然要对传播媒介实行控制，特别是在出现“明显而即刻的危险”时，有必要对言论自由和新闻自由进行一定的限制。其控制方法主要有：

（1）国家通过各种机构参与到传播过程中。国家控制着邮政体系、电信体系、进出口贸易等，通过这些系统国家可以对传媒施加管制，最主要的是国家可以通过税收制度对传媒加以特别的限制。

（2）通过传统或立法机关对传播媒介进行控制。一些国家是在本国传统习惯的基础上对传播媒介进行限制。在大多数民主国家，主要的控制工具是司法体系，它既维护国家的传媒法律法规，又保障传媒不受某些违反宪法规定的干涉。

（3）非正式的控制方法，即通过自我修正过程以及通过消息、评论和娱乐市场的自由

① ［美］弗雷德里克·S. 西伯特等著，戴鑫译：《传媒的四种理论》，北京：中国人民大学出版社，2008年，第32页。
② ［美］弗雷德里克·S. 西伯特等著，戴鑫译：《传媒的四种理论》，北京：中国人民大学出版社，2008年，第36页。

竞争来代替国家监督。

自由至上主义对内容的一些控制获得普遍的认可。对淫秽、诽谤、煽动暴乱和叛乱以及其他不体面的内容禁止传播，对个人名誉进行保护，但是对公职人员来说，应该受到公众的监督。自由至上主义与其他控制模式不同的是，它认为报刊有权利和责任作为一种司法之外的监督政府的力量，是民主制度的监护者，所以，必须完全不受控制或统治。但是学者们发现，在“二战”时这种绝对的自由主义是不可行的，政府需要控制媒体以满足战争的需要，一些国家制定了检查制度。一些学者和法官探讨一方面要尽可能保证言论更多的自由，另一方面又要允许政府进行一定程度的限制，但是这种限制的程度要尽可能小。进入现代社会，自由主义理论受到越来越多的攻击，其中自由主义的理论依据和基本原则也受到怀疑，批评者认为天赋人权只是一种理想的口号，而保护个人利益可能危害到多数人的福利。市场的自由竞争加剧了垄断，使媒介变成少数拥有者控制的工具，多数读者或观众失去了接近和选择媒介的自由。自由至上主义最大的缺点就是对大众传播平日的工作未能提供严格的标准，即缺乏一个区分自由和滥用自由的固定准则，所以“它是模糊的、不确定的，有时还是前后矛盾的”①。

三、传媒的社会责任理论

由于自由至上主义没有要求出版者负有的道德责任，也没有对公众的权利进行保障，加上传媒自由竞争导致的各种问题引发广泛的批评，所以到了20世纪，自由至上主义逐渐被抛弃，代之以社会责任理论。社会责任理论的基础是1947年美国新闻自由委员会的研究报告《一个自由而负责的新闻界》和美国哲学家威廉·E. 霍金（William E. Hocking）的著作《新闻自由：原则框架》。该理论的来源是传播革命和启蒙运动引发的对人的理性的怀疑，认为人和机构有时不依靠理性去寻求真理，而是满足他们的直接需求和欲望。

自由至上主义的自由是消极的，即“免于……的自由”，而社会责任理论提倡的是积极的自由，即“做……的自由”。社会责任理论认为言论自由是负有义务的道德权利，一个人的言论自由权利必须与他人的个人权利以及主要的社会利益相平衡，每个人都对自己的良心负有义务。传播媒介要为社会利益服务，应将责任和自由联系起来。报刊是公共的传递者，应该成为一个交流、评论和批评的论坛，呈现正反两方面的观点，要坚持准确、客观、公正、新闻与评论分离等传播工作的专业标准或职业精神。

政府不仅要允许自由，而且应该积极促进和保护自由。如果大众传媒不能满足公众的需求，为了保护社会多数人的利益，政府可以对大众传媒采取行动，帮助传媒担负起社会责任。所以政府的作用在于：“维持秩序以及为维护言论自由和新闻自由而对私利与怨恨的种种表现——蓄意破坏、敲诈和腐败——加以基本制裁。”② 政府的管制方法可以有：

（1）通过制定法律来遏制传媒明目张胆地造谣诽谤；

（2）为了公共利益，政府可以自己拥有传播工具，但传媒必须以私人企业为基础；

---

① ［美］弗雷德里克·S. 西伯特等著，戴鑫译：《传媒的四种理论》，北京：中国人民大学出版社，2008年，第60页。

② ［美］新闻自由委员会著，展江等译：《一个自由而负责的新闻界》，北京：中国人民大学出版社，2009年，第4页。

（3）政府只在特别需要和高度危险时，才能进行干预，并且要谨慎从事；

（4）政府不应将目标放在与私人媒体竞争或削弱私人媒体上。[①]

总之，政府的干涉、管束与压制应该自设界限，不能采取过激手段；而传媒业也应该自律，成立一些对犯错的成员进行惩戒的职业团体。公民有被告知的权利，拥有信息的接近权、使用权和基本的知情权，甚至也像媒介编辑和所有者一样，有决定什么意见值得为公众所听取的权利。

社会责任理论将媒介、政府和公众三者的义务和权利结合起来进行考察，有一定的进步意义。但是由于许多规定模糊，缺乏系统、严谨的体系，社会责任理论受到了相当多新闻从业者的反对，认为它主张政府干预损害了新闻自由，甚至攻击撰写该报告的委员会成员。但是，此后一些旨在改进新闻界表现的自律监督团体和社会运动纷纷兴起，社会责任理论日益被更多的人所接受。

四、传媒的苏联共产主义理论

苏联共产主义理论源于马克思、列宁、斯大林以及苏联的社会主义实践。马克思主义认为国家必然消亡，但是在现阶段，社会主义国家在面对资本主义的包围和国内各种反动派时，仍然需要一个强有力的政府，媒体是国家代表人民通过物质通信设备进行掌控的工具，是集体的鼓动者、宣传者和组织者，因此媒体应该为国家所有，受到党的领导和意识形态控制。传媒绝对的自由是不存在的，而是伴随着责任，这种责任就是保护社会主义国家公民的正常生活秩序不受一切干扰。所以，苏联媒体的发展是为了反映苏联官方的意识形态、苏维埃国家和苏联的“理想人格”，[②] 它旗帜鲜明地宣称自己国家的传媒实行阶级控制，是为了实现大多数工人阶级的新闻自由。苏联时期党对传媒统治的方式主要有三种：

（1）由党的各级宣传鼓动部任命编辑，并由中央委员会的宣传鼓动部批准这些任命。首先考虑的是政治上可靠的人，专业、编辑技巧倒是其次。

（2）党通过宣传鼓动部发出大量指示，指明哪些材料可以在媒体上出现以及如何处理这些材料，指示有时非常详细。

（3）党评阅并批评报刊。党的各级组织都有一个委员会，负责抽检和批评同一级报刊，[③] 另外还有读者来信的批评和报刊的自我批评。

由于西方学者对共产主义的固有偏见，《传媒的四种理论》有些论述并不准确，而且当时的苏联正处于战争刚刚结束时期，对传媒的控制比较严。苏联共产主义理论与威权主义最重要的不同在于：第一，苏联传媒实行国家所有；而威权主义制度的国家中大部分报刊是私人所有的，广播电视通常都是国有的；第二，苏联积极地界定大众传媒的职能，允

---

① ［美］弗雷德里克·S. 西伯特等著，戴鑫译：《传媒的四种理论》，北京：中国人民大学出版社，2008 年，第 83 页。

② ［美］弗雷德里克·S. 西伯特等著，戴鑫译：《传媒的四种理论》，北京：中国人民大学出版社，2008 年，第 103 页。

③ ［美］弗雷德里克·S. 西伯特等著，戴鑫译：《传媒的四种理论》，北京：中国人民大学出版社，2008 年，第 119 页。

许传媒批评政权当局，但重点是希望利用媒体进行意识形态的鼓动宣传和群众动员，而威权主义则是消极地限制传媒，特别是不允许传媒批评当局。

五、媒介规范理论的新发展

《传媒的四种理论》从历史和地理上框定了四种基本的媒介规范理论，这四种理论基本上都体现在大众传播实践中。在《传媒的四种理论》之后，20 世纪 70 年代研究媒介规范理论的主要有三类学者：第一类是研究大众传播历史的学者，他们的研究结果一直是高度经验性的和特殊性的，缺乏普遍性的概括；第二类是国际传播研究者，他们主要沿袭了《传媒的四种理论》，善于对媒介规范体制进行分类和概括，如拉尔夫·洛文斯坦（Ralph Lowenstein）的系列研究；第三类的研究者是媒体评论家和社会学家的集合，他们主要关注美国的传播系统，大多是实证性和非理论性的研究，这类研究对通过所有权的经济垄断进行控制的问题特别感兴趣。

1971 年洛文斯坦与约翰·梅里尔（John Merrill）合著的《媒介、讯息和人》建立了一个两级分类方案，以区分新闻所有权和新闻控制理念。第一级，即新闻所有权，包括私人、多党制和政府三类。私人是指个人或公司的所有权，主要由广告或订阅支持；多党制意味着竞争性政党对传媒的所有权，由党的组织或成员提供帮助；政府是指政府或主导方的所有权，由直接补贴或许可费支持。第二级，即新闻哲学，包括威权主义、社会中心主义、自由至上主义和社会自由主义四类。① 这些范畴很像四种理论，只不过将苏联共产主义改为社会中心主义，并且与苏联脱节，去除西方的否定性价值判断，反映了共产主义思想体系中社会优于个人的精神；将社会责任理论改为社会自由主义，并且去除了原来的专业规范性说教。这种划分的重要突破是承认新闻体制的经济基础可能涉及不同于政治或政府控制的层面，但是他们主要关注的是传媒的所有权，理论上也没有大的突破。

大卫·诺德（David Paul Nord）将关于控制理论的概念进行整合，提出一个控制变量的模型（见图 7 - 3），将概念的关键维度指定为连续变量，其假设是：

（1）大众传媒系统受其所属的更大的社会系统所控制；

（2）这种控制是复杂的，它可能在形式、来源和强度上有很大的变化；

（3）两个重要的控制来源是政府和经济体系，这两个层面的控制效果可能或不可能一起变化。②

---

① David Paul Nord, First Steps Toward A Theory of Press Control, *Journalism History*, 1977, Vol. 4, pp. 8 - 13.

② David Paul Nord, First Steps Toward A Theory of Press Control, *Journalism History*, 1977, Vol. 4, pp. 8 - 13.

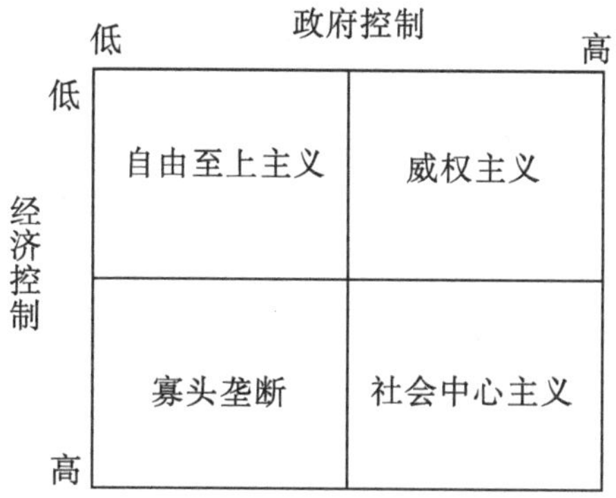

图7－3　诺德关于传播控制的模型

政府控制和经济控制程度都比较低，很像自由主义；政府控制程度高，经济控制程度低，很像威权主义；政府控制低，经济控制高，很像现代媒体寡头垄断体系，其解药是社会责任理论；政府和经济控制都高，很像苏联共产主义理论，或者更恰当地说，是洛文斯坦的社会中心主义体系。该模型关于政府和经济控制的连续变量以及四种描述性理想类型的集合，有助于解释传媒的四种理论的持久性。

从传播的规范理论可以看到，信息流通过程中控制总是同特定的社会制度、历史、文化背景相关联。这些控制虽然不如传播者对传播活动的把关那样直接，却更具决定性意义。

到了20世纪80年代，J. H. 奥斯楚尔（J. Herbert Altschull）在《权力代言人》一书中指出传媒的四种理论分类方法是冷战时期形成的，如今已不再适用。他总结出当时报业的三种模式：市场模式（或资本主义）、共产主义（或社会主义）模式和发展模式，并从信仰、新闻目的、新闻自由观点等方面论述了三者的不同。他提出每一种模式都认为其他的模式是反常的，但完全独立的报纸是不可能存在的，在任何体制中大众传播媒介都是那些掌握经济、政治、社会权力的人群的代言人。他对这三种模式反映出的信仰、目标和新闻自由的观点进行了比较。①

市场经济国家模式的信仰是媒介不受外界干涉、媒介为公众的知情权服务、媒介报道要公正客观。新闻目标是追求真理、对社会负责、不进行政治或文化宣传（或教育）；不偏不倚地服务于大众，支持资本主义教义；实行监督政府的职责。新闻自由的理念是媒介自由意味着记者不受任何外界的控制，自由的媒介不是权力的奴仆也不受权力的操纵，无须国家制定政策保障媒介自由。

共产主义国家模式的信仰是媒介改造或教育人们产生阶级和文化意识，媒介根据目标供给人们需求，媒介有目的地报道其认为的真相。新闻目标是寻找真理，对社会负责、教育公众，组成政治和文化同盟；要求支持正确的教义以服务于公众；塑造观念和行为。新闻自由的理念是媒介自由意味着所有人的意见都可以发表，而并非只有富有的人和权力阶

① 转引自［美］沃纳·赛弗林、小詹姆斯·坦卡德著，郭镇之译：《传播学的起源、研究与应用》，北京：华夏出版社，2000年，第346页。

层的意见；要求自由媒介去反抗合法社会的压迫；要求国家制定政策以保证自由媒介采取正确的形式。

发展中国家模式的信仰是媒介是一个统一的而非分离的力量，媒介是社会有益变革的工具；媒介旨在成为新闻工作者和读者之间双向交流的工具。新闻目标是提供真理、对社会负责，进行政治、文化教育；与政府合作，追求对社会有益目标的改革，以此服务于公众；是维护和平的工具。新闻自由的理念是媒介自由意味着记者良心的自由，国家的生存比媒介的自由更重要，国家需制定政策为媒介自由提供法律保障。

第四节　社会主义中国的媒介规范理论

以上的媒介控制和规范理论的观点主要起源于西方学者，由于立场观念的不同，难免存在对西方媒介体制过于理想化的现象。实际上关于媒体内部控制的研究证明，西方媒体也具有意识形态的性质，所谓的新闻自由不可能在现实中完全实现。美国学者诺姆·乔姆斯基（Noam Chomsky）认为，像《纽约时报》这种以商业为基础的精英媒体，通常都是配合政府的宣传，因此被称为“档案记录报”。他说：“在美国基本不存在文字审查，但是思想控制是一项繁荣的事业，实际上，对于一个建立在精英决策、公众批准或是被动接受这一原则基础上的自由社会来说，它是不可或缺的。”①

任何新闻宣传都是为一定的党派和社会团体服务的，都是他们经济政治利益的集中反映。与资产阶级隐瞒自己的意识形态不同，无产阶级旗帜鲜明地宣传自己的党性和阶级性。

一、新闻媒介所有制形式

中国的新闻媒体初期属于国家公有，是国家所有制下的事业单位。改革开放以后，传媒体制改革经历了从党报（台）体制向“事业单位，企业化管理”的过渡，而后又借力文化体制改革进入“分类管理、转企改制”的阶段。② 为应对市场化的发展和新媒体的挑战，经营管理的部分权力下放到传媒组织，实行企业化管理，自负盈亏。1979 年财政部批准人民日报社等 8 家新闻单位的申请，明确它们是党的宣传事业单位，允许它们开展一定的经营业务，被视为传媒机构“事业单位企业化管理”的开始，这种双轨体制一直延续至今。随着市场化程度的加深，新闻媒体也在部分领域，如广告、经营等方面允许商业资本的进入，2020 年中国第一家整体实行股份制的新闻机构成立，即中国银行保险传媒股份有

---

① ［美］诺姆·乔姆斯基著，叶青译：《海盗与君主：现实世界中的国际恐怖主义》，上海：上海译文出版社，2006 年，第 27 页。

② 殷琦：《1978 年以来中国传媒体制改革观念演进的过程与机制——以“市场化”为中心的考察》，《新闻与传播研究》2017 年第 2 期。

限公司。此外，网络等新媒体存在着大量完全市场化的传媒公司，使得党媒和市场化媒体共存。

但任何体制的传媒组织，在意识形态领域都要服从党的领导。国家主管传媒机构的部门对传媒组织的审批、注册登记、内容监督等进行管理；新闻媒体的主要干部一般由同级党委任免。

二、坚持党性原则

中国共产党管理媒体的指导思想是马克思主义新闻观。马克思主义新闻观是马克思主义关于新闻舆论的一系列思想观点，是马克思主义基本原理在新闻舆论领域的体现，是马克思主义立场、观点、方法在新闻舆论工作中的应用，是新闻舆论工作的理论指南，是新闻工作者的价值导向。① 马克思主义新闻观创立已经有 100 多年，中国共产党将其继承与发展，形成了有中国特色的马克思主义新闻观。

党性原则是马克思主义新闻观的基本原则，中国的新闻媒体是党的宣传事业的重要组成部分，必须服从党的统一领导。新闻媒体既是党的喉舌也是人民的喉舌，中国共产党全心全意为人民服务，代表中国最广大人民的根本利益，党性原则和人民性是一致的，2004 年习近平提出："新闻的党性原则，是发展社会主义新闻事业的根本原则，是我们党代表人民群众根本利益的本质要求。新闻的党性原则，决定了新闻事业是党的事业的有机组成部分，决定了新闻媒体是党和人民的喉舌。"②

坚持党性原则就是坚持正确的政治方向和舆论导向，习近平认为："新闻宣传讲政治，就是要集中反映所处时代经济社会发展的现实需要，就是要坚持党管媒体的原则，坚持正确的政治方向和舆论导向。"③ 早在战争时期，毛泽东就强调要政治家办报；在改革开放时期，国家领导人又多次强调政治家办报，即强调新闻舆论工作者要坚持正确的政治方向、政治立场，有良好的政治素质、较强的政治鉴别力和政治敏锐性，树立高度的政治责任感。

2016 年 2 月 19 日，习近平在党的新闻舆论工作座谈会上发表重要讲话时强调："党和政府主办的媒体是党和政府的宣传阵地，必须姓党。" 要做到这一点，党的新闻舆论媒体的所有工作必须：①都要体现党的意志、反映党的主张，维护党中央权威、维护党的团结，做到爱党、护党、为党；②都要增强看齐意识，在思想上政治上行动上同党中央保持高度一致；③都要坚持党性和人民性相统一，把党的理论和路线方针政策变成人民群众的自觉行动，及时把人民群众创造的经验和面临的实际情况反映出来，丰富人民精神世界，增强人民精神力量。④ 此前学者李良荣、林晖、周正荣已经发表文章论证了"党报姓党"

---

① 《习近平新闻思想讲义（2018 年版）》编写组编著：《习近平新闻思想讲义（2018 年版）》，北京：人民出版社、学习出版社，2018 年，第 61 页。

② 习近平：《干在实处　走在前列》，北京：中共中央党校出版社，2006 年，第 309 页。

③ 习近平：《干在实处　走在前列》，北京：中共中央党校出版社，2006 年，第 312 页。

④ 《习近平在党的新闻舆论工作座谈会上强调　坚持正确方向创新方法手段　提高新闻舆论传播力引导力》，《人民日报》，2016 年 2 月 20 日。

的观点，邓绍根在习近平讲话后从理论根基、历史渊源和现实逻辑论证了“党媒姓党”理论的科学性。①

在新媒体时代仍然要坚持党管媒体，坚持政治家办报、办刊、办台、办新闻网站，各级各类传播渠道都要坚持党的领导。② 互联网是意识形态交锋的最前沿，习近平反复强调：“过不了互联网这一关，就过不了长期执政这一关。”要坚持党管网络、党管新媒体，唱响网上主旋律，巩固壮大主流思想舆论。“在新的时代条件下，党的新闻舆论工作的职责和使命是：高举旗帜、引领导向，围绕中心、服务大局，团结人民、鼓舞士气，成风化人、凝心聚力，澄清谬误、明辨是非，联接中外、沟通世界。”③

三、正面报道与舆论监督相结合

中国的新闻管理方针一向强调以正面报道为主，新闻媒体要大量进行正面报道，才能在社会中形成正能量，凝心聚力。“新闻报道只有坚持以正面为主的方针，才能正确地、充分地发挥引导社会舆论的作用，才能有助于大局的稳定和各种社会问题的解决。”④ 在新时代，习近平再次强调，“团结稳定鼓劲、正面宣传为主”是党的新闻舆论工作必须遵循的基本方针。

正面宣传为主不是一味唱赞歌，而是从整体上报道主流，不渲染负面色彩。实际上，早在中华人民共和国成立之初，中共中央就提出利用报刊展开批评和自我批评，并制定了具体的办法。改革开放后媒体的舆论监督作用得到加强。“舆论监督和正面宣传是统一的，新闻媒体要直面工作中存在的问题，直面社会丑恶现象，激浊扬清、针砭时弊，同时发表批评性报道要事实准确、分析客观。”⑤

当然，在进行新闻舆论监督时媒体要把握时度效的原则，把握好传播的有利时机，做到适时、及时，找准时机，先声夺人；掌握力度、分寸，避免过度；讲求实效，让一些事关公共利益、民生民计的问题通过新闻舆论监督促进政府工作的改进。

四、坚持正确的舆论导向

在任何时候，传媒机构都要以社会效益为第一位，坚持正确的舆论导向。江泽民在1996年提出了“舆论导向正确，是党和人民之福；舆论导向错误，是党和人民之祸”⑥ 的观点，形成了舆论导向的“福祸论”。习近平在2016年指出，党的新闻舆论工作是党的一项重要工作，是治国理政、定国安邦的大事，“做好党的新闻舆论工作，事关旗帜和道路，事关贯彻落实党的理论和路线方针政策，事关顺利推进党和国家各项事业，事关全党全国

---

① 邓绍根：《“党媒姓党”的理论根基、历史渊源和现实逻辑》，《新闻与传播研究》2016年第8期。

② 雒树刚：《牢牢把握“两个巩固”根本任务　扎实推进宣传思想文化工作》，《人民日报》，2013年9月9日。

③ 习近平：《习近平谈治国理政》（第二卷），北京：外文出版社，2017年，第332页。

④ 新华社新闻研究所编：《新闻工作文献选编》，北京：新华出版社，1990年，第208页。

⑤ 习近平：《习近平谈治国理政》（第二卷），北京：外文出版社，2017年，第333页。

⑥ 江泽东：《江泽民文选》（第一卷），北京：人民出版社，2006年，第564页。

各族人民凝聚力和向心力，事关党和国家前途命运”。说明了新闻舆论工作进行正确舆论引导的重要性。

舆论导向正确与否对舆论走向影响很大，会产生巨大的社会作用。舆论导向正确，舆论走向正面、积极，有利于人们形成共识、同心同德，有利于改革发展稳定大局，有利于党和国家长治久安。舆论导向是一种话语权、主导权，谁掌握舆论的话语权，谁就能引领舆论的走向；谁掌握舆论的主导权，谁就能整合舆论的力量。坚持正确舆论导向，是中国共产党对新闻舆论工作、意识形态工作领导权的直接体现。① 新闻舆论工作是思想宣传阵地的主力军，应该大力弘扬社会主义核心价值观，争夺舆论阵地的主导权。习近平认为，以正确的舆论引导人，就是要全面营造有利于坚持中国共产党领导和社会主义制度、有利于推动改革发展、有利于增进全国各族人民团结、有利于维护社会和谐稳定的舆论环境。

思考题

1. 名词解释：媒介组织；知情权；采访权；编辑权；舆论监督；传媒的四种理论。
2. 大众传播者的特点是什么？大众传媒的特点有哪些？
3. 简述卢因的把关思想和巴斯的双重把关模式。
4. 把关过程的本质是什么？
5. 布雷德认为新闻工作者遵守新闻政策的原因是什么？
6. 甘斯认为新闻故事的选择过程是什么？
7. 休梅克和里斯的把关控制层次有哪些？
8. 海伦·托马斯总结的美国总统控制新闻的手段有哪些？
9. 政府对大众传媒的控制包括哪些方面？
10. 垄断资本控制媒介的方式有哪些？
11. 受众如何影响传播内容？
12. 威权主义、自由至上主义、社会责任理论主张对传媒管控的方法分别是什么？
13. 论述传媒的四种理论研究的演变。
14. 中国的媒介规范理论的主要内容是什么？

① 《习近平新闻思想讲义（2018 年版）》编写组编著：《习近平新闻思想讲义（2018 年版）》，北京：人民出版社、学习出版社，2018 年，第 64 页。

第八章

媒介研究

20 世纪传播媒介技术变革的速度超过了以前数百年的总和，它给人类社会生活带来进步的同时也让人们付出了沉重的代价，“传播媒介”也成为20 世纪关注度最高的事物之一。我们并不总是直接地感受这个世界，而更多的是通过不同的传播媒介感受。因此，媒介理论关注传播渠道的固有特征，其重点不在于媒介内容（例如性、暴力、娱乐），而在于媒介的性质与结构，以及这些因素如何改变思想观念和社会组织：何种感官（视觉的、听觉的、触觉的）被激活，讯息如何被建构，媒介如何产生社会影响与心理影响。

第一节　认识媒介

在媒介学家看来，如果没有物质化的过程，就没有永久性。符号学家首先会关注书写的所指符号或者能指符号的意义；而媒介学家所关注的是书写记录程序，以及所使用的工具和材料。随着技术与社会的不断衍变，事实证明，一个新的载体不会取缔先前的载体，但是无论是在功能上还是在传播形式上，都可以为其增加新的可能性。同样地，一种新的媒介圈不会消除以往的媒介圈，它会在技术上、经济上按照自己的条件来调整以往的范畴，最终使得每一个媒介圈都能够相互交错、互相融合。作为一种社会力量，性能最好的媒介往往也在激励并调整着那些性能较差的媒介。①

一、媒介的基本问题

汉语中的“媒介”一词，最早见于《旧唐书·张行成传》：“观古今用人，必因媒介。”英语中的“medium”一词的主要含义也是使事物间发生关系的中介体、手段、工具等,②“media”(媒体）这个词来源于拉丁语“Medius”，表示信息的重要手段。在法语中“médio”表示“中间”“中介”“中等”的意思，这个词的重点是中介行为（médiation，法语中的后缀 ion 表示动作行为），这层含义同它是一个操作设备分不开。③ 关于“媒介”还有很多同源异义词，其中包括“中介”“媒体”和“手段”。

1. 媒介的定义

国内外学者对媒介有不同的定义，大体分为广义和狭义两种。在狭义层面上，媒介是指承载信息传递过程中的物质载体及技术手段，如印刷品、报纸、广播、电视、计算机，以及通信互联网技术等。

在广义层面上，凡是能使人与人、人与事物或事物与事物之间产生联系或发生关系的物质都是媒介。麦克卢汉认为所有有机体都是媒介，如语言、衣服、道路、电话等。施拉

① ［法］雷吉斯·德布雷著，刘文玲译：《媒介学引论》，北京：中国传媒大学出版社，2014 年，第48 页。

② 汪万福：《新闻传播学》，长春：吉林大学出版社，2018 年，第52 页。

③ ［法］雷吉斯·德布雷著，刘文玲译：《媒介学引论》，北京：中国传媒大学出版社，2014 年，第10 页。

姆认为，“媒介是插入传播过程的中介，是用以扩大并延伸信息传送的工具”①，有石雕、建筑、纪念碑等无声的媒介，也有以机器为中介的印刷品、电影、电视等大众媒介。

德布雷认为以对象来定义媒介“是一个死胡同”，因为不存在绝对唯一的媒介。“世上一切都可以成为信息，什么都可以成为传播载体（一种香水向我提供有关一个女人的信息，一声喇叭让我了解我周围的环境等）。”一切事物与信息都在运动、变化之中，而媒介的存在的确起到了“中介”的作用，为信息传播提供了一个交互性的平台。他认为“媒介”的概念还适用于人们的自然语言、用来播发和感知的身体器官（嗓子、手、眼睛等）、符号的物质载体（纸或屏幕）、输入和复制的技术手段（印刷、电子）——至少四种词义。② 该词近似地被指在特定技术和社会条件下，“象征传递和流通的手段的集合”。③ 这个集合先于并大于当代媒体领域，即大于被视为大规模扩散手段的印刷和电子媒介。

需要指出的是，“媒介”和“媒体”有所不同，“媒介”指的是一种介质或技术，可以被所有的个人或机构所运用。而“媒体”是具体的媒介载体或机构。“平时我们所谓的‘媒体’，是媒介载体的简称，几乎与媒介的概念等同，只是媒介的内涵要比媒体宽广。在没有特别说明时，‘媒介’一词既可指语言、文字、印刷、声音、影像等内容信息，也可指承载这些信息的技术和物质；而媒体则特指报刊、广播、电视、网络等载体及其发行、运营机构。”④

2. 主要媒介的特点

媒介之间存在着明显的差异，“内容”就是有代表性的差异之一，受众对不同媒介的依赖和信任度方面也大有不同。媒介与社会之间的关系包括物质层面、政治层面和规范性或社会文化层面。在关于媒介“最适合”做什么这个问题上，仍然存在几个主导的印象和定义，而这是传统、社会力量以及特定技术的“偏向”所造成的结果。⑤ 那么，如何认识不同的媒介特质呢？施拉姆提出，认识和分析媒介可以从以下角度进行：①它们所刺激的感官；②反馈的机会；③速度的控制；④信息代码方式；⑤增殖的功能；⑥保存信息的功能；⑦克服受传者选择能力，即放弃某种媒介的可能性；⑧满足特别需要的能力。⑥

施拉姆的原则适用于大众传播和人际传播。对于大众传播媒介，一般来说，可以从以下角度认识：媒介的传播手段（传播符号）；媒介的时效性；媒介的持久性，即它保存信息的时间，持久性一般与时效性成反比；受众参与媒介的程度。从这些角度进行区分，主要的大众媒介特征分别为：

（1）印刷媒介（报纸、杂志、书籍）的特点。报纸是以刊载新闻和新闻评论为主的公开发行的定期出版物，一般以散页形式连续出现。报纸是视觉媒介，这是其基本特征。

---

① ［美］威尔伯·施拉姆、威廉·波特著，何道宽译：《传播学概论》（第2版），北京：中国人民大学出版社，2010年，第134－135页。

② ［法］雷吉斯·德布雷著，陈卫星、王杨译：《普通媒介学教程》，北京：清华大学出版社，2014年，第8页。

③ ［法］雷吉斯·德布雷著，陈卫星、王杨译：《普通媒介学教程》，北京：清华大学出版社，2014年，第4页。

④ 宫承波：《媒介融合概论》（第3版），北京：中国广播影视出版社，2021年，第2页。

⑤ ［英］丹尼斯·麦奎尔著，崔保国、李琨译：《麦奎尔大众传播理论》（第5版），北京：清华大学出版社，2010年，第33－36页。

⑥ ［美］威尔伯·施拉姆、威廉·波特著，何道宽译：《传播学概论》（第2版），北京：中国人民大学出版社，2010年，第116－120页。

其他的特点有：保存性强，累积阅读率和传阅率较高；[①] 选择性强；适合传达深度信息；时效性差；对受众的文化要求较高。

（2）广播的特点。广播是通过无线电波或导线向广大地区传达声音符号的传播媒介，是听觉媒介。它的特点有：保存性弱，转瞬即逝，难以留下深刻的印象；选择性弱；时效性强；影响面广；接收方便，对听众的文化要求不高。

（3）电视的特点。电视是视听合一的媒介。它的特点主要有：保存性差；选择性差；适合再现形象、现场、过程；形象真实，可信度高；时效性较强；不适合表现过于复杂的内容。[②]

（4）新媒体的特点。新媒体通过高密度的数值化呈现，即所有的新媒体对象都是由数字符码构成；具有模块化特征，可以从不同网页中提取某一特定媒体类型的元素，所有的媒体元素都表现为离散采样的集合；它实现了信息搜索的自动化，人类的意志可以从创作过程中被抹除；其模块化为其多边性提供了可能，组合生成个性化的内容；可以将一个事物交互转换为另一种格式，具有跨码性。[③]

（5）移动媒体的特点。移动终端的随身性与私人性，具有在场、表演与陪伴的作用；[④] 信息的传播与服务流动性、个性化与场景化；移动媒体使人与现实环境、虚拟环境形成新的互动关系；传播形态和内容兼具碎片化，媒介参与多元化；[⑤] 消费性需求更高；与受众的交互性更强。

3. 认识媒介的意义

长期以来，我们对媒介的认识和研究不够重视。实际上，了解、认识媒介具有重要的意义：

第一，认识媒介，把握媒介的特点和规律，清楚认识每一种媒介的优势和劣势及其运作规律，才能充分认识我们进行传播活动的物质手段。

第二，认识媒介，才能遵循传播媒介的基本规律，不断改进传播工作。媒介是人的延伸，正确使用它可以扩大传播效果。

第三，认识媒介，才能认清媒介发展的方向，顺应进步的潮流。在传播的“5W”要素中媒介的发展是最迅速的，媒介技术的发展对整个传播过程都会产生影响，因此要重视对媒介变化的研究。

二、媒介比较和选择

各种媒介都有自己的特征，即“媒介的格式与逻辑”。“媒介逻辑”是一套媒介产品生产的内在规范与法则，它最大限度地利用既定媒介的优势处理和呈现媒介内容，在满足媒介组织形成的产品需求的同时满足媒介感知的受众需求，而媒介内容由“媒介格式”所

---

① 胡正荣：《新闻理论教程》，北京：中国广播电视出版社，1995 年，第 125 页。

② 屠忠俊主编：《新闻事业管理》，武汉：武汉大学出版社，2001 年，第 224 页。

③ ［俄］列夫·马诺维奇著，车琳译：《新媒体的语言》，贵阳：贵州人民出版社，2020 年，第 27－45 页。

④ 彭兰：《网络传播概论》，北京：中国人民大学出版社，2001 年，第 130 页。

⑤ 彭兰：《网络传播概论》，北京：中国人民大学出版社，2001 年，第 136 页。

决定。[①] 通过比较，我们可以发现不同媒介各自的优势所在，从而为更有效的传播提供理论依据。

1. **媒介丰富度理论的媒介比较观点**

媒介丰富性/度理论（Media Richness Theory）提出，不同媒介有不同的信息丰富度。这种在一定时期内改变人们认识的能力主要体现为四个因素：①媒介传播多重线索（如声音的音调变化）的能力；②反馈的即时性（媒介能更多更快地让接收者对讯息做出回应）；③语言的多样性（如文字、数学、艺术）；④媒介个人化程度（为接收者提供个性化讯息的能力）。

丰富度较高的媒介（如面对面的交流）与丰富度较低的媒介（如文字形式的备忘录）相比，能让使用者更快地进行交流，并且更好地理解模棱两可的讯息。因此，使用丰富度较高的媒介会使有歧义的交流获得更好的效果，而使用丰富度较低的媒介则会使意义较明确的交流获得更好的效果。

2. **施拉姆的媒介选择公式**

施拉姆认为人们选择不同的传播途径，是根据传播媒介及传播的讯息等因素进行的。人们选择最能充分满足需要的途径，而在其他条件完全相同的情况下，人们则选择能够最方便而迅速地满足其需要的途径。因此，他提出了人们选择某种渠道的或然率的公式[②]：

$$\frac{\text{可能的报偿}}{\text{费力的程度}}=\text{选择或然率}$$

可能的报偿指传播内容满足选择者需要的程度；费力的程度指便捷性和使用传播途径的难易程度。具体而言，人们选择媒介时往往要看：①传播的信息容易获取吗？如大广告比小广告更引人注目。②传播的信息突出吗？即传播方式上动静、色彩、喧闹与沉寂的对比是否突出、明显。③传播的内容吸引人吗？一定程度上，这取决于选择者的特点。如文化程度高的人更可能选择报纸，男性比女性更爱看时政新闻与体育新闻。④个人寻求的是什么信息？这因选择者不同而有较大差异。⑤个人养成了什么传播习惯？每个选择者都有自己的接受和选择习惯。⑥个人拥有什么样的传播技能？选择者使用媒介类型不同，他们会有不同的传播技能，如印刷媒介对应于阅读能力等。[③]

作为传播者，我们要使自己的媒介途径被选择的或然率提高，就必须关注自己的传播方式、传播内容，以及受众和选择者的需要及习惯。

3. **传统大众媒介比较的实验**

一般人认为，电视毫无疑问要比报纸、杂志的传播威力大得多。但有关的研究表明事

① ［英］丹尼斯·麦奎尔著，崔保国、李琨译：《麦奎尔大众传播理论》（第5版），北京：清华大学出版社，2010年，第305页。

② ［美］威尔伯·施拉姆、威廉·波特著，何道宽译：《传播学概论》（第2版），北京：中国人民大学出版社，2010年，第106页。

③ ［美］威尔伯·施拉姆、威廉·波特著，何道宽译：《传播学概论》（第2版），北京：中国人民大学出版社，2010年，第109－111页。

实并非如此，有三项实验将三种媒介进行了对比研究。①

第一项研究是由戴维·塞纳和威廉·麦克尤恩所进行的，研究人员把一些大学生实验对象分为三组，第一组看录像（相当于看电视），第二组听只出声音的描述（听广播），第三组读材料。三组学生看到、听到和读到的东西是一样的。然后让他们回忆，通过对回忆的信息进行比较，就可以看出哪种方式最敏锐、最有效。结果显示，三组学生回忆出的信息大同小异，说明电视并不比报纸和广播更有效力、对受众的影响更大。

第二项研究比第一项研究的结果更出人意料。卡伦·布朗主持的实验把实验对象分为两组，一组观看一部有关法庭诉讼的纪录片，另一组阅读同一内容的文字材料，两组人的文化水平相同。结果显示阅读材料的人比观看影片的人记住的信息更多、更牢。这表明报纸比电视的传播效力大，对受众能产生更持久、更深刻的影响。当然这并不是终极真理，而是启发人们对媒介不能简单地妄加推测。

第三项研究被称作“零点方案”。研究人员事先准备了一盘录像带和一套小人书，小人书讲的是三名歹徒结识一位漂亮的孤女后，幡然悔悟，改邪归正的童话故事；录像带是根据这套小人书拍摄的影片。研究人员把一群儿童分为两组，一组一边听大人念故事，一边看小人书；另一组直接观看录像。结果显示，两组儿童表现出很大的差别。看书的儿童不仅能回忆出较多的故事内容，而且能准确地引用故事中的不少原话，并且他们能根据自己的经验来复述故事的详细内容；而看录像的儿童顶多只能记住故事的大意，复述时不仅不能引用原话，也不能表现出富有创造性的联想。研究人员分析后认为：视听媒介虽能引人入胜，但只是被动的体验，就好像被押解着赶赴目的地一样，始终使人处于紧张而消极的状态；而视觉媒介则能为感受信息者提供从容的机会、联想的空间与自由的向往。零点方案不仅有益于深化人们对媒介及其特性的认识，而且也有助于揭示媒介在塑造人们的思维方式上的不同作用。

因此，在进行媒介比较时，我们有必要坚持以下两个基本观点：第一，传播媒介各有所长，也各有所短，在发展过程中要相互取长补短。电视不能取代报纸，网络也不可能取代报纸和电视。各种媒介都有自己的生存空间，受众根据媒介的特征，结合自己的需要选择使用不同的媒介。第二，传播媒介在相互竞争中及新型媒介的冲击下，不得不扬长避短，以求进一步生存与发展。因此，传统的媒介也在竞争中不断变化。

三、媒介形态变化的原则

从传统媒体到新媒体，从有线到无线，从烦琐到智能，媒介形态的变化有其自身独特的规律与原则。作为一位新媒介的预言家，保罗·萨弗（Paul Saffo）提出了“30年法则”，他认为一种新思想完全深入另一文化所需要的时间，一般约为30年；② 而罗杰·菲德勒（Roger Fidler）则总结了媒介形态变化的六个原则③：

① 李彬：《传播学引论》，北京：新华出版社，1993年，第130－131页。

② ［美］罗杰·菲德勒著，明安香译：《媒介形态变化：认识新媒介》，北京：华夏出版社，2000年，第7－9页。

③ ［美］罗杰·菲德勒著，明安香译：《媒介形态变化：认识新媒介》，北京：华夏出版社，2000年，第20、24－25页。

（1）共同演进和共同生存。一切形式的传播媒介都在一个不断扩大的、复杂的自适应系统内共同相处和共同演进。每当一种新形式出现和发展起来，它就会不同程度地影响其他各种现有形式的发展。

（2）形态变化。新媒介绝不会自发地和孤立地出现——它们都是从旧媒介的形态变化中逐渐脱胎出来的。当一种新的形式出现时，旧的形式就会去适应并且继续进化而不是死亡。

（3）增殖。新出现的传播媒介形式会增加原先各种传播媒介形式的主要特点。这些特点通过我们称之为语言的传播代码传承下去和普及开来。

（4）生存。一切形式的传播媒介以及媒介企业，为了在不断改变的环境中生存，都会被迫去适应和变化。它们仅有的另一个选择，就是死亡。

（5）机遇和需要。新媒介并不仅仅是因为技术上的优势而被广泛采用。开发新媒介技术，总是需要有机会，还要有刺激社会的、政治的和（或）经济上的理由。

（6）延时采用。新媒介技术要想取得商业成功，总是要花比预期更长的时间。从概念的证明发展到普遍采用，往往需要一代人（20～30 年）的时间。

这六个媒介形态变化的原则在当代仍具有现实意义，它结合了更加多面而复杂的社会因素，综合考量可感知的需要、竞争和政治压力以及社会和技术革新，对媒介形态变化的分析更加现实和全面。

第二节　媒介研究的主要理论

媒介技术的变革需要我们秉持自我批判的心态去进行探究，因为中介的不可视性极有可能成为无意识的技术清晰的面孔，而不被感知有可能成为一件不可设想的事。[①] 媒介研究纷繁复杂，几乎涉及所有的人文学科和部分自然学科，如媒介政治与符号学、媒介发展与社会学、媒介产业与经济学、媒介影响与教育学、媒介责任与历史学、媒介监督与法学、媒介艺术与美学、媒介接受与心理学、媒介本质与哲学、媒介技术与电子学等自然学科。[②]媒介研究的理论问题、历史效应、启示与展望，都具有跨越时空限制的现实意义。

一、媒介研究的历程

1. 20 世纪以来人文社会科学关于技术的主要研究

20 世纪之前，培根、笛卡尔、卢梭、马克思等都曾对技术进行过系统的哲学探讨，

---

① ［法］雷吉斯·德布雷著，刘文玲译：《媒介学引论》，北京：中国传媒大学出版社，2014 年，第165 页。

② 尹鸿：《传媒研究的专业化、人文化、多样化》，见王岳川主编：《媒介哲学》，郑州：河南大学出版社，2004 年，第 254 页。

形成内容与方法各异的技术理论。19世纪末至20世纪初，随着技术在整个社会生产和生活中扮演着越来越重要的角色，人们发现，似乎没有什么力量能够比技术更能影响人们的日常生活与社会进程了，整个科学技术与人文社会研究领域出现了“技术转向”。技术和社会的边界被打破，学者们开始从整体化形式的角度，特别是从技术的内部来考察技术的社会特征，技术的社会研究得到了正式的发展。

20世纪以来人文社会科学对技术的研究，可以分为三个方面：一是技术史研究，二是技术社会学研究，三是人文主义的技术哲学研究。

技术史是一个已有两百余年研究历史的相对成熟的学科领域，其不仅限于技术发展的外在形式，还深入技术发展的内容——从技术发展的内在规律与逻辑，到技术发展的社会历史条件，再到技术对社会的反作用，都有相关研究成果。吕西安·费弗尔（Lucien Febvre）指出了技术史的三个任务：一是建立技术的专门史，梳理工业发展条件，避免理解错误和混乱；二是评价科学在技术发明中的作用和地位；三是把技术活动放在其他人类活动的背景中去。[①] 随着科学与技术的联系越来越密切，技术史的研究可划分为三大类：第一类是机器史，它研究人类是如何制造和应用人工制品的，如辛格等编的《技术史》巨著；第二类是技术的社会史，研究技术与社会、文化的关系及其发展哲理，技术对于人类和人类社会结构、体制的影响，如克伦兹伯格和普塞尔编写的《西方文明中的技术》、贝尔纳的《科学的社会功能》等；第三类是将科学与技术的历史加以综合研究，如福布斯和斯克斯特霍斯的《科学技术史》、日本欧姆社出版的《科学技术史概论》等。[②]

在技术社会学方面，随着20世纪以来以机器技术为基础的西方工业体系的建立和发展，技术所造成的社会变迁和社会后果更为显著，学者们在关乎技术与社会相互作用的讨论中，主要强调技术对社会的影响，出现了“技术决定论”和“技治主义”两种思潮。20世纪20年代，出现了真正意义上使用经验方法对技术进行的社会学考察，这主要指以威廉·奥格本（William F. Ogburn）和肖恩·吉尔菲兰（Sean C. Gilfillan）为代表的一群美国技术史学家的工作。这些经验研究宽泛地讨论了技术与社会的相互关系，强调把技术作为一种社会现象，从社会的角度而不是个人的角度来解释人类的技术活动，为技术社会学的研究提供了基本方向和模式。20世纪30年代，默顿开始从社会学和科学史的角度来研究科学、技术与社会的关系，第一次提出“科学、技术与社会”的概念。20世纪60—70年代发展起来的交叉学科的研究，形成了将科学、技术与社会的关系作为一个独立对象进行系统考察的跨学科研究领域。到了80年代以后，技术社会学研究逐渐形成了三种研究范式，即“技术决定论”“技术的社会建构论”和“技术—社会互构论”，促进技术社会学成为一门成熟的经验学科。

人文主义的技术哲学把技术理解为客体或论及的对象，从人文科学（如宗教、诗歌、哲学等）的角度，用非技术的或超技术的观点来解释技术的意义，代表人物有美国社会哲学家刘易斯·芒福德。芒福德在人类学研究的基础上区分了两种技术：综合技术和单一技术。前者以生活发展为方向，满足人的需要，开发人的潜能，与人性一致；而后者以工作

---

① 转引自张柏春：《发现技术的传统——技术史学科简介》，《科技中国》2005年第7期。

② 姜振寰：《科学技术史》，济南：山东教育出版社，2019年，第8-9页。

或权力为中心，目的在于经济扩张、物质丰盈和军事优势，与人性相悖。德国哲学家海德格尔认为技术是一种真理或显现，利用自然的力量为人的目的服务。法国社会学家、技术哲学家雅克·埃吕尔（Jacques Ellul）认为技术主要不是物质手段，而是控制事物和人的理性的方法。

2. 法兰克福学派关于技术的理论

法兰克福学派发端于20世纪30年代，它继承并深化了马克思主义的批判传统，对资本主义社会的媒介制度和传播体系进行了批判研究。霍克海默和阿多诺（又译“阿道尔诺”）在《启蒙辩证法——哲学断片》中指出，美国社会的大众文化具有法西斯专制主义的特征，批判了大众文化对民众精神层面的侵蚀与统治。阿多诺称这种商业化的大众文化为“文化工业”，他认为流行音乐和电影看似与众不同，实则不过是千篇一律的流水线复制品，而人们被动地接受着资本主义的逻辑，受到文化工业标准化和伪个性化的麻醉和欺骗，逐渐丧失了自我，加深了人的异化。① 瓦尔特·本雅明（Walter Benjamin）在艺术层面上探讨了技术和机械复制的关系，他认为传统的艺术品是不可复制的，源于艺术品本身所具有的“光晕”(aura)，包含以下特征：神秘性、模糊性、独一无二和本真性、不可接近和膜拜性。机械复制品可以无限制地复制，意味着这种“光晕”的消失，破坏了艺术品本身的魅力，而只具有展示的价值。②

3. 媒介环境学派的理论

媒介环境学派的研究在20世纪60年代展开。1968年，波兹曼在一次公开演讲中首次使用“媒介环境学”这一术语，他把它定义为“对媒介环境的研究”并对其做了详细的阐述，正式形成一个全新的学术研究领域和理论团队。③ 从事媒介环境研究的学者往往有着跨学科的背景，如媒介与文化、历史与技术、都市研究、行为科学、信息论和系统论等，他们兴趣广泛、联系紧密，共有一套清晰一致的学术理念和理论视野。媒介环境学的兴起和发展不是一个自然而然的过程，而是许多学者有意识地努力探索，尝试从媒介角度切入探讨各种社会、政治、经济、文化和意识形态问题，力求使自己的学术诠释占领高地的社会过程。④

媒介环境学认为“媒介即环境”(或“环境即媒介”)，提出了三个互相联系的理论命题。⑤ 这三个理论命题是一个连续体，在逻辑上层层延伸和递进，都承认传播技术在文化或人类交流中发挥的界定性作用：

（1）媒介环境学的第一个理论命题认为，传播媒介不是中性的、透明的、无价值标准的传播渠道，而是由媒介固有的物质结构和符号形式决定的，塑造着什么信息被编码和传

---

① ［德］马克斯·霍克海默、西奥多·阿道尔诺著，渠敬东、曹卫东译：《启蒙辩证法——哲学断片》，上海：上海人民出版社，2006年，第107－152页。

② ［德］瓦尔特·本雅明著，王才勇译：《摄影小史、机械复制时代的艺术作品》，南京：江苏人民出版社，2006年，第49－68页。

③ ［美］林文刚编，何道宽译：《媒介环境学：思想沿革与多维视野》，北京：北京大学出版社，2007年，第10－11页。

④ ［美］林文刚编，何道宽译：《媒介环境学：思想沿革与多维视野》，北京：北京大学出版社，2007年，第26页。

⑤ ［美］林文刚编，何道宽译：《媒介环境学：思想沿革与多维视野》，北京：北京大学出版社，2007年，第30－32页。

输、如何被编码和传输又如何被解码。

（2）媒介环境学的第二个理论命题认为，考虑到传播媒介具有不同的物质特征和符号形式，预先设定了思想、情感、时间、空间、政治、社会、抽象、内容上相应的不同偏向。

（3）媒介环境学的第三个理论命题进一步假设，传播技术促成的各种心理或感觉的、社会的、经济的、政治的、文化的结果，往往和传播技术固有的偏向有联系。

媒介环境学展现了其对文化、技术、传播的理解，它关注人类行为和社会文化的深层结构，开创了从传播技术视角考察、研究文化和社会的独特传统，为人们充分认识媒介和技术带给人类文明的影响提供了一种独特的视角和方法。在媒介环境学的视域下，一个时代的标志是这个时代所使用的媒介，传播技术通过作用于人的心理认知以及社会组织结构，决定着人类社会关系和文化生活的形成、发展以及变异。

二、英尼斯与麦克卢汉的理论

英尼斯和麦克卢汉是媒介理论的两位奠基人，他们对文化、人类历史和媒介形态理论进行了整合，在此基础上提出了媒介认识论。英尼斯将历史社会变迁与当时的主流媒介相联系，从而对其进行了分析，他展示了人类历史和传播技术的相关性，证明了政治权力如何通过信息垄断得以实现，也说明了某一文化中的主流媒介如何决定它的稳定性。

麦克卢汉受到了英尼斯的影响，他认为人类感官对传播过程至关重要，媒介是这些感官的延伸。他否定了“意识—身体”二元论，认为所有的知识都基于感官信息，感官刺激的频率和强度决定了知识与经验的性质。由此，麦克卢汉的本质论断是，一种媒介的结构、类型和普及度是决定某一个体的经验结构和社会结构的主要因素。每一种媒介都有自己的特性，包括优势与劣势，适用于一种媒介的情况并不一定适用于另一种媒介。

1. 英尼斯：传播的偏向

英尼斯虽然并不是第一个关注传播、技术、社会、权力之间关系的人，但他把媒介开创为一个学术研究的领域。作为一位经济学家，英尼斯在 20 世纪 40 年代转向了媒介与传播文明史研究。对他而言，传播和媒介不是被当作工具或者手段，而是被视为行动者加入社会系统中，并与其他行动者和社会制度相互作用的基础，换言之，就是行动者之间的相互关系本身。由于传播技术可改变知识与信息的传输和使用，进而影响行动者的思想和习惯，决定行动者的交流方式，行动者的相互作用和关系形态由此发生持续变化，围绕着这些变化，社会制度也进行着相应的重塑。因此，他研究的最终任务就是考察传播和媒介作为“使‘离心力和向心力’成功运作的因素”①，如何深刻影响到不同社会和文化中行动者的行动能力，塑造丰富复杂的制度环境和社会组织关系，这种社会关系又是如何变化、发展、竞争、消亡，从而如何说明人类文明历史变迁的基础、结果、个性与整体规律。

英尼斯创造性地把文明的生长、发展和衰落与某种传播形式及其所依赖的媒介的发展联系起来。文明的生长伴随着新的传播与媒介形式的采用，文明的发展伴随着某些媒介形

---

① ［加］哈罗德·英尼斯著，何道宽译：《帝国与传播》，北京：中国人民大学出版社，2003 年，第 5 页。

式之间的平衡，文明的衰落则与帝国的形态密切相关。由此，英尼斯提出两组传播偏向论："时间—空间偏向"和"口语—书面语偏向"。在英尼斯的研究中，时间和空间不仅用以区分媒介的物理特性，更深层次上指的是与媒介相关的各种权力组织的动机和行为模式，以及由此而建立的该社会制度的特性。倚重时间的媒介性质耐久，能够保证持续性和思想的传承，有利于非集中化，比如羊皮纸、黏土和石头；倚重空间的媒介质地轻巧，便于传输却不耐久，适合广袤领土的治理和贸易，适于加强集中，比如莎草纸、纸张、印刷品等。一般来说，宗教组织倚重时间，往往采纳和利用时间偏向的媒介，形成一种去中心化的、多元的社会力量结构和文明形态；空间偏向的媒介则往往带来集中化的效应，多受到倚重空间的政治组织把持，孕育出的是一元化行政体制和文化形态。在非集中化的社会中，宗教组织对时间控制的垄断压制了政治组织和世俗权力，面对边缘地区或外来文明的武力和文化挑战时无力抵抗；在集中化的社会里，政治组织对空间领域孜孜不倦的追求往往让他们忽视了延续性的问题，最后也难免出现结构上的崩溃。概言之，"我们不仅关心对广袤空间的控制能力，而且关心对长久时间的控制能力。我们对文明的评价，要看它产生影响的地域大小和时间长短"①。

英尼斯对人类文明历史演进规律作出总结："在西方的文明中，稳定的社会需要这样一种知识：时间观念和空间观念维持恰当的平衡。"② 他认为，文明的兴起与衰落以及在一种单一文明之内的文化变化，基本上都可以被理解为占支配地位的传播媒介的功能，历史上的一切文明试图用各种方式控制时间和空间，当这两种关切平衡时，社会稳定就是必然。③ 英尼斯推崇古希腊的口语传统，认为与文字相比，口语更具有优越性，是更具本原性的交流媒介，而原生性口语这种传播形式，则具有强烈的民主化倾向。④

英尼斯坚持认为技术与权力是一枚硬币的两面，只有深刻地回顾历史中的传播技术——它的经济、政治、心理和文化背景，我们才能彻底理解当代社会媒介体系的含义。因此，英尼斯的传播研究是一种结构的、历史的、宏观的分析，他从技术与所有者（传播者）的关系入手，探讨技术如何被用于建立起"知识垄断"，进而构建思维生活、社会公共事务、整个文化生产过程运转的基础。在他看来，并不是技术本身塑造了社会，而是技术被组织力量利用进行"知识垄断"才改变了思维模式和交往关系，媒介的革新将迫使知识领域的权力重新分配并形成新的垄断，实现了权力的配置和制度的形成。因此，在分析各个帝国和不同文明的兴衰变迁时，英尼斯总是按照"媒介—权力组织—知识垄断"这样一个演进模式来展现传播的偏向及文明的偏向。英尼斯一直坚持深刻地回顾历史中的传播技术与媒介——全面揭示其政治、经济、心理、文化等多个层面的复杂图景。他没有被技术乐观主义的假象所蒙蔽，而是提醒我们知识垄断是历史演进中无法避免的结果，传播技术给人类社会带来收益的同时也造成了巨大的损失。

---

① ［加］哈罗德·英尼斯著，何道宽译：《传播的偏向》，北京：中国人民大学出版社，2003 年，第 53 页。

② ［加］哈罗德·英尼斯著，何道宽译：《传播的偏向》，北京：中国人民大学出版社，2003 年，第 53 页。

③ ［美］林文刚编，何道宽译：《媒介环境学：思想沿革与多维视野》，北京：北京大学出版社，2007 年，第 167 页。

④ ［美］丹尼尔·杰·齐特罗姆著，曹静生、黄艾禾译：《传播媒介与美国人的思想》，北京：中国广播电视出版社，1991 年，第 115 页。

2. **麦克卢汉：媒介四论**

麦克卢汉是20世纪60年代活跃于媒介环境学领域的奇才，他是影响最大也是最具争议的媒介环境学家之一。他先后出版了一系列畅销著作，包括《机器新娘》（1951）、《古登堡群英》（1962）、《理解媒介》（1964）、《媒介即讯息》（1967）、《媒介定律》（1988）等，引起了西方学术界的广泛关注与讨论。他的论述跳跃性强，言词晦涩难懂，有人赞美他是伟大的思想家和预言家，也有人诋毁他是文化的炼金术士和骗子。直到今天，关于麦克卢汉媒介思想的争论仍未停止。

麦克卢汉看到，媒介作为人造环境，其“利弊同在，既有促进作用，又有阻碍作用”①。在技术急剧变革的西方社会，人的经验生活、关系组合、组织模式都遭遇一定的危机，他希望自己的研究能够“努力弄懂我们的技术环境及其心理影响和社会影响”②，展现不同的媒介怎样塑造和塑造了怎样的人类交往模式。麦克卢汉的理论观点可以总结为四个方面：

（1）媒介即讯息。

麦克卢汉强调媒介而不是媒介内容对人产生影响，是媒介控制和塑造了人类社会交往、行为的规模和形态，改变人际关系和人与自身的关系。媒介就是第二自然，是我们千百年来所生存的人造环境。交流的内容在塑造人际关系和组织形式上扮演的不过是配角，媒介——力量与速度的载体，所引发的持续变动使得人类文明的历史一直延续至今，这就是传播媒介的变化塑造着文化形态。从这个意义上来说，麦克卢汉强调“媒介即讯息”，“社会受到更加深刻影响的，是人们借以交流的媒介的性质，而不是交流的内容”③。传播媒介本身就是传播内容，内容也是一种媒介，“任何媒介的‘内容’都是另一种媒介”④。文字的内容是言语，正如文字是印刷的内容，印刷又是电报的内容一样。言语的内容是实际的思维过程，而这个过程又是非言语的东西。过去我们因过分重视内容而忽略了媒介的性质，“媒介的‘内容’好比一片滋味鲜美的肉，破门而入的窃贼用它来涣散思想看门狗的注意力。媒介的影响之所以非常强烈，恰恰是另一种媒介变成了它的‘内容’”⑤。

（2）媒介即人的延伸。

麦克卢汉提出了与以往媒介概念迥异的媒介思想。在他看来，媒介从来都不是一系列元素的组合，而是一种具有内在一致性的决定性力量，其每一组成部分都是人类某种机能的延伸，合起来就形成了我们观察和思考世界的方式，形成了我们和其他个体行动的方式。他的思想有一个自始至终的主题，即“一切技术都是肉体和神经系统增加力量和速度的延伸”⑥，一切具有有机体性质的东西都是媒介，“我所谓的媒介是广义的媒介，包括任

---

① ［加］菲利普·马尔尚著，何道宽译：《麦克卢汉：媒介及信使》，北京：中国人民大学出版社，2003年，第174页。

② ［加］埃里克·麦克卢汉、弗兰克·秦格龙编，何道宽译：《麦克卢汉精粹》，南京：南京大学出版社，2000年，第359页。

③ ［加］埃里克·麦克卢汉、弗兰克·秦格龙编，何道宽译：《麦克卢汉精粹》，南京：南京大学出版社，2000年，第363页。

④ ［加］马歇尔·麦克卢汉著，何道宽译：《理解媒介》，北京：商务印书馆，2004年，第34页。

⑤ ［加］马歇尔·麦克卢汉著，何道宽译：《理解媒介》，北京：商务印书馆，2004年，第46页。

⑥ ［加］马歇尔·麦克卢汉著，何道宽译：《理解媒介》，北京：商务印书馆，2004年，第127页。

何使人体和感官延伸的技术，从衣服到电脑”①。媒介的基本功能是“储存信息并加快信息传输”②，是人们身体和神经系统力量与速度的延伸，道路是人脚的延伸，电话是人耳朵的延伸，广播、电视是人眼、耳、手的延伸，凡具有延伸人体功能的东西都属于媒介。“一切媒介都是人的延伸，它们对人及其环境都产生了深刻而持久的影响。”③ 人体机能任何一种延伸所引发的力量与速度必将导致社会系统内部的组织变化，改变着人与自身、人与他人之间的关系建构。“一切媒介作为人的延伸，都能提供转换事物的新视野和新知觉。”④

（3）“冷媒介”和“热媒介”。

麦克卢汉用热和冷的感觉来对媒介进行划分，“热媒介”就是具有“高清晰度”（指充满数据的状态）和“低参与度”（对受众而言）的媒介，而“冷媒介”则相反。“热媒介”的信息清晰度高，提供的信息充分，因而不需要接收者发挥想象力和创造力去填补或完成，要求受众的参与程度低；与之相反，“冷媒介”因为信息清晰度低，提供的信息不充分而需要接收者积极发挥想象力。一般而言，口语和电子技术是“冷媒介”，而电子技术出现之前机械化社会的所有技术都属于“热媒介”。

麦克卢汉对媒介的冷热划分比较随意，没有严格的标准，引来不少争议，但他对媒介的冷热划分仍是有启发的：研究媒介影响时，需要结合个人的主观感觉和具体环境两方面的因素。“冷媒介”“热媒介”如何导致相应的社会关系类型？麦克卢汉把它们的作用方式归结到两个层面进行思考：人的心理关系（或者说思维生活）和社会关系（或者说社会生活）。“人的组织只有两种基本的极端形式”⑤：参与、卷入式和分离、专门式。前者指的是人们能够自如地共享彼此的体验，卷入到社会关系和人际组合中去，社会组织紧密而且要求情感参与，人与自身、人与环境形成一种直接和亲密的互动状态，完满的交流成为可能，整体社会和谐存在于多层次的相互关系之中；后者却相反，人们难以获得完整的生活体验，更不可能与他人进行交流互动，人与人之间疏离分裂，成为孤独的个体，直接的关系遭到肢解，人不需要也无法对他人和社会做出积极回应，因而社会沙粒化，或者形成线性的序列。

（4）“地球村”。

媒介不仅是社会发展的基本动力，而且是区别人类社会不同形态的基本标志。麦克卢汉以媒介的变迁为线索，用“部落化—非部落化—重新部落化”这样一个崭新的视角描述人类文明的历史进程，它们分别对应的是口头传播时代、印刷传播时代和电子传播时代。口头传播时代就是部落时代，那时人们受听觉支配，生活在感官平衡和同步的世界之中，对世界的感知是整体的、直观的。但是在文字、印刷术发明以后，人们生活在视觉空间，

① ［加］埃里克·麦克卢汉、弗兰克·秦格龙编，何道宽译：《麦克卢汉精粹》，南京：南京大学出版社，2000年，第363页。

② ［加］马歇尔·麦克卢汉著，何道宽译：《理解媒介》，北京：商务印书馆，2004年，第202页。

③ ［加］埃里克·麦克卢汉、弗兰克·秦格龙编，何道宽译：《麦克卢汉精粹》，南京：南京大学出版社，2000年，第360页。

④ ［加］马歇尔·麦克卢汉著，何道宽译：《理解媒介》，北京：商务印书馆，2004年，第96页。

⑤ ［加］埃里克·麦克卢汉、弗兰克·秦格龙编，何道宽译：《麦克卢汉精粹》，南京：南京大学出版社，2000年，第128页。

更加具有“理性”，同时也使自己成为被“强烈切割的、个人主义的、显豁的、逻辑的、专门化的、疏离的”① 非部落人，进入“脱离部落化”或非部落化时代。电力媒介使我们的中枢神经系统得到延伸，同时作用于人的整个感知系统，具有马赛克世界的全局意识，这是一个同步的、瞬息传播的世界。② 电力压缩空间，使世界成为一个村落，变成“地球村”，人类又重新进入了部落化时代。

在麦克卢汉看来，电子传播瞬间即达和非连续性的性质意味着这样的后果：政治实体不再以集中化的官僚体系运作，不再从中心向边缘投射权力。有了电力网格状的存在之后，任何边缘都可以自成中心，我们生活在一个没有边缘的世界里。③ 也就是说，麦克卢汉认为电子媒介时代消解了中心—边缘结构，其所造就的“地球村”是一个“处处是中心，无处是边缘”的时代。他对“地球村”的未来充满美好的期待：在地球这一人类文明共同体中，人类相互依存、相互影响，平等地参与全球事务、承担全球责任、共同塑造全球社会。

3. 对麦克卢汉理论的评价

麦克卢汉在20世纪60年代声名鹊起，《旧金山记事报》称他为“最炙手可热的学术财富”，《纽约先驱论坛报》宣告他是“继牛顿、达尔文、弗洛伊德、爱因斯坦和巴甫洛夫之后的最重要的思想家”④，甚至出现了“麦克卢汉式”的流行词汇。但也有不少批评者，有人甚至说他是“故弄玄虚地胡说八道”。然而大部分人虽不完全同意他的观点，却不能不承认其思想大胆，敢于创新。

一方面，要肯定麦克卢汉的理论有许多独到的见解。他将媒介的概念扩大，媒介不仅是大众传播和人际传播中的媒介，而且包括了人际互动的所有介质。另外，他将媒介置于一个广阔的社会、历史情境中研究，看到的技术应用所带来的文化与社会关系变化，拓宽了人们的思路，也使人们真正看到媒介自身的价值和作用。可以说，媒介技术研究是在他的启迪下才进入人们的视野，甚至成为传播学研究的重大课题。

另一方面，要承认麦克卢汉的理论也存在许多不足：①他过分强调和夸大了媒介的作用，忽略了人的主导性、能动性，因而被称为技术决定论或媒介决定论；同时他也忽略了媒介内容即信息的重要性。②很多人认为他的冷热媒介划分方法既不科学，又不实用。他的说法有不少自相矛盾、不能令人信服之处。例如，电视与广播相比，毫无疑问电视应属于高清晰度、低参与度的“热媒介”，广播是“冷媒介”，但麦克卢汉的观点却相反，他在采访时解释：“广播是‘热媒介’，因为它清晰而深刻地提供了大量高清晰度的听觉信息，它留给听众去填充的信息很少或者就是零。”而他对电视是“冷媒介”的解释是：在电视屏幕上一秒钟闪现数百万个光点，而人眼只能感应其中的60～70个光点，并且观众

---

① ［加］埃里克·麦克卢汉、弗兰克·秦格龙编，何道宽译：《麦克卢汉精粹》，南京：南京大学出版社，2000年，第365页。

② ［加］埃里克·麦克卢汉、弗兰克·秦格龙编，何道宽译：《麦克卢汉精粹》，南京：南京大学出版社，2000年，第389页。

③ ［美］林文刚著，何道宽译：《媒介环境学：思想沿革与多维视野》，北京：北京大学出版社，2007年，第149页。

④ ［加］埃里克·麦克卢汉、弗兰克·秦格龙编，何道宽译：《麦克卢汉精粹》，南京：南京大学出版社，2000年，序第5页。

还得将它们在大脑中依次组合成原先的图像，这样电视便成为低清晰度高参与度的“冷媒介”。“但是到了电视时代，我们看见向‘冷’价值的回归，向广泛、深度卷入和参与的回归。”① 这种解释显然令人难以信服。③麦克卢汉始终采取个体主义的视角探讨媒介的作用，探讨更多的是媒介同个体心灵和社会心理的联系，视媒介为传播接收者感知的延伸，必然令他忽略了更广泛社会因素的角色作用，从而偏离了权力视角，对现实社会的复杂性估计不足，陷入理想主义的技术乌托邦之中。②

三、媒介研究的其他主要理论

当前我们所生活的世界，通信技术重新定义人类传播，因特网成为全球信息传播的多媒体脊梁，也给媒介技术研究提出了更大的挑战：如何理解复杂而动态的媒介生态？如何理解“世界新秩序”？在数字媒介环境中，人的能动性体现在什么地方？在21世纪众多媒介圈中，我们的心灵、习惯、社会组织以及政治得到了什么启示？③ 以往学者留下的学术经验会引领我们去进行下一步的探索。

1. 英尼斯和麦克卢汉的后继学者

20世纪80年代伊始，随着传播学界对行政学派的反思，北美学界一系列追随麦克卢汉及英尼斯研究路径的成果纷纷面世，如伊丽莎白·艾森斯坦的《作为变革媒介的印刷术》（1979）、丹尼尔·切特罗姆的《传播媒介与美国人的思想》（1982）、尼尔·波兹曼的《童年的消逝》（1982）和《娱乐至死》（1985）、斯蒂芬·克恩的《时间与空间的文化：1880—1918》（1983）、约书亚·梅罗维茨的《消失的地域：电子媒介对社会行为的影响》（1985）等。

在这些研究中，我们看到学者们普遍从如下方式切入：“传播技术的变迁通过利益结构（思考对象）的变更、符号体系（用来思考的事物）的改变、社会性质（思想得以发展的场所）的变化而影响文化。”④

作为促进媒介环境学派的领袖人物之一，波兹曼的主要思想可以总结为四个相互交叠、反复出现的主题，分别是：教育与媒介教育、从媒介的角度看语言、作为文化的媒介与技术、文化的保存/文化保守主义。⑤ 这些主题和思想为媒介环境学提供了一个概念框架，构成了媒介环境学的总体的理论，为其提供了一个内涵严密、说服力强和富有孳生力

---

① ［加］埃里克·麦克卢汉、弗兰克·秦格龙编，何道宽译：《麦克卢汉精粹》，南京：南京大学出版社，2000年，第373页。

② 李洁：《传播技术建构共同体？——从英尼斯到麦克卢汉》，广州：暨南大学出版社，2009年，第162页。

③ ［美］林文刚编，何道宽译：《媒介环境学：思维沿革与多维视野》，北京：北京大学出版社，2007年，第392－393页。

④ ［美］詹姆斯·凯瑞著，丁未译：《作为文化的传播：“媒介与社会”论文集》，北京：华夏出版社，2005年，第125页。

⑤ ［美］林文刚编，何道宽译：《媒介环境学：思想沿革与多维视野》，北京：北京大学出版社，2007年，第186页。

的视野，有助于我们理解媒介、文化以及作为文化的媒介。①

波兹曼提出“媒介即隐喻”“媒介即认识论”的观点，他对麦克卢汉“媒介即讯息”的观点进行了补充，认为媒介用一种隐蔽但有力的暗示来定义现实世界，它指导着我们看待和了解事物的方式，但是它的介入却往往不为人所注意；② 一切媒介/技术都有隐而不显的偏向，他们改变着话语的结构，形塑着我们的文化。媒介环境不仅影响文化，而且还创造文化，媒介环境就是文化。波兹曼启示我们，要意识到嵌入媒介的隐蔽性偏向，并且用相应的办法去依靠并利用这些偏向。波兹曼研究的主要媒介是电视，在《童年的消逝》中，他认为电视抹除了成人世界和童年世界的界限，无处不在、容易获取的电子媒介使儿童得以窥见成人世界的秘密。他在《娱乐至死》中，描述了严肃的话语经过电视的过滤之后逐渐向娱乐化靠拢，色彩斑斓的影像和稍纵即逝的视觉刺激带来片刻的欢愉，所有人陷入一种催眠的状态，在纯粹娱乐的世界中耗费精力，却没有一个人能够逃避这种文化力量的掌控，人们最终沦为娱乐的附庸。

在《消失的地域：电子媒介对社会行为的影响》中，梅罗维茨有机地融合了英尼斯、麦克卢汉的媒介理论和戈夫曼的剧场理论，把媒介研究纳入社会环境的分析之中，分析了受众与媒介的社会关系，提出媒介情境论，建立起“媒介—场景—行为”的研究框架，成为媒介环境学的标志性成果之一。他认为，电子媒介最根本的不是通过其内容来影响我们，而是通过改变社会生活的场景来产生影响，它促成了许多旧情境的合并，于是有一些“地域”消失了。具体而言，与印刷时代的媒介环境不同，电子媒介将公共场景进行了融合，创造了“共享场景”，新的场景又促成了新的行为变化。

保罗·莱文森（Paul Levinson）被视为“数字时代的麦克卢汉”，他认为媒介进化是一种系统内的自调节和自组织，其机制是补救媒介，即后来的媒介对先前的媒介有补救作用。

2. 卡斯特的网络社会理论

曼纽尔·卡斯特（Manuel Castells）在《网络社会的崛起》中阐释了网络社会的基本性质“既是一种新的社会形态，也是一种新的社会模式”。网络是信息时代最具革命性的技术媒介，将成为我们生活的基本因素。在新的社会—技术范式下，信息即原料，无所不在的新技术塑造了个人与集体存在的所有过程，任何使用信息技术的系统或关系都具有了“网络的逻辑”，具有修正、彻底改变组织与制度的重构力量。“网络建构了我们社会的新形态，而网络化的扩散实质地改变了生产、经验、权力与文化过程中的操作和结果。”③基于此，卡斯特描绘了一幅新的社会图景：信息技术革命正在加速重造社会的物质基础，构成新的社会时空；全球经济互相依赖，引起了经济、国家与社会关系的新形式，促成信息城市出现；资本主义再结构为信息资本主义，并形成新的社会认同，新的社会形态即网络社会的面貌也越来越清晰。

---

① ［美］林文刚著，何道宽译：《媒介环境学：思想沿革与多维视野》，北京：北京大学出版社，2007 年，第 153 – 154 页。

② ［美］尼尔·波兹曼著，章艳译：《娱乐至死》，桂林：广西师范大学出版社，2004 年，第 12 – 13 页。

③ ［美］曼纽尔·卡斯特著，夏铸九等译：《网络社会的崛起》，北京：社会科学文献出版社，2001 年，第 569 页。

3. **德布雷的媒介学**

法国学者雷吉斯·德布雷赋予媒介四种既不自相矛盾又不互相混淆的四种含义：①符号行为的普通方法；②传播的社会编码；③记录或存储的物质载体；④与某种传播网络相对应的记录设备，将这个意义上的媒介称为“设备—载体—方法”系统。[①] 在他看来，“媒介”并不指媒体或介质，而是指媒介行为，也就是媒介方法的动态整体和介于符号生产与时间生产之间的中间体。[②] 他提出了全新的概念——“媒介学”，将其定义为一种研究文化技术和文化体制的媒介化的理论。该理论的出发点是研究技术与文化之间的关系，旨在明晰传承过程中的各种现象。媒介学所说的传承指的是时间上的价值与知识在代际之间的传送，[③] 而不仅仅是传播。

媒介学的目的是研究信息传播、流通以及“寻找信息获得者”。它既不会带来任何好消息、自由或者治愈疗法，又不会承认多余的权力，更没有提升任何社会地位的能力。德布雷强调技术的作用，但也强调技术和文化之间的联系，二者相互制约，在技术的统一下实现文化的多元。

4. **基特勒媒介技术的自主性**

德国媒介理论家弗里德里希·基特勒（Fredirch Kittler）被誉为“数字时代的德里达”，他反对麦克卢汉“媒介即人的延伸”的观点，认为人体和机器的界限不再清晰，身体更容易沦为技术的客体，技术有可能吞噬人的主体。他将信息和传播系统融合为一，提出信息与物质可以相互转换，即“信息物质主义”，新媒介不断在之前媒介的基础上发展，同时颠覆和构成了人类存在。[④] 基特勒与麦克卢汉“人类中心主义”的媒介理论分道扬镳，通过批判性地吸纳香农道德“信息论”、福柯的考古学/谱系学等其他不同思想脉络的理论资源，重新寻找一条真正从媒介技术自身出发、从而突破“人类中心主义”的思维定式的研究路径。[⑤] 也就是说，在基特勒对媒介技术的历史性考察中，他认为媒介技术的历史有一套自成体系的发展逻辑，每一种媒介的发展不过是在回应其他媒介的发展，而不是回应人类的身体—感官的需求。在此，基特勒与麦克卢汉划清了界限并且提出了相反的论断，在他的理论框架中，人类的身体不再是“决定”媒介技术的起因，而只是与媒介技术的独立发展过程相适应的一种结果，媒介技术不再“完全独立于个人的，甚至是集体的身体”，而且媒介技术发展的结果反过来会对人类的“感知和器官造成压倒性的影响”。[⑥]

不仅如此，他还从媒介技术出发对人类历史进行“知识考掘”，拓宽了“话语网络”这一概念的思想疆域。他把话语网络定义为“由种种技术与机构组成的网络，它使某个特定的文化得以选择、存储与处理有关数据”[⑦]，而话语网络由两个部分组成：一是技术，

---

① ［法］雷吉斯·德布雷著，黄春柳译：《媒介学宣言》，南京：南京大学出版社，2016 年，第 13 页。

② ［法］雷吉斯·德布雷著，黄春柳译：《媒介学宣言》，南京：南京大学出版社，2016 年，第 17 页。

③ ［法］雷吉斯·德布雷著，刘文玲译：《媒介学引论》，北京：中国传媒大学出版社，2013 年，第 1 页。

④ 张昱辰：《走向后人文主义的媒介技术论——弗里德里希·基特勒媒介思想解读》，《现代传播》2014 年第 9 期。

⑤ 车致新：《媒介技术话语的谱系》，北京：北京大学出版社，2019 年，第 23 – 24 页。

⑥ 车致新：《媒介技术话语的谱系》，北京：北京大学出版社，2019 年，第 24 – 25 页。

⑦ 车致新：《媒介技术话语的谱系》，北京：北京大学出版社，2019 年，第 51 页。

二是机构。[①] 通过对人类读写的历史及物质状况的分析，挖掘人类实践的基本结构，基特勒不仅发现了媒介技术的自主性，而且认识到媒介技术具有改变、控制乃至建构社会的力量。

第三节　媒介化理论

随着传媒技术的迅速发展，媒介在社会中无处不在，渗透到人们生活的方方面面，媒介化生存已经成为组织和个人的生存状态。一些学者认为以往的媒介理论和传播效果理论已经不足以说明当前媒介的深刻影响，故从 20 世纪 80 年代以来便逐渐兴起一种新的理论——媒介化。[②]

一、媒介化的概念

由于媒介化研究早期主要在德国和北欧国家兴起，各个国家语言的不同造成术语的不统一。媒介化的英文用词也比较混乱，后来逐渐集中在 mediation 和 mediatization 两个单词之间。

Mediation 作为英文中已经存在的单词，原意是“调解”“调停”，中国学者一般将其翻译为“中介化”。早期伦敦政治经济学院的学者们如罗杰・西尔弗斯通（Roger Silverstone）、索尼娅・利文斯通（Sonia Livingstone）、莉莉・乔利亚拉基（Lilie Chouliaraki）、尼克・库尔迪（Nick Couldry）等和美国学者大卫・阿尔泰德（David L. Altheide）、罗伯特・斯诺（Robert Snow）等都使用它来表示媒介化的含义。西尔弗斯通对中介化的解释是：“中介化描述了基本的、不均衡的辩证过程，在这个过程中，制度化的媒介传播（报纸、广播电视和越来越多的万维网）参与到社会生活一般的符号交流中。”[③] 它既具有技术性也具有社会性。

Mediatization 在英文中是个新词，直接被翻译为“媒介化”。它来源于德语，德国和北欧的学者多使用该词语描述媒介对政治、消费文化或科学、学术甚至是日常生活等领域的媒介化现象，如德国学者温弗里德・舒尔茨（Winfried Schulz）、安雷德里克・克罗兹（Friedrich Krotz）、安德里亚斯・赫普（Andreas Hepp）和丹麦学者施蒂格・夏瓦（Stig Hjarvard）、挪威学者克努特・伦德比（Knut Lundby）等。

中介化和媒介化虽然有不同的词源和意义，但在媒介化研究方面，它们都可泛指媒介化，都是指媒介、媒介变革与社会、文化变迁之间的关系。近年来，越来越多原来使用

---

① 车致新：《媒介技术话语的谱系》，北京：北京大学出版社，2019 年，第 7 – 8 页。

② 本节内容主要引自侯东阳、高佳：《媒介化理论及研究路径、适用性》，《新闻与传播研究》2018 年第 5 期。

③ R. Silverstone, Complicity and Collusion in the Mediation of Everyday Life, *New Literary History*, 2002, Vol. 33, pp. 761 – 780.

mediation 的学者转向采用 mediatization 一词来描述媒介化现象，如库尔迪、利文斯通、伦特（Peter Lunt）等。但也有学者坚持使用 mediation，如阿什德，他说到媒介化理论时用 mediation，仅在说到过程时才使用 mediatization。库尔迪与赫普认为："中介化"是指一般的传播过程，"媒介化"是一个旨在描述变化的范畴。[①] 夏瓦认为："中介化描述特殊社会语境下媒介类型传播的具体行为。相比之下，媒介化指涉一个更长期的过程，即不断增长的媒介影响所带来的社会及文化机制与互动模式的改变。"[②] 也有一些学者认为二者互补而非对立，所有"媒介化"现象都建立在"中介化"现象之上，正是具体历史时空中的"中介化"现象在历史中的积累产生了"媒介化"现象，甚至有些学者主张以"媒介化"包含"中介化"。[③]

"媒介化"是一个比较宽泛而模糊的概念，泛指媒介对社会、文化等其他领域的影响。"媒介化"一词既指数量方面，也指质量方面。在数量方面，媒介化指的是媒介传播在时间、空间和社会上的不断扩大。这意味着，随着时间的推移，我们越来越习惯于在各种环境下通过媒介进行交流。就质量方面而言，媒介化指的是特定媒介在社会文化变迁过程中的作用。[④]

二、媒介化理论的主要视角和观点

21 世纪以来，媒介化理论从欧洲逐渐扩展到北美等其他西方学术界，并被介绍进入中国，成为传播学研究的热点。媒介化理论是一种新的媒介理论和方法，它是一个开放探索性的而不是封闭、严格定义的理论体系。大部分学者认为媒介化研究有三个视角：技术性物质化、制度主义和社会建构主义。

1. 技术性物质化视角

技术性物质化视角关注媒介的物质特性，侧重于传播技术及其物质属性，因此与传统的媒介理论观点接近。传统的媒介理论如英尼斯、麦克卢汉、梅罗维茨等都侧重于媒介本身的物质和技术特性。媒介化理论将物质的定义进行扩展，认为它不仅包括技术，也包括设施、资源、人等物质性的东西，甚至包括时空。物质化视角比较重视数字化带来的变革，也将其与以前的历史进行对比研究，分析不同时代主导媒介的物质性，经常将媒介与第二现代性结合进行研究。

2. 制度主义视角

制度主义运用制度分析方法进行媒介化研究。库尔迪与赫普认为制度主义传统或多或少地把媒介理解为一个独立的社会制度，具有自己的一套规则，媒介化指的是"不同的社

---

① N. Couldry & A. Hepp, Conceptualizing Mediatization: Contexts, Traditions, Arguments, *Communication Theory*, 2013, Vol. 23, pp. 191－202.

② ［丹麦］施蒂格·夏瓦著，刘君等译：《文化与社会的媒介化》，上海：复旦大学出版社，2018 年，第 23 页。

③ 王琛元：《欧洲传播研究的"媒介化"转向：概念、路径与启示》，《新闻与传播研究》2018 年第 5 期。

④ A. Hepp & F. Krotz, Mediatized World—Understanding Everyday Mediatization, in *Mediatized Worlds: Culture and Society in A Media Age*, edited by A. Hepp & F. Krotz, London and New York: Palgrave Macmillan, 2014, p. 5.

会领域或体系（如政治和宗教）对这些制度化规则的适应”①。社会活动不再单纯是议程设置的结果，而是主动按照媒介的逻辑进行安排。

阿什德和斯诺在1979年出版的《媒介逻辑》中首先提出“媒介逻辑”（media logic）这一概念，认为媒介影响是一个相互的过程，各种社会制度依照媒介逻辑与媒介发生相互作用。媒介逻辑指的是媒体本身运行的逻辑，包括其内容的制作及形式的呈现、组织内部按照正式和非正式规则的运作方式等。夏瓦认为媒介逻辑是指“媒体的制度和技术工作方式，包括媒体分发材料和象征性资源的方式，以及在正式和非正式规则的帮助下运作”②。在此基础上他提出了“制度逻辑”的概念，制度逻辑的视角更着重于制度变革的过程，包括个体和组织如何既影响一系列历史偶然条件下的、松散的制度逻辑，同时又受到这些制度逻辑的影响。

夏瓦用直接（强）和间接（弱）媒介化来说明媒介对社会其他领域的影响程度。直接媒介化是指先前的非媒介化活动转换为媒介化形式的情形，即通过某种媒介互动而完成的活动，如国际象棋从有形的棋盘向计算机游戏的转化。间接媒介化是指某个特定的活动在其形式、内容、组织或语境方面越来越受到媒介符号或机制的影响，如到汉堡王或麦当劳不仅可以用餐，而且还会感受到餐厅中各种媒介娱乐环境，甚至有机会收集电影角色玩具。③ 2016年夏瓦在接受采访时表示：“现在我们很难想象有某种社会互动能够离开媒介而存在，（直接和间接媒介化）很难进行区别。因为有太多生活领域都以某种方式被直接媒介化了，并因此受到媒介逻辑的影响。”④

3. **社会建构主义视角**

社会建构主义参考了社会学彼特·伯格（Peter L. Berger）和托马斯·卢克曼（Thomas Luckmann）的社会建构理论，强调从立体、整体的社会和文化角度去研究媒介化过程，考虑媒介影响产生的语境，代表人物有库尔迪、克罗兹、舒尔茨、赫普等。诺布洛克将媒介化研究中的社会建构主义称为传播建构主义。社会建构主义和传播建构主义一方面将媒体和技术的分析与人类行为者及其观点紧密联系在一起；另一方面，他们把媒介化描绘成一个由传播行为构成的“元过程”（meta-process）。元过程的概念是克罗兹2007年提出的，他认为媒介化和全球化、个体化、商业化的元过程一样是现代化的推动者。元过程是将媒介化放到一定的语境中，对媒介技术传播的情境进行历史考察，并描述媒介传播的变革和社会变迁之间全景式的关系。这一视角认为媒介化不应该通过逻辑而应该通过实践进行，因而提出“媒介塑型力”（molding forces）的观点。媒介塑型力或锚定效应指的是“媒介对我们的传播方式施加一定的压力”⑤。

媒介化的过程包括以下几个阶段：①延伸（extension），即人类传播交往技能的延伸；

---

① N. Couldry & A. Hepp, Conceptualizing Mediatization: Contexts, Traditions, Arguments, *Communication Theory*, 2013, Vol. 23, pp. 191 – 202.

② S. Hjarvard, The Mediatization of Society: A Theory of the Media as Agents of Social and Cultural Change, *Nordicom Review*, 2008, Vol. 29, pp. 105 – 134.

③ ［丹麦］施蒂格·夏瓦著，刘君等译：《文化与社会的媒介化》，上海：复旦大学出版社，2018年，第23 – 24页。

④ N. L. Linares, Looking Beyond the Field: Development of the Mediatization Research Agenda (interview with Stig Hjarvard), *Matrizes*, 2016, Vol. 10, pp. 93 – 106.

⑤ A. Hepp, translated by Keith Tribe, *Cultures of Mediatization*, Cambridge: Polity Press, 2013, p. 54.

②替代（substitution），即媒介对社会交往活动及社会制度的替代，如网上银行和网上购物取代了柜台交易和实体店交易；③融合（amalgamation），即有媒介参与的和无媒介参与的社会活动之间的界限逐渐消解；④适应（accommodation），即组织或个人不得不评估媒介和尽可能适应媒介逻辑。也有学者增加了第五个阶段——制造（creation），但是前四个阶段是大家公认的。这四个阶段并不是按照时间顺序发生的，而是互有交叉。

不同的研究视角并不是截然对立的，实际上有些学者在不同文章中使用不同视角，甚至有些学者跨越单个视角，呈现出多向思维。而且随着时间的推移，每个学者的观点也在不断变化，很难明确将某些学者认定为走某种研究路径。另外，这三种不同的媒介化研究视角近年来有互相靠近的趋势。

三、对媒介化理论的评价

媒介化理论是对传统传播理论中传播的社会功能和影响、媒介理论和效果研究的深入拓展，并以建设性的方式解决以前研究中存在的缺陷。以往的媒介理论和效果研究都是研究媒介本身及其内容在传播中的作用，但媒介理论直接集中于单个媒介和它的社会、文化影响，忽略了媒介内容的问题；效果研究则太直接研究单个媒介内容的效果，忽略了媒介特性和文化背景的问题。而媒介化理论更强调实证分析，包括对不同群体之间具体媒介化过程的研究；它运用的是跨媒介的视角，强调媒介之间的相互关系；而且重要的是它一方面要考虑媒介与传播的变化，另一方面要考虑文化与社会之间的相互关系。[①] 所以媒介化理论能够启发我们明确界定大众媒介在转型社会中的角色，并促进关于社会转型过程的充分分析，有助于整合不同学科对于传播现象的考察。

但是媒介化理论本身也存在一些不足之处，首先是理论的开放性和模糊性。它的理论体系尚不完善，而且充满争议。媒介的塑型力和锚定效应、元过程等概念都比较模糊，很难具体去界定和研究。其次，媒介化是从专业的、实证的角度去探讨媒介影响的老问题，影响的因果关系很难把握，在研究中存在一定的困难。最后，媒介化理论特别是媒介逻辑强调媒介制度对其他领域的影响，但这种影响未必都能发挥作用，相反，社会其他领域存在抵触、抗拒媒介逻辑的斗争和冲突，特别是国家控制的政治权力和民间公共价值观与媒介逻辑的冲突可能会比较尖锐，这是权力争夺的表现，涉及反媒介霸权的问题。也有部分媒介化学者开始意识到这个问题，相关理论正在不断丰富完善中。

思考题

1. 名词解释：媒介；媒介丰富度理论；媒介环境学派；传承；媒介学；媒介化；媒介逻辑；元过程。

2. 解读施拉姆的媒介选择公式。

---

① A. Hepp & F. Krotz, Mediatized World—Understanding Everyday Mediatization, in *Mediatized Worlds: Culture and Society in A Media Age*, edited by A. Hepp & F. Krotz, London and New York: Palgrave Macmillan, 2014, p. 5.

3. 媒介形态变化的原则是什么？
4. 媒介环境学的理论命题主要有哪些？
5. 简述英尼斯的媒介偏向论。
6. 麦克卢汉的媒介理论主要观点是什么？如何评价其理论？
7. 波兹曼的主要观点是什么？
8. 媒介化研究的视角主要有哪些？媒介化过程包括哪几个阶段？

第九章

传播内容研究

大众传播所传递的内容基本上由两部分组成：说什么和怎么说。说什么即具体的信息内容，大众传播每天报道的内容五花八门，时时在更新，我们不可能对每个内容都进行研究。“怎么说”是内容的表现形式，即传播符号，这方面具有一些共同的规律可循，因此是本章的中心话题。

第一节　传播符号

一方面，传播行为是将信息表达出来，而信息首先就表现为符号。世界上没有离开符号而单独存在的信息，传播者必须将信息通过文字、图片、视频或其他符号表达出来，才能进行传播。另一方面，受众要对符号序列进行解读，才能获得信息。传播过程就是对符号的编码和意义的解码过程，所以符号是一切传播活动的基础和原材料，信息要想从传播者向受众流动，首先必须借助指代信息的中介——符号。

一、符号的定义

符号是信息的外在形式或物质载体，是信息表达和传播中不可缺少的一种基本要素。西方关于符号的用词主要有 sign、signal、symbol，这些英文单词翻译成汉语有时比较混乱，有的人将 sign 翻译成“符号”，相似的翻译还有“信号”“指号”；有的人将 symbol 翻译成“符号”，相似的翻译还有“符码”“象征符号”。这三个英文单词在查尔斯·威廉莫里斯（Charles William Morris）的著作《指号、语言和行为》中同时出现，中国学者将其分别翻译为指号、信号和符号，指号包括信号和符号。莫里斯的另外一部著作 *Foundations of the Theory of Signs* 被翻译成“指号”理论显然比较勉强，而中国学者更习惯翻译为“符号”理论。因此按照李彬的说法，sign 和 symbol“前者为普通意义的符号如语言文字，后者为象征意义的符号——以具体指代抽象的符号如象征光明的火光”①。显然它们都是指符号，只是在具体的情境中意义不同。中文关于符号的常用词还有记号、标记、标志，符号可以是语言，也可以是动作、姿态等非语言，还可以是人名、商标、招牌、图画、数字等。

关于符号的定义，索绪尔把概念和音响形象的结合体称为符号，符号是能指和所指相结合的产物。② 概念即所指，是符号比较抽象的内容意义；音响形象不是一个实质性的声音，而是声音在我们的意识里形成的一种心理印迹，代表能指，是符号的发音、表达形式。如“人”的所指是指用两条腿走路、能思考、会说话、会劳动的高等动物，“人”的能指是这个字的字音“ren”和字形，能指和所指的结合形成了“人”这个符号。

---

① 李彬：《传播符号论》，北京：清华大学出版社，2012 年，第 2 页。

② ［瑞士］费尔迪南·德·索绪尔著，刘丽译：《普通语言学教程》，北京：中国社会科学出版社，2009 年，第 80－81页。

皮尔斯将符号称为再现体，认为“它代替或被再现出来代替另一个东西，这样一来，其他东西就可以被某种可以代替再现的东西所代替”①。他将符号的要素分为符号自身、符号的对象、符号的解释项，符号是这三者的统一体。“符号所代替的那种东西被称为它的对象；它所传达的东西，是它的意义；它所引起的观念，是它的解释项。”② 如符号是某物 A，它把某物 B（其解释项）带入到与它同样相对应的某物 C（其对象），这样一来，A 就代替了 C。由于解释项涉及的是人们的心灵，所以他又指出“符号是在心灵上被某种东西所代替的某种东西”③。

莫里斯认为“人类文明依赖于指号（sign）和指号系统，而人类的心灵与指号的功能是分不开的”④。他认为一个指号代表它以外的某个东西。⑤ 指号又分为信号（signal）和符号（symbol），信号是直接替代某一事物的指号，具有唯一性，如火车汽笛声表示火车要出发，屋顶上滴答滴答的声音是下雨的指号；而“符号就是符号的解释者所产生的、作为一个与它同义的指号的替代物而起作用的那种指号，所有不是符号的指号都是信号”⑥。信号只在某个特定的环境中起作用，而符号不受环境的限制，具有普遍意义，“我们通常把符号看作其他指号的替代物，并且它是可以被它的解释者产生的”⑦。如一个人的脉搏跳动情况是他心脏状态的一个指号，脉搏跳动本身只是心脏状态的信号而已，但是他用一些话来描述他脉搏跳动的情况，这些话成为脉搏跳动的替代物，所以他说的话就是脉搏跳动的符号。谈话的书面记录是所说的话的替代指号，同时也是符号。信号是指出它们的对象，而符号是引导它们的解释者去诠释它们的对象。

西方学者的定义比较生涩难懂。在中国学者对符号的定义中，董天策的定义“符号就是可以拿来有意义地代替另一种事物的事物”⑧ 比较容易理解。该定义说明了符号的本质属性：首先，符号是一种独立存在的事物，它和所代表的另一事物在本质上是两个不同的事物。其次，符号必须与其所代表的事物建立起某种联系，这种联系可以是因果的关系，也可以是约定俗成的惯例或文化习俗，如现在被我们称为“苹果”的水果，其名称最早可能是前人随意叫的，后来逐渐成为大家对这种水果的习惯性称呼。我们一看到“苹果”两个字就能想到这种水果，这两个字就是代表苹果的符号。但由于文化的不同，这种水果的名称中文表达为“苹果”，而英文表达为 apple。最后，符号和其所代表的事物之间的联系必须是有意义的，能够被大家所理解，而不是一些毫无意义的符码甚至是乱码。

余志鸿将符号与征候、信号进行了详细的区分，认为征候跟它所代表的事物或事件之间有着天然的联系，其本身就是事物或事件发生的迹象，如乌云预示着要下雨，所以乌云是下雨的征候。而符号与它所指称的事物或事件之间没有天然的联系，它所具有的意义完

---

① ［美］皮尔斯著，赵星植译：《皮尔斯·论符号》，成都：四川大学出版社，2014 年，第 31 页。
② ［美］皮尔斯著，赵星植译：《皮尔斯·论符号》，成都：四川大学出版社，2014 年，第 49 页。
③ ［美］皮尔斯著，赵星植译：《皮尔斯·论符号》，成都：四川大学出版社，2014 年，第 34 页。
④ Charles W. Morris，Foundations of the Theory of signs，in *International Encyclopedia of Unified Science*（Vol. 1），edited by Otto Neurath，Rudolf Carnap & Charles W. Morris，Chicago：The University of Chicago Press，1938，p. 1.
⑤ ［美］C. W. 莫里斯著，罗兰、周易译：《指号、语言和行为》，上海：上海人民出版社，2011 年，第 8 页。
⑥ ［美］C. W. 莫里斯著，罗兰、周易译：《指号、语言和行为》，上海：上海人民出版社，2011 年，第 27 页。
⑦ ［美］C. W. 莫里斯著，罗兰、周易译：《指号、语言和行为》，上海：上海人民出版社，2011 年，第 29 页。
⑧ 董天策：《传播学导论》，成都：四川大学出版社，1998 年，第 42 页。

全是创造者规定的，如“苹果”这个词；或者是使用者约定的，如恋爱中的男女送的是玫瑰花，亲友慰问病人送康乃馨，人们赋予鲜花不同的花语，这种“约定”就使得鲜花成为一种含有不同象征意义的符号，所以符号学家甚至将符号称为象征符。符号被人们赋予了某种意义，并经过普遍认同和约定，因而具有普遍性意义（在一定文化圈内）。而信号仅仅是在一定时空环境中起到暂时的替代作用，它与其对象或意义之间的联系没有获得普遍的认同，脱离了当时的环境可能就无法成为另一事物或事件的替代物，如田径比赛开始的号令，有的地方用发令枪响表示开始，有的地方用口哨声，枪响声和口哨声都是在田径比赛中开跑的信号，而且它们也可以在其他事物或事件中成为另一种信号。因此，“从信息论意义上说，征候、信号和符号一样都是信息的一种载体，都具有传播信息的共同功能，在社会传播活动中发挥着各自不同的作用。但是，征候引发的是事物或事件的自然反应及其天然联系的结果，信号引发的仅仅是某事、某物在特定条件下的存在及其条件反射（或本能性）的反应，符号引出的却是事物的概念或事件的象征意义。所以，符号是高级的信息载体”[①]。

由于人类社会信息的传播是一种高级的传播形式，其内容以符号的形式表现出来。传播就是通过符号这一中介来传达人们的思想、观念，而且传播的大部分内容的意义是比较抽象的。

二、符号的类型

对于符号的分类，不同的学者从不同的角度划分出多种类型，有几种类型是学界比较认可的。

1. 皮尔斯划分的三种符号类型

符号的形式被称为“能指”，符号的内容被称为“所指”，任何一个符号都是两者的统一体。根据两者的关系，美国符号学家皮尔斯对符号有几种划分方法，其中最常用的一种分类方法是根据符号与其对象的关系，分为肖像符号、指示性符号和象征性符号。

（1）肖像符号（icon）。肖像符号又称像似符号，是指仅仅借助自己的品格去指称它的对象，并且无论这种对象事实上存在与否，它都照样拥有这种相同的品格。[②] 也就是说，符号形似或声似其所指涉的事物，并被当作其肖像符号来使用，如照片就是照片中人物或场景的像似符号或图像。

（2）指示性符号（index）。指示性符号又称标志性符号，它与对象共同具有某些品质，有直接的关联，所以可以指称它的对象，如打喷嚏是感冒的标志符、风向标是风向的指示符。指示性符号也包括一些像似符号，但大部分是符号自身与对象之间有着某种事实的或因果的关系。

（3）象征性符号（symbol）。狭义的符号就是指象征性符号，又被翻译为规约符号，其能指和所指之间的联系是人们创造的，它借助法则——常常是联想——去指示它的对

① 余志鸿：《传播符号学》，上海：上海交通大学出版社，2007 年，第 21 页。
② ［美］皮尔斯著，赵星植译：《皮尔斯·论符号》，成都：四川大学出版社，2014 年，第 51 页。

象。象征性符号的能指与所指之间没有必然的联系，其通过联想或其他约定成俗的惯例建立联系。因此，它或者取决于解释者的约定、习惯，或者取决于解释者所涉猎的领域，才能理解其意指，如红十字代表人道主义救护团体、交通图标都是约定的象征性符号。象征性符号也包含某种特别的指示性符号，如专用名词，它通常只能指称一类事物，不能指示任何个别的事物。象征性符号是纯符号，是抽象的，“语言以及所有抽象思维，如那些用语言进行思考的心灵，都具有规约符的性质”①。象征性符号具有强大的能力，即它们单独就能表达一种法则。如“正义”与“真理”，这两个词创造了它们的辩护者，并且通过这种力量来鼓舞这些辩护者为之奋斗。

2. 语言符号的类型和特征

传播学一般将符号划分为语言符号和非语言符号两大类，这种划分方法获得了广泛的认同。索绪尔认为语言是一个表达概念的符号系统，而且与其他符号系统相比，它是最重要的。② 索绪尔对语言的形式也进行了区分，他所说的语言指的是形式语言，即书面语；而在传播过程中对语言的实际运用被称为言语，相当于口头语。语言只是言语一个确定的部分，也是基本的一个部分。言语的使用以先天本能为基础的；而语言是某种后天获得的规约性的东西，是大家约定俗成的、按照一定规则后天习得的东西。言语是一种个人行为，它是异质的，每个人都不同；而语言是社会的产物，是一个集体中所有成员大脑中潜在的一个语法系统，是同质的，也就是说，语言的规则是普遍性的、通用的，大家都必须遵守。言语的规律不如语言那么强，但是比语言更加多样化。索绪尔认为语言学研究的对象应该是语言，因为语言遵循一定的分类原则，它比较稳定，“在（语言）这个系统里，最基本的东西就是意义和语音形象的结合”③，也就是能指和所指的结合。语言的传播以共时性为特征，它随着时间的推移变化不大；而言语的传播以历时性为主，随着情况的变化而变化。但是这种语言和言语、共时和历时的区别受到了其他学者的尖锐批评。

实际上，一定文化圈的人，其口语有着共同的规则，它的表达也有社会性；无论是口语还是书面语本身都既有共时性，也有历时性；二者既在一定时期稳定不变，又随着时代发展不断创造新的形式。不过在传播时，口语传播所体现的是共时性，因为说和听必须同时进行；而书面语既可以是共时的，也可以是历时的，写字和读字可以在不同的时间进行。历史哲学家斯宾格勒写道：“说和听只在近处和现时发生，但通过文字，一个人可以向他从来没有见过的人、甚至还没有出生的人说话；一个人的声音在他死后数个世纪还可以被人听到。”④

我们所说的语言符号系统既包括口语，又包括书面语言。口语的构成要素包括语音和语义，书面语言的构成要素包括字音、字形和字义。对于传播学来说，不研究音和形等语法层面，而主要研究其语义甚至是语用层面。对于所表达的事物而言，口语是直接符号，文字是间接符号，是符号的符号，因而文字构筑的是一个同现实世界相对应的虚幻世界。从本质上来说，人类语言符号的主要特征如下：

---

① ［美］皮尔斯著，赵星植译：《皮尔斯·论符号》，成都：四川大学出版社，2014 年，第 64 页。
② ［瑞士］费尔迪南·德·索绪尔著，刘丽译：《普通语言学教程》，北京：中国社会科学出版社，2009 年，第 18 页。
③ ［瑞士］费尔迪南·德·索绪尔著，刘丽译：《普通语言学教程》，北京：中国社会科学出版社，2009 年，第 17 页。
④ ［德］奥斯瓦尔德·斯宾格勒著，吴琼译：《西方的没落》（第 2 卷），上海：上海三联书店，2006 年，第 133 页。

（1）语言的产生具有任意性。由于语言属于象征符，它的能指和所指之间没有内在的联系，它可以用任何序列来表示。索绪尔将符号的任意性视为语言学的支配性原则，但任意性并不是指传播者可以任意选择能指，因为所有的表达形式都必须遵守大家共同的规约，遵循某种逻辑准则，所以任何语言符号都不是完全任意的。语言的这种任意性使得它具有无限的灵活性，它在最初创立时可以随意指定某个语言符号代替另外一种物质实体或抽象概念；在使用过程中也具有不完全的任意性，人们可以随时用某个语言符号表达某种意义，只要这种意义能够被人们所理解。

（2）语言具有超越时空性。语言符号的超时空性突出表现在[①]：第一，它可以指称不在眼前的事物和现象。语言不仅能够表述现在和眼前，而且能够表述过去、其他空间发生的事情。人们用语言可以描述远古时代的神话和传说，可以绘声绘色地再现刚刚过去的事情，即使在遥远的其他地方发生的事情也能够通过语言传播给不在现场的人们。第二，它可以指称没有发生过的事物和现象。一些艺术作品如寓言和童话、文学、电影等都是人们通过想象虚拟出来的符号集合，人们也可以用语言描述未来可能发生的事情。第三，它可以指称非物质形态的事物和现象。语言具有抽象性，它可以描述具体的事物，也可以描述一些抽象的概念，传述人们内心的思想、梦幻和想象。

（3）语言具有规则性。从本质意义上讲，“语言是一系列字母、符号及它们的使用规则”[②]。语言的规则受到历史和文化环境的制约，不同文化背景的人都有其群体的语言规则，从而建立了不同的语言符号系统。每一种语言体系都有自己的规律可循，一般都有基本的语法、语音规则和大家约定成俗的意义，并且是可以认知的。通过教育和传承，各种语言体系可以被他人或后代所继承。

（4）语言具有巨大的能动性和创造性。这是人类语言区别于动物界信号系统的最根本特征。语言符号的能动性和创造性体现在语言对人们思维的影响。著名的萨丕尔—沃尔夫假说（Sapir-Whorf Hypothesis）认为，人们都是按照母语所设定的方向来透视现实、把握世界，“人们很大程度上受制于作为社会表达媒介的特定语言的摆布”，“‘现实世界’在很大程度上是不自觉地建立在群体的语言习惯之上的”[③]。德国语言学家威廉·冯·洪堡特（Wilhelm Von Humboldt）认为人们可以把语言视为一种世界观或一种思想联系，“但人们绝不能把语言看作是一个死的产物，而更应看作是一种创造，更应把它从那些使它成为事物的名称和理解的媒介的东西中抽象出来，并更精心地追溯到它与内在精神活动紧密相连的源头和它们之间的相互影响”[④]。他认为语言本身不是一个作品，而是一种活动。语言是一种精神活动，真正的语言存在于它真正创造的行为之中。语言既可反映“外在的对象”，又可创造“外在的对象”，并且随着外部条件的变化而改变，不断地改变自身以适应新的环境。

---

① 余志鸿：《传播符号学》，上海：上海交通大学出版社，2007 年，第 44 – 45 页。

② ［美］拉里·A. 萨默瓦等著，闵惠泉等译：《跨文化传播》（第 6 版），北京：中国人民大学出版社，2013 年，第 159 页。

③ E. Sapir, The Status of Linguistics as a Science, *Language*, 1929, Vol. 5, pp. 207 – 214.

④ ［德］威廉·冯·洪堡特著，钱敏汝译：《论人类语言结构的差异及其对人类精神发展的影响》，西安：陕西人民出版社，2006 年，第 51 页。

3. **非语言符号的类型**

非语言符号指的是语言符号以外的其他所有传播信息的符号，一般包括动作姿态、表情、标志、图像、时空等。莫里斯认为传播不仅限于语言的传播，它还包含各种非语言的传播。在人类传播中，很大一部分信息是从非语言符号中得到的。施拉姆认为："符号可以是语言的或非语言的，可以是视觉的、听觉的、嗅觉的和触觉的。它可以是说的话、写的字、印的书和画的画，可以是姿势、微笑、拍肩、大笑或香味。"①

但是，非语言符号有一定的局限。专门研究非语言符号的学者艾伯特·梅拉比安（Albert Mehrabian）认为语言可以用来传播任何信息，而非语言传播的范围则非常有限。一个原因是非语言符号常常受到语境的限制，在某种情况下的动作姿态到另一种情况下表示的意思就完全不同；另一个原因是非语言符号反映的事实和意义超越了语言的范围，很难用明确的语言来描述，也很难编成代码或词典。语言符号反映的是思想的传播，非语言符号大部分反映的是情绪或情感的传播。非语言符号种类繁多，大体可以分为以下四种：

（1）身体语言符号。身体语言又称身势语，是人们用来表情达意的动作、姿态、表情、眼神和触摸等身体动作。雷·伯德惠斯泰尔（Ray Birdwhistell）是身势学的创始人，他在《身势与语境》一书中认为："身势学所关注的是如何把连续不断的肌肉转换动作加以抽象化。……将这些动作排列组合，形成特定社群的互动交流体系，这对传播过程来说具有十分重要的意义。"② 他的观点在很大程度上是建立在身势和语言的相似性基础上的，被称为语言—身势类比。他认为身势不能被视为一种普遍的符号，只在特定的语境下有特定的意义，如搭便车者伸出的拇指和我们点赞时伸出的拇指意义是不一样的。保罗·艾克曼（Paul Ekman）和华莱士·费瑞森（Wallace V. Friesen）从来源、编码和用途三个角度来分析非语言行为，发展出一套完善的有关身势和行为的总体性模式，将身势符号主要分为五类：第一类是象征性的，如表达胜利的V字手势；第二类是说明性的，用来描述本来可以用语言表达的事物，如交警指挥的手势；第三类是转移性的，用来释放和缓解身心的紧张，如搓手、挠头等，或者拍打别人后背；第四类是规范性的，用来监控和协调交流和互动过程，如在群体场合用眼神示意别人怎么做；第五类是情感的表达。③ 它们在起源、编码和用途上的特点如表9－1所示：

表9－1　艾克曼和费瑞森关于非语言行为的特点

行为	来源	编码	用途
象征性行为	习得	随意性或图像性	传播
说明性行为	习得	图像性	信息/传播/互动

① ［美］威尔伯·施拉姆、威廉·波特著，何道宽译：《传播学概论》（第2版），北京：中国人民大学出版社，2010年，第68页。

② 转引自［美］斯蒂芬·李特约翰著，史安斌译：《人类传播理论》（第7版），北京：清华大学出版社，2004年，第82页。

③ ［美］斯蒂芬·李特约翰著，史安斌译：《人类传播理论》（第7版），北京：清华大学出版社，2004年，第83－84页。

（续上表）

行为	来源	编码	用途
转移性行为	固有的	图像性或内在性	信息/互动
规范性行为	习得	图像性或内在性	互动
情感的表达	固有的	内在性	信息/互动

身体语言符号在传播信息中运用得最广泛，基本上所有的语言传播都伴随着身体语言。梅拉比安计算出一个各种符号对消息影响程度的公式：

总影响＝语言（7%）＋声音（38%）＋面部表情（55%）[①]

而且这些身体语言有时能够独立使用，超越语言和文化的限制，被广泛的人群所理解，如“V”型手势、网络上的各种表情包等。

（2）伴随语言符号。伴随语言符号指人类在传播活动中伴随言语行为而发出的具有一定语言功能的符号，通常称为类语言或副语言。这类语言是人类发出的没有固定意义的声音，是某种类似语言的符号或者词汇读音之外的“声音因素”，具有非独立性。拉里·萨默瓦（Larry A. Samovar）等人将其称为副语言，并分为三种：声音修饰词（音量、音高、音律、音频、共振、音调）；声音特征词（笑、哭、喊、呻吟、哀鸣、打嗝、打哈欠等）；声音区分词素（啊、嗯、嘘等）。[②] 演员们在朗诵台词时通过音调、音量或节奏的细微变化，就能给受众留下许多不同的情感印象。声音特征词在特定的文化中有着约定成俗的含义，一般来说，“咯咯地笑”都表示轻松愉快的状态，但它在有些东南亚国家是“紧张地笑”的标志。观众的嘘声在演讲或表演时是不满的表现，但在见到熟人时嘘声表示高兴、惊奇，日本人在交谈时的嘘声或吸气声表示尊敬，这些声音特征词常常伴随着语言而出现，对语言的理解起着辅助甚至是主导作用。我们常说“听话要听音”，指的就是这种弦外之音。约翰·费斯克（John Fiske）认为这些符号属于现场符码，只能传递此时此地的讯息。[③]

（3）物体语言符号。某些物质性东西特定的形态也能十分准确地表达某种含义，如人们有意无意地摆设的一些物体，人们的衣着打扮、佩戴的饰品等物件，环境布置等。结构语言学家罗兰·巴尔特（Roland Barthes）曾经专门写过一部关于符号学与服饰符码的著作，他认为衣服、服饰不仅体现着时代气息、民族传统、文化背景，而且是个人的身份、职业、审美品位等表征，在不同的场合穿不同的衣服显示对别人的尊重，并体现出自己的态度，如在节日期间大家都会盛装打扮。房子的结构体现出不同的文化，中国学者认为西方家庭住宅对外是开放的，只有很矮的围墙，但注重内部个人隐私，父母进入儿童房间都

① Albert Mehrabian, Communication Without Words, *Psychology Today*, 1968, Vol. 2, pp. 53 – 55.

② ［美］拉里·A. 萨默瓦等著，闵惠泉等译：《跨文化传播》（第6版），北京：中国人民大学出版社，2013年，第198页。

③ ［美］John Fiske著，张锦华等译：《传播符号学理论》，台北：远流出版公司，1995年，第93页。

要敲门；而中国的院子是高高的围墙，但内部各房间是畅通开放的，体现了家长式、家族式的管理风格。现代人非常注重房子的装修，看房子的装修风格就能看出主人的品位。一些具体的物件摆设也能传达一定的信息，如战争时期情报人员在窗台上摆放花盆显示安全等。

（4）时空语言符号。时间和空间也能说话，可以传播某种信息。研究空间的人际距离学包括三个方面的内容：个人空间、座位安排、家具摆放。美国人类学家爱德华·霍尔认为“空间也会说话”，一般来说关系越密切，距离就越近。他把北美个人空间的人际距离划分为：亲密距离（0～0.45 米）、个人或熟人距离（0.45～1.2 米）、社交距离（1.2～3.6 米）、公共距离（3.6 米以上）四个区域。距离也可以显示出对信息本身以及对传递信息的行为的态度，急切需要从别人那里了解某种信息就会趋近，对某信息不感兴趣就会远离信息传递者。会议室的桌子摆放、办公室每人的座位位置、桌上用品的摆放等，都能体现一定的权力关系或个人喜好。

时间也表达一定的含义，如果你在一个重要的约会中迟到就可能会让对方认为你不重视这次约会，但对守时准则的反应因人们的文化背景不同而有所区别。在非洲，人们赴约、出席会议和社交活动总要迟一些；而在德国，人们对守时达到了痴迷的程度。① 有研究表明，人们在一起度过的时间长，也是相互间建立亲密无间关系的特征之一。时间还有其他的一些功能，如“时间就是金钱”“犹豫不决会错失良机”“少壮不努力，老大徒伤悲”等俗语，都表达了时间对人的重要性。

非语言符号是多种多样的，它还包括沉默等一些特殊的符号，“沉默也是话语”，沉默能够传递交流场合中的一些非语言信息。施拉姆认为对研究人类传播的学者来说，无意中流露出的非语言信号比有意发出的信号更有意思，因为传播行为反映的是整个人，所以非语言方式流露的信息，许多来自内心深处，是难以压抑的。② 非语言符号在人际传播中使用较多，在大众传播中也有一定的地位，如报纸版面位置、色彩、报道的篇幅、发表的时机等都是很重要的信息传递，广播、电视中的声音要素、画面中的人物表情、播放的时间段等也都传递着丰富的信息。

三、符号学研究

古代学者奥古斯丁、柏拉图、亚里士多德等均对符号作出过论述，17 世纪英国哲学家洛克在《人类理解论》中认为符号是达到和传递知识的途径，但最早提出符号学概念的是 19 世纪末 20 世纪初瑞士语言学家索绪尔，从此符号学逐渐成为西方社会科学研究的一个热门学科。符号学研究符号的特征与本质、符号与意义的关系以及符号与人类活动的关系等问题。现代符号学理论来源于瑞士语言学家索绪尔、美国哲学家皮尔斯、德国哲学家恩斯特·卡西尔（Ernst Cassirer）以及逻辑学家弗雷德里克·弗雷格（Friedrich

---

① ［美］拉里·A. 萨默瓦等著，闵惠泉等译：《跨文化传播》（第 6 版），北京：中国人民大学出版社，2013 年，第 202 页。

② ［美］威尔伯·施拉姆、威廉·波特著，何道宽译：《传播学概论》（第 2 版），北京：中国人民大学出版社，2010 年，第 70 页。

L. G. Frege)、保尔・鲁道夫・卡尔纳普（Paul Rudolf Carnap）等人的理论与研究。符号学后来的研究者非常多，比较著名的是美国哲学家莫里斯和法国思想家罗兰・巴尔特等人。

1894 年索绪尔最早提出符号学概念，认为符号学是研究社会范围内的符号生命的科学，它告诉我们是什么构成了符号，什么规则在支配它。[①] 符号的根本原则是具有任意性，但只有一部分符号是绝对任意的，其他的符号还是要遵循一定的规则。索绪尔是结构主义语言学派创始人，他提出的四大对立项——能指与所指、语言与言语、历时与共时、组合与聚合，成为符号学的经典论域。索绪尔认为语言是一种表达观念的符号系统，并且是所有符号系统中最重要的。

现代符号学理论最早是由皮尔斯创立的，他认为符号学“是一门研究有关各种可能的符号过程之本质特性及其基本种类的学说”[②]。他给符号下了确切的定义，对符号的种类进行了划分和描述，从而使符号学获得了独立的学科地位。他将符号定义为任何一种事物，符号与其对象、解释项之间存在着一种三元关系。符号过程是一种活动或影响，包含符号、符号的对象、符号的解释项的合作过程。

卡西尔著有三卷符号学研究的德文巨著《语言》《神话思维》《认识的现象学》，他晚年到美国后又用英文将其基本思想压缩成一本《符号形式的哲学》。他认为，与其说人是理性动物，不如说是符号动物，人类只有通过符号活动才能创造出使自身区别于动物的文化实体。动物只能对信号作出条件反射，只有人才能把这些信号改造成为有实际意义的符号。“符号思维和符号活动是人类生活中最有代表性的特征，并且人类文化的全部发展都依赖于这种条件。”[③] 符号形式包括语言传播、神话思维和各种科学认识，因此对它的研究主要是哲学范式的。所以在卡西尔的研究思想中，人、符号、文化成了三位一体的东西，最后创造出一个符号的宇宙。

美国哲学家莫里斯在前人的基础上为符号学理论的体系化做出了重要贡献，这使他成为美国现代符号学的鼻祖。他的代表作有《符号理论的基础》《指号、语言和行为》《意谓和意义》。莫里斯认为符（指）号学是一种关于指号及其运用的一般理论，以指号过程作为自己的研究对象。指号分语法、语义和语用三个层面，“一种完全指号意义上的语言是任何主体间的指号载体集合，其用法由语法、语义和语用规则决定”[④]。语法学即符号关系学，研究的是从指号与对象或解释者的关系中抽象出来的指号之间的语法关系；语义学研究的是符号和其所指示对象之间的关系；语用学研究的是符号和解释者（人）之间的关系。指号学是三种学科的总括，是一切科学的“元科学”。后来，莫里斯将三门学科的研究范畴又进行了修改，认为语法学研究指号的种种联合，而不考虑这些联合的意谓（即意义），也不考虑这些联合和它们在其中出现的那种行为之间的关系；语义学研究指号所具有的各种方式的意谓；语用学研究指号的起源、应用与效果。[⑤]

---

① ［瑞士］费尔迪南・德・索绪尔著，刘丽译：《普通语言学教程》，北京：中国社会科学出版社，2009 年，第 19 页。

② ［美］皮尔斯著，赵星植译：《皮尔斯・论符号》，成都：四川大学出版社，2014 年，第 3 页。

③ ［德］恩斯特・卡西尔著，赵海萍译：《符号形式的哲学》，长春：吉林出版集团股份有限公司，2018 年，第 31 页。

④ Charles W. Morris, Foundations of the Theory of signs, in *International Encyclopedia of Unified Science* (Vol. 1), edited by Otto Neurath, Rudolf Carnap & Charles W. Morris, The University of Chicago Press, 1938, p. 35.

⑤ ［美］C. W. 莫里斯著，罗兰、周易译：《指号、语言和行为》，上海：上海人民出版社，2011 年，第 227 页。

巴尔特与索绪尔一样属于结构主义语言学派，他将符号学的基本方面分为四大类：语言和言语、所指和能指、系统和组合段、直指和涵指。前两类与索绪尔的分类相同，后两类有所区别。系统和组合段是在索绪尔组合与聚合的基础上发展而来，他用很简单的例子说明系统和组合段是语言的两根轴，如衣服的系统是衣片和零件的集合，即衣服的制作要素；而组合段是不同衣服的组合，如裙子—衬衣—背心。符号第一系统的所指和能指结合会产生意指，这是符号的直指，它相当于直接的含义；但是第一系统有可能变成另外一个系统的组成部分，如变成第二系统中表达平面或能指的部分，这样，第二系统就构成了涵指平面，所以，“一个被涵指的系统是一个其表达面本身由一意指系统构成的系统”①。涵指通常是一个复合系统，它的所指是意识形态的一部分，如“法文”所指的是全体法文信息，但在法国小说家都德的短篇小说《最后一课》中，“法文”代表的就是祖国、本民族文化。巴尔特认为符号学研究的目的就是按照一切结构主义活动的方案（目的是建立一个研究对象的模拟物），建立不同于语言结构的意指系统之功能作用。为此就要在研究方法中坚持适切性原则，即只按照某一观点来描述所收集的资料。在符号学中，就是只按照研究对象的意义关系来研究对象。那么，怎样去选取作为研究对象的文本整体呢？他提出两个建议：一方面，文本整体的幅度应当足够大。另一方面，文本整体应尽可能保持齐一性，首先是内质的齐一性；然后是时间的齐一性，应最大限度删除历时性因素，如研究报纸现象时，在同一时间内出版的各种报纸的样例就比在不同年代出版的同一种报纸的样例好。当然，对于同一份报纸也可以从历时性方面进行研究。

当代符号学研究的突出特点是综合性和跨学科性，其融合了逻辑学、语言学、哲学、人类学、心理学、美学、社会学、生物学以及传播学和信息科学的研究方法和研究成果，同时又为各学科研究领域所应用。美国思想家费斯克是最早提出将传播学与符号学结合起来研究的学者，他认为，“所有传播都包含符号（sign）和符码（code）两要素。符号是各种人为制品或行为，其目的是传递意义。符码则是组织符号和决定符号关系的系统”，“符号、符码、传播的传递和收受正是社会关系的实践”。② 他认为传播研究领域有两个主要的派别：一个是过程学派，视传播为讯息的传递，关注的是传播的具体过程；另一个是符号学派，视传播为意义的生产与交换，“关注的是讯息及文本如何与人们互动并产生意义，换句话说，它关注的是文本的文化角色”③。符号学派关心的是文本如何被解读，因为解读是意义发现的过程。也是读者和文本互动的过程，不同文化背景的读者对同一文本的解读是不一样的。

---

① ［法］罗兰·巴尔特著，李幼蒸译：《符号学原理》，北京：中国人民大学出版社，2009 年，第 55 页。
② ［美］John Fiske 著，张锦华等译：《传播符号学理论》，台北：远流出版公司，1995 年，第 13 页。
③ ［美］John Fiske 著，张锦华等译：《传播符号学理论》，台北：远流出版公司，1995 年，第 14 页。

第二节　意义和解读

符号是能够解读出“意义”的元素，法国学者 A. J. 格雷马斯（Algirdas J. Greimas）认为人类世界本质上可定义为意义的世界。人们利用符号就是要传播一定的信息，这种信息可能是事实，也可能是抽象的概念或价值判断，接收到符号的人要从中解读出其中蕴含的意义。

一、符号的意义

无论哪种类型的符号，其创造和使用都是为了将人类所感知到的内容呈现出来供人们观照、认识和理解，这就是符号的意义和作用。符号的创造和使用过程，就是赋予在本质上不同的两种事物（一种是符号形式，一种是指说对象）以某种联系的过程，观念和意义必须通过对符号内涵的解读才能被理解。

意义就是人赋予符号的含义，是人类以符号形式传递和交流的精神内容。符号如果没有意义就是一个物体，意义是人赋予它的；在传播过程中，传播者和接收者都会对符号赋予自己理解的意义。对于同样的符号，传播者和接收者能够实现相同意义的交流，则传播就成功；如果传播者传达的是一种意义，而接收者理解的是另外一种意义，则说明没有实现意义的准确传送，没有达到传播者的目的。意义总是因人而异，是建立在个人经验之上的，但是人类社会要共同生活就必须要让别人理解符号中的意义，所以这种意义必须建立在人们共同认知的基础上，“任何社会里都有一定数量的意义是普遍共享的。社会的成员必须在足够数量的外延意义（称其名而识其义的意义，即词典中标注的意义）上达成共识，不然就无法交流。同理，任何社会在内涵意义（情感和价值判断的反应，比如何为贬义词，何为价值观，谁是好人等）上必须意见一致，否则社会成员在生活中相处时就很不自在”①。实现相同含义的沟通，这是传播的目的，也是最难之处。

在传播过程中，符号所表达的意义不仅由符号形式与指说对象的最初联系所决定，而且往往由使用符号的传播情境来决定。“符号的含义因人而异，随语境而变化；甚至对个人而言，语义会因时而易。”② 对于同样的含义，每个人的理解是不同的，在不同情况下同样的人对同一符号意义的理解也可能发生变化。我们每个人在赋予符号意义和理解符号意义时都带有自己的主观经验和文化背景。“在一定程度上，两个人共享一个符号时，那就是两个人生活的交叉。两人交往时，我们带进传播关系里的因素有：我们储存的经验、

① ［美］威尔伯·施拉姆、威廉·波特著，何道宽译：《传播学概论》（第 2 版），北京：中国人民大学出版社，2010 年，第 67 页。

② ［美］威尔伯·施拉姆、威廉·波特著，何道宽译：《传播学概论》（第 2 版），北京：中国人民大学出版社，2010 年，第 66 页。

脑海里的形象、价值判断和态度以及我们对感官刺激的反应。这些个人特征统称为参考框架。"[①] 可见符号的意义非常丰富，而且难以把握。在大众传播中，媒介通过对符号的运用为我们提供社会共享的意义，进而影响我们的观念。"媒介运用符号和对符号所表示的对象的描述，来解释现实。这种表现方式为观念提供了共同的意义。媒介就是通过这种途径向我们提供'外部世界'在'我们头脑中的图像'。"[②]

意义也有很多种分类，上面所说的外延意义和内涵意义是意义最基本的类型。外延是概念符号所指示的事物的集合，内涵则是对符号所指示事物的特征和本质属性的概括。巴尔特将外延和内涵意义称为明示意义和隐含意义，明示意义就是符号明显的或字面上的意义，是语义部分的内容；隐含意义就是它所包含的情感或价值观，它所体现的是语用部分。如法国女星凯瑟琳·丹妮芙代言的一个法国香水品牌广告照片，香水的外延就是丹妮芙。在丹妮芙的文化圈内，人们会将她与法式"优雅"联系起来，所以，人们从丹妮芙的"优雅"形象联想到香水的内涵就是"优雅"。

巴尔特认为明示意义是对客观事物的再造，而隐含意义则是过程中人为的部分，"它说明了符号如何与使用者的感觉或情感，及其文化价值观互动，也就是说解释义是同时受到解释者与符号或客体所影响"[③]。巴尔特在明示意义和隐含意义的基础上又引入了"神话"这一概念，神话是一种言谈，是渗透意识形态或价值观念的符号系统，它发端于文化，并通过传播来传递意义。巴尔特认为符号含有两个层次的表意系统（见表9-2），索绪尔所说的"能指+所指=符号"只是符号表意的第一个层次，称为语客体。但是巴尔特认为所指是不确定的，它永远是其他物的能指。第一个层次的符号会作为能指，指向第二层次的所指——神话。神话属于第二层次，又称为元语言。[④] 它并不明确说出第二层所指，但是暗暗指向它，而且通过大量其他文本，反复暗示相似的意义（这一过程又称为互文）。通过这些过程，强制性的意指被自然化为理所当然的常识。这种常识成为我们理解世界的框架，是意识形态的一部分。如法国一家周刊的封面是一张照片：一个黑人士兵身穿法国军服向法国国旗敬礼。初级符号系统的能指是构成图片的线条、色块和图案，所指是"一个正在向法国国旗敬礼的黑人士兵"，三色旗是法国国旗，根据军服看出这是一个士兵，他的肤色是黑的，他的姿势是敬礼。这是直接意指的过程，符号则是图片及其所表达的意义的结合。然而，在次级符号系统中，这一符号降格为能指。我们再次面对的是一个更大的符号学系统：有一个能指，它自身已预先由一个系统构成（一个黑人士兵敬法国式军礼）；一个所指（这是法国与军队有意的混合）；最后，通过能指呈现所指，形成了一个新的、更大的符号系统，即神话——一个黑人士兵向法国国旗致敬，意味着法国是一个伟大的帝国，她的子民们

---

① ［美］威尔伯·施拉姆、威廉·波特著，何道宽译：《传播学概论》（第2版），北京：中国人民大学出版社，2010年，第66页。

② ［美］梅尔文·L. 德弗勒、埃弗雷特·E. 丹尼斯著，颜建军等译：《大众传播通论》，北京：华夏出版社，1989年，第401页。

③ ［美］John Fiske著，张锦华等译：《传播符号学理论》，台北：远流出版公司，1995年，第116页。

④ ［法］罗兰·巴特著，许蔷薇、许绮玲译：《神话——大众文化诠释》，上海：上海人民出版社，1999年，第174页。

不分肤色和种族，都一致效忠于她。[①] 这张照片是对那些批评法国殖民主义霸权的一个回应。

表 9－2　符号意义的层次[②]

<table>
<tr><td>语言（直接意指）</td><td>1. 能指</td><td>2. 所指（概念）</td><td></td></tr>
<tr><td rowspan="2">神话（含蓄意指）</td><td colspan="2">3. 符号（意义）
Ⅰ能指（形式）</td><td>Ⅱ所指（概念）</td></tr>
<tr><td colspan="3">Ⅲ符号（意指）</td></tr>
</table>

二、意义理解的障碍

无论语言符号还是非语言符号，其意义都是丰富而复杂的。在解读的过程中，由于符号所传达的意义本身往往具有多义性、模糊性和语境性，导致意义的解读存在一些障碍。只有将意义放到特定的语境中进行理解，才能解读出其原本想表达的意思。

1. 符号的多义性

多义性是指一种符号具有两种以上的意义。多义性是符号的普遍特征，无论是语言符号还是非语言符号都会出现一个符号有多重意义的情况。语言符号中经常出现一词多义的现象，如对“某某人真黑”这句话中的“黑”就会有不同的理解，有人理解为这个人长得黑，有人理解为这个人“心黑”。同一个词语或短语结构可以有多种意义，特别是类名词等比较抽象的词语，只有将其放到特定的语境中进行解读才能正确理解其意义。非语言符号由于意义不明确，同样的东西或姿态也会出现理解上的差异，如将拇指和食指合成圈，手心向前，被美国人和世界多数人理解为“OK”的意思；但在 2019 年，这个手势被添加到“白人至上主义者”和其他右翼极端分子使用的仇恨符号数据库，它被广泛用作“白人至上”的表达形式，三个弯曲的手指代表 white（白色）的首字母“W”，拇指和食指合成的圈代表 power（权力）的首字母“P”。符号的多义性使得人们在沟通中会出现理解上的差异，“即使双方拥有社会共享的意义，能避免严重的困难，但同一符号在双方头脑里唤起的画面并不是完全相同的”[③]。如果文化背景不同，即使是普通的、社会共享的符号也有重要的差异。

2. 符号意义的模糊性

模糊性是指符号的意义是不确定的、含糊不清的。英国哲学家伯特兰·罗素（Ber-

① ［法］罗兰·巴特著，许蔷薇、许绮玲译：《神话——大众文化诠释》，上海：上海人民出版社，1999 年，第 173 页。

② ［法］罗兰·巴特著，许蔷薇、许绮玲译：《神话——大众文化诠释》，上海：上海人民出版社，1999 年，第 173 页。

③ ［美］威尔伯·施拉姆、威廉·波特著，何道宽译：《传播学概论》（第 2 版），北京：中国人民大学出版社，2010 年，第 68 页。

trand A. W. Russell）将模糊性定义为“一种表现手段，当其表现系统与被表现系统的关系不是一对一，而是一对多时，它就是模糊的”①。所有的符号都是模糊的，只是模糊的程度不同。语言符号相对于非语言符号意义比较明确，但所有的语言也是模糊的。许多学者认为语言的模糊性指的是词语的边界状况，就是词语所表示的区域界线不是很明确。如“红色”这个词的适用范围在本质上是不确定的，由于颜色有深有浅，有些颜色的红的程度不一，我们就难以决定是否把它们称为红色；对于到底什么年龄段的人属于“中年”，我们也是不能确定的。在语言的使用中，人们还经常使用隐喻等修辞方法。隐喻的特点就是语义的不确定，所以很难清晰地解读出其意义，如后世对《老子》《庄子》等著作的解读就多种多样。

3. **符号意义的情境性限制**

传播情境又称语境，是对特定的传播行为直接或间接产生影响的外部环境的总称，它包括话语的上下文，也包括具体的传播场景，如时间、地点、围观的群体等，甚至包括更宏观的环境，如政治、文化背景等。任何符号在传递意义时都必须结合当时的语境进行理解，否则就会产生各种歧义。语言学家罗曼·雅各布森（Roman Jakobson）认为信息必须涉及传播者和接收者都能理解的语境，因为语境使信息具有意义。不提供信息也就不可能提供交流活动的全部意义，交流的所得有相当一部分来自语境、代码和接触手段。所以，意义存在于全部交流行为中，它不是一个自由自在地从发送者传递到接收者的稳定不变的实体。② 爱德华·霍尔认为在很多情况下没有上下文，语言符号就不完整，因为一部分信息是包含在上下文之中的。“情境”决定着人们吸收和省略的东西，人们吸收的东西赋予世界结构和意义。③ 所以，语言符号、情境和意义是密不可分的，“意义和交际环境无法分割地纠缠在一起。虽然语言代码可以脱离上下文在一些层次上分析，但是在实际生活中，代码、环境和意义只能被看作一个事件的不同侧面”④。因此他将讯息分为高语境和低语境，高语境就是大多数信息隐藏在物质环境中或外化于人的身上，而通过编码传递出来的那部分讯息中的信息却非常之少；而低语境的大量信息是通过明显的符号代码传达出来的。由于高语境文化比较含蓄，许多意义都是不明确用符号表达出来，而蕴含在语境中，因此要解读这样的语义，必须要了解其传播的情境，才能实现共通的意义空间。另外，“在很多情况下，传播情境会形成符号文本自身所不具有的新意义，并对符号文本的意义产生制约”⑤。在这种情况下，情境就显得更加重要。

符号意义的以上特殊性使得在传播过程中要实现相同意义的交流变得困难，但是“只要表意的载体不遮蔽我们的眼睛，我们就能够洞悉彼此的心灵和头脑，真正的交流就是可能的”，“意义和媒介不能分割，内容和形式不能分割。符号和肢体一样，是精神的容器。交流的任务就是要超越符号—肢体，要深入其背后，要高于符号—肢体，以直接得到纯粹的意义—思想—头脑。精神的内容应该从一个头脑进入另一个头脑。两个头脑的一致，不

① ［英］伯特兰·罗素著，杨清、吴涌涛译：《论模糊性》，《模糊系统与数学》1990 年第 1 期。
② ［英］特伦斯·霍克斯著，瞿铁鹏译：《结构主义和符号学》，上海：上海译文出版社，1987 年，第 83 – 84 页。
③ ［美］E. T. 霍尔著，韩海深译：《超越文化》，重庆：重庆出版社，1990 年，第 104 页。
④ ［美］E. T. 霍尔著，韩海深译：《超越文化》，重庆：重庆出版社，1990 年，第 107 页。
⑤ 郭庆光：《传播学教程》（第 2 版），北京：中国人民大学出版社，2011 年，第 41 页。

仅是可能的，而且是必须的”。[①]

三、关于意义的理论

符号学、语义学和语用学都涉及对意义的研究，但其侧重点和视角不同。符号学以所有的意义包括语言意义和非语言意义为研究对象，语义学和语用学则以语言意义为研究对象。语义学和语用学也不同，语义学研究独立于语境的意义，语用学研究语境中的意义。

现代语义学的创始人是法国语言学家布雷阿尔（M. Bréal），他把语义学定义为意义的科学。此后语义学在发展过程中形成了几个流派，包括历史语文语义学、结构语义学、转换语义学、认知语义学和逻辑语义学等。

语用学具有跨学科性质，是以语言使用和理解为主要研究对象的学科。美国哲学家、符号学家莫里斯最早提出“语用学”这一术语，他认为语用学是解释符号和解释者关系的学科。早期语用学主要是一套基本分析单元说，该学说主张分析一些基本的单元，如含义、预设、指示、言语行为、会话等。比利时语言学家耶夫·维索尔伦（Jef Verschueren）提出语用综观论，该理论认为要全面考察语言性行为的全部复杂现象，“我们可以进一步将语用学具体化为一种从认知的、社会的和文化的整体角度对语言现象的综观，而这种综观与人类诸种行为中的语言现象的使用相关”[②]。此外，还有哈贝马斯的普遍语用学，该理论强调语言交际中的用语规范，将语言运用置于超语境的人类语言交际的普遍经验之内，试图理性地探索一条将语义分析和语用分析相结合的方法，又被称为规范语用学。下面介绍几个经典的语言学理论。

1. 普通语义学

语义学是专门研究语言符号的意义的学科，其中埃尔弗莱德·柯日布斯基（Alfred Korzybski）创立的普通语义学对语言的实际运用具有较大价值，普通语义学的代表学者还有温德尔·约翰逊（Wendell Johnson）、早川一荣、斯图亚特·切斯（Stuart Chase）等。

柯日布斯基认为在人类和语言的进化过程中，有一种自然的评价程序，即生活事实排在第一位，标签（词）的重要性次之。[③] 但是现在我们颠倒了顺序，我们从孩提时代开始首先灌输词汇和语言，其次才是它们所代表的的事实，无意识地将词汇与事实区分开来。这是亚里士多德式的倾向，把措辞放在第一位，把事实放在其次，这种倾向可能是有害的。柯日布斯基将普通语义学定义为研究神经语义和神经语言反应的科学，并在此基础上提出了非亚里士多德体系。非亚里士多德体系认为经验事实是比定义或措辞更重要的评价系统，而不是逻辑系统。它并不是完全否认亚里士多德的同一律、排中律和矛盾律，而是认为其运用范围有限。

柯日布斯基认为许多身体疾病都是由语义引起的，只要科学地使用语言，就有了健全的精神，“如果我们要作为一个健全的‘文明’种族生存下去，语言和事实之间的结构必

---

① ［美］彼得斯著，何道宽译：《交流的无奈——传播思想史》，北京：华夏出版社，2003 年，第 59 页。

② ［比利时］耶夫·维索尔伦著，钱冠连、霍永寿译：《语用学诠释》，北京：清华大学出版社，2003 年，第 9 页。

③ Alfred Korzybski, *Science and Sanity: An Introduction to Non-aristotelian Systems and General Semantics* (5th ed.), Institute of General Semantics, USA, 1994, pp. vi - vii.

须是相似的和一致的"[①]。所以他将自己的著作命名为《科学与精神健全：非亚里士多德体系和普通语义学概论》，普通语义学也被视为一种精神疗法。

普通语义学指出了语言的几个特性容易在生活中被误用，或者被忽略，正是这些特性使得传播容易出现障碍，所以它们又是语言的陷阱。这些语言特性是：

（1）语言是静态的，而现实是动态的。我们周围的世界处在不断的变化中，但人们用以表达现实的语言总是相对静止的。普通语义学提倡以动态而非静止的眼光来阐释现实，社会的变化比语言的变化快得多，因此语言往往不能准确地描绘真实的世界。柯日布斯基称其为非等同（non-identity）原理，认为"无论你说客体是什么，它都不是"[②]，因为语言反应的都不是客观的层面，如被我们称为"椅子"的实物可以用语言来表达或描述，但语言反映的不是椅子这个实物的客观状况，所以有人指着椅子对你说"请坐"，你切不可马上就座，因为椅子可能是坏的。一般情况下，人一生只有一个名字，但是人从幼儿到老年都在不断变化，每个时期都是不同的，所以普通语义学者建议在人的姓名上标注时间或者指示性数字，以提醒人们注意变化。

（2）语言是有限的，而现实是无限的。约翰逊认为英文只有 50 万～60 万个单词，而人们需要表达数以百万计的个别事件、经验和关系。[③] 平时我们常用词汇量不过几千，要想用这些词汇丝丝入扣、毫厘不差地反映事物简直是不可能的，很多事情只可意会不可言传，柯日布斯基将其称为非全（non-allness）原理。由于我们的知识和语言的局限性，普通语义学认为，我们说话永远也不能说得面面俱到，因此建议在叙述句子后加上"等等"的字样，以提醒还有一些我们没有说出的特征，并且避免使用"全部""绝对"等词语。普通语义学的第一份专业刊物名就是《等等：普通语义学评论》。

（3）语言是抽象的，而实际是具体的。抽象是选择某些细节和舍弃其他细节的过程，语言的抽象由低到高存在着阶梯，语言抽象层次越高，离实际事物的距离就越远，其中所反映的实际图像就越模糊不清，因而也就越容易产生歧义和误解。如我们以某人的本田雅阁汽车为例说明语言抽象的阶梯（见图 9－1）：

7　交通工具
6　陆上交通工具
5　机动车辆
4　小汽车
3　本田汽车
2　本田雅阁汽车
1　某人的本田雅阁汽车

图 9－1　抽象的阶梯

① Alfred Korzybski, *Science and Sanity*: *An Introduction to Non-aristotelian Systems and General Semantics* (5th ed.), Institute of General Semantics, USA, 1994, pp. ix－xii.

② Alfred Korzybski, *Science and Sanity*: *An Introduction to Non～aristotelian Systems and General Semantics* (5th ed.), Institute of General Semantics, USA, 1994, p. 35.

③［美］沃纳·赛弗林、小詹姆斯·坦卡德著，郭镇之译：《传播学的起源、研究与应用》，北京：华夏出版社，2000 年，第 90 页。

在阶梯底端描述的是具体的汽车，其意义非常清楚，但是随着对这个汽车的抽象概括，阶梯越高其外延越广，在阶梯的顶端，我们已经看不到“某人的本田雅阁汽车”的影子。但是高抽象阶梯可以对事情进行概括，能够比较迅速地处理信息。

在语言的实际运用过程中，由于对语言特性的把握不准，会出现许多语言误用的现象。普通语义学指出其中常见的语言误用现象有①：

（1）指认不当。即忽视差异、过度概括、无法分清同一范畴或类型中事物之间的区别。特别是在使用类名词的时候，往往以偏概全，只顾整体的一致，不顾个体的差异。如“我以后再也不相信女人了”“男人没有一个好东西”。还有对某些群体或事物的刻板偏见使人们对整个群体抱有成见，如对老人群体的成见等。在新闻报道中，记者也存在过度概括的现象，如约旦驻美国大使卡迈里认为美国媒介一贯倾向于在“穆斯林”“恐怖分子”“阿拉伯人”之间简单地画等号。

为防止语言使用失当，普通语义学建议在使用类名词时，最好再用指示性数字标明一下，或者至少有这种意识，如学生 1、学生 2，说明两者是有区别的。切斯认为指示性数字可以使我们不致掉入亚里士多德形式逻辑的陷坑里。亚里士多德的同一律认为甲就是甲；排中律认为任何事物不是甲，就是非甲；矛盾律认为任何事物不能既是甲，同时又是非甲。但是普通语义学认为语言的“苹果”不等于苹果本身，而且同一只苹果可能随着时间的变化腐烂，否定了矛盾律。②

（2）非此即彼的二元价值评判。亚里士多德的排中律就是非此即彼的思维方式，不是甲就是非甲的极端思维排斥了中间层次，容易导致人们走向极端，约翰逊甚至认为它是导致精神病的一大原因。普通语义学认为实际上有一系列的可能性，在黑和白之间还有深浅不同的各种灰色。所以普通语义学者建议在每一句判断的末尾都加上“在我看来”几个字，或者要有这方面的意识。

（3）死线抽象。约翰逊所说的死线抽象指的是将语言的抽象固定在一个抽象阶梯上。抽象程度高的字词如自由、民主、正义、和平等，每个人对它们的理解都是不一样的，因为它们的含义太过抽象，没有在具体层次给出详细、明确的解释。政治和哲学中的词都处于比较高的抽象层次，因而其意义都是模糊不清的。而低层次的抽象如同小学生作文一样，把一天生活的细节罗列出来，缺乏概括，看不到要点。普通语义学认为有效的传播应该是既有高层次的抽象概括，也有低层次的细节或者例子，应该在语言的抽象阶梯上上下移动，而不是在一条线上左右移动。

2. 奥斯古德的语义空间理论

在语义学研究中，查尔斯·奥斯古德在 20 世纪 60 年代提出的有关意义的理论有极大的影响力，他探讨意义是如何被习得的，以及它与思维、行为的联系。他假设：个人对外部环境中的刺激产生回应，形成一种刺激—回应的关系，这种关系正是建立意义的基础。你看到“飞机”这个词时，脑海中便会产生联想，如各种关于飞机失事的新闻造成人们对

---

① ［美］沃纳·赛弗林、小詹姆斯·坦卡德著，郭镇之译：《传播学的起源、研究与应用》，北京：华夏出版社，2000 年，第 95 页。

② ［美］斯图亚特·切斯著，吴棠译：《柯日布斯基的普通语义学》，《现代外国哲学社会科学文摘》1961 年第 6 期。

搭乘飞机的恐惧感，这种联系就构成了有关“飞机”和“飞行”等概念的意义。外部刺激物导致了内在的意义，意义又导致了外部的回应。

奥斯古德最主要的贡献是采用语义级差法对意义进行测量，语义级差法假设意义是通过对形容词的使用表达出来的，首先找出一系列用来表达刺激物（符号）内涵的形容词，这些形容词通常是一对反义词，如好/坏、高/低、快/慢等。研究者给受测试者分派一个主题、词语或者其他符号，让他们确定符号与这对形容词组之间的联系程度，在一个七级量表上标出来。在每次测试中，受试者可能要填写数十个类似的量表，每个量表设计的是一种刺激物（如蜘蛛等词语），并且都有一对反义的形容词组。据此，可以根据统计学上的因子分析法找出受试者最基本的意义层面。

奥斯古德的研究成果导致了语义空间理论的产生。根据这种理论，人们赋予符号的意义位于一个隐喻性的空间，它可被分为评估、活动和效力三个层面。任何一个符号都可以引发人们的反应，这一反应由评估（是好是坏）、活动（是积极还是消极）和效力（是强是弱）组成（见图9－2）。意义的内涵便位于这个假设空间的某个位置上。①

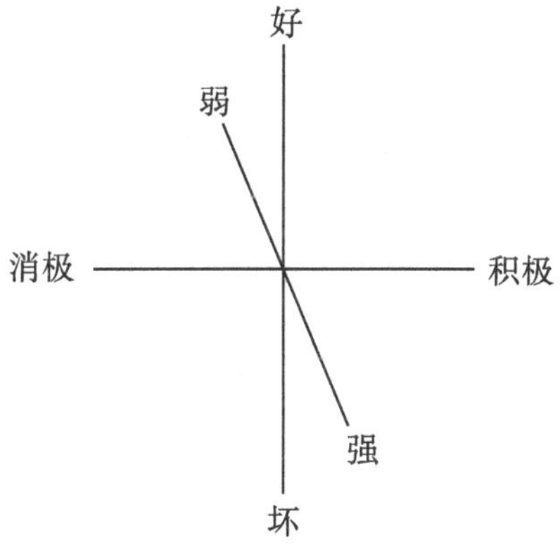

图9－2　奥斯古德的三维语义空间

如飞机可被视为好的、积极的和强大的；也可被视为坏的、积极的和强大的。奥斯古德认为意义的三个因素：评估、活动和效力对所有的概念和人都是适用的，他还将各种类型的概念都进行了语义级差测量，但是他的观点也引起了广泛的争议，被一些学者认为过于简单化，而且对其普适性也存有异议。

3. 哈贝马斯的普遍语用学

语用学是对意义进行更深层次研究的学科。在语用学看来，意义是在语言使用过程中动态生成的。德国学者哈贝马斯的普遍语用学不仅强调对文本意义的理解，而且强调意义产生的场景和行动。如果知道人们如何通过言语行为来和他人就某事达成理解，我们也就懂得了语言表达的意义。

① ［美］斯蒂芬·李特约翰著，史安斌译：《人类传播理论》（第7版），北京：清华大学出版社，2004年，第142页。

哈贝马斯认为，“普遍语用学的任务是确定和重建可能的相互理解的普遍条件”[1]。人们建立相互理解的背景知识是生活世界，而生活世界是进行相互理解的意义语境。生活世界从表层结构来说是客观世界、社会世界、主观世界的整体统一，但并不是三者的简单相加，而是三个世界的经验的或是物质的载体。从深层结构来说，生活世界是文化、社会、个性结构三部分的整体统一性。哈贝马斯普遍语用学是以言语行为为研究对象，目的是重建言语的普遍有效性基础。在表述时，一个句子的展开涉及：①可以被感知的外部现实；②说话者想要作为其意图表达的内在现实；③社会和文化认可的规范性现实。[2] 这三个方面体现的是三个世界，也是语言表述的三个实用功能：代表事物、表达意图、建立人际关系。

有效性是言语行为的条件，只有这样才能使言语被所有听者所接受，“任何进行交往的人在执行任何言语行为时都必须提出普遍的有效性要求，并假设它们可以被证明”[3]。哈贝马斯认为这种普遍性的有效要求有四点：可理解性、真实性、真诚性、正确性。第一，说话者必须选择一种可理解的表达方式，以便说话者和听者能够相互理解，这是可理解性要求。第二，说话者必须意图传达真实的命题，以便听者可以分享说话者的知识，这是真实性要求。第三，说话者必须真诚地表达自己的意图，以便听者可以发现说话者的话语可信，这是真诚性要求。第四，说话者必须针对主流规范和价值观选择正确的话语，以便听者可以接受说话者，并且说话者和听者在话语中都可以在公认的规范性背景下彼此达成一致，这是正确性要求。一旦没有满足这四种要求，交流就没有办法继续下去。后来哈贝马斯将有效性要求改为三点：真实性、正确性和真诚性，并将其扩展到交往行为中，被称为哈贝马斯的“语用三原则”。真实性对应客观世界，要求人们说话要遵守客观事实；正确性对应社会世界，说话要遵守社会规范，才有正确性；真诚性对应主观世界，主张人们说话要真正代表自己的心情和意向。“三个世界”不是彼此孤立的，而是能够通过语言这一媒介连接在一起。

哈贝马斯将言语行为划分为三个基本类型（见表9-3）：陈述型（constatives）、规范型（regulatives）和声明型（avowals）。[4] 陈述型言语行为也被称为断言，如“我断言……”“我警告你……”等，其传播模式是认知，它与其他类型言语行为的区别是暗含毫无疑问的有效性主张，即声称它是真理。在语言的认知使用中，借助于陈述型言语行为，我们可以将一个表述的命题内容主题化。说话者必须在琐碎的意义上如实地表达自己的思想、观点、假设等，因而体现了真诚性要求。但是，在断言一个命题时，重要的不是说话者意图的真实性，而是命题的真实性。规范型的言语行为是指说话者和听者根据规范性语境调节他们的行为，如一些命令和警告、禁止和拒绝、承诺和协议等，如“我渴望……”“我希

---

① Jürgen Habermas, *On the Pragmatics of Communication*, edited by Maeve Cooke, Cambridge, MA: The MIT Press, 1998, p. 21.

② Jürgen Habermas, *On the Pragmatics of Communication*, edited by Maeve Cooke, Cambridge, MA: The MIT Press, 1998, pp. 48-49.

③ Jürgen Habermas, *On the Pragmatics of Communication*, edited by Maeve Cooke, Cambridge, MA: The MIT Press, 1998, p. 22.

④ Jürgen Habermas, *On the Pragmatics of Communication*, edited by Maeve Cooke, Cambridge, MA: The MIT Press, 1998, p. 81.

望……”等。规范型言语行为的传播模式是互动，它的有效性要求是正确性和适当性。在语言的交互使用中，借助规范型言语行为，我们将所建立的人际关系主题化。演讲者表达了希望、谴责、拒绝等意图，但是，在与听者建立人际关系时，其意图的真实性只是一个必要条件，而重要的是该行为应符合公认的规范性背景。声明型的言语行为也可翻译为宣称语，如“我必须向你坦白……”“我不想对你隐瞒……”。它的传播模式是表达，有效性要求也是真实性。

表 9-3 哈贝马斯言语行为的类型

传播模式	言语行为类型	主题	主题有效性要求
认知	陈述型	命题内容	真理
互动	规范型	人际关系	正确性、适当性
表达	声明型	说话者的意图	真实性

哈贝马斯认为并不是每一种言语行为都可以明确地分类，实际上每一种言语行为都必须具有三种普遍有效性主张。作为说话者，原则上都可以从这三种类型中挑出一种，以便将一种言语成分主题化，而且言语行为的种类决定了说话者表述应该达到的合理性的程度。哈贝马斯从言语行为的“可接受性”来分析言语行为成功的条件，也就是说，以达到理解为导向的行动——只有当说话者真诚地提出认真的提议时，其言语行为才算是可接受的。语言的使用是否合理、是否成功，关键在于说话者是否被充分理解和接受。

哈贝马斯将语言应用的方式分为交际性和非交际性。交际性语言的意义是独立的，语言使用者的主要目的是让语言本身的意义能够被理解和接受，并不追求言外之意，即不考虑语用的因素；非交际性仅仅是为了纯粹的表达或者精神上的行动计划，大部分体现在言外之意中，它不仅是要让自己认为所说的话是真的，而且要让对方也认为它是真的。交际性语言应用又分以理解为导向的、以共识为导向的和以结果（间接的相互理解）为导向的三种形式，再加上非交际性语言，这四种语言结构只有以理解和共识为导向的两种语言使用体现了交际理性，即语言表达的交际运用具有独特的合理性。语言媒介比交际理性更为广泛，认知理性、工具理性和交际理性通过语言的共同媒介交织在一起。① 哈贝马斯把传播和交流当作实现解放的关键性因素，语言为理性行为的实现做出了贡献。

---

① Jürgen Habermas, *On the Pragmatics of Communication*, edited by Maeve Cooke, Cambridge, MA: The MIT Press, 1998, p. 334.

第三节 大众传播内容研究方法

大众传播的内容丰富多样，而且每天都在变化，但是这些内容又具有内在的规范性和规律性，内容分析成为大众传播研究的主要范畴。麦奎尔认为内容分析的研究方法大致可以分为两种：一种是量化以及对表面意义的描述研究，即实证导向的范式；另一种是更为质化、深入并且更具诠释性的研究，即定性分析的范式。

一、内容分析

内容分析是对传播内容进行研究的有效方法。德弗勒等人认为，从技术上讲，内容分析是指评价所有传播形式传播的内容的一系列程序和技巧。[①] 这些程序可能是定性分析，也可能是定量分析，或者两者兼而有之。因此，狭义的内容分析方法是指对内容进行定量的分析，而广义的内容分析是指定性分析，它包括文本分析、框架分析、诠释性分析、话语分析等。传播学中所说的内容分析特指定量的分析方法。

内容分析法在第二次世界大战中开始使用，战后对传播内容的量化分析成为主要趋势，经典著作包括伯纳德·贝雷尔森的《传播研究中的内容分析》、乔治·格伯纳的《传播内容分析》等。贝雷尔森从定量的角度对内容分析进行定义，认为“内容分析是一种客观、系统、定量地描述传播内容的方法”。丹尼尔·瑞福（Daniel Riffe）等人认为，“定量内容分析是对传播符号进行系统的、可复制的检查，这些符号根据有效的测量规则被赋予数值，并使用统计方法分析这些数值之间的关系，以描述传播，推断其含义，或从传播中推断出生产和消费的语境”[②]。内容分析是一种系统、定量地分析传播内容的方法，它可以使研究者根据其感兴趣的主题进行归纳。

分析以一些规定的单位为基础。分析单位可以是具体词语、定性主题、行动类型等，分析是对它们在一定篇幅或时间单位内出现的频率进行统计评价。具体统计方法要根据媒介的特性来确定，印刷类媒介可以统计某个词或某类活动在一条消息中重复出现的次数，另外还要分析其在印刷品中所占的栏目尺寸、位置、数目等因素，如报纸头版出现的主题估值应该高一点。电影和电视内容分析相对有点难，分析单位可以是某类人物或行动类型的画面出现频率，如女性形象、暴力镜头等，还要计算它们占用的时间长短。

关于内容分析的具体方法比较复杂多样，瑞福等人提出了一个内容分析的通用模型[③]，

---

① ［美］梅尔文·L. 德弗勒、埃弗雷特·E. 丹尼斯著，颜建军等译：《大众传播通论》，北京：华夏出版社，1989 年，第 380 页。

② Daniel Riffe, Stephen Lacy & Frederick G. Fico, *Analyzing Media Messages: Using Quantitative Content Analysis in Research* (2nd ed.), Hillsdale: Lawrence Erlbaum Associates, 2005, p. 25.

③ Daniel Riffe, Stephen Lacy & Frederick G. Fico, *Analyzing Media Messages: Using Quantitative Content Analysis in Research* (2nd ed.), Hillsdale: Lawrence Erlbaum Associates, 2005, p. 56.

包含了三个过程：第一步，概念化和目的。找出所要研究的问题，进行文献的回顾，并提出具体的研究问题和假设。第二步，设计。对如何进行抽样、编制抽样框、相关概念的定义等设计进行详细描述，并且进行预测试，尽量使程序可靠。第三步，分析。应用程序进行统计，保证数据的可靠性，解释和报告结果。综合西方学者的研究，一般来说，内容分析分为 10 个步骤①：

（1）确定研究的问题或假设。

（2）限定分析的总体。

（3）从总体中选择合适的样本。

（4）选择和限定分析单元。

（5）设计分类标准。

（6）建立一套量化系统。

（7）培训编码员，进行试分析。

（8）根据已确定的定义登录分析的内容。

（9）分析收集的数据。

（10）作出结论，寻找启示。

系统的内容分析会揭示受众不易明显察觉到的媒介内容的重点和趋势。通过内容分析可以清楚、客观地表达传播内容，帮助我们理解媒介对人的行为的塑造，并且解释社会现实的意义。

二、文本分析

文本分析指的是定性的文本内容分析方法，主要从符号学、结构主义、叙事学、诠释学等研究视角切入，从文本中发掘背后隐藏的、不确定的意义，因而更多的是从语用的层面上进行分析。这里主要介绍结构主义的文本分析方法。

1. 结构主义的核心思想

结构主义运动要追溯到 20 世纪初。索绪尔最先开始使用结构分析的方法进行语言学的研究，他提出的语言和言语、所指和能指、共时语言学和历时语言学、关系和联想关系的区分是结构主义的精神核心。索绪尔的结构主义理论有两个重要的原则：第一，语言研究应区分共时的研究和历时的研究；第二，语言的共时状态是一种有组织的结构系统，其中的成分互相依赖，个体的意义取决于它与系统中其他个体的关系。语言各种成分的关系可以分为句段关系和联想关系。一方面，在说话的时候，各个词（或要素）是一个挨着一个排列在言语的链条上面，这些要素可能只有一个词，也可能是一串词组成的句子。这些要素之间结成的关系，就是句段关系。句段关系研究被称为句子层次分析、词组结构分析、词的结构分析等。另一方面，在说话的时候，话语之外总是有一些事物出现在说话者的记忆里，这些在记忆里被唤起的事物，与说出的每个词（或要素）有一些共同点相互联系，这种联系被称为联想关系。在语言学研究中，名词的词形变化（如复数、格）、动词

① 朱向霞编译：《内容分析方法》，《新闻研究资料》1992 年第 1 期。

的词形变化（如进行体、完成体、现在时、过去时、将来时）等都属于联想关系。后来的结构主义学者发展了索绪尔提出的这两个术语，把句段关系称为组合关系，把联想关系称为聚合关系。

结构主义在20世纪上半叶成为语言学的主流，并在20世纪60年代达到顶峰。尽管它的各个学派在一些具体问题上有不同的看法，但他们的基本观点是一致的，就是认为识别语言内部层次的语义结构是可能的。语言是一个完整的符号系统，具有分层次的形式结构；在描写语言结构的各个层次时，结构主义特别注重分析各种对立成分。

2. 关系语义学

结构主义有三种理论方法：词汇场理论、义征分析法和关系语义学。对传播学来说，关系语义学比较适合，而且它也是最普遍的经典结构主义的语义研究框架。

关系语义学分析的对象是词的“系统意义”，而不应是“指称意义”。指称意义不是语言结构内在的东西，而是被称为百科知识层面上的东西，也就是因果关系或者引发—结果关系。关系语义学将系统意义关系分为上义关系、下义关系、同义关系、反义关系、部分—整体关系。就术语来说，一般词项是上义词，具体词项是下义词。上义关系是就下义词而言的上义词关系；下义关系是就上义词而言的下义词关系。如喜鹊、山雀、燕子都是“鸟”的共同下义词，这种上下要分层次，它们的更高上义词是“动物”。一般来说，层次越高，包含的下义词就越广泛，猫、狗也是动物的下义词，但是它们不是“鸟”的下义词。上义词和下义词的层次结构是基于分类，克鲁斯按照“是一种”的关系与“是一个”的关系，将“分类的”和“非分类的”内容进行区分，如西班牙猎犬是狗的一种类型，这是分类的；小猫是“猫”的下义词，但它不是一种类型的划分，不能说“小猫是一种猫”，而只能说“小猫是一只猫”。上义词在界定中发挥重要作用。同义关系是一个词语的不同含义之间的语义等同关系，或者不同词语之间的语义等同关系。[①] 如果假设两个词语在特定的语境中可以互相置换，同时总体上的意义不变，它们就是同义的。反义关系就是意义对立的关系，由此出现了多种不同分类及其不同术语之间的相互竞争。部分—整体的关系顾名思义就是反映多种整体与部分的关系，如士兵—军队、键盘—计算机等，它是分析概念转喻的基础。

关系语义学也存在一些问题，如它强调系统意义关系属于语言结构层面，而将百科知识层面或语言使用层面的内容排除在外，同时系统意义关系与百科知识的关系区分不明显，有些关系如部分—整体关系属于指称意义，只有下义关系才是真正的系统意义关系。另外，关系语义学对多义关系也缺乏深入研究。所以，“关系语义学方法并没有真正实现为意义提供结构主义解释的这个理想”[②]。

3. 结构主义符号学

结构主义虽然对语言的结构做出了清晰的描述，但它却未能解释人类是如何构建和理解语言的，而这个问题对传播学研究是关键性的。为了解决结构主义过于注重语言内在结

---

① ［比利时］德克·吉拉兹著，李葆嘉等译：《欧美词汇语义学理论》，北京：世界图书出版公司，2013年，第96页。

② ［比利时］德克·吉拉兹著，李葆嘉等译：《欧美词汇语义学理论》，北京：世界图书出版公司，2013年，第104页。

构而忽略其社会情境的问题，新结构主义逐渐尝试从句子结构到系统意义再到语境等方面进行意义解读。结构主义符号学在承认符号存在结构的基础上，对意义的解读进行了更深层次的挖掘。“符号学一直试图探索符号系统的本质：一方面超越了语法和句法规则；另一方面约束着复杂的、隐藏的及文化上彼此依赖的文本的意义。”①

在索绪尔的影响下，结构主义发展出一套关于句子结构的标准模式，即按照等级的形式将句子分解成不同的组成部分，音素和音素组被组合成词根和词素，词根和词素又被组合成词语，然后词语再被组成词组，最后词组被组成句子或从句。巴尔特曾经对文本分析的程序进行了具体的描述：

第一步，将研究的文本切割为连续的和很短的片段。可以是一个句子、句子的一个部分，至多是三个或四个句子的组合，将这些片段编成序号，这些片段被称为解读单位。一个解读单位显然是一个文本能指，但是我们的目的不是研究能指，而是研究意义，所以要从这些片段中找出有用的解读单位，有用的解读单位是含有一种或多种意义的片段。

第二步，对于意义的解读。我们所理解的意义不是简单的词典里的词义或词组意义，而是解读单位的涵指作用、第二种意义。这种涵指意义可能是联想意义，如对一个人物用了若干句子进行描写，最终只有一个涵指的所指，即说明人物的“焦虑”(虽然这个词并未出现在句子中)；它们也可能是关系意义，来自文本中两个有时很遥远的地点间的关联。

第三步，一步一步地穿过文本，类似于一种读解。这个过程并不是企图重组文本的结构，而是追随其结构化过程，而且把解读的结构化作用看作比布局的结构化作用更重要。

第四步，指出意义的开始，而不是终结。“对文本加以确定的，不是一种内在的、封闭的、应加考虑的结构，而是文本朝向其他文本、其他代码、其他记号的通道。形成文本的，是文本间的关系。”② 要将结构观念和组合无限性观念协调起来，将语言视为既是无限的，又是结构化的。

符号学文本分析方法的优点在于，它比较适用于含有多个符号系统而又没有固定的语法规则、也没有现成字典可寻的文本（如视觉形象和听觉形象），因而比较适合不同形式的媒介内容分析。“媒介内容包含大量的‘文本’，而且常常是标准化的、重复性的那类，它们通常建立在形式化的规则或编码之上。正是这样，使得媒介内容经常以明显的（或潜在的）神话与意象出现在文本制造者与接收者所生存的文化中。”③

三、新闻话语分析

话语分析是对使用中的语言（话语）进行研究和分析，属于语用学研究。话语分析早在语言学的研究中就已经出现，不过作为一门学科快速发展并成为热门是在 20 世纪 60 年代以后，70 年代以后成为一门交叉性学科。20 世纪 70—80 年代以来，由于新闻报道最能

---

① ［英］丹尼斯·麦奎尔著，崔保国、李琨译：《麦奎尔大众传播理论》（第 5 版），北京：清华大学出版社，2010 年，第 284 页。

② ［法］罗兰·巴尔特著，李幼蒸译：《符号学历险》，北京：中国人民大学出版社，2008 年，第 275 页。

③ ［英］丹尼斯·麦奎尔著，崔保国、李琨译：《麦奎尔大众传播理论》（第 5 版），北京：清华大学出版社，2010 年，第 284 页。

体现话语分析观念，一批学者开始集中对新闻文本进行话语分析，如托伊恩·A. 梵·迪克（Teun A. Van Dijk）、诺曼·费尔克拉夫（Norman Fairclough）等。梵·迪克的新闻话语研究第一次把话语研究与大众传播研究结合起来，对新闻话语进行细致入微的分析，在这方面的重要成果包括《作为话语的新闻》《话语与传播》《新闻分析》《种族歧视和新闻报道》等，这些成果对于我们研究媒介话语具有重要启示。由于媒介技术和形态的快速发展，媒介话语分析的对象从文字扩大到视觉符号，扩展到广告、电视节目、视频和摄影作品等。20 世纪 90 年代以来，批评的话语分析兴起，把语言学的话语分析理论与社会批评理论和文化研究结合，推动了话语与社会、文化变迁的关系的研究，并把当代人类历史实践的重大问题纳入话语分析的范围，如种族主义话语、精英话语、性别话语等。研究这些话语的偏见结构、制作和理解方式，可说明权力和意识形态对人们的话语实践以及社会实践的影响。

费尔克拉夫认为，“所谓话语，指的是对主题或者目标的谈论方式，包括口语、文字以及其他的表述方式”①。梵·迪克对话语并没有确切的定义，而是列出话语的一些重要属性。他认为作为复杂、层次结构的话语来说，“话语分析将话语定义为一种复杂的、层次化、多维度的客体或现象，这一客体或现象包含了自然语言的三个主要维度：形式或表达（听觉、视觉、词汇、短语等）、意义和行动。每一个层面或维度又从语音的、符号的、句法的、词汇的、语义的、图式的、语用的和互动的各种理论进行更为细致深入的分析。除了关注句子、变换或移位等局部结构（序列），话语分析同时也更为关注诸如会话的组织化图式（超级结构）、新闻报道或学术论文等整体结构。相应地，意义和行为也不仅仅只是在句子表现或表达出的命题或行为等局部层面上得到描述，同时也包括了整体意义（宏观结构、话题、主旨）和整体性行动，比如在话语语法和会话分析的研究中。最后，根据这些层面上的内容，在诸多学科中，修辞学检验那些用以强化或弱化话语的局部意义的特殊结构或做法（比如重复、夸张、含蓄等）”②。梵·迪克主要对报纸上的新闻话语进行分析，他所指的新闻是指“新闻稿，如广播、电视或报纸上发布的最近发生的事件的最新信息的文本或话语”③。在研究报纸新闻话语时，他有时将文本与话语简单地互用，新闻话语是对过去所发生的政治、社会或文化事件的报道，而不是专题、副刊等策划性的文本、股票行情等具体事务的信息或评价类文本。梵·迪克的话语分析方法主要有以下要点：

1. 话语分析的原则

话语分析有四种视角，最主要的是文本视角和语境视角。④ 文本视角是对各个层次的话语结构进行描述，如语音描写、词汇描写、句法描写、语义描写等。语境视角是把对这些结构的描述与语境的各种特征如认知过程、再现、社会文化因素等联系起来加以考察。语境视角是话语的语用描写，要研究在特定的情景中我们通过言语所完成的社会行为，即

① ［英］诺曼·费尔克拉夫著，殷晓蓉译：《话语与社会变迁》，北京：华夏出版社，2003 年，第 187 页。

② ［荷］托伊恩·梵·迪克主编，周翔译：《话语研究——多学科导论》（第 2 版），重庆：重庆大学出版社，2015 年，第 4 页。

③ ［荷］托伊恩·A. 梵·迪克著，曾庆香译：《作为话语的新闻》，北京：华夏出版社，2003 年，第 3 页。

④ ［荷］托伊恩·A. 梵·迪克著，曾庆香译：《作为话语的新闻》，北京：华夏出版社，2003 年，第 28 页。

言语行为。承诺、谴责、祝贺和断言都是典型的言语行为，它们是通过使用词语即口头表达或部分话语来完成的社会行为。这样话语就明确分为三个方面：句子形式、意义和言语行为。话语的视角还包括话语风格和修辞。风格如用词的风格、语气等是文本的语境特征，它可以暗示传播语境的私人或社会因素。修辞是以语言运用的劝服技巧为研究对象，是描述各种使交流传播更具说服力的话语特征，如省略、重复、替代、置换和隐喻等，有的符合语法规则，但有的与语法关联不大，仅仅是为了加强文本的连贯性和组织性，强化文本对受众的吸引力。风格是话语语境的必备特征，但修辞结构却是非强制的、可选择的。

对话语进行全面分析需要将文本和语境结合起来考察。新闻话语的研究范围不仅包括新闻的文本结构，而且包括传播情境中、社会文化语境中的新闻话语的生产和接收过程。

2. 新闻话语的微观结构

对新闻话语的微观结构分析主要是从语法、句法层面上进行。

首先是对句子结构的分析。命题是语言和思想最小的、独立的意义组成单位，它由一个谓语和多个中间项组成。一个命题可以用不同的作用词来进行形式上的变化，这些作用词包括“必须（或可能）……”“某某知道（或相信、认为等）……”“现在（过去、将来）”等。命题有简单的，也有复杂的，有的是由从句构成，所以文本的大多数句子有时表示了几个组织结构复杂的命题。特别是在表达语境时，只有孤立的命题是不够的，可能用一个命题组群即几个句子组成的几个命题来表示。各个命题之间要保持局部一致性，即不同的句子间要有相互的关联。这种关联可能是事实性的关系，也可能是因果关系等。由于新闻话语的倒金字塔式写作结构，使得叙述故事中很重要的因果关系或前后时间关系可能被详述的功能关系所取代：叙述完高层次的主要事件或行为后，它的细节信息会在后续的句群中得到进一步说明。另外，新闻话语的主题可以不连贯地表现出来，这意味着前后的命题并不总是存在着直接的相互联系。

其次是对隐含意义的分析。除了字面意义外，新闻也有许多隐含的意义，因此要从词汇学角度对文本进行推断，分析其句子中的暗示、预设、联想等隐而不述的意义。

最后是对语言风格和修辞的分析。风格是“说话人的社会特征和说话场合中社会文化的具体特征的显现形式或标志”①。不同的人的语言风格都是不同的，同一个人在不同的语境中语言风格也是不同的。对风格的研究主要是从表层结构进行考察，如音位学、词形学、句法和词汇学等，同时要注意和另外的风格进行比较。风格又分个人风格、团体风格、语境风格、功能风格、媒体风格、社会方言风格和话语类型风格。其中，语境风格是与特定社会情景类型（如法庭、教室等）相联系的语言使用的总体固定特征；功能风格是社会成员作为语言的使用者在具体社会场合中为完成特定的任务或功能（角色）时体现的语言运用模式；话语类型风格是和特定的话语类型（会话或公开演讲等）相联系的总体风格特征。这些不同的风格类型有时可能混合在一起。新闻话语的风格受到其传播语境的限制，印刷形式、公开性、以大众为传播对象、制度性、形式化、主题的选择和制作的要求等都对它形成一般性的限制。

---

① ［荷］托伊恩·A. 梵·迪克著，曾庆香译：《作为话语的新闻》，北京：华夏出版社，2003 年，第 74 页。

新闻中修辞手法的运用取决于传播目标和预期的传播效果，新闻修辞通过运用提升新闻特征的各种相关性或显著性的方式来实现强调具体内容的目的。新闻话语中为增加新闻报道真实性、合理性、正确性和可信度而使用的修辞策略，包括大量使用数据，选择消息来源，贬低或忽略抵触性命题，意识形态一致的视角，介绍具体细节，引述目击者的话，进行煽情，有选择地利用可靠的、官方的、广为人知的特别是可信度较高的个人和机构的观点等，所以对修辞的分析不仅是结构上的，还涉及话语分析的所有层次。

3. 新闻话语的语义宏观结构

梵·迪克将话语内容称为主题或话题，主题并不是单个单词或句子意义的简单集合，在谈论更大篇幅的文本时，主题指的是这一话语的纲要、主旨、要点或最重要的信息。因此，对主题进行研究的理论基础是语义学的宏观结构，主要分为两个方面。

第一，主题推导过程。从读者的角度对文本主题进行推导，分析的起点从最小的单位开始，在宏观结构中，它被称为宏观命题。命题常用于简单句或简单从句中，如“玛丽是个律师”。复句可能表达几个单一的或复杂的命题，如“玛丽炒了她的经理的鱿鱼，因为他不称职”。宏观结构是由命题群组成的，“整个宏观结构组织具有等级的特征，即每一序列的宏观命题都可以归属于更高一层次的宏观命题”①。宏观规则可以对这些等级关系进行规范界定，它从本质上来说会删减信息。删略、概括和组构（通过细节组构整个事件）是从文本中删减信息得出其主题的三条主要宏观规则，它可以循环使用到更高的层次。如我们可以把“我去机场，检查行李、走向登机口……”之类的信息概括为“我去乘飞机……”的宏观命题。

对主题的这种解读过程带有较大的主观性，意义是语言使用者在阐释的过程中赋予文本的，具有认知的特征。作者可用文章开头的概述、文中主题的明确表达和标题来暗示其主题，以便使读者能快速猜测出其要表达的最重要的主题，所以语言使用者除了遵循形式上的宏观规则外，会采用有效的理解策略推导出主题。主题对文本的总体性理解非常重要，它在微观层次上起着自上向下控制局部语义理解的作用。

通过对报纸新闻话语的分析，梵·迪克得出结论：①新闻话语的主题经常以标题的形式表现出来，起着概述的功效。②这样的主题可以通过删去不相关的细节信息而得到，也就是说，这些细节信息不直接影响对其余新闻文本的理解。③如果某信息涉及更大新闻事件的通常发生条件或是这一事件的组成部分，那么这一信息可以归属这一更大新闻事件的宏观命题中。这种归属建立在我们对相关事件的常识性了解的基础上。④对新闻事件的报道可能包含不属于其中心主题的信息，这一信息属于独立的次主题。⑤可以删除的或通过组构规则归纳的部分隐含信息或先决条件信息必须和前面报道的新闻事件有关，这个新闻事件是报道的中心主题。总体而言，从新闻文本中推导主题时，语义规则和大量的认知再现（常识性和具体性知识）共同起作用。

第二，主题实现的过程。梵·迪克认为只有当主题直接或间接地以文本的各个句子即事件或情节表达命题的形式得以实现的时候，主题才称其为主题。他将这个实现的过程称为主题实现，也就是从作者的角度如何将已经知道的中心和最重要的主题表述、暗示出

① ［荷］托伊恩·A. 梵·迪克著，曾庆香译：《作为话语的新闻》，北京：华夏出版社，2003 年，第 34 页。

来，进行文本组织、建构的过程。这也是一个从宏观结构到微观结构的过程。

“新闻话语中主题实现或阐述最明显、最典型的特征之一就是其组装性，即每个主题只在某一部分中体现，而不贯穿于整个文本，这一点很不同于其他话语形式。”① 这种结构特点是与新闻的倒金字塔写作方式有关，新闻中最重要的或最相关的信息必须放在整个文本和句子最显著的位置，这意味着某个主题中处在第一位的总是最重要的信息，然后才是细节信息。所以主题的结构也是上下倒金字塔的形式，而不是左右并列的结构。

主题实现的规则是宏观规则的逆向运用，被称为详述规则，即高层次、抽象的信息必须详细表达出来。信息详述在新闻话语中不断循环出现，作者最先看到的总是最重要的信息。新闻话语实现主题的结构组织形式基本上有三种：①倒金字塔式；②相关性控制式，即与事件相关的总体局势和具体的相关认知模式、影响和参与人等；③循环组装式，即最先交代中心事件和参与人员，然后循环不断地提供中心事件、次要事件的中心参与人、次要参与人的身份、事件具体过程等细节信息。

4. 新闻话语的超结构或图式

除了对句子、意义进行微观的分析外，还需要一种宏观句法来阐述话语的总体形式特征，这种宏观句法被称为“图式”或“超结构”，通过对图式的研究可以揭示话语的总体宏观结构意义或主题。“超结构是话语的综合性、全局性结构，以类似于故事图式的方式受到具体的超结构范畴和规则的制约。”② 超结构通过语义宏观结构（主题）和其他话语的结构建立必要的联系。

传统的故事的叙事图式由总括、场景、冲突、结局和尾声构成。新闻图式的范畴包括：

（1）概述：标题和导语。标题和导语一起概论了新闻文本的中心主题，表达了它的语义宏观结构。

（2）情节：语境中的主要事件和背景。

（3）后果。新闻事件的后果有时甚至可能比事件本身更重要，此时后果范畴中的主题就可能和主要新闻事件的主题处于同等重要的等级位置，甚至可能成为最高级主题并在标题中表达出来。

（4）口头反应。它是后果范畴的一种特殊表现形式，大多数重大新闻事件报道之后通常会邀请重要的参与人或显要的政治人物发表评论，直接或间接地引用他们所说的话。一般情况下，口头反应都在主要新闻事件、语境和背景的后面。

（5）评论：记者和报纸本身的评论、观点和评价。它由两个次范畴组成：评价和预测，即对新闻事件的价值或意义作出评价以及预测该事件可能产生的后果，甚至预测未来可能发生的事情。

新闻的这五种图式只是在理论上存在，在具体的文本中不一定都有。篇幅短小的新闻中可能只有标题和主要事件，其他的可有可无；有的范畴可能重复出现，如同一个主要事件可能在文本的几个不同位置出现。一些规则决定了它们的常见顺序，不同的认知策略在

---

① ［荷］托伊恩·A. 梵·迪克著，曾庆香译：《作为话语的新闻》，北京：华夏出版社，2003 年，第 45 页。
② ［荷］托伊恩·A. 梵·迪克著，曾庆香译：《作为话语的新闻》，北京：华夏出版社，2003 年，第 52 页。

具体的新闻话语中利用新闻图式来有效地表达新闻信息。

微观结构、宏观结构和超结构构成整个话语的完整形式。新闻话语是一种具有社会性、机构性的特定形式的实践活动，它有两个重要的部分组成：文本部分和语境部分。“文本部分系统地分析新闻话语的各种不同层次的结构；语境部分分析的是这些文本结构产生的认知和社会因素、条件、局限性或影响，从而间接地分析了它们的经济、文化和历史根源。”① 梵·迪克认为新闻报道对社会知识和意识形态提供认知模式，新闻报道是公共话语的重要形式，它“不仅提供了关于社会事件的社会、政治、文化和经济认知模式的框架，而且提供了证明这些框架正确有理的无处不在而又占据主导地位的知识和态度结构”②。

四、内容研究方法的比较

内容分析应该包括对传播内容进行研究的所有方法及其方法论，包括定性的和定量的研究。但是，由于长期以来，大众传播研究一直被美国实证主义的效果研究主导，“内容分析”几乎排斥了对内容的质化研究，仅仅成为对内容进行量化的实证研究的专有代名词。所以前文介绍的内容分析法特指定量的内容分析，而文本分析和话语分析是定性的内容分析。

1. 内容定量分析和定性分析的比较

量化的内容分析是对传播内容进行一定方法的抽样，对特定单词、短语或主题出现的频率进行统计，然后说明这些数据和其他因素之间的关系，它的优势是可以凸显特定时间段内对某一问题态度的趋势，也可以对比不同媒体对同一类内容的处理情况。但是，这种研究方法仅仅是对数据比较简单、表面化的分析，对于数据出现的原因、背景和隐含的意义等缺乏深层次的研究。而对于传播内容来说，它蕴含了人类文化丰富的内涵，在不同语境中受众解读的意义也是不一样的，显然需要更加复杂的理论和方法探讨信息的意义、结构和影响。

定性的内容研究是对文本的结构及其意义进行解读，“定性研究方法是通过对研究对象的性质和特征的描述和归纳来解释和建构现实的方法”③。它对传播内容中涉及文化、解读和权力等概念的研究有较大的优势。但是定性方法也被批评缺乏科学的依据，其样本的选择比较随意，意义解读比较主观，而且没有办法进行证实或证伪。

定量和定性方法各有侧重、各有优势。随着人类对传播活动复杂性认识的深入，越来越多的研究将两种方法并列使用，使得研究结论更全面、更有说服力。

2. 内容分析和文本结构分析

定性的内容分析也可以称为广义的文本分析，文本分析主要源自文化批判，其重点在“阅读”媒体内容或文本，是对文本的一种解读。“文本分析是用一些设定的标准评价传

---

① ［荷］托伊恩·A. 梵·迪克著，曾庆香译：《作为话语的新闻》，北京：华夏出版社，2003年，第180页。
② ［荷］托伊恩·A. 梵·迪克著，曾庆香译：《作为话语的新闻》，北京：华夏出版社，2003年，第187页。
③ 李琨编著：《传播学定性研究方法》（第2版），北京：北京大学出版社，2016年，第27页。

播内容和信息的方法。”①

我们前面所讲的文本结构分析是文本分析中比较具体的一种，它关注的不是内容本身，而是内容之间的结构关系以及符号的象征意义。“在传播学的文本分析中，结构主义—符号学分析关注的是：媒介符号如何生成意义，意义又是如何通过这些符号而传播出去的。”② 文本结构分析侧重于对语法和文本本身意义的分析，对内容进行抽样，并按照自己的研究目的进行编码、分析，因而具有较大的主观性，其样本的选择也不一定具有代表性，但它能够揭示出文本基本的意义。麦奎尔曾经比较了量化的信息内容分析和文本结构分析两种研究方法，如表 9－4 所示：

表 9－4　麦奎尔对不同媒介内容分析法的比较③

信息内容分析	文本结构分析
量化	质化
片段	全景
系统性的	选择性的
概括的、延伸的	举例的、特殊的
明显的意义	隐含的意义
客观的	与读者相关的

3. **文本分析和话语分析**

传统的文本分析是以词或单句为分析单位，重视句子的结构和意义，但话语分析要对超句单位进行分析，而“多句子的语言片段的意义并不是一个个句子意义简单相加的总和，句际之间的关系和结构本身也要产生意义。因此，话语分析重视宏观结构的语义分析，即对大于句子的意义连贯的整体进行分析”④。文本分析是语义学的研究，它只是根据文本本身对意义进行基本的解读，其描述是静态的；而话语分析是语用学的研究，既有对句子的静态分析，也有对传播过程意义传递的动态分析，通过对话语的功能、变异和使用情境分析找出相似语境的话语系列，并确定其分布规律，所以，它强调的是话语的结构、情境和理解。话语分析把文本和话语置于历史和社会语境中，赋予了研究情境中的特殊行动者、关系及其实践。话语分析更侧重于人文视角，重视话语的社会意义和意识形态方面的内涵，将其视为不同利益者或集团进行意义斗争的工具。大众传播媒介成为构造社会现实的主要途径，由此成为各种利益争夺的重要场所。

话语分析学者们并没有为话语分析提出一整套行之有效的方法和步骤，相比文本分析来说，由于其解释具有高度语境性和主观性而受到人们的批评。我们在具体的运用中应该

---

① 李琨编著：《传播学定性研究方法》（第 2 版），北京：北京大学出版社，2016 年，第 51 页。

② 李琨编著：《传播学定性研究方法》（第 2 版），北京：北京大学出版社，2016 年，第 56 页。

③ ［英］丹尼斯·麦奎尔著，崔保国、李琨译：《麦奎尔大众传播理论》（第 5 版），北京：清华大学出版社，2010 年，第 299 页。

④ 胡春阳：《话语分析：传播研究的新路径》，上海：上海世纪出版集团，2007 年，第 43 页。

根据研究的需要，综合运用不同的研究方法，互相补充、借鉴，从而推动对传播内容的全面深入认识。

思考题

1. 名词解释：符号；象征性符号；萨丕尔—沃尔夫假说；非语言符号；符号学；意义；语言的模糊性；语境；高语境；内容分析；文本分析法；话语；命题；主题。

2. 符号的本质属性是什么？信号、符号与征候的关系是什么？

3. 语言和言语的关系是什么？人类语言符号的特征有哪些？非语言符号的类型有哪些？

4. 费斯克如何将符号学与传播学结合起来？

5. 理解意义的障碍主要有哪些？

6. 普通语义学认为语言的特征是什么？常见的语言误用现象有哪些？

7. 哈贝马斯认为言语的普遍有效性是什么？

8. 梵·迪克认为话语分析的原则是什么？新闻图式包括哪些范畴？

9. 请比较文本分析与话语分析方法。

第十章

受众研究

受众（audience）指读者（readers）、听众（listeners）和观众（viewers）。1985 年，这一术语随着余也鲁译述施拉姆的《传媒信息与人——传学概论》一书传入中国大陆。在这之前，中国大陆学者将 audience 译为“受传者”，中国台湾学者则称为“阅听人”。

在大众传播研究初期，受众这一概念是指位于线性讯息传播过程终端的、讯息的实际或计划的接收者。① 作为一个常用术语，不论受众卷入媒介的实际程度如何，他们常常用于指称那些被某一传播媒介所触及的人们，或与之相联系的人们。②受众是社会环境和特定媒介供应方式的产物，③ 随着时代和媒介的发展，它所指代的内涵与外延也不断变化。作为大众传播研究的一个重要分支，受众研究举足轻重。

第一节　受众的基本理论

一、受众的概念

1. 从早期受众到现代受众

在西方，受众的概念可以追溯到 2 000 多年前，受众指古代体育比赛、公众剧院及大规模表演的观众。古希腊、古罗马城邦的剧院或竞技场是受众聚集的场所，并逐渐形成了“观看者”参与“观看”活动的习惯、规则以及相应的艺术。在这一时期，受众被定义为“特定地点的实体人群”，是公共机构的一部分，这种机构的构成成员包括：专业作家、演员、导演、作坊商人以及其他普通市民。④

早期受众具有如下几个特征：①观赏表演、聆听表演与表演本身一样，都是有计划和有组织的；②事件具有公众化和通俗化的特征；③表演的内容具有世俗化的特征，是为了满足娱乐、教育以及不同情感体验的需求；④受众的行动是基于自愿、个人选择和参与的原则；⑤表演往往是在实体场所进行的，注重观众的现场体验。⑤在世界其他文明史中，类似的公共演出制度也同样存在，尽管其城镇化、世俗性和个人化的特点较之古希腊、古罗马的传统模糊一些。

关于现代意义的“受众”（即大众传播活动中的受众）的诞生及其过程，西方学者有两种不同的观点。

一种观念认为现代受众主要随着印刷书籍的出现而产生。从空间和时间维度上看，印刷品能够有效地实现远距离、延时性传播，以及更加私人化的使用。15 世纪中叶，图书印刷出现，文字和文化不再是教会的特权，非宗教性读物开始有组织地大规模供应，人们

---

① ［英］丹尼斯·麦奎尔著，刘燕南等译：《受众分析》，北京：中国人民大学出版社，2006 年，第 142 页。
② ［英］丹尼斯·麦奎尔著，刘燕南等译：《受众分析》，北京：中国人民大学出版社，2006 年，第 149 页。
③ ［英］丹尼斯·麦奎尔著，刘燕南等译：《受众分析》，北京：中国人民大学出版社，2006 年，第 2 页。
④ ［英］丹尼斯·麦奎尔著，刘燕南等译：《受众分析》，北京：中国人民大学出版社，2006 年，第 23 页。
⑤ ［英］丹尼斯·麦奎尔著，刘燕南等译：《受众分析》，北京：中国人民大学出版社，2006 年，第 3 页。

可以通过购买这些读物来满足自身学习知识、娱乐消遣和提高修养等方面的需求。16 世纪后期，西欧出现了“阅读公众”(reading public) ——那些可以按自己愿望购买、阅读书籍的个人所组成的群体。19 世纪初，新技术使得印刷品的价格更低廉，伴随着书籍，尤其是期刊和报纸的大量发行，形成了一大批固定的读者，这些人可以被视为现代意义的“受众”。19 世纪末，随着城市化的推进、铁路交通的出现、印刷技术的革新、识字人口的日益增长以及大众生活水平的不断提高，一度平静的书籍与期刊领域开始向着生产发行上百万册的大规模产业化方向转型。广告业的发展为廉价报纸、大众化期刊和书籍的生长提供了资助，亦为媒介扩大覆盖范围注入强大动力。随着媒介覆盖范围的扩大，受众活动比之以往也更加分散、更迥然不同。①

以朱威特和里顿为代表的另一种观点则认为，电影的发明和影院放映方式的出现，开启了媒介发展史上的一个新时期，也标志着第一个社会科学意义上的受众概念的诞生。②换言之，真正意义的现代“受众”是在电影院里诞生的，最早造就名副其实的广大受众的是电子媒介。随后电视的光芒很快盖过了广播和电影，书籍和报刊也黯然失色。印刷、广播、电视、互联网等不断革新的媒介技术下，现代受众在分散的物理空间里面对同一个文本。

媒介技术的发展带来了社会交流主导模式的更新，受众概念也不可避免地结合了现代性的要素。与早期的受众相比，现代媒体的受众具有以下几个特点：①突破了时间和空间的局限；②受众范围更大；③受众更分散、个性化和私人化；④受众形式更加多样。③

总体来看，“受众”的所指是变化的，既可以用来描述 18 世纪的小说读者，也可以用来表示 20 世纪的卫星电视接收者。“受众”的内涵也十分丰富，人们可以用不同的方式加以划分，比如按“地点”“人种学特征”“媒介特征”“信息内容”“时间”等不同角度来区分。同时，麦奎尔认为，“受众”含义的抽象度和争议度，超过“社会”或“民意”等概念。正如马丁·阿洛（Martin Allor）所说：“受众并不存在，它并非栖身于现实的空间，而只存在于分析的论述里。”④ 由此可见，现代的“受众”，不仅是一个历史的概念，同时也是一个逻辑的概念，它既依赖于媒介与社会的架构而存在，也依赖于受众研究的理论框架和分析方法而存在。⑤

2. **大众受众**

在受众研究领域，“大众受众”(mass audience) 一词广为人知。然而，大众与受众并非天然一体，这两个概念的勾连，一定程度上反映了历史和社会发展的内在逻辑。

19 世纪末至 20 世纪初，西方全面步入工业社会，传统的“礼俗社会”被现代化的“法理社会”所取代。最早用“大众”概念框架来分析“受众”的，是美国社会学芝加哥学派的代表人物赫伯特·布鲁默。他从更广泛的社会生活变化特征的角度进行思考，将受众这一新型集合体的形成，视为现代社会各种因素相互作用的结果，并称之为“大众”，

---

① ［英］丹尼斯·麦奎尔著，刘燕南等译：《受众分析》，北京：中国人民大学出版社，2006 年，第 5 页。
② 臧海群、张晨阳：《受众学说：多维学术视野的观照与启迪》，上海：复旦大学出版社，2007 年，第 25 页。
③ ［英］丹尼斯·麦奎尔著，刘燕南等译：《受众分析》，北京：中国人民大学出版社，2006 年，第 3 页。
④ Martin Allor, Relocating the site of the audience, *Critical Studies in Mass Communication*, 1988, Vol. 5, pp. 217 – 233.
⑤ 臧海群、张晨阳：《受众学说：多维学术视野的观照与启迪》，上海：复旦大学出版社，2007 年，第 25 – 26 页。

以与此前的“群体”“群集”和“公众”区别开来。

布鲁默对“大众”这一概念界定如下：①大众人数众多，分布广泛，层次参差；②大众是不知名的群体，由不知名的芸芸众生组成；③大众互不来往，很少沟通，互不知晓；④大众独断独行，缺乏自我认同意识，无组织性，很难采取一致的行动；⑤大众不为自己行动，却受外部力量的驱使。概言之，大众所涵盖的范围比任何群体、群集和公众都要广，是由所有社会阶级与人口学意义上的群体所组成的巨大的集合体，他们是生活在现代工业社会中的芸芸众生，其成员之间互不认识，不存在情感、习俗的关系，而是法律和契约关系，且流动性大，具有匿名性、异质性和分散性。因此，大众传播的受众无疑就是大众本身。受众具备大众的一切特点，在大众传播中，他们处于单向的、非人格传播的接收端，是中弹即倒的“靶子”。

20 世纪 40—50 年代，有的学者逐渐对有关大众、受众的理论提出质疑，并指出，当受众在使用大众媒介时，并不是一味地受到外部力量的驱使，而会带有明显的个人化的特征，这与其社会生活、媒介环境、地方文化等因素息息相关。当大部分的人们都可以自由选择媒介时，他们并不会感觉自己受到了外部力量的操控。实际上，受众是由许多彼此重叠的、以地区和共同兴趣为基础的社会关系网络所组成的，而大众媒介则通过各种方式与这些网络连接起来。因此，受众概念又重新开始强调受众的群体和团体特征。[①]

在批判学派看来，大众受众的概念过于强调受众的非理性和自我意识的缺失，具有较大的贬低之意；同时，大众的概念也反映出了人们对于丧失个性、缺乏理性、容易被人操纵等现象的担忧，人们希望借此表达对于文化以及道德滑坡等现象的哀思。[②]

3. 变动中的受众

当前，“传播革命”和技术发展正在打破受众注意力在不同媒介之间分布的均衡，并逐渐削弱“大众受众”得以形成的基础，大众受众的式微和衰落在所难免。受众类型、受众的媒体接触习惯、受众需求等方面发生了前所未有的变化，这些变化深刻地影响了受众行为与受众观念。在此情况下，受众的需求更加多样，其媒介使用行为也更加个性化，由此加速了大众受众的分化，催生了新的受众类型。[③]

对于各种随不同媒介和时代而出现的新的受众的特点，弗吉尼亚·奈丁格尔（Virginia Nightingale）归纳为以下四种：

（1）受众是“聚集在一起的人”。这种“受众”就是所谓的“观察者”，适合于把媒介作为特定时间里的一种产品或演示。

（2）受众是“被处理的一群人”。这种受众也可以称为“被召唤的人群”或者“被刻画的人群”，指的是传播者所想象的并为之制造内容的人群。

（3）受众是“随机的”。受众是在日常生活中单独或者跟他人有交互式活动的人，被地点和其他特征所影响。

（4）受众是“听到的或者在听的对象”。这里指的是参与的受众。当受众处于一场演

---

① ［英］丹尼斯·麦奎尔著，崔保国、李琨译：《麦奎尔大众传播理论》（第 5 版），北京：清华大学出版社，2010 年，第 326 页。

② ［英］丹尼斯·麦奎尔著，刘燕南等译：《受众分析》，北京：中国人民大学出版社，2006 年，第 9 页。

③ 童清艳：《受众研究》，上海：上海交通大学出版社，2013 年，第 28 页。

出中或者通过远距离的方式参与时，同时给予反馈。①

概言之，被动的收听者、消费者、接收者或目标对象等这些典型的受众角色将会终止，取而代之的将是下列各种角色中的任何一个：搜寻者、咨询者、浏览者、反馈者、对话者、交谈者。②

信息源与接收者之间的关系总体可以分为三种传播关系模式：传送模式、表现模式/仪式模式、注意模式。这三种模式对应了三种不同的受众定位及其相关经验：认知、分享规范和给予关注。③

（1）传送模式：作为目标的受众。

传送模式将受众看作有意图地传递意义的目标。在这一过程中，信息的传递过程被看作持续进行的，其目的是控制或改变受众的认知。这一模式常常会出现在广告的促销活动、信息教育或者公共信息的传播当中。

（2）注意模式：作为观看者的受众。

在注意模式看来，传播是为了抓住观众注意力而不顾传播效果的一种模式，观众的注意力可以用收视率即受众在媒介上消耗的时间来衡量。这一模式认为，由于受众的注意力是暂时的，所以在受众的媒介使用行为中，无法发生意义的传递和共享，所以并不存在传受双方的交流与互动。

（3）表现模式：作为参与者的受众。

与单向的传送模式不同的是，表现模式将传播定义为共享和参与。这一模式认为传播的目的并不是单纯的信息告知，而是传受双方不断互动、增加共性的过程。正如詹姆斯·凯瑞所说，这种传播“不是为了在空间上扩散信息，而是为在时间上保持社会稳定”④。

二、受众的类型

大众媒介的发展历史表明，受众既是社会发展的产物，也是媒介及其内容的产物。人们的需求刺激出更适于他们的内容供给，或者说大众媒介有选择地提供那些能够吸引人注意的内容。“媒体创造的受众需求”与“受众自主产生的对媒体的需求”促使受众群体划分明显，形成“细分受众”。⑤ 受众的类型可以通过不同的和彼此重叠的方式来进行定义：以“地方”（就像是地方性媒介的状况）；以“人们”（当媒介的特色是要吸引特定年龄、性别、政治信仰或收入的团体的时候）；以“所牵涉的特定媒介（或渠道）形式”（技术和组织的结合）；以“信息的内容”（文类、主题事物、风格）；以“时间”（当我们提及“白天时段”或者“主要时段”的受众，或者那种存在相当短暂的受众时）等方式。⑥

---

① V. Nightingale, The cultural revolution in audience research, in *A Companion to Media Studies*, editied by A. N. Valdivia, New Jersey: Blackwell Publishing Ltd., 2003, pp. 360 - 381.

② ［英］丹尼斯·麦奎尔著，刘燕南等译：《受众分析》，北京：中国人民大学出版社，2006 年，第 158 页。

③ ［英］丹尼斯·麦奎尔著，刘燕南等译：《受众分析》，北京：中国人民大学出版社，2006 年，第 53 页。

④ ［英］丹尼斯·麦奎尔著，刘燕南等译：《受众分析》，北京：中国人民大学出版社，2006 年，第 54 页。

⑤ 童清艳：《受众研究》，上海：上海交通大学出版社，2013 年，第 31 页。

⑥ ［英］丹尼斯·麦奎尔著，崔保国、李琨等译：《麦奎尔大众传播理论》（第 5 版），北京：清华大学出版社，2010 年，第 324 页。

麦奎尔将受众分成了四种类型：宏观层面上，有“社会团体或公众”和“媒介（或渠道）受众”；微观层面上，有“满足群组”和“特定媒介内容的受众”。除此之外，在新媒体环境下又产生了新型的受众群体。

1. **社会团体或公众**

受众是社会环境和特定媒介供应模式的产物，①作为社会团体或公众的受众具有一定独特性：他们在被确立为受众之前，就已经独立存在了。作为社会团体或公众的受众拥有共同的特征：相对同质化、有稳定的构成，彼此互动、有规范调控和“有边界”。② 其典型例子就是地方性报纸的读者群或社区电台的听众群，他们居住在同一社区空间中，具有明显的社会或文化特征和相似的媒介兴趣。地方媒介强化了人们的地方意识和对地方的归属感。地方媒介上的广告则为地方居民提供服务，从而有效地起到了社会与经济的整合作用。此外，不同报纸的受众各自也具有明显的社会团体或公众的特征，读者们依据自身的地域认同、自我认同等选择符合其自身需求的报纸。

新媒介技术的发展进一步促成了团体受众的形成，为小群体和分散的公众开发了新的传播途径，“虚拟社群”的概念由此诞生。他们“由一群具有相似兴趣的人有目的地组成，通常是围绕着特定的文本或是由非计算机中介传播领域引进的事项——如肥皂剧或者剧中角色——而形成”③。虚拟社群具有真实社群的某些特征，例如具备互动性、共同的目标、认同感、归属感、各种规范、不成文的规则（如网络礼节）等，也具有独特的惯例、仪式与表达模式。④

2. **媒介（或渠道）受众**

媒介受众指的是依据对特定媒介的选择所形成的受众，例如报纸读者、电视观众等。总体来说，这一分类方法没有太大问题，因为每一种媒介都会有其特定的消费者和爱好者。但是，倘若要从社会人口学的角度进行细分的话，这一分类方法过于冗杂、模糊。

与大众受众以及作为市场的受众类似，媒介受众的分布广、数量庞大，其具有异质性，缺乏系统的结构。同时，媒介受众也是消费者，带有“市场”的意味。受众对于媒介的选择往往会受到媒介的功能、优缺点或者媒介特定的社会使用状况等因素的影响。为了吸引更多受众和广告商家的投入，不同媒介之间的竞争十分激烈；而对于那些为了投放广告或其他宣传目的来使用媒介的人而言，媒介受众也十分重要。在此情况下，媒介的特质、受众的数量、媒介渠道等因素会被纳入重要考量。⑤

3. **满足群组**

“满足群组”指的是基于与媒介相关的兴趣、需求或偏好等多种可能性而形成或重组的受众。在这一概念中，受众是分散的、彼此不相干的。与对媒介的需求和喜好具有广泛

---

① ［英］丹尼斯·麦奎尔著，刘燕南等译：《受众分析》，北京：中国人民大学出版社，2006 年，第 2 页。

② ［英］丹尼斯·麦奎尔著，刘燕南等译：《受众分析》，北京：中国人民大学出版社，2006 年，第 37 页。

③ ［英］丹尼斯·麦奎尔著，崔保国、李琨译：《麦奎尔大众传播理论》（第 5 版），北京：清华大学出版社，2010 年，第 121 页。

④ ［英］丹尼斯·麦奎尔著，崔保国、李琨译：《麦奎尔大众传播理论》（第 5 版），北京：清华大学出版社，2010 年，第 121 – 122 页。

⑤ ［英］丹尼斯·麦奎尔著，崔保国、李琨译：《麦奎尔大众传播理论》（第 5 版），北京：清华大学出版社，2010 年，第 337 页。

性的公众（以社会阶层、宗教、地域以及政党为基础）不同的是，满足群组拥有特定的需求或需求形态。随着受众的需求越来越多样化，媒介也不断细化其内容制作和内容传播，以此来满足消费者的特定需求。从某种程度上来说，满足群组已经取代了传统的公众受众。

为了更好地对受众需求进行整合，各种媒介往往会综合社会文化背景和内容标准等因素，例如受众的教育程度、生活方式、年龄、性别等，对受众进行细分，以此实现“为顾客量身定制”式的媒介供给模式。不过，值得注意的是，由于作为满足群组的受众的流动性大，受众难以产生较大的集体认同感和归属感。①

4. 特定媒介内容的受众

在这一分类方法中，受众被看作是一批特定媒介产品的消费者，他们既是媒介产品的顾客，也是广告主收费的依据。在媒介企业看来，受众等同于收视率/收听率，具有极大的商业价值。

但是，这一分类方法也具有局限性。有时，媒介产品的受众往往是难以测量的，也难以对受众的媒介使用行为的深度和广度进行精确把握，所以受众的范围并不能完全确定。特别是那些对媒介产品进行极端投入的受众和受众群（即“粉丝”），他们并不是媒介营销策略的简单被动的目标，我们难以预料其产生的时间、哪些具体的内容会导致他们的形成以及他们的发展，所以这是一个复杂而难以把握的问题。②

5. 新型受众

与单一的大众受众相比，新媒体环境下形成的受众具有较强的个人主义，对媒介的忠诚度也更低。总体而言，与以往主要是根据地理因素（国家、地区等）对受众进行划分不同的是，如今受众的形成方式更加多样化。在多元的媒体资源的环境下，受众的注意力被不断瓜分，受众群体逐渐细分，媒体产品日渐专业化，这就使得具有共同兴趣、需求、自我认同感等共性的受众汇聚在一起，形成了“分众”。

在新媒体环境下，受众类型主要可以分为四种：咨询型受众、交谈型受众、注册型受众、参与型受众。

（1）咨询型受众。这一受众类型主要强调受众对媒介的使用权，指那些可以自由选择何时何地通过媒介搜索其需要的受众。而代表性的媒体就是以电脑为基础的媒体，例如搜索引擎、网络视频等。

（2）交谈型受众。这一受众类型弱化了传受双方的分工，侧重于双方的互动性。受众通过媒介分享、交流其自身观点和想法，并通过计算机的互动系统储存下来，后续还有可能收到对自身信息的反馈，如微信、微博的使用者。

（3）注册型受众。这一受众类型强调的是受众的被控制性，指的是传播媒介的使用者在接触媒体时，其接触的具体内容和相关情况都处于被监测的状态之下，并被记录下来。尽管与以往相比，如今的受众享有更大的自主权和自由度，但是仍然会受到媒介的控制，

---

① ［英］丹尼斯·麦奎尔著，刘燕南等译：《受众分析》，北京：中国人民大学出版社，2006年，第41－42页。

② ［英］丹尼斯·麦奎尔著，崔保国、李琨译：《麦奎尔大众传播理论》（第5版），北京：清华大学出版社，2010年，第335－336页。

这也体现了人们的担忧。[①]

（4）参与型受众。更值得关注的是“参与性受众”“用户生成内容（UGC）”与融合文化等趋势。新媒介技术使得所有的传统媒体逐渐数字化，成为更为复杂的聚合文化平台，受众观赏内容、与他人互动乃至创造自制内容变得越来越容易，方式也越来越多元，粉丝文化的影响力不断扩大，逐渐被主流文化接受。与此同时，媒介企业也认识到了跨媒介创作和用户生成内容的商业潜力。

总而言之，随着媒介技术的革新，没有任何单一的分类方法能够恰如其分地对受众进行划分，但我们仍然可以确立一些主要维度以划分不同的受众。关于受众的基本维度，麦奎尔总结了八个重要的变量：被动或主动的程度，互动和交换的程度，规模和时长，空间地点、群体特征（社会/文化身份）、与信源联系的即时性、构成的异质性，传者与受者的社会关系，信息与社会行为的情境，社会在场的程度，使用的社会语境。这些变量构成了一个丰富的术语集合，涵盖了社会、文化、行为、语言、经济等多方面的受众现象。[②]

三、受众的选择过程

早期的传播研究侧重于效果研究，主要是站在传播者一方来探讨传播在受众身上所产生的影响，因而也被称为受众效应，注重的是宣传的效果，因而是单向的传播。与传播效果的“子弹论”相对应，这一时期的受众观认为受众只是射击场上的靶子，传播者传播什么，受众就会接受什么。但是受众真的能如传播者所愿，听从传播者的“摆布”？实际上未必，受众在传播过程中具有主动性。

1. 受众的选择性因素

选择性是受众主动性表现之一，“媒介和内容中能够运用的选择和类型越多，那么就越可以说明受众是主动的”[③]。拉扎斯菲尔德等人的实证研究证明，受众在接触大众传播的信息时并不是不加选择的，而是更愿意选择那些与自己既有立场和态度一致或接近的内容加以接触，而对那些与自己固有观念对立或冲突的内容有一种回避的倾向，这被称为“选择性接触假说”。后来的大量研究表明，选择性接触并不仅仅存在于政治信息领域，在消费、文化和娱乐信息领域，这种机制都普遍存在。1960 年美国学者约瑟夫·克拉珀（Joseph Klapper）在《大众传播的效果》一书中将受众的选择性心理归纳为选择性接触、选择性理解和选择性记忆。[④] 赛弗林和小詹姆斯·坦卡德又增加了选择性注意，从而使这四个因素成为选择过程的主要因素。

（1）选择性接触。人们倾向于接触与他们既有意见和兴趣一致的大众传播内容，而避免不一致的内容。选择性接触的观念与费斯廷格的认知不和谐理论一脉相承，该理论主张，在作出决定后，想要降低不和谐度的一种方式是去寻找与决定相一致的信息。当然，

---

① 童清艳：《受众研究》，上海：上海交通大学出版社，2013 年，第 216 - 217 页。

② ［英］丹尼斯·麦奎尔著，刘燕南等译：《受众分析》，北京：中国人民大学出版社，2006 年，第 181 页。

③ ［英］丹尼斯·麦奎尔著，崔保国、李琨译：《麦奎尔大众传播理论》（第 5 版），北京：清华大学出版社，2010 年，第 339 页。

④ ［美］约瑟夫·克拉珀著，段鹏译：《大众传播的效果》，北京：中国传媒大学出版社，2016 年，第 13 - 19 页。

研究结果还表明，在某些情况下，人们也会让自己接触那些产生不和谐的材料。

（2）选择性注意。个人倾向于注意某条消息中与自己既有态度、信念或行为一致的那些部分，而回避某条消息中与自己既有态度、信念或行为不一致的那些部分。人注意力集中的过程也是一个人对信息进行选择取舍的过程，当特定的大众传媒满足我们一部分的需求时，才能引起我们对它的兴趣而使我们加以注意。

（3）选择性理解。人们会根据已有的观点对传播内容做出选择性理解，具有不同心理特征、文化倾向和社会成员关系的人们会以不同的方式解释媒介内容。不同的受众对同一传播内容的理解不一样，赛弗林等认为“理解一般受到假定（通常是无意识的）、文化期待、需要、情绪和态度的影响”①。

（4）选择性记忆。个人对信息的回忆会受到意愿、需要、态度以及其他心理因素的影响。受众往往只记忆对自己有利、符合自己的兴趣、或与自己意见一致的内容，对于同一材料，持赞同态度的人会记住更多内容，持反对态度的人则忘得更快。

克拉珀认为选择性接触、理解和记忆不会出现在所有人的所有传播情境中，它们可能对部分群体受众有效，而且对长期持续的宣传效果影响也不确定，但是当其出现时，则是既有倾向的保护网。这说明大众传播并不能直接作用于受众，而是会受到受众既有倾向的影响，只能强化而不能改变受众固有的观念。赛弗林等认为选择性接触、注意、理解和记忆就像四道防御的围墙，最外层是选择性接触，最里层是选择性记忆。有时候，不想要的信息在最外层就被挡了下来，人们会避免接触那些可能含有反对意见的出版物或节目。②

2. 顽固的受众

1964 年哈佛大学心理学家雷蒙德·鲍尔（Raymond A. Bauer）发表的《顽固的受众》一文中提出了两种传播的模式：一种是传播的社会模式，一种是传播的科学模式。拉斯韦尔的 5W 模式属于传播的社会模式，也是单向的宣传模式，它有一个巨大的内在假设：主动性完全由传播者决定，效果完全施加在受众身上。它强调的是传播者对受众所做的事情，传播者通常被赋予相当大的自由度和权力来为受众做他喜欢做的事情。因此，“我们的传播过程的社会模式在道德上是不对称的，它几乎只关注对发起者、操纵者有利的不公平现象”③。而传播的科学模式将传播视为一个交易的过程，在这个过程中，双方都希望从交易中获得大致公平的价值。但并不是所有的交易都是公平的，无论是传播者还是受众，当他们觉得自己是不公平的一方时，都不会参与这种传播交流。随着对受众个人、认知和心理层面的研究兴起，一些调查和实验表明，受众对信息是有选择的，并会以不同的方式来诠释它，进而根据自身的选择来决定是否做出回复，这说明受众是有主动性的，是顽固的、执着己见的，媒介无法随心所欲地左右受众。所以科学模式更加强调双向性，社会交往和影响力流动的过程一般必须被视为一种交易，交易变成两方或多方之间的价值交

---

① ［美］Werner J. Severin，James W. Tankard，Jr. 著，郭镇之、徐培喜等译：《传播理论：起源、方法与应用》（第 5 版），北京：中国传媒大学出版社，2006 年，第 68 页。

② ［美］Werner J. Severin，James W. Tankard，Jr. 著，郭镇之、徐培喜等译：《传播理论：起源、方法与应用》（第 5 版），北京：中国传媒大学出版社，2006 年，第 70 页。

③ Raymond A. Bauer，The Obstinate Audience：the Influence Process from the Point of View of Social Communication，*American Psychologist*，1964，Vol. 19，pp. 319 – 328.

换，每一方的付出都是为了得到。这个模式将个人描述成了信念主动寻求信息的个人，强调了受众的主动性。受众对传播者也是有影响力的，因为传播者要以受众会接受的传播方式提供信息。

鲍尔的研究说明了以往单向传播模式强调传播者对受众做了什么（the communicator does something to the audience）；而双向传播的模式强调受众对传播者的影响（influence of the audience on the communicator），人们开始更充分地探索受众的意图和行为。施拉姆认为鲍尔的论文敲响了“子弹论”的丧钟，[①] 说明了大众传播研究从媒介中心论到受众中心论的转变。

3. 受众使用媒介的动机

受众为什么会比较自觉地接触媒介，阅读、收听和收视传播内容呢？受众对媒介的使用和内容的接受具有自主性和选择性，一个人接触媒介是基于个人需要且怀有某种动机的，其通过主动使用媒介内容来实现自己的目的。美国学者阿兰·鲁宾（Alan M. Rubin）通过对电视观众的研究发现存在两种类型的观众：一种是更频繁、更广泛地使用电视的耗时（习惯性）信息寻求者，另一种是与节目有密切关系的非耗时（非习惯性）娱乐信息寻求者。第一种习惯性的观众，其为了消磨时间、陪伴、放松和逃避而观看电视，并对媒介表现出一定的亲和力；第二种非习惯性的也就是选择性的观众，其有目的地寻找信息并观看新闻、谈话和杂志节目。这两种类型分别称为仪式性媒介使用和工具性媒介使用。“工具性媒介使用在这里指的是有目的地使用媒介内容来满足信息需求或动机，仪式性媒介使用指或多或少习惯性地使用媒介来满足转移注意力的需求或动机。”[②] 但是这两种划分并不是截然对立的，有时个人可能会根据不同的背景、时间和情境需求，在一定程度上通过仪式或工具来使用媒介。

大量的研究证明，大众媒体消费的动机是与消费体验相关的满足感。尽管受众接触和使用媒介受到可用性和工作时间等因素的影响，但不可否认动机也起着重要作用。学者们对受众的动机也提出了多种影响变量。从20世纪70年代开始，一些学者提出需要区分媒体消费或寻求满足的动机（GS）和从这种体验中获得的感知满足（GO）。GS即寻求的满足感，是一种对媒体的信念，受众期望媒体能够满足其需求；GO是实际获得的满足感。两者之间的关系对受众未来的媒介行为和媒介评价都有重要影响：如果两者相等，受众就会继续原来的媒介接触；如果获得的满足低于预期的动机，受众将会改变原来的媒介接触；如果获得的满足高于预期，受众的满足感就较高。一些研究区分了“积极”满足（寻求媒体消费）和“消极”满足或回避（避免媒体消费）的原因，发现大多数回避的原因都涉及受众对媒体对象的负面评价。

菲利浦·帕姆格林（Philip Palmgreen）根据对媒体属性的不同认知/评估对受众接触和使用媒介动机类型划分为四种（见图10－1）[③]：

---

① ［美］威尔伯·施拉姆、威廉·波特著，何道宽译：《传播学概论》（第2版），北京：中国人民大学出版社，2010年，第189页。

② Alan M. Rubin，Ritualized and Instrumental Television Viewing，*Journal of Communication*，1984，Vol. 34，pp. 67－77.

③ P. Palmgreen，Uses and Gratifications：A Theoretical Perspective，*Annals of the International Communication Association*，1984，Vol. 8，pp. 20－55.

		对媒体属性的评价	
		消极的	积极的
对媒体属性的信念	无	消极的接近	寻找替代品
	有	真正的回避	积极的接近

图 10－1　媒介使用动机类型

对媒体属性的积极评价，结合媒体对象具有这种属性的信念，将产生从特定来源寻求相关满足的动机，这种类型被称为“积极的接近”，是“使用与满足”理论所说的动机类型。相信媒体拥有负面价值的属性会导致“真正的回避”，而不相信媒体拥有正面价值的属性则与“寻找替代品”有关。如果个人认为信源没有其不喜欢的属性（例如，“至少这不无聊”），特别是在没有其他更好的替代品的情况下，他可能会有动机使用该媒介。由于不涉及对积极满足的真正追求，所以这种动机被称为“消极的接近”。

传播技术的发展为受众提供了大量的选择，也导致了受众选择性的提高。未来媒体消费行为和媒体结构的变化将成为常态，也就是说获得的满足感与寻求的满足感相匹配的情况不可能是稳定不变的，而是处于不断变化中。

第二节　几种主要的受众观

一、作为市场的受众

进入 20 世纪，随着大众媒介商业化的兴盛，媒体成为一个巨大的产业，“市场”一词开始流行起来。“市场”这一概念能够清楚地表示出由媒介、社会人口统计指标、媒体服务、产品的实际或潜在消费者所覆盖的范围。对于媒介经济分析来说，“市场”是一个实用的概念，受众的市场就是媒体的市场。

1. 受众市场观的研究内容

媒体市场与受众的消费需求是相辅相成的。媒体是为了满足媒体消费者的消费需求而产生的，其内容和形式的发展也受到受众消费需求的制约。同时，媒体除了通过自己的媒体产品和服务来满足受众消费需求外，还能影响和引导受众消费需求的发展方向。满足受众日益增长的消费需求，这是媒体赖以生存、发展的基础之一。媒体市场需要研究受众消费需求的特点、媒体市场消费需求的影响因素等，主要包括：

（1）媒体消费者接受媒体消费产品和服务的动机以及所受到的限制。

（2）受众怎样获得信息和下决心购买媒体产品和服务的过程。

（3）社会环境、经济因素对受众消费需求的影响及影响程度。

（4）受众接触大众传媒的具体条件和时间。

（5）媒体消费者对不同传媒形象的态度以及对征订、发行、收费和零售的影响。

（6）受众对不同传媒的兴趣和使用习惯。

（7）现有媒体消费产品所处的产品生命周期阶段。[①]

这些信息有利于大众传媒有针对性地组织传播和广告，创造最佳的社会效益和经济效益。发现受众潜在的动机和消费需求，是开发媒体新产品、改进现有内容产品采集、制作与发布的市场基础。

2. 受众市场观的评价

“受众即市场”的观点反映了传媒活动的某些特性，如经营性、商品性和竞争性，也能够揭示受众作为消费者的某些行为特点。然而，这种观点是媒介工业话语的表达方式，会让媒体过多地将注意力放在媒介本身和媒体产业上，从而忽略了传播的效率、品质以及受众的重要性，这很容易使传播者与接收者之间的关系变成一种“计算”关系而不是社会关系，其本质上是操纵性的。[②]

麦奎尔曾经指出：“对于媒介产业和媒介经济而言，‘市场’以一种‘计划性’而非规范性或社会关系的形式将传播者与接收者连接起来，变成一种生产者和消费者之间的现金交易关系而非传播关系。它忽略了个体之间的内在社会关系，因为这些关系对于媒介服务的供应者而言没有什么吸引力。它将社会经济准则置于优先地位，并把焦点放在媒介‘消费’而非媒介的‘接收’上。”[③]具体而言，它有以下几个弊端：

（1）它容易把传媒与受众的关系固定为“卖方”和“买方”的关系。传媒负责提供，受众只能在被提供的商品范围内进行选择。对媒体而言，最大问题是如何通过“营销”使受众接受这些商品；而对受众来说，最大问题则是考虑如何花钱。在这里，复杂的社会传播关系被简化成了单纯的买卖关系。

（2）这种观点更多地着眼于受众的购买能力与消费特点相关的人口统计学属性，如收入、性别、年龄、学历等，而不能反映受众内部更深层次的社会关系和意识。

（3）这种观点容易把“商品销售量”——收视率或发行量作为判断传媒成功与否的唯一标准，而把公益性和社会效益标准放在次要的位置上。

（4）把受众视为“市场”的观点只能是传媒一方的观点，只能使人从传媒的立场出发考虑问题，而不是从受众的立场出发考虑问题。[④]

在受众看来，他们并不单纯是消费者，还是社会公共事务的参与者，是拥有传播权利

---

① 童清艳：《受众研究》，上海：上海交通大学出版社，2013 年，第 24 页。

② ［英］丹尼斯·麦奎尔著，崔保国、李琨译：《麦奎尔大众传播理论》（第 5 版），北京：清华大学出版社，2010 年，第 326 页。

③ ［英］丹尼斯·麦奎尔著，崔保国、李琨译：《麦奎尔大众传播理论》（第 5 版），北京：清华大学出版社，2010 年，第 326 页。

④ 郭庆光：《传播学教程》（第 2 版），北京：中国人民大学出版社，2011 年，第 158 页。

的主体。因此，我们不能将受众简单地等同于物质商品的消费者，也不能将传媒简单地等同于生产和提供物质商品的企业，归根到底，这是由精神产品的生产和消费过程的特殊性所决定的。

消费者是否一定会被传媒操纵和欺骗，这一问题值得商榷。事实上，受众并非毫无辨别能力的愚昧的一群人，他们经常能够对媒介内容做出复杂、精致、反思性的解读。那些经常在公共生活中处于边缘地位的群体能够发出批判的声音，具有辨别的能力。

二、作为权利主体的受众

受众既是传媒信息的使用者或消费者，也是构成社会的基本成员，还是参与公共事务的公众，拥有各种各样的权利。受众在大众传播过程中享有的基本权利包括传播权、知情权和媒介接近权。同时，新闻传播活动从信息的采集到传播总是会与特定的人发生密切联系，这就有出现人格损害的可能性。人格权是法律赋予自然人和法人所固有的、为维护其生存和尊严所必须具备的人身权利。因此，受众在大众传播过程中享有的基本权利还有名誉权和隐私权。

1. 传播权

传播权是构成社会的每个成员所享有的基本权利之一，在传统上称为表现自由或言论自由的权利。社会成员是社会实践和社会生活的主体，他们有权将自己的经验、体会、思想、观点和认识通过言论、创作、著述等活动表现出来，并有权通过一切合法手段和渠道加以传播。法国学者让·达尔西（Jean D'Arcy）最早提出了传播权的概念。他在 1969 年指出："总有一天人们将会承认一种比《世界人权宣言》中阐述的基本人权更重要、更全面的权利概念，那就是传播权。"①

隶属联合国教科文组织的世界传播问题研究委员会在其报告《多种声音　一个世界》中把传播权归纳为：

（1）传播活动是人与生而俱来的本能行为之一，人的生存与发展都有赖于这种传播行为，因此，传播权应是人的基本权利之一。

（2）传播权不仅是每个人的自然权利，而且应是公民的社会权利。

（3）传播权可以包含迄今为止人类已享有的所有社会性权利概念内容，如现今已被社会公认的知情权、接近权及有关言论与新闻出版自由、通信自由、表达自由等权利概念。②

2. 知情权/知晓权

知情权也叫知晓权。从广义上来说，知情权指的是社会成员获得有关自身所处的环境及其变化的信息、保障社会生活所需的各种有用信息的权利，它是人的生存权的基本内容之一。③ 从狭义上来说，知情权指的是公民对国家的立法、司法和行政等公共权力机构的活动所拥有的知情权，这是公民的一项基本政治权利，也意味着公共权力机构对公民负有

① 徐耀魁：《西方新闻理论评析》，北京：新华出版社，1998 年，第 277 页。

② 联合国教科文组织著，中国对外翻译出版公司第二编译室译：《多种声音　一个世界》，北京：中国对外翻译出版公司，1981 年，第 155 页。

③ 郭庆光：《传播学教程》（第 2 版），北京：中国人民大学出版社，2011 年，第 159 页。

信息公开的责任和义务。现在我们所讲的知情权，多从狭义的角度出发。公民的知情权，最主要的是获知国家事务和社会公共事务的权利。实质上，知情权是传播权的一部分，在学理上，它被认为是从传播权即言论自由权中引申出来的一项“潜在”的权利。任何隐瞒或歪曲事实的报道，都是对受众知情权的侵犯。

1998 年年底开始的“政府上网工程”，标志着中国公共权力机构已经进入了利用互联网等新媒体开展信息公开活动的崭新阶段。2007 年 4 月，中国公布了《中华人民共和国政府信息公开条例》，其中的总则第一条开宗明义：“为了保障公民、法人和其他组织依法获取政府信息，提高政府工作的透明度，促进依法行政，充分发挥政府信息对人民群众生产、生活和活动的服务作用，制定本条例。”该条例为保障公民的知情权、监督权和新闻媒介的各项权利提供了新的法律保障。在理论上，言论自由或表达自由是与知情权共生的，因为了解情况是表达意见的前提，一个闭目塞听的人是谈不上有什么意见可以表达的，表达自由对他而言没有意义。所以，保障表达自由必须同时保障表达者获取外界信息特别是国家和社会公共事务信息的权利，即知情权。另外，表达必须以他人为接受对象，自言自语不是表达，面对旷野的呼唤没有任何意义。保障表达自由又必须保障他人接受表达内容的权利，即保证他人的知情权。基于这样的推论，知情权就被认为是从表达自由中引申出的一项“潜在”的权利。①

3. 媒介接近权

媒介接近权即一般社会成员利用传播主张，发表言论活动的权利。同时，这项权利也赋予了传媒应该向受众开放的义务和责任。1967 年，美国学者杰罗姆·巴隆（Jerome A. Barron）首次提出了“媒介接近权”的概念，他认为，美国宪法第一修正案规定的“出版自由”所保护的是作为一般社会成员的受众的权利，而不是传媒企业的私有财产权；在传播媒介越来越集中于少数人手中、广大受众越来越被排斥在大众传媒之外的今天，已经到了“必须把第一修正案的权利归还给它的真正拥有者——读者、视听众”的时候了。②

媒介接近权的概念，反映了资本主义制度下社会成员的表达自由或言论自由的权利与媒介的私人占有制之间的巨大矛盾。虽然美国等国的宪法规定了社会成员拥有表达自由或言论自由，然而在现实中，能够有效地实现这些权利的重要手段——大众传播媒介却作为私有企业控制在少数人手中；由于私有财产权的排他性，这种私有媒介制度所保障的仅仅是所有者的权利，而不是一般社会成员的权利。这个矛盾，在自由资本主义阶段尚能由于许多中小媒介的存在得到缓和。但进入垄断阶段后，在传媒越来越大型化和独占化，越来越集中于少数大资本家手中的状况下，矛盾的激化在所难免。媒介接近权的概念，正是在这种背景下提出来的。

媒介接近权的核心内容是要求传媒必须向受众开放。这个权利概念提出后虽然未能发展成法律中的明文规定，但在三个方面已经产生了普遍的影响：

（1）反论权。社会成员或群体在受到传媒攻击或歪曲性报道之际，有权要求传媒刊登或播出反驳声明。

---

① 魏永征：《新闻传播法教程》，北京：中国人民大学出版社，2010 年，第 24 页。

② 郭庆光：《传播学教程》（第 2 版），北京：中国人民大学出版社，2011 年，第 160 页。

（2）意见广告。为了争取受众的好感和信任，目前很多印刷媒介已经能够在不同程度上以收费形式接受读者要求刊登的意见广告，但是否允许刊登意见广告受到政府传播政策的限制。

（3）开放频道。这主要体现在多频道有线电视领域。一些国家基于媒介接近权原理，在发放有线电视系统经营许可证之际，规定了必须开设允许受众自主参与的“开放频道”的附加条件。[①]

这些措施虽然不能从根本上解决问题，但在缓解社会矛盾方面起到了一定的作用。同时，互联网的发展为实现受众的媒介接近权提供了广阔的空间。但是，网络上的个人网站、个人博客的社会影响力是有限的，争取对大众传媒的接近权，依然有着非常重要的意义。也有学者表示，在自媒体盛行的当下，探讨“媒介接近权”已经失去了原本的意义。[②] 在媒介格局已经发生深刻变化的今天，极其丰富的自媒体资源让受众接近和使用媒介已经不再是问题，社会成员可以很方便地申请和使用任何一个自媒体平台，表达自己的观点。

4. **名誉权**

名誉，是对特定人（包括自然人和法人）的社会评价。名誉权就是公民、法人享有应该受到社会公正评价的权利和要求他人不得非法损害这种公正评价的权利。传播学认为大众传播媒介具有授予地位的功能，即被传播者的声望和地位可以通过传播得到提高；反之，大众传播也可能给被传播者带来负面的影响。在大众传播媒介上非法贬低特定人的正常社会评价、损害其人格尊严，是最常见的侵害名誉权行为。[③] 侵害受众名誉权的行为，如果其社会危害性达到一定程度就可能构成犯罪，即侮辱罪和诽谤罪。在法理上，以新闻手段实施诽谤罪或侮辱罪的行为有三个特征：

（1）客观上制作、发表了捏造虚假事实、损害他人名誉或者贬损他人人格的新闻。

（2）主观上出于直接故意，即不但明知新闻事实虚假或有贬损他人人格的内容足以损害他人名誉，而且具有通过新闻传播行为来达到诋毁、中伤他人的目的。

（3）情节严重，这主要是指手段恶劣、后果严重、影响极坏等。情节较轻的，不以犯罪论处。侮辱罪和诽谤罪的犯罪主体只能是自然人，没有法人或单位犯罪的规定。[④]

有些经营者出于不正当的竞争目的，捏造竞争对手的虚假事实，并将其提供给新闻媒介予以报道，诋毁其商业信誉、商品声誉。若造成严重后果，这种行为有可能被追究刑事责任。如果新闻单位的编辑记者与之同谋，那就是共同犯罪。如果新闻单位不明真相，轻率发表，则表明主观上有过失，应当承担侵权的民事责任。

5. **隐私权**

隐私是指个人与社会公共生活无关的而不愿为他人知悉或者受他人侵扰的私人事项。隐私权就是个人有依照法律规定保护自己的隐私不受侵害的权利。这包括两个方面：一是公民对于自己与社会公共生活无关的私人事项和个人资料，有权要求他人不打听、不搜

---

① 郭庆光：《传播学教程》（第 2 版），北京：中国人民大学出版社，2011 年，第 160 页。

② 张强：《自媒体对媒介接近权的影响》，《西部学刊》（新闻与传播）2016 年第 6 期。

③ 魏永征：《新闻传播法教程》，北京：中国人民大学出版社，2010 年，第 138 页。

④ 魏永征：《新闻传播法教程》，北京：中国人民大学出版社，2010 年，第 159 页。

集、不传播，也有权要求新闻媒介不报道、不评论以及不非法获得；二是公民对于自己与社会公共生活无关的私生活，有权要求他人不得任意干扰。①

新闻传播就是以公开为要旨，信息量大，时效性快，而个人隐私则需保守秘密，两者关系处理不当就会发生冲突。研究新闻侵害隐私权问题对于保护公民隐私权是十分重要的。新闻报道主要披露社会公共事件，但由于有些个人隐私也会受到关注，涉及隐私的内容也时有所见，尤其是明星隐私较多被曝光。

除了新闻报道对受众的隐私可能造成侵害以外，新闻侵害隐私权的另一种表现就是记者在采访活动中未经许可侵入私人空间。私人空间不仅包括私人场所，而且包括公共场所内的私人场合。如果媒介将以非法手段探知的隐私予以公开报道，那就是对受众双重的侵害隐私权行为。②

6. 被遗忘权

被遗忘权也被称为“删除的权利”，是隐私权在互联网时代延伸出来的一种新的权利类型。欧盟将“被遗忘权”定义为“数据主体有权要求数据控制者永久删除有关数据主体的个人数据，有权被互联网所遗忘，除非数据的保留有合法的理由”③。

以搜索引擎和社交媒体为代表的新兴媒体，不断侵蚀着私人空间和私人信息。科技的发展使个人数据的使用权或控制权已从数据主体旁落他人，加强被遗忘权的初衷即希望数据主体能重掌控制权限，强调对个人信息的自我控制，从而保障数据主体可以自由处分其个人信息，并能合理对抗他人对其信息的收集、处理或使用。

根据欧盟提案，在以下四种条件下，权利主体有权要求信息控制者删除与其有关的所有信息或停止此类信息的进一步传播：

（1）此类信息已没有被收集或处理的必要。

（2）权利主体通过声明或行动表示不再允许其信息为实现一个或多个具体目的而被收集；或被收集的信息存储期已经过期，且法律上已没有处理该信息的必要性。

（3）权利主体根据自身情况在任何时候都可以反对其个人信息的收集和处理，除非对该信息的处理对于维护信息主体的基本权利至关重要，或是为了维持公共利益的正常运作所必需的，或属于信息控制者既定的官方权利范围之内，或信息收集者对于该个人信息的处理有着超越保护个人信息自由的无可抗拒的立场。

（4）对于权利主体个人信息的处理违反个人信息保护的改革方案（欧盟个人信息保护的改革方案）。④

三、作为参与者的受众：受众参与理论

受众参与理论又叫民主参与理论，是20世纪70年代以后随着社会信息化的发展和媒介集中垄断程度达到新的高度，在美国、日本及欧洲等一些发达国家和地区出现的一种媒

---

① 魏永征：《新闻传播法教程》，北京：中国人民大学出版社，2010年，第160页。

② 魏永征：《新闻传播法教程》，北京：中国人民大学出版社，2010年，第171页。

③ 吴飞：《名词定义试拟：被遗忘权（Right to Be Forgotten）》，《新闻与传播研究》2014年第7期。

④ 转引自邵国松：《“被遗忘的权利”：个人信息保护的新问题及对策》，《南京社会科学》2013年第2期。

介规范理论。

信息化的发展使信息和传播问题在社会的政治、经济、文化生活中发挥了越来越重要的作用，并与每个社会成员发生了越来越直接的联系。媒介集中垄断使传播资源日益集中于少数媒介寡头手中，这也意味着信息内容和供给的决定权都只集中在一小部分人手中。

受众参与理论要求大众传媒向一般民众开放，允许民众个人和群体的自主参与，媒体应当致力于在一般民众中发展多元的文化。该理论提倡创新，认为社会群体应该直接拥有一些“小型”的媒体，而政府有责任为这些群体提供相应的资助。受众参与理论的主要观点有：

（1）任何民众个人和社会群体都拥有知晓权、传播权、对媒介的接近和使用权、接受媒介服务的权利。

（2）媒介应主要为受众而存在，而不应主要为媒介组织、职业宣传家或广告赞助人而存在。

（3）社会各群体、组织、社区都应该拥有自己的媒介。

（4）与大规模的、单向的、垄断性的巨大媒介相比，小规模的、双向的、参与性的媒介更合乎社会理想。①

20 世纪 90 年代，在媒体节目中使用受众参与作为一种资源，如爆料热线、受众访谈等。作为一种节目策划手段，受众参与发展得很快。媒体机构决定使用受众参与是有很重要的经济原因的。当流行的谈话节目能够吸引大量的观众，也就带来了巨额的广告收益，但是这这类节目是事先策划好的产品，由于受到在市场中赢利的压力，它们必须是事先设计的，并且受到媒体的管理。其结果就是，设置谈话议程的是媒体而不是公众。这些节目并没有挑战既有的权力形式，反而将人们的注意力从“真正”重要的事务中转移开。

四、作为使用者的受众：“使用与满足”理论

从受众出发探讨媒介使用的问题，需要考虑什么因素影响个人的选择和行为，或者从媒介方面来探讨什么样的媒介内容、呈现和环境有助于吸引受众的注意力。不同学派对媒介使用行为都有不同的解释，“结构性”传统强调以媒介和社会体系作为主要的决定因素；“行为性”（功能）途径以个人需求、动机与环境为出发点；“社会文化性”途径则强调受众所身处的特定环境以及受众评价媒介并赋予其意义的方式。每一个途径都有不同的理论基础，也因此产生了不同的研究策略和方法。②

1. “使用与满足”模式的前期研究

“使用与满足”理论是受众研究历史上里程碑式的理论，其关键思想是受众对媒体的使用和使用后带来的心理和社会需求的满足，伊莱休·卡茨（Elihu Katz）、杰·布鲁姆（Jay G. Blumer）和麦克·格雷芬奇（Michael Gurevitch）是该理论的三大奠基人。他们认

① 郭庆光：《传播学教程》（第 2 版），北京：中国人民大学出版社，2011 年，第 143－144 页。

② ［英］丹尼斯·麦奎尔著，崔保国、李琨译：《麦奎尔大众传播理论》，北京：清华大学出版社，2006 年，第 343 页。

为受众的形成常常以相同的个别需求、品位与兴趣为基础，而这些需求、品位与兴趣似乎也都具有社会或心理方面的起源。受众的媒体需求通常被描述为对信息、娱乐、陪伴、消遣和逃避的需求，而满足感则具有间接性的特点。这些观点获得了“使用与满足”理论实践者的认可。该理论的基本假设条件之一是媒体和内容的选择是潜意识和理性的双重选择，旨在达到特定的目标和获得满意度。该理论总体上可以概括为：社会心理、需求是如何影响对于大众媒体或其他资源的期望，并且导致媒体的曝光模式，以及需求满意和其他结果的。

“使用与满足”研究起源于20世纪40年代。当时，美国的收音机家庭普及率已经达到80%以上。1944年，哥伦比亚大学广播研究室的赫塔·赫卓格（Herta Herzog）对一个名为《专家知识竞赛》的广播节目的11位爱好者进行了详细的访谈，他发现，尽管是同一个节目，人们的收听动机、欣赏的侧重点以及获得的满足是不同的。麦奎尔等人于1969年展开了对电视节目的调查，调查范围包括新闻、知识竞赛、家庭连续剧、青年冒险电视剧等六种节目。这次调查不仅归纳了各类节目提供“满足”的不同特点，而且总结出了它们之间共通的四种特点①：

（1）娱乐消遣——电视节目可以提供消遣和娱乐，能够帮助人们摆脱日常事务或问题，带来情绪上的放松。

（2）人际关系——通过对节目内容谈论，促进人与人之间的交往，融洽家庭关系、建立社交圈子，在某种程度上满足人们对社会互动的心理。

（3）个人认同——电视节目中的人物、事件、状况、矛盾解决方法等，可以为观众提供评价自我的参考标准，引起观众对现实的探索，同时强化自己的观念和行为。

（4）环境监测——通过观看电视节目，可以获得与自己的生活直接或间接相关的各种信息，及时把握环境的变化。

2. **“使用与满足”过程的基本模式**

卡茨等人在1974年发表的《个人对大众传播的使用》一文中，提出了“使用与满足”过程的基本模式（见图10－2）。

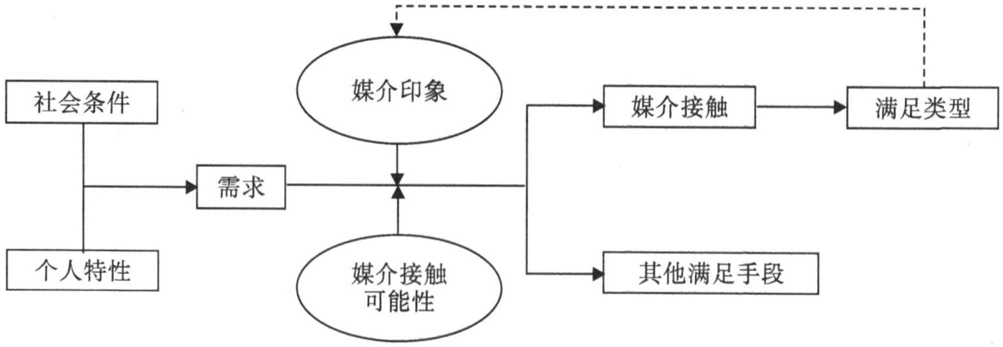

图10－2　“使用与满足”过程的基本模式②

① ［英］丹尼斯·麦奎尔著，崔保国、李琨译：《麦奎尔大众传播理论》，北京：清华大学出版社，2006年，第346页。

② 郭庆光：《传播学教程》（第2版），北京：中国人民大学出版社，2011年，第168页。

这个模式说明，现在的媒介接触习惯和选择偏好是建立在过去的媒介接触经验的基础之上的，而现在的媒介体验则会影响我们今后的媒介接触行为。

1977 年，日本学者竹内郁郎对这个模式做了若干补充①：

（1）人们接触媒介的目的是满足他们的特定需求，这些需求具有一定的社会和个人心理起源。

（2）实际接触行为的发生需要两个条件：其一是媒介接触的可能性，即身边必须有电视机或报纸一类的物质条件。如果不具备这种条件，人们就会转向其他代替性的满足手段（如寂寞时去找人聊天等）。其二是媒介印象，即媒介能否满足自己的现实需求的评价，它是在以往媒介接触经验的基础上形成的。

（3）根据媒介印象，人们选择特定的媒介或内容开始具体的接触行为。

（4）接触行为的结果可能有两种，即需求得到满足或没有得到满足。

（5）无论满足与否，这一结果将影响到以后的媒介接触行为，人们会根据满足的结果来修正既有的媒介印象，在不同程度上改变对媒介的期待。

3. 对“使用与满足”理论的评价

“使用与满足”研究从受众角度出发，通过分析受众的媒介接触动机以及这些接触满足了他们的什么需求，来考察大众传播给人们带来的心理和行为上的效用。这一研究开创了从受众角度出发考察大众传播过程的先河，把能否满足受众的需求作为衡量传播效果的基本标准。“使用与满足”理论的意义在于：

（1）它强调受众的媒介接触是基于自己的需求对媒介内容进行选择的活动，这种选择具有某种“能动性”，这有助于纠正大众社会论中的“受众绝对被动”的观点。

（2）它揭示了受众媒介使用形态的多样性，强调了受众需求对传播效果的制约作用。

（3）它指出了大众传播对受众具有一些基本效用，这对 20 世纪 40—60 年代过分强调大众传播的无力性的“有限效果论”也是一种有益的矫正。

不过，“使用与满足”理论研究也有它的局限性。不少学者认为：

（1）它过于强调个人的和心理的因素，行为主义和功能主义色彩较浓。一些学者虽然也提到了社会条件或社会结构因素的作用，但他们却未能对此进行充分的考察。

（2）它脱离传媒内容的生产和提供过程，单纯地考察受众的媒介接触行为，因而不能全面地揭示受众与传媒的社会关系。传媒的信息生产的过程受到传媒的利益和意识形态的制约，带有特定的倾向性；而受众的传媒接触是一个符号解读的过程，解读过程受到受众的社会背景、文化和意识形态的影响和制约。这两者之间必然会存在矛盾、冲突或妥协的复杂关系。

（3）它指出了受众的某种能动性，但这种能动性是有限的，仅限于对媒介提供的内容进行“有选择的接触”，因而不能反映受众作为社会实践的主体、有着传播需求和传播权利的主体所具有的能动性。②

媒介使用是社会力量所导致的结果，是由个人和目前的环境力量所共同造成的。受众

---

① 郭庆光：《传播学教程》（第 2 版），北京：中国人民大学出版社，2011 年，第 168 页。

② 郭庆光：《传播学教程》（第 2 版），北京：中国人民大学出版社，2011 年，第 169 页。

形成的原因被认为和过去、现在以及过去和现在之间的因素都有关系。测量的困难性，加上许多媒介使用实际上受环境取向影响，让“使用与满足”理论的预测力薄弱，导致“使用与满足”理论出现时就遭到批评。关于受众行为受特定、有意识动机的引导这种说法也存在争议，有些媒介选择可能仅仅是基于习惯性和反射性的、没有动机的行为。

第三节 受众研究的发展

随着商业广播诞生，人们开始系统地研究受众，“这种研究本能地把一个日常词语（受众）转化成统计范畴，更基本地说，转化成一个体制性的范畴，这种转化引起了一些重要的社会、政治、经济的分化”①。当前的受众研究已经趋向于强调对人的“再发现”，并且重新确定当面对传媒的操纵或劝服企图时，什么是积极的受众，什么是顽固的受众。②

一、受众研究的基本历程

S. T. 伊斯特曼（S. T. Eastman）曾经将受众研究的历史描述成一种两方的长久拉锯战：“媒介产业企图控制受众的行为”以及“人们试图满足自己对媒介的需求”③。诸多研究最根本的区别在于，研究是唯媒介工业的目标之马首是瞻，还是采取受众视角站在受众一方。大致来说，受众研究沿着从受众控制到受众自治的方向不断前进，逐渐倾向强调受众的“再发现”、获取“主动”以及“在面对操纵企图时的”顽固受众等观念。

1. 受众研究的兴起与目的

现代受众与商业社会的逻辑的、历史的联系，直接塑造了现代受众概念的最基本特征。④ 这一概念在诞生时，主要是作为商业操作的术语而使用，但它几乎同时也成为社会科学的广泛研究对象。

在促进大众传播学中的“受众”研究诞生的诸因素中，有两个因素尤其引人注目：一是受众测量方法论上的革命，即统计学方法的兴起和应用；二是社会学理论的发展，尤其是“大众社会”理论的盛行，唤起了受众研究的兴趣。18 世纪开始，统计学方法开始逐步在社会现象研究中应用普及。20 世纪 20 年代以来，运用统计学方法进行的定量研究在美国取得了巨大的进展。早在 1914 年，美国的广告商就建立了“收听率调查局”；1923 年尼尔森（ A. C. Nielsen）公司成立，从早期的收听调查、收视率调查公司一路成长为著名的跨国调查公司；1930 年“广播分析公司”（CAB）创立，受众测量的惯例从此确立；“20 世纪中叶，统计方法已成为搜集社会现象的通用方法，因为它可以掌握大量的数据来

---

① 臧海群、张晨阳：《受众学说：多维学术视野的观照与启迪》，上海：复旦大学出版社，2007 年，第 22－24 页。

② ［英］丹尼斯·麦奎尔著，刘燕南等译：《受众分析》，北京：中国人民大学出版社，2006 年，第 22－23 页。

③ S. T. Eastman, Programming Theory Under Stress: The Active Industry and the Active Audience, in *Communication Yearbook 21*, edited by M. E. Roloff and G. D. Paulson, Thousand Oaks, CA: Sage Publications, Inc., 1998, pp. 323－378.

④ J. G. Webster & P. F. Phalen, *The Mass Audience Rediscover the Dominant Model*, London: Routledge, 1997, p. 3.

说明事物变化的规律，而不受那些难于驾驭的个人因素的干扰”①。

在受众研究的社会背景里，还有两个不可或缺的因素：一个是来自财团的支持，比如洛克菲勒基金会、佩恩基金会等，“在某种程度上，美国早期传播学的繁荣，与此类基金会提供的物质支持是分不开的；它之趋向于经验主义的趋势也反映了这些机构的意图”②。另一个则是“二战”中纳粹的宣传引发了研究者对群体行为的关注和重视。

根据不同的出发点，麦奎尔将受众研究的目的分为两方面：“以媒介为中心的目标”和“以受众为中心的目标”。

“以媒介为中心的目标”的研究内容与研究目的主要有：①通过测量实际及潜在的接触率促进受众订购产品和用于广告宣传；②为了控制和引导受众的选择行为；③挖掘潜在的受众的市场机会；④进行产品测试以提高传播效率。③

“以受众为中心的目标”的研究内容与研究目的主要有：①为了更好地服务受众；②对媒体的表现进行评估；③对受众的选择与使用的动机进行测量；④解读受众对意义的阐释；⑤对媒介使用的文本进行分析。④

总体来说，受众研究主要还是集中于“媒介产业企图控制受众的行为”方面，这与媒介的商业利益息息相关。除此之外，受众研究并不均衡，而且几乎对媒介产业没有造成影响。不过，值得注意的是，受众理论的发展已经逐渐出现从侧重于对媒介传播者的研究转向对信息接收者的研究的趋势，对于受众的偏好、媒介使用行为等方面的研究逐渐增多，这与媒介要争夺受众注意力的目的紧密关联。⑤

随着全球的信息化浪潮席卷而来，受众的概念和理论受到来自内部或外部的不断冲击。受众的研究一方面趋于精致，另一方面又趋于恢宏，呈现出明显的后现代话语感，学说的多元化发展和跨学科态势也日益成熟和丰满。⑥

2. 受众研究的分类

克劳斯·詹森（Klaus. B. Jensen）和卡尔·罗森格伦（Karl E. Rosengren）曾经将受众研究传统划分为五类：效果研究、“使用与满足”研究、文学批评、文化研究和接受分析。⑦ 这五个研究领域可分别划归社会科学和人文科学范畴。其中，效果研究和“使用与满足”研究属于社会科学范畴，文学批评和文化研究属于人文科学范畴，而接受分析则兼具两家之长。在研究方法上，社会科学遵循以客观性原则为基准的研究模式，运用实证方法较多地采用定量的观察和分析，主要把受众当作客体来研究。人文科学范畴主要描述媒

---

① D. McQuail, *Audience Analysis*, Thousand Oaks, CA: Sage Publications, Inc., 1997, p. 4.

② 殷晓蓉：《战后美国传播学的理论发展》，上海：复旦大学出版社，2000 年，第 11 页。

③ ［英］丹尼斯·麦奎尔著，崔保国、李琨译：《麦奎尔大众传播理论》（第 5 版），北京：清华大学出版社，2010 年，第 328 页。

④ ［英］丹尼斯·麦奎尔著，崔保国、李琨译：《麦奎尔大众传播理论》（第 5 版），北京：清华大学出版社，2010 年，第 328 页。

⑤ ［英］丹尼斯·麦奎尔著，崔保国、李琨译：《麦奎尔大众传播理论》（第 5 版），北京：清华大学出版社，2010 年，第 328 页。

⑥ 臧海群、张晨阳：《受众学说：多维学术视野的观照与启迪》，上海：复旦大学出版社，2007 年，第 56 – 57 页。

⑦ K. B. Jensen & K. E. Rosengren, Five traditions in search of the audience, *European Journal of Communication*, 1990, Vol. 5, pp. 207 – 238.

介的内容结构，探讨受众在特定的社会情境中如何感知特定的意义，倚重质化分析和民族志的方法，强调研究者应置身其中，着力揭示受众的能动性。①

在五分法基础上，麦奎尔进行了删繁就简、提纲挈领式的整合和归纳，将受众研究划分为三大传统，即“结构性”“行为性”和“社会文化性”受众研究，并以图表的形式（见表10－1）详加说明。②

表10－1　三种受众研究传统的比较

	结构性	行为性	社会文化性
主要目的	描述受众构成，统计数据，描述社会关系	解释并预测受众的选择、反应和效果	理解所接收内容的意义及其在语境中的应用
主要数据	社会人口统计数据，媒介及时间使用数据	动机、选择行为和反应	理解意义，关于社会和文化语境
主要方法	调查和统计分析	调查、实验、心理测试	民族志、定性方法

二、受众研究的三种传统

1. 结构性受众研究

结构性受众研究是最早也是最简单的受众研究，源于媒介工业的需要，其目的是获得有关受众规模、媒介接触、到达率、流动情况等方面的量化信息，这些数据对于媒介广告经营来说是必不可少的，由此催生出了一个与广告和媒介市场研究密切相关的庞大产业。结构性研究也有助于区分受众类别，探讨社会背景、大众传媒系统与个人媒介使用之间的关系。③

随着时间的推移和媒介工业进一步发展的需要，结构性方法除了提供上述的有利于管理的反馈数据外，还有更多的用途。它被引入传播效果研究中，例如研究受众的意见、态度和行为与媒介“曝光”次数、程度的关系，观照受众在不同的媒介渠道和内容之间的流动。此外，结构性方法也被用于区别受众的不同形态，阐明媒介使用和社会状况之间的关系，以及研究受众内部的群体关系和相互影响方式等。这种传统的方法不仅能为媒介管理提供数据，而且能够触及受众群体或个体的本质特征。④它的出发点是“社会中心”论，而不是“媒介中心”论，它的首要关注目标则包括媒介系统和组织，以及它们和社会的关系。到目前为止，结构性方法所探讨的问题，集中在社会结构和媒介系统对内容类型的影

---

① 臧海群、张晨阳：《受众学说：多维学术视野的观照与启迪》，上海：复旦大学出版社，2007年，第47页。

② ［英］丹尼斯·麦奎尔著，刘燕南等译：《受众分析》，北京：中国人民大学出版社，2006年，第30页。

③ ［英］丹尼斯·麦奎尔著，刘燕南等译：《受众分析》，北京：中国人民大学出版社，2006年，第14页。

④ 崔朝阳：《结构的、行为的和文化的——受众研究的三种传统》，《国际新闻界》1998年第1期。

响上。①结构性研究采用的方法主要是抽样调查等统计学的方法。但是在有些情况下，它也采纳其他的数据收集方法，如受众日记、记录媒介使用活动及反应的表格等作为补充。

具体说来，结构的传统在以下方面提供了大量关于受众的信息：①受众的多少；②受众个体的构成要素，如年龄、性别、收入等；③受众群体的构成及其与社会结构的关系；④受众的形态，如根据媒介的观点可以将其分为“潜在的受众”“付费的受众”“能够覆盖的受众”等；⑤受众构成与形态的变化。上述这些内容对于媒介管理和受众行为研究都是必要的，对它们的研究已经不仅是广告商和媒介管理者的需要，也是大众文化研究者以及其他社会科学研究人员的需要。②

结构性研究是数量最多的定量受众研究，因为这是传媒工业所需要并且愿意为之投资的研究。但是，这种研究的结果极少公开发表，往往被学术界的受众研究所忽略。如何评价这种研究呢？从理论上看，结构性研究方法是十分重要的，因为采用结构性研究方法，将人们的观点、态度或行为等数据、有关的媒介使用数据以及人口统计数据相结合进行分析，可以揭示出大众传媒系统与个体的媒介使用之间的关系，对观众、听众和读者的不同类别进行划分，测量人们对于各种媒介及内容的不同的满意与信任情况。③

但是，为企业客户所做的大量应用性媒介研究，以及典型的大规模抽样调查，都存在将受众视为个体行为的集合的偏向，这不可避免地消解了受众群体和社会网络之间的联系，只能生产基于受众个体的总体信息。这样做进一步强化了将“受众行为”视为个体消费活动的产物这一趋向，而非韦伯提出的“以他人为目的的行为”意义上的社会活动。④

2. 行为性受众研究

20 世纪，行为主义作为“第二思潮”占据了美国乃至整个西方思想界的绝对主导地位。在研究方法上，行为主义特别强调“外在的”或环境的影响作用，反对和排斥“内在的”或主观的作用，认为只有这样才能保证研究的客观性。行为主义对受众研究的影响巨大而深远，形成了行为的传统，这种传统致力于探索媒介所发出的信息对受众的个体或整体的意见、态度、价值观以及行为的影响，其研究的主要目的在于如何使媒介达到最佳的传播效果。早期大众传播研究着重于对媒介效果的考察，主要关注大众媒介对儿童和青少年的影响，尤其是对他们的潜在伤害。几乎每一项重要的效果研究同时也是一项受众研究，最典型的效果模式是单向模式，受众被认为是一个毫无自主能力的靶子，只能被动地接受媒介的刺激。这类研究集中在对媒体、媒体内容选择的起源、本质、动机、预期满足和媒介使用上，大多以社会心理学的方式进行。

早期许多研究采用实验研究方法，对影响传播的各种因素如内容、渠道和接收条件等进行操纵，力求找到能够更好地进行传播和避免负面效果的一般规律。例如，佩恩基金会关于电影对青少年的影响研究，则开辟了此类研究之先河。有关选举的研究，则始于拉扎斯菲尔德、贝雷尔森和哥迪特，他们曾经针对 1940 年美国总统大选中人们的媒介行为与

① ［英］丹尼斯·麦奎尔著，崔保国、李琨译：《麦奎尔大众传播理论》（第 5 版），北京：清华大学出版社，2010 年，第 16 页。

② 崔朝阳：《结构的、行为的和文化的——受众研究的三种传统》，《国际新闻界》1998 年第 1 期。

③ ［英］丹尼斯·麦奎尔著，刘燕南等译：《受众分析》，北京：中国人民大学出版社，2006 年，第 24 页。

④ ［英］丹尼斯·麦奎尔著，刘燕南等译：《受众分析》，北京：中国人民大学出版社，2006 年，第 31 页。

其投票行为之间的相关性，进行过堪称经典的探讨。① 早期的受众理论是“皮下注射”理论。该理论认为，媒体信息可被看作注射在受众皮下的药物，媒体效应直接、迅速和强烈。这一理论持续影响着人们对于媒体劝服过程的理解，因为许多广告和公共信息活动仍然通过反复曝光和各种传播策略以寻求人们知识、态度和行为的改变。拉扎斯菲尔德带领研究团队经过大量的实证研究所提出的“两级传播”理论推翻了“皮下注射”理论。他们发现，消费者的产品选择、投票人的投票选择更多地取决于亲朋好友等重要的人际关系，而非大众媒体商业化或政治化信息的直接曝光。

“使用与满足”理论也是行为性受众研究的一部分，它提出的中心问题是：人们为什么使用媒介？他们用媒介来做什么？功能主义社会学认为，媒介是为各种社会需求服务的；反之也意味着受众个体同样是为了相关目的而使用媒介的。需要指出的是，“使用与满足”理论并不是严格意义上的行为方面的研究，因为它研究的重点在于媒介使用目的的社会原因以及媒介更广泛的社会功能，如促进社会的交流与互动或者减少人们的压力和忧虑。②

那么，如何评价行为性受众研究呢？行为性受众研究的目的重在改进和强化媒介传播效果，即通过考察受众外在的而非内在的表现（比如受众的媒介选择、使用、意见和态度等）来解释媒介的影响和预测受众的行为，为传播决策提供参考。在行为性受众研究中，受众被视若“黑箱”，不必了解其内在机理，通过察其言观其行，便可描述受众经验，推知其行为动机和传播效果。③

行为性研究的来源是心理学和社会心理学。总体来说，个体行为特别是与传播信息的选择、处理和反映（也就是媒介利用和影响）有关的内容是它的兴趣目标。大众媒介的使用通常被认为是一种理性的和有动机的行为，它对个体是有用的并且会产生一些客观的效果。④然而，此类研究（包括结构性研究）感兴趣的往往是通过测量系统和测量技术来证实受众的存在，以便更好地操纵和利用受众。这样的数据可以用来说服广告商或广告主，却永远无法把握真正“受众本体”的实质。⑤

3. 社会—文化性受众研究

社会—文化性受众研究内容广泛，广义上包括批判研究、文学批评、文化研究和接受分析，狭义上则主要指接受分析。传播批判学派紧扣统治势力与传播媒介之间的关系这一核心问题进行了深入的分析，其研究致力于揭露各种权势集团操纵传播、影响传播、控制传播的实质，对传播研究有着革命性的影响。但对于受众研究而言，它的功绩只在于引起了研究者对受众地位的重视。文化研究起源于20世纪60年代的英国，20世纪90年代在西方成为引人注目的“显学”。文化研究的出现是对批判学派的超越，它的受众研究从根本上改变了人们对于受众“文化白痴”的看法，强调了受众的主动性，其视点集中在对大

① ［英］丹尼斯·麦奎尔著，刘燕南等译：《受众分析》，北京：中国人民大学出版社，2006年，第25页。
② ［英］丹尼斯·麦奎尔著，刘燕南等译：《受众分析》，北京：中国人民大学出版社，2006年，第85页。
③ ［英］丹尼斯·麦奎尔著，刘燕南等译：《受众分析》，北京：中国人民大学出版社，2006年，第14页。
④ ［英］丹尼斯·麦奎尔著，崔保国等译：《麦奎尔大众传播理论》（第5版），北京：清华大学出版社，2010年，第16页。
⑤ ［英］丹尼斯·麦奎尔著，刘燕南等译：《受众分析》，北京：中国人民大学出版社，2006年，第14页。

众文化的再阐释上，将传播视为一种产生意义的互动行为。在文化研究学者看来，解读者（受众）和传者具有同等的地位，受众变为“解读者”，“解读”指具有经验、态度和情感的个体的一种积极的接受行为。所以，文化研究对受众的研究重心在于接受分析，即“文本”和“解读”的关系。接受分析是较为全面的分析受众方法，它综合了其他方法的优点；它把受众的接受过程放在一定的社会环境中研究，继承了文化研究的传统；它的理论框架从符号互动到心理分析，无不涉及，既定性又定量。①

社会—文化性受众研究的方法主要来源于人文科学、人类学和语言学，主要倾向对社会和人类的意义建构行为进行定性分析和“文本”的诠释。②它与结构性与行为性研究的不同在于：它抛弃了着眼于效果的“刺激—反应”模式，也不再遵从媒介文本或媒介信息万能的观点，更扬弃了传统批判学派所谓受众臣服于传媒体系的观点，而是认为受众具有主动性和选择性。受众的媒介使用是特定社会文化环境的一种反映，也是受众赋予文化产品和文化经验以意义的过程。

社会—文化性受众研究的经典理论如霍尔的“编码—解码”理论。霍尔指出编码与解码没有必然的一致，并归纳了三种假设的解码方式：①“主导—霸权立场”，即以信息所提示的预想性意义来理解，意味着编码与解码两相和谐，受众“运作于支配代码之内”；②“协商立场”，这似乎是大多数受众的解码立场，既不完全同意，又不完全否定，一方面承认支配意识形态的权威，另一方面也强调自身的特定情况，受众与支配意识形态始终处于一种矛盾的商议过程；③“对抗立场”，即受众“有可能完全理解话语赋予的字面和内涵意义的曲折变化，但以一种全然相反的方式去解码信息”，也就是根据自己的经验和背景，解读出新的意思来。③

受众研究的一个典型领域是粉丝研究。粉丝研究属于交叉领域，既涉及社会学、心理学和人类学为主的社会科学，又涉及语言学、传播学、媒介研究为主的人文科学。社会科学维度关注的是粉丝的个人心理以及群体动力；传播学与媒介研究维度将媒介文本与粉丝社群联结起来，将文化也当作一种文本结构来分析，其源起于20世纪70年代开始的对受众研究和亚文化社群的关注。国外粉丝研究的代表性学者为詹金斯，他用创造性的读者论来颠覆被动的读者论，用积极阅读理论颠覆消极被动理论，用读者中心论来颠覆作者中心论。由于粉丝实际上就是最积极、最主动的读者/消费者，因此，詹金斯的粉丝理论实际上就是一种特定的阅读/接受理论（这一点也适用于其他粉丝理论）。

随着媒介融合使得传播者和受众间的区隔逐渐模糊，与被动的、消极的消费者相比，新型受众主动参与的积极性愈来愈高，方式也愈来愈多元，他们批判性、创造性地参与到媒介内容的生产过程中。可以说，媒介粉丝现象处在媒介融合的中心。随着文本和背景、制作者和消费者、使用权和拥有权间的界限不断模糊，粉丝的行为以及消费能力给媒介内容生产、营销以及跨平台的品牌塑造提供了一个重要的思考方向。这使得媒介研究学者得以摆脱过去那种简单被动的受众研究模式，进而探索更为复杂、更为理想的主动受众研究模式。

---

① 崔朝阳：《结构的、行为的和文化的——受众研究的三种传统》，《国际新闻界》1998年第1期。

② ［英］丹尼斯·麦奎尔著，崔保国等译：《麦奎尔大众传播理论》（第5版），北京：清华大学出版社，2010年，第17页。

③ ［英］罗杰·迪金森等编著，单波译：《受众研究读本》，北京：华夏出版社，2006年，第18页。

思考题

1. 名词解释：受众；大众；公众；满足群组；知情权；媒介接近权；被遗忘权；工具性媒介使用；仪式性媒介使用。

2. 布鲁默认为大众具有什么特点？新受众的特点有哪些？

3. 三种传播关系模式对应的受众分别是什么？

4. 受众的类型及每种类型的特点分别是什么？

5. 受众的选择性因素有哪些？

6. 媒体市场研究的内容有哪些？如何评价“受众即市场”的观点？

7. 受众的权利有哪些？

8. 简述受众参与理论的观点及评价。

9. 简述“使用与满足”理论的观点及评价。

10. 麦奎尔认为传统的受众研究有哪些类型？它们的区别是什么？

11. 如何评价结构性受众研究？

12. 简述霍尔的“编码—解码”理论。

第十一章

传播效果研究（上）

传播效果研究一直是传播学研究的核心领域，效果导向一直主导大众传播的研究。实际上大众传播研究的绝大多数成果都是与传播效果有关的，从传播者、讯息、媒介到受众，最终都要落实到传播效果方面。

第一节　传播效果及其研究历史

一、传播效果的含义

“效果”指的是某类（个）传播内容对个人和社会产生的直接和具体的作用或影响。克拉珀对效果的定义是：“由于媒体的存在而发生的任何结果，或者由于阅读、收听或观看行为而发生在个人身上的任何结果，都可以称为媒体的效果。”① 费斯克认为这个术语指的是“媒介讯息对个人所产生的、假定的直接后果与影响”②。

我们这里所说的传播效果主要是指大众传播的效果，又称为媒介效果，是指传播者发出的信息经媒介传至受众而引起个人和社会思想观念、行为方式等方面的反应或变化。它包含双重含义：

第一，指带有倾向或意图的传播行为在受众身上引起的态度或行为的直接变化。这种效果是直接的、微观的效果，由于它是由传播的意图即传播目的所引起的，所以传播效果的大小标志着传播意图在受众那里实现的程度。传播者的用意和受众的反应相符合的程度越高，传播效果就越显著。

第二，指传播活动对受众和社会所产生的一切影响和结果的总体。③ 这种效果是宏观的、长期的，是对社会、文化所产生的整体性影响。

从传播效果内涵来说，它包括认知、情感和态度、行为三个层面。认知效果是受众对讯息的表层反应，体现为受众对信息的接收与分享，如新闻浏览、转发等。受众会凭借个人的心理感受对讯息进行直接的分析判断，由于个人经验、兴趣、背景和判断力等不同，对同一讯息的认知是不一致的，有时可能发生较大的偏差。情感效果是受众对讯息内容进行具有感情色彩的分析、判断和取舍，一般比较感性化，而且是不稳定的，媒体的煽情报道就是要通过引发受众的情感共鸣达到某种效果。态度效果是受众在接受讯息后态度上发生的变化。相比情感而言，态度心理倾向比较稳定、持久，一旦形成就很难改变。情感和态度主要决定于人们的价值观念，两者之间是密不可分的。大众传媒通过舆论引导，会在受众情感和态度上引起改变，或形成新的规范和价值，或通过舆论监督维护既有的规范和价值，这就是大众传媒的舆论导向功能。态度会直接影响到人们的社会行为，所以通过受

---

① Joseph T. Klapper, The Effects of Mass Media, in *Bureau of Applied Social Research*, edited by Paul. F. Lazarsfeld, New York: Columbia University, 1949, pp. Ⅵ-63.

② ［美］约翰·费斯克著，李彬译注：《关键概念：传播与文化研究词典》（第2版），北京：新华出版社，2004年，第91页。

③ 参照吴文虎主编：《传播学概论》，武汉：武汉大学出版社，2000年，第232页。

众调查可以预测其行为。行为效果是受众接受讯息后在行为上发生的变化，它是在前面两个层次的基础上产生的。大众传媒通过倡导某些具体的行为范例和行为模式来直接或间接地影响人们的行动。

认知、情感和态度、行为三个层面是由浅到深的，大众传播在不同层面的影响大不相同。传播效果研究的理论也是在不同层面研究的结果，如有限效果理论主要是从态度和行为上进行研究，认为大众传播的效果有限；而议程设置理论则主要是从认知层面上谈大众传播的效果，认为大众传播的影响还是相当强大的。

二、传播效果的类型

对于传播效果的类型划分有助于研究媒介影响的性质、深度和强度，不同视角下学者们划分类型的标准是不同的，因而呈现出多种划分方法。

1. 麦奎尔的效果分类

英国学者麦奎尔认为传播效果是传播研究中最常被问到、也许回答得最不清楚的一个问题，所以他在《麦奎尔大众传播理论》中从术语和层次等方面提出一些规范，并明确了几种效果的区分。①

第一，要区分媒介效果（effects）、媒介能力或权力（power）、媒介效力或有效性（effectiveness）。媒介效果指的是大众媒介所产生的任何后果，不管是有意识的还是无意识的。媒介权力指的是媒体在产生效果方面的潜力，尤其是有意识的效果。媒介有效性指的是媒介在获得特定目标和一些涉及意图或者传播目的的有效性，即达成既定目标的功效。有关媒介权力的研究都关注媒介是行使还是促进了“谁的权力”的问题，它牵涉到社会中的政治、经济等权力与媒介权力之间的关系。要想行使有效的媒介权力，必须包含以下条件：能够接触到大多数人的国家媒体行业、在传播信息上达成一定程度的共识、受众对媒体的某种程度的信任。麦奎尔认为我们不应将特定的信息与整个媒介混淆，应该仔细区分不同类型的效果和不同的情况。

第二，需要弄清楚效果在个人、群体或组织、社会制度、国家和文化层面发生的程度。每一个或全部层面都可能受到大众传播的影响，任何一个层面（尤其是“更高”层面）的影响往往意味着其他层面的影响。大多数媒介效果研究从方法论上都是在个体层面上进行的，但是其目的往往是得出与群体或更高层面相关的结论。

第三，区分认知效果、情感效果和行为效果，认知效果与知识和观点有关，情感效果与态度和情感有关，行为效果是对行为的影响。传播效果在这三者之间有很大的区别，早期效果研究的逻辑顺序是从认知、情感到行为，由浅到深隐含着影响力的增加，即认为对行为的影响比认知更重要。事实上，要明确区分这三者很不容易，行为常常混合着认知和情感的因素，而且行为也不一定比其他类型的影响更重要。

第四，传播效果在促进观点或信念改变强度上的区分：转变、微小改变和强化。这种

---

① ［英］丹尼斯·麦奎尔著，崔保国、李琨译：《麦奎尔大众传播理论》（第5版），北京：清华大学出版社，2010年，第380－381页。

区分最早是克拉珀在《大众传播的效果》一书中提出的，麦奎尔引用了这种区分传播效果的类型，认为转变即根据传播者的意图改变观点或信念；微小改变是指认知、信念或行为的形式或强度发生微小的改变；强化是指接收者对既有信念、观点或行为模式的确认。

2. 常见的效果类型

（1）显现效果和潜在效果。

根据传播意图实现的程度，可以将传播效果划分为两种：显现效果和潜在效果。显现效果即从受众的认知、情感、态度和行为等方面可以看到或感受到的明显变化；潜在效果是指传播内容在受众脑海中经过潜移默化的影响才逐步显示出来的变化。一般隐藏的时间比较长，效果产生得比较缓慢，表现也不明显，但是由于长期的耳濡目染，受众已经将内容内化为自己的观念或信仰，产生自觉或不自觉的改变，而且可能是某种质的改变。如西方国家利用广播对苏联和东欧原社会主义国家的长期宣传，是苏联解体和东欧原社会主义国家剧变的重要原因。

（2）短期性效果和长期性效果。

根据效果产生后存在时间的长短来进行分类，可以将传播效果分为短期性效果和长期性效果。短期性效果是指大众传播产生的即时的、立竿见影的效果；长期性效果是指大众传播产生的持久的、深远的影响。短期性效果一般具有较强的实用性、功利性，如新闻中传达的即时性信息会唤起人们立刻的行动，但是这种效果比较短暂，容易流逝和消失。长期性效果是通过长时间的发酵而形成的，建立在受众对信息的深刻体验和认识的基础上，一旦形成将会对受众甚至整个社会产生持久而深刻的影响。

（3）积极性效果和消极性效果。

根据效果的价值判断，可以将效果分为积极性效果和消极性效果。积极性效果也称正面效果，指大众传播的内容能对受众和社会产生正能量；消极性效果也称负面效果，指大众传播的内容会对受众和社会产生不良的影响。对于传播者来说，总是希望能够产生积极性效果，避免产生消极性效果。但是由于受众特性的千差万别，不同受众对同一讯息内容的认知、理解都有很大的差异，产生的效果也是不一样的，同一讯息可能会同时产生积极性效果和消极性效果。

（4）预期性效果和非预期性效果。

根据效果是否按照传播者的意图产生，可以将效果划分为预期性效果和非预期性效果。预期性效果又称有意的效果，是指传播效果按照传播者的计划或意图产生，达到了预期目标；非预期性效果又称无意的效果，是指传播效果的产生出乎传播者的意料，甚至与传播者的意图相反。预期性效果是传播者可控的，而非预期性效果是传播者不可控的，它可能是正面的效果，也可能是负面的效果，因此也是传播者要尽量避免的。

彼得·戈尔丁 1981 年根据传播效果的时间和意图，将其分为四种效果，用来帮助区分不同的新闻概念及其效果，即预期的短期效果、非预期的短期效果、预期的长期效果和非预期的长期效果。麦奎尔根据这种划分方法，将传播研究的一些理论和领域进行了归类（见图 11－1）：

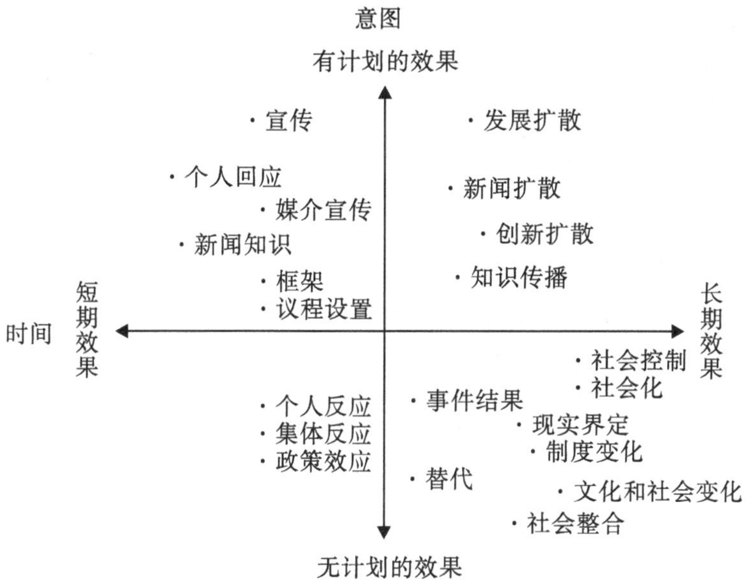

图 11－1　麦奎尔的媒介效果类型①

3. **传播效果的分类层面**

潘忠党对传播效果的各种分类进行了分析，提出可以从以下几个层面对媒介效果进行分类：

（1）微观与宏观：二者的区别在于考察媒介影响个人的心理或行为还是影响更高层次的社会单位、社会关系或社会结构。

（2）变化与稳定：二者的区别在于媒介效果的形式，它可能是改变已有状况，也可能是稳固现有状况。

（3）累积与非累积：二者的区别在于认识到媒介的效果可能是短暂的，转瞬即逝的；也有可能积存于系统，由少积多、由小积大。

（4）短期与长期：媒介的效果可能在媒介接触后即刻产生，昙花一现；也有可能孕育良久后才出现，或经久不衰。

（5）态度、认知、行为：媒介的效果可能发生在各个领域，无论是对个人还是社会集合体。这三者都是理论上可区分的领域，而且，根据社会心理学的原理，也是必须区分的领域。

（6）离散一般型与内容具体型：强调的是产生效果的媒介元素，媒介的效果可能源自媒介的存在、媒介再现的一般特征，也可能源自某一具体的媒介资讯。

（7）直接效果与条件性效果：强调媒介效果的产生形态，媒介可能直接影响某具体变

① ［英］丹尼斯·麦奎尔著，崔保国、李琨译：《麦奎尔大众传播理论》（第 5 版），北京：清华大学出版社，2010 年，第 383 页。

项（如个人态度、认知或行为），也可能在特定条件下才会影响到该具体变项。①

潘忠党的这种分类是建立在杰克·迈克劳德（Jack McLeod）和拜伦·里斯夫（Byron Reeves）分类的基础上，如果用这些相面及其类别来建构一个矩阵，会得到192种不同类型的媒介效果，可见媒介效果的研究是多元的。

三、传播效果研究的历史

传播效果的研究受到时间、地点、利益相关者、科学发现和技术、历史事件、宣传者的活动、公众舆论等相关环境因素的影响，呈现出复杂的历史脉络，但是它在某种程度上仍然是有序发展的。根据这种发展传播效果研究的历史可以划分为四个主要的阶段。

1. **媒介万能阶段（20世纪初—20世纪30年代）**

传播效果研究是20世纪初出现的，当时报刊、电影、广播等媒介迅速普及和发展，人们对它们的社会作用和影响力既寄予高度期待又深感担忧。一方面，人们认为媒介具有相当大的力量来塑造观点和信仰，改变生活习惯，甚至能够根据传播者的意愿塑造公众行为，因此形成"媒介万能"的强大效果观。这种结论的得出并非基于科学的调查，而是出于对媒介巨大效果的观察。特别是第一次世界大战和战后的宣传、苏联社会主义政权对媒介的使用等，都使得人们倾向于相信媒介的强大作用。而第二次世界大战前法西斯对媒介宣传的利用更是达到了高峰，为此学者们出版了许多研究宣传方面的著作，如拉斯韦尔的《世界大战中的宣传技巧》。1938年10月30日美国哥伦比亚广播公司播出的"火星人入侵"广播剧，由于使用现场新闻报道的方式，造成了大规模的社会恐慌。几年后同样的广播剧在智利和秘鲁也造成了社会恐慌，极大地强化了大众传播的威力，似乎证实了大众媒介对社会的强大影响。所以在这一时期，传播效果研究强调大众传播的强大效果，被称为魔弹论、子弹论或皮下注射论。另一方面，人们对大众媒介的强大影响忧心忡忡，认为控制了大众媒介就可以有效地控制公众，且担心媒介中的色情暴力内容会对社会特别是青少年产生不良的影响。20世纪30年代早期开始的美国佩恩基金关于电影对青少年影响的一系列调查，是有关大众传播效果最早的实证研究，这些研究成为后来传播学实证研究的基础。

子弹论并不是某个学者提出的理论，也没有得到任何一个流派的支持，但它是当时社会普遍流行的信念。其核心观点是传播媒介拥有不可抵抗的强大力量，它们所传递的信息在受传者身上就像子弹击中躯体、药剂注入皮肤一样，可以引起直接速效的反应；它们能够左右人们的态度和意见，甚至直接支配人们的行动。② 反复的信息传播能够达到完全左右人们思想和行为的效果。与这种传播效果观相对应的受众观是靶子论，该理论认为受众是相互隔绝的、孤零零的、束手待毙的靶子，特别容易接受大众传播的讯息，即"在手腕高明的宣传家手里，大众媒介对人的作用就像枪弹打在靶子上一样，颇像射击场里所见：

① 潘忠党：《导读：媒介效果实证研究的话语》，见［美］简宁斯·布莱恩特、道尔夫·兹尔曼主编，石义彬、彭彪译：《媒介效果：理论与研究前沿》（第2版），北京：华夏出版社，2009年，第3－4页。

② 吴文虎主编：《传播学概论》，武汉：武汉大学出版社，2000年，第240页。

瞄准射击，靶子应声倒下”①。子弹论是对大众传播的力量充满恐惧感的一种理论，被德弗勒等称为“恐惧遗传”②。这种对大众传播过程和效果的看法，使生活在20世纪初的人们相信那些控制了媒体的人可以有效地控制公众。由于这个原因，宣传被认为是弹无虚发的，人们根本无法拒绝大众广告，煽动家可以通过媒体控制政治局势，这一切让大家深感忧虑。③

子弹论的错误主要在于它是一种唯意志论，过分夸大了大众传播的力量和影响，忽视了影响传播效果的各种客观社会因素，并且把受众描述成一群或多或少由共同的本能控制的毫无理性的生物，否定了受众对大众传媒能动的选择和使用能力。子弹论并非建立在实证调查的基础上，也没有从心理学角度对受众进行研究，只是人们的一种感觉。随着对大众传播效果的调查，学者们很快抛弃了这种理论。

2. **有限效果理论阶段（20世纪40—60年代）**

早期的调查研究是实证研究阶段的开端，学者们开始通过科学的调查方法来研究传播效果，对不同类型媒介和媒介内容、特定电影或节目以及整个宣传活动的影响进行了许多单独的研究。哥伦比亚大学的拉扎斯菲尔德、贝雷尔森等人开创了传播学中实证研究的传统。1940年美国总统大选时，他们在伊里县对选民进行调查时更多地考虑了社会和人口统计学变量的因素，认为大众媒介效果的产生是有一定条件的，并且怀疑这种影响可能很小，由此产生了大众传播的有限效果理论，标志着“媒介万能”理论的幻灭。有限效果理论实际上包括个人差异论、选择性接触理论、中介因素论、两级传播、创新与扩散等理论，说明大众传播在不同的情境中所造成的传播效果是不同的。在这个阶段，还有对于电影和其他媒介说服性传播效果的研究，也属于有条件的传播效果理论，如霍夫兰等人1949年报告的一系列大规模的实验研究，评估了利用电影材料对部队新兵“灌输”对“二战”目标认识和支持的效果。在实验中传播刺激是常量，非传播影响因素是变量。

1960年克拉珀认为这一时期传播效果研究的变化是不再将大众传播视为受众反应的充分必要条件，而是将其看作生活中诸多影响因素之一，“也就是说，我们不再关注传播的具体效果，而是侧重于观察传播情境或变化，并且思考是哪些因素造就了这些传播情境和变化，以及这些因素在这一过程中所扮演的角色”④。

3. **重归强大效果理论阶段（20世纪70年代）**

20世纪70年代以后，大众传播效果微小或有限的理论受到了人们的质疑，尤其是对那些为了政治和商业目的操纵媒介的人们来说，这种结论很难被人接受。而且随着电视的兴起与普及，它比以前的媒介具有更强大的吸引力。大量的事实表明，“媒介具有重要的

---

① ［美］威尔伯·施拉姆、威廉·波特著，何道宽译：《传播学概论》（第2版），北京：中国人民大学出版社，2010年，第189页。

② ［美］梅尔文·德弗勒、桑德拉·鲍尔－洛基奇著，杜力平译：《大众传播学诸论》，北京：新华出版社，1990年，第288页。

③ ［美］希伦·A. 洛厄里、梅尔文·L. 德弗勒著，刘海龙等译：《大众传播效果研究的里程碑》（第3版），北京：中国人民大学出版社，2004年，第12页。

④ ［美］约瑟夫·克拉珀著，段鹏译：《大众传播的效果》，北京：中国传媒大学出版社，2016年，第4页。

社会影响，并成为一种行使社会或政治权力的工具”①。学者们认为有限效果理论只是在特定条件下产生的效果，而且其本身设计和方法也存在一定问题，它只是将注意力过分集中在少数效果的范围上，尤其是强调媒介对个人的短期效果，而不关注更为广泛的社会和制度效果。

有限效果理论主要是从态度层面和短期效果上进行研究。在新的阶段，人们将注意力转向认知层面和长期效果，更加重视媒介对社会整体的影响，如对意见环境、社会现实、意识形态的定义，对特定人群的意见和信念结构的影响，以及对文化和制度的影响等，并重新兴起大众媒介的强大效果观。这种观点以诺依曼 1973 年提出的“重归强大的大众媒介的概念”为标志，其代表性理论有沉默的螺旋理论、议程设置理论、涵化理论、知识沟理论等。

4. 协商性媒介效果阶段（20 世纪 70 年代末至今）

从 20 世纪 70 年代末开始，学者们认识到媒体有意识地选择、处理和塑造内容的方式会对其如何被接受和解读，进而对长期后果产生重大影响。这种观点认为媒体通过构建意义而产生最有影响力的效果，这些构建通过系统的方式给受众提供对社会现实的定义，包括媒介所提供的信息和适当的解释方式，形成价值判断和意见，由受众决定是否采纳媒介所提供的观点，但受众的决定会受到他们个人经历、社会或文化环境的影响。因此，没有自动或直接的意义转移，而是在媒介提供的内容和受众倾向于接受的内容之间进行协商，媒介的效果即协商的结果。框架理论和第三人效果理论等就是从媒介内容处理和受众接受的角度来研究传播效果。

协商性媒介效果的研究视角是对媒介文本（尤其是新闻）、受众和媒介组织进行研究，研究方法是社会建构主义的方法，从定量和行为主义方法向定性、更深层次和民族志方法的转变，当然它并没有取代早期研究媒介效果过程的模式，只是强调调查必须根植于社会环境之中。它既强调媒体的力量，也允许人们进行选择，假定最终的建构是复杂社会事件中许多参与者的众多行为和认知的结果。其研究的重点往往是媒体如何与社会上重要的社会运动互动，例如媒体报道与环境、和平以及妇女和少数群体运动的关系。

第二节　有限效果论

1938 年美国哥伦比亚广播公司根据《世界大战》科幻小说改编的广播剧“火星人入侵”造成的社会大规模恐慌事件刚刚发生，立即引起普林斯顿大学广播研究室的跟踪调查，并写出报告《火星人入侵》。虽然调查方法不很规范，但这一研究还是被认为是大众传播实证调查的经典之作。他们的研究目的是找出导致人们把广播剧作为新闻加以接受的心理条件和社会情境，使用的方法有个人访谈、科学调查、对报纸的叙事分析和对邮件的

① ［英］丹尼斯·麦奎尔著，崔保国、李琨译：《麦奎尔大众传播理论》（第 5 版），北京：清华大学出版社，2010 年，第 376 页。

分析。研究报告认为至少有600万成年人收听了该节目，其中至少有100万人受到了严重的惊吓或变得惊慌失措。报告中分析了人们受到惊吓和更多人没有受到惊吓的原因，发现批判能力、宗教信仰、人格因素和收听情境等是影响两者的重要因素。这说明了大众传播效果虽然很强大，但是因人而异，受众的选择、判断是关键。社会调查和心理实验法在20世纪40年代普遍应用于传播学研究，学者们开始对传播效果产生的过程和机制进行实证研究，由此进入了传播的有限效果论时期。有限效果论认为大众是有头脑和社会联系的，不会俯首帖耳听从大众媒介的摆布。媒介也不是影响受众的直接和唯一的因素，它要通过许多中介因素才能产生作用，因此对受众的影响是有限的。有限效果论包括两级传播理论、创新扩散理论、中介因素理论和个体差异理论、社会类型理论、社会关系理论等。

一、两级传播理论

哥伦比亚大学研究小组的拉扎斯菲尔德及其同事对媒介的“魔力”产生怀疑，他们用实证调查的方法对媒介效果进行了比较全面科学的研究，两级传播理论是在他们进行系列实证调查的基础上总结出的理论，这些调查结果体现在《人民的选择》和《人际影响》两部著作中。

1.《人民的选择》

1940年是美国总统的大选之年，拉扎斯菲尔德、贝雷尔森和哥迪特组成的研究小组开始对“选民如何在总统选战中做决定”进行实证调查。调查是在俄亥俄州的伊里县进行，因而又被称为“伊里调查”。1944年调查报告发表，被命名为《人民的选择》，对大众传播的效果作出了“有限效果”的评价，标志着传播效果研究进入了另一个阶段。

研究小组对伊里四分之一的住户进行了访问，从中选出具有代表性的3 000人，然后又从这3 000人中抽出4组每组600人的固定样本，从选战开始的5—11月的投票期间进行多次采访、对控制组重复观察，对不同样本组进行对照比较。《人民的选择》指出，接触媒介报道大选信息对改变受众选举倾向的效果几乎为零。接触报道产生的一个更为重要的效果是强化，也就是说，它更让选民确信自己既有的倾向是正确的。数据显示，一半的选民在第一次调查前就已经决定选谁了。经历了几个月的选举宣传运动后，他们中有53%的人强化了原有观念；26%的人从支持某个党派变成“没有决定”，或者从“没有决定”转换到支持某个党派；只有5%的人态度发生了改变，转换了阵营。① 根据调查他们提出了以下理论：

（1）既有政治倾向。

既有政治倾向指的是人们在接触媒介宣传之前已有的政治态度。调查发现影响选民既有政治倾向的主要因素是社会经济地位（Socioeconomic Status，SES等级）、宗教、居住地，一个人的政治倾向与其社会属性是一致的，社会属性决定政治偏好，“处于高的SES

① ［美］约瑟夫·克拉珀著，段鹏译：《大众传播的效果》，北京：中国传媒大学出版社，2016年，第11页。

等级、信仰新教、居住在乡下的居民倾向于选共和党，反之，则倾向于选民主党”①。这被称为既有政治倾向指数（IPP），它与选民的选举意图高度相关。5 月，选战开始前，一半选民已经知道他们在 11 月份会投谁的票，而且 48% 的人从未改变过意图。在选战的最后时段，带有共和党既有倾向的人中，约有三分之二（67%）决定投票给共和党；带有民主党既有倾向的人中，约有四分之三（74%）决定支持民主党。② 说明人们对选举或其他政治问题做出的决定并不取决于一时的政治宣传和大众传播，而多数取决于人们已有的政治倾向。

（2）选择性接触。

选民对政治宣传的信息是有选择性的，影响人们对信息选择的最主要因素是既有政治倾向，既有政治倾向控制着他们的注意力，“甚至那些尚未做出决定的人也会去接触那些符合自己还未意识到的既有政治倾向的宣传”③。每个政党支持者都更倾向于接触“政党自己的”媒体，认为其观点与自己的观点更一致，更值得信任，也更容易受其影响。④ 具有支持共和党倾向的人有 54% 主要接触共和党的宣传，具有支持民主党倾向的人有 61% 主要接触民主党的宣传。⑤

影响人们信息选择的另一个因素是选民的社会背景。那些尚未做出决定的人中，如果他们的经济地位、宗教信仰和居住地都具有共和党人的特征，他们通常会设法阅听共和党方面的宣传；而三方面都与民主党人特征相近的人中，他们接触民主党方面的宣传是接触共和党方面的宣传的 3 倍。⑥

影响人们信息选择的第三因素是选民本身尚未意识到的心理既有倾向的影响。选民的兴趣、个性特征等会促使他们寻求特定的信息，“对选举兴趣程度的高低是那些经常阅听到选战宣传和那些极少阅听到选战宣传的人之间的主要区别”⑦。这说明受众并不是不加区别地对待任何传播内容，他们一般会选择与自己既有倾向一致或接近的内容加以接触；反之，这种选择性接触行为更容易强化他们的既有态度。

（3）媒体的宣传效果。

拉扎斯菲尔德及其同事调查总结了大众媒介在总统竞选政治宣传战中产生影响的三个明显的模式，即激活、强化和改变（倒戈）。这些模式说明了大众媒介传播的信息在选民

---

① ［美］保罗·F. 拉扎斯菲尔德等著，唐茜译：《人民的选择》（第 3 版），北京：中国人民大学出版社，2012 年，第 24 页。

② ［美］保罗·F. 拉扎斯菲尔德等著，唐茜译：《人民的选择》（第 3 版），北京：中国人民大学出版社，2012 年，第 64 页。

③ ［美］保罗·F. 拉扎斯菲尔德等著，唐茜译：《人民的选择》（第 3 版），北京：中国人民大学出版社，2012 年，第 69 页。

④ ［美］保罗·F. 拉扎斯菲尔德等著，唐茜译：《人民的选择》（第 3 版），北京：中国人民大学出版社，2012 年，第 112 页。

⑤ ［美］保罗·F. 拉扎斯菲尔德等著，唐茜译：《人民的选择》（第 3 版），北京：中国人民大学出版社，2012 年，第 70 页。

⑥ ［美］保罗·F. 拉扎斯菲尔德等著，唐茜译：《人民的选择》（第 3 版），北京：中国人民大学出版社，2012 年，第 69 页。

⑦ ［美］保罗·F. 拉扎斯菲尔德等著，唐茜译：《人民的选择》（第 3 版），北京：中国人民大学出版社，2012 年，第 106 页。

既有政治倾向作用下，在引导他们做出投票决定方向是如何起到关键作用的。

第一，激活效果。“激活指的是使某些东西变得清晰可见的过程”[①]，在这里指的是使人有意识地做出某种决定。政治传播会激活潜在的既有政治倾向。政治传播的激活力量有两种：一是通过正式媒介，如报纸、广播、杂志等大众传媒带来的各种阅听资料；二是通过直接的人际影响。大众媒介能够起到激活效果的人只是那些犹豫不定者，这部分人占所研究选民中的28%。为了激活选民决定，大众媒介向人们提供有效的论据，而受众会选择性地接受与其既有倾向一致的论据。激活之所以发生，是因为选民已有强烈的既有政治倾向，并逐渐明确最后要支持的候选人。这不是一个理性的过程，因为他们对反面意见采取回避的态度。

第二，强化效果。超过半数的选民在5月受采访之前就已经决定了支持的候选人，媒介竞选宣传的组织者就要不断地向这些选民提供论据和证明，强化他们的观念，使他们保持原来的立场。由于这种强化效果牵涉到选民中很大一部分，所以更加重要，它决定着竞选的胜败。“通过传播媒介进行的政治宣传，就是向人们提供恰当的政党论据，同时为已经归属过来的选民提供方向性、确定性和统合性。这种满足感能通过强化人们的最初决定而使他们达成‘一致’。在很大程度上，保持政治观点的稳定性是强化传播的一项功能。”[②] 因此，各个政党的宣传通过确证、定位、巩固原来的投票决定减少内部意见冲突的倾向，支持某些观点，防止原有政治态度的丧失，从而实现强化功能。

第三，改变效果。因为竞选宣传而倒戈支持对立的党派的人很少。在伊里调查中，只有8%的选民改变了立场，改投另一党。他们改变的原因是：对选举兴趣最小，对结果最不关心，对正式媒介传播的政治信息最不关注，最后才做出投票决定，最容易通过人际交往被劝服。[③] 政党转向者中的大部分都是对选举漠不关心的选民，说明了他们态度发生改变的主要原因并不是大众媒介的影响。

所以媒介政治宣传对选民既有态度的改变效果很小。通过演说、媒体宣传等形式进行的总统选战对选民产生了三种效果：选战激活了漠不关心者，强化了党徒的信念，使游移不定者改变了立场。[④] 从表11-1的数据可以看出，强化是选战最主要的效果，激活其次，而改变（倒戈）是选战中出现频率最低的影响结果。

---

① ［美］希伦·A. 洛厄里、梅尔文·L. 德弗勒著，刘海龙等译：《大众传播效果研究的里程碑》（第3版），北京：中国人民大学出版社，2004年，第78页。

② ［美］保罗·F. 拉扎斯菲尔德等著，唐茜译：《人民的选择》（第3版），北京：中国人民大学出版社，2012年，第75页。

③ ［美］保罗·F. 拉扎斯菲尔德等著，唐茜译：《人民的选择》（第3版），北京：中国人民大学出版社，2012年，第59-60页。

④ ［美］保罗·F. 拉扎斯菲尔德等著，唐茜译：《人民的选择》（第3版），北京：中国人民大学出版社，2012年，第86页。

表 11－1　选战对选民投票意图的影响（5—10 月）

5 月时的投票意图	10 月时的投票意图		
	投票意图同既有倾向吻合	投票意图同既有倾向相反	尚未决定
投票意图同既有倾向吻合	强化 36%	倒戈 2%	部分倒戈 3%
投票意图同既有倾向相反	再次倒戈 3%	强化 17%	部分倒戈 3%
尚未决定	激活 14%	倒戈 6%	无作用 16%

（4）两级传播流。

这次调查提出了两级传播论，并发现了在人际交流中对他人态度产生影响的“意见领袖”。意见领袖占被调查人数的 21%，他们是选战中最活跃的人，具有较高的参与度，“意见领袖代表着社会中活跃的那部分人——确切地说，是在一些次级社区中活跃的那部分人——他们试图影响社区中的另一部分人”①。意见领袖与社会名流、最富有者和公民领袖并不是一回事，他们具有较高的政治敏感性，存在于社会各个领域中。在人际关系网中，意见领袖扮演着特殊的角色，他们接触广播和印刷媒介最多，“这意味着信息是从大众媒介流向意见领袖，再从意见领袖传递给那些不太活跃的人群的”②。由此，传播过程分为两级：第一级是从大众传播到意见领袖，这是属于大众传播；第二级是从意见领袖到一般受众，这属于人际传播。经过两级传播，大众传播效果大打折扣。

两级传播认为第二级传播（人际传播）的影响力大于第一级传播（大众传播）。最后的投票行为本质上是一种群体行为，人们的投票更多地受到家庭、同事和朋友、所属社团等多重压力的影响。“与正式传播媒介相比，人际关系更具潜在的影响力，其原因有两个：人际关系的覆盖面更广，并且比正式媒介具有某种特殊的心理方面的优势。”③ 人际交往中政治讨论被提及的频率要高于广播或印刷媒介，每天参与政治讨论的人要比收听演说或阅读新闻的人多出至少 10%。政治交谈更倾向于触及那些仍能够受到影响的人，即尚未做出投票决定的选民。当然大众传播也会直接影响到受众，因为心理上的从众效应，大众媒介所预测的谁将获胜和公布的民意调查结果对人们的投票行为产生一定影响。

2.《人际影响》

在伊里调查中，拉扎斯菲尔德等并没有更加透彻地研究意见领袖，只是根据受访者提到他们从其他人那里获取信息和建议，就确定了意见领袖的个人影响的整个发生过程，并没有对意见领袖本人进行过采访。1944 年拉扎斯菲尔德获得赞助商的支持，由贝雷尔森等人在伊利诺伊州迪凯特对购物、时尚、电影观看、公共事务等领域进行了多次调查，被称

① ［美］保罗·F. 拉扎斯菲尔德等著，唐茜译：《人民的选择》（第 3 版），北京：中国人民大学出版社，2012 年，第 44 页。

② ［美］保罗·F. 拉扎斯菲尔德等著，唐茜译：《人民的选择》（第 3 版），北京：中国人民大学出版社，2012 年，第 128 页。

③ ［美］保罗·F. 拉扎斯菲尔德等著，唐茜译：《人民的选择》（第 3 版），北京：中国人民大学出版社，2012 年，第 127 页。

为“迪凯特调查”，并在1955年出版由卡茨和拉扎斯菲尔德所著的《人际影响》一书。他们根据受访者提供的线索，沿着一系列纵向和横向的链条去追踪意见领袖，对其属性和特质有了更深的认识，由此确证了意见领袖的存在及其影响流程。他们将意见领袖的特征概括为：

（1）在所有领域中，意见领袖倾向于更多地接触大众媒介，同时也更多地接触与他们的影响领域紧密相关的特定内容。① 这种更多的接触成了意见领袖传递给他人的影响的一个组成部分，由此证明了两级传播的存在。

（2）在不同生命周期阶段、不同社会地位层级和不同合群性的群体中，不同类型的意见领袖的集聚程度也往往有所不同。② 可以从三个维度来确定一个人是否是意见领袖：在生命周期中的位置（主要是年龄）、在该区的社会经济地位、个人社会接触的范围（合群性）。结果发现，在购物、时尚、电影观看领域中，生命周期是获得意见领袖地位的最重要因素，在电影观看中它几乎是唯一的因素。其次是合群性。但在公共事务中，合群性是最为显著的因素，生命周期的重要性较弱。社会地位是三个因素中重要性最低的，在购物和电影观看中几乎可以忽略不计，但在公共事务中，它是决定意见领袖集中度的重要因素之一。③ 也就是说，在不同影响领域中这三个因素所起的作用不同。

（3）不同生命周期类型中意见领袖的集中度不同，但在所有社会地位层级中他们的分布比例几乎相同；同时，一般而言，意见领袖往往倾向于分布在不同群体内具有较高合群性的人之中。④

（4）意见领袖地位的获得，并不仅仅是某人比他人具有更高兴趣度的问题，而是要求影响者和被影响者都对特定话题具有一定的兴趣。到底一个群体有多少意见领袖才合适？有一个公式可以确定：意见领袖数量＝内在需求＋外部需求。内在需求通过群体对特定话题的兴趣的显著性进行测量，外部需求反映出该群体作为影响源对其他群体的吸引力。当意见领袖数量超过了该群体兴趣度的需要时，说明该群体对于意见领袖的需要已经获得满足，而“多余”出来的意见领袖将“输出”至在这方面无法自足的其他群体。⑤

（5）意见领袖的影响流动过程既有垂直流动，也有水平流动。这种流动可以按照年龄和社会地位进行区分，不同年龄层和社会地位间的流动是垂直流动，而同一年龄层和社会地位间的流动是水平流动。⑥

① ［美］伊莱休·卡茨、保罗·拉扎斯菲尔德著，张宁译：《人际影响》，北京：中国人民大学出版社，2016年，第298页。

② ［美］伊莱休·卡茨、保罗·拉扎斯菲尔德著，张宁译：《人际影响》，北京：中国人民大学出版社，2016年，第305页。

③ ［美］伊莱休·卡茨、保罗·拉扎斯菲尔德著，张宁译：《人际影响》，北京：中国人民大学出版社，2016年，第306页。

④ ［美］伊莱休·卡茨、保罗·拉扎斯菲尔德著，张宁译：《人际影响》，北京：中国人民大学出版社，2016年，第306页。

⑤ ［美］伊莱休·卡茨、保罗·拉扎斯菲尔德著，张宁译：《人际影响》，北京：中国人民大学出版社，2016年，第308－309页。

⑥ ［美］伊莱休·卡茨、保罗·拉扎斯菲尔德著，张宁译：《人际影响》，北京：中国人民大学出版社，2016年，第310－311页。

(6)意见领袖并不集中于某个特定的社会地位层级之中，而是广泛分布于所有地位层级。①

(7)该项研究认为多领域的意见领袖并不常见，没有办法证明一个领域中的意见领袖也能在另一领域中获得意见领袖的地位，每个领域似乎只有自己的意见领袖群体。②

3. 对两级传播的评价

在《人民的选择》之后，拉扎斯菲尔德等人对已有的理论假设通过一些调查做了进一步的验证。1944 年的迪凯特调查验证了意见领袖，1948 年他们在纽约州埃尔米拉进行了另一次总统大选调查，其研究结果反映在 1954 年出版的《投票：总统选战中意见形成的研究》中。关于意见领袖的影响力，其他学者也对《人民的选择》中的结论分别进行验证，主要采用拉扎斯菲尔德等人所用的固定样本法，另外还对选民投票过程进行了社会心理学分析。

两级传播理论的贡献无疑是巨大的，它成为美国传播学经验主义学派的里程碑式成果之一。“它迫使传播理论学家们重新思考大众社会的概念、媒体影响无所不能的观念、社会属性的作用以及人际联系的重要性。在大众传播研究的历史中，没有哪个研究能有如此大的影响。”③

两级传播理论的主要贡献在于：

(1)它向我们展示了一个创造性的调查设计是如何应用于纵向研究的。许多典型的实验和调查方法只能对某一时间点进行研究，而《人民的选择》中通过固定样本设计，在整个竞选过程中跟踪相同的受访者克服了这些局限和不足，拉扎斯菲尔德因此被称为“工具制造者”。

(2)大众传播效果有限的结论打破了早期传播效果的子弹论。它深入考察了总统竞选中媒体的政治宣传所起的作用，认为大众媒介对选民的影响是有限的，而通过人际渠道产生的影响比媒介更大。

(3)两级传播的假设为理论界开辟了一片新的天地。过去认为人们的社会关系对大众传播过程并不重要，但通过这次调查发现，人们之间的联系是大众传播过程中最重要的部分之一，由此启发人们对与大众传播相关的人际过程进行研究。

但是，两级传播理论自问世以来也受到了不少批评，也有学者针对其缺陷进行了修正。主要的批评和修正有：

(1)对于意见领袖的争议。两级传播理论的关键环节是意见领袖，从大众传媒发出的讯息经过意见领袖这个中间环节到达公众，从而形成两级传播流。它将大众传播中的受众截然分为主动与被动、影响者与追随者两类，显然是把复杂的问题简单化了。其中最主要的是对于意见领袖的确认缺乏标准。迪凯特调查对于意见领袖的确认仍然缺乏公认的统一

---

① [美]伊莱休·卡茨、保罗·拉扎斯菲尔德著，张宁译：《人际影响》，北京：中国人民大学出版社，2016 年，第 311 页。

② [美]伊莱休·卡茨、保罗·拉扎斯菲尔德著，张宁译：《人际影响》，北京：中国人民大学出版社，2016 年，第 314－315 页。

③ [美]希伦·A. 洛厄里、梅尔文·L. 德弗勒著，刘海龙等译：《大众传播效果研究的里程碑》(第 3 版)，北京：中国人民大学出版社，2004 年，第 85 页。

标准，而且也没有真正地考察观点由媒介到那些被认为是意见领袖的人、再到受众的流动过程。所以2017年卡茨等人发表文章认为，意见领袖和两级传播的概念要退休了。他们认为“领袖”的概念太大，不适合那些日常有影响力的人；在同一个话题中，参与者可能既是“领导者”又是“追随者”，这些角色是可以互换的。其他研究发现意见领袖的影响可能更多地来自规范而非信息来源的影响。最重要的是，在意见领袖的角色上存在分歧，他们是过滤信息还是仅仅转发媒体的内容?[①] 实际上意见领袖和追随者之间的区别会随着主题而变化，同时许多人可能既不属于领导者也不属于追随者。[②]

（2）两级传播理论将传播流程分为两部分，却忽略了一个明显的事实，即大量信息都是由大众媒介直接流向社会公众的，中间根本不经过意见领袖这个“零售商”的转手。布拉德利·格林伯格（Bradley S. Greenberg）对肯尼迪总统遇刺后的新闻扩散进行调查，发现成年人接触这个重大事件的第一消息源不同，其中工作中的人知道这个事件主要是由他人告知的，外出者通过大众媒介知道该事件的人稍多于通过个人消息来源知道该事件的人，而在家的人主要是通过无线电和电视了解的。由个人消息来源得知的人立即向电台和电视台寻求证实和补充信息，表明他们通过大众媒介对消息进行验证。其他研究也证实了对于重大突发意外事件，信息的传播是由大众媒介直接传播给公众，然后进入人际传播渠道的。[③] 这说明人际传播的效果并不总是大于大众传播。

（3）两级传播理论强调的是大众传播短期的对人们态度改变的社会效果，但没有从长期的认知等其他层面的社会效果进行考察。卡茨在《人际影响》中明确提出：“大众媒介研究最重要的旨趣，是探究大众媒介在短期内影响（通常是改变）意见或态度的有效性。”[④] 态度是比较深层次的、稳定的心理倾向，一般很难改变。但如果从认知层面来说，人们对信息的了解一般会从大众媒介获得；而且大众媒介的影响更多的是对社会、文化的长期、宏观的社会影响。

（4）意见领袖只是信息流动中的一个中间站，那么信息的传播就不是两级，而可能是多级的。意见领袖可以分成大大小小不同的等级，这样信息的流动可能在多级之间发生，后来罗杰斯等人的研究将两级传播发展成多级传播。

二、创新扩散理论

20世纪60—80年代美国社会学家、传播学家埃弗雷特·罗杰斯等人一直致力于创新扩散的研究。1962年其著作《创新的扩散》第一版正式出版，此后不断地进行补充。他在对于扩散的网络有了更深入的研究的同时，也对两级传播进行了重要的补充和修正。扩

---

① Elihu Katz, Yonatan Fialkoff, Six Concepts in Search of Retirement, *Annals of the International Communication Association*, 2017, Vol. 41, pp. 86 – 91.

② ［英］丹尼斯·麦奎尔著，崔保国、李琨译：《麦奎尔大众传播理论》（第4版），北京：清华大学出版社，2006年，第376页。

③ Bradley S. Greenberg, Diffusion of News of the Kennedy Assassination, *Public Opinion Quarterly*, 1964, Vol. 28, pp. 225 – 232.

④ ［美］伊莱休·卡茨、保罗·拉扎斯菲尔德著，张宁译：《人际影响》，北京：中国人民大学出版社，2016年，第17页。

散即一种特殊类型的传播，“扩散是创新通过一段时间，经由特定的渠道，在某一社会团体的成员中传播的过程。它是特殊类型的传播，所含信息与新观念有关”①。它既包括自发的传播，也包括自觉的传播。

1. **决定扩散的因素**

扩散的过程包含四个因素：创新、传播渠道、时间和社会系统。罗杰斯主要研究的是技术创新，影响创新扩散的四个因素主要体现为：

（1）创新的特征。一项创新要想容易被公众所接受，必须具有相对优势、相容性、复杂性、可试性和可观察性五个特征：相对优势指的是创新相比它所取代的方法所具有的优势，这种优势除了用经济因素评价外，还可以用社会声望、便利性和满意度来评价；相容性是指一项创新与现存价值观、潜在接收者过去的经历以及个体需要的符合程度；复杂性是一项创新被理解或被使用的难易程度；可试性是在某些特定条件下一项创新能够被实验的可能性；可观察性是指在多大程度上可以看到创新的结果。“如果个体认为某些创新具有很大的优势，相容性好，可试性高，并且也不复杂，那么这些创新的采用速度比其他创新要快。”②

（2）传播渠道。传播是参与者们互相发布并分享信息以促进相互理解的过程，传播渠道是信息从一个个体传向另一个体的手段。“大众传媒在传播创新的内容上是比较有效的手段，而人际关系渠道对于形成或改变个体对创新的观念上更为有效，它因此会影响个体采用还是拒绝创新的决定。”③

（3）时间。罗杰斯等人将创新决策过程概念化为五个主要步骤：认知、说服、决定、实施以及确认。时间是指这五个步骤通常是按顺序排列的（也有例外）；创新决策阶段是指创新决策过程所需要的时间长度。另外，创新者采用的早晚、速度等也都是重要的衡量尺度。

（4）社会系统。扩散发生在一个社会系统中，系统的社会结构影响创新的扩散；系统的规则、标准也会阻碍创新的采用；任何系统不仅包括新观念的引领者，而且包括反对创新者，具有影响力的人能够促使创新观念的传播或者提出实际的建议，他们最显著的特征是在系统的传播结构中处于人际关系传播网的中心。创新决策也受到社会系统的影响，社会系统与集体的创新决策、权威人士的创新决策以及附随的创新决策直接相关。附随的创新决策是指只有当前一个创新决策完成之后才能进行的采用或是拒绝的选择。社会系统也与创新结果有关，个体或社会系统采用或拒绝一项创新后所发生的变化，除了影响个体外，还会影响整个系统范围。

2. **创新决策过程中的传播渠道**

如上所述，创新决策过程分为五个主要步骤或阶段：认知、说服、决定、实施以及确认。这个过程是一种信息搜寻和信息处理行为。通过该行为，个体努力获得信息，以减少创新的不确定性，但是个体在不同的阶段采用的传播渠道是不同的。研究者将传播渠道从

---

① ［美］埃弗雷特·M. 罗杰斯著，辛欣译：《创新的扩散》，北京：中央编译出版社，2002年，第5页。
② ［美］埃弗雷特·M. 罗杰斯著，辛欣译：《创新的扩散》，北京：中央编译出版社，2002年，第15页。
③ ［美］埃弗雷特·M. 罗杰斯著，辛欣译：《创新的扩散》，北京：中央编译出版社，2002年，第31页。

两个角度进行区分：一种是从本质上将传播渠道分为人际关系或大众传媒；另一种是从来源上将传播渠道分为地域性（狭窄）的或国际性（广泛）的渠道。

研究发现，大众传媒渠道在创新决策过程的认知阶段相对来说较为重要，因为它能迅速将创新信息传递给许多受众。而人际关系渠道在说服阶段相对来说更为重要，因为它能提供双向的信息交流，说服个人去形成或改变一个强硬观念。人际关系渠道分为地域性的和全球或广泛的，广泛的人际关系渠道指的是来自研究的社会系统之外的渠道。在认知阶段，广泛的人际关系渠道更为重要；在说服阶段，地域性人际关系渠道更为重要。不同类型的采纳者，大众传媒渠道对较早的采纳者来说比人际关系渠道的作用更大，而对较晚的采纳者来说则不明显；对较早的采纳者来说广泛的渠道比狭窄的渠道更重要，对较晚的采纳者来说这种区别并不明显。

因此，在创新扩散的过程中，最初应尽量发挥大众媒介及时、迅速、广泛传播的长处，而当人们对新事物已经普遍了解后，就需尽量调动人际关系渠道的影响力，尽量借助人际网络传播劝服性信息。大众传播与人际传播的结合，是能够将新观念带给人们，并劝服他们利用此种革新的最有效途径。但罗杰斯强调的仍然是人际关系网络在创新扩散方面对个人的重要影响，他认为“人际关系不仅影响到个人应对创新不确定性处理的方式，而且往往有助于说服个体做出采纳创新的决策”①。

3. 扩散网络

扩散过程中人际网络的性质可用同质性和异质性进行区分。同质性是指进行沟通的两个个体之间相似的程度，这种相似包括信仰、教育程度和社会地位等的相似；异质性是指相互交往的两个个体之间在某些秉性方面的差别程度。同质性和有效沟通有相互促进的作用，而异质性常常在沟通中造成语言被误解、信息被扭曲或者疏漏。但是异质的网络可以连接两个社会性质很不相同的派系，提供不同的信息，因此在传递创新信息方面很重要。人际网络的普遍模式是具有同质性的扩散网络，同质沟通可以加快扩散过程，但是却将这种扩散限制在同一网络相连的个体中，所以成为创新扩散的一种无形障碍。

罗杰斯受两级传播理论中意见领袖概念的启发，检测了创新扩散中的观念领导者，发现当人际扩散网络为异质时，跟随者倾向从那些技术上比自己要娴熟的观念领导者那里寻求建议和信息。这些观念领导者又被称为舆论导向者，他们有更广阔的渠道接触大众媒介，有更广阔的眼光和世界观，与创新代理人有频繁来往，具有较高的社会经济地位，更具有创新精神。

（1）传播网络。传播网络由一些内部相互关联的个体组成，这些个体之间有着一定的信息流动模式。网络具有一定的结构和稳定性，其中不仅中心成员与其他成员之间有关联，而且网络中的任何两个成员之间都有关联的网络，称为互锁式人际网络。而仅有中心成员与其他成员之间的关联，其他成员两两之间不存在关联的网络，称为辐射式人际网络。辐射式人际网络的网络链具有系统的外延性，而互锁式人际网络具有内生性。辐射式人际网络虽然不像互锁式人际网络那样稠密，但其开放度更高，中心成员能够与更广泛的外部成员交换信息，因此对创新的扩散更为重要。

---

① ［美］埃弗雷特·M. 罗杰斯著，辛欣译：《创新的扩散》，北京：中央编译出版社，2002 年，第 264 页。

（2）弱势链优势理论。自从马克·格瑞勒怀特（Mark S. Granovetter）提出了弱势链优势理论之后，人们根据网络链传达信息的程度将网络链进行分类。弱势链连接的个体都是出于中心成员所在的个人沟通网络中的边缘人物，是关系不太密切、具有异质性的个体；而强势链连接的是非常亲密的朋友。许多研究证明弱势链在信息扩散中起着重要的作用，因为内生性很强的强势链很难获取外部的信息，而不熟悉的人甚至是陌生人才能带来外面的信息。罗杰斯引入沟通相近度的概念来更准确地描述网络链的强弱，沟通相近度是指网络中的两个个体具有的沟通链重叠的程度。弱势链连接的两个个体往往有各自的朋友圈，因此弱势链具有很低的沟通相近度。而创新要扩散，网络链必须存在某种程度的异质性，所以弱势链在扩散过程中具有举足轻重的作用。我们的人际关系网络又常常是亲密的朋友圈，相互邻近的、具有同质性的个体往往很容易形成沟通网络链，强势链有助于形成人际关系网。在扩散网络中，弱势链在传播信息方面具有相对优势，而强势链在传播人际影响方面具有相对优势。所以传播网络链具有的信息交流潜力与沟通相近度和同质性两个因素呈负相关的关系。因此，“如果个体希望接收更多的信息，那么他应该努力去打破那种仅仅只是亲密朋友所形成的圈子，去寻求一些空间距离遥远、具有异质性的人际交往链”①。

（3）交互式创新采纳中的临界大多数。交互性是指传播过程中参与者彼此交换角色、对沟通内容彼此施加影响和控制的可能性。交互式创新是指早期采纳者与后期采纳者互相影响。② 交互式创新，如电子通信系统、传真、电话会议等，这类工具的采纳过程具有一个显著的特征，就是临界大多数。由于这类工具具有相互影响的特征，所以系统成员在做出采纳决定的过程中也有一定的相互依赖性。“临界大多数是指这类创新的扩散过程中，已有足够的个体采纳了该创新，从而该创新的进一步扩散显得相对稳定，有一种自我维持的能力。”③ S形的扩散曲线是在10% ~25%的采用比之间“起飞”，此时人际关系网活跃，大量的采用者开始使用创新，④ 这个区间即是临界大多数发生的地方。交互式创新的采纳者越多，该创新对于系统内成员的价值也就越大。

“大多数实证表明，创新的扩散过程呈现钟形正态曲线，创新的累积采纳人数则呈S形曲线分布。”⑤ 罗杰斯根据创新性将采纳者分为5种类型（见图11－2），根据采纳创新的时间和比例分布在S形曲线上（见图11－3）。

① ［美］埃弗雷特·M. 罗杰斯著，辛欣译：《创新的扩散》，北京：中央编译出版社，2002年，第295页。
② ［美］埃弗雷特·M. 罗杰斯著，辛欣译：《创新的扩散》，北京：中央编译出版社，2002年，第299页。
③ ［美］埃弗雷特·M. 罗杰斯著，辛欣译：《创新的扩散》，北京：中央编译出版社，2002年，第297页。
④ ［美］埃弗雷特·M. 罗杰斯著，辛欣译：《创新的扩散》，北京：中央编译出版社，2002年，第11页。
⑤ ［美］埃弗雷特·M. 罗杰斯著，辛欣译：《创新的扩散》，北京：中央编译出版社，2002年，第243页。

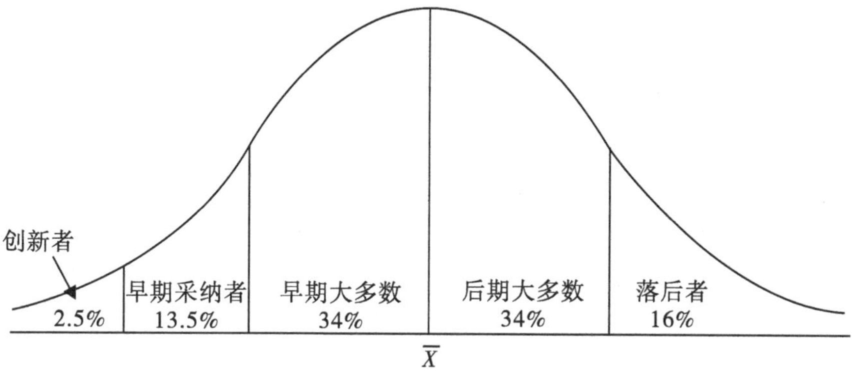

图 11－2　创新采纳者的分类图①

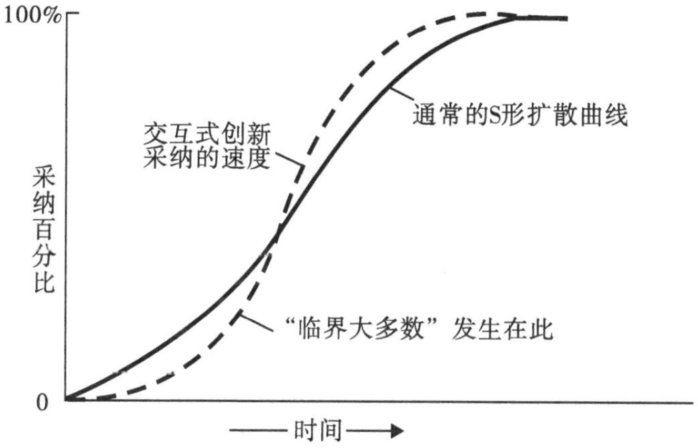

图 11－3　临界大多数②

当系统内的“临界大多数”个体采纳了某种交互式创新后，该创新扩散过程的采纳率就变得稳定并具有自我维持的能力了。所以“临界大多数”是扩散过程的一个倾斜点或被称为“社会门槛”。当创新的扩散过程达到“临界大多数”之后，整个社会系统的氛围有利于系统内的个体成员采纳创新。“临界大多数”也可能造成创新扩散的中断。早期采纳者会受到后期采纳者（中断者和摒弃者）的影响，反之亦然。一个人中断使用交互式创新，可能会导致“临界大多数”的人中断使用该创新。在达到“临界大多数”之前，每个个体都有自己的采纳门槛。有的人采纳创新门槛很低，有的人采纳创新门槛很高，系统内不同成员的个人采纳门槛呈正态分布，因此，形成了 S 形的扩散曲线。

所以，“如果某个个体所在人际交往圈中，其他已经采纳某项的成员人数越多，该个体越有可能采纳该创新。扩散具有高度的社会化特点：只有某个个体的同伴中已有一定数量的成员采纳了某种创新，才会达到该个体的采纳门槛”③。

① ［美］埃弗雷特 · M. 罗杰斯著，辛欣译：《创新的扩散》，北京：中央编译出版社，2002 年，第 245 页。
② ［美］埃弗雷特 · M. 罗杰斯著，辛欣译：《创新的扩散》，北京：中央编译出版社，2002 年，第 298 页。
③ ［美］埃弗雷特 · M. 罗杰斯著，辛欣译：《创新的扩散》，北京：中央编译出版社，2002 年，第 309 页。

4. **创新扩散对两级传播的发展**

罗杰斯认为两级传播模型并不是说所有的大众传播过程都绝对地分为两个过程。在有些情况下，大众媒体直接作用到个人，这个过程实际上只有一步；在另外的情况下，可能这个过程不止两步，而是存在多个步骤。实际的大众传播过程远不是两级的问题，而是要复杂得多，细致得多。[①] 因此大众传播可能是一级，也可能是多级。

罗杰斯等人的创新扩散研究引起了各个学科对扩散的研究，传播学主要研究的是新闻扩散，特别是引起轰动效果的新闻事件的传播，如肯尼迪总统遇刺、罗马教皇遇刺、“挑战者号”空难或其他重大国际性事件。保罗·道彻尔曼和韦恩·丹尼尔森的研究发现，新闻传播的速度比农业、教育和医疗技术创新的扩散速度要快，这是因为：第一，新闻主要是通过大众传播渠道传播；第二，与技术创新不同，新闻事件是没有物质基础的思想观念，它的扩散只是在认知层面上，个体只需要知道新闻中的信息即可，而技术创新决策过程则包括了解、说服以及实施等几个阶段。然而，新闻事件的扩散与技术创新扩散有相同的特征：“认知者的扩散在时间上的分布遵循一条S形曲线，人际关系渠道与大众传媒渠道起着相似的作用等。”[②]

三、中介因素理论

1. **《人际影响》的中介因素**

卡茨和拉扎斯菲尔德在《人际影响》中提出了“中介因素”，认为制约和影响大众传播效果的“中介因素”主要有四种：①媒介接触。公众是否接触大众媒介，可能会受到技术、政治和经济等因素的影响，尤其是可能受到受众意愿因素的制约。②媒介自身的不同特征。一些研究证明，劝服过程受到传送讯息渠道的影响。③讯息的内容，主要包括形式、呈现、语言等。④受众态度和既有倾向。一些实验发现，受众态度或既有倾向能够改变，甚至完全扭曲特定讯息的意义。[③]

2. **克拉珀的中介因素**

克拉珀在总结相关研究的基础上进一步延伸了中介因素的范围，认为大众传播效果会受到以下因素的影响：

（1）既有倾向和选择性因素。人们已经存在的意见和兴趣会显著地影响他们的行为和大众传播对他们的效果，这在拉扎斯菲尔德等人的调查中已经得到证实。人们会倾向去接触、理解和记忆与他们既有倾向一致的大众传播内容，避免相反内容的传播。但选择性因素不是唯一的原因，而且其效果是强化而非转变。

（2）人际影响和意见领袖。群体特别是初级群体对成员理解、意见和态度的影响深远，这已经被社会心理学的一系列实验证明，也被卡茨和拉扎斯菲尔德的研究所阐明。群体成员关系会通过强化选择性接触来加强固有观点并拒绝转变，人际传播在强化或左右初

---

① ［美］埃弗雷特·M. 罗杰斯著，辛欣译：《创新的扩散》，北京：中央编译出版社，2002年，第268－269页。

② ［美］埃弗雷特·M. 罗杰斯著，辛欣译：《创新的扩散》，北京：中央编译出版社，2002年，第68页。

③ ［美］伊莱休·卡茨、保罗·拉扎斯菲尔德著，张宁译：《人际影响》，北京：中国人民大学出版社，2016年，第19－20页。

始意见方面的影响力要比大众传播更有力。意见领袖一般是群体规范的遵循者，大众传播的潜在强化作用在某些场合会被意见领袖加强。

（3）传播情境。克拉珀认为传播情境主要包含四个方面的要素：传播的直接来源、传播媒介、传播内容、接收传播的各种社会环境。“无论是作为促进传播的力量还是产生直接影响的力量，大众传播效力都与众多媒介自身因素和传播情境相关。这些因素包括文本组织结构、信息源和媒介的性质、已经存在的舆论氛围等。”① 传播情境既包括信息源，也包括媒介自身的特性、传播的内容，还包括社会舆论氛围等各种环境状况。

3. 中介因素巩固大众传播的强化效果

克拉珀认为已有的调查和实验都表明，“对于受众来说，强化或至少是意见稳定，是大众传播所产生的主要效果；微小改变是第二常见的传播效果；而使受众态度发生转变是极为罕见的”②。那些影响大众传播发挥作用的中介变量主要起到强化作用。

大众传播通常并不是可以对受众产生影响的充分必要条件，它首先可以强化受众固有态度的力量，其次可以弱化或微调固有态度的强度，而很少能从根本上改变受众的固有态度。媒介宣传效果的实现必须经过中介因素。由于传者难以对中介因素实施控制，其预期效果不可能完全实现。

四、有限效果理论的评价

1. 克拉珀对有限效果的总结

有限效果理论并不是单一的理论，而是包括了多项研究。除了上述研究外，克拉珀还把霍夫兰等人的说服性传播效果研究也包括在内。克拉珀在《大众传播的效果》中对有限效果的相关研究进行了总结，提出以下基本假设：

（1）大众传播大多时候不是引发受众效果的充分必要条件，而是通过众多中介因素和其他影响力发挥作用。

（2）这些中介因素是大众传播强化已有条件的推动力之一，而不是唯一原因。

（3）在大众传播发挥改变作用时，需要以下条件之一：第一，中介因素被发现不起作用，媒介效果被发现是直接的；第二，正常而言趋向于强化的中介因素自身推动改变。

（4）在几种剩余情况中大众传播似乎产生了直接效果，或者直接地、自发地起到了身心作用。

（5）大众传播的效力，无论是作为促进力量还是产生直接效果，都受媒体和传播机构自身不同方面或传播情境的影响。③

有限效果理论的兴起引发对传播效果的实证研究，促使实证研究成为传播学的主要研究范式，但后来的学者认为其存在局限性。

第一，有限效果理论过分贬低了大众传播的效力，有些学者认为它是微效果甚至是无

① ［美］约瑟夫·克拉珀著，段鹏译：《大众传播的效果》，北京：中国传媒大学出版社，2016 年，第 101 页。
② ［美］约瑟夫·克拉珀著，段鹏译：《大众传播的效果》，北京：中国传媒大学出版社，2016 年，第 10 页。
③ ［美］约瑟夫·克拉珀著，段鹏译：《大众传播的效果》，北京：中国传媒大学出版社，2016 年，第 6 页。

效果论。其实在社会现实中，大众传播可能有相当显著的效力。

第二，有限效果理论过分注重于探求大众传播对态度及行为的影响，而没有研究其他应变数，如认知层面的影响。如果探求其他应变数，也许会发现大众传播具有更大的效力。

第三，有限效果理论只研究大众传播的短期效力，几乎不研究其长期效力。

第四，有限效果理论的研究取向是从媒介到受众，只考虑大众传播对受众产生了什么影响，却不考虑受众要大众传播做什么。

第五，由于多数调查和实验是在政府部门或企业的赞助下进行的，所以拉扎斯菲尔德等研究被托德·吉特林（Todd Gitlin）等学者攻击为行政导向型或问题导向型，而不是以理论建构或理论批判为导向。

卡茨曾经撰文为其导师拉扎斯菲尔德“翻案”，认为拉扎斯菲尔德并不认为媒介只会产生有限的效果，并不将媒介的效果局限于短期的个人态度或行为转变，也并不是对媒介及其内容缺乏批判性，但是没有引起太大的重视。实际上有限效果理论并不是否定大众传播的效果，只是认为大众传播的效果产生是有一些条件的。罗杰斯的创新扩散研究认为在不同的阶段分别利用大众传播和人际传播的优势进行宣传，效果最佳，两者综合运用才能使得创新能够快速传播并被人们所接受。克拉珀也同样认为在现实生活中，非正式的人际传播被一致认为比任何大众媒介都更加具有传播说服效力，却不能保证说服传播的成功。大众媒介在不同主题领域具有不同的传播说服效力。“多种媒介与面对面交流相结合的方式被认为十分有效，并且被许多宣传运动成功地使用。”[①] 这说明有限效果理论发展到后来并不是单纯地认为人际传播的影响大于大众传播，而是认为根据实际情况结合运用两种传播方式才能产生最大的效果。

第三节　说服性传播效果

说服性传播效果主要强调媒介的效果因为个人的性格、媒介的说服技巧、信源的特征等方面的不同而呈现不同，如果人们能够善于利用某些规律，是能够达到一定的传播效果的，因而有人也把它归为适度效果论。

格兰·斯帕克斯（Glenn G. Sparks）认为，说服效果指的是态度改变、行为改变和持久改变三个方面，[②] 这些改变可能是传播者有目的，也可能是无意造成的。在说服性传播效果研究方面比较经典的是霍夫兰及其耶鲁学派的实验研究，“二战”中霍夫兰等一批心理学家为军方的战争宣传效果进行了应用性的研究，战后一部分人回到耶鲁大学继续进行态度改变的研究，在 20 世纪 50 年代相继出版了一系列著作，被称为“耶鲁丛书”，包括

① ［美］约瑟夫·克拉珀著，段鹏译：《大众传播的效果》，北京：中国传媒大学出版社，2016 年，第 103 页。

② ［美］格兰·G. 斯帕克斯著，何朝阳、王希华译：《媒介效果研究概论》（第 4 版），北京：中国人民大学出版社，2013 年，第 128 页。

《传播与劝服》《劝服的表达次序》《个性与可说服性》《态度的形成和改变》等。他们的研究主要探讨态度的形成与改变，这涉及劝服艺术，即用什么样的传播方式能够最有效地形成或改变人们的某种态度。现代学者在耶鲁学派研究的基础上，对各个劝服要素进行了更加细致的研究。耶鲁研究项目中将传播定义为“传播是一个过程，即个人（传播者）通过传递刺激（通常是语言性的）来改变他人（受众）的行为过程”[①]。因此，说服性传播也是按照5W的模式进行研究的。

一、信源的可信度

一般来说，传播效果在很大程度上取决于传播者，个人、群体和媒介等“信源”都是传播者。耶鲁研究发现，可见信源的可信度影响传播的效果。可信度是受众对传播者知识、智力和真诚感的认知，它包括传播者的专业性和可信赖性。专业性即传播者对特定问题是否具有专业的权威性，如果人们觉得信息来自这一领域的真正专家，就会相信它。可信赖性主要是受众对传播者个人品质的判断，包括传播动机和是否诚实、客观、公正等品格。受众对传播者信任与否能够对观点改变产生影响，特别是如果受众感到传播者发布特定信息并不是为了从中获利，这个传播者就被认为比较可信。当然这也涉及传播者的社会角色，一般来说新闻发言人、记者等职业要求他们尽可能准确地发布消息，所以他们发布的新闻容易被受众相信。

相同内容的传播，由于信源可信度不同，受众对其效果的评估也不同。一般来说，信源的可信度越高，其说服效果就越大；可信度越低，说服效果就越小。特别是就直接的观点改变来说，高可信度信源比低可信度信源的效果要略好，更容易引导观点朝着自己提倡的立场发生变化。随着时间的推移，信源影响力下降的速度要大于内容影响力下降的速度。[②]

斯帕克斯引用托尼·施瓦茨设计的一个反对吸烟的广告来说明信源可信度的重要性。该广告就是一个男人对着摄像机说话，非常简单，但结果非常有效，因为这个男人就是拥有烟草公司的家族成员。

> 我叫帕特里克·雷诺，我的祖父R. J. 雷诺创建的烟草公司现在生产骆驼、温斯顿和塞勒姆斯牌香烟。我们大家一直听烟草业的人在说吸烟无害，可我有很多因吸烟而造成雷诺家族生病和死亡的例子。我祖父R. J. 雷诺是个大烟枪，他死于肺气肿。我母亲吸烟，有肺气肿和心脏病。我有两个姑姑吸烟也很厉害，她们分别死于肺气肿和癌症。我三个吸烟的哥哥都有肺气肿。我自己烟龄10年，患有小气道肺病。现在请你告诉我，当烟草公司告诉你们吸烟无害时，你还觉得他们在说实话吗？你怎么想？

---

① ［美］卡尔·霍夫兰、欧文·贾尼斯、哈罗德·凯利著，张建中等译：《传播与劝服》，北京：中国人民大学出版社，2015年，第10页。

② ［美］卡尔·霍夫兰、欧文·贾尼斯、哈罗德·凯利著，张建中等译：《传播与劝服》，北京：中国人民大学出版社，2015年，第24页。

该短小广告成功地将专业性和值得信赖性融入同一来源。在抽烟的效果上，谁还能比拥有烟草公司的家族成员更权威？至于可信性，受众感到信源发布特定信息并不是为有利可图时，这个来源往往被认为比较可信。广告中帕特里克·雷诺通过批评自己家族的商业利益来说明吸烟有害，其传递的信息就更为可信了。

在新媒体时代，可信度和可信赖性呈现出一些不同的形式和含义，一些学者认为感知吸引力能够对效果起到积极的作用，感知吸引力是指信源的愉悦、美丽、熟悉和相似性等品质，如来源—受众相似性（如年龄或种族）能够增加说服力。因此，在传播的开始时期，提高传播者的可信度就可以提高受众对传播的接受度。传播者的可信度越高，受众接受推荐观点的动机就越强。当然，这些动机可能与受众所处的情境有关，也可能取决于该受众对他人信息和建议的依赖程度。所以对传播者来说，树立专业权威性、争取受众的信任是改进传播效果的前提条件。美国社会心理学家威廉·麦圭尔（William J. McGuire）认为信源有三个明显的特征：可信度、吸引力和力量。这些通常被认为是通过三个过程来增强说服力的影响：内化、认同和顺从。[①]

二、传播内容

霍夫兰等人对于内容唤起受众不同动机的诉求类型和话题组织方式进行了详细的研究，麦圭尔的传播/说服矩阵模式认为信息内容是输入因素中最有趣和最受关注的，它包括话题的结构和类型、诉求类型、信息风格、幽默和重复等。

1. 动机诉求

为了唤起受众接受的动机，就要用传播内容来刺激受众，使其产生接受传播观点的动机。政治学家、社会学家以及社会心理学家总是强调动机在公众舆论形成和社会变迁过程中的重要性，这是大家已经形成的共识，但是对什么样的动机因素会影响观点的改变却有不同的看法。

（1）情感诉求在某些方面比理性诉求更加有效。在注意力方面，如果人们可以自由选择是否阅读印刷宣传品，情感诉求或许能够提供更为有效的刺激，让人们坚持读完传播内容，受众阅读时注意力更为集中，这就是注意力效应。[②] 在理解方面，情感诉求能够强化受众的动机，鼓励受众尝试新的观点，或者促使受众思考传播内容的含义。“‘情感’诉求有时或许能够影响受众理解和阐释内容的方式。”[③] 但情感诉求和理性诉求往往混合使用，要根据实际情况进行。

（2）恐惧诉求。恐惧诉求也叫警钟效应，是在劝服信息中夹杂有威胁性成分，使受众

---

① W. J. McGuire, McGuire's Classic Input-Output Framework for Constructing Persuasive Messages, in *Public Communication Campaigns* (4th ed.), edited by Ronald E. Rice & Charles K. Atkin, Thousand Oaks, CA: Sage Publications, Inc. , 2013, p. 239.

② ［美］卡尔·霍夫兰、欧文·贾尼斯、哈罗德·凯利著，张建中等译：《传播与劝服》，北京：中国人民大学出版社，2015 年，第 48 页。

③ ［美］卡尔·霍夫兰、欧文·贾尼斯、哈罗德·凯利著，张建中等译：《传播与劝服》，北京：中国人民大学出版社，2015 年，第 49 页。

产生惧怕心理，借以达到预期的目的。面对威胁性信息，个体非常有动机去尝试不同的反应，直到不愉快的情绪状态缓和为止。这个时候传播内容中所提倡的宽慰性话语（计划、评价等）就可以成功地缓解紧张情绪，容易被人们所接受。当然，并非所有的恐惧诉求都能成功地促使受众接受传播者所提倡的宽慰性建议，诉求的内容、传播来源、先前的传播经历等因素会对唤起情绪紧张产生影响。受众会忽略熟悉的威胁情境，大部分人存在侥幸心理，认为自己不会遭受这种潜在的威胁。

什么程度的恐惧诉求更能唤起受众观点的改变呢？欧文·贾尼斯（Irving L. Janis）等人对于牙齿卫生健康传播的实验表明，强烈程度的恐惧诉求可以提高受众情绪唤起的水平，但是，从能否对反宣传内容产生抗拒来看，最低限度的恐惧诉求却是最有效的传播方式。所以，当人们在接触相同主题但不同方法的传播时，在态度改变的稳定性和持续性方面，使用强烈的恐惧诉求，不如使用最低程度的诉求更有效，因为它能促使受众对后续反宣传内容产生更多的抵抗力，以及让更多受众表示会遵守所推荐的建议。[①] 但绝大多数实验表明，在公共健康传播方面，高水平的威胁比低水平的威胁更具有说服效力。

霍夫兰等人认为一些实验也发现强烈的恐惧诉求或许能够非常有效地激发兴趣，以及引发高度情绪紧张。如果传播者的目标是煽动受众即刻的行为，这种强烈的诉求或许更能增强说服效果。但是贾尼斯等人的实验表明："如果说服传播的目标是创造持续性的偏好或态度，最好的方式其实是唤起相对低水平的恐惧——太过强烈的恐惧诉求会激发一定形式的干涉，这将减弱传播效果。"[②] 实际情况是多样的，而决定恐惧度强弱的主要因素在于具体的传播内容。如果问题关系到人的身家性命，那么越强烈的恐惧诉求越有效，否则就给人以危言耸听之感，结果会适得其反。

（3）内疚诉求。有时媒介信息试图让受众因为没有对说服诉求做出反应而产生内疚，如惦记孩子健康的父母很容易成为想诱导内疚感的说服者的牺牲品。埃姆·格里芬（Em Griffin）认为，内疚诉求特别是在人际传播的背景之下的确非常具有说服力。但内疚诉求有一定的副作用，大多数人往往规避或轻视那些让我们心感内疚的人。在大众媒介宣传中，我们面对的不是单个的人，建立在内疚基础上的媒介宣传往往会产生事与愿违的结果。其他学者的研究也证明，当媒介广告让消费者感觉内疚时，消费者往往会有愤怒的反应。使用内疚感的营销技巧用力过猛，从长远来看，会让受众越发地对广告的劝说产生逆反心理。[③]

麦圭尔认为诉求类型可以根据受众的需求进行满足，这些需求包括认知稳定性（如一致性和解释或归因需要）、认知增长（如刺激和感觉能力的需要）、情感稳定性（如紧张

---

① ［美］卡尔·霍夫兰、欧文·贾尼斯、哈罗德·凯利著，张建中等译：《传播与劝服》，北京：中国人民大学出版社，2015 年，第 68 页。

② ［美］卡尔·霍夫兰、欧文·贾尼斯、哈罗德·凯利著，张建中等译：《传播与劝服》，北京：中国人民大学出版社，2015 年，第 68 页。

③ ［美］格兰·G. 斯帕克斯著，何朝阳、王希华译：《媒介效果研究概论》（第 4 版），北京：中国人民大学出版社，2013 年，第 140 页。

缓解和自我防御）和情感增长（如依恋和认同需要）。①

2. **说服观点的组织方式**

在传播中，观点的类型和观点的组织方式会影响受众的思考，因此它们对受众接受或拒绝新观点有重大影响。“观点的种类和陈述的顺序极可能简化，也可能干扰新旧观点的排序。”②

（1）结论是明示或暗示。一些学者的研究都认为暗示型结论效果会更好，不过库珀（E. Cooper）和迪纳曼（H. Dinerman）发现，暗示型信息能够影响高智商的受众，但对其他受众就很难产生影响。霍夫兰等人的研究认为，让受众自己得出结论的传播效果会更好，但是话题的类型和复杂性会影响明示或暗示的传播效果。在关于非个人化的话题、比较复杂的问题的说服性传播中，明示型结论比让受众自己去推理结论更加有效，所以需要根据具体情况使用明示或暗示型结论。

（2）一面之词或两面之词。这主要与受众的初始立场和受教育程度有关，也与受众是否随后接触反宣传有关。如果同时考虑初始立场和受教育程度的因素，实验证明两面之词对受教育程度较高的群体来说更加有效；然而，一面之词的传播主要对受教育程度低的人群有效。如果加上是否接触反宣传的因素，霍夫兰的结论是：第一，从长期来看，两面之词比一面之词的传播效果更强，这个结论成立的前提是：无论受众最初的态度如何，受众接触过随后的反宣传；无论受众后来是否接触过反宣传，受众最初对传播者的意见持反对态度。第二，两面之词比一面之词的传播效果要弱，这个结论成立的前提是：受众的初始态度为赞同传播者意见，并且未曾接收之后的反宣传。

（3）陈述观点的顺序。首因效应和近因效应关注的是传播的开头和结尾部分的相对效果。把最有力和最重要的观点保留到结尾出现，这种顺序被称为“层进式”顺序；将最重要的观点安排在开头，把较弱的观点放在结尾，这种顺序被称为“突降式”顺序。哪种顺序更具传播效果？霍夫兰等人认为并没有普遍的规律，而是取决于传播发生的特定环境，包括受众的态度倾向和传播话题的类型等。当只需陈述一面之词，他们建议：如果传播话题是受众熟悉的并且是深切关注的，层进式顺序更加有效；突降式顺序适合受众不熟悉并且兴趣不大的传播话题。③ 一个话题需要两面之词时，情况就比较复杂。一般来说，首因效应比近因效应产生影响的频次会更高。但首因效应也可能取决于受众群体对此话题最初始的态度，如果大部分受众反对的观点被首先提出，他们可能会忽略或拒绝传播者的论述，同时坚持初始的观点，此时首先提出的观点可能不会产生任何影响；如果首先出现的是受众群体所支持的观点，会引发受众对传播内容更加关注，影响就较大。

3. **内容的特点**

（1）重复。约翰·卡乔鲍（John T. Cacioppo）和理查德·派蒂（Richard E. Petty）指

---

① W. J. McGuire, McGuire's Classic Input-Output Framework for Constructing Persuasive Messages, in *Public Communication Campaigns* (4th ed.), edited by Ronald E. Rice & Charles K. Atkin, Thousand Oaks, CA: Sage Publications, Inc., 2013, p. 241.

② ［美］卡尔·霍夫兰、欧文·贾尼斯、哈罗德·凯利著，张建中等译：《传播与劝服》，北京：中国人民大学出版社，2015 年，第 11 页。

③ ［美］卡尔·霍夫兰、欧文·贾尼斯、哈罗德·凯利著，张建中等译：《传播与劝服》，北京：中国人民大学出版社，2015 年，第 100 页。

出，重复信息比只听一遍的信息更具说服力。但重复也有其自身的局限，同一信息接触三次以后，人便开始对其产生厌烦，说服影响开始下降。无论主张的立场如何，重复都会导致：①与受众主张的一致性先增加后减少；②反面论证先减少后增加；③话题无关性思维增加。[①] 但是他们发现适度地重复（以及思考的时间）有说服力的信息论点导致赞成和反对态度的主张同时增加。因此，通过重复有说服力的论据将使其有效性得到更大的实现，但是不能过度重复，否则受众会出现厌倦效果，同时信息论点的方向也是重要的影响因素。

（2）幽默。滑稽和幽默也可以使传播内容更具说服力，“幽默往往能把注意力吸引到信息上，让受众对信息源和产品产生良好态度，不至于对信息太苛求”[②]。但要注意的是，幽默很可能把注意力吸引到幽默本身，而不是吸引到说服信息上。还有一种可能是幽默往往让消费者没认真把产品当回事，但是广告商们仍然在宣传中使用幽默，可能是因为重复的幽默比较容易让人忍受，人们对让他们发笑的信源不会抱有怀疑的情绪。

（3）简单、清晰。内容的风格还包括信息的清晰性、逻辑性、有力性、煽情、字面语言和比喻等。对于大众传播来说，因为要面对不同层次的受众，简单、清晰能够达到最广泛的效果。

传播内容的其他特征还包括信息的量、信息的倾向性等。

三、传播渠道

大多数说服活动是通过大众媒体以广告、公益广告、新闻、纪录片或采访节目的形式传播的，现在越来越多地通过数字和网络媒体进行传播。霍夫兰等人对传播渠道没有特别的研究，但是其他学者有不少对渠道影响传播效果的比较研究。拉扎斯菲尔德等人在进行调查时发现，人们在选战时都会专门接触一种传播方式。在当时流行的广播和报纸的比较中，广播作为唯一最重要的影响来源被提及的频率要多出一半；在所有提及广播为信息来源的选民中，有一半认为广播是最重要的信息来源，而仅有三分之一的受访者提及报纸是最重要的信息来源。因此，他们认为广播比报纸占据更重要的影响地位。[③]

电视和新媒体时代，媒介更加多样化，不同的媒介采取不同的传播方式，如音频、画面或印刷，或者几种方式混合。有些媒介允许受众按照自身的速度接收讯息，如阅读杂志或浏览因特网；而有些媒介则会外在地控制速度，如广播、电视。相关研究表明，广播、有线电视频道和社交媒体对青年群体的影响可能比黄金时段的网络电视更具成本效益。专门针对高风险群体应该更多使用直邮广告，也可以通过社区团体以及在高风险群体成员聚会的地方张贴海报进行人际传播。麦圭尔认为电视很少会产生强大的或实质性的效应，如

① J. T. Cacioppo & R. E. Petty, Effects of Message Repetition and Position on Cognitive Response, Recall, and Persuasion, *Journal of Personality and Social Psychology*, 1979, Vol. 37, pp. 97 – 109.

② ［美］格兰·G. 斯帕克斯著，何朝阳、王希华译：《媒介效果研究概论》（第4版），北京：中国人民大学出版社，2013年，第141页。

③ ［美］保罗·F. 拉扎斯菲尔德等著，唐茜译：《人民的选择》（第3版），北京：中国人民大学出版社，2012年，第108 – 109页。

商业广告对购买行为的影响很小，但这种结论是在控制实验的情况下得出的，要谨慎适用于自然情况。

四、受众的特性

说服的效果能够直接在受众身上体现出来，而受众的状态、个性、初始立场等都会影响到说服的效果。

1. 群体一致性的动机

传播者和传播内容的影响取决于个人对群体规则或标准的遵循程度。因此，受众特性研究的一个重要方面就是，关注来源于各种社会群体身份，或依附于各种社会群体形成的一致性动机。个体一般会遵守群体性规范，引起群体差异的传播会招致受众抵抗，群体规则会显著影响个体对传播观点的接受程度。

2. 受众个性因素

传播效果部分取决于受众的个人特征。霍夫兰等认为这些个性因素包括：第一，智力更高的人应该能够更容易地习得传播内容，并且能够更有效地作出合适的推论；与智力低的人相比，他们可能会用更为批判的态度来接受论点和结论。第二，自信心低的人往往具有更高的可说服度，自信心低、具有自卑感和抑郁倾向的人渴望获得社会的认同，因而比较容易顺从别人的劝说。第三，在日常人际交往中公开对他人表现出敌意和攻击性的人，可能相对来说不容易受到说服传播的影响，因为他们常常不信任别人。第四，不合群、孤立的人相对来说不容易受到群体或别人的影响。第五，患有急性精神病的人，也就是那种被诊断为强迫神经症、歇斯底里或焦虑神经症的疾病的人，对说服传播的抵抗力更强。特别是当使用强恐惧诉求时，这些人会变得更具有防御性，因此不容易受到他人影响。

3. 受众情绪状态

派蒂等人认为当人们的情绪不断变化时，电视这一大众媒介对讯息（广告）有特别的影响力，如人们将情绪变化归因于正在收看的电视节目。[①] 根据享乐主义权变理论，快乐的人容易注意那些有快乐回报的情形。因此，如果处理一则讯息在快乐上是有回报的，那么快乐的人比悲伤的人更有可能开展讯息的处理，反之亦然。相关研究表明，如果讯息的主题是有关反面态度的或沉闷的，那么悲伤的人就会更多地参与这则讯息的处理，因为悲伤容易使人们沉浸其中。情绪也会影响人们对不同性质讯息的记忆，相关研究证明，当人们处于积极情绪中时，更容易记起正面倾向的内容；而当人们处于消极情绪中时，更容易记起反面倾向的内容。情绪能显著影响人们对传播内容结论发生可能性的感知，当人们情绪很好、思考仔细时，他们更相信传播中所提到的正面推论的可能性，而不太相信负面推论的可能性；情绪不好时则相反。情绪状态还能影响人们对其意见的自信度，“当讯息论据有力且主要引发赞成意见时，他们的自信（通过快乐的情绪）会比怀疑（通过悲伤的情绪）导致更强的劝服效果。但是，当讯息论据无力且主要引发反对意见时，怀疑就会比

---

① ［美］简宁斯·布莱恩特、道尔夫·兹尔曼主编，石义彬、彭彪译：《媒介效果：理论与研究前沿》（第2版），北京：华夏出版社，2009年，第139页。

自信导致更强的劝服效果”①。

五、传播目的和效果

传播目的是要影响受众的信念、态度和行为。麦圭尔认为这三者之间存在一定的关联性，即在任何给定的时间内，受众的态度和行为倾向与话题的偏好呈正相关。传播目的实现与否直接与受众的反应有关，但也与传播的方法、内容、渠道等相关。

1. 受众对刺激的反应

受众对传播信息的刺激所做的反应会影响传播效果，特别是个体虽然可能对传播的观点持保留态度，但是为了迎合对其社会角色的期待，依然会将这些信息作为自己的观点重复给其他人，这种主动参与会引起个人信念的改变。一些实验证明，日常生活中的角色扮演激发的主动参与，能够增强说服性传播的效果。积极参与效果取决于公开表达的一致性能否和内心的支持或反对一致。

霍夫兰等人认为接触传播内容带来的意见改变取决于对传播内容和激励因素的记忆。信源正面信誉度效果和负面信誉度效果均随着时间流逝而流失。受众接受一个来自高信誉度信源的说服传播程度会在初始阶段较高，而随后逐渐降低，这是一种正常的遗忘效应；而对来自低信誉度信源的接受程度，则会在初始阶段较低，随后逐渐增高，存在一种“休眠效应”。“休眠效应”是指受众对低信誉度信源内容的排斥会随着时间的推移而减弱，内容不再自动与信源相关，人们会忘记消息源而只记得传播内容。“休眠效应”只发生在无法记忆信源的情况下，当别人提醒信源的低可信度时，这一效果就消失了。

在激励因素的记忆方面，实验表明，一旦传播行为成功修正了一种观点，新观点在个体接触到反方的有力传播或事件时，也会持久留存。一次简短的传播就可以产生足够的遗留效果，能持续长达数月。这说明传播造成的干扰效果明显占据优势，足以减弱一个后续重大新闻事件带来的影响。

2. 增强受众对负面说服的抵抗力

有时传播的目的是增强受众对负面说服产生的抵制，从而产生态度的改变，如让儿童准备好抵制同龄人吸烟和吸毒压力的公共健康运动。为了增强人们的抵制力，麦圭尔提出几种方法：①使用事先承诺，如让当事人公开表达其最初的立场；②锚定法，即通过将一个人的最初立场锚定在他的信仰或价值观上，或锚定在受人尊敬的参考群体上，来施加阻力；③免疫法，即教育人们进行批判性思维、识别说服企图、发现攻击性论据中的弱点以及发起反驳；④榜样法，向人们展示顽强抵抗的榜样；⑤接种法，即预先让受众接触到微弱的信仰威胁信息，这种信息刺激了信仰防御，但没有推翻信仰，而是增加了一种普遍的抵抗力。

3. 说服效果产生的步骤

麦圭尔对霍夫兰等人的理论进行了更进一步的研究，并提出说服性信息的输入和输出

---

① ［美］简宁斯·布莱恩特、道尔夫·兹尔曼主编，石义彬、彭彪译：《媒介效果：理论与研究前沿》（第2版），北京：华夏出版社，2009年，第141页。

框架，被称为传播/说服的矩阵模式（见表 11 -2），它主要描述了说服过程中信息输入（自变量）与结果输出（因变量）之间的关系。“由于进行劝服的媒介人员可以控制信息的输入，那么，通过测量输出就能了解媒介意图是否获得了成功。”① 说服过程中传播每个要素的输入都会对说服结果的任一项输出产生影响。

表 11 -2 麦圭尔说服性信息的输入—输出框架

输入：传播的因素	输出：说服的步骤
1. 信源 2. 信息 3. 渠道 4. 受众 5. 目标	1. 接触 2. 注意 3. 兴趣 4. 理解 5. 认知 6. 获得 7. 信服（态度改变） 8. 记忆 9. 回忆 10. 决策 11. 行动 12. 强化（认知整合） 13. 劝说他人也这样做

传播/说服矩阵的输出端可以有效地表示为一系列连续的、中介的行为步骤，说服性传播往往会唤起这些步骤，并最终产生预期的输出行为。前六步是受众对信息的接收，后七步是对信息的接受，任何一个输入变量对不同的输出步骤都可能产生不同的影响。这个输出步骤为传播者提供了一个诊断清单，可根据传播效果想要改变的目标，调整传播输入中的各个要素。

总之，要想达到最佳的说服性效果，所牵涉的因素是多方面的。以往的研究在不断进行补充、修正，但也都各自具有一定的局限性，如耶鲁研究的实验环境大多是人为的，同实际的、千变万化的传播环境距离很大，因此不能完全照抄其结论。麦圭尔的模式并没有提出在信息处理的序列中有些步骤是完全独立的、非连续的，而已有的证据显示，即使态度没有发生改变，信息也可以被理解和习得，或者即使在传播过程中没有习得特殊的信息，态度也可以发生改变。另外，这一模式几乎没有说明什么是导致信服的因素，开始的几步对信服来说是必要条件，但不是充分条件。②

① ［美］简宁斯·布莱恩特、道尔夫·兹尔曼主编，石义彬、彭彪译：《媒介效果：理论与研究前沿》（第 2 版），北京：华夏出版社，2009 年，第 120 页。

② ［美］简宁斯·布莱恩特、道尔夫·兹尔曼主编，石义彬、彭彪译：《媒介效果：理论与研究前沿》（第 2 版），北京：华夏出版社，2009 年，第 123 页。

思考题

1. 名词解释：传播效果；子弹论；有限效果理论；意见领袖；互锁式人际网络；辐射式人际网络；弱势链；临界大多数；可信度；恐惧诉求；休眠效应。

2. 传播效果的内涵包括哪些层面？简述麦奎尔的效果分类。

3. 简述传播效果研究的历史。

4. 《人民的选择》提出了哪些理论观点？

5. 意见领袖的特点有哪些？如何评价两级传播理论？

6. 决定创新扩散的因素是什么？简述创新扩散中的传播网络。简述新闻扩散与技术扩散的异同。

7. 影响大众传播效果的中介因素是什么？

8. 有限效果理论的主要观点是什么？如何评价它？

9. 受众个性对说服效果有何影响？

第十二章

传播效果研究（下）

有限效果理论关于大众传播弱效果的结论使得越来越多的人觉得不符合实际，学者和受众能够感觉到大众传播对社会的影响仍然是强大的，但这种影响是长期的、潜移默化的，很难用实验、调查研究等方法所明确证明。因此，人们更多地从社会学、认知科学、符号学等视角开始研究大众传播宏观的、长期的、间接的社会效果。自 20 世纪 70 年代以来，形成了一种新的强大效果论。

第一节　议程设置理论

有限效果理论主要致力于研究人们态度的改变，但议程设置（agenda-setting）理论强调的不是大众媒体改变人们的态度，而是其影响人们对信息的认知。人们每天看什么新闻、了解什么重要的事情，通常只能根据大众传播的内容去了解，大众媒体安排人们每天关注的问题和话题。从这个层面来说，大众媒体的效果还是非常强大的。

一、议程设置理论的提出

1972 年美国学者麦库姆斯和肖发表论文《大众媒介的议程设置功能》，首次明确提出议程设置理论。其基本思想是，新闻媒体是公众了解外界消息特别是政治消息的主要来源，媒体对议题重要性的凸显影响了受众对议题重要性的判断。也就是说，媒介突出、重点报道的新闻会成为公众最关心的新闻，媒体为受众设置公共议程。

1. **理论轨迹**

这种媒体影响公众议程的思想最早可以追溯到 20 世纪 20 年代李普曼提出的“头脑图像”、拟态环境，他认为真实的环境太大、太复杂，很难直接把握，“我们不妨假定，每个人的行为依据都不是直接而确凿的知识，而是他自己制作的或者别人给他的图像……。这种对世界的想象方式，决定着人们在任何特定时刻将要做出的行为”①。新闻媒介就是通过新闻报道形成我们对外界的图像。

早在 1938 年，英国的一次调研中就有与议程设置比较类似的词语——媒介议程制造（agenda-making）② 的提法。1958 年诺顿·朗（Norton E. Long）提出：“报纸是制定地方议程的原动力，它在很大程度上决定了大多数人会谈论什么，大多数人会认为事实是什么，以及大多数人会认为处理问题的方式是什么。”③

麦库姆斯和肖在提出议程设置功能时，谈到早期学者贝雷尔森、科特·朗和 G. E. 朗都曾提出过类似的观点，而政治学家伯纳德·科恩（Bernard C. Cohen）在 1963 年《报业

---

① ［美］沃尔特·李普曼著，阎克文、江红译：《公众舆论》，上海：上海人民出版社，2006 年，第 18 页。

② P. Roessler, Agenda-Setting, Framing and Priming, in *The SAGE Handbook of Public Opinion Research*, edited by W. Donsbach & M. W. Traugott, London: SAGE Publications Ltd., 2008, p. 206.

③ Norton E. Long, The Local Community as an Ecology of Games, *American Journal of Sociology*, 1958, Vol. 64, pp. 251 – 261.

与外交政策》一书中的概括最简洁明确，他指出媒体“在告诉人们想什么（what to think）的时候可能不太成功，但在告诉读者该想什么方面（what to think about）却取得了惊人的成功”①。也就是说媒体很难控制人们的思想，却易于操纵人们的思想内容，引导人们向某个方面思考，人们对外界信息的认知大部分来源于媒体。

2. 议程设置的初次调查

麦库姆斯和肖提出的大众媒体议程设置功能建立在对 1968 年总统竞选的调查基础上。1968 年 9 月 18 日至 10 月 6 日，他们在北卡罗来纳州查普希尔市对尚未明确投票意向的 100 位选民进行调查，主要包括三个方面：受众从不同媒体对竞选信息的了解情况；媒体报道的显著性和受众的认知关系；受众的受教育程度、政治兴趣和情感显著性与信息接触的关系。调查者在调查中让选民指出当前他们认为重要的议题，按照选民对议题提及频率排列顺序，可以知道受众的议程以及他们关注的重点。

调查者同时对这些选民所接触的 5 家报纸、2 家新闻杂志以及 2 家电视网的晚间新闻报道进行内容分析，按照“主要”和“次要”两个层次进行排序，以观察大众传媒对不同主题的重视程度是否有实质性差异。从内容分析中可以了解媒介的议程及其重点强调的内容，各个议题在媒介议程上的排列顺序取决于近几周来对它们的报道数量。结果发现“查普希尔的选民对这些议题的排列顺序与这些议题前 25 天在新闻媒介上的排列顺序几乎完全对应”②，由此他们提出“议程设置”的概念。

他们的这次调查将民意调查和内容分析相结合，分别得出公众议程和媒介议程，然后研究两者的相关性，从而发现媒介议程与公众议程有很强的相关性，且媒介议程在先、公众议程在后。媒体报道最突出的议题会成为公众认为最重要的议题，因此媒介的效果还是相当强大的。从此“议程设置”一词流传开来，在 20 世纪 70 年代成为传播学的热点之一，并持续保持热潮至今。

3. 导向需求

1972 年在北卡罗来纳州的夏洛特对总统选举的议程设置调查中，戴维·韦弗（David Weaver）引入“导向需求”这一概念，用来分析影响媒介议程设置效果强度变化的因素，它描述了在需要获得引导线索与寻求背景信息方面的个体差异。受众的导向需求会影响议程设置效果的强弱，媒介议程并不是都能够影响受众议程，受众的导向需求小，议程设置的效果就弱；导向需求大，议程设置的效果就强。

个体的导向需求可以通过两个概念来界定：关联性和不确定性。议题与个体的关联性、话题的不确定性程度会影响导向需求，高相关性、低不确定性的情况下导向需求处于中等状态，关联性和不确定性都较高的情况下，公众的导向需求也较高。如关于医疗保险改革的辩论的议题，其复杂性和牵涉的广泛性导致了高度关联性与高度不确定性，公众都迫切想要从媒体中了解更多确切的信息。2005 年李冠获（Gunho Lee）在这两个因素之外又提出了第三个因素，即获取信息所需的努力。麦库姆斯认为这个因素以前被忽略了，从

---

① M. E. McCombs & D. L. Shaw，The Agenda-Setting Function of Mass Media，*Public Opinion Quarterly*，1972，Vol. 36，pp. 176 – 187.

② ［美］马克斯韦尔·麦库姆斯著，郭镇之、徐培喜译：《议程设置：大众媒介与舆论》（第 2 版），北京：北京大学出版社，2018 年，第 10 页。

因特网上获取新闻确实需要通过一定程度的努力才能达到。而且，在发展中国家，人们通过任何一种媒介来获取新闻通常都需要一定的努力。①

因此，在公共事务领域，个人的导向需求越高，就越有可能关注大众媒介议程。只有在公众认为媒介的内容与其自身相关和能够解疑释惑的情况下，经过公众个人的信息寻求努力，媒介议程才能影响到公众议程。

二、议程设置的深入研究

议程设置理论实际上探讨的是媒介与公众舆论的关系问题，后来逐渐扩展，又纳入了许多新的命题，如关于这些效果的心理过程、媒介议程的影响因素、特定媒介消息的冲击、议程设置过程的各种结果等，其中主要涉及下面几个方面。

1. 议程设置的不同层面

议程设置的核心命题是媒介议程影响公众议程，“议程”概念指的是在一段既定的时间内按重要程度的顺序排列的一系列社会议题。这是议程设置最初的研究层面，议题、政治候选人、新闻事件等对象被称为客体或对象。对客体议程的研究属于议程设置的第一层面，还有另一个层面的议程设置，即属性议程。每一个议程中的客体或对象都有数个不同的特征和属性，如总统候选人的活动是第一层面的议程，候选人的属性包括其立场、品性、人格等是第二层面的议程，这些属性同样在议程设置中扮演着重要的角色。麦库姆斯等人在 1996 年西班牙大选中比较了媒介属性议程（媒介类型、性质等）与选民对候选人的属性描述以及选民自身的情感维度（积极、消极或中性），发现七种不同媒介中候选人的属性议程与选民对三位候选人的属性议程有高度的对应性。对每种媒体的主要受众与主要竞争对手的属性议程进行的额外分析也得出了第二层面议程设置的证据。②

不管是选择某些客体加以关注，还是选择某些属性来描绘这些客体，都体现了强大的议程设置作用。第一层面的议程设置关注的是获得注意，第二层面的议程设置聚焦的是传播过程中的理解阶段，如某个议题、某位政治候选人或其他话题的哪些方面在公众中取得了显著性。议程设置的这两个层面并不总是同时发生的，如公众可能知道某位候选人的名字，却对他没有具体的印象。“最初议程设置观点强调：大众媒介在塑造公众议程，即认为哪些议题更重要这方面具有能力。而只有属性议程才能够确定一个议题，并且在一些情况下引导公众意见关注某个具体角度或者某个优先的解决途径。”③

Y. J. 索恩（Y. J. Son）和戴维·韦弗对 2000 年美国总统选举进行了研究，提出第三层面的议程设置，就是在媒介的客体与属性议程之外，再考量新闻的语境因素，即新闻媒介在向公众展示候选人及其感情属性时的上下文。这些新闻元素包括新闻来源、写作风格等，彰显了新闻报道的特征。“受众对客体与属性的描绘就像网状图像一般，是根据元素

---

① 蔡雯、戴佳：《议程设置研究的历史、现状与未来》，《国际新闻界》2006 年第 2 期。

② M. E. McCombs, E. Lopez-Escobar & J. P. Llamas, Setting the Agenda of Attributes in the 1996 Spanish General Election, *Journal of Communication*, 2000, Vol. 50, pp. 77 – 92.

③ ［美］马克斯韦尔·麦库姆斯著，郭镇之、徐培喜译：《议程设置：大众媒介与舆论》（第 2 版），北京：北京大学出版社，2018 年，第 73 页。

之间的相互关系建立的。按照这种观点，新闻媒介将一系列元素中种种关系的显著性转移给公众。这些系列元素可以是媒介或者公众议程上的客体，也可以是媒介或者公众议程上的属性，或者是客体和属性的联合体。也就是说，是一整个系列互相结合的客体、属性。这些媒介议程和公众议程元素之间的系列关系，是议程设置的第三层面。”① 其焦点是研究包括客体和/或属性在内的整个网状结构的显著性转移。

议程设置的三个层面研究使得研究越来越复杂，思路越来越广阔，是对我们头脑中图像的更精确的描摹。

2. 媒介议程设置

媒介设置了公众议程，但是媒介的议程从哪里来？在 20 世纪 80 年代就有学者提出了“谁设置了媒介议程”这个问题，许多学者开始探讨媒介议程的起源。麦库姆斯将媒介议程设置比喻为剥洋葱，分为三层（见图 12－1）。

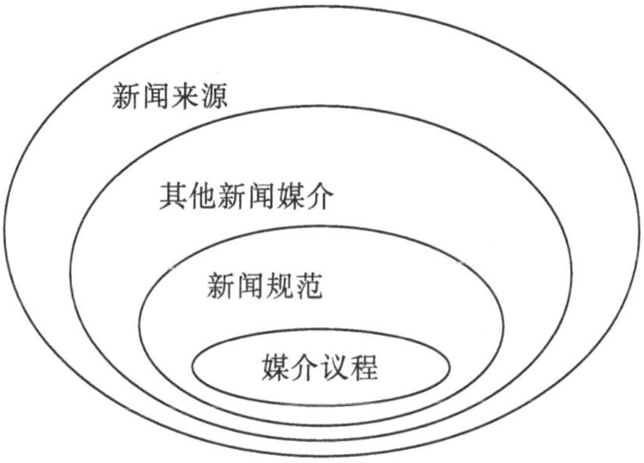

图 12－1　麦库姆斯媒介议程设置之洋葱比喻②

（1）提供消息的信息源。洋葱的最外层是重要的外部新闻来源，例如美国总统、日常公关活动、政治宣传活动等。政府是最大的新闻源，它的任何重要活动、政策等都是媒体每天主要的报道对象。有时候，国家领导人能够成功地设置新闻议程，如总统是美国新闻的最大制造者，他做的每件事几乎都有新闻价值。公共信息官员和其他公关专家也起很大作用，一些社会团体或机构也可以人为地将一个议题纳入媒介议程，如一些运动的策划团体。

（2）其他新闻机构。往内一层是各种新闻媒介之间的互动与影响，称之为媒介间的议程设置。精英新闻媒介经常对其他新闻媒介的议程施加较大的影响，美国的《纽约时报》头版出现的报道议程通常被其他媒介所关注，《人民日报》、中央电视台、新华社也经常是引导中国国内媒介报道的风向标。地方新闻机构从通讯社供给的大量新闻中创建自己的每

① ［美］马克斯韦尔·麦库姆斯著，郭镇之、徐培喜译：《议程设置：大众媒介与舆论》（第 2 版），北京：北京大学出版社，2018 年，第 79－80 页。

② ［美］马克斯韦尔·麦库姆斯著，郭镇之、徐培喜译：《议程设置：大众媒介与舆论》（第 2 版），北京：北京大学出版社，2018 年，第 162 页。

日议程，通讯社对地方新闻议程施加主要影响。各个地方媒介间也存在相互影响，所以媒介间报道的同质化现象比较严重。

（3）新闻规范与传统。新闻规范与传统紧靠洋葱核心层面，它们为最终塑造媒介议程确定基本规则。所有的议题能否成为新闻报道的对象归根到底取决于新闻价值等基本规则的过滤。由于新闻把关的基本规范大体一致，所以新闻规范对新闻报道施加的同质性影响是巨大的。

3. 议程融合

唐纳德·肖和戴维·韦弗又提出媒介融合的概念，并强调媒介融合并非取代媒介议程设置，而是试图解释媒介议程设置在不同的媒介、群体和个体之间为什么有所不同。

有些媒介的受众数量巨大，是纵向延伸的，如日报、广播电视网等；有些媒介指向的却是特定的受众，是横向铺展的，如博客、网站和社交媒体等，其针对的是具有特殊兴趣的受众。“纵向媒介为公众的生活提供主要的新闻议程，而横向媒介供给支持性的信息和视角，以补充纵向媒介的议程。”① 个人的偏好会帮助我们混合或融合来自纵向及横向媒介的议程，我们会力求维持各种参考议程结合体和我们自身价值观之间的平衡；媒介使用习惯也会影响不同媒介的议程融合。

三、议程设置的强效果论

有限效果理论主要从态度层面研究媒介的效果。随着一些实证调查的证明，人们发现大众媒介的效果并不像有限效果理论所说的那样微弱，在认知层面人们对外界信息的获知大部分源自大众媒介。从新闻业的角度看，获知信息比说服态度更加重要。大众传媒是人们了解政治信息的主要途径，在现实生活中很少有人直接接触政治信息，大众传媒中的信息成为许多人与政治的唯一联系，人际传播渠道中的信息主要是从大众媒介的新闻报道中传达出来的。媒体对不同竞选议题的重视与选民对各种竞选议题的倾向和重要性的判断之间存在着非常密切的关系，即媒体重点强调的议题也是公众最关心的议题。所以议程设置主要强调的是媒介认知层面的影响，因为它影响到人们对世界的认知。

与有限效果理论中使用选择性理解不同，议程设置理论所表达的强大媒介效果论更能解释议题在公众议程上的显著性。“议程设置并非回到原先的魔弹论或者皮下注射论那样的全能媒介效果上，也不是将受众视为消极等待新闻媒介安排程序的机器人。但是，议程设置理论确实认为：新闻媒介在设置公众议程方面发挥着核心作用。”②

在大多数情况下，新闻媒体没有自觉和故意地设置议程，但确实无意中把它作为一种副产品，因为每天的新闻中都要选择一些值得关注的话题报道。设置议程是为了传递突出

① ［美］马克斯韦尔·麦库姆斯著，郭镇之、徐培喜译：《议程设置：大众媒介与舆论》（第2版），北京：北京大学出版社，2018年，第209页。

② ［美］马克斯韦尔·麦库姆斯著，郭镇之、徐培喜译：《议程设置：大众媒介与舆论》（第2版），北京：北京大学出版社，2018年，第10页。

的观点，而不是确定对某一特定问题的赞成和反对意见。① 它最主要的贡献是在特定的媒介内容和它对公众的效果之间建立了一种明确的关系。议程设置考察的是大众传播整体的、长期的、间接的、宏观的社会效果；它同时又是隐秘的，通过个体与群体的心理内化过程发生作用，与刺激—反应的模式不同。因此，议程设置理论被认为是大众传播效果研究的一次大转向。

但是，议程设置理论被批评过于强调媒介的议程设置作用，而忽视了社会关系和受众的主体地位，也忽视了媒介议程对社会议程的反映，这也是议程设置理论在不断调整的原因。导向需求和议程融合都强调了受众的因素会影响议程设置。近年来一些学者提出用议程建构来代替议程设置，议程建构强调媒介议程、受众议程和政策议程等各种议程的相互影响，是对议程融合的进一步发展。

第二节　沉默的螺旋理论

沉默的螺旋（spiral of silence）理论是德国社会心理学家伊丽莎白·诺依曼（Elisabeth Noelle-Neumann）在20世纪70年代提出的。1972年诺依曼在参加东京的国际心理学会议上发表论文《重归大众媒介的强大效力观》，介绍了沉默的螺旋理论的初步观点。1980年和1984年她相继出版德文版和英文版《沉默的螺旋：舆论——我们的社会皮肤》，对该理论进行了全面的论述，并在重版中不断完善。

沉默的螺旋理论的核心思想是：大多数人生活在对社会孤立的恐惧中，他们根据观察意见气候来发表自己的观点，当发现自己的意见是属于优势意见时，就敢于公开地表达出来；而当发现自己的意见是少数意见时就趋于沉默。大众媒介通过营造意见气候影响人们对什么是优势意见的看法，使得优势意见成为社会主导，并有效地压制少数人的意见。

一、沉默的螺旋的发现

沉默的螺旋这一概念来源于诺依曼多年对民意的实证研究。最早是在1965年的德国大选时发现了“最后一分钟跟进”现象，即两大阵营——基民党/基社党联盟与社会民主党的支持率本来旗鼓相当，但由于民意的压力，许多选民的选举行为受到了影响，在投票的最后一分钟产生了跟随效果，多数选票都投向基民党/基社党联盟，使其取得领先的地位，并在最后官方得票统计结果中以超过八个百分点的优势赢得大选。

诺依曼认为这种效果的出现是因为定期在《明星》上发表的支持率数据发生了变化。本来两个阵营支持率不相上下，但在最后时期，民调统计结果显示基民党/基社党联盟获胜的数目持续增加，预测社会民主党会赢的数目下降，这导致了人们对两党谁会赢的预

① M. E. McCombs, Building Consensus: The News Media's Agenda-Setting Roles, *Political Communication*, 1997, Vol. 14, pp. 433–443.

测，有3% ~4%的选民受到预测的影响。

1972年的选举与1965年的选举如出一辙，也在最后时刻出现“最后一分钟跟进”现象。为什么会出现这种情况？诺依曼调查发现，在人群中觉得自己被孤立的人是最早加入“最后一分钟跟进”的人，特别是没有自信心的人与对政治不感兴趣的人会在最后一分钟趋从民意，害怕孤立形成了一种驱策力，使沉默的螺旋的过程运转。

沉默的螺旋的研究结合运用了两种研究方法：媒介对问题的立场可经由量化的内容分析法验证；民众对孤立的恐惧、对选举的态度、对意见气候的认知等则通过民意调查验证。其中研究者运用问卷调查模拟公共情境，以探知在公共情境中受访者公开显示某种行为的潜在意愿，这种公共情境包括火车测验和公交车测验。问卷调查的资料显示，不论议题与信念，有些人喜欢表达，有些人偏爱沉默，敢于公开表达意见的人观察到意见气候的发展趋势与自己观点相同，即自己的意见属于优势意见，而沉默的人发现自己的观点属于少数派，因为害怕被孤立而不敢发声。

二、沉默的螺旋的主要观点

沉默的螺旋研究主要基于五个假设，其中四个是具体的：①社会运用孤立恐惧来对付偏离的个体；②个体感受到持久的孤立恐惧；③由于孤立恐惧，个体不断尝试评估意见气候；④评估的结果首先在公开场合影响个体的行为，尤其是通过彰显或隐藏自己意见的方式，例如发言或沉默。第五个假设联结前四个假设并解释了民意形成、辩护及改变的状况。通过连续多年的调查和研究，沉默的螺旋理论逐渐丰富起来，主要观点包括：

（1）人的社会本质和直觉是害怕被孤立的。人害怕面对尴尬的情境，害怕成为飞短流长的对象，害怕被整个社会排斥在外。这种恐惧使他们不断去确定哪种意见及行为方式被环境所赞同或反对，以便采取或排除哪种意见与行为方式。“最后一分钟跟进”现象就是人类害怕被孤立的最佳证明。这种孤立威胁来源于周围的环境，可能是亲朋好友，也可能是匿名公众，但最主要的孤立威胁来自媒介上的强势意见。

（2）这种孤立的恐惧促使人们观察周围的意见气候，来决定自己的观点是否可以公开表达。个人在进行环境观察时，利用两种来源掌握意见气候：“第一种是直接的环境观察，第二种则是观察媒介的内容（间接感知）。”① 人们在评估环境时运用准统计官能，评估的结果影响到他们的言谈举止。当他们认为自己的意见与民意共识是相调和的，会用各种标签、服装及其他公开可识的符号来显示自己的信念。当他们认为自己居于意见少数，便会小心谨慎、沉默不语，这种情形在公众场合更严重。准统计官能就是一个大概的估计，“大部分人是怎么想的？”“什么意见趋多？”大部分情形之下，民众都能正确地察觉到在强大趋势中意见气候的发展，但也会出现错误评估的“多数无知”现象。所谓多数无知，是指民众对于其他人想法的错误认知，即凭感觉认为多数人会怎么想、怎么做。但这种感觉往往是不准确的，特别是具有影响力的媒介所传达出的观点常被高估。

---

① ［德］Elisabeth Noelle-Neumann著，翁秀琪等译：《民意——沉默螺旋的发现之旅》，台北：远流出版公司，1994年，第340页。

（3）大众媒介是意见气候的主要营造者。大众媒介在个人对意见气候的了解中占了大部分的印象，从中可得知大部分人的优势意见与其方向。在许多情形之下，个人相当依赖大众媒介的新闻报道。大众媒介运用发声作用，强调特定的意见与议题观点，支持某种立场或行为方式，并对支持此立场的人提供论点、口号、说法等发声方式，人们借着这些措辞，才能在公共场合为其立场辩护，而对手的立场在媒介中很少或甚至完全不被报道。在媒介中占优势的立场，在争论时亦占优势，因为他们觉得自己背后有媒介在支持，会影响发言人的意愿。所以媒介的发声是“意见之母”①，其主要的作用是制造共识，提供意见的一致性。

（4）意见的表明和“沉默”的扩散是一个螺旋式的传播过程。一方的沉默造成另一方意见的增势，使优势意见显得更加强大；这种强大反过来又迫使更多持不同意见者转向沉默。如此循环，便形成了一个一方越来越大声疾呼，而另一方越来越沉默下去的螺旋式过程，这个过程越来越确立一种观点成为主流意见。② 当人们认为自己是少数派（意见）或处于失势的境地时，会变得更少和更不愿意在公共场合发表意见，导致多数派观点成为主导性意见，甚至成为社会规范。这个理论被麦奎尔和温德尔画成一个模式（见图 12－2）：

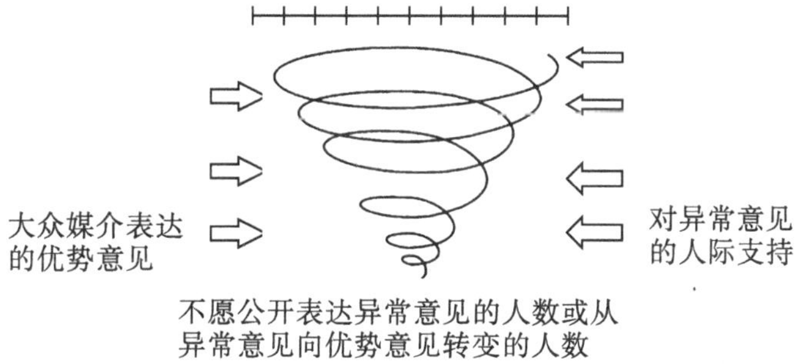

图 12－2　沉默的螺旋模式③

诺依曼的沉默的螺旋理论实质上是从社会心理学角度对社会舆论的研究结果。公众只有克服了对被孤立的恐惧，敢于公开表达的意见才是舆论，所以她对舆论的定义是“在冲突的领域中，人们可以公开表达而不至于被孤立的意见”④。有时候，在强势意见占主导的情况下，人们为了避免被孤立，不得不公开表态，所以她的另外一种定义是“民意（舆论）是一个生活社群分子在情感主导或价值取向问题上的认同”⑤。

---

① ［德］Elisabeth Noelle Neumann 著，翁秀琪等译：《民意——沉默螺旋的发现之旅》，台北：远流出版公司，1994 年，第 250 页。

② Elisabeth Noelle-Neumann，The Spiral of Silence A Theory of Public Opinion，*Journal of Communication*，1974，Vol. 24，pp. 43－51.

③ D. McQuail & S. Windahl，*Communication Models*（2nd ed.），London：Routledge，1993，p. 117.

④ ［德］Elisabeth Noelle-Neumann 著，翁秀琪等译：《民意——沉默螺旋的发现之旅》，台北：远流出版公司，1994 年，第 89 页。

⑤ ［德］Elisabeth Noelle-Neumann 著，翁秀琪等译：《民意——沉默螺旋的发现之旅》，台北：远流出版公司，1994 年，第 260 页。

三、沉默的螺旋的变数

沉默的螺旋理论常被人们用来解释舆论中的多数压力现象，但是它并不是适用于所有的议题。诺依曼一再强调沉默的螺旋只存在于“液态”的民意过程中，即只存在于比较虚的价值变迁领域，或对于破坏社会规范的反应，而不是理性层次的问题。她认为在选择研究的议题时要具有以下特征：第一，它必须在目前具有时效性与争论性。第二，它必须是具有道德含义或价值判断的议题。第三，大众媒介对这个问题的立场必须能够量化，如此才能分析其中的影响因素。[①] 另外她也提出在社会中还存在一些因素会导致沉默的螺旋不存在或者发生改变。

1. 死硬派

死硬派或中坚分子“是在沉默螺旋过程中留存下来，排除孤立威胁的少数意见者”[②]。这些少数意见者不惧怕孤立，可以不理睬公众，或者固守残留的旧价值，或者追求比较前卫的未来价值。尽管代表的是少数意见，但他们宁愿忍受被孤立的威胁，仍很积极地表达自己的立场。这部分支持少数意见的人非常少，但其乐于发言的情形却远远超过多数意见者，经常在社会或媒介上公开发言。

2. 双重意见气候

“所谓‘双重意见’是指：根据不同的媒介使用，人们会认知到不同的意见气候。”[③] 公众对意见气候的了解有两种不同的来源：一个是自己第一手观察到的印象。另一个则是通过媒介了解到的印象，如果两者出现偏差，就会出现令人迷惑的不同的意见气候。这说明公众与记者的看法有所差异，既有立场会影响公众对意见气候的评估，同时受众接触媒介的时间长短也会影响其评估。媒介内容与大部分民众的观点之间有差距，使得媒介所谓的共识只是表面的，是不稳定的、有矛盾的，很容易被真实的民意所改变。

3. 沉默的多数

社会中的前卫分子、持异论者、非主流分子、死硬派、有使命感者、改革派，或者科学家和艺术家，这些挑战民意的人能够克服被孤立的恐惧，有些甚至有意识地选择自我放逐。一些有意图的团体想要改变现有的状况，在公开场合不惧孤立地公开表达其立场。这些少数意见者越来越大声疾呼，逐渐成为媒体报道中的优势意见。原来的多数意见者反而觉得自己缺乏媒介的支持，便形成“沉默的多数”。但这并不否认媒介优势意见的影响，因为少数人的意见成为媒介上的优势意见，而多数人的意见反而在媒介上成为劣势，所以新形成的意见逐渐击败旧有的优势民意，成为社会的主流，这是新的舆论形成的初级阶段。

---

① ［德］Elisabeth Noelle-Neumann 著，翁秀琪等译：《民意——沉默螺旋的发现之旅》，台北：远流出版公司，1994 年，第 345 页。

② ［德］Elisabeth Noelle-Neumann 著，翁秀琪等译：《民意——沉默螺旋的发现之旅》，台北：远流出版公司，1994 年，第 249 页。

③ ［德］Elisabeth Noelle-Neumann 著，翁秀琪等译：《民意——沉默螺旋的发现之旅》，台北：远流出版公司，1994 年，第 242 页。

四、重归强大效果观

沉默的螺旋理论与议程设置理论几乎同时成为大众传播效果从有限效果论到重归强大效果观的转折点。诺依曼认为大众传媒在影响公众意见方面确实有很强的效果，但过去这些效果被缩小了，或者没有被测试出来。从她的观点来看，大众传媒的强大效果主要体现在：

（1）大众传媒不仅决定大众关注的议题，而且是个人了解意见气候的主要渠道。“大众传播媒介可以将大众的注意力最有效地带入沉默螺旋的过程中来。”人们对外界信息和舆论的了解主要是通过大众媒介，而且媒介也影响了个人对于该说些或做些什么才不至于被孤立的想法。“个体在面对大众媒介时，会有无力感；在每个问及当今最有影响力者是谁的民意调查中，大众媒介经常名列前茅。”①

（2）大众传媒内容的高度一致性增强媒介效果。这种“一致性”是指在所有媒体上呈现某些材料时有很大程度的相似性，也就是内容的同质化现象。如果所有媒体都以类似的方式描述和评价一个问题，公民几乎都能接触到这些信息，这是媒体发挥强大作用的理想情况。

（3）大众传播的效果是长期的、累积的、间接的。大众传播的效果并非只是一朝一夕，反而常是日积月累，依循“滴水穿石”的原则；且媒介内容的高度一致性与重复累积，继续阻碍接收者能够真正从媒体所提供的消息中做挑选。② 媒介信息通过人际传播持续传递出去，人们把自己的认知与通过媒介之眼所获得的认知相混合，其影响可能自己都没有意识到。个人是先通过媒介之眼来观察世界，然后再调整自己的行为。大众媒体是舆论的制造者：它们提供环境压力，人们对此反应敏捷，或认可，或沉默。③

五、对沉默的螺旋理论的评价

诺依曼将舆论观和大众传播的效果观结合起来进行考察，她认为没有公共舆论理论，就无法理解媒介效果；相反地，没有媒介效果理论，就无法得知公共舆论的过程。因此，大众媒介在有意无意之间对公共舆论发展的可能性具有巨大的影响。沉默的螺旋理论的主要贡献在于重新强调大众传播的强大效果观，并指出这种强大效果来自大众传播媒介对“意见气候”的巨大影响，进而影响舆论的走向。它也是研究舆论的宏观理论，同时贯通了宏观、中观和微观三个层面，既有宏观的理论指导，也有微观的个人心理机制研究。“它假设社会环境和个人倾向会相互互动，并且这种互动会随着时间的流逝推动公众舆论

---

① ［德］Elisabeth Noelle-Neumann 著，翁秀琪等译：《民意——沉默螺旋的发现之旅》，台北：远流出版公司，1994 年，第 223 - 225 页。

② ［德］Elisabeth Noelle-Neumann 著，翁秀琪等译：《民意——沉默螺旋的发现之旅》，台北：远流出版公司，1994 年，第 340 页。

③ Elisabeth Noelle-Neumann，The Spiral of Silence A Theory of Public Opinion，*Journal of communication*，1974，Vol. 24，pp. 43 - 51.

发展以及帮助建立公众共识。"①

但是对于沉默的螺旋理论也有许多批评，主要表现在：

（1）理论假设的前提是对被孤立的恐惧，但一些研究者怀疑是否所有的个人都害怕被孤立，个人在察觉反对意见后选择隐瞒自身意见是否都由于害怕被孤立。实际上早期这个假设是没有验证的，20 世纪 90 年代学术界才开始构建对此概念可操作化的研究设计，并发现了其他的原因。沉默的螺旋理论主张者沃尔夫冈·唐斯巴赫（Wolfgang Donsbach）和罗伯特·斯蒂文森（Robert L. Stevenson）的研究强调沉默的螺旋理论并不是将公众的孤立恐惧视为观察人类行为的唯一影响，也不认为所有人的情况都完全相同。② 包括诺依曼在内的许多研究表明，年轻的受访者、男性受访者和受访者中更关注被讨论议题的人，会更有可能表达他们的观点，而不害怕被孤立或者即时的意见气候；前卫分子和死硬派、改革者等都是勇于坚持少数意见的人。

（2）沉默的螺旋强调的是个人态度，但是学者们认为更重要的应该是团体，特别是参照群体。诺依曼等人在后来的研究中也谈到参照群体的作用，她认为参照群体对个人发言或保持沉默扮演决定性角色，"如果初级团体与民意压力同时作用且相互增强，则个人趋向保持沉默；但如果个人所属的团体持续为居劣势的观点辩护，则个人趋向于发言"③。其他学者对参照群体进行了更详细的研究，发现参照群体可以为尝试衡量社会意见气候的人们提供重要的社会线索；同时为前卫分子和死硬派抵制反对性意见气候提供一种保护性环境，为他们大声发言提供社会支持。④

（3）"优势意见"社会压力的强弱受到社会传统、文化以及社会发展阶段的制约。研究发现沉默的螺旋在不同的地区表现出跨文化的差异，不同文化环境下的人们发言意愿的差异也不同。黄惠平（Huiping Huang）选取中国台湾和美国分别作为集体主义和个人主义社会的样本进行比较，结果显示，沉默的螺旋理论在中国台湾得到支持，但在美国却没有得到支持。此外，在中国台湾，当人们是少数派时，他们可能会为了维护集体和谐而不发表意见，而不是因为害怕被孤立。⑤ 集体主义文化会更加注重社会和谐和社会凝聚力，一般会服从多数人的意见；相反个人主义文化会更加关注个人满足和强调个人目标，多数意见未必能左右人们的行为。

（4）对大众传媒的一致性报道能够增强大众传播效果的观点没有进行验证。诺依曼认为报道内容的一致性在强大效果观中起着核心作用，但是乔森·皮特（Jochen Peter）认为一致的媒体报道，即对某一特定国家的所有媒体的问题进行非常相似的介绍和评价，通常

---

① Dietram A. Scheufele, Spiral of Silence Theory, in *The SAGE Handbook of Public Opinion Research*, edited by W. Donsbach & M. W. Traugott, London: SAGE Publications Ltd., 2008, p. 182.

② ［德］Elisabeth Noelle-Neumann 著，翁秀琪等译：《民意——沉默螺旋的发现之旅》，台北：远流出版公司，1994 年，第 316 页。

③ ［德］Elisabeth Noelle-Neumann 著，翁秀琪等译：《民意——沉默螺旋的发现之旅》，台北：远流出版公司，1994 年，第 316 页。

④ Dietram A. Scheufele, Spiral of Silence Theory, in *The SAGE Handbook of Public Opinion Research*, edited by W. Donsbach & M. W. Traugott, London: SAGE Publications Ltd., 2008, p. 179.

⑤ Huiping Huang, A Cross-Cultural Test of the Spiral of Silence, *International Journal of Public Opinion Research*, 2005, Vol. 17, pp. 324 - 345.

被认为会带来强大的媒体效应。尽管这一观点似乎有道理，但几乎没有经过检验。皮特研究了一致性报道是否影响对欧洲一体化的支持，通过报道一致和不一致的比较，对媒介的强大效果理论进行了验证。①

（5）对沉默的螺旋调查方法的质疑。诺依曼等人最初使用的方法是运用问卷模拟公共情境，用来探知在公共情境中受众公开某种行为的潜在意愿。所以他们会问受访者“假设您有一趟五个小时的火车旅行”，火车里有一个人支持或反对该受访者的某种观点，然后问受访者是否在意这个人的看法。后来由于在某些国家或地方没有五个小时的火车而改为公共汽车，但是这种方法被批评为不仅太过于狭窄，还在文化上过于特殊。火车测试具有潜在的文化偏见，因为长时间的火车旅行和在火车里与陌生人的交谈在很多国家是不现实的。学者们也进行了其他的一些方法测试，包括假设参加会议、聚会等模拟公共情境。

几十年来，沉默的螺旋理论在不断地被证实，也在不断地调整，更加细化各种介入因素。迪特姆·舍费尔（Dietram A. Scheufele）认为，最重要的是：“对沉默的螺旋理论的进一步测试既包括总体层次的变量因素，如跨文化比较；也包括个人层次的假设因素，如自我审查的意愿或对被孤立恐惧的意愿。但最重要的是，未来的研究必须要测试整体层次的差异和个人层次假设因素的相互作用。例如，个人审查的意愿真的会在集体主义文化和个人主义文化中具有相同的影响吗？”②

第三节　涵化理论

涵化理论即涵化分析（cultivation analysis），也翻译为培养分析或教化分析。它起源于20世纪60年代后期，是伴随着美国电视的兴起而开展的系列研究之一。该研究以美国学者乔治·格伯纳为代表，主要研究电视对人们现实观的影响。

一、涵化理论的研究背景

在20世纪50年代初，电视的普及率仅有6%，但是到50年代末约有5 000万台电视机进入美国家庭，电视的普及率达到88%；1961年约1.5亿美国人用上了电视机。电视在美国爆炸式地兴起，迅速成为每个家庭的必备品，成为孩子们最大、也是唯一的最重要的娱乐来源。但是电视中的色情、暴力等内容也引起学者和家长们的担忧，他们从20世纪50年代就开始进行电视对儿童影响的系列调查。到60年代美国发生了严重的社会危机，反战运动、学生运动和民权运动纷纷走向街头，暴力犯罪猛增，劫机事件频发。面对

---

① Jochen Peter, Our Long ‘Return to the Concept of Powerful Mass Media’, *International Journal of Public Opinion Research*, 2004, Vol. 16, pp. 144 – 168.

② Dietram A. Scheufele, Spiral of Silence Theory, in *The SAGE Handbook of Public Opinion Research*, edited by W. Donsbach & M. W. Traugott, London: SAGE Publications Ltd., 2008, p. 182.

这种情况，1968 年约翰逊总统下令成立国家暴力起因与防范委员会（NCCPV）。该委员会派出了多个调查小组，对暴力的起因和解决办法提出了建议，其中一项报告《暴力与媒体》成为大众传播研究的一个里程碑。在这个项目中，南加州大学的乔治·格伯纳和他的助手被委员会邀请来对媒介内容部分进行分析，从而开始了对媒介内容与社会影响的长期研究。

格伯纳一直都是内容分析法研究和媒体暴力研究领域的专家，他和助手考察了 1967 年和 1968 年 10 月 1—7 日三家电视网黄金时间（下午 4—10 点）和周六上午（8—11 点）的娱乐节目，经过训练的编码员观看由电视网提供的录像带，然后运用统一标准的记录工具来进行分析。他们将暴力界定为“以伤害或杀害为目的的外显的武力的表达”①，总共考察了 183 个节目，发现电视娱乐里充斥着暴力内容，两年中大约 80% 的节目包含一个或多个暴力事件，暴力内容随处可见，人们很难回避这些暴力内容。结论认为暴力是电视节目所表现的生活的最主要特征，它给人的印象是暴力是解决争端和促使个人目标得以实现的一种有用的手段。由此开始，格伯纳等人对电视黄金时段和周末日间的戏剧性内容进行长期跟踪，累积了一个大型的数据库，以此探究成长和生活在一个由电视主导的文化环境对人们的影响，并提出了涵化理论。

二、涵化理论的主要观点

在媒介长期效果的理论中，涵化理论可能是得到最多记载和充分研究的理论。涵化理论认为，在现代媒介中，电视在日常生活中占据核心的地位，以至于支配了我们的“象征性环境”。电视上关于现实的（扭曲的）信息取代了个人经验和其他理解世界的方式，电视成为“主要维护、稳定并加强传统观念与行为的工业秩序文化武器”。它对公众的影响是累积的、长期的，这种影响主要通过娱乐节目提供的虚拟现实形成。涵化理论的核心观点主要有：

1. 电视塑造人们的现实观

涵化理论主要以电视作为研究对象，因为电视成为范围广泛的人们获取图像与信息的共同来源，它构成了我们共同的符号环境的主流。尽管有新型媒介的出现，但电视的集体仪式却丝毫没有衰减，它的影响日益全球化。具体来说，以电视为研究对象的原因在于：

（1）电视是一个集中化的叙事系统。它所播放的电视剧、商业广告、新闻以及其他类型的节目，为每个家庭带来了比较连贯一致的图像与信息系统。电视与早期媒介的不同之处首先在于，“它总是集中化地大批量生产一整套连贯的图像与信息，并把它们提供给规模庞大而又各式各样的群体；同时，它被大多数的观众以一种近乎不加选择的、仪式主义的方式来使用”②。

（2）电视是能提供一种精英和其他公众都能共享的日常仪式。电视跨越了历史上那些

---

① R. K. Baker, D. L. Lange & S. Ball-Rokeach (eds.), *Violence and the Media*, Washington, D. C.: U. S. Government Printing Office, 1969, p. 314.

② ［美］乔治·格伯纳等：《与电视共同成长：涵化过程》，见［美］简宁斯·布莱恩特、道尔夫·兹尔曼主编，石义彬、彭彪译：《媒介效果：理论与研究前沿》（第 2 版），北京：华夏出版社，2009 年，第 34 页。

因识字能力和易变性而导致的沟通障碍，成为各类异质群体社会化和每日信息首要的共同来源。电视不需要接触印刷媒介所必需的识字能力，从婴儿期开始就培养人们的性情与偏好，观看电视成为人们日常不可缺少的一种仪式。

（3）人们对电视内容的选择空间很少。观众收看电视的决定主要依赖于节目播放时间，当大多数观众有时间看电视时，可供选择的节目数量和多样性却受到限制，因为同样时间段的节目在基本构成和诉求方面趋于相似。人们收看得越多，选择性就越小。电视里经常反复播放各种节目，包括新闻在内的多种不同类型的节目都有着相似的特征——讲故事。

（4）电视易于培养人们共同的现实观。通过故事（神话、“事实”、经验）的持续性重复，特别是节目编排的整体模式，包括背景设置、演员挑选、社会类型塑造、情节安排和相应的结局模式，界定了电视世界。观众出生在这种符号世界中，不可避免地长期接触这种反复出现的各种模式，因而很容易将虚拟的世界当成现实的世界，容易对现实的世界达成稳固的共识。所以，电视在多样化的公众间培养了共同的现实观。

涵化理论关注的是长期接触整个电视信息系统的后果，而电视扮演的角色就是故事讲解员、缓和社会矛盾和冲突的“熔炉”、维护传统观念和行为的“文化武器”。因此，大众传播在形成社会的共识方面，已远远超过了传统社会中教育和宗教的作用。

2. **文化指标**

涵化理论是文化指标三个研究范式中的一个范式。文化指标是指电视世界中的暴力被认为主要是权力的一种证明，有着社会控制和使少数派地位得以确认并永久化的重大含义。① 它包括三个范式：①制度化流程分析。用来调查政策的形成及其系统化，这些政策支配着大量媒介信息的流向。②信息系统分析。是对电视内容的系统性模式进行分析，以便可靠地描绘出电视呈现给观众的世界所特有的特征和趋势。③涵化分析。考察不同程度地接触电视世界的人对有关社会现实方面的问题所给出的回答，主要研究接收电视信息与受众观念和行为之间的关系、信息和受众的互动过程。

涵化是关于叙事的文化过程。电视叙事内容以隐蔽的形式如报道事实、提供娱乐等对我们进行教化，其影响是潜移默化的、长期的，所以涵化就是文化浸润。电视在共同信念、价值观以及意识形态的培养涵化上扮演着极其重要的角色，“涵化分析的总体假设是，那些花费了更多时间‘生活’在电视世界中的人更可能以电视镜头里所呈现的形象、价值观、描述、思想体系等来看待‘现实世界’”②。

3. **主流化**

大多数现代文化是由多种不同的文化潮流构成的，但它们处于一个包含态度、信仰、价值、习俗等主导性结构的背景之下。这个主导性潮流并不仅仅是所有交叉流与支流的汇合，而是指最具一般性、功能性、稳定性的主流，它体现了我们的共同意义与共同假设最

---

① ［美］乔治·格伯纳等：《与电视共同成长：涵化过程》，见［美］简宁斯·布莱恩特、道尔夫·兹尔曼主编，石义彬、彭彪译：《媒介效果：理论与研究前沿》（第2版），北京：华夏出版社，2009年，第35页。

② ［美］乔治·格伯纳等：《与电视共同成长：涵化过程》，见［美］简宁斯·布莱恩特、道尔夫·兹尔曼主编，石义彬、彭彪译：《媒介效果：理论与研究前沿》（第2版），北京：华夏出版社，2009年，第36页。

主要的方面。① 电视在我们社会中的重要地位使得它成为我们文化主流传播的首要渠道。在涵化理论中，主流化指的是长时间收看电视会使人们缩小或无视观点和行为上的差异，而这些差异通常是由其他因素或影响导致的。② 对于长时间观看电视的重度观众来说，这些差异对他们的影响不如电视的影响。主流化验证了电视培养人们共识的论断。

4. 从效果研究到涵化研究的转向

传统的效果研究建立在对特定的信息、教育、政治、营销等方面的研究结果进行评估的基础之上。这种评估选取了选择性接触和事前/事后可供测量的差别两种角度，是在那些接触了某类信息的人与那些并未接触此类信息的人之间进行的，是直接的刺激—反应的效果过程。但是涵化过程是渐进与累积性的，它强调观众整体浸淫于电视世界中。

尽管受众与媒介文本的互动会产生相当程度的多样性与复杂性，但是不能否认，大量的媒介产品中也会存在重大的共通性与一致性。涵化理论在探究这些共通性时并不否认确实存在的差异性和受众一定程度上的选择性。它并不把电视对人们社会现实观的影响视为一个单向的、稳定的推动过程，而是将其视为一种万有引力的过程，每个群体都可能被拽向一个不同的方向，但是所有的群体都受到同一“中心力流”的影响，这个中心力流就是电视世界里主流的方向。因此，“涵化过程是在讯息、观众与环境三者之间的一个持续的、运动的、发展中的互动过程”③。

根据1967—1979年的调查和分析，格伯纳等人认为，在现代社会，传播媒介提示的“象征性现实”对人们认识和理解现实世界发挥着巨大的影响。一个人接触电视世界的时间越多，其对社会现实的看法就与电视中对生活和社会的展现相一致。在1967—1979年黄金时段播出的电视剧中，有64%的主要角色和30%的所有角色（施暴者或受害者或两者都是）与暴力有关，一个人遭遇暴力的可能性在10%或以上。而在现实中，联邦调查局的统计数据表明，在任何一个年度里，实际上的暴力犯罪受害人不到美国人口的1%。所以调查者采访观众“在每周任何给定的时间内，你卷入某种暴力的可能性有多大”时，给出两个答案选项：大约1%（现实答案），大约10%（电视答案），结果总计共有73%的被访者给出电视答案。再详细区分的话，轻度收视者有71%，重度收视者有81%。④ 这从整体上说明观看电视的人都会受到电视中虚拟现实环境的影响，重度收视者会更加高估他们遭遇暴力的机会。相当多的证据表明，长时间大量接触电视世界的习惯培养了人们对现实世界的扭曲性看法，电视里众多的暴力镜头和人物、事件使得人们对现实世界的不安全感上升。

---

① ［美］乔治·格伯纳等：《与电视共同成长：涵化过程》，见［美］简宁斯·布莱恩特、道尔夫·兹尔曼主编，石义彬、彭彪译：《媒介效果：理论与研究前沿》（第2版），北京：华夏出版社，2009年，第40页。

② ［美］乔治·格伯纳等：《与电视共同成长：涵化过程》，见［美］简宁斯·布莱恩特、道尔夫·兹尔曼主编，石义彬、彭彪译：《媒介效果：理论与研究前沿》（第2版），北京：华夏出版社，2009年，第40页。

③ ［美］乔治·格伯纳等：《与电视共同成长：涵化过程》，见［美］简宁斯·布莱恩特、道尔夫·兹尔曼主编，石义彬、彭彪译：《媒介效果：理论与研究前沿》（第2版），北京：华夏出版社，2009年，第38－39页。

④ G. Gerbner, L. Gross, M. Morgan & N. Signorielli, *Violence Profile No. 11: Trends in Network Television Drama and Viewer Conceptions of Social Reality 1967－1979*, The Annenberg School of Communications, University of Pennsylvania, 1980, p. 48.

三、涵化理论的发展

涵化理论揭露了媒介体系背后所隐藏的文化权力，以及大众传播为统治阶级和意识形态服务的本质，包含着对资本主义大众传播现状的批判态度，因此一些学者把它称为“美国土生土长的批判学派”。

涵化理论的研究受到各国学者的重视，其研究领域逐步扩大，包括电视中对女性的性别偏见、邻里信任与安全、婚姻观、科学形象、种族隔离等广泛的议题，它也适用于多国的、跨文化的比较研究。随着新媒介的产生，电视方面的变化如有线电视、数字化视频光盘（DVD）等给观众提供了范围空前的选择余地，但是没有迹象表明这些技术进步会改变收视习惯，或者说常规的重度电视观众看得最多的节目内容中所呈现的世界观、价值观和刻板印象会从根本上不同于大部分传统的电视网类型的节目。① 互联网的兴起使得观看电视的人数减少，但是“尽管互联网提供了接触信息的另外渠道，但它也使主导性媒介集团的触及面更加纵深化和精细化”②。

格伯纳等人认为“如果讯息本身没有改变，那么无论最成功的娱乐节目是通过电视网络来传送还是借助光缆、卫星或其他的某种媒介而以视频点播形式来传送，都几乎没有什么区别……对大多数观众而言，延伸了的传送系统会把图像和讯息的主要模式更深层次地渗透和整合到人们的日常生活中”③，所以涵化理论有继续研究的空间。麦奎尔曾经建议涵化理论后续的研究可朝两个方向发展：其一是对电视“信息系统”一致性（和扭曲性）假设的考察；其二是用调查分析的方式考察公众对各种社会现实的看法，尤其是考察那些无法用经验研究查证的看法。④

也有学者对涵化理论的不足之处提出批评。霍勒斯·纽康保（Horace Newcomb）从1978年开始就对涵化理论提出人文主义的系列批评，他强调受众与媒介文本的多样性，强调暴力在美国的历史与文化中带有许多符号学上的含义，所有的观众对暴力行为都会有不同的解释。他为单个节目的深入分析的价值辩护，反对集合样本的文化指标焦点。⑤ 他认为涵化理论假设一个“ 被动的”观众的论点不能被证实，但他的观点与涵化理论的基本观点没有抵触。此后相继有学者提出电视影响人们现实观会因为人们的各种差异性因素而不同，另外也有学者从研究方法方面提出批评，这也推动了涵化理论的进一步完善。

---

① ［美］乔治·格伯纳等：《与电视共同成长：涵化过程》，见［美］简宁斯·布莱恩特、道尔夫·兹尔曼主编，石义彬、彭彪译：《媒介效果：理论与研究前沿》（第2版），北京：华夏出版社，2009年，第50页。

② ［美］乔治·格伯纳等：《与电视共同成长：涵化过程》，见［美］简宁斯·布莱恩特、道尔夫·兹尔曼主编，石义彬、彭彪译：《媒介效果：理论与研究前沿》（第2版），北京：华夏出版社，2009年，第51页。

③ ［美］乔治·格伯纳等：《与电视共同成长：涵化过程》，见［美］简宁斯·布莱恩特、道尔夫·兹尔曼主编，石义彬、彭彪译：《媒介效果：理论与研究前沿》（第2版），北京：华夏出版社，2009年，第51－52页。

④ ［英］丹尼斯·麦奎尔著，崔保国、李琨译：《麦奎尔大众传播理论》（第5版），北京：清华大学出版社，2010年，第406页。

⑤ ［美］麦克·摩根、詹姆斯·尚翰著，龙耘译：《涵化研究的两个十年》（上），《现代传播》2002年第5期。

第四节　知识沟理论

大众媒介传播的信息也是一种知识。在媒介社会，人们更多的常识性知识是通过大众媒介获得的。由于大众媒介面对不同的公众传播的是同样的知识，一般来说，不同受众从大众媒介上获得的知识量应该是相同的。大众媒介应该带来社会整体文化水平的提高，并缩小各阶层受众之间的知识差距，实现社会平等。但是知识像其他财富一样，在社会中的分布也是不平均的。一些学者研究发现，大众传播的信息流增长往往产生不同阶层和群体的知识差距，即知识沟（knowledge gap）。

一、知识沟理论的提出

1970 年美国明尼苏达大学三位学者蒂奇诺（P. J. Tichenor）、多诺霍（G. A. Donohue）、奥利恩（C. N. Olien）发表论文《大众传媒的流动和知识差异的增长》，提出了知识沟的理论假设："随着大众传媒向社会传播的信息增多，社会经济地位较高的群体往往比地位较低的群体获得这些信息的速度更快，因此这些群体之间的知识差距往往会增加而不是减少。"①

他们的研究是以教育作为社会经济地位的有效指标，受教育程度较高的人比受教育程度较低的人从大众传媒那里获取知识的速度更快，而且两者之间的知识差距会扩大。在特定的时间点，知识的获得和教育水平的关联性比较高。同时，他们也强调这一假设主要适用于具有普遍吸引力的公共事务和科学新闻，而不一定适用于更多其他的话题如股市行情、社会新闻、体育以及园艺等信息。在探究造成知识沟差距扩大的原因时，他们提出几个影响因素：

1. **传播技能**

社会经济状况好的人和社会经济状况差的人在传播技能上存在差异，特别是他们的文化程度不同。受过正规教育的人具有获得公共事务或科学知识所必需的较高的阅读和理解能力。

2. **存储的信息量或已有的知识储备**

当一个话题出现在大众媒体上时，那些已经有了知识储备的人更有可能意识到这一话题，并为理解这一话题有了更好的准备。

3. **相关的社会接触**

教育通常意味着日常活动的范围更广、人际交往更多，这就增加了与他人讨论公共事务话题的可能性。对医生和农民等群体之间传播的研究表明，更积极、更融入社会的个体

---

① P. J. Tichenor, G. A. Donohue & C. N. Olien, Mass Media Flow and Differential Growth in Knowledge, *The Public Opinion Quarterly*, 1970, Vol. 34, pp. 159 – 170.

对信息的接受率更高、接受速度更快。

4. **信息的选择性接触、接受和记忆**

自我接触信息与受教育程度密切相关，而选择性的接受和记忆可能是态度和教育差异共同造成的结果。以往的研究也表明，人们明显倾向于以符合现有信仰和价值观的方式解释和回忆信息，社会经济地位较低的人在媒体上找不到与他们价值观和态度相一致的信息，所以可能对媒体上的公共事务和科技新闻缺乏兴趣。

5. **大众媒介系统的性质**

迄今为止，大多数科学和公共事务新闻都是通过印刷媒体传播的，印刷媒体更多地以较高社会阶层的兴趣和口味为取向，迎合社会地位较高的人的需求。媒体报道每天都在更新，关于某个话题的报道往往在知识差距缩小之前就消失了，这种趋势在科学领域可能特别明显。科学和公共事务新闻通常缺乏经常性的重复，这不利于社会地位较低的人学习和熟悉。

当以上一个或多个促成知识鸿沟扩大的因素起作用时，知识差距就会特别突出。因此在一定程度上，由于传播技能、先前的知识、社会接触或选择性因素的作用，知识差距会随着大量的信息流增长而扩大。蒂奇诺等人在明尼阿波利斯－圣保罗大都会地区进行了一项实地试验，研究者选取600人测量他们对22篇医学、生物学文章和2篇社会科学文章的理解度（这些文章都是刊登在都市报纸上的）。结果大多数数据都倾向于符合“知识差距增大”的假设，即大众传媒加强或增加现有的不平等。

他们的研究主要强调印刷媒体对公共事务和科学知识的普及，后来他们也认为对电视和广播是否能够造成知识沟应该进行更深入的研究。特别是媒介系统本身的变化非常迅速，到20世纪80年代末媒体出现显著的变化，如大众媒体的专业化、城市化趋势和电子媒介的兴起等，多数学者认为大量使用电视新闻作为新闻来源可能伴随着知识差距的缩小。多诺霍等人强调媒体结构的变化不仅对传播的信息量有深远的影响，而且对谁获得信息、谁不获得信息也有深远的影响。[①] 但是对知识沟的影响是差距扩大还是缩小仍需进一步研究。

知识沟理论提出后得到很多学者的关注和论证，并把它从不同社会经济地位的个人、群体的差距推广到城乡的差距、发达国家与发展中国家的差距等。人们不仅探究经济地位差异造成的知识鸿沟，还研究造成的其他方面的差异，如使用媒介资源的动机差异、获得新媒介技术机会的差异等。罗杰斯认为知识沟理论不仅要处理“知识”的鸿沟，而且要处理传播带来的态度和显性行为效应，所以他建议将其改为“传播效果沟”假说。[②]

知识沟又分非合拢知识沟和合拢知识沟两种情况。松伯格（A. M. Thunberg）等人在1982年的《传播与平等》中以瑞典为案例研究了等级制度带来的传播不平等现象，并描绘出两种模式。借鉴其模式，知识沟差距越来越大的非合拢知识沟模式如图12－3所示：

---

① G. A. Donohue, C. N. Olien & P. J. Tichenor, Media Access and Knowledge Gaps, *Critical Studies in Mass Communication*, 1987, Vol. 4, pp. 87－92.

② E. M. Rogers, Communication and Development: The Passing of the Dominant Paradigm, *Communication Research*, 1976, Vol. 3, pp. 213－240.

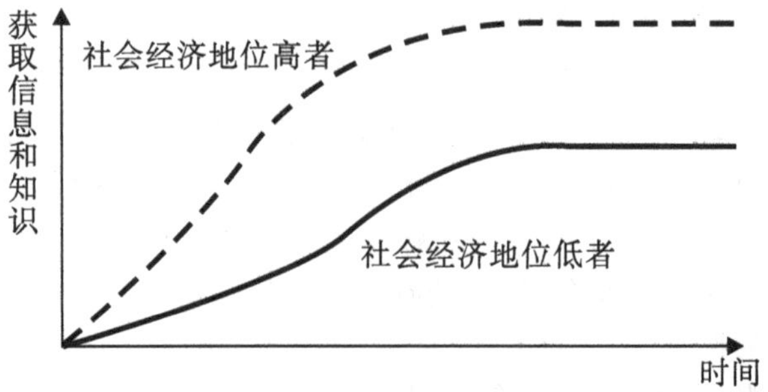

图 12-3 非合拢知识沟模式①

二、知识沟的反命题：天花板效应

知识沟理论提出后，一些学者从相反的方面论证了存在知识沟合拢的现象，并提出知识沟差距缩小的原因在于天花板效应（ceiling effect），也即上限效果假说。

其实多诺霍、蒂奇诺等人已经意识到知识沟可能存在缩小的现象。在 1975 年的论文中，他们对知识沟理论提出了部分修正，认为在某些情况下知识沟会合拢：①如果某个问题引起了整个社区的普遍关注，那么有关这一问题的知识在不同的教育水平的人那里都是平均分配的。②当这个问题在社会冲突的气氛中发展时，这种平等更可能发生。③这种知识的平等更可能发生在一个小的、同质的社区，而不是一个大的、多元的社区。④在具体问题上的知识差距，如果最初出现，可能会随着公众注意力的减弱而减小。[②]

经过十几年的持续研究，蒂奇诺等人认为知识沟并不总是随着系统中信息的增加而扩大。[③] 但是他们强调在某些议题上许多知识沟是不能合拢的，如关于太空研究、吸烟和癌症问题的知识方面，社区之间和社区内部的知识沟可能会越来越大，这些差距似乎没有被电视节目所抵消。[④]

1977 年詹姆斯·艾蒂玛（J. S. Ettema）和基纳尔德·克莱因（F. G. Kline）对知识沟合拢的原因进行了系统的总结，明确提出天花板效应会导致知识沟缩小。天花板效应的观点可以概括为：个人对特定知识的追求并不是无止境的，达到某一上限后，知识量的增加就会减慢乃至停止下来。社会经济地位高者获得知识的速度快，其上限到来得也早；社会经济地位低者虽然增加知识的速度慢，但随着时间的推移最终能赶上前者。这个理论意味着，大众传播信息传达活动的结果不是带来社会知识沟的扩大，而是它的缩小。[⑤]

他们认为知识沟现象的成因主要集中在两个方面：第一，从受众的因素看，传播能

---

① 转引自 D. McQuail & S. Windahl.，*Communication Models*（2nd ed.），London：Routledge，1993，p. 126. 原图中两个曲线分别代表强势群体和弱势群体，这里稍加修改。

② G. A. Donohue，P. J. Tichenor & C. N. Olien，Mass Media and the Knowledge Gap：A Hypothesis Reconsidered，*Communication Research*，1975，Vol. 2，pp. 3-23.

③ G. A. Donohue，C. N. Olien & P. J. Tichenor，Media Access and Knowledge Gaps，*Critical Studies in Mass Communication*，1987，Vol. 4，pp. 87-92.

④ P. J. Tichenor，C. N. Olien & G. A. Donohue，Effect of Use of Metro Dailies on Knowledge Gap in Small Towns，*Journalism & Mass Communication Quarterly*，1987，Vol. 64，pp. 329-336.

⑤ 郭庆光：《传播学教程》（第 2 版），北京：中国人民大学出版社，2011 年，第 216 页。

力、动机、兴趣等方面的因素是造成知识沟差距扩大的原因。随着大众媒体信息注入社会系统的增加，有动机获取信息和/或信息对其起作用的人群中，往往比没有动机或信息对其不起作用的人群获取信息的速度更快。因此，人群之间的知识差距倾向于增加而不是减少。第二，从信息内容来看，由于知识存在着上限，知识沟差距会缩小。这些上限包括：①信息本身施加的上限。由于大众传播提供的信息数量有限，通常都是一般性的知识，而且教育程度高的受众已经掌握了这类信息，它只能帮助教育水平低的受众赶上来，从而缩小两者的差距。②受众施加给自己的上限。受众认为自己掌握的信息已经足够了，所以没有动力去获得更多的信息，导致落后者赶上来。③现有知识领域达到上限。现有知识已经达到顶尖，没有更新、更高的知识出现时，已经达到现有知识天花板的受众就会停下来，落后者也会赶上来。在单一新闻事件中，知识都是有限的，工人和专业人员的认识差别很小。前两个上限被称为附加天花板（imposed ceiling），第三个被称为真正的天花板（true ceiling）。①

合拢知识沟模式（见图12－4）并不是对知识沟的否定，而是认为在某些条件下知识沟差距会扩大，而在另外一些条件下知识沟差距会缩小。

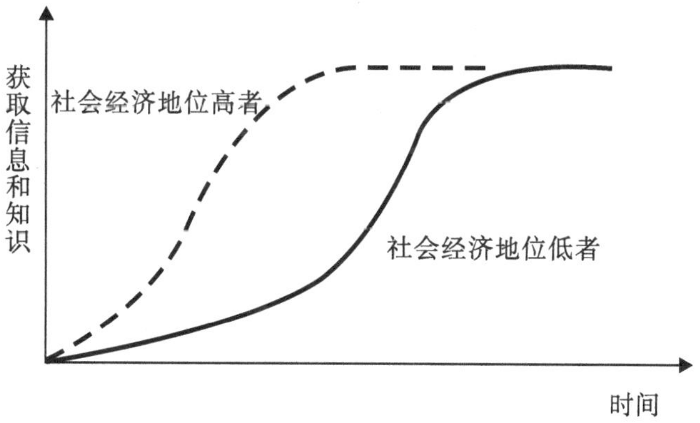

图12－4　合拢知识沟模式②

三、《芝麻街》的知识沟研究

《芝麻街》（*Sesame Street*）是美国公共广播协会（PBS）制作播出的儿童教育电视节目，该节目于1969年正式播出，是迄今为止获得艾美奖最多的儿童节目。它通过木偶、动画、真人秀、歌舞和短剧等多种表现方式制作有趣的科普内容，帮助学龄前儿童做好上学准备，在全世界产生了广泛的影响，也引发众多学者对其教育效果的研究。有的学者认为电视媒介可以改善贫困儿童接受学前教育的条件，该节目有助于缩小富裕家庭与贫穷家

① J. S. Ettema, F. G. Kline, Deficits, Differences and Ceilings: Contingent Conditions for Understanding the Knowledge Gap, *Communication Research*, 1977, Vol. 4, pp. 179－202.

② 转引自D. McQuail & S. Windahl., *Communication Models*（2nd ed.）, London: Routledge, 1993, p. 124. 原图中两个曲线分别代表强势群体和弱势群体，这里稍加修改。

庭的孩子们之间的知识沟差距。《芝麻街》最初也将缩小不同家庭背景儿童的知识沟差距作为自己的目标，但是1975年托马斯·库克（Thomas D. Cook）等人出版的《重游芝麻街》却对此提出了质疑，认为具有经济地位背景的儿童在观看《芝麻街》后知识沟的差距会增大。数据显示，家长的文化程度越高，家庭收看《芝麻街》节目的次数越多，因此"在不同经济收入或教育水平群体之间，试图以《芝麻街》节目缩小知识沟极为困难"①。此后《芝麻街》调整了其节目宗旨，认为它的目的并不是用于缩小知识沟，而是希望通过该节目，让所有家庭的孩子均有一个良好的学前准备。

美国经济学家梅丽莎·卡尼（Melissa Kearney）和菲力普·列文（Phillip B. Levine）2019年的研究成果认为：20世纪70年代观看过《芝麻街》的儿童比没有观看过的儿童在学校的成绩更好。"芝麻街"在缩小不同性别和种族儿童之间差距方面效果显著，所以"要缩小不同收入和不同种族家庭中儿童学前教育的差距，电视及其他电子媒体是一剂良方"②。但是一篇《芝麻街背后的魔力是什么》却提出了不同的观点，与20世纪60年代相比，穷人家和富人家的孩子在标准化测试得分上的差距增长了40%，白人小孩和黑人小孩的得分差距则几乎翻了一倍。所以该文章的结论是儿童之所以愿意收看《芝麻街》，是因为节目内容和他们的生活息息相关，但是切勿盲目宣称电视收看时间的增加可以解决学生成绩参差不齐的问题。

四、知识沟的新问题

任何一个理论都不是完美的，对知识沟理论也一直存在批评的声音。布林达·德温（Brenda Dervin）认为该假说完全建立在传统的信源发送信息达到信宿的传播模式上，强调的是信源的目标，并且按此目的设法操纵受众。德温认为这种研究将导致"指责受害者"综合征，因此建议传播宣传活动和研究应当更多地基于信息使用者的立场，强调使用者寻求意义的需要。③

传播科技发展日新月异，新媒介不断出现，从理论上说这些新科技的应用应该为社会的所有成员提供更多公平的学习机会。但是，由于年龄、传播能力、经济地位等差异，在新媒体时代知识沟的差距表现得更加明显，贫困地区的孩子买不起电脑、手机，缺乏网络环境，与城市和经济条件好的儿童之间知识差异增大；老年人由于不会使用新媒体，在电子支付、银行操作、网络购物、出行购票等方面都存在很多障碍，与年轻人之间也存在代际差距。信息贫穷者和信息富有者之间知识差距的扩大将可能导致社会紧张因素的增加，所以许多学者也致力于研究如何填补知识沟：有的认为让人们融入各种团体的办法可能有助于克服知识沟；有的认为针对不同群体的受众选用适当的媒介、传播适合该群体的消

---

① T. D. Cook, H. Appleton, R. F. Conner, et al., "*Sesame Street*" *Revisited*, New York: Russell Sage Foundation, 1975, pp. 308 – 309.

② 中国科普作家协会专题资料汇编：《被误解的〈芝麻街〉"魔力"》，《科学媒介中心2015年推送文章合集》（下），北京：中国科普作家协会，2016年，第446 – 448页。

③ ［美］沃纳·赛弗林、小詹姆斯·坦卡德著，郭镇之译：《传播学的起源、研究与应用》，北京：华夏出版社，2000年，第286页。

息；有的认为记者应该突出他们所提供信息的用处；有的认为对不同的群体应该使用不同的语言进行传播等。

赛弗林等总结了知识沟的改进和拓展情况：第一，信息有时会扩大知识沟，而有时可缩小知识沟，这点已毋庸置疑。第二，因传播而出现的知识沟不纯粹是知识的差距，这种差距也可能涉及态度和行为。第三，知识沟差距并不局限于社会经济状况较好的人和社会经济状况较差的人之间（社会经济状况好坏的区分标准通常是根据受教育程度的高低），在对政治兴趣盎然的人与兴趣索然的人之间、年长者与年幼者之间，同样也存在显著差距。① 在特定情况下，媒介可以缩小知识沟，但也可能扩大知识沟。有些媒介要比另一些媒介更容易接触到，要想影响不同的受众就要选择不同的媒介，所以研究受众的需求可能是填补知识沟的一个方向。

第五节　框架分析

框架分析（framing analysis）近年来越来越受到传播学研究者的关注。简宁斯·布莱恩特（Jennings Bryant）和多丽娜·米伦（Dorina Miron）2004 年通过对 6 份一流英文传播学期刊的研究发现，自 20 世纪 90 年代后框架分析研究的论文快速增长；进入 21 世纪以来，框架分析是使用最频繁的大众传播理论。框架分析的应用广泛，主要出现在传播学三个领域：从新闻生产的角度来研究媒体框架如何被建构；从内容研究的角度来考察媒体框架是什么；从效果研究的角度来分析受众如何接收和处理媒介信息，即受众框架。②

一、框架的概念

1955 年人类学家贝特森的论文《关于戏剧与幻想的理论》首次系统提出“框架”概念，认为框架是传者给受者应当如何理解符号所提供的诠释规则。“框架”一词逐渐成为学者们熟悉和使用的概念，社会学家戈夫曼将其引入文化社会学，并在 1974 年出版的《框架分析》中系统阐述其理论，该理论 1980 年开始被传播学所引用，逐渐成为传播学中使用广泛的一个理论。

戈夫曼认为西方社会的个体在认识特定事件时都暗含着一种或多种解释框架或图式。这种基本框架带有表演的成分，会使一些本来毫无意义的场景变成有意义的东西。框架是不断变化的，有些是作为由实体、假设和规则组成的系统被巧妙地呈现出来；而其他的大多数似乎没有明显的表达形式，只提供了理解、方法和视角的传统。“每个主要框架都允许其使用者定位、感知、识别和标记”无限个具体的事件，而使用者个人可能并未意识到

① ［美］沃纳·赛弗林、小詹姆斯·坦卡德著，郭镇之译：《传播学的起源、研究与应用》，北京：华夏出版社，2000 年，第 287 页。

② 陈阳：《框架分析：一个亟待澄清的理论概念》，《国际新闻界》2007 年第 4 期。

这个框架。[①] 框架就是个人将社会生活经验转变为主观认知时所依据的一套规则，它有助于使事件变得有意义，从而起到组织经验和指导行动的作用。“我们倾向于用基本框架来感知事件，而我们使用的框架类型提供了一种描述事件的方法。”[②] 框架的形成会受社会和文化的影响，而且是在不断变化的。

最早将“框架”概念引入传播学领域的托德·吉特林（Todd Gitlin）认为，框架就是“有关什么存在、什么发生及什么有意义这些不言而喻的观点上进行选择、强调和表达的原则”[③]。费斯克等人编写的《关键概念：传播与文化研究词典》将框架定义为“对社会知识与经验所进行的建构”[④]。它将一次接触或事件同另外一次接触或事件区别开来，这就像一幅画的框架在墙与画之间标出清晰的界限一样。罗伯特·恩特曼（Robert M. Entman）认为框架本质上涉及选择和显著性，“框架是选择感知现实的某些方面，并使其在传播文本中更加突出，从而促进特定问题的定义、因果解释、道德评价和（或）所述项目的应对建议”[⑤]。威廉·甘姆森（William A. Gamson）等认为框架“是一个中心的组织原则，它把不同的符号组合在一起，并赋予它们连贯性和意义”[⑥]。

因此，我们认为框架就是人们对事物进行描述时的符号组织形式，它能够对事物进行定义、解释和评价，使其具有特定的意义。在英文中框架主要使用 frame 和 framing 两个单词，有的学者将两者混用，有的进行了详细的区分：一般来说，社会学领域使用名词 frame，着重考察框架内外的区别，相当于甘姆森的“框限”；心理学领域和传播效果研究使用动词 framing，也有人将其称为“框架化”，着重于框架形成的动态过程。

框架既是宏观层面的结构，也是微观层面的结构。作为一种宏观结构，“框架”一词指的是记者和其他传播者用来呈现信息的方式，这种方式与受众现有的基本图式产生共鸣。作为一种微观结构，框架描述了人们在形成印象的过程中如何使用有关问题的信息和呈现特征。[⑦] 个人会依据需要选择不同的框架来判断形势、做出选择和解决问题。

二、媒介框架

媒介框架就是传播者对报道进行选择、强调、解释和评价的符号处理模式，影响受众

---

① E. Goffman, *Frame Analysis: An Essay on the Organization of Experience*, Boston: Northeastern University Press, 1986, p. 21.

② E. Goffman, *Frame Analysis: An Essay on the Organization of Experience*, Boston: Northeastern University Press, 1986, p. 24.

③ T. Gitlin, *The Whole World Is Watching: Mass Media in the Making and (Un) making of the New Left*, Berkeley, CA: University of California Press, 2003, p. 6.

④ ［美］约翰·费斯克等编著，李彬译注：《关键概念：传播与文化研究词典》（第 2 版），北京：新华出版社，2004 年，第 111 页。

⑤ Robert M. Entman, Framing: Toward Clarification of a Fractured Paradigm, *Journal of Communication*, 1993, Vol. 43, pp. 51 – 58.

⑥ W. A. Gamson, D. Croteau, et al., Media Images and the Social Construction of Reality, *Annual Review of Sociology*, 1992, Vol. 18, pp. 373 – 393.

⑦ D. A. Scheufele & D. Tewksbury, Framing, Agenda Setting, and Priming: The evolution of Three Media Effects Models, *Journal of Communication*, 2007, Vol. 57, pp. 9 – 20.

对报道的理解和现实认知。在大众媒介的新闻报道中，从生产到内容和效果都充满着各种框架，即传播者有意识地利用某些图式来影响人们对现实的看法。吉特林认为媒介框架基本上是不可言说、没有被认识到的，但它为记者也为依赖新闻报道的我们组织了这个世界。“媒介框架是一种持续的认知、解释、呈现、选择、强调和排斥的模式，符号处理者通过这种模式来组织口头或视觉上的话语。”① 它可以使记者能够快速、常规地处理大量信息：将其识别为信息，划分到不同的认知类别，并将其打包以便有效地传递给受众。

费斯克等人认为：“媒介的框架就是进行选择的原则——是强调、解释与表述的符码。”② 媒介生产者常用他们组织媒介产品与话语，并且在受众解码的过程中发挥关键性的作用。塔奇曼在《做新闻》中首先将新闻视为框架，指出新闻是人们了解世界的窗口，“窗口展示的视野取决于窗口的大小、窗格的多少、窗玻璃的明暗以及窗户的朝向是迎着街面还是对着后院。这个视野还取决于视点的位置……”③ 例如，电视新闻片用特殊的镜头作框架来揭示空间关系的社会意义，这些镜头的排列顺序本身又构成了框架，这个框架在这则报道含有的所有元素之外又创造了一种附加关系。“新闻框架组织着生活现实，新闻框架是生活现实的参与者和组成部分。”④

恩特曼认为框架存在于新闻叙事的特定属性中，它鼓励人们感知和思考事件，从而形成对事件的特殊理解。“新闻框架是由新闻叙事中所强调的关键词、隐喻、概念、符号和视觉形象所构成和体现的。”⑤ 媒介框架并没有固定的格式，他认为只有通过对比文本的叙述才能检测出不同的框架。因此他通过对美国主流媒体关于两个民航客机被击落事件的报道的对比，揭露了美国主流媒体对两个事件的不同框架隐含的政治倾向。1983 年 9 月 1 日，一架苏联战斗机击落了韩国航空公司 007 航班，269 名乘客和机组人员丧生；1988 年 7 月 3 日，一艘美国海军舰艇“文森”号击落了伊朗航空 655 航班，290 名乘客和机组人员丧生。两个事件非常相似，但是媒体报道的框架完全不同。恩特曼比较了在两次事件分别发生后两周内美国几家主流媒体的报道框架，包括《时代》和《新闻》周刊、《纽约时报》和《华盛顿邮报》、哥伦比亚广播公司晚间新闻节目三种类型的媒体。对韩国航空事件，美国媒体的报道框架强调了犯罪国家的道德破产和罪恶感，对社会主义国家苏联进行谴责；对伊朗航空事件的报道框架不强调罪恶感，侧重于军事高科技运作的复杂问题，主要是淡化影响，维护美国的利益。

恩特曼认为媒体文本框架主要包括五个部分：重要性判断、行为者（agency）、认同（identification）、标签化（categorization）和泛化（generalization）。

1. 重要性判断

事件的重要性主要体现在报道量、文字和图像的突出处理、报道持续的时间等方面。

---

① T. Gitlin, *The Whole World Is Watching: Mass Media in the Making and (Un) making of the New Left*, Berkeley, CA: University of California Press, 2003, p. 7.

② ［美］约翰·费斯克等编，李彬译注：《关键概念：传播与文化研究词典》（第 2 版），北京：新华出版社，2004 年，第 111 页。

③ ［美］盖伊·塔奇曼著，麻争旗等译：《做新闻》，北京：华夏出版社，2008 年，第 30 页。

④ ［美］盖伊·塔奇曼著，麻争旗等译：《做新闻》，北京：华夏出版社，2008 年，第 182 页。

⑤ Robert M. Entman, Framing U. S. Coverage of International News: Contrasts in Narratives of the KAL and Iran Air Incidents, *Journal of Communication*, 1991, Vol. 41, pp. 6 – 27.

美国媒体对韩国航空事件大量报道、大肆渲染，而对伊朗航空事件则尽量淡化、低调处理（见表 12－1），给公众造成的印象就是：两个事件同样都是悲剧，但是韩国航空事件是一个更大、更重要的不幸事件。

表 12－1　三类美国媒体对韩国航空事件和伊朗航空事件的报道量

媒体	韩国航空事件	伊朗航空事件
《时代》和《新闻》周刊	51 页	20 页
哥伦比亚广播公司	303 分钟	204 分钟
《纽约时报》	286 篇	102 篇
《华盛顿邮报》	169 篇	82 篇

2. **行为者**

行为者主要是指事件的实施者、责任人。行为者是新闻中常见的属性，韩国航空事件报道框架中的观点是苏联政府有意歼灭了一架民航客机，新闻标题中纷纷标明“莫斯科”“苏联”摧毁或击落了一架客机，而且强调苏联知道这架飞机是民用的；而在伊朗航空事件的报道框架中，行为者被遮盖了，讨论的是“海湾出了什么问题”，强调美国海军不习惯在海湾环境中作战，所以出现了失误，而且根本不知道飞机是民用的。

3. **认同**

认同指的是报道鼓励或劝阻受众与该行为直接影响的人之间的认同。对韩国航空遇难者的报道在文字和视觉信息中被人性化，鼓励受众与他们形成情感认同，激发受众的愤怒。对伊朗航空遇难者的报道的可见性要差得多，信息较少集中于与受众共享的人性，因此也不太可能引起同情，对遇难者的轻描淡写有助于将伊朗航空的事件描述成技术性的事故，并且鼓励受众同情美国。

4. **标签化**

标签化是将该行为归为某一类性质的行为。美国媒体将韩国航空事件归类为犯罪，是有意的“攻击”，从而促进了事件的本能判断，甚至激怒民众和受害者家属的情绪；而将伊朗航空事件则归类为事故，是无意造成的“悲剧”，强调是由于美国军方技术问题导致的错误（见表 12－2）。

表 12－2　三类美国媒体报道中两种性质用语的比较

媒体	韩国航空事件		伊朗航空事件	
	“攻击”	“悲剧”	“攻击”	“悲剧”
《时代》和《新闻》周刊	38	21	0	23
哥伦比亚广播公司	10	9	12	15
《纽约时报》	99	48	30	32
《华盛顿邮报》	66	24	24	40

注：表中伊朗航空事件中“攻击”的话有部分来源于伊朗人或反对美国的人，说明美国人是不承认“攻击”的。

据表 12－3 可知，消息来源说明了认为伊朗航空事件是“故意”的都是美国的敌人，认为韩国航空事件是“失误”的相当部分是苏联人。

表 12－3　三类美国媒体对两次事件是“故意”或“错误”的断言使用次数

媒体	韩国航空事件		伊朗航空事件	
	故意	失误	故意	失误
《时代》和《新闻》周刊	39	2	2[a]	13
哥伦比亚广播公司	6	0	7[a]	6
《纽约时报》	79	6	15[a]	50
《华盛顿邮报》	51	16[b]	13[c]	30

注：a. 所有消息来源引自伊朗人或其他敌对的外国；b. 有 5 个引用苏联人的消息来源；c. 引用外国敌对消息来源。

5. 泛化

泛化就是将该事件扩大延伸到其他方面。在对韩国航空事件的报道中，美国媒体不仅把行为归因于苏联飞行员或军方，而且归因于整个苏联或政府。在两家杂志的报道中有 62 条提到行为者，33 条暗示苏联政府或整个国家负责人，24 条暗示飞行员或战斗机，也牵涉到苏联军方。而在对伊朗航空事件的报道中，美国媒体的报道基本上没有对美国在该事件中的行为进行引申泛化，而是尽量淡化事件的影响。这种政治泛化的直接影响就是在现实中美国众议院和参议院一致投票谴责韩国航空事件是“残酷的大屠杀”，国会还通过一系列具体措施反对苏联。而民意调查表明美国人有 71% 认为美国海军击落伊朗客机是合理的，而且多数人支持美国现有的海湾政策。

可见，美国媒体从词语的运用、图片的选择、版面的颜色等方面进行不同的处理，对两个事件使用了不同的报道框架。对韩国航空事件使用的是道德性框架，谴责苏联的行为是“谋杀”“暴行”，对苏联进行一种既定的道德评价；而对伊朗航空事件使用的则是技术性框架，用各种说法强调事件的合理性。

三、框架效应

使用框架分析研究传播效果，主要关注媒体报道的框架对受众现实认知的影响，通过实证研究以因果范式来探讨同一议题不同的媒介框架如何影响受众的认知，进而带来受众态度和行为的改变。其主要方法是将媒介框架视为自变量、受众框架视为因变量，通过比较这两个框架来分析媒体效果是否产生及其效果强度。

框架分析作为一种传播效果理论是指大众传媒可以通过新闻报道的框架来系统地影响受众对事件的理解。文森特·布莱斯（Vicent Price）等认为“记者如何包装和呈现事件和问题，可以从根本上影响读者和观众对这些事件和问题的理解，这被称为框架效应”①。布莱斯等人经过调查证实媒介框架确实能影响到受众，并且能在受众的头脑中激活一种独特的思想和情感的混合。这种影响可能不会直接影响受众的决策，但是会对决策形成引导，有效地指导人们的思维方式。他们认为框架效应是在初始信息处理时所施加的影响，但是随着时间的流逝，框架效应的初始评估会随着时间而更新，所以会产生长期的、累积的影响。

这就涉及受众的框架，包括受众是否受到媒介框架的影响、哪些方面受到媒介框架的影响等问题。受众框架是受众在认知新闻内容、新闻框架时产生的心理表征或解释形式，它决定对新闻框架的选择与接受。影响受众框架的因素主要受媒介框架和受众个人差异的影响。个人差异包括背景、教育、经历、知识、个人偏好、动机、需要、经验等。黄惠平认为受众框架是信息整合过程的产物，对于受众而言，“框架是由于与新闻框架接触而产生的心理表征，或解释或观点的图式”②。他通过对中国台湾问题的实证研究证明，媒介框架多样化会刺激受众认知的多样性，从而导致受众中流行的框架与媒介主导框架并不完全匹配，而只有比较统一的新闻语境可能会对受众的观点产生更大的制约力。舍费尔和大卫·特克斯伯里（David Tewksbury）认为：“我们可以假设，当受众对新闻信息给予极大的关注时，就会产生框架效应。也就是说，问题框架的内容和含义对于关注新闻故事的受众来说可能最为明显。”③

心理学家丹尼尔·卡尼曼（Daniel Kahneman）和阿莫斯·特维尔斯（Amos Tversky）认为人都是趋利避害的，对于风险事件可能产生的后果使用不同的框架进行表述会导致不同的效果。他们曾对框架效应进行测试，其假设的情景是：美国正在为一场亚洲流行病的爆发做准备，该疾病影响到600人的生死。第一个问题是从正面效果来表述的：如果采用方案A，将拯救200人；如果采用方案B，则600人全部获救的概率为1/3，无人获救的概率为2/3。测试让152名被试者选择更喜欢哪种方案，结果72%的人选择方案A，28%的人选择方案B。第二个问题是从负面损失方面进行表述的：如果采用方案C，将有400人死亡；如果采用方案D，则无人死亡的概率为1/3，600人全部死亡的概率为2/3。测试让155名被试者选择更喜欢哪个方案，结果78%的人选择方案D，22%的人选择方案C。④这四个方案的结果是一样的——只有200人能获救，但是由于表述方式不同而在公众中产生了不同的效果（见表12－4）。

① V. Price, D. Tewksbury & E. Powers, Switching Trains of Thought: The Impact of News Frames on Readers' Cognitive Responses, *Communication Research*, 1997, Vol. 24, pp. 481－506.

② Huiping Huang, Frame-Rich, Frame-Poor: An Investigation of the Contingent Effects of Media Frame Diversity and Individual Differences on Audience Frame Diversity, *International Journal of Public Opinion Research*, 2010, Vol. 22, pp. 47－73.

③ D. A. Scheufele & D. Tewksbury, Framing, Agenda Setting, and Priming: The Evolution of Three Media Effects Models, *Journal of Communication*, 2007, Vol. 57, pp. 9－20.

④ D. Kahneman & A. Tversky, Choices, Values, and Frames, *American Psychology*, 1984, Vol. 39, pp. 341－350.

表 12－4 不同的表述框架对决策选择的影响

决策问题	方案表述框架	赞同率
问题一	方案 A：200 人能够获救	72%
	方案 B：600 人全部获救的概率 1/3，无人获救的概率 2/3	28%
问题二	方案 C：400 人会死亡	22%
	方案 D：无人死亡的概率 1/3，600 人全部死亡的概率 2/3	78%

恩特曼认为，上述案例说明“框架决定了大多数人是否注意到问题，他们如何理解和记住问题，以及他们如何评估和选择对问题采取行动”①。框架增加了信息的显著性，从而提高了接收者感知信息、辨别意义、处理信息并将其存储在记忆中的可能性，但是文本中框架的存在并不能保证其对受众思维的影响。受众对媒介框架有接纳也有排斥，他们对文本和图像的阅读是一个积极的过程，甚至会出现一些对立和协商性解读，所以受众具有自主性，会对信息进行重构。

框架分析从建构主义的角度研究新闻生产，打破了传统功能主义对传播理论的影响。建构主义将人看作有能力的、积极的行动者，他们主动建构着社会世界。因此，新闻不是对社会镜子式的反映，而是对现实的一种建构；而受众也会对新闻进行重构。媒介框架和受众框架存在着互动的关系。

但框架分析也面临尴尬的处境，它存在的问题主要有：

（1）它的概念比较混乱、含糊不清。框架的英文有时使用 frame，有时使用 framing。有的从社会学角度使用，有的从心理学角度使用，有的从认知心理学、建构主义和批判理论三种范式进行区分。有的在方法上将框架的内容视为“自变量”，考察它如何影响人们的认知、态度和行为；有的将其视为“因变量”，考察其建立的过程。陈阳和潘忠党都认为它是一个亟待澄清的理论概念。

（2）一些学者只将其视为一种方法而不是理论。潘忠党和吉拉德·考斯基（Gerald M. Kosicki）在《框架化分析：新闻话语研究》中指出：框架化分析作为一种建构主义方法，为新闻话语分析提供了一种考察的方法，而并不是一种全新的理论建构。

（3）它与议程设置和激活理论（priming）之间存在互相混淆的关系。不少学者将其视为议程设置理论中的第二层面的属性议程。麦库姆斯认为：“属性议程设置与框架建构（framing）都聚焦于消息中的关注对象——议题、政治人物或者其他话题——是怎样呈现的。”② 很多学者将框架分析与议程设置理论、激活理论放在一起进行比较，有的认为框架建构和议程建构都是处理信息构建的宏观机制，而不是媒介效果。有的认为框架分析属于效用性效果（applicability effects），是指消息的显著属性（其结构和重点）对特定思想适用性的影响，导致其被激活并用于评估中，它属于媒介信息刺激的第一级效果。议程设

---

① Robert M. Entman, Framing: Toward Clarification of a Fractured Paradigm, *Journal of Communication*, 1993, Vol. 43, pp. 51－58.

② ［美］马克斯韦尔·麦库姆斯著，郭镇之、徐培喜译：《议程设置：大众媒介与舆论》（第 2 版），北京：北京大学出版社，2018 年，第 83 页。

置和激活理论属于可访问性效果（accessibility effects），说明媒介内容会潜在地影响人们的评估。人们在记忆中储存这些评估，并在以后可能再次被激活，它属于信息刺激的第二级效果。[①] 激活理论指的是新闻媒体通过关注某些议题，同时忽略某些议题，从而影响公众评价政治要素和议题的标准。框架效果引发的是当时的评估，而激活效果引发的是后续的评估。

（4）在效果研究领域，框架分析对社会因素的影响研究较少。它强调的多是新闻框架对社会的影响，而较少强调社会对新闻的影响。它主要分析受众接收媒介框架后所进行的心理活动以及做出判断和决策的心理机制，不关注与媒介框架相联系的一整套政治和文化环境，也没有特别重视权力因素在其中所扮演的角色。因此，有学者批评近年来的框架分析忽视了权力因素、失掉了批判立场。在网络技术的冲击下，人们了解世界的窗口不再只有大众传媒，信息的来源更加多元化，这无形中削弱了媒体新闻框架的作用。

第六节　第三人效果

1983 年美国学者沃尔特·戴维森（Walter P. Davison）在《舆论季刊》上发表《传播中的第三人效果》，提出第三人效果（the third-person effect）假说，该假说认为："人们倾向于高估大众传播对他人的态度和行为的影响。"因此，"传播实现的任何效果可能不是由于表面上受众的反应，而是由于那些预期或认为自己感知到其他人某些反应的人的行为"[②]。由此，第三人效果引起学者们的关注，并进行了各方面的实证研究，证实在传播中确实存在这样的效果。第三人效果理论被视为 21 世纪最受欢迎的传播理论之一，是传播新强效果观的代表。

一、第三人效果的提出

戴维森从几个事件来说明他对第三人效果的假设。

第一个事件源自 1949 年或 1950 年一位年轻的历史学家告诉戴维森的事实。第二次世界大战期间，美国海军陆战队在太平洋硫磺岛上驻扎着一支由白人军官率领的黑人部队，日军用飞机向他们的阵地撒传单，传单内容强调的主题是：这是一场和白人的战争，日本人和有色人种没有冲突，马上投降或逃跑吧，不要为白人冒险！结果第二天这支美国部队在开战前就主动撤离该地区。这位历史学家认为他找不到任何证据表明宣传对部队有影响，但这确实对白人军官产生了影响——白人军官担心黑人士兵会受到传单的蛊惑，失去

① V. Price & D. Tewksbury, News Values and Public Opinion: A Theoretical Account of Media Priming and Framing, in *Progress in Communication Sciences* (Vol. 13), edited by G. A. Barnett & F. J. Boster, Greenwich, CT: Ablex, 1997, pp. 173 - 212.

② W. P. Davison, The Third-Person Effect in Communication, *Public Opinion Quarterly*, 1983, Vol. 47, pp. 1 - 15.

斗志，不得已采取了撤离的行为。戴维森认为这种心理战在“二战”中也曾经被盟军使用，他们通过广播暗示被击落的德国飞行员实际上已经叛逃到英国，从而对德国空军效率产生干扰。

第二个事件是几年后在调查联邦德国报刊在外交政策形成作用的过程中，戴维森有机会对多位记者提出问题：你们认为报纸社论对读者的思想有多大影响？他听到最多的答案是：“社论对像你我这样的人影响不大，但普通读者可能会受到很大影响。”①

第三个事件是戴维森作为他所支持的候选人志愿者参加全国大选本地阶段活动。在选举前两天，他的信箱出现了一张支持竞争对手候选人的传单，传单给他留下了很深刻的印象，他看了以后认为对方可能会赢得大选，必须采取对策，所以不加思索地从他们支持的党派办事处购买了大量政治性作品，挨家挨户去分发。但事后的分析证明，无论是竞争对手或者自己支持的候选人的宣传材料都没有对选民产生太大影响，正如《人民的选择》中所说的，很少有选民会被政治宣传改变立场。所以他扪心自问：为什么他认为竞争对手的传单会有效？

这些个人经验以及可能已经被遗忘的其他个人经验，使得戴维森提出了一个命题——“第三人效果”，并用四个小实验对命题进行验证。之所以这样命名，一方面是因为第三人是从两种不同的观察角度参与进来的，从传播效果的角度来说，其最大的影响不是对“我”或“你”，而是对“他们”，即第三人称；另一方面，从宣传者或传播者的角度来看，第三人是以某种方式关注表面受众的态度和行为的人，即与传播过程表面受众有关联的第三人。戴维森认为在日常生活中存在着很多第三人效果现象，它会影响到广告、电视剧，可能造成股市波动、商品短缺恐慌、产品是否有害的判断，甚至导致审查制度的决定等。其后学者们又在电视暴力和色情内容、负面新闻、诽谤信息、对辛普森的审判报道、否定纳粹大屠杀的广告、赌博广告、网络色情、政治选举和营销等大量信息的传播中都发现了第三人效果，说明它具有普遍性。

二、第三人效果的研究

第三人效果理论分为两个层次，第一层次是认知层次，即人们感觉不到信息对自身的影响，而是认为该信息会对“他们”产生影响；第二层次是行为层次，即人们会以某种方式对自己感知到的对他人的影响做出反应。

1. 第三人感知

第三人感知即高估传播对他人的影响力。人们对新媒介似乎总是有一种恐惧，如柏拉图担心文字对于口头表达的传统会造成巨大伤害，19 世纪批判学家担心小说会导致心灵力量的全部毁灭。报纸、电影、广播、电视的出现都引起了对它们的担忧和批评，对电视暴力与色情内容的指责一直没有间断。互联网的出现更是引发多种批评，网络成瘾、色情暴力内容、网络谣言等成为当前社会关注的焦点。

人们认为传播内容特别是说服性信息或宣传以及负面信息对他人的影响大于对自己的

---

① W. P. Davison, The Third-Person Effect in Communication, *Public Opinion Quarterly*, 1983, Vol. 47, pp. 1 – 15.

影响，这种感知主要是基于自我—他人的感知差异。这种感知的大小或强度随信息与感知者（自我）、感知者与相关他人、信息与他人之间的关系而变化，迈克尔·胡吉（Micheal Huge）等人将其分为信息—自我关系、自我—他者关系和信息—他者关系。①

研究表明，在信息—自我关系中，信息的特征和自我的个人特征会影响到自我的第三人感知。学者们根据信息的主题、格式和质量等方面测试人们的第三人感知，一般来说，当受众察觉到信息有明显的说服意图或者信息是负面的情况下，为了自尊、强化自我认知或者自认为比他人更聪明、知识更渊博等不切实际的乐观偏见，受众认为感觉自己受到的影响小于他人会保护和增强自我，因此这种自我强化观就会产生第三人效果。人们认为某信息对自己不利，或者认为受某信息影响显得自己十分不明智时，他们会不承认信息对自己的影响，却认为它将对他人产生影响，如电视暴力、色情内容等。但是当受到某个信息的影响能使个人看上去更出色的话，人们也会乐于承认信息对自己的影响，就会产生第一人效果，即认为信息对自己的影响大于对他人的影响。理查德·帕洛夫（Richard M. Perloff）发现当人们认为信息是可取的、将使自我受益或符合社会共识，或者信息质量比较高时，受众将承认自己受到了影响。② 具有不同个人特征，如年龄、教育水平、兴趣、动机等的受众对不同信息的感知也不同。

在自我—他人关系中，他人也会泛指某个特殊的社会群体。研究发现，第三人效果的大小会随着自我与他人之间社会距离的增大而增加。这种现象被称为"社会距离推论"，即自我与他人之间的地理距离或社会距离、心理距离增大，会导致自我—他人认知差距随之扩大，从而产生第三人效果。帕洛夫认为社会距离是一个模糊的概念，具有许多含义，包括心理差异性、缺乏熟悉性、比较对象（他人）的模糊性和媒体曝光的感知可能性。朱莉·安德萨格（Julie L. Andsager）和 H. 艾伦·怀特（H. Allen White）认为随着对"他人"的定义越来越笼统，媒体对自我和他人影响的差异越来越大。当考虑负面媒体内容时，人们认为与自己距离越远的群体受到的影响越大。③

信息—他人关系解释了他人和信息之间的感知关系，如人们一般认为暴力内容对青少年的影响比较大，特别是父母认为此类负面信息对孩子们的影响较大。胡吉等人将比较目标（他人）按照与信息的关系分为高度相关群体和不太相关群体，他们让受访者评估罗马天主教神父性丑闻报道对罗马天主教徒（高度相关群体）和非罗马天主教徒（不太相关群体）的影响，结果受访者总体上会认为高度相关的群体受相应媒体信息的影响较小。④ 信息—他人关系虽然在字面上没有提到自我，但还是从自我的视角去看待信息对他人的影响。

第三人感知并不是完全正确的，其存在失真的现象。戴维森最初的理论就是建立在人

---

① M. Huge, C. J. Glynn & I. Jeong, A Relationship-Based Approach to Understanding Third-Person Perceptions, *Journalism & Mass Communication Quarterly*, 2006, Vol. 83, pp. 530 – 546.

② R. M. Perloff, The Third-Person Effect: A Critical Review and Synthesis, *Media Psychology*, 1999, Vol. 1, pp. 353 – 378.

③ Julie L. Andsager & H. Allen White, *Self Versus Others: Media, Messages, and the Third-Person Effect*, New Jersey: Lawrence Erlbaum Associates, Publishers, 2007, p. 123.

④ M. Huge, C. J. Glynn & I. Jeong, A Relationship-Based Approach to Understanding Third-Person Perceptions, *Journalism & Mass Communication Quarterly*, 2006, Vol. 83, pp. 530 – 546.

们高估大众传播对他人的态度和行为的影响上，相应的就存在低估大众传播对自己的影响的现象。近年来学者们也关注第三人感知产生的动机，除了自我强化、乐观偏见外，还包括自我维护、自尊膨胀、自利偏差、优越感、认知易得性等动机层面的研究。

2. 第三人行为

大众传播的影响和效果通常不是在传媒指向的表面受众中直接发生的，而是通过与他们相关的第三人的反应行为实现的。第三人效果产生的态度和行为反应也被称为后续行为，是指受众感知到媒体信息对他人的影响后可能会采取相应的行动。这种行动分为两种：预防和适应。预防反应显示人们会支持或呼吁管理部门制定对不良信息的审查制度或其他限制措施。在涉及一些公认“有害”的内容，如色情、暴力、烟酒广告、赌博广告、极端言论等信息时，第三人效果常常导致人们支持对其进行限制，禁止未成年人进入电子游戏厅就是一个突出的例子。第三人效果还经常影响媒体工作者、广告和公关从业人员对于传播效果的预测，从而有意识地将信息暗地里指向第三人，如广告商面对儿童的广告实际上是想影响父母的购买行为。而政府官员、执法者也往往将其认为可能对他人产生影响的信息进行禁止，如中国国家广播电视总局颁发的“限童令”等，就是担心儿童参加电视节目会对其个人和其他儿童带来不好的影响。但是在其他领域，人们未必会采取行动。如人们虽然也反感某些负面新闻和娱乐新闻，认为其会对社会产生不良影响，但是支持限制这些内容的人却不多。对信息影响的感知也会带来适应性反应，适应性反应是指当人们感知到媒介信息对他人的影响趋势后会认为这是多数人的意见或社会潮流，从而造成适应社会多数人的行为。如青少年感知到支持吸烟的信息会让他们的同辈更倾向于吸烟，他们就认为这是一种时尚，可能模仿他人开始吸烟。第三人效果导致的信息审查和限制可能会对表达自由产生消极影响。一些新闻记者在报道和评论互联网对于青少年的危害时，常常是基于个案而非科学的调查，草率地得出武断的因果联系。

影响第三人效果行为的因素主要有家长式态度或父权主义、宗教信仰、保护动机、迎合他人期待的心理等。道格拉斯·麦克劳德（Douglas M. McLeod）等人认为那些持有普遍家长式态度的人可能会感知到媒体对他人的更大影响，但这种态度与感知到的对自己的影响没有关系。因此，家长式态度的程度越高，第三人对自我的感知效果与对他人的感知效果之间的差异就越大。家长式态度与支持审查呈正相关；但对于自我和他人而言，感知暴露与支持审查呈负相关，也就是说，一个人越多地暴露在某种形式的媒体内容前，就越多地感知到其他人也暴露在这种媒体内容前，他支持审查这种内容的可能性就越低。家长式作风与政治意识无关，但与性别有关，女性比男性表现出更强烈的“家长式”态度。[①] 家长式作风也被称为父权主义，出于家庭或社会责任感，以及保护子女或他人免受不良信息影响的动机，主张对信息进行审查。盖·格兰（Guy Golan）也探讨了宗教信仰对第三人效果过程的影响，他发现在道德性问题上，宗教信仰确实会影响第三人效果。当感觉到大众媒体正在破坏社会价值，并可能对他人产生强烈影响时，宗教人士可能倾向于支持内容

---

① D. M. McLeod, B. H. Detenber & W. P. Eveland, Behind the Third-Person Effect: Differentiating Perceptual Processes for Self and Other, *Journal of Communication*, 2001, Vol. 51, pp. 678 – 695.

监管和审查制度，以保护他人免受可能被视为不道德的媒体内容影响。①

禹卫华在中国大陆首次进行的第三人效果实验表明，第三人效果认知或许并不是导致第三人效果后续行为的唯一因素，信息内容的特征（如暴力程度、显著程度、社会接受度、对自己的不利程度等）与第三人效果后续行为之间也存在显著相关关系。②

3. 第三人效果模式

对于第三人效果，许多学者试图绘制一个比较简单的模型或模式，但尚未有统一的模式。帕洛夫根据以往学者的研究绘制了第三人效果模式（见图 12－5）。

外生变量 ⟶	中介化过程 ⟶	第三人效果内容 ⟶	产生的后果
教育	自我强化过程	自我—他人差异	审查制度
文化	知识感知	第三感知	沉默的螺旋
年龄	归因	第一感知	对舆论的感知
既有态度	媒介图式		说服性新闻预测
参与	推断		
自尊	群内—群外感知		

图 12－5　帕洛夫的第三人效果模式

这个模式说明了每个部分涉及的要素，对于第一人和第三人来说都要探讨教育、文化、年龄、既有态度、参与、自尊等因素对他们的影响；在他们接触媒介的过程中涉及自我强化、知识感知、归因、媒介图式、推断、群体感知等方面的要素；对于第三人效果本身的研究涉及自我—他人的差异、第三人感知（对他人影响的估计）和第一人感知（对自身影响的评估）；最后是第三人效果产生的后果，大部分涉及审查制度；此外还有影响到对多数意见和舆论整体的感知，以及预测说服性新闻会产生多大的影响等。

阿尔伯特·冈瑟（Albert C. Gunther）和斯托里（J. Douglas Storey）提出了一个更广泛的间接效果模型。这个模型叫感知影响的影响（IPI），它的基本思想是“人们感知到传播对他人的某种影响，结果是改变了自己的态度或行为，这可以称为感知影响力”③。根据他们的研究可以将其模型概括如图 12－6 所示：

① G. Golan, Religiosity and the Third-Person Effect, *Journal of Media and Religion*, 2002, Vol. 1, pp. 105－120.

② 禹卫华：《中国大陆首次实验法“第三人效果”研究》，《国际新闻界》2009 年第 2 期。

③ A. C. Gunther & J. D. Storey, The Influence of Presumed Influence, *Journal of Communication*, 2003, Vol. 53, pp. 199－215.

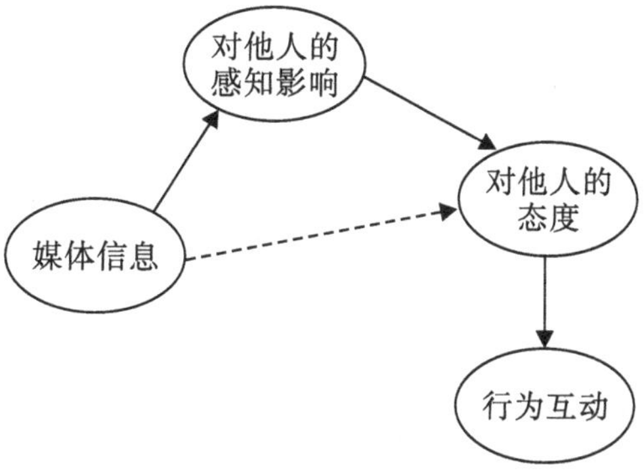

图 12－6　IPI 模式（虚线是直接效果，实线是感知影响力）

人们感知到一条消息对他人的某种影响，然后对这种影响的感知做出反应。这个模型与第三人效果相比应用更广泛，第三人效果只是该模型中的一个特例。第三人效果的感知大部分是带有负面影响的消息，这个模型对他人的感知影响可以是正面的，也可以是负面的。另外，它的重点并不在于自我和他人的感知差异，而在于态度和行为的反应。

冈瑟和斯托里对尼泊尔广播宣传改善当地医疗服务的宣传运动影响进行了调查，尼泊尔广播宣传直接的目标受众是医疗卫生工作者，目的是改善卫生保健工作者的服务形象和沟通能力，结果发现该节目吸引了许多普通的公众和一些对卫生、健康等知识有兴趣的受众，他们是节目的隐藏和次要受众。IPI 模式主要是从次要受众的视角来研究他们对目标受众的感知影响产生的行为反应。节目宣传会影响公众（次要受众）感知到医疗卫生工作者正在改进服务，这种感知到的影响使得他们对医疗卫生工作者产生了良好的印象，并促进了双方的行为互动，提高了他们与医疗卫生工作者打交道的自信心。

IPI 模式为第三人效果行为层面的研究奠定了理论基础，在框架上遵循“自我接触—他人接触—感知对他人的影响—态度或行为”的逻辑。[①] 该模式主要议题集中于健康传播、政治传播和广告上，如一些政治人物认为舆论来自新闻界的报道。因此，他们只有在估计媒体会受到影响的情况下才采取行动。

三、第三人效果的评价

第三人效果是一个比较新的大众传播强效果理论，它是从社会心理角度提出的微观效果理论，并不能说明大众传播对整个社会的影响。但“大众媒体将观察者的目光直接引导到受众身上，引导他们思考媒体内容是如何影响受众的，这本身就是一种媒介效果”[②]。而且由于它涉及人们对他人意见和行为的判断，所以也会对议程设置、沉默的螺旋、多数无知等过程产生影响，进而影响到民意和政治过程。

---

① 曾秀芹、陈振华：《历史与转向：第三人效果的研究进路》，《新闻与传播评论》2006 年第 00 期（辑刊），第 16－30 页。

② A. C. Gunther, R. M. Perloff & Y. Tsfati, Public Opinion and the Third-Person Effect, in *The SAGE Handbook of Public Opinion Research*, edited by W. Donsbach & M. W. Traugott, London: SAGE Publications Ltd., 2008, p. 185.

但是对第三人效果理论的质疑也不少。有人认为它的研究成果很大程度上停留在对理论的验证上，缺乏宏观视野的观照；有人认为有关第三人效果的解释尚无定论；有人认为它始终没有摆脱线性传播模式的嫌疑；有人针对研究的方法提出质疑，认为在调查时既要询问被调查对象对自己的估计也要询问他们对别人的估计，这可能会造成心理暗示，导致被调查者得出我们希望看到的结论，所以第三人效果可能是由于测量方法不当导致的。

在新媒体环境下，第三人效果依然存在，学者们也从不同的视角和方法对其进行验证。帕洛夫认为有理由相信无处不在的互联网将改变第三人感知的动态。第三人效果假设信息接收者是受众，但是在网络环境中，每个人既是信息的接收者也是发送者。有关研究表明，一些聊天室成员是以自我为中心的，表现出的是第一人效果。另外，在某种程度上，第三人效果取决于感知到的信息暴露的可能性，但在网络信息海量且分散的世界中，人们可以合理地相信其他人将看不到某条信息，这又如何改变了第三人感知的动态？[①] 所以在未来的发展中，第三人效果理论还有许多问题需要澄清和扩展。

思考题

1. 名词解释：议程设置；沉默的螺旋；多数无知；双重意见气候；涵化理论；主流化；知识沟；天花板效应；媒介框架；框架效应；第三人效果。

2. 谁来设置媒介议程？如何评价议程设置理论的强效果观？

3. 简述沉默的螺旋理论的主要观点。哪些因素会导致沉默的螺旋的改变？对沉默的螺旋理论的批评有哪些？

4. 简述涵化理论的核心观点。涵化理论为什么以电视为研究对象？

5. 为什么会造成知识沟差距扩大？知识沟在什么情况下会合拢？

6. 恩特曼认为媒体文本框架包括哪几个部分？框架分析存在哪些问题？

7. 第三人效果会导致哪些行为？

---

① R. M. Perloff, The Third-Person Effect: A Critical Review and Synthesis, *Media Psychology*, 1999, Vol. 1, pp. 353 – 378.

第十三章

传播理论发展前沿

随着时代的发展，传播学的研究领域不断拓宽。一些与时代紧密联系的分支逐渐壮大，其理论也不断丰富完善，并成为研究的新热点。本章主要介绍一些当前发展规模较大的传播学研究分支。

第一节　国际传播与全球传播

随着经济的全球化，人们越来越多地意识到诸如能源、人口、环境、粮食、毒品、核扩散等关乎全人类生存与发展的全球性问题单靠某个国家的努力是无法解决的，因而必须进行广泛的国际合作。国际传播恰好在促进各国相互沟通、推动国际社会和衷共济方面发挥着不可替代的作用。国际传播是我们日常生活中的一个重要组成部分，我们可以听国际广播、看境外电影和电视、阅读外国报纸和杂志、打跨洋电话、通过互联网与世界各地的人交流。国际传播和全球传播看似遥远，却与我们息息相关。

一、国际传播与全球传播的区别与联系

国际传播（international communication）作为专有名词出现是在20世20年代，美国学者罗伯特·福特纳（Robert S. Fortner）认为国际传播的简单定义是超越各国国界的传播，即在各民族、各国家之间进行的传播。①

全球传播（global communication）是随着全球化的发展在20世纪末出现的新名词，霍华德·弗里德里克（Howard H. Frederic）认为“全球传播是研究个人、群体、组织、民众、政府以及信息技术机构跨越国界所传递的价值观、态度、意见、信息和数据各种学问的交叉点”②。

对于两个概念的使用，学者们存在争议。有的学者将两者等同；有的学者认为全球传播是国际传播的扩大和发展；也有一些学者认为随着全球化的发展，概念在发生变化，原来的国际传播正演变成全球传播。崔远航对国际传播和全球传播的概念进行了历史溯源，认为“国际传播”从出现时就指代了意义广泛的传播现象和过程，其研究路径和范式并非固定不变，而是随社会历史情境变化。“全球传播”往往被视为全球化下“国际传播”的新阶段或新形态。③

程曼丽将国际传播分为广义和狭义：广义的国际传播是指不同民族和国家之间各种形式、各种信息的跨国、跨文化的交流与传播；狭义的国际传播则是指以大众传播媒介为支柱、以国际范围内的受众为对象的国际间的信息交流与传播。由于当前跨国传播仍然以国

---

① ［美］罗伯特·福特纳著，刘利群译：《国际传播：全球都市的历史、冲突及控制》，北京：华夏出版社，2002年，第5－6页。

② 转引自郭庆光：《传播学教程》（第2版），北京：中国人民大学出版社，2011年，第230页。

③ 崔远航：《“国际传播”与“全球传播”概念使用变迁：回应“国际传播过时论”》，《国际新闻界》2013年第6期。

家、民族为单位，全球传播的自由、平等、无国界很难实现，一些学者认为使用国际传播更合适，全球传播概念基本上等同于广义的国际传播概念。国际传播与全球传播具有密切的联系，两者都涉及跨国界的信息传播。但是全球传播与传统（狭义）的国际传播也有一些不同，主要体现在以下几点：

1. **传播主体不同**

传统的国际传播中，传播主体主要是国家、民族及其代表，以及各种各样的政府间国际机构；而全球传播中，在国家和政府间机构继续扮演重要角色的同时，传播主体出现了多元化的趋势，包括各种跨国活动团体、企业、个人等。

2. **渠道不同**

国际传播从狭义来说主要还是研究国际间的电影、广播、电视、报纸、杂志、互联网等大众传播媒介的信息流动和秩序。全球传播除了大众传播媒介，还包括具有跨国功能的个人媒介，电影、录像带等影音媒介，邮件、电报、电话等电信媒介，跨国旅游、留学和移民等跨国人际交流，外交、国际会议和体育赛事等国际活动。

3. **关注焦点不同**

首先，传统的国际传播中，不同国家之间的双边关系和多边关系是人们关注的焦点；而在全球传播中，许多全世界、全人类关注的问题如人口、资源、环境、贫困与饥饿、和平与发展等都成为关注的焦点。其次，两者都有很强的政治性，但全球传播更加注重不同国家、民族之间的文化摩擦、冲突造成的世界影响。最后，国际传播以政治宣传和教育为主要目标和手段，指向特定对象国的受众；而全球传播则以文化为外包装，以意识形态为核心，向全球范围的受众进行思想价值观念的推广。

文森特·莫斯可（Vincent Mosco）认为国际传播、全球传播、跨国传播、跨境传播、世界传播这五个概念是可互换的，它们都是指跨越民族国家地理边界的信息流。国际传播、跨国传播和跨境传播承认民族国家之间的地理边界，但全球传播和世界传播不承认，① 所以在使用国际传播和全球传播概念时稍有不同。随着数字媒体的发展，以国家、民族为主体的国际传播正在被更具广泛性、包容性的全球传播所代替，我们正在经历一个从国际传播到全球传播的变迁，因此这两个概念可以在某些特定情境中互换。

国际传播研究是传播学研究的一个分支。阿芒·马特拉（Armand Mattelart）指出，洛温塔尔在1952—1953年冬季号出版的美国《舆论季刊》上宣告了“国际传播新学科”的诞生，② 全球传播属于国际传播研究范畴。

二、世界信息与传播新秩序的争论

由于政治经济发展的不平衡，西方发达资本主义国家不仅在经济上控制着世界主要的物资资源，而且在国际传播方面也具备极大的优势。少数西方发达国家凭借着先进的传播

---

① Yahyar Kamalipour (ed.), *Global Communication: A Multicultural Perspective* (3rd ed.), Lanham, MD: Rowman & Littlefield, 2020, p. xvi.

② ［法］阿芒·马特拉著，陈卫星译：《世界传播与文化霸权》，北京：中央编译出版社，2005年，第103页。

科技，掌握了世界上大部分的信息生产和流通。特别是美国在全球推行其国际战略，不仅利用国际传播和全球传播维护其政治、经济利益，而且还进行大规模的文化扩张。这种状况导致了逐渐兴起的发展中国家的不满。在20世纪70年代，发展中国家先是将发展中的障碍归咎于世界经济秩序，然后转向社会文化方面，迫切要求关注南北半球之间信息传播失衡的问题。有关传播的国际会议争议颇多，从而引发了世界信息与传播新秩序的论争。

从国际传播的历史可以看出，西方大国一直主导国际传播的生产和流通，并且制定国际传播的规则，控制着国际话语权。联合国麦克布莱德委员会（国际交流问题研究委员会）1978年对全球传播统计数据显示：1975年左右，占全球总人口36.6%的发达国家，报纸发行量占全球的85.8%，书籍出版占68.3%，新闻纸消费占85.5%，收音机接收器占82.6%，电视接收器占89.5%，影院座位容量占80.5%。① 1990年联合国教科文组织的统计年鉴统计了1988年左右的各国大众传播分布情况，其中西方发达国家报纸发行量占全球70%，书籍出版占73.5%，电影总出口量占80%～90%，电视接收器占77%，电视发射系统占84%，发射卫星占90%以上。20世纪90年代全球媒介市场经历了前所未有的并购浪潮，一些超级跨国媒体集团对全球信息和文化产业的垄断性更强，而它们都属于西方发达国家特别是美国。2010年美国学者的著作中描述了越来越多的跨国文化产业和美国公司，从好莱坞电影到音乐再到微软，都从国外赚取了超过50%的利润。MTV的总观众中有80%来自美国以外的地区，并且随着全球经济规模和重要性的不断增长而增加。② 发展中国家与西方发达国家不仅在媒介数量和节目数量上存在巨大的差异，在传播资源利用、信息量和内容上也存在极大的不平等。西方几大通讯社垄断了全球主要的新闻流通，并且主导新闻的偏向，对发展中国家报道存在各种不公正、不客观的现象。

在网络时代，发展中国家仍然面临着不公正、不均衡的国际传播秩序被强化的严峻局面，发达国家和发展中国家在信息占有量方面的差距被进一步拉大。西方发达国家凭借经济和技术优势主导网络传播话语权，英语文化尤其是美国文化借助网络扩大其强势影响，并将网络作为输出意识形态、价值观念和生活方式的利器。

国际传播的不平衡现状早已引发了发展中国家的不满，从20世纪70年代起在一些国际舞台上展开了要求建立世界信息与传播新秩序的论争。该论争的舞台在不同阶段主要是联合国教科文组织（UNESCO）、世界贸易组织（WTO）、联合国信息社会世界峰会（WSIS）和世界互联网大会（WIC）。

1. UNESCO时期世界信息与传播新秩序的论争

在20世纪70—80年代世界信息与传播新秩序论争主要以联合国教科文组织为舞台，这场论争可以分为三个阶段：

（1）第一阶段：从1973年的《阿尔及尔宣言》到1978年联合国教科文组织发表《大众传媒宣言》。1973年第四次不结盟国家首脑会议通过《阿尔及尔宣言》，认为“当下的传播渠道不仅是罪恶的殖民地时代的遗产，而且阻碍着各国之间自由、直接而迅速的传

---

① 麦克布莱德委员会：*A Glimpse into Communications Statistics*，UNESDOC数字图书馆，1978，https：//unesdoc.unesco.org/ark：/48223/pf0000028692？posInSet＝1&queryId＝7054ad80－85b7－4e26－ab9f－ae3e0b9bcf79.

② Thomas L. McPhail，*Global Communication*：*Theories*，*Stakeholders*，*and Tends*，New Jersey：Wiley-Blackwell，2010，p. 3.

播与沟通；发展中国家必须共同采取行动，来改变现存的传播渠道”。这是新世界信息与传播秩序论争明朗化的开端。1976 年不结盟运动突尼斯研讨会首次提出了建立“新世界信息与传播秩序”(New World Information and Communication Order）的要求 。1976 年，不结盟国家又发布《关于信息非殖民化的新德里宣言》，指出世界信息流通严重不合理、不平衡，信息传播手段集中在极少数发达国家，绝大部分国家处于被动状态；这种状况导致极少数国家对“传播什么”和“怎样传播”的新型决断权的绝对控制；世界的信息发布掌握在发达国家的极少数几大通讯社手中，绝大多数发展中国家了解外界的情况必须依赖它们，甚至连自己的形象受到歪曲也只能被迫忍受；政治、经济的依附关系及阻碍政治、经济的现行信息依附关系都是殖民制度的产物；“信息自由”只是少数发达国家根据自己的意志选择和传播信息的自由，绝大多数国家和民族客观、正确地传播信息和获得信息的权利在事实上受到剥夺和否定。1976 年，联合国教科文组织大会第十九届会议在内罗毕召开，自此，争论的中心舞台移到了联合国教科文组织。

（2）第二阶段：从 1978 年联合国教科文组织大会第二十届会议发布的《大众传媒宣言》到 1980 年麦克布莱德委员会《多种声音 一个世界》报告的发表。这一阶段是争论不断走向激化的时期，从文字描述上更强调“国际信息与传播秩序”。《大众传媒宣言》是妥协的产物，只规定了大众传媒活动的一般准则和规范，如维护信息自由和人权、反对种族差别和殖民主义、推进和平和国际理解等，但没有解决任何实质性问题。1977 年麦克布莱德委员会成立，它在 1980 年发表的《多种声音 一个世界》将国际信息与传播秩序的论争推向顶点，成为国际传播秩序建构过程的里程碑。该报告认为不平衡是现行国际信息秩序的基本特征，必须加以改变；为了保证信息与观念自由而平衡的流通，必须从内部和外部清除某些障碍，保障信息来源与传播渠道的多元化，保障新闻工作者的自由，而这种自由与责任是不可分割的；发展中国家必须通过整备自己的信息设施和媒介、训练人才等措施来提高自己改变现状的能力，发达国家应该为实现上述目标而显示自己真正的诚意；必须尊重不同民族的文化特点，以及各民族向世界人民传达自己的利益、愿望以及社会和文化价值的权利，尊重所有国家的人民在平等、公正、互惠的基础上参与信息的国际交流与交换的权利，任何民族、种族、社会群体以及个人都拥有接近信息来源以及积极参与传播过程的权利。

（3）第三阶段：从 1981 年世界自由出版委员会通过《塔卢瓦尔宣言》到英美相继退出联合国教科文组织。1981 年，代表西方国家垄断媒体利益的国际性院外活动集团“世界自由出版委员会”与 20 多个国家在法国的塔卢瓦尔举行了“自由之声”会议，通过了与建立国际信息与传播新秩序针锋相对的《塔卢瓦尔宣言》，宣布“寻求提高全球信息自由流动的途径，任何对于信息自由流通的侵犯，我们都坚决地抵制”；“教科文组织决议将会导致各国政府对新闻出版自由的控制，关于新世界传播秩序的‘论争’本身对报道自由和言论自由的基本原则就是有害的”。1984 年 12 月，美国以联合国教科文组织充满了反西方论调、具有危及新闻自由和自由市场的因素、活动过于政治化、组织管理混乱等理由，正式宣布退出联合国教科文组织；1985 年，英国和新加坡也相继退出了联合国教科文组织。国际信息与传播新秩序建构进程陷入低潮。

经过长期的论战，发展中国家取得了一定的成果，一些西方国家同意将他们所宣称的

“信息自由流通”改为“信息自由而平衡的流通”。

2. WTO **和麦克布莱德圆桌会议时期论争的低潮**

20 世纪 80 年代，苏联和东欧社会主义国家阵营解体；冷战结束，世界格局发生了重大变化。卡拉·诺顿斯登（Kaarle Nordenstreng）认为这段时期是西方反攻时期，其表现主要是通过《塔卢瓦尔宣言》、美英相继退出联合国教科文组织、罢免联合国教科文组织总干事博夫（M'Bow），废除世界信息与传播新秩序的概念。① “西方商业力量围攻新秩序，此概念变得日益敏感。时至混乱的（20 世纪）90 年代，新秩序被最终冻结。”② 在这一时期，由于美国的退出，联合国教科文组织财政发生了困难，不得不做出某些让步，国际传播新秩序成为其敏感的话题。

从 20 世纪 80 年代后半期开始，世界贸易总协定和后来的世界贸易组织成了新的传播秩序论战中心。“关税和国家对外资和贸易设置的壁垒被视为妨害经济增长和提高效率，因而受到强烈的批评。”③ 发达国家通过跨国公司和跨国媒体集团对弱国进行贸易和文化入侵，要求发展中国家减少市场和贸易壁垒，以便它们的进入。这一时期主要争论的议题是关于国际版权保护问题，美国动辄利用贸易制裁的手段维护其既得利益；而发展中国家一方面利用 WTO 进入世界市场，另一方面又要求保护弱国利益免受发达国家经济文化渗透。

关于建立世界信息与传播新秩序的基本原则一直得到广大发展中国家的坚定支持。除了不结盟国家会议外，民间团体及传播事业团体接手延续下去。特别是 20 世纪 90 年代后，这一议题转向民间的专业组织及学术机构。从 1989 年到 1998 年，麦克布莱德圆桌会议一共召开了十次，在学界与业界维持了对新秩序的辩论。④ 通过麦克布莱德圆桌会议等平台，非政府组织与公民社会组织成为新秩序的主要倡导者。

3. WSIS **和** WIC **全球信息传播秩序时期中国方案的提出**

伴随着互联网的诞生，信息的全球化传播使得一些新的议题出现，国际传播转向全球传播。罗昕认为这个阶段应该称为全球信息传播秩序。⑤这一时期的主要舞台是联合国信息社会世界峰会（WSIS），它最初由联合国国际电信联盟组织召开，后期与联合国教科文组织、联合国贸发会议和联合国开发计划署共同组织。2003 年 WSIS 第一次会议在瑞士日内瓦召开，宣告建设一个以人为本、具有包容性和面向发展的信息社会的共同愿望与承诺，致力于坚持所有国家主权平等的原则，并制订了行动计划。它首次采取多利益相关方共同参与的方式，吸引了众多国际组织、非政府组织、民间团体和私营部门的广泛参与，真正体现了全球信息传播秩序建构的多元化主体参与。

由于发展中国家与发达国家之间政治、经济、文化等领域的沟壑不断加深，信息不对

---

① Kaarle Nordenstreng, A Milestone in the Great Media Debate, *Quaderns del CAC*, Issue 21, 2005, pp. 45 - 48.

② ［芬兰］卡拉·诺顿斯登著，徐培喜译：《世界信息与传播新秩序的教训》，《现代传播》2013 年第 6 期。

③ ［美］爱德华·赫尔曼、罗伯特·麦克切斯尼著，甄春亮等译：《全球媒体：全球资本主义的新传教士》，天津：天津人民出版社，2001 年，第 21 页。

④ ［芬兰］卡拉·诺顿斯登著，徐培喜译：《世界信息与传播新秩序：浴火重生的主张》，《中国记者》2011 年第 8 期。

⑤ 罗昕：《世界信息传播新秩序建构的脉络变迁与中国进路》，《内蒙古社会科学》（汉文版）2019 年第 1 期。

等的格局日益固化，社交媒体导致的“群体极化”加剧了不同种族、社群和文明之间的对立和冲突。WSIS 的背景是南北之间数字鸿沟不断拉大，发展中国家要求打破美国对于互联网治理权的长期霸占。WSIS 致力于将数字鸿沟转化为人人享有的数字机遇，特别是面临滞后和更加边缘化危险的人们能享有的数字机遇。2005 年 11 月在突尼斯举行的第二次信息社会世界峰会上，如何缩小数字鸿沟和互联网国际管理成为两个主要议题。WSIS 被证明是一个有效的全球多方利益相关者平台，它对所有人开放并具有包容性，是以交流知识和信息、增强协作网络并共享信息传播技术行业的最佳实践。

在国际信息与传播新秩序运动和世界信息峰会两次斗争中，中国由于各种原因处于缺席状态。① 随着中国经济的崛起和新媒介技术的快速发展，中国也积极地参与全球信息传播秩序的建设，并且从 2014 年起主办世界互联网大会。在第二届世界互联网大会上，习近平总书记提出“网络空间命运共同体”的主张，网络空间命运共同体是“命运共同体”理念在互联网领域的延伸，也是对构建全球传播秩序“中国方案”的精辟阐述。网络空间命运共同体提出“四项原则”和“五点主张”：“四项原则”即尊重网络主权、维护和平安全、促进开放合作、构建良好秩序。“五点主张”即加快全球网络基础设施建设，促进互联互通；打造网上文化交流共享平台，促进交流互鉴；推动网络经济创新发展，促进共同繁荣；保障网络安全，促进有序发展；构建互联网治理体系，促进公平正义。“中国主张”“中国方案”超越了民族、国家与市场之间的二元对立，强调共同发展的价值观，呼吁多边合作与对话协商，注重公平合理与共同治理，越来越受到全世界范围内的高度评价和广泛赞誉。

关于世界信息与传播新秩序的论争实际上涉及国际传播与全球传播中的规则问题，国际传播与全球传播还有许多内容是学者们关注的焦点，包括国际新闻流向、国际传播的伦理、国际传播的话语权、各国文化对国际传播的影响、对发展中国家的传播援助等重要课题，这些仍有待我们进行更加深入的探讨。

三、国际报道中的新闻价值

新闻报道不可避免地包含着人的认识和价值判断。在国际新闻中，这种认识和价值判断的生产者和接收者是不同国籍的人，会受到不同制度和文化的影响，从而产生不同的理解。国际新闻通常体现着媒介的政治立场和态度，特别是国家整体实力，因而表明了国际权力结构。在信息流通不平衡的情况下，国际新闻报道体现着发达国家的新闻价值标准，服务于少数发达国家的利益，因此国际新闻具有明显的跨文化性和意识形态性。

跨国新闻报道一般称为外国新闻、国际新闻，人们对其进行的研究和批评集中于新闻媒体呈现的世界状况是不平衡的和扭曲的。由于西方几大通讯社控制了世界新闻的流动，它们体现的是西方发达国家的新闻价值观，而忽略了对国际上其他地方特别是第三世界国家的报道，即使报道，也一般倾向于报道负面的、破坏性的事件。冲突、战争、政变、灾害以及制度攻击等已成为西方媒体报道国际新闻的判断标准，他们对发展中国家的描述方

① 饶竹青：《从世界信息与传播新秩序运动到网络空间命运共同体看中国方案的可行性》，《视听》2019 年第 1 期。

式存在偏见和歪曲。20 世纪 70 年代末 80 年代初，联合国教科文组织和国际大众传播研究协会（IAMCR）对 29 个国家和地区的“媒介中的外国新闻”进行了调查研究发现，西方编辑和记者中新闻价值的基本问题对于许多国家的新闻界所呈现的世界图像至关重要，现有信息秩序中不平等和依赖性的主要领域之一是新闻的处理和传播。通过对西方四大通讯社（美联社、合众社、法新社和路透社）的国际新闻报道研究发现，许多国家国际新闻的主要提供者是少数几家西方大媒体和通讯社，许多发展中国家的媒体只能从这些外部信源中“选择”或“翻译”新闻，仅仅起到“二次把关”的作用，西方通讯社对这些国家的国际新闻起着议程设置的作用。而它们在国际新闻报道中的主题都非常相似，主要是政治、军事和国防事务，最强调的是恐怖主义、政治独立、个人自由（人权）、宗教和种族对抗、能源、第三世界发展和政变，而这些“异常事件”很明显在第三世界国家最常出现，所以其大量报道的是关于冲突、灾难或动乱的异常事件，而很少出现文化、科学和医学成就方面的报道。另外国际新闻报道具有一定的选择标准，所有国家的传播媒介都突出强调报道本国的事件或人物，地理上的接近似乎是决定新闻价值的主要标准。①

冷战结束后全球政治局势发生了重大变化，全球互相依存度提高，那么国际新闻报道是否发生了变化？2012 年，J. 威尔克（J. Wilke）等人对 17 个国家和地区的电视中外国新闻地理进行了研究，认为国际新闻不平衡状况仍然存在，新闻报道集中于少数中心国家，其中超级大国美国占主导地位，而对非洲的报道最少。而在被报道最多的国家中唯一的亚洲国家是中国，这反映了中国在世界上日益重要的政治和经济地位。外国新闻的选择主要取决于新闻工作者的选择标准，区域主义、超级大国和麻烦制造者是国际新闻选择中的稳定因素。除了接近性之外，经济实力是国际新闻流的主要决定因素。②

在国际新闻报道中新闻价值涉及了几个关键词汇：新闻地理、新闻地图、接近性和报道范畴。新闻地理指的是报道对象所涉及的国家或地区分布情况，新闻地图是指人们根据收到的新闻构造的心理地图。涉及这两者的国际新闻报道在很大程度上体现了与世界其他国家和地区有关的内容。接近性是指事件与媒体的新闻编辑室和/或其受众之间的地理距离，报道范畴是指对事件涉及哪些领域以及事件影响范围的心理判断。接近性是指身体上的地理距离，人们一般对离家近的事物更感兴趣；报道范畴是指心理上的距离，一个事件可能包含多个故事，每个故事都有不同的主题范围。因此范畴是由新闻媒体控制的，它由记者来判断本国或本地受众对一个事件的心理接近程度，并按照这种认知判断对该事件进行写作。“当范畴扩大或缩小时，我们假设事件必须具有更高的异常性和社会意义，才能通过所有的新闻门户，最终成为新闻。”③ 影响国际新闻价值的主要因素是地缘政治结构，另外也包括历史联系、共同传统和文化纽带等。

---

① Annabelle Sreberny-Mohammadi, et al., *Foreign News in the Media: International Reporting in 29 Countries*, United Nations Educational Scientific and Cultural Organization, 1985, p. 94.

② J. Wilke, C. Heimprecht & A. Cohen, The Geography of Foreign News on Television: A Comparative Study of 17 Countries, *International Communication Gazette*, 2012, Vol. 74, pp. 301 - 322.

③ Pamela J. Shoemaker et al., Proximity and Scope as News Values, in *Media Studies: Key Issues and Debates*, edited by Devereux Eoin, London: Sage Publications, 2007, p. 243.

四、文化帝国主义

世界上任何一个国家和民族都拥有自主选择自己的文化制度、道德和价值体系、生活方式的权利。但随着国际信息流通的加速，西方发达国家利用优势对欠发达国家进行政治、经济的控制，而国际信息流动的不平衡更使得发展中国家民族文化被西方尤其是美国文化所淹没。在这种意义上说，全球化或多或少意味着美国化。文化帝国主义研究是把个别传播大国对世界信息流通系统的支配看作推行文化扩张主义的过程，而把发展中国家的牵制和反抗看作抵制文化侵略的过程。

1. 文化帝国主义的定义

文化帝国主义作为一个概念，是在20世纪60年代反对“新帝国主义”的国际环境下产生的。它指的是在战后许多殖民地国家获得民族独立的条件下，帝国主义的扩张战略由以军事手段和直接的殖民统治为主转向以经济和文化控制为主的变化。

文化帝国主义或称意识形态帝国主义、文化殖民主义，是相对于军事帝国主义而言的。美国学者汉斯·摩根索（Hans J. Morgenthau）将帝国主义分为军事帝国主义、经济帝国主义和文化帝国主义。“军事帝国主义谋求军事征服，经济帝国主义谋求对其他民族进行经济剥削，文化帝国主义谋求以另一种文化取代一种文化。”① 如今的帝国主义不仅仅是军事侵略，还包括通过文化产品进行的意识形态、价值观的入侵。美国学者赫伯特·席勒认为，“从这个意义上说，当今的文化帝国主义概念最好描述为一系列过程的总和：一个社会被卷入现代世界体系中，其统治阶层被吸引、施压、强迫，有时甚至被贿赂来塑造出与这个体系支配中心相对应的社会制度，或者宣扬其价值观和结构”②。有时第三世界国家的统治者充当了发达国家实现文化帝国主义的本地代理人，在当地政策的制定上与发达国家达成了共识。詹姆斯·佩特拉斯（James Petras）认为，“文化帝国主义可以定义为西方统治阶级对第三世界大众阶层的文化生活进行系统的渗透和支配，使被压迫人民的价值观、行为、制度和身份进行重组，以符合帝国主义的利益”③。英国学者约翰·汤林森（John Tomlison）认为很难对文化帝国主义的概念下定义，要通过不同的话语才能有具体的认知。

也有学者将文化帝国主义等同于媒介帝国主义。因为在大众传播时代，文化大部分都是通过媒介进行传播的，“大众传媒、宣传、广告、世俗艺人和知识分子在今天扮演着重要角色。在当代世界，好莱坞、CNN和迪斯尼乐园比梵蒂冈、圣经或政治人物的公关修辞更有影响力”④。但也有学者如汤林森认为两者不是一回事。实际上，媒介帝国主义是论述文化帝国主义的方式之一。⑤ 随着网络等新媒体的兴起，西方发达国家仍然利用技术优

---

① ［美］汉斯·摩根索著，卢明华等译：《国际纵横策论》，上海：上海译文出版社，1995年，第87页。

② Herbert I. Schiller, *Communication and Cultural Domination*, New York: International Arts and Sciences Press, Inc., 1976, p. 9.

③ J. Petras, Cultural Imperialism in the Late 20th Century, *Journal of Contemporary Asia*, 1993, Vol. 23, pp. 139 – 148.

④ J. Petras, Cultural Imperialism in the Late 20th Century, *Journal of Contemporary Asia*, 1993, Vol. 23, pp. 139 – 148.

⑤ ［英］汤林森著，冯建三译：《文化帝国主义》，上海：上海人民出版社，1999年，第44页。

势进行文化输出。1995 年，在哈佛大学召开的全球国际互联网络学术研讨会上，有人将此种现象概括为网络或数字文化帝国主义。总体来看，文化帝国主义指的是以美国为首的西方发达国家利用强大的文化工业对发展中国家进行意识形态的渗透和文化控制，而发展中国家又无相应的技术和能力进行抵抗的现象。

2. **文化帝国主义的研究**

文化帝国主义的概念产生于20 世纪60 年代，基本思想来源于意大利共产党创始人安东尼奥·葛兰西（Atonio Gramsci）在其《狱中札记》中提出的“文化霸权”(culture hegemony）理论，或称文化领导权理论。统治阶级主要用两种方式进行统治：一是通过国家机器等实力进行的强制统治；二是通过社会团体的同意而实现的道德和哲学上的领导，即文化领导权或文化霸权，它是指统治阶级通过知识分子潜移默化地传达和灌输他们的意识形态，使社会“同意”和“认同”他们的意识形态、行为准则和统治地位。葛兰西的文化霸权理论被文化研究学者和后殖民批评家们所借用，逐渐衍生出了文化帝国主义理论。

1968 年1 月在哈瓦那举行的以“知识分子与第三世界人民的解放斗争”为主题的国际文化会议上第一次正式提出“文化帝国主义”这一概念，而首次对文化帝国主义进行系统阐释的是赫伯特·席勒，他在《大众传播和美国帝国》一书中着重探讨了美国由政府、军界和民间企业构成的“军界—企业界联合体”，促使美国文化控制全球娱乐、信息和文化产业，导致其他国家尤其是发展中国家文化主权的丧失。英国文化批评学者威廉斯认为文化帝国主义主要表现在政治和经济两个方面，文化的存活必须依附在政治、经济等其他因素之上。文化帝国主义其实是一种对其他国家的政治经济等层面进行管制的文化，而不是传统意义上的对疆土的扩展和发展殖民地的方式，这是一种软性的管制。

美国大众文化在世界范围内的扩张导致了20 世纪70 年代国际学术界对文化帝国主义研究的热潮。席勒在1976 年出版的《传播和文化支配》中第一次对文化帝国主义概念进行明确的解释，认为信息的流动从中心到边缘基本上是单向的，美国制造的信息、图像、生活方式和信息技术正在国际上传播并在全球范围内被模仿，这代表了以美国为首的西方发达国家对发展中国家的文化进行控制的权力。同时许多已经独立的殖民地国家仍然在政治、经济和文化上受到发达国家的渗透和影响，后殖民主义批判话语由此兴起。爱德华·萨义德（Edward W. Said）在其著作《东方学》中，对帝国主义在世界各国的文化侵略进行系统的批判，他提出的“东方主义”被视为“文化帝国主义”思潮的一个组成部分。

20 世纪80 年代苏联解体，冷战结束，西方发达国家在全球推行意识形态输出的颜色革命，文化帝国主义的研究出现反对的声音。一些西方学者将发达国家的帮助视为第三世界国家走向现代化的途径，认为不存在文化帝国主义的问题。福山的“历史终结”理论、亨廷顿的“文明冲突”理论为西方国家如何保持文化优势提供了依据，削弱了批判性的文化帝国主义话语。但捍卫文化主权、抵御并消解文化帝国主义却是各国日益关注的问题，在国际性会议上关于文化帝国主义的论争一直延续到21 世纪初期。20 世纪90 年代汤林森在他的著作《文化帝国主义》一书中，对帝国主义文化进行了全方位、多角度的全面剖析。萨义德在其另一本著作《文化与帝国主义》中，以话语分析的方法，通过对经典文学文本的解读说明了美国文化对非西方国家的历史影响，认为“公众对媒体运作的有限影响，加上几乎是无懈可击的政府政策与左右新闻报道和选择的意识形态支配，使得美国对非西方世界的帝国主义态度保持了连贯性”①。许多学者又将文化帝国主义的表现称为美国化。佩特拉斯认为第三世界国家的民众在美国的强大媒介宣传下已经迷失了方向，出现文化的北美化现象，“北美文化意味着将公众注意力集中在名人、个性和私人八卦上，而不是社会深度、经济实质和人文状况”②。

对于文化帝国主义的研究取向主要集中在三个层面：第一个层面是跨国媒体的制度方面，主要探讨西方跨国公司控制的新闻、电影、出版、音乐等文化娱乐产业对全球文化的影响，着重于制度和体制层面，如席勒父子、奥利弗·博伊德－巴瑞特（Oliver Boyd-Barrett）等学者的研究。第二个层面是跨国文化传播中的特定文本研究，如阿瑞尔·道夫曼（Ariel Dofman）和阿芒·马特拉对美国迪斯尼动画片《唐老鸭》的解读、伊恩·安（Ien Ang）对美国电影《豪门恩怨》（*Dallas*）的研究、萨义德对美国小说文本的叙事分析等。萨义德提出，“叙事，或者阻止他人叙事的形成，对文化和帝国主义的概念是非常重要的。它构成了二者之间主要的纽带之一。最重要的是，关于解放和启蒙的叙述动员了人民奋起摆脱帝国主义的统治”③。第三个层面是对某个第三世界国家出现的文化帝国主义现象的个案研究。

3. 文化帝国主义的特点

文化帝国主义主要是通过消费主义的形式改变人们的意识形态、思维方式和生活方式，而且它也有传统和现代之分，但根植于当代制度的新文化帝国主义或殖民主义已成为中心。总体来说，当代文化帝国主义的特征主要表现为以下几个方面：

（1）在文化交流的形式下实施不平等的文化霸权。以美国为首的西方发达国家通过新闻、娱乐等形式进行文化价值的扩张，通过含有文化价值的产品或商品的销售而实现全球性文化支配。这种信息和文化的传播流向是单向的，第三世界国家没有能力进行同等的交流。

（2）大众媒介成为文化帝国主义的主要工具。跨国媒介集团虽然是私有企业，但大量传播的是西方文化和价值观。跨国传播媒介高度集中和垄断在西方发达国家手中，他们的新闻报道、电影、出版、音乐唱片等文化含量高的产品在不知不觉间渗透到全球，传递着西方的价值观、生活方式和思维方式，“完全的文化控制与现实资本主义的残酷和自由市场的虚幻承诺之间的完全分离相对应”④。

（3）文化帝国主义使全球文化出现同质化的趋势。同质化就是西方化或北美化、美国化，西方品牌和文化产品打着现代性、消费主义的旗号，吸引他国的大众，渗透到每个家庭，破坏了其他国家文化的民族特性和完整性，“具有消解民族认同的作用”⑤。

（4）文化的入侵具有隐蔽性。“新文化帝国主义的基本组成部分是商业主义—性—保

---

① ［美］爱德华·W. 萨义德著，李琨译：《文化与帝国主义》，北京：生活·读书·新知三联书店，2003 年，第 459 页。

② J. Petras, Cultural Imperialism in the Late 20th Century, *Journal of Contemporary Asia*, 1993, Vol. 23, pp. 139－148.

③ 爱德华·W. 萨义德著，李琨译：《文化与帝国主义》，北京：生活·读书·新知三联书店，2003 年，第XIII页。

④ J. Petras, Cultural Imperialism in the Late 20th Century, *Journal of Contemporary Asia*, 1993, Vol. 23, pp. 139－148.

⑤ 赵修艺：《解读汤林森的〈文化帝国主义〉》，见［英］汤林森著，冯建三译：《文化帝国主义》，上海：上海人民出版社，1999 年，序 2 第 7 页。

守主义的融合，每种形式都表现为私人需要和个人自我实现的理想表达。”欧美出口的文化形式非常有利于“使日常生活非政治化和琐碎化”，利用全球化、国际化的概念隐藏其文化扩张的意图，而第三世界国家的大众很容易沉迷于跨国媒体对西方虚构的神话中。特别是知识分子阶层大部分接受过西方的教育而被洗脑，所以，“帝国主义的伟大胜利不仅是物质利益，而且是直接通过大众传播媒介征服被压迫者的内部意识空间，以及间接地通过俘获（或降服）其知识分子和政治阶层而获得的”①。

文化帝国主义现象引起了各国对本土文化完整性的担忧。1998 年，包括巴西、墨西哥、瑞典、加拿大和意大利等 20 个国家的文化部部长在渥太华召开会议，为保护自己国家文化不受“好莱坞崇拜”而建立了“基本程序”。② 即使是比较发达的法国、英国等欧洲国家也对本国的语言使用和电视频道所有权、国内外节目比例等进行了限制性规定。2009 年《教科文组织世界报告：着力文化多样性与文化间对话》指出，面对全球化带来的文化同质化负面影响，提倡和保护各国家、民族的文化多样性，说服相关的决策者和各利益攸关方重视对文化多样性的投入，将其作为文化间对话的主要内容。

第二节　应用传播学

应用传播学致力于运用传播理论解决实质性的现实问题，重视理论与实践的关系是其重要特征。同时，应用传播学研究又可以促进传播理论的发展和理解，并发展出新的传播应用理论。本节主要介绍当前与现实问题联系比较密切的应用传播学分支。

一、健康传播

1. 健康传播的发展

健康是人类永恒关注的一个话题。作为传播学的一个分支领域，健康传播把传播学的理论和方法运用于健康教育和健康促进中。在学科构成上，健康传播是一门综合运用传播学、信息技术、医学、公共管理学、心理学、公共健康、法学、营养学、公共政策、社会学等多学科知识来研究如何有效地通过传播来促进人类健康的学问，内容十分多元杂糅。

美国是最早进行健康传播研究的国家，多数学者认为健康传播开始于 20 世纪 70 年代的一些研究项目。1972 年“治疗传播兴趣小组”成立，1975 年该小组改名为国际传播学会（ICA）“健康传播分会”，首次使用健康传播的概念。1985 年，口语传播学会（SCA）成立健康传播委员会（HCC），作为对“健康传播分会”的补充。同年，美国召开了第一次健康传播学术会议——“医学传播会议”，此后各种健康传播会议逐渐增多，并定期举

---

① J. Petras, Cultural Imperialism in the Late 20th Century, *Journal of Contemporary Asia*, 1993, Vol. 23, pp. 139－148.

② ［美］斯坦利·J. 巴伦著，刘鸿英译：《大众传播概论：媒介认知与文化》（第 3 版），北京：中国人民大学出版社，2005 年，第 587 页。

行，健康传播专业研究机构的出现和学术会议的陆续召开为学科发展提供了平台。20 世纪 80 年代前后，越来越多的高等院校开始开设健康传播的相关课程，健康传播专业人才的培养被提上了日程，美国的爱默森大学是首个开设健康传播学研究生课程的高校。这些课程的设置不仅培养了一批具有专业素养的健康传播从业人员，而且提升了这些高校在健康传播领域的研究能力。1988 年，健康传播领域的第一本学术期刊《健康传播》创刊，成为健康传播领域在学术上走向成熟的标志。随着健康问题越来越突出，艾滋病、吸烟、酗酒、吸毒等成为社会性问题，健康传播研究也快速发展。

1996 年，罗杰斯的文章对健康传播下了一个十分精炼简洁的定义："健康传播是任何一种以健康为内容的人类传播。"① 这个概念包容性强，定义简洁清晰，被很多学者所接受。他认为健康传播可以有多种形式，包括关于健康的新闻报道、宣传运动、健康指南、网络会议、专业报刊等。因此，健康传播是指健康信息的传递行为、活动和过程，包括多种层次的传播类型。

健康传播自 20 世纪 90 年代引入中国，并且迅速成为中国学术研究的热点。21 世纪以来，随着 SARS、COVID-19 等重大公共卫生危机事件的出现，对健康传播的研究显得越来越重要。

2. 健康传播研究主要理论

健康传播研究是建立在众多学科基础之上的，这就注定使健康传播具有多维特性。其中最主要的维度有传播学维度、社会学维度和心理学维度。因此，健康传播研究中所用的理论也多采用了这三个学科的经典理论，如社会学习理论、社会营销和创新扩散理论等。

（1）社会营销理论。

社会营销策略来自社会心理学，是指对特定的目标受众推销具有社会价值的观念、行为和信念。社会营销将媒体视为教育大众的工具，其目的是通过某些营销手段来满足社会大众的利益，这和健康传播想要提高社会成员健康状况的目的不谋而合。在健康传播研究中，社会营销的产品是一种健康理念，是一种无形的产品，目的是要造成和推动目标人群健康观念、态度、行为的变革和发展。健康传播中社会营销活动主要有以下几种目标：促成目标人群健康认知的改变；行动的改变；行为的改变；价值观的改变。

社会营销最早被应用于 20 世纪 70 年代早期在发展中国家的计划生育运动中，政府通过营销来促进安全套的使用以及推广口服避孕药。而现在，社会营销理论已经被运用到社区健康、培养健康饮食习惯、生态系统和物种保护、抗生素的耐药性对全球健康的影响等多个方面。

（2）自我效能理论。

自我效能理论是认知心理学的理论，属于社会学习理论中的一个核心理论。社会学习理论是一种在"刺激—反应"学习原理及认知学习论基础上发展起来的理论，着重阐述人是怎样在社会环境中学习的。该理论由美国心理学家阿尔伯特·班杜拉（Albert Bandura）于 1977 年提出，其核心思想是在个人决定论和环境决定论的基础上，强调人类的行为是

---

① Everett M. Rogers, The Field of Health Communication Today: An Up-to-Date Report, *Journal of Health Communication*, 1996, Vol. 1, pp. 15-23.

个体和环境相互作用的产物，也就是所谓的观察学习。社会学习理论中包括交互决定论、自我效能理论、自我调节理论等经典理论，其中自我效能理论与健康传播研究最为密切。

自我效能感是自我效能理论的核心概念。班杜拉认为，“自我效能感是指对自己组织和执行管理预期情况所需的行动方针的能力的信念”①。效能信念会影响人们的思考、感觉和行动方式。效能信念通过认知、动机、情感和选择四个主要过程来调节人类功能，这些不同过程通常在人类功能的持续调节中起协同作用而不是孤立地起作用。自我效能感已被证明是促进健康行为的重要决定因素，它能使人们坚信可以通过自己的行动而有所作为，并且自我效能感是能够培养增强的。自我效能感在两个层次上对人类健康产生影响：第一层次是人们对自己应付生活压力的能力的信念激活了调节健康和疾病的生物系统；第二层次是对健康和衰老率的可改变行为方面的直接控制。② 从第一层次来说，压力被认为是造成许多身体机能障碍的重要因素，许多压力是人们的心理作用产生的，这种对于环境控制的无力感会对人们的生物应激产生影响，而这与免疫系统的调节有关。对行为和环境需求的缺乏控制会增加对细菌和病毒感染的敏感性，导致身体疾病的发展，并加快疾病的发展速度。因此，自我效能感能够使人的心理压力得到释放，增强身体的免疫功能。从第二层次来说，生活方式可能会增强或损害健康，这使人们能够对其生命力和健康质量施加某种行为控制，进行自我调节，形成良好的生活方式，改变对健康有害的生活习惯。

社会和学校应该为人们自我效能感的增强提供指导，这种指导即健康促进和疾病预防的模式，主要包括四个部分：第一部分是信息性的，旨在提高人们对健康风险的认识和知识；第二部分与自我调节技能的发展有关，这些自我调节技能可以将知情的问题转化为有效地控制健康习惯和促进这些习惯养成的社会影响；第三部分旨在通过向参与者提供反复的指导性练习机会，从而在模拟他们日常生活中可能遇到的情况下成功地应用技能，以建立一种稳固的效能感；第四部分涉及为所需的个人改变争取和创造社会支持，其中包括社会规范性。③

在健康传播研究中，自我效能理论一般广泛应用于饮食行为、安全性行为、艾滋病/性病防御、疼痛控制等健康行为变化的研究中。自我效能理论也经常同恐惧诉求、教育诉求等理论一起，进行滥用药物、控烟、酒精消费等议题的研究。

（3）健康信念模型。

健康信念模型（Health Belief Model，HBM）是健康传播活动中最常用的理论模型之一，最早由戈弗雷·霍克巴姆（Godfrey M. Hochbaum）于 1958 年提出，后经 M. H. 贝克尔（M. H. Becker）等社会心理学家的修订逐步完善而成，它一直是解释和预测卫生和医疗保健建议接受程度的主要组织框架。

健康信念模型基本组成部分来自成熟的心理和行为理论体系，其各种模型均假设行为主要取决于两个变量：第一，个人对特定目标的重视；第二，个人对某一特定行动实现该目标可能性的估计。HBM 由三部分组成：个人对健康的信念或感知、修正因素和行动的

---

① Albert Bandura (ed.), *Self-Efficacy in Changing Societies*, Cambridge: Cambridge University Press, 2009, p. 3.

② Albert Bandura (ed.), *Self-Efficacy in Changing Societies*, Cambridge: Cambridge University Press, 2009, p. 26.

③ Albert Bandura (ed.), *Self-Efficacy in Changing Societies*, Cambridge: Cambridge University Press, 2009, p. 31.

可能性（见图 13 - 1）。

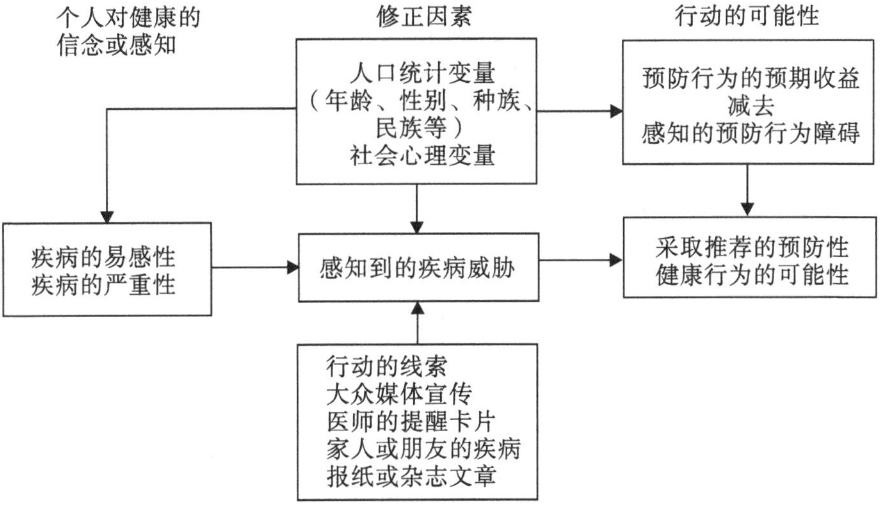

图 13 - 1　健康信念模型的基本元素①

个人对健康的感知主要包括人们对疾病的易感性和严重性的感知，易感性是指对患某种疾病或出现某种状况的可能性的信念；严重性是指对疾病严重程度及可能造成的影响的评估。这些主观感知会受到不同年龄、性别、种族等人口统计变量和心理因素的影响。行动的线索也称行动诱因或提示因素，是指激发或唤起人们采取行动的关键因素，通常受到大众媒介宣传、健康教育和周围朋友信息的影响，是健康行为发生的决定因素。预期收益是指对能否有效预防该疾病、能否减轻病痛、能否减少疾病产生的社会影响等方面的主观判断，相信采取建议的行为能有效降低影响的风险或严重性。感知到的疾病威胁是对困难和阻力的感知，包括克服这些困难及阻力的有形成本与心理成本。易感性和严重性的综合结果提供了行动的能量或力量，而对收益（减去障碍）的感知则提供了一种首选的行动途径。

后来的学者们对该模型不断进行补充完善形成了新健康信念模式（见图 13 - 2），最主要的是增加感知的自我效能因素以及自我效能在行为改变的发起和维持中的重要性，“为使行为改变成功，人们（按照最初的 HBM 理论）必须受到当前行为方式（感知的易感性和严重性）的威胁，并相信特定类型的改变将以可接受的成本（感知的收益）带来有价值的结果。他们还必须感到自己有能力（自我效能感）克服采取行动的障碍”②。

---

① N. K. Janz & M. H. Becker, The Health Belief Model: A Decade Later, *Health Education Quarterly*, Vol. 11, 1984, pp. 1 - 47.

② V. L. Champion & C. S. Skinner, The Health Belief Model, in *Health Behavior and Health Education: Theory, Research and Practice* (4th ed.), edited by K. Glanz, B. K. Rimer & K. Viswanath, San Francisco: Jossey-Bass, 2008, p. 50.

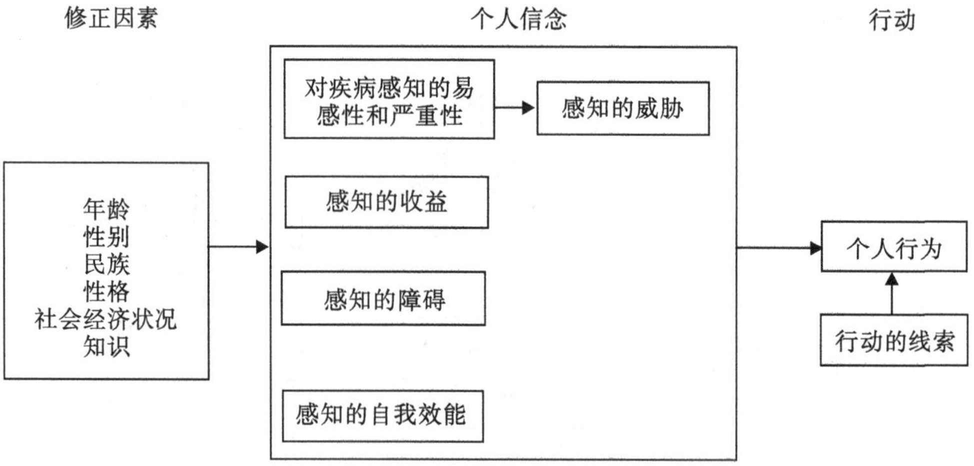

图 13-2　新健康信念模型的组成部分和联系①

健康信念模型是基于社会心理学的研究成果而提出的，它强调人的心理和信念对个体行为的影响，一般广泛应用于控烟、营养、锻炼、艾滋病、疾病筛查等议题的健康干预活动。随着研究的增多，该模型不断增添一些其他的因素，如修正因素包括习惯、动机等社会心理因素，感知障碍中社会规范的影响等。根据健康信念模型，在进行健康教育或健康行为促进时，需要通过各种措施提高个体对疾病严重性和易感性的认知，强调行为收益，帮助个体减少行为成本，并善于调动多种健康促进因素，从而让个体接受并采纳健康建议。

3. **健康传播的主要议题**

健康传播研究是一个极其广泛的研究领域，其研究议题在不断增多。通过对美国著名的两本健康传播专业期刊《健康传播》和《健康传播杂志》内容统计发现，健康传播研究的主要议题是健康运动和健康促进。但是通过对更多的传播类期刊进行统计分析，发现健康传播包含的议题更广泛。C. S. 拜客（C. S. Beck）等学者统计了1989—2001年包括《传播季刊》《健康传播》等美国19种传播方面的期刊，发现研究议题最多的是健康信息和公共健康运动，两者合起来所占比例为25%，其他议题包括医患互动沟通、社会支持等。从大众传播角度研究健康行为、运动和信息的文章所占比例为35%，从人际互动方面研究健康传播参与者之间互动的文章所占比例为26%。在这些研究中，扎根理论成为最流行的理论框架，其他理论引用率从高到低依次为强化期望、伯克的修辞学、健康信念模型、恐惧诉求、创新扩散等理论。②

2006年《健康传播》的主编特雷莎·汤普森（Teresa L. Thompson）介绍了比尔·埃文斯（Bill Evans）自2004年下半年以来一直在该刊公布的数十个数据库中的健康传播书

① V. L. Champion & C. S. Skinner, The Health Belief Model, in *Health Behavior and Health Education: Theory, Research and Practice* (4th ed.), edited by K. Glanz, B. K. Rimer & K. Viswanath, San Francisco: Jossey-Bass, 2008, p. 49.

② C. S. Beck et al., Enacting "Health Communication": The Field of Health Communication as Constructed through Publication in Scholarly Journals, *Health Communication*, 2004, Vol. 16, pp. 475-492.

目，埃文斯通常将参考书目中的文章分为以下几类：健康运动和促进、健康传播理论和研究、健康信息和信息学、健康风险、中介化的健康传播以及健康传播的人际关系。2005—2006 年这些议题中发表文章最多的是人际工作（32%），其他依次是传播中介化（25%）、健康信息和信息学（17%）、健康传播理论和研究（13%）、健康风险（7%）、健康运动和促进（5%）。[①] 值得注意的是，原来最重要的议题“健康运动和促进”现在所占比例最小，说明健康议题研究的重点在发生变化。

结合国内外学者们对健康传播研究领域的划分，健康传播研究的主要议题可以划分为 8 个方向。

（1）以医患沟通为主的人际健康传播研究。医生与患者之间的沟通交流对医生的治疗诊断和患者的就诊体验都会产生很大的影响。当代诊疗体系从过去以医生权力为中心的家长模式转变为医患之间的权力共享模式，现逐渐转向“以患者为中心”的医患沟通。这方面的研究也包括医患沟通对治疗效果的影响、对医患传播技能的训练等，医生与患者家属间的沟通、病友之间的健康信息共享也属于健康传播中的人际传播范畴。

（2）以医疗组织为主的组织健康传播。医疗组织包括诊所、医疗集团、医院、护理机构、临终关怀机构、政府公共卫生部门等。组织健康传播涉及的研究议题包括医院与患者的关系研究、医生与医生的关系研究、企业健康培训研究、社区健康传播研究等。

（3）以公共媒体报道为主的大众健康传播。其研究议题主要包括大众传媒健康报道分析、受众特点分析和效果研究、大众健康教育研究、健康促进研究、健康社会营销研究、医药广告研究等。

（4）健康传播的伦理与规范。健康传播活动既是传播活动，也是医疗保健活动。该议题要符合传播伦理，不能违背医学伦理规范。

（5）健康教育与健康促进。该议题主要包括健康教育促进和效果评估、健康促进计划的策略研究、健康传播材料制作等，是健康传播领域早期最重要的议题之一。

（6）健康传播运动。执行良好的健康传播运动能够影响人们的健康信念、态度与行为，如 20 世纪 70 年代美国斯坦福心脏病预防计划、20 世纪 90 年代泰国的艾滋病防控宣传运动等。

（7）艾滋病、安乐死、同性恋、器官移植等特殊议题的研究。艾滋病、抑郁症、自闭症等都是健康传播中的特殊议题，而儿童与青少年、老年人、妇女、农民工、同性恋等弱势群体都是健康传播研究中需要特殊关注的群体。

（8）新媒体环境下的健康传播。新媒体与健康传播联系日益紧密，人工智能在健康传播领域的应用日益广泛。

随着时代的进步，人们的生活习惯和行为模式发生了改变，健康问题发生了改变，学界的关注焦点也随之变化。健康传播研究正在朝着更加细分与具体的方向发展，健康传播学科间的交叉融合度将不断增加，研究角度会更加多维化。

---

① Teresa L. Thompson，Seventy-Five（Count'Em—75!）Issues of Health Communication：An Analysis of Emerging Themes，*Health Communication*，2006，Vol. 20，pp. 117 - 122.

二、媒介素养

“媒介素养”一词起源于20世纪30年代。1933年英国学者F. R. 利维斯（F. R. Leavis）和他的学生丹尼斯·桑普森（Denys Thompson）在发表的文化批评论著《文化和环境：批判意识的培养》中首次正式提出“媒介素养”的概念。随着媒介渗透到社会每个人的生活中，个人既是信息的接收者，也是信息的传播者，普通民众的媒介素养问题显得越来越突出，媒介素养的内涵也越来越丰富。

1. 媒介素养的定义

1992年美国媒介素养研究中心认为，媒介素养是指人们面对媒介各种信息时的选择能力、理解能力、质疑能力、评估能力、创造和生产能力以及思辨的反应能力。[①] 2018年美国参议院第830号法案第448章对“媒介素养”的定义是：获取、分析、评估和使用媒介的能力，包括实现数字公民身份的基本技能。学者詹姆斯·波特（W. James Potter）的定义是：“媒介素养指的是一种视角，我们积极地运用它来接触媒介，解释我们所遇到的消息的意义。”[②]

中国大部分学者认为媒介素养是媒介受众对各种媒介信息的解读批判能力以及使用媒介信息为个人生活、社会发展所用的能力。[③] 由此可见，国内外学界普遍认为，媒介素养指的是公众获取、解读和使用媒介信息的能力，具体包括：利用媒介资源的动机，使用媒介资源的方式、方法与态度，利用媒介资源的有效程度以及对媒介内容的批判性思维等。各个国家都很重视媒介素养教育问题，重点是通过学校教育让学生从小培养和使用这些技能。

近年来，随着互联网传播技术的不断发展，媒介领域发生了一系列的变革。新的媒介环境对媒介素养提出了新的要求，“新媒介素养”应运而生。2005年，美国新媒介联合会在《全球性趋势：21世纪素养峰会报告》将其称为“21世纪素养”，即由听觉、视觉以及数字素养相互重叠共同构成的一整套能力与技巧，包括对图像和声音的力量进行理解的能力，对这种力量的识别和使用能力，控制和转换数字媒介的能力，运用数字媒介进行广泛传播的能力，以及很容易地将数字媒介适应于新形式的能力。[④] 媒介素养已经发展成为一种多含义、多角度、多层面的概念。媒介素养研究的目的正是探讨不同时代下的媒介环境，不断发展媒介素养的内涵，促进公众甄别、选择并反思媒介内容，营造一个健康、积极、有序的媒介生态环境。

波特认为取得控制权是媒介素养的全部内容，即受众具有更高的媒介素养就具有更清晰的眼光，能够看清自己的真实世界与媒介所塑造的世界之间的边界，不被有害的信息所

---

① Art Silverblatt & Ellen M. Enright Eliceiri, *Dictionary of Media Literacy*, New York: Greenwood, 1997, p. 48.

② ［美］詹姆斯·波特著，李德刚等译：《媒介素养》（第4版），北京：清华大学出版社，2012年，第19页。

③ 杨璇、张凌霄：《媒介素养研究之文献综述》，《新闻研究导刊》2015年第8期。

④ New Media Consortium, *A Global Imperative: The Report of the 21st Century Literacy Summit*, San Francisco: Adobe, 2005, p. 2.

左右。[①] 而媒介素养有三大重要基石：个人定位、知识结构和技能。[②] 个人定位由目标和动机构成，通过目标形成信息处理的任务，决定信息的去留。知识结构是存在于个人记忆中的一套有组织的信息，它是我们理解外界信息的原材料，帮助我们认识各种模式。与媒介素养最相关的技能是分析、评价、分类、归纳、演绎、综合与提炼，这些技能是我们日常生活中都会用到的，在媒介素养中它们是我们的工具。

2. 媒介素养研究的范式

早期的媒介素养大部分是在媒介文化的研究范畴之中。20 世纪 80 年代，由于联合国教科文组织对媒介素养的重视，媒介素养开始作为一门独立的课程被许多国家和地区纳入正规的课程教育系统当中，媒介素养逐渐成为一个独立的研究领域。媒介素养的研究视角从最初的受众被动接受媒介素养教育，到受众主动寻求并包容多元信息与观点、批判性地认识社会、自由而负责地表达个人意见，说明媒介素养研究范式从家长式教育走向公众自主参与、自我赋权。在这个过程中，媒介素养的研究范式经历了四次变迁。

（1）批评范式或免疫范式。

这一范式源于 20 世纪 30 年代的保护主义立场，研究者主要是站在精英主义或家长的立场，认为传播会给社会尤其是青少年带来有害的影响，因此媒介素养教育要通过提高青少年的传播技能和分辨能力等，保护他们免受媒介的不良影响。其中又有两种不同传统的研究倾向：一种是以英国利维斯式的观点为源头，侧重于对受众批评意识的训练，提升受众的辨别力；另一种是以美国媒介素养教育为导向，侧重于提升受众的免疫力。[③] 大众传播效果研究中的刺激—反应模式为这一范式提供了实证基础上的理论支持。

（2）分析范式。

这一范式主要始于 20 世纪 60 年代，它强调提升对媒介内容的选择和辨别能力。[④] 霍加特、威廉斯、汤普森等学者认为媒介是文化的组成部分，它所传播的内容也并非全都是有害的，因此媒介素养教育不再鼓励盲目批评，而是着力培养人们对媒介的辨别、鉴赏能力。这一范式与传播研究中的使用与满足理论不谋而合。

（3）解密范式。

这一范式流行于 20 世纪 70—80 年代，重点是对媒介文本的批判性解读。它基于当时流行的意识形态解密理论，强调媒介内容是通过符号建构出来的，如莱恩 · 马斯特曼（Len Masterman）的屏幕理论认为媒介素养的一个重大转折是将研究视角由关注媒介内容转向关注媒介本身，而“再现”则是媒介素养的核心概念。他采用符号学和政治经济学的视角来解密电视，从而展现电视节目背后的意识形态，要求学生撇开自己的主观好恶，通过系统化的分析来发现、找出媒体文本背后所隐含的意识形态企图，由此将自己从文本的影响中解放出来。[⑤] 解密范式强调对文本权威的批判，邀请学生识别构成作品的文化密码，培养其破译媒介信息所承载的价值观和思想体系的能力。这一范式与传播批判学派的符号

---

① ［美］詹姆斯 · 波特著，李德刚等译：《媒介素养》（第 4 版），北京：清华大学出版社，2012 年，第 8 页。
② ［美］詹姆斯 · 波特著，李德刚等译：《媒介素养》（第 4 版），北京：清华大学出版社，2012 年，第 13 页。
③ 陆晔等：《媒介素养：理念、认知、参与》，北京：经济科学出版社，2010 年，第 3 页。
④ 陆晔等：《媒介素养：理念、认知、参与》，北京：经济科学出版社，2010 年，第 3 页。
⑤ ［英］大卫 · 帕金翰、宋小卫：《英国的媒介素养教育：超越保护主义》，《新闻与传播研究》2000 年第 2 期。

学、建构主义等理论相关联。

（4）自主范式。

20 世纪 90 年代以来兴起了媒介素养的自主范式或参与范式。一些学者们认为，媒介教育的对象并不是那些对媒介一无所知的人，受众早已在与媒介共生的社会化过程中积累了相当丰富的媒介认知。因此，霍布斯（R. Hobbs）认为媒介素养的目标在于通过分析、推理、传播和自我表达技能的发展来提升自主权，教师通常重视促进学生批判性自主的概念。这需要开展自下而上的参与式社区行动，通过阅读、课程工作、员工发展计划或与同事的对话和观察来了解媒体。媒介素养运动的未来将取决于对媒介素养感兴趣的不同教育者群体之间形成社区共识的能力。① 这种范式转向与新媒介的兴起、受众兼具传受双重角色地位密切相关。

可以看出，媒介素养研究的四次范式变迁与大众传播研究的范式转换密切相关，体现出媒介素养理论与实践发展、社会对媒介问题关注重心转移之间的同步性。

3. 媒介素养的内容

媒介素养到底包括哪些能力或要素影响到媒介教育的内容。霍布斯 1998 年曾经列出了美国基础教育体系内外不同教育工作者、活动人士和学者之间存在的七个争论的问题，包括媒体素养教育是否应该旨在保护儿童和青少年免受媒体负面影响？媒介生产应该是媒介素养教育的一个基本特征吗？媒介素养应该关注大众文化文本吗？媒介素养应该有更明确的政治和意识形态议程吗？媒介素养应该集中在以学校为基础的 K-12 教育环境中吗？媒介素养应该作为一门专业学科来教授，还是应该与现有学科结合起来教授？媒介素养倡议是否应该得到媒体组织的财政支持？② 对这些问题意见不一致，导致媒介教育不能形成共识，全世界范围的媒介素养教育模式各异。

对于到底要培养什么样的媒介素养，美国密苏里州韦伯斯特大学的教授阿特·西尔弗布赖特（Art Silverblatt）等人提出了媒介素养的七个基本要素：①媒介素养促进批判性思维技能，使人们能够在以下方面做出独立选择：选择哪种媒介节目；如何解读通过大众传播渠道获得的信息。②了解大众传播的过程。③意识到媒介对个人和社会的影响。④制定分析和讨论媒介信息的策略。⑤将媒介内容视为一种“文本”的意识，它提供了对我们当代文化和我们自己的洞察。⑥培养对媒介内容的理解和欣赏能力。⑦就媒体传播者而言：产生有效和负责任的媒介信息的能力。③ 由此可见，媒介素养不仅仅是对受众的媒介素养教育，也包括对传播者的媒介素养教育。

随着媒介对社会的渗透加深，新媒介素养教育日益引起各个国家的重视。与传统的媒介素养相比，新媒介素养的概念内涵与结构、媒介运用与表现、媒介教育与发展等方面都存在着显著的差异，但是对“新媒介素养”概念的内涵、理论范畴等尚未达成共识。亨

---

① R. Hobbs, The Seven Great Debates in the Media Literacy Movement, *Journal of Communication*, 1998, Vol. 48, pp. 16 – 31.

② R. Hobbs, The Seven Great Debates in the Media Literacy Movement, *Journal of Communication*, 1998, Vol. 48, pp. 16 – 31.

③ Art Silverblatt, Donald C. Miller, Julie Smith & Nikole Brown, *Media Literacy: Keys to Interpreting Media Messages* (4th ed.), Santa Barbara, CA: Praeger, An Imprint of ABC – CLIO, LLC, 2014, pp. 4 – 6.

利·詹金斯（Hery Jenkins）认为，新媒介素养应该包含11项核心技能：①游戏能力（play），即利用周围环境进行实验解决问题的能力；②模拟能力（simulation），即解释和构建真实世界过程动态模型的能力；③表演能力（performance），即利用不同身份来达到即兴创作和发现的能力；④挪用能力（appropriation），即对媒体内容进行有意义的抽样和再合成的能力；⑤多重任务处理能力（multitasking），即监测环境并能抓住事件关键细节的能力；⑥分布性认知能力（distributed cognition），即与能扩展心智的工具进行有意义互动的能力；⑦集体智慧能力（collective intelligence），即为了完成共同目标而收集知识并与他人交流的能力；⑧判断能力（judgment），即对不同信息来源的可靠性和可信度进行评估的能力；⑨跨媒体导航能力（transmedia navigation），即通过多种形式跟踪故事和信息流的能力；⑩网络能力（networking），即搜索、整合和传播信息的能力；⑪协商能力（negotiation），即能够跨越不同的社区、洞察并尊重多种观点、掌握并遵循不同准则的能力。他认为这些技能是社会技能而不是个人技能，每一项技能都代表了思维模式、处理信息的方式以及与他人互动以产生和传播知识的方式。这些技能使人们能够参与网络社会中出现的新社区；使人们能够利用新的模拟工具、信息设备和社交网络，促进不同社区之间的信息交流以及其在不同媒体平台和社交网络之间轻松移动的能力。①

李·雷恩尼（Lee Rainie）和巴瑞·威曼（Barry Wellman）在《网络化：新的社会操作系统》一书中提出，网络化社会要求人们具备以下七种新媒介素养：①图像处理能力，即擅长以图像化处理为主要方式的网络工作行为；②导航能力，即在网络上纷繁复杂的信息渠道和格式间游刃有余；③信息的组织和联通能力，即能够快速地将各方面的信息组织在一起并且迅速地理解；④专注力，即能够缩减网络上让人分心的事物的影响力以专注地完成有助于个人能力提升和职业要求的工作；⑤多任务处理的能力，即能够同时处理来自家庭、朋友、工作、公共机构的任务；⑥怀疑精神，即有能力评估获得的信息；⑦道德素养，即创造或传递精确的、经过深思熟虑的信息。② 这些主要是个人的新媒介素养能力。

联合国教科文组织从20世纪60年代后介入媒介素养教育，几乎每十年就举办一次传媒教育的国际会议，成为媒介素养教育的大力倡导者和积极支持者。从世界范围来看，媒介素养教育实践大体有以下几种途径：学校教育、短期集训教育、社会团体推广、媒体宣传、政府推动、家庭协作等。③ 媒介素养自20世纪90年代后期引入中国，相关研究逐渐增多，并在许多地方开展媒介素养教育的实践活动，形成了跨学科、多元化的媒介素养研究和教育实践局面。

三、风险沟通与危机传播

德国人类学者和社会学家乌尔里奇·贝克（Ulrich Beck）在1986年出版的《风险社

① Hery Jenkins, *Confronting the Challenges of Participatory Culture: Media Education for the 21st Century*, Cambridge, MA: The MIT Press, 2009, pp. 35－104.

② Lee Rainie & Barry Wellman, *Networked: The New Social Operating System*, Cambridge, MA: The MIT Press, 2012, pp. 272－274.

③ 蔡骐：《论媒介认知能力的建构与发展》，《国际新闻界》2001年第5期。

会》一书中认为，风险社会已代替工业社会成为当今的主要社会形态。当代社会风险和危机越来越多、越来越严重，苏联切尔诺贝利核电站核泄漏事故、英国疯牛病事件、东南亚金融危机、美国“9·11”恐怖袭击；SARS、埃博拉、新冠肺炎疫情等公共卫生事件；印尼大海啸、中国汶川地震、日本地震引发的海啸等自然灾害，一系列地区性甚至世界性危机事件及潜在的生态、安全等风险，使得风险沟通和危机传播相应成为传播应用研究中的热点议题。

1. 风险沟通和危机传播的关系

风险沟通和危机传播是公共或私人组织向受众传达信息的过程。这一过程通常是在危险发生之前、之中和之后，要求组织就可能或已经发生的危害向受众传达信息和相关的预防知识，有助于受众了解风险和危机的严重程度，并采取相应的行动。

风险沟通（risk communication）和危机传播（crisis communication）的区别在于风险和危机的定义不同。风险是指人类在生存和发展过程中可能遇到的威胁、危险和危机，它可以用风险发生的概率及其可能影响的大小来计算；而危机是即将发生或正在发生的对组织或社会产生严重的威胁、在短时间内迫切需要解决的事件。乌里尔·罗森塔尔（Uri Rosenthal）等认为危机是指“对一个社会制度的基本结构或者根本价值和制度范式所产生的严重威胁，在时间压力和高度不确定的情况下，这一威胁使得关键选择的作出成为迫切的需要”①。从认知角度来讲，风险和危机都是人们的一种感知，风险是个人和群体在未来遇到的伤害的可能性以及对这种可能性的判断与认知。蒂莫西·库姆斯（W. Timothy Coombs）认为“危机是对不可预测事件的感知，它威胁到利益相关者的重要期望，并可能严重影响组织的绩效和产生负面结果”②。所以风险和危机都是指威胁、灾害、灾难等对组织和社会产生负面影响的事件，可能带来经济、生命和名誉等伤害，但风险包括的范围更为广泛，它包括潜在风险的感知和评估，也包括即将发生和正在发生的危机。风险是危机的前兆、潜在的和可能的危机，在一定的条件下风险可以转化为现实的危机。

风险沟通和危机传播分别是指风险和危机信息的传播过程。1989 年，美国国家研究院在《改善风险沟通》一书中认为风险沟通是个人、团体和机构之间信息和意见交流的互动过程。它不仅仅是严格意义上的关于风险的信息，而且是涉及具有风险性质的多种信息及其他信息，这些信息表达了对风险信息或风险管理的法律和制度安排的关注、意见或反应。帕梅拉·瓦拉斯基（Pamela Walaski）对风险沟通和危机传播进行了比较，其定义分别是：风险沟通是一个持续的过程，它有助于在紧急情况发生前确定问题并征求意见和采取行动；而危机传播是指在紧急事件中向受众传达的信息，这些信息会对受众造成永久性的或在不久的将来某个可预见的时间点上的威胁。③ 他还列表将两者进行比较（见表 13－1）：

---

① ［荷］乌里尔·罗森塔尔、［美］迈克尔·查尔斯、［荷］保罗·特哈特编，赵凤萍译：《应对危机——灾难、暴乱和恐怖行为管理》，郑州：河南人民出版社，2006 年，前言第 11 页。

② W. Timothy Coombs, *Ongoing Crisis Communication* (3rd ed.), Thousand Oaks, CA: SAGE Publications, Inc., 2012, p. 2.

③ Pamela (Ferrnte) Walaski, *Risk and Crisis Communications: Methods and Messages*, Hoboken, New Jersey: A John Wiley & Sons, Inc., 2011, p. 9.

表 13－1 风险沟通和危机传播的不同（SH&E：指安全、健康和环境系统）

风险沟通	危机传播
沟通聚焦于未来的事件	传播聚焦于即将发生或已经发生的事件
传播者和受众之间的沟通过程非常耗时	由于危机事件的迫切性，组织和受众之间的沟通过程缩短
工作的重点是双方的对话	工作的重点是向受众传递信息
大多数沟通是双向的	大多数传播是单向的
目标是与受众对正在呈现的灾害活动和解决方案达成共识	目的是告知并迫使受众采取行动，以确保他们的安全
SH&E 专业职能包括协助风险评估过程，以确定和量化风险，并协助开发信息；在某些组织中，SH&E 专业人员也会传递信息，通常是给员工传递信息	SH&E 专业职能包括协助了解危机的严重性和协助开发信息；在某些组织中，SH&E 专业人员也会传递信息，通常是给员工传递信息。

多数学者认为危机传播是风险沟通的一种类型或一个环节，如彼得·桑德曼（Peter Sandman）、M. W. 西格（M. W. Seeger）和雷吉娜·朗格林（Regina E. Lundgren）等人。桑德曼将风险沟通类型分为风险预警、愤怒管理和危机传播。朗格林和安德莉亚·麦克马金（Andrea H. McMakin）将风险沟通分为保护沟通、共识沟通和危机传播三种类型：保护沟通针对的是那些危害后果及应对方法已为科学所确定、同时也被大多数受众所了解与接受的风险；共识沟通致力于告知和鼓励各群体通过合作对风险的管理达成共识；危机传播面对的则是极端、突发的危险情况。①

风险沟通和危机传播是相互交融的，很难完全区隔开来。20 世纪 80 年代以后，风险沟通和危机传播迅速成为热门的应用传播学研究领域，并将其与社会管理联系起来，为组织和政府决策提供建议。

2. 风险的社会放大理论

为了全面地认识风险和风险沟通，美国克拉克大学的卡斯帕森夫妇（Roger E. Kasperson & Jeanne X. Kasperson）及其同事和决策研究会的保罗·斯洛维奇（Paul Slovic）及其同事在 1988 年提出了风险的社会放大框架（Social Amplification of Risk Frame, SARF），该框架为公众风险认知的强化和减弱提供了一个解释模型（见图 13－3）。

---

① ［美］雷吉娜·E. 朗格林、安德莉亚·H. 麦克马金著，黄河等译：《风险沟通：环境、安全和健康风险沟通指南》（第 5 版），北京：中国传媒大学出版社，2016 年，第 3－4 页。

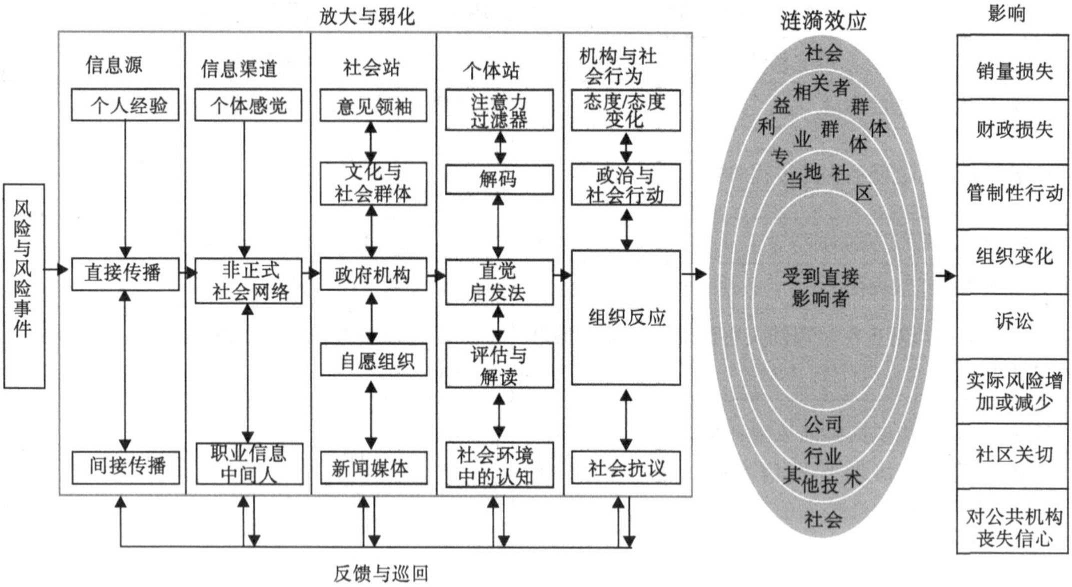

图 13－3　风险的社会放大框架①

在传播过程中用符号制作出来的风险事件与风险本身不是一回事，特别是风险事件经过新闻媒体重新包装和重新传播，由此产生的信号放大或衰减是风险社会放大的本质过程。风险的社会放大框架认为，在风险传播过程中，风险、风险事件以及两者的特点都通过各种风险信号（形象、符号）被刻画出来；这些风险信号反过来又强化或弱化风险认知方式，并与一系列社会的、文化的、制度的、心理的过程相互作用。

在这个框架中，信息首先从各种源头流向不同渠道，启动社会放大站，然后启动个体放大站，促成行为反应。它们也制造“涟漪效应”，导致次级影响。这个框架指出了其中的两个阶段：第一个阶段，焦点是危险事件、各种放大站及其与公共认知和第一序位行为反应的关系。② 放大站可以包括个人、社会团体和公共机构特别是大众传播媒介，组织的结构、功能和文化之类的因素会影响到风险信号的放大或弱化，即使是个人也会受到所属群体或组织价值观念的影响。第二个阶段是关于次级影响的，卡斯帕森等人发现在风险强化的过程中存在着“涟漪效应”，即“有一些事件将会制造有可能扩散到远远超出事件最初影响、甚至可能最终影响到过去毫不相干的技术和机构的次级和再次级后果的‘涟漪’”③。这些风险产生的次级影响包括市场影响、采取管制性行动、诉讼、社区抵制、公信力和名誉的丧失、投资者逃逸等。其影响范围也像涟漪一样向外扩散，从直接涉及的机构扩散到利益相关者再到整个社会。风险认知和行为的放大与次级后果之间存在着直接联

① ［英］尼克·皮金、［美］罗杰·E. 卡斯帕森、保罗·斯洛维奇著，谭宏凯译：《风险的社会放大》，北京：中国劳动社会保障出版社，2016 年，第 5 页。

② ［英］尼克·皮金、［美］罗杰·E. 卡斯帕森、保罗·斯洛维奇著，谭宏凯译：《风险的社会放大》，北京：中国劳动社会保障出版社，2010 年，第 67 页。

③ ［英］尼克·皮金、［美］罗杰·E. 卡斯帕森、保罗·斯洛维奇著，谭宏凯译：《风险的社会放大》，北京：中国劳动社会保障出版社，2016 年，第 5 页。

系，次级后果包括社会经济和政治效应。

在之后的研究中学者们对该框架不断丰富完善，斯洛维奇和J. 弗林（J. Flynn）将“污名”的概念加入风险的社会放大效应中，强调了污名化是风险放大能借以引起涟漪和次级后果的一条主要途径。污名最初是指个人身上耻辱性的标记，这样的人被认为对社会构成风险。戈夫曼将其引入社会学领域，指社会上的大量污名化议题。在风险方面，污名被认为是过于危险的技术、场所和产品。卡斯帕森夫妇等将污名定义为：“置于个人、场所、技术或产品上具有与众不同的、不正常的、有缺陷的或不受欢迎的特定属性的标记。”① 这种“技术污名”可能造成公众对重大经济损失的地方、产品或技术的厌恶或回避。

威廉·莱斯（William Leiss）和道格拉斯·鲍威尔（Douglas Powell）在疯牛病及硅胶隆胸等研究案例的基础上又对这一理论加以拓展。他们认为风险信息的“真空”是风险被社会放大的罪魁祸首。由于对风险的科学评估和公众对风险的认知之间存在着差距，而专家又没有将不断变化的风险科学评估及时有效地向公众传达，即未能实施良好的风险沟通实践，导致出现信息的真空，恐惧、担忧的公众会主动填补这一“真空”，而他们使用的往往是流言、其他缺乏依据的来源。因此，专家、决策者尤其是监管机构的失语，会出现风险信息真空，加速公众恐惧与猜疑的滋生，继而为风险沟通带来困难；也会给组织带来损失，对公众的健康和安全造成危害。

现有的研究将新闻媒体作为风险的放大站，同时又将其作为解释机制，主要从两个维度进行研究：一是新闻媒体对风险的放大或减弱；二是将新闻媒体作为自变量和因变量，研究其对公众认知和传播效果的影响。将新闻媒体作为自变量主要是用类似于议程设置理论的研究方法，将报道内容与受众调查相关联，考察新闻报道对公众风险认知的关系。将新闻媒体作为因变量的研究侧重于“中介现实”的构建，通常是用类似沉默的螺旋理论和涵化理论的研究方法，“将客观风险事件与媒体报道的数量和语气进行比较，并评估两者之间的对应关系”②。近年来新的研究趋势是将新闻媒体作为干预变量，这是对传播过程进行的比较全面的研究。如克雷格·特朗博（Craig. W. Trumbo）通过时间序列分析，研究了流感感染率、流感新闻报道以及有症状患者的实际就诊情况。数据显示，报纸对流感关注的增加和减少先于因流感症状就诊患者的增加和减少，因此报纸对流感的关注可能会增加人们的关注并激发病人的就诊。③ 相关研究发现，媒体经常报道一些风险的次要问题，而负责风险沟通的政府机构通常还未识别或处理这些问题。两者之间的对立导致有关风险报道的增多以及公众愤怒的加剧，而这对问题的解决实际上毫无帮助，因此风险后果的放大尤其要归咎于新闻媒体。

---

① Roger E. Kasperson, Nayna Jhaveri & Jeanne X. Kasperson, Stigma and the Social Amplification of Risk: Toward a Framework of Analysis, in *Risk, Media and Stigma. Understanding Public Challenges to Modern Science and Technology*, edited by J. Flynn, P. Slovic, H. Kunreuther, London: Earthscan Publications Ltd., 2001, p. 19.

② Andrew R. Binder, Michael A. Cacciatore, Dietram A. Scheufele & Dominique Brossard, The Role of News Media in the Social Amplification of Risk, in *The SAGE Handbook of Risk Communication*, edited by Hyunyi Cho, et al., Thousand Oaks, CA: SAGE Publications, Inc., 2015, pp. 69 - 86.

③ C. W. Trumbo, The Effect of Newspaper Coverage of Influenza on the Rate of Physician Visits for Influenza 2002 - 2008, *Mass Communication and Society*, 2012, Vol. 15, pp. 718 - 738.

3. 情境式危机传播理论

情境式危机传播理论（Situational Crisis Communication Theory，SCCT）是根据不同情境运用不同的危机应对策略的理论，其主要创始人和推进者是美国学者库姆斯。这一理论根据归因论对危机情境下的声誉威胁进行评估，并根据声誉威胁程度提出有针对性的危机应对策略。

在生活中，人们总是在寻找事件发生的原因，特别是针对产生负面影响的突发事件。归因理论的基础是由于危机是出乎意料的、消极的，所以危机引起责任的归因。人们进行归因时的依据是可控性和稳定性。可控性指的是危机是否可以控制；稳定性指的是危机是否经常发生，即是否具有类似的危机史。如果组织屡次发生类似的危机，表明该组织没有汲取教训以防范危机复发，会增加公众对组织的危机责任归因。如果危机的发生源于组织或当事人自身的原因，而且屡次发生，人们会认为该组织或当事人应当对危机负责，可能产生愤怒情绪，且可能针对责任者采取负面行动；如果事件的发生源于组织或当事人无法控制的外部因素或偶发性技术事故，人们就会认为责任者是无辜的或责任较小，会产生同情，且针对当事人采取正面行动。

在情境式危机传播理论中，有三个因素被用来评估组织的声誉威胁：危机类型、危机历史和先前的声誉。评估分为两步：第一步是确定危机类型，即用来解释危机的框架。研究发现，每种危机类型都会在利益相关者之间产生可预测的危机责任归因，通过实验测量公众对于这些危机的责任归因的感知，根据实验结果进一步将其分为三类：受害者型（victim）、事故型（accidental）、可预防型（preventable）。受害者型危机包括自然灾害、谣言、工作场所发生的暴力事件、恶意攻击等，公众和利益相关者将组织视为危机的受害者而不是起因，所以组织的责任微乎其微；事故或意外型危机包括挑战、技术原因导致的事故、技术问题产品扩散导致的伤害等，这些危机被视为组织在很大程度上是无法控制的和无意的，因此对组织危机责任的归因较低；可预防型危机包括人为造成的事故、人为因素造成的产品伤害、组织违法行为等，由于是故意从事导致危机的行为，所以公众和利益相关者对组织危机责任产生了很强的归因，这种责任归因可能会对组织声誉造成威胁。确定危机类型的方法是根据线索来确定。一般来说危机很容易被确定为某种类型，如果危机类型不明确，危机团队可以尝试确定选择某一个框架。如果危机团队和利益相关者在危机类型上存在分歧，危机小组应该认真考虑采用利益相关者的框架。①

评估组织声誉威胁的第二步是根据危机历史和先前的声誉修改初始评估。如果一个组织在过去有过类似的危机，那么当前的危机将是一个更大的声誉威胁。危机历史加剧了当前危机的威胁，这就是众所周知的维可牢效应（Velcro effect）②，危机历史与声誉威胁是紧密粘贴在一起的。同样，先前的不良声誉也会加剧声誉的威胁。如果一个组织有危机的历史或负面的先前声誉，利益相关者会将受害型危机视为事故或意外型危机，将事故或意外型危机视为人为造成的危机。

---

① W. Timothy Coombs，*Ongoing Crisis Communication*（3rd ed.），Thousand Oaks，CA：SAGE Publications，Inc.，2012，p. 157.

② W. Timothy Coombs，*Ongoing Crisis Communication*（3rd ed.），Thousand Oaks，CA：SAGE Publications，Inc.，2012，p. 158.

声誉威胁评估后就要选择相应的危机应对策略。情境式危机传播理论将危机应对策略分为否认型、淡化型、重塑型和支持型四种类型的传播策略：

（1）否认型策略旨在消除危机与组织之间的任何联系，它包括：①回击指控。管理者回应危机中存在的指责，包括声称将会对指责的个人或团体提起诉讼。②否认。直接表示不存在危机，并且解释为什么没有危机。③寻找替罪羊。该组织以外的其他人或团体被认为是危机的罪魁祸首。

（2）淡化型策略试图减少组织对危机的控制或危机的负面影响的归因，它包括：①寻找借口。危机管理者尽量减少组织对危机的责任，包括否认任何伤害意图，或强调危机事件是该组织无法控制的。②寻找正当理由。危机管理者试图将与危机相关的感知损害降到最低，强调没有造成严重的损害或伤害，或声称是受害者自己原因造成的。

（3）重塑型策略试图重建组织的声誉，通过一定补偿措施抵消危机的负面影响，它包括：①补偿。对受害者进行金钱或其他方面的补偿。②郑重道歉。危机管理者公开表示该组织对危机承担全部责任并请求原谅。

（4）支持型策略是对其他三种策略的补充，并寻求在组织和利益相关者之间建立积极的联系，它包括：①提醒。向利益相关者讲述该组织以往做过的好事。②迎合。称赞和感谢利益相关者的支持。③共鸣。强调该组织也是受害者，引发同情。

危机策略的运用应当结合危机类型和危机史进行不同的组合（见表 13－2）：

表 13－2　不同情境下危机应对策略使用建议

危机类型	没有危机史	有危机史
受害型	提供指导性和调适性信息	淡化型策略
事故型	淡化型策略	重塑型策略
可预防型	重塑型策略	重塑型策略
其他补充	对谣言和没有根据的挑战使用否认型策略； 使用支持型策略作为其他应对策略的补充； 为了保持一致，不要将否认策略与淡化策略或重塑策略混合在一起； 淡化策略和重塑策略可以结合使用	

情境式危机传播理论根据危机的言语和行动方面，将危机传播研究的两大传统取向“管理”和“修辞”进行整合，提出不同情境下的危机应对不同的组合方式，为进行危机传播和管理提供了切实可行的操作指南。该理论采取以受众为中心的危机传播方式，考虑利益相关者如何应对危机情况和危机应对策略。

情境式危机传播理论的不足是过于注重对声誉的威胁，而实际上危机对生命和财产等方面都造成了威胁，特别是人的生命才是最重要的。所以，“SCCT 承认，在危机中，人是第一要务。只有在提供指导和调适性信息后，危机管理者才能将注意力转向声誉问题”①。

第三节　发展传播学

一、发展传播学的内涵

“二战”之后，百废待兴，整个世界面临着经济发展的问题。发展中国家和新独立的殖民国家更是迫切需要加快现代化的进程，但是政治和经济基础很难在短时间内有大的提升，于是这些国家开始寻求发达国家的帮助。而西方学者认为国家现代化首先需要的是人的现代化，利用大众传播媒介可以加快发展中国家人们的思想解放，促使社会的活跃，进而对政治、经济变革有促进作用，这种发展方式相对比较快而且容易实现。由此西方学者开始重视第三世界传播与发展的关系研究，提出了发展传播学的理念。

发展传播理念最早是美国学者丹尼尔·勒纳（Daniel Lerner）在1958年出版的《传统社会的消失：中东的现代化》中提出的。勒纳在调查了中东国家人们的读写能力、媒介参与程度和社会的现代化后，分析了传播与社会发展之间的关系。他将大众传媒比作社会的“放大器”，认为大众传媒可以提升社会发展速度，提高社会现代化程度。勒纳的研究启发了罗杰斯和施拉姆等人，日后在传播学中逐渐发展为新的研究领域——发展传播学。

关于发展传播的定义，学者和从业者从不同的角度进行解释。罗杰斯将发展定义为一个社会中广泛参与的社会变革过程，旨在带来社会和物质进步。② 他认为发展传播是研究如何运用传播学理论以带来社会的变化，如何推广技术以带来发展。③ 路易斯·拉米罗·贝尔特兰（Luis Ramiro Beltrán S.）认为“发展传播在本质上是一种观念，即大众媒体能够创造一种有利于变革的公共氛围，而这种氛围被认为是通过技术进步和经济增长实现传统社会现代化所必不可少的”④。在2006年10月发展传播的世界大会上达成的“罗马共识”宣称：“发展传播是一个在对话的基础上使用范围广泛的工具和方法的社会过程。”⑤

围绕发展传播而展开的学术研究被称为发展传播学，“从广义上来说，发展传播学是一种在发展中国家进行传播的原理和实践”⑥。在《新闻传播学辞典》中发展传播学被解

---

① W. Timothy Coombs, *Ongoing Crisis Communication* (3rd ed.), Thousand Oaks, CA: SAGE Publications, Inc., 2012, p. 159.

② Everett M. Rogers, Communication and Development, *Communication Research*, 1976, Vol. 3, pp. 213 – 240.

③ 转引自［比利时］瑟韦斯、［泰国］玛丽考著，张凌译：《发展传播学》，武汉：武汉大学出版社，2014年，第3页。

④ Luis Ramiro Beltrán S., Communication for Development in Latin America: A Forty-Year Appraisall, in *Cultural Expression in the Global Village*, edited by David Nostbakken & Charles Morrow, Southbound Sdn. Bhd. and International Development Research Centre, 1993, p. 9.

⑤ ［比利时］瑟韦斯、［泰国］玛丽考著，张凌译：《发展传播学》，武汉：武汉大学出版社，2014年，第35页。

⑥ 潘玉鹏：《发展传播学简介》，《新闻大学》1989年第4期。

释为“运用现代的和传统的传播技术，以促进和加强社会经济、政治和文化变革的过程。发展传播研究的目的主要在于研究发展中国家如何利用传播手段，有效地帮助改变贫穷落后的现状，促进社会发展”①。

多数学者倾向于将发展传播学的本质归于“知识分享”，这种知识的分享就是信息的流动，发展传播的过程是通过传播者和接收者在兴趣、需求和能力相关的行为上达成一种共识。发展不仅指经济、科技、思想上的进步，而且包含了社会普通成员对于社会的期待程度，因此发展传播学最重要的一个任务是在发展中国家激发人们的精神、信心和智能，积极地引导民众进入决策，并使他们有机会全面而有效地参与社会现代化过程。

二、发展传播学的研究范式

发展传播学是关于“传播与国家发展”的理论。该理论自从欧美学者提出以来，主要经历了三种研究范式的变迁：现代化范式、依赖范式和多元参与范式。虽然每一种范式的兴起都建立在对原有理论范式批判的基础上，但这并不意味着原有范式的失败或消失，各个学派在一系列问题上仍然争论不休。

1. 现代化范式

20 世纪 50—60 年代的现代化理论认为，社会的变革首先体现在经济的发展，经济发展可以带动其他领域的发展。经济发展中最重要的环节是工业化，工业化除了需要投入资金、技术、设备外，特别需要大量具有现代知识、技能和现代观念的劳动力资源，因此人的现代化问题显得十分重要。现代化学者一致认为，只有社会中大多数人的人格结构现代化，社会整体的现代化才有可能。大众传媒被认为是促进国家现代化的催化剂。经过大众传媒的动员和教育，人们愿意追求现代社会的种种价值，而摒弃传统的束缚，政治参与积极性提高会加速现代化进程。现代化范式认为：“通过或多或少地将西方经济和政治制度机械地应用于第三世界国家，可以解决不发达问题。”② 因此也被称为现代化和增长范式。这一阶段主要代表人物有美国学者勒纳、施拉姆、罗杰斯等，以勒纳的《传统社会的消失》、罗杰斯的创新扩散理论和著作《农民的现代化：传播的冲击力》、施拉姆 1964 年受联合国教科文组织委托撰写的报告《大众传播媒介与社会发展》、1968 年贝罗（D. Berlo）的《大众传播与国家发展》为代表的研究成果表明，媒介在促进传统社会向现代社会变迁的过程中发挥了巨大而积极的作用，大众传媒在发展中充当了“伟大的倍增器”的作用，是一种能够把所需要的知识和态度传播得更广的工具。③ 罗杰斯将社会的变化分为内生型和接触型变化两类，第三世界国家大多为接触型变化，因此社会变革过程也是创新和发明的推广过程。这一时期的特点是：人们对传播在国家发展中的潜在贡献持相当乐观的态度，大众传媒主要是从上到下的单向传播，它们可以迅速地向广大受众传达有关发展细节的信息和有说服力的信息。

---

① 程曼丽、乔云霞主编：《新闻传播学辞典》，北京：新华出版社，2012 年，第 24 页。

② Jan Servaes, Participatory Communication Research with New Social Movements, in *Participatory Communication for Social Change*, edited by Jan Servaes, T. L. Jacobson & S. A. White, New Delhi: Sage Publications, 1996, p. 82.

③ ［美］威尔伯·施拉姆著，金燕宁等译：《大众传播媒介与社会发展》，北京：华夏出版社，1990 年，第 47 页。

2. **依赖范式**

现代化范式从本质上说是一种由外向内的发展理论模式，媒介在这一模式中起着决定性作用，也就是说大众传播效果是非常强大的。但是到了20世纪70年代，学者们逐渐认识到，大众传播在促进发展方面的作用往往是间接的，并不如想象中的那么大；而且，大众传媒本身也受到社会结构、制度和文化等因素的影响；同时，第三世界“发展”的结果是贫富差距日益扩大，文盲的人数反而增加，粮食与医药更加匮乏，原有的贫困状况并未得到根本改善。部分学者特别是拉丁美洲的学者开始对现代化理论进行批判，于是诞生了依赖和不发达的理论范式，并在20世纪60年代末至80年代初的世界信息与传播新秩序运动中发挥了重要作用。

这一范式认为“发达和不发达是相互关联的进程，因此，必须在世界系统的背景下理解”①。其依附理论认为世界经济是一个体系，这个体系由“中心”和“边缘”两个部分构成，两者之间的经济关系是不平等的，这正是导致不发达国家贫困落后的根本原因。依附理论又分不同的观点，但一致认为：跨国企业以少数资本主义核心国家为基础，受到各自国家的资助，通过设定资源、生产及劳动的市场交易条件，来控制核心之外的国家。通过控制交易条件及市场结构的方式，跨国资本建立了其附属地的经济活动条件，包括该地区的发展。就正面影响来说，这造就了依附发展；就负面影响来说，这变成了非发展型的发展。另一种依附取向转向文化领域，考察了由跨国媒介公司和国家控制的生产、行销及接受的流程中的依附现象。②

依赖范式的最终目的是要根据第三世界国家的具体情况，坚持自力更生，提升基层社群的积极参与，走不依附的发展道路。罗杰斯在对现代化范式反思的基础上修正了自己的观点，重新探讨了大众传播对于国家内生型自我发展的影响：“一是根据当地的要求，提供关于发展问题和可能性以及适当创新的技术信息；二是传播有关当地群体自我发展成就的信息，以便其他群体能够从中受益和借鉴，并取得类似的成就。”③

发展传播学在研究方法上也有了新的改变：一是研究设计更加精确，并且运用计算机多变量统计分析方法，对相关变量的控制更到位；二是注重对媒介内容影响的调研。罗杰斯说：“这些从方法论上进步的最终结果是，人们对国家发展中传播的作用有了更深入的以数据为基础的了解。”④ 依赖范式在总体上以及在传播方面的特点是：“全球方法、强调外部因素和区域矛盾、发达与不发达之间的两极分化、对历史的主观主义或唯意志论解释，以经济为导向的分析方法。”⑤ 但是学者们对依赖范式的批评和对问题的诊断很好，却没有提出解决问题的方法。

3. **多元参与范式**

经过联合国两个十年发展计划的实施，部分发展中国家并没有拉近与发达国家的差

---

① Jan Servaes, Participatory Communication Research with New Social Movements, in *Participatory Communication for Social Change*, edited by Jan Servaes, T. L. Jacobson & S. A. White, New Delhi: Sage Publications, 1996, p. 83.

② ［加］文森特·莫斯可著，胡正荣等译：《传播政治经济学》，北京：华夏出版社，2000年，第120页。

③ Everett M. Rogers, Communication and Development, *Communication Research*, 1976, Vol. 3, pp. 213 - 240.

④ ［美］埃弗雷特·M. 罗杰斯著，刘燕南译：《传播事业与国家发展现状》，《国际新闻界》1988年第4期。

⑤ Jan Servaes, Development Communication—For Whom and for What? *Communicatio*, 1995, Vol. 21, pp. 39 - 49.

距，反而外债大大增加，受到大饥荒的影响。学者们认为前两个“范式”都不能解释第三世界经济和社会发展的惨淡情况，国际社会兴起了一种全面的可持续的发展观，引发发展传播学出现第三种范式，被称为多元范式、参与范式或沟通范式。简·瑟韦斯（Jan Servaes）认为这一范式的核心思想是“不存在普遍的发展道路，发展必须被视为一个整体的、多方面的和辩证的过程，在不同的社区之间可以有所不同。换句话说，每个社会都必须根据自身的生态和文化，来制定自己的发展战略”①。它主要是通过当地社区的参与而实现自我发展，所以当代发展传播非常强调自助和基层参与，② 强调所有参与层次的相互协作。这导致人们重新重视传统媒体作为信息载体在基层群众中的优势，也包括民众信任和互动性较强的民间媒体，将发展的主题纳入这些媒体中进行传播。参与式传播更关注过程和语境，也就是意义的交换以及这一过程的重要性，即作为过程结果并由过程决定的社会关系模式和社会制度的重要性。③

瑟韦斯等认为参与式发展传播模式的主要特点是：①参与传播将人们视为有控制力的行动者和发展的参与者。发展意味着自我的解放和释放，本地文化得到尊重。②参与模式将人看作发展的核心。③参与模式强调本地社区而不是民族国家，强调一元论的普遍主义而不是民族主义，强调唯心论而不是世俗的人道主义，强调对话而不是独白，强调释放而不是异化。④参与涉及权力的重新分配，④ 社区成为一个有权力的民主社区。在具体的操作方面，保罗·弗雷尔（Paulo Freire）的对话教学法作为一种参与式沟通的规范理论，被广泛接受。⑤

发展传播学的范式在不断变化。多元参与范式虽然是当前流行的范式，但仍有其理想主义的一面。正如瑟韦斯所说：“很明显，现在还没有一个包罗万象的发展观，没有一种理论能够达到并保持解释的主导地位。”⑥

三、发展传播学的研究状况

在传播学理论中，有一些属于发展传播学的领域，如罗杰斯的创新扩散理论认为现代化被认为是一个扩散过程，个体从传统的生活方式向更复杂、技术更发达、更迅速地改变的生活方式转变，所以20世纪60年代发展中国家的扩散研究数量急剧增加。20世纪70年代蒂奇诺等人提出的知识沟理论被用来研究发达国家和不发达国家之间的信息鸿沟问题。

发展传播学所关注的是将传播的过程放入整个社会系统之中，将传播视为社会发展的重要组成部分，了解其对整体社会的宏观影响与意义。“从内容上来说，发展传播学的研

---

① Jan Servaes, Participatory Communication Research with New Social Movements, in *Participatory Communication for Social Change*, edited by Jan Servaes, T. L. Jacobson & S. A. White, New Delhi: Sage Publications, 1996, p. 83.

② A. F. Mathew, The Case of Development Communication: Perspectives, Issues and Trends, *Palabra Clave*, 2010, Vol. 13, pp. 31 – 45.

③ Jan Servaes, Development Communication—For Whom and for What? *Communicatio*, 1995, Vol. 21, pp. 39 – 49.

④ ［比利时］瑟韦斯、［泰国］玛丽考著，张凌译：《发展传播学》，武汉：武汉大学出版社，2014年，第194页。

⑤ Jan Servaes, Development Communication—For Whom and for What? *Communicatio*, 1995, Vol. 21, pp. 39 – 49.

⑥ Jan Servaes, Development Communication—For Whom and for What? *Communicatio*, 1995, Vol. 21, pp. 39 – 49.

究大致有两个层次：理论框架研究和实证研究。理论框架研究建立基本的理论假设和宏观视角，关注传播对于社会发展是否具有推动作用，以及发生机制是什么。"[①] 对于发展传播学的研究及其趋势，美国学者 J. E. 法尔（J. E Fair）和赫曼特·沙阿（Hemant Shah）等学者分别对 1958—1986 年、1987—1996 年、1997—2006 年三个阶段的发展传播学研究的英文文献进行了统计分析，描述了 1958—2006 年发展传播学的主要研究趋势。通过三个元研究发现，印度一直是发展传播学研究的重点国家，从区域来说经历了从早期的拉丁美洲到中东再到非洲的迁移，而亚洲仍然是每个阶段研究最常见的地区。在第二阶段，东欧国家和西方边缘群体也成为关注的对象。

上述统计发现，以理论为基础的研究相对较少，大部分研究是非理论性的。在 1987—1996 年的元研究中，最常提到的国家发展理论是政治经济学、依赖性、基本需求、社会转型、国家一体化和文化主义理论。在 1997—2006 年的国家发展理论的研究中，最常提到的五个理论是现代化（47.1%）、参与式发展（44.1%）、依赖性（20.1%）、女权主义发展（17.6%）和全球化（5.9%）。[②] 勒纳的现代化范式在第二阶段已经完全消失，但是到了第三阶段，现代化范式又重新出现，究其原因，是因为媒体在发展过程中，激活了现代性，并提高了人们的知识水平，使得对于媒体功能的关注重新回归到现代化范式的思考上。第三阶段最突出的理论是参与式传播和社会学习理论，这也与流行的发展项目参与式发展和教育娱乐有关。在第二阶段已经开始出现一些批评视角，如女权主义、对话性、参与性和公共领域等。到了第三阶段，来自新马克思主义传统（霸权主义、媒介帝国主义和依附）和各种批判视角（如参与式传播、良知化、公共领域和数字鸿沟）的理论模型在发展传播研究中已经有了坚实的基础。

关于媒介对发展的作用研究一直是发展传播学的重点。在第一阶段，大众媒介对国家发展的影响被描述为直接的，对个体现代性有积极影响。在第二阶段，大众媒介对国家发展具有贡献作用，特别是对社会结构有积极影响；研究对个人的负面和正面影响的关注相对较少。在第三阶段，媒介的直接效果成为最流行的概念，突出强调媒介效果的可操作性指标。就是说第一、三阶段都注重媒介的直接效果，但第三阶段的效果测量更加具有可操作性。

对媒体本身的研究，1958—1986 年的重点研究对象是报纸、杂志、广播和电视。1987—1996 年的研究同时集中在这四种媒体上，而且随着电视和视频在第三世界国家的普及，电视和视频成为大家最感兴趣的媒介，而对网络等新媒介技术的关注比较少。

在这三个元研究中，最常用的确定发展传播影响的指标是知识获取、媒介使用频率和行为变化，这些都是个体层面的衡量。从第三阶段开始使用社会变化指标作为社会结构层面的测量指标。发展传播学中的实证研究具体考察传播和社会发展之间的关系，"多表现为专题性的研究，例如性别与传播、健康传播、国际发展传播项目的实施成效、新传播技术在发展中国家的运用、传播与传统文化、发展传播中的公众参与、乡村地区的传播等"[③]。

---

① 徐晖明：《中国发展传播学·总报告》，杭州：浙江大学出版社，2009 年，第 2 页。

② H. Shah, Meta-Research of Development Communication Studies, 1997—2006, *Global Times*, 2010, No. 15, https://195.178.227.99/index.php/globaltimes/article/view/202/197.

③ 徐晖明：《中国发展传播学·总报告》，杭州：浙江大学出版社，2009 年，第 2 页。

文献统计表明，对于发展传播理论研究不足，需要引起更多的关注。许多学者除了呼吁关注发展理论外，还呼吁更多地关注发展传播活动的规划，考虑当地文化、性别问题和多媒体信息传递，并改进研究方法。[①] 有学者对现有主流方法不满，呼吁开发新的发展传播模式，建议鼓励更多的比较研究和发展本土的研究模式；也有学者建议对计算机、互联网、万维网等新的传播技术给予更多的关注。

中国的发展传播学研究在20世纪90年代以来取得了较大的进展。在理论研究方面，对国外发展传播学的基本观点、理论发展、实际应用等进行了全面和深入的研究，并对发展传播理论在全球化背景下的发展情况进行了分析。在实证研究方面，中国学者将发展传播学的理论框架应用在中国本土实际情况的研究上，针对中国社会情况进行调查。如2002年，由张国良主持的教育部重大项目“中国发展传播学”正式启动，项目开展了一项全国范围的抽样调查，旨在考察传播媒介与社会发展的互动关系。该项目最终形成《中国发展传播学》系列专著，包括上海、广东、云南、四川、江西、浙江、河南、甘肃、黑龙江和总报告（共计十卷），得出许多对当前中国发展具有参考意义的数据和结论，为中国发展传播学的后续研究积累了宝贵的资料。

思考题

1. 名词解释：国际传播；全球传播；《多种声音　一个世界》；文化帝国主义；文化霸权；健康传播；自我效能感；媒介素养；风险沟通；危机传播；涟漪效应；污名。
2. 简述国际传播与全球传播的关系。
3. 中国提出的网络空间命运共同体方案是什么？
4. 国际新闻报道中影响新闻价值的因素有哪些？
5. 对文化帝国主义的研究集中于哪些方面？文化帝国主义的特点是什么？
6. 如何对自我效能的增强提供指导？
7. 健康传播有哪些主要议题？
8. 媒介素养包括哪些基本要素？
9. 新闻媒介在风险放大中起到什么作用？简述情境式危机传播理论的主要观点。
10. 发展传播学的主要范式有哪些？参与式发展传播模式的特点是什么？

① H. Shah, Meta-Rresearch of Development Communication Studies, 1997—2006, *Glbcal Times*, 2010, No. 15, https://195.178.227.99/index.php/globaltimes/article/view/202/197.

第十四章

中国传统文化的传播研究*

* 本章为2018年广东省高等教育教学改革项目“中华优秀传统文化融入专业课教学的研究与实践：以‘传播学’课程为例”的成果之一。

第一节　本土传播研究的探索历程

面向中国历史与传统文化的传播研究主要体现为早期的“传播研究中国化”探索和后来的华夏传播研究。[①] 迄今为止，这方面的研究已经涌现出大批成果，既收获了相当的肯定和赞誉，也引起了不少争议和批评。本土传播研究的开展大致有两条脉络：一是由余也鲁先生发起并延伸开来的呈现出明显组织性和规划性的研究；二是凭借个人兴趣驱动的不拘一格但数量众多的研究。研究群体不仅有内地学者，还有港台和海外华人学者。当然，传统文化不只是在历史中，更在当下的人伦日用中。从新近的华夏传播研究看，尽管依然有着浓厚的历史和传统文化取向，但也不缺少对当下日常生活的关注。

一、传播研究中国化

作为施拉姆的学生，余也鲁不仅是中国传播学研究“破冰之旅”的亲历者[②]，更是“传播研究中国化”的发起人和“华夏传播研究的奠基人”[③]。1964 年，余也鲁赴斯坦福大学求学，追随“传播学之父”施拉姆。一次因缘际会，他和老师谈及中国文字，便说要“从传统中国文化中找寻传播的理论与实际”，施拉姆回应，“那是一次很有趣的探险”[④]。1978 年，余也鲁提出“中国的传学可以回溯到数千年前”，例如战国时期苏秦和张仪的说服术、郑和下西洋的传播技巧等。1982 年 4 月，余也鲁陪同施拉姆来到中国，实现了传播学进入中国的“破冰之旅”，他在复旦大学做报告时首次提出了“中国传播学的研究”，认为从具有悠久历史的中国文化中一定可以找出不少亮光，帮助我们更清楚地认识人类的“传”的行为。[⑤] 余也鲁还主张：“从中国的历史中找寻到许多传的理论与实际，用来充实、光大今天传学的领域，……让中国文化里头潜藏的一面，可以在大家的努力耕耘下，得到发扬。”[⑥] 1993 年，“首届海峡两岸中国传统文化中传的探索座谈会”在厦门大学召开，次年出版了《从零开始：首届海峡两岸中国传统文化中传的探索座谈会论文集》，余也鲁为该论文集撰写代序“论探索：回到历史，回到中国”。经由这种富有规划性和前瞻性的探索，一批成果被催生了，包括 1997 年孙旭培主编的《华夏传播论》和 2001 年郑学檬主编的“华夏传播研究丛书”。

---

① “华夏传播”的说法已大致被本领域研究者认同和接受。

② 余也鲁、施清彬、崔煌芳、章琪琦：《中国传播学研究破冰之旅的回顾——余也鲁教授访问记》，《新闻与传播研究》2012 年第 4 期。

③ 陈培爱：《记华夏传播研究的奠基人——余也鲁教授》，《中华文化与传播研究》2013 年第 1 期。

④ 余也鲁：《万水千山都是诗：余也鲁回忆录》，香港：海天书楼，2015 年，第 229 – 230 页。

⑤ 陈培爱：《记华夏传播研究的奠基人——余也鲁教授》，《中华文化与传播研究》2013 年第 1 期。

⑥ 余也鲁：《中国文化与传统中传的理论与实际的探索（代序）》，见［美］威尔伯 · 施拉姆著，余也鲁译述：《传媒、信息与人：传学概论》，北京：中国展望出版社，1985 年，第Ⅺ页。

作为余也鲁的老师，施拉姆也加入了“从传统中国文化中找寻传播的理论与实际”这场“探险”。他不仅和余也鲁一同出席了1979年台湾政治大学第二届“从中国传统文化中探索传的理论与实际研究会”，还撰写了一篇《论探险》的短文，提出“我们做的是类似张骞通西域的探险事业，张氏为汉朝拓展边疆，我们为传播研究开拓边界”。[①] 施拉姆还曾表达对中国长春的文化的“肃然起敬”：“我们在西方文化背景中学习科学研究方法与理论的人，看见中国长春的文化，和她悠久的传的艺术传统，总免不了会肃然起敬。我们常想，中国人那种深邃的智慧与洞达，要是有一天能用来帮助西方人了解自己的工艺智识，增深我们在实验方面的体会，该是多么好的事。许多人已注意到现代中国人在传的学问上的认识的深刻与精到，不但反映了悠长的历史传统，且常能推陈出新。”[②]

尽管不知施拉姆的中国想象来自何处，但这种想象似乎使本土化学者“深受鼓舞、血脉偾张”。施拉姆中国想象的资料，一方面应该来源于他在香港中文大学担任两年讲座教授的经历，另一方面来自余也鲁给他提供的资料。在施拉姆的著作《人类传播史》中，有大量篇幅涉及“中国传播史”[③] 的探讨。在该书中，施拉姆不只强调信息传递和语言的沟通作用，而且有一种从社会政治结构和历史语境建构中国传播史的意识。遗憾的是，施拉姆拿到样书后不久便因病去世。

一、华夏传播研究的开端

余也鲁发起并延伸开来的“传播研究中国化”与“华夏传播研究”具有一种组织、规划、聚集和传承的效应——在一个总体目标下聚集一批学者、产出一批成果，对抵消因时光流逝而导致的不确定性来说确实功不可没。

传播研究中国化后来逐渐发展为华夏传播研究，依然具有鲜明的历史与传统文化取向。黄星民这样定义华夏传播研究：“华夏”最早是汉族先民的自称，后来用它来指称中国，今天则专指古代中国，因而“华夏传播研究”的范围应该限定在古代中国；“华夏传播研究”是对中国传统社会中的传播活动和传播观念的发掘、整理、研究和扬弃。[④]

孙旭培组织编写的《华夏传播论》的副标题就是“中国传统文化中的传播”，全书25章内容几乎都围绕中国古代。他在1993年厦门大学举办座谈会期间向余也鲁提出了编写设想——“广泛论及中国古代文化中的传的现象”，并得到了对方的欣然赞成。[⑤] 孙旭培在《华夏传播论〈序言〉》中提出：“通过大量挖掘中国文化（包括传统文化和现代文化）中间关于传播方面的财富，促进传播学的发展，最终创造出集东西文化精华之大成的传播学。”[⑥]

---

① 余也鲁：《万水千山都是诗：余也鲁回忆录》，香港：海天书楼，2015年，第246页。

② 施拉姆：《新订本序》，见［美］威尔伯·施拉姆著，余也鲁译述：《传媒、信息与人：传学概论》，北京：中国展望出版社，1985年，第Ⅵ页。

③ Wilbur Schramm, *The Story of Human Communication*, New York: Harpercollins College Div., 1988, p. 61.

④ 黄星民：《华夏传播研究刍议》，《新闻与传播研究》2002年第4期。

⑤ 孙旭培：《行进在华夏传播研究的路上——记我与余也鲁教授的相识相交》，《中华文化与传播研究》2013年第1期。

⑥ 孙旭培主编：《华夏传播论：中国传统文化中的传播》，北京：人民出版社，1997年，序言第1页。

除此之外，经过会议和招标，还确定了“五史六论”(五个断代史、六个传播理论）的“中国文化与传播”研究项目，11位学者（郑学檬、李国正、黄鸣奋、秦志希、徐培汀、尹韵公、高国藩、徐枫、邵培仁、黄星民、黄顺力）的研究获立项。[①] 其中的“三论”，便是郑学檬主编的“华夏传播研究丛书”一套三册，分别为郑学檬编著的《传在史中：中国传统社会传播史料选辑》、李国正所著的《汉字解析与信息传播》和黄鸣奋所著的《说服君主：中国古代的讽谏传播》。郑学檬提出：“‘传播研究中国化’离不开三个基础工作，这就是引进吸收国外的传播学研究成果，调查研究中国当代的传播现状和发掘光大中国传统文化中潜藏的传播理论。”[②]

三、华夏传播研究的新趋势和新进展

除了余也鲁发起的有组织的“传播研究中国化”研究，还有大量相关的个人化研究。如果说组织化研究保证了必要的影响力和规模，那么个人化研究反倒以各种原创性的视角，用想象力去触碰各种问题，甚至无意间还创造了一些高峰。

早年有1966年张玉法的著作《先秦时代的传播活动及其对文化与政治的影响》，后来有1993年修订版《先秦的传播活动及其影响》。但该书更像是历史学与传播学的“偶遇”，作者此后便潜心于历史研究。1988年，身在学科外的吴予敏出版了《无形的网络：从传播学的角度看中国的传统文化》（以下简称《无形的网络》）一书，从此“转行”并长期在传播学领域耕耘，而该书后来被称为“第一本华夏传播研究专著”[③]，也在情理之中。此后的30年中，可以归入华夏传播研究的各类著作大量出版，呈现出百花齐放的状态。代表性研究如关绍箕的《中国传播思想史》、李敬一的《中国传播史：先秦两汉卷》《中国传播史论》、周月亮的《中国古代文化传播史》、陈国明的《中华传播理论与原则》、金冠军和戴元光的《中国传播思想史》、郝朴宁的《中国传播史论》、崔炼农的《孔子思想的传播学诠释》、陈谦的《中国古代王朝政治传播思想研究》《中国古代王朝政治传播制度研究》、赵晶晶的《传播理论的亚洲视维》、高卫华的《墨家的文化传播》、刘晓英的《佛教道教传播与中国文化》、仝冠军的《先秦诸子传播思想研究》、白文刚的《中国古代政治传播研究》、巫称喜的《殷商文化传播史稿》等。

近年来，潘祥辉承接孙旭培、吴予敏的中国古代政治传播研究路径，于2018年出版了《华夏传播新探：一种跨文化比较视角》（以下简称《华夏传播新探》），该书获得了中国新闻史学会“传播思想史委员会”2018年度“最佳著作奖”；邵培仁、姚锦云在当年“五史六论”之一项目的基础上，“接着讲”汪琪、沈清松、罗文辉的知识论之问对华夏传播理论是否可能、如何可能的问题进行了知识论论证，提出“华夏传播十大观念”，梳

---

① 参见黄星民：《堂堂溪水出前村——关于两岸三地合作“华夏传播研究项目”的回顾》，见许靖茂主编：《海峡两岸文化与传播研究》，厦门：厦门大学出版社，2005年，第1－5页。另参见余也鲁：《万水千山都是诗：余也鲁回忆录》，香港：海天书楼，2015年。

② 郑学檬：《〈华夏传播研究丛书〉总序》，见郑学檬编著：《传在史中：中国传统社会传播史料选辑》，北京：文化艺术出版社，2001年，总序第2页。

③ 黄星民：《华夏传播研究刍议》，《新闻与传播研究》2002年第4期。

理出三种本土传播理论观，于2020年出版专著《华夏传播理论》；谢清果承接郑学檬、黄星民等学者，创办学术期刊《华夏传播研究》和《中华文化与传播研究》（担任主编），成立学术组织华夏传播研究会（担任会长），撰写、编著并出版了一系列华夏传播研究专著及论文；张兵娟、李红等学者也从不同的理论和经验路径进入了华夏传播研究领域。

第二节　华夏传播研究的知识论困境与实践突破

“传播研究中国化”与“华夏传播研究”既有着中国传统文化和历史的取向，也有着理论建构的目标。不妨借用几位学者的问题来表达：第一，华人传播理论有没有可能?① 第二，能不能有中国自己的方法学?② 在陈国明看来，“归纳或演绎出普世性的传播理论，并不是不可能之事”③。

一、从知识论困境到中国古代政治传播研究的突破

关于传播研究中国化与华夏传播研究至少存在两种不同的声音：一种是争议、批评或质疑；另一种是回顾、肯定和辩护。学术探讨不能只谈建设而无视批评，也不能因为批评而一概否定建设，两者都是后续研究得以进步的基石。

对此洞察最深刻的或许是李金铨，他提出的“牵强附会”质疑颇能代表长期以来的各种批评。“牵强附会”至少包括两个层面：一是“文本脱离语境”，二是“理论切割材料”。④ 所谓“文本脱离语境”，指的是脱离社会结构和历史语境谈文本或史料，这正是C. 赖特·米尔斯（C. Wright Mills）指出的缺乏想象力⑤的体现；所谓“理论切割材料”，指的是用现代传播理论强行解释中国古代经验，忽略了理论仅仅是“探照灯”而经验才是“试金石”的道理，倒置了经验和理论的关系，这是不谙卡尔·波普尔（Karl Popper）所强调的知识论⑥的体现。

遗憾的是，尽管“李金铨之问”入木三分，但几乎没有相关学者正面回应。除了早年有关“传播学本土化”合理性与合法性的学术争鸣，以及有关“庄子传播思想”的一次小范围学术对话以外，总体上依然如王怡红所言，缺少“对话的氛围和勇气”以及“不同观点的交锋”，从而“无可奈何地陷入沉默”。⑦ 实际上，好的批评总是建设性的，通过反思以往的批评，可以在两方面努力走出“牵强附会”：一是发挥想象力，勾连（思想/

① 汪琪、沈清松、罗文辉：《华人传播理论：从头打造或逐步融合?》，《新闻学研究》2002年第70期。
② 陈世敏：《华夏传播学方法论初探》，《新闻学研究》2002年第71期。
③ ［美］陈国明主编：《中华传播理论与原则》，台北：五南图书出版股份有限公司，2004年，前言第1页。
④ 李金铨：《视点与沟通：中国传媒研究与西方主流学术的对话》，《新闻学研究》2003年第77期。
⑤ ［美］C·赖特·米尔斯著，李康译：《社会学的想象力》，北京：北京师范大学出版社，2017年。
⑥ ［英］卡尔·波普尔著，舒炜光等译：《客观知识：一个进化论的研究》，上海：上海译文出版社，2005年。
⑦ 王怡红：《对话：走出传播研究本土化的空谷》，《现代传播》1995年第6期。

史料）文本、社会结构和历史语境的关系，这是一个并不难解决的问题；二是发挥知识论自觉，不仅从经验出发、追问理论的恰切性，[①] 更需要深入探讨"什么是传播?"这个最根本也是最棘手的问题。

实际上，华夏传播研究已经在实践中走出了"牵强附会"——在中国古代政治传播研究领域，就鲜有"理论切割材料"或"文本脱离语境"的弊端。不仅如此，其中的一部分研究还达到了很高水准，例如吴予敏的《无形的网络》，孙旭培主编的《华夏传播论》的政治传播部分，以及潘祥辉的《华夏传播新探》等。可以说，"李金铨之问"中"缺乏想象力"的部分（文本脱离语境），已经被中国古代政治传播研究者用实践"回应"并基本解决了。其中的原因颇值得玩味："政治"并非现代概念，无论研究者是关注政治观念还是政治行为，都要求其深入历史语境和社会结构；即便使用信息概念，也是在将信息置入社会结构和历史语境的前提下来探讨问题，否则就难以有效开展"政治传播"问题的探讨。这就有效规避了"文本脱离语境"和"理论切割材料"的弊端。

二、《无形的网络》与华夏传播研究的早期高峰

对华夏传播研究来说，很少有像吴予敏的《无形的网络》那样，收获赞誉声一片，却几乎没有人批评的作品。陈力丹曾盛赞："这本书的研究是开创性的，正是它启发我注意到中国古代社会生活传播结构在孔子那里的雏形。"[②] 他还认为，此书对"中国传统的社会传播特点已经点拨得很透"，"对人启发不小"[③]。陈力丹之所以能受此启发、注意到新的内容，或许是由于该书所体现的问题意识和观察视角，例如"使用口语交流的人将被置于什么样的传播语境里，而他又如何影响着这个语境"的问题意识，[④] 以及问题意识和观察视角背后的"想象力"。从某种程度上说，好的问题意识就决定了好的观察视角，也决定了能观察到何种结果，但好的问题往往需要具备"想象力"。黄旦认为，将米尔斯"社会学的想象力"运用在历史研究中，就需要理解"结构意义"，对"个人与时代、事件与意义、史料与史"展开想象与勾连。[⑤] 米尔斯说，"人们只有将个人的生活与社会的历史这两者放在一起认识，才能真正理解它们"[⑥]，"我们在各式各样具体情境中的体验，往往是由结构性的变迁（structural changes）所导致的"[⑦]。《无形的网络》恰恰有如米尔斯所说的"社会学想象力"的神韵，采取了"生命、社会、历史"[⑧] 的观察视角。具体来说，

---

① 黄旦：《问题的"中国"与中国的"问题"——对于中国大陆传播研究"本土化"讨论的思考》，见黄旦、沈国麟编《理论与经验——中国传播研究的问题及路径》，上海：复旦大学出版社，2013 年，第 54 – 55 页。

② 陈力丹：《论孔子的传播思想——读吴予敏〈无形的网络——从传播学角度看中国传统文化〉》，《新闻与传播研究》1995 年第 1 期。

③ 陈力丹：《对中国传播学学科建设的几点意见》，《现代传播：北京广播学院学报》1995 年第 4 期。

④ 吴予敏：《无形的网络：从传播学的角度看中国的传统文化》，北京：国际文化出版公司，1988 年，第 7 页。

⑤ 黄旦：《历史学的想象力：在事与叙之间》，《史学月刊》2011 年第 2 期。

⑥ ［美］C・赖特・米尔斯著，陈强、张永强译：《社会学的想象力》，北京：生活・读书・新知三联书店，2005 年，第 1 页。

⑦ ［美］C・赖特・米尔斯著，李康译：《社会学的想象力》，北京：北京师范大学出版社，2017 年，第 12 页。

⑧ 吴予敏：《无形的网络：从传播学的角度看中国的传统文化》，北京：国际文化出版公司，1988 年，第209 页。

该书在“社会组织与传播行为”“官制演变与信息传达”“社会舆论和社会控制”的论证上，体现了很强的说服力和解释力。由于《无形的网络》采取结构的视角，因而对儒、道、法、墨等各家传播观念的论述不多，不过该书依然试图在历史脉络与社会结构中把握他们的思想。

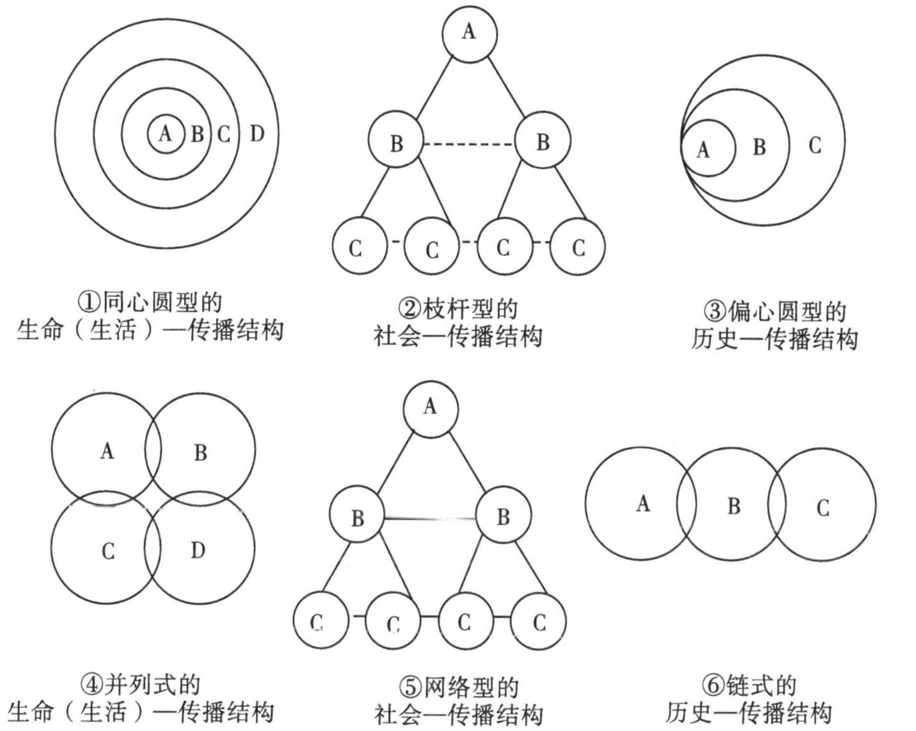

图 14－1　吴予敏关于现实和理想的六种传播结构[①]

《无形的网络》最大的理论贡献或许是其提出的六种传播结构（见图 14－1），分别指向现实世界和理想世界。其中，三种现实传播结构是：同心圆型的“生命（生活）—传播结构”、枝杆型的“社会—传播结构”、偏心圆型的“历史—传播结构”。[②] 同心圆型结构类似于费孝通的差序格局，偏心圆型结构则能解释传统文化遗产和经验传承活动。枝杆型结构有助于理解这样的传播活动，即传统中国社会组织和国家机器的内部信息沟通更注重上下纵向沟通，但横向交流则时常处于被防范、监视、堵塞的境地。[③] 三种理想传播结构是：并列式的“生命（生活）—传播结构”、网络型的“社会—传播结构”和链式的“历史—传播结构”。并列式结构不再是从中心往外推，而是既彼此独立又彼此交叉；链式

① 吴予敏：《无形的网络：从传播学的角度看中国的传统文化》，北京：国际文化出版公司，1988 年，第 210－221页。

② 吴予敏：《无形的网络：从传播学的角度看中国的传统文化》，北京：国际文化出版公司，1988 年，第210 页。

③ 吴予敏：《无形的网络：从传播学的角度看中国的传统文化》，北京：国际文化出版公司，1988 年，第 211－212 页。

结构与偏心圆型结构有根本区别，前者“以创新为目的实现了对遗产的片面的继承”①。吴予敏提出，要突破枝杆型结构，就需要有一个既有上下垂直沟通、更有横向水平沟通、可以相互“制衡”的网络型传播结构。当然，“在理想图式、抽象图式和实际运行图式三者之间，常常是有距离的”②。这个理想图式既有“通天下之志”的古风，亦有现代价值，因为“人性不是一种属于本能范畴内的‘既成事实’，而只是一种‘有待实现’人之为人的可能性”。③

吴予敏实际上是用传播结构来观察中国文化，这种支配个体生活却又难以捉摸的传播结构就如同“无形的网络”。在《无形的网络》出版近30年后吴予敏坦言，他当时只是想把传播作为一种认识中国文化的方法。④ 欣慰的是，此后涌现了一大批具有较高水准的中国古代政治传播研究，仅以《新闻与传播研究》刊发的论文为例，就有研究考察特有社会结构中的传播现象，或考察制度结构下的媒介功能，如汉帝国布告的信息功能、檄文的军事传播功能；也有考察制度结构下特殊媒介的政治功能，如从“神权政治”视角考察商代占卜中的人神沟通行为，从政治视角考察殷周青铜器和先秦歌谣的政治传播功能等。这些研究从传播结构的视角观察特定时代的个体以及个体与结构的关系，使得“无形的网络”从模糊逐渐走向清晰，也给世界提供了理解中国文化的另一种视角。

在前期研究的基础上，潘祥辉的著作《华夏传播新探》体现了“华夏传播研究的新进展、新前沿、新水准”，其独特的视角“给沉寂一时的华夏传播研究吹入了一股新风”⑤。孙旭培也认为该书是“质量上乘的著作”，“做出的研究很扎实、很规范”⑥。简单概括，其学术亮点和理论贡献主要体现在五个方面：第一，在总体制度设计上，秦汉帝国的官僚科层制与国家机器内部的信息流通系统是为了保证信息通畅，但在实践中却走向了反面——“传播失灵”，最终，这种官僚科层制下的信息传播状况便形成了信息治理的“帝国悖论”。⑦ 第二，先秦歌谣作为一种舆论机制，具备政治表达与品评、舆论监督、“舆情调查”与政治沟通、教化和舆论动员乃至政治博弈等功能，可以简称为“歌以咏政”。⑧ 第三，青铜器作为一种传播媒介，不仅在形成和传承中华文明的过程中起着重要作用，更具有宣示与合法化政治权力、实践仪式以进行政治沟通的功能，作者由此鲜明地提出了“中国传播史上的青铜时代”，认为中国青铜器在世界文明史上具有独一无二的媒介学特征。⑨ 第四，“对天发誓”是一种重要的传播机制：通过人与神的沟通对话，誓言

---

① 吴予敏：《无形的网络：从传播学的角度看中国的传统文化》，北京：国际文化出版公司，1988年，第222页。

② 吴予敏：《无形的网络：从传播学的角度看中国的传统文化》，北京：国际文化出版公司，1988年，第215－219页。

③ 徐岱：《审美正义论》，杭州：浙江工商大学出版社，2014年，第255页。

④ 观点源自2017年11月18日吴予敏在厦门大学举办的“中国新闻史学会中国新闻传播思想史研究会年会”上的大会主题发言。

⑤ 邵培仁：《一部视野开阔的华夏传播专论——〈华夏传播新探〉序》，见潘祥辉：《华夏传播新探：一种跨文化比较视角》，上海：复旦大学出版社，2018年，序一第1页。

⑥ 孙旭培：《质量上乘 坚持探索 必成大器——〈华夏传播新探〉序》，见潘祥辉：《华夏传播新探：一种跨文化比较视角》，上海：复旦大学出版社，2018年，序二第1页。

⑦ 潘祥辉：《华夏传播新探：一种跨文化比较视角》，上海：复旦大学出版社，2018年，第229－262页。

⑧ 潘祥辉：《华夏传播新探：一种跨文化比较视角》，上海：复旦大学出版社，2018年，第189－227页。

⑨ 潘祥辉：《华夏传播新探：一种跨文化比较视角》，上海：复旦大学出版社，2018年，第56－94页。

变成了一种可信承诺和互动仪式，即凯瑞所说的“以符号为中介的文化互动”，具有强化、象征和再现关系及意义的社会功能，因而被广泛运用于政治活动与政治沟通中。[①] 第五，“圣人”并非历史学家顾颉刚试图还原的“普通的聪明人”，而是“传播之王”。“圣人”之所以被封建统治者选中，其“魔力”或政治合法性的来源就在于其超凡的沟通能力——“作为有着超凡能力的沟通者，圣人最为重要的特异品质是能够沟通天地，在人与自然万物之间传递信息。”[②]

第三节　华夏传播研究的理论旨趣

一、华夏传播理论的内涵

什么是华夏传播理论？大致有三种观点。

第一种观点认为思想即理论，华夏传播理论可以直接从中国传统文化中找到。关绍箕在《中国传播理论》中说：“笔者在本书中将理论与思想（thought）视为同义字，二词可交互使用……‘理论’乃是思想家或学者对某一现象的解释/或对某一问题的见解。”[③] 周伟业认为：“华夏传播理论扎根于中国传统文化，其中包含了儒家的伦理观念、道家的辩证思维与禅宗的传播思想，是华夏传播文化的总结和体现。”[④] 祝建华则认为关绍箕的传播理论不符合形式标准，“缺乏可操作性和可证伪性，对实证的受众研究没有直接的指导作用”。[⑤] 他赞同伯格和查非关于理论科学性的七项标准：①内在一致性（internal consistency）；②解释力（explanatory power）；③预测力（predictive power）；④可被证伪性（falsifiability）；⑤简洁性（parsimony）；⑥启发性（heuristic provocativeness）；⑦组织力（organization power）。[⑥]

第二种观点其实是一种研究路径，即用现代传播学的理论框架来描述和解释中国历史，以期总结出一套华夏传播理论，充实传播学的理论体系。代表性研究如李国正的《汉字解析与信息传播》，该书用大众传播模式来分析中国历史事件，例如通过考察春秋时期人们利用《周易》传递信息的行为，分析传播效果，提炼传播模式（包括传播者、受众、信源之间的相互作用）。[⑦] 这是早期华夏传播研究的时代特色，也承载了太多的批评，如

---

① 潘祥辉：《华夏传播新探：一种跨文化比较视角》，上海：复旦大学出版社，2018 年，第 102 - 108 页。
② 潘祥辉：《华夏传播新探：一种跨文化比较视角》，上海：复旦大学出版社，2018 年，第 10 - 11 页。
③ 关绍箕：《中国传播理论》，台北：正中书局，1994 年，第 5 页。
④ 周伟业：《东方范式：华夏传播理论的内涵、特征与价值》，《南京政治学院学报》2010 年第 5 期。
⑤ 祝建华：《精确化、理论化、本土化：20 年受众研究心得谈》，《新闻与传播研究》2001 年第 4 期。
⑥ 祝建华：《精确化、理论化、本土化：20 年受众研究心得谈》，《新闻与传播研究》2001 年第 4 期。
⑦ 李国正：《汉字解析与信息传播》，北京：文化艺术出版社，2001 年，第 81 - 86 页。

"牵强附会"[①] "用古代材料为今人的概念加注解"[②] "将中国传统经验塞进了西方理论的模子里"[③] 等。我们以为，后来者在反省之余却不必苛责前人，因为那只是囿于时代的"不能"而非"不为"。当年的华夏传播研究者无论是在史学功底还是在文献研读能力上都具备高水准，只是当时传播学传入中国不久，研究刚刚起步，华夏传播研究者既无法超越整个"诠释社群"的水平，又要面对"中国传统思想的创造性转化"或"西方理论的本土化"这样的艰深命题，当然困难重重。对今天的华夏传播研究者来说，超越前人是"应有之义"，因为我们占尽天时地利，"既坐拥群书之利"，又有"期刊网搜索、阅读论文之便"[④]，更有海外交流机会与英文研读能力。一言以蔽之，正是当年的研究者甘做"人梯"和"靶子"，才有我们今天的"学术渐进"。

第三种观点认为，中国传统文化中没有传播理论，只有理论的"胚胎"。汪琪、沈清松、罗文辉援引科学哲学家马里奥·邦格（Mario Bunge）关于理论的界定："理论就是一个容许我们建构有效论辩的假设系统"，"开始的时候它们只是一些松松散散地连接在一起的、包含了或多或少有些模糊的概念的命题。假使有幸，这些'胚胎'（embryo）会经由增添、拣选、例证与通则化（generalize）、概念细致化与验证实证资料的方式发展"。简言之，理论是由"一串命题或陈述组成的，这些命题可以被验证，彼此之间有逻辑关系，并且具有解释力和预测力"[⑤]。但中国传统思想并不具备这样的特征，正如张祥龙所指出的，中国思想并不是以概念化的方式存在的，而且也很难进行概念化，或者说进行概念化以后反而容易牵强附会而曲解了"原义"。[⑥] 不过三位学者还是抱着一线希望：虽然我们"不可能在中国的文化传统中找到现成的、符合社会科学研究定义的理论"，但我们却有着"足以发展成理论的'胚胎'"。借言"众里寻他千百度。蓦然回首，那人却在，灯火阑珊处"，他们认为"或许我们执意寻找的，会在我们停止寻找之后自然出现"[⑦]。

既然我们只能从传统思想中找到传播理论的"胚胎"，那么究竟有哪些胚胎？如何从胚胎走向理论？对此学术界有如下研究和进展：首先从知识论上论证从观念胚胎到传播理论的路径是否可能；其次是梳理出具体的观念胚胎，并进行"从胚胎到理论"的工作。

二、华夏传播的知识论检讨

为什么传统观念能发展为可靠的知识？这是知识论的重大问题，若不解决，华夏传播理论的建构就只能停留于宗教式信仰而非科学命题。[⑧] 黄光国已经提供了成功范例，可以从中国人日常生活与传统观念中提取词汇，将它们发展为学术概念。如"人情""报"既

① 李金铨：《视点与沟通：中国传媒研究与西方主流学术的对话》，《新闻学研究》2003 年第 77 期。

② 吴予敏：《中国传播观念史研究的进路与方法》，《新闻与传播研究》2008 年第 3 期。

③ 刘海龙：《传播研究本土化的两个维度》，《现代传播》2011 年第 9 期。

④ ［美］江勇振：《舍我其谁：胡适（第一部：璞玉成璧，1891—1917）》，北京：新星出版社，2011 年，第 6 页。

⑤ 汪琪、沈清松、罗文辉：《华人传播理论：从头打造或逐步融合》，《新闻学研究》2002 年第 70 期。

⑥ 张祥龙：《中国古代思想能否被概念化》，《读书》1999 年第 7 期。

⑦ 汪琪、沈清松、罗文辉：《华人传播理论：从头打造或逐步融合》，《新闻学研究》2002 年第 70 期。

⑧ 关于知识论层面的论证，参见《路径与方法：中国传统传播思想的理论转化》，见邵培仁、姚锦云：《华夏传播理论》，杭州：浙江大学出版社，2020 年，第 61 – 83 页。

是传统典籍中的思想观念，也是日常生活中的观念；而“面子”“关系”虽是日常生活中的词汇，但其背后的观念却依然能在文化典籍中找到依据。也就是说，尽管中国传统思想不等同于日常观念，但两者实际相通，以类似的方式影响着中国人。因为中国思想主张“道在人伦日用间”，有一种强烈的经世致用倾向。

将日常词汇或传统观念发展为学术概念之所以有可能，有一个凯瑞式的理由——我们运用这些词汇/思想/观念才能够理解过去的一切经验形式，并为现在的经验提供形式和调子。“作为‘……的符号’（symbol of）以表现现实；作为‘为……提供符号’（symbol for）则创造了它所表现的现实。”① 换言之，我们之所以理解自己的语言，是因为它描述的是我们的生活过程，同时语言又建构了我们的生活过程。② 语言的这种特性已经被很多哲学家所揭示，例如海德格尔说“不是我们说语言，而是语言说我们”③，马丁·布伯说“并非语言寓于人，而是人栖居于语言”④，伽达默尔也说“我们理解一门语言，乃是因为我们生活于这门语言之中”⑤。吴予敏在《无形的网络》中也强调：“不是人创造形式，而是形式创造人；不是形式为人服务，而是人服从于形式。”⑥ 总之，这些日常词汇或传统观念实际上指向了韦伯和克利福德·格尔茨（Clifford Geertz）所说的“意义之网”，或者说人赖以行动的“释义系统”⑦。几千年来“统之有宗，会之有元”的中国传统思想⑧就是中国人“意义之网”的重要构成部分，即使经历了一百多年西方思想的冲击，仍然在“日用而不知”地发挥作用。这些作为“意义之网”的“华夏传播观念”，正是足以发展成传播理论的“胚胎”，对发展“华夏传播理论”至关重要。⑨

实际上，很多表述理论的词汇都来源于日常语言。戈夫曼的“拟剧论”就是成功案例，他用舞台表演的词汇（如表演、前台、后台、舞台设置、剧班等）来演绎其理论，具有很强的解释力。因为这样的观念已经融进了西方人的日常生活中，每个人都在扮演着各种各样的角色，按照一定的规则和社会给定的“面具”“道具”和“剧本”，“登台”演出。⑩ 戈夫曼说，“生活本身就是事件的戏剧性展现”，“并非整个世界都是一个大舞台，但是关键在于，要想具体指出世界在哪些方面不是舞台，却也并非易事”⑪。传播学亦然，

---

① ［美］詹姆斯·W. 凯瑞著，丁未译：《作为文化的传播：“媒介与社会”论文集》，北京：华夏出版社，2005年，第17页。

② 参见《路径与方法：中国传统传播思想的理论转化》，见邵培仁、姚锦云：《华夏传播理论》，杭州：浙江大学出版社，2020年，第61－83页。

③ ［美］约翰·杜翰姆·彼得斯著，邓建国译：《对空言说：传播的观念史》，上海：上海译文出版社，2017年，第34页。

④ ［德］马丁·布伯著，陈维纲译：《我与你》，北京：商务印书馆，2015年，第39页。

⑤ ［德］汉斯－格奥尔格·伽达默尔著，洪汉鼎译：《诠释学Ⅰ：真理与方法》，北京：商务印书馆，2013年，第541页。

⑥ 吴予敏：《无形的网络：从传播学的角度看中国的传统文化》，北京：国际文化出版公司，1988年，第30页。

⑦ 杨中芳：《我的“自我”探索：一个本土研究者的自述》，见杨中芳：《如何理解中国人：文化与个人论文集》，重庆：重庆大学出版社，2009年，第11页。

⑧ 钱穆：《从中国历史来看中国民族性及中国文化》，北京：九州出版社，1998年，第88页。

⑨ 邵培仁、姚锦云：《传播理论的胚胎：华夏传播十大观念》，《浙江学刊》2016年第1期。

⑩ 邵培仁：《传播观念断想》，《杭州大学学报》1997年第4期。

⑪ ［美］欧文·戈夫曼著，冯钢译：《日常生活中的自我呈现》，北京：北京大学出版社，2008年，第58页。

很多理论名称就是一个隐喻，[①] 如议程设置、第三人效果、子弹论（皮下注射论）、知识沟、涵化理论、把关人等。最典型的就是凯瑞“传播的仪式观”，其认为看新闻就像参加一次弥撒仪式。[②] 因此，理论或概念名称如同隐喻的表述，“概念是在以隐喻的方式建构”[③]，它们都用人类从事过的活动或创造过的事物来表示。[④] 格尔茨的说法颇妙，社会科学理论具有一种象喻性的本质（figurative nature of social theory）[⑤]。

三、传统观念的概念化与命题化

既然传统观念能够发展为理论，那么是否任何传统观念（日常词汇）都是理论的胚胎？从戈夫曼、黄光国等实例来看，传统观念（日常词汇）能够概念化，取决于它们有没有普遍的属性。若该观念是作为个体和集体表现现实、创造现实的“意义之网”，“日用而不知”地发挥作用，则取之；若仅仅是思想家的“私人观念”或后人的“发思古之幽情”，则暂舍之。总体而言，至少有10对华夏传播的观念胚胎，分别是“阴—阳”“和—合”“交—通”“感—应”“中—正”“时—位”“名—实”“言—行”“心—受”“易—简”。[⑥]

“风草论”或许是目前认可度最高的华夏传播观念，具备“从思想到理论”的潜质。[⑦] 它源于孔子之言：“君子之德风，小人之德草，草上之风必偃。”它既可看作传播效果论，也可看作“君风民草，风行草偃”的“感化”传播模式，[⑧] 还可看作是人与人良性互动的“理想类型”[⑨]。“风行草偃”的思想核心是“德”的传递，以儒家“德治”的政治理想为基础。其基本命题是：道德的传播始终遵循“自上而下”原则。[⑩] 观念要发展为理论，命题化是途径之一。“风行草偃”就蕴含如下命题：①道德的传递总是自上而下的；②道德的传递总是从年长者流向年幼者。这样的命题可以简称为“上行下效”和“老行幼效”。此即儒家的“模仿律”，但有先后次序。按照《礼记·礼运》对“十义”的阐发，是先父慈，后子孝；先兄良，后弟悌；先夫义，后妇听；先长惠，后幼顺；先君仁，后臣忠。从

---

① 观点引自香港浸会大学郭中实教授2014年7月12日在“第十期复旦暑期学校”上的讲座。

② ［美］詹姆斯·W. 凯瑞著，丁未译：《作为文化的传播：“媒介与社会”论文集》，北京：华夏出版社，2005年，第7-8页。

③ ［美］乔治·莱考夫、马克·约翰逊著，何文忠译：《我们赖以生存的隐喻》，杭州：浙江大学出版社，2015年，第3页。

④ 参见《历史与当下：华夏传播研究的知识逻辑》，邵培仁、姚锦云：《华夏传播理论》，杭州：浙江大学出版社，2020年，第34-60页。

⑤ Gliffod Geertz, *Local Knowledge: Further Essays in Interpretive Anthropology*, New York: Basic Books, Inc., 1983, p. 3 (introduction).

⑥ 邵培仁、姚锦云：《传播理论的胚胎：华夏传播十大观念》，《浙江学刊》2016年第1期。

⑦ 黄星民：《礼乐传播初探》，《新闻与传播研究》2000年第1期。

⑧ 邵培仁、姚锦云：《传播模式论：〈论语〉的核心传播模式与儒家传播思维》，《浙江大学学报》（哲学社会科学版）2014年第4期。

⑨ 谢清果、陈昱成：《“风草论”：建构中国本土化传播理论的尝试》，《现代传播》（中国传媒大学学报）2015年第9期。

⑩ 邵培仁、姚锦云：《传播模式论：〈论语〉的核心传播模式与儒家传播思维》，《浙江大学学报》（哲学社会科学版）2014年第4期。

现实案例来看，在中国语境下，成人（老人）的“反道德”现象比青少年（儿童）的“反道德”现象危害更大；社会上层人物的“反道德”现象比下层人物的“反道德”现象危害更大，即俗称“上梁不正下梁歪”。①

“和”或许是另一个被广为接受的华夏传播观念，可视作从观念到理论的发展。②“致中和”是中国文化中的主流传播价值观。③ 陈国明提出了有助于跨文化理解的中国传播“和谐”理论，认为“和谐”是中国文化的核心价值，是中国人在人类交流过程中追求的终极目标，也是中国社会衡量传播能力的主要标准，指导着中国人的传播行为。“和”理论可以从4个假设中推出23个原理和23条定律，涉及3种内部因素（仁、义、礼），3种外部因素（时、位、机）和3种策略或技巧（关系、面子和权力），这些概念的功能作用和相互联系构成了理想中国人传播活动的整体系统。“和谐”是中国传播之轴，由9辐相持：仁、义、礼、时、位、机、关系、面子和权力。首先，“仁、义、礼”构成了中国人传播过程中交流活动参与者内心结构的基础，是实现和谐并发挥传播能力的根本。个人必须加以内化，才能称为中国文化环境中的成功传播者。其次，“仁、义、礼”需与外在因素“时、位、机”相协调。内外因素的结合，将决定中国人传播活动能否在转变过程中成功。第三，这6种因素一起构成了中国社会的环境网络，中国人发展出了各种不同的策略性行为以应对日常交流，核心策略即“关系”“面子”和“权力”，和谐的实现最终要建立在对这三个概念的运用上。④

“和”的观念集中体现为“和实生物”。学术界已有一系列“和”的相关研究：如对“和”及“和平”范式的分析；争论过程与中国社会中的和谐及冲突；中国留学生对和谐的强调；调解在当代中国农村社会中的功能；和谐社会、公民社会与媒介；互联网与传播和谐等。⑤

陈国明、萧小穗梳理出了“阴—阳”“感—应”“时—位”的传播观念并将其概念化。如《易经》作为一套话语体系，有一套自我循环和自我证明的运行机制。⑥《易经》特有的叙事结构（阴阳、六爻和六十四卦），开启了无限变化的可能性，不仅可以对故事的所有变化保持开放，而且能够创造新的变化。⑦“感—应”体现了中国人对传播能力的理解，有着本体论的源头，体现为宇宙中“阴—阳”二气相互作用的观念。这是一种“有机整

---

① 参见《路径与方法：中国传统传播思想的理论转化》，见邵培仁、姚锦云：《华夏传播理论》，杭州：浙江大学出版社，2020年，第61－83页。

② Guo-Ming Chen，Bian（Change）：A Perpetual Discourse of I Ching，*Intercultural Communication Studies*，2008，Vol. 4，pp. 7－16.

③ 芮必峰、石庆生：《致中和：中国文化中的主流传播价值观》，《现代传播》（中国传媒大学学报）2017年第2期。

④ 参见［美］陈国明：《有助于跨文化理解的中国传播和谐理论》，见赵晶晶（J. Z. 爱门森）编译：《“和实生物”——当前国际论坛中的华夏传播理念》，杭州：浙江大学出版社，2010年，第19－34页。

⑤ 参见赵晶晶（J. Z. 爱门森）编译：《“和实生物”——当前国际论坛中的华夏传播理念》，杭州：浙江大学出版社，2010年。

⑥ Xiaosui Xiao，Yijing as a Self-Circulating and Self-Justified Chinese Cultural Discourse，*Intercultural Communication Studies*，2006，Vol. 15，pp. 1－11.

⑦ Xiaosui Xiao，The Narrative Model of Yijing，*China Media Research*，2009，Vol. 5，pp. 102－109. 中文版参见萧小穗著，徐俪成译：《易经的叙事模式》，《中国传媒海外报告》2009年第4期，第56－63页。

体论”，其认为部分内在于整体，整体内不同部分之间进行互动的时候，也能够感知整体的状态和需求，并能进行恰当的行动和回应。① 这一观点得到了西方学者的肯定回应和探讨，如理查德·霍尔特（Richard Holt）和玛丽·冯（Mary Fong）。实际上，“阴阳互动”不仅体现了中国文化的特殊性，同时还具有普遍性，孤阴不生、独阳不长意味着人类传播是一个整体系统，相互关联、相互依赖、相互交融、相互阐发、相互印证。② 而且，“感—应”不仅是一种自然的能力，更是一种伦理的能力，即对其他生命和有机整体感受或同情的能力。由于阴阳互动观念把宇宙（包括人类互动）看成一个不断变化的整体，人类社会的所有矛盾就在这种连续变化过程中得以解决，因而可用于解释现实生活情境，如社会中人的互动③、“华人人际关系发展的模式”④ 等。

经过多年的探索，研究者也梳理出了“和—合”“交—通”“心—受”等传播观念，并提出了“接受主体性”（receiving subjectivity）概念。

首先，“和—合”“交—通”观念起源于历史与结构中的实践行为。自新石器时代以来，华夏大地上就存在多个文化系统，几千年来往来不绝，彼此互渗，“和而不同，交而遂通”。在思想文化发展上，春秋战国时期经历了百家争鸣，儒道两家脱颖而出；两汉之际佛教传入，兴盛于南北朝，至唐代已形成儒、释、道三教并立之势。两宋期间各家进一步互通交融，终于形成宋明理学的儒学新高峰，泽被邻邦。近代西学东渐，遭遇三千年未有之变局，同时涌现出现代新儒家等硕果。中华文化之所以亘古亘今，绵延不断，就在于有着“和而不同，交而遂通”的品质。一方面，和而不同，既保持自身独立性，亦尊重他者合理性；另一方面，交而遂通，积极对话与沟通，互相学习，互为滋养。简言之，即多元、共存、接纳、欣赏，这正是中华传统文化为今人、为世界贡献的优秀价值。⑤

其次，“和而不同，交而遂通”的观念也体现在思想文本中，可以追溯到古老的《周易》。在《周易》看来，传播是不同事物相交、相通、相合的过程，起始于“交”的起点（建立联系），实现于“通”的状态（往来无阻），寄寓于“合”的理想（志同道合）。“交”是从阴阳之交，推及生命男女、君臣上下和天下同人之交；“通”是从“济通致远”，推及“上下通泰”和“心灵相通”，归结于“通天下之志”；“合”是从“器盖相合”，推及“合道”“合德”与“合志”。“交—通—合”意味着传播是不同心灵的交汇，是交往障碍的消除和心灵的相通，是人与理想世界的价值契合，以及人与人心志的融合。⑥

最后，“心—受”传播观念也是中国人独特的“意义之网”，并可以进一步概念化。如果说“传—受”是传播行为不可或缺的两端，那么中国传统传播观念更注重“受”的

---

① Xiaosui Xiao & Guo-Ming Chen, Communication Competence and Moral Competence: A Confucian Perspective, *Journal of Multicultural Discourses*, 2009, Vol. 4, pp. 61 – 74.

② ［美］陈国明著，J. Z. 爱门森译：《关于〈易经〉传播模式》，《中国传媒海外报告》2011 年第 1 期。

③ Guo-Ming Chen, Bian (Change): A Perpetual Discourse of I Ching, *Intercultural Communication Studies*, 2008, Vol. 17, pp. 7 – 16.

④ ［美］陈国明：《易经八卦的人际关系发展模式》，见陈国明主编：《中华传播理论与原则》，台北：五南图书出版股份有限公司，2004 年，第 225 页。

⑤ 邵培仁、姚锦云：《和而不同，交而遂通：中华优秀传统文化的当代价值》，《新疆师范大学学报》（哲学社会科学版）2015 年第 6 期。

⑥ 邵培仁、姚锦云：《天地交而万物通：〈周易〉对人类传播图景的描绘》，《浙江社会科学》2016 年第 8 期。

一端。在信息（意义）的接受方面，中国古人具有很强的“主体性”，体现于“观”“味”“知”的观念中。“观”是细致而优雅的信息接受。在中国传统文化典籍中，人们多用“观”而少用“看”。“观”不论是指观书、赏文，还是指观人、观景，人们都强调要从统一的整体的角度观察和审视事物或对象的多样性和矛盾性。物（事物）、言、意在“观”中融为一体，达到物我融通的境界。“味”比“观”更为重视受者的主体性，且有其特殊的规律：一是“澄怀味象”，二是“味久知味”，三是“余味曲包”，四是“味之无极”，五是“味后言诗”。“味”讲究言外之意，意外之旨，既不脱离文本，同时又超越文本之外，注重读者接受的主观能动性。“知”是一种更深层次和更高境界的信息和意义接受。“相知”有一定的难度，“知音”则是更高的境界。“观”“味”“知”体现了一种传播主体性意识的东方智慧。一方面，中国人借此可以获得一种言外之意、物外之旨，并以言“观”物，以物悟意，沟通天地万物，最终达到一种“物我融合”“天人合一”的至高文化境界；另一方面，这种信息和意义的接受方式又可以使言不离物，物不离意，以意致物，意在言先，最后统一物我融通的理念之中。①

“观”“味”“知”都体现出中国古人在接受意义时的主体性，但我们很难在西方的传播思想脉络中找到对等的概念，因而将其表述为“接受主体性”。这个概念源自对中国传统典籍中蕴含的信息（意义）接受观的归纳，也具备足够的抽象度和解释力，能够在儒、释、道的思想脉络中演绎。例如，庄子、慧能、王阳明就非常注重接受主体性。他们都认为传播的成败不在于“传”，而在于“受”；“受”的关键是恢复一个本真的精神世界，庄子称其为“真宰”，慧能称其为“本心”，王阳明称其为“良知”。这个本真的精神世界往往是被蒙蔽的，人需要恢复它的本来面目，即“空”的状态，从而达到与“道”相“通”的目的。这需要付诸强大的主体性力量，可称之为“接受主体性”；其背后本真的精神世界，可以称之为“受体”(recipient)。“接受主体性”的现代价值，是让我们开始反思“传者为中心”这个传统范式的弊端，重新思考传播中的人如何建构一个丰富的精神世界，而不只是作为传递信息的导管。②

“名—实”“言—行”“易—简”也是重要的传播观念胚胎。“名—实”之辩贯穿中国哲学史，体现了中国人传播的辩证思维，在先秦思想文本中至少能梳理出 62 个命题，可以初步进行“观念命题化”的探索。他们分别指向两大传播问题（符号能否指代意义、意义能否共享；交流如何进行、交流障碍能否解决），前者体现为“名实”和“言意”之辩，后者表现为“是非”与“辩讷”之争，这肇始于《老子》，发展于《庄子》，经各学派争论，《荀子》集大成。③ “言—行”同样体现辩证性，中国人既“轻言重行”又“言不离行”。在传播的“接受”一端，“易—简”是一条传播的黄金法则。④ 此外，还有很多

---

① 参见《从观念到概念：“观—味—知”与“接受主体性”》，见邵培仁、姚锦云：《华夏传播理论》，杭州：浙江大学出版社，2020 年，第 131 – 149 页。

② 邵培仁、姚锦云：《传播受体论：庄子、慧能与王阳明的“接受主体性”》，《新闻与传播研究》2014 年第 10 期。

③ 邵培仁、姚锦云：《传播辩证论：先秦辩证传播思想及其现代理论转化》，《杭州师范大学学报》（社会科学版）2014 年第 2 期。

④ 邵培仁、姚锦云：《传播理论的胚胎：华夏传播十大观念》，《浙江学刊》2016 年第 1 期。

这样的观念等待挖掘，例如儒家传受兼顾的主体意识、知行合一的实践精神和情理交融的实用理性，[①] 这些观念既可用于表现现实的传播行为，更是驱动现实传播行为的“意义之网”。

思考题

1. 请描述三本华夏传播研究的代表性著作。
2. 《无形的网络》提出的传播结构有哪些？
3. 什么是华夏传播理论？
4. 什么是“风草论”？
5. 谈一谈中国传播和谐理论的主要观点。
6. 中国阴阳观如何体现在传播中？

① 邵培仁、姚锦云：《传播模式论：〈论语〉的核心传播模式与儒家传播思维》，《浙江大学学报》（哲学社会科学版）2014 年第 4 期。